코미디언 전성시대

한국 코미디영화의 역사와 정치미학

저자

박선영(朴宣暎, Park, Sun-young)

연세대학교 국어국문학과 학사 및 석사를 졸업하고 중앙대학교 첨단영상대학원에서 「한국 코미디
영화 형성과정 연구」(2011)로 박사학위를 받았다. 미장센단편영화제 프로그래머, 부산국제영화
제 아시아영화아카데미(AFA) 팀장 및 부산영화포럼(BCF)과 한국영화 회고전의 전문위원, 한국
영상자료원의 객원연구원 및 전문위원으로 일했다. 현재 고려대학교 한국사연구소 연구교수이다.
주요 저서로는『대중서사장르의 모든 것 4 – 코미디』,『조선영화와 할리우드』,『영상과 아카이빙
그리고 새로운 역사쓰기』,『한국영화역사 속 검열제도』,『은막의 사회문화사』등의 공저가 있고
『영화예술(Film Art)』(개정9판)을 공역했다. 공저로 출판한『이방인이 기록한 전후 한국, 영
화』와『영상, 역사를 비추다 : 한국현대사 영상자료해제집』등의 자료집이 있다.

코미디언 전성시대 한국 코미디영화의 역사와 정치미학

초판인쇄 2018년 2월 8일 **초판발행** 2018년 2월 10일
지은이 박선영 **펴낸이** 박성모 **펴낸곳** 소명출판 **출판등록** 제13-522호
주소 서울시 서초구 서초중앙로6길 15, 1층
전화 02-585-7840 **팩스** 02-585-7848 **전자우편** somyungbooks@daum.net **홈페이지** www.somyong.co.kr

값 45,000원 ⓒ 박선영, 2018
ISBN 979-11-5905-261-3 93680

코미디언 전성시대
한국 코미디영화의 역사와 정치미학

In the Heyday of Comedians
: The History and Political Aesthetics of Korean Comedy Films

박선영

이 글의 시작은 구봉서 선생님이었다.

영화 공부를 처음 시작하게 되었을 때부터 막연히 코미디영화에 대한 글을 쓰고 싶다고 생각했었다. 본격적으로 논문을 쓰겠다고 마음을 먹었던 2008년, 한국영상자료원에서 진행했던 구술사연구에 참여하게 되면서 구봉서 선생님을 만나게 되었다. 〈웃으면 복이 와요〉를 보고 자랐던 세대에게 추억처럼 남아 있었던 이름. 악극단에서 배우 생활을 시작하여 전쟁기 군예대를 거치고 한국영화 전성기에 약 300여 편의 영화에 출연했던 배우 구봉서. 라디오 시사풍자 프로그램의 진행자이자 코미디 쇼의 MC로 맹활약을 했고 TV 코미디의 시작과 전성기를 이끌었던 만능 엔터테이너 구봉서의 이력은 그 자체로 한국 코미디사의 궤적이었다. 나는 매 시간, 두근거리며 구봉서 선생님을 만났고, 그는 재치와 유머로 그 시간들을 채워주었다.

2016년 8월, 구봉서 선생님이 위독하시다는 소식을 전해들었을 때, 나는 마침 1950년대 후반의 신문광고들을 살피던 중이었다. 코미디언들이 악극단을 떠나 영화로 옮겨가기 시작하던 무렵, 무대와 스크린의 교차와 중첩을 성공적으로 이끌어내었던 코미디언들의 신나는 활약이 막 펼쳐지려고 하던 그 때, '구봉서'라는 이름과 그의 얼굴이 영화 포스터에 커다랗게 새겨지기 시작하던 그 시기에, 그의 부고를 들었다. 그리고 더 늦기 전에, 구봉서 선생님의 시대와 그의 코미디에 대해 더 많이 이야기하고 싶어졌다.

한국에서 코미디언들은 항상 흥행 산업의 총아였지만, 오랫동안 비평적 관심에서는 제외되어 왔다. 그러나 한국 대중문화의 역사를 찬찬히 살펴보면, 코미디언들은 언제나 대중문화의 격변기에 가장 먼저, 가장 성공적으로 매체 전환에 성공하여 시대의 흐름을 이끌어 갔던 트렌드 세터trend setter였고, 고유의 장기와 레퍼토리를 보유한 저마다의 장르genre였다. 소멸해가는 문화와 부상하는 문화, 잔존하는 문화가 경합하는 지점에서 코미디언들은 다종의 양식들과 이질적인 욕망들을 중재하고 재구성하는 매개자였다.

특히 이 책에서 주목하는 1950~60년대 코미디언들과 그들의 특기를 선보이기 위해 제작된 코미디언코미디는 '엎치락뒤치락'하는 '저속'한 것이며 '서민 대중들의 이상 취향'에 부응하는 것으로 폄하되어 왔지만 그 저속함과 이상취향은 당대 대중들의 원망願望과 감정의 구조, 그리고 도덕률을 보여주는 것이기도 했다. 무릇 코미디란 통합을 대전제로 하는 것이므로 코미디언들의 괴상한 장기나 비정상성은 공동체에서 '안전하게' 배제, 축출되어야만 한다. 따라서 간첩을 잡고, 군대에 가고, 그리하여 건전한 남성성을 회복하여 가부장이 되는 코미디영화의 주인공들은 사회의 통합과 지배질서에 대한 순응을 보여주었다. 그러나 한편으로 자신의 특이성을 숨길 수 없는 코미디언들은 당대의 지배 이데올로기와 사회적 규범을 비껴가고 흔들어 놓는 '엎치락뒤치락'과 이로 인한 균열을 드러냄으로써 대중들의 은밀한 소망과 내밀한 웃음을 노출시켰다. 그들과 우리의 불온함이 교차하는 순간, 위반의 쾌락이 공유될 수 있었던 것이다.

그러므로 각 시대를 풍미했던 코미디언들과 코믹함의 역사는 더욱 정치하게 해석될 필요가 있다. 그것은 우리 대중문화의 역사를 한층 풍성하게 의미화할 뿐 아니라 우리 시대의 숨겨진 욕망과 불온의 실체를 대면하게 할 것이다. 코미디영화와 코믹의 순간들은 더 많이 이야기되고 더 많이 보여져야 한다. 이 책이 그 한 시작이 될 수 있다면 더 바랄 것이 없겠다.

이 책은 크게 두 부분으로 나뉜다. 먼저, 1부는 박사논문인 「한국 코미디영화 형성과정 연구」를 수정, 보완한 글이다. 논문을 제출하고 나서는 곧 대대적인 수정을 해야겠다고 마음먹었으나, 마음만 먹은 지 벌써 7년이 지났다. 이 책에서 몇 곳의 오류를 잡고 약간의 수정을 가하는 것으로 이 글을 그만 놓기로 한다. 2부는 박사논문 이후에 덧붙이고 싶었던 내용들을, 마치 긴 각주를 다는 마음으로 써 왔던 글들이다. 이 글들은 박유희 선생님, 백문임 선배, 이순진 선배, 조준형 선배 등이 기획했던 세미나와 학술대회 등에서 발표되고 다듬어진 글들이다. 앞으로도 남은 각주들을 붙이면서 코미디영화사의 뒷부분을 꾸준히 채워가고 싶다.

첫 책이기에, 특별히 감사를 표하고 싶은 많은 분들이 떠오른다. 부끄럽지만 지금이 아니면 언제 또 이런 감사를 전할 수 있을까 싶은 마음에,

다소 긴 감사의 리스트를 읊어보고자 한다. 먼저 이 책이 세상에 나올 수 있도록 권해주시고 제목과 책 구성에 이르기까지 세심하게 살펴주셨던 한수영 선생님께 감사드린다. 한수영 선생님은 내가 학부와 석사과정에 있었을 때 수업을 해주셨던 강사 선생님이셨다. 그때부터 지금까지 나는 '한사모(한수영 선생님을 사랑하는 사람들의 모임)'의 회원이다. 항상 좋은 롤 모델이 되어 주셔서, 진심으로 감사드린다.

박사논문을 지도해주셨던 지도교수님과 네 분의 심사위원 선생님들께 감사드린다. 지도교수 이용관 선생님은 언제나 좋은 기회와 새로운 비전을 제시해주시고자 하셨다. 선생님 덕분에 다양한 영화의 현장들을 경험할 수 있었다. 주진숙 선생님은 나를 비롯한 중대 여학우들에게는 특히, 늘 든든한 버팀목이셨다. 기꺼이 심사를 맡아 주셨던 이승구 선생님, 변재란 선생님, 문재철 선생님의 따뜻한 조언과 격려가 큰 힘이 되었다.

졸업 이후 지금까지 7년째 몸담고 있는 고려대학교 한국사연구소. 성실하고 명철한 연구자의 길을 보여주시는 허은 선생님과 역사영상융합연구팀의 동료 선생님들 및 연구원들, 덕분에 역사를 대하는 진지한 자세를 배울 수 있었다. 부산국제영화제와 미장센단편영화제에서 멘토가 되어주셨던 이현승 감독님, 박기용 감독님, 남인영 선배님, 故 김지석 선생님과 허문영 선생님. 그리고 함께 일했던 동료들도 언급하고 싶다. 스펙터클한 영화제의 현장들을 뛰어다녔던 30대 초반의 그 시간들 덕분에, 영화가 나에게 한층 더 가깝고 사랑스러운 대상이 될 수 있었다.

항상 내 글을 가장 먼저 읽어주고 날카롭게 조언해주는 우직한 연구자, 츤데레 이길성 선배, 박사논문을 제출할 때도 밤새 교정을 봐줬었는데 이번에도 교정과 참고문헌 정리에 며칠을 할애해준 후배 이지윤, 교정과 색인 작업을 꼼꼼히 챙겨준 공영민, 문화영화로, 검열로, 구술로 연구의 범주를 넓혀갈 수 있도록 다양한 세미나를 조직하고 이끌어준 이순진 선배, 조준형 선배, 그리고 학부 때부터 비슷한 관심사를 가지고 함께 공부해 온, 명민한 친구 이화진을 비롯한 많은 동료연구자들께도 깊은 감사를 전한다. 주위의 훌륭한 연구자들 덕분에 좀 더 넓은 시야로 다양한 맥락들을 파악하며 한국영화사를 공부할 수 있었다. 무엇보다 지저분한 아트센터 109호에 복작복작 모여 앉아 시대와 영화와 삶에 대해 길고 긴 수다와 마음을 나눴던 안지혜 선배와 김정선 선배, 홍소인과 손희정, 심혜경, 최은, 반현정, 배안나, 정민화, 이수연, 박경진 등 수많은 연구실의 친구들과 선후배가 있어서, 참 즐겁고 좋았다. 앞으로도 함께 공부하고 웃고 나눌 수 있는 더 많은 시간들이 우리에게 남아 있기를 바란다.

귀한 자료들을 제공해주셨던 한국영상자료원의 여러 선생님들께도 도와주셔서 감사하다는 말씀을 전하고 싶다. 더딘 필자를 꾹 참아주신 연세대학교 근대한국학연구소와 소명출판의 장혜정 선생님께도 깊은 감사를 드린다.

끝으로, 항상 기도와 사랑으로 지켜봐주시는 부모님과 포항의 어머니, 늘 고마운 이모와 가족들, 특히 영문초록을 도맡아준 동생 김혜나, 삶의 고비마다 큰 위로가 되어 주었던 오랜 친구들, 나의 그녀들에게 따뜻한 인사를 전한다. 그리고 최고의 베프이자 기쁨인 이성구와 이서윤, 두 사람에게 고마움과 사랑을 전하기 위해 서윤이의 인사법을 흉내 내어 본다. "사랑하고, 예쁘고, 멋지고!"

부디, 이 책을 읽게 되실 독자들의 일상에 '요절복통'하고 '포복절도'할, 그리고 '폭소'와 '전율'로 '배 파산'할 큰 웃음과 소소한 행복이 가득하시길, 앞으로는 우리 앞에 더 살만 한, 사람 사는 세상이 오기를 코미디의 정신으로 바래본다.

2018년 2월
봄을 기다리며
박선영

제2부 '희극적인 것'의 정치성과 한국 코미디영화의 해석 지평

제1부
한국 코미디영화의 형성과 역사성

/ 제1장 /
시작하는 글

1. 왜 1950년대의 코미디영화인가?

이 글은 1950년대 후반 코미디영화의 장르 형성에 영향을 미친 다양한 층위의 인자들을 분석하여 코미디영화의 형성과정과 구성적 특징을 살펴봄으로써 한국영화사에서 1950년대 코미디영화들이 차지하는 위상을 재고해 보려는 목적에서 시작되었다. 기존 영화사 연구의 사각지대에 놓여 있었던 1950년대 코미디영화에 대한 맥락적 고찰을 통해 이 책은 이 시기 코미디영화가 당대의 사회와 문화뿐 아니라, 시대를 넘어서는 웃음의 양식과 적극적으로 소통하고자 했던 역사적 구성물임을 증명하고자 한다.

1950년대 코미디는 멜로드라마와 더불어 가장 먼저 장르로 분화되었고, 인접 대중문화와 활발하게 교류하고 영화 관객층의 확대를 이루면서 한국영화의 중흥기를 이끌었다. 나아가 이 시기 코미디영화는 당대의 흥행 산업과 대중문화의 흐름을 변화시키는 데 결정적인 역할을 담당했다. 그럼에도 1, 2차 텍스트의 절대적 부족과 리얼리즘 영화 중심으로 서술되어 온 그간의 한국영화사 서술의 경향 때문에, 1950년대 코미디, 그 중에서도 특히 이 글에서 중점적으로 다루고자 하는 '엎치락뒤치락 코미디'는 본격적인 연구의 대상에서 제외되어 왔다. 그러나 이 시기 코미디영화는 영화사를 넘어 대중문화사의 관점에서, 사회·정치 환경을 포함하여 흥행 산업의 전개와 제도적, 물적 토대의 변화, 관객층의 변화와 같은 다양한 맥락 위에서 하나의 '과정'으로 논의될 때, 보다 풍부한 의미체계 위에 놓일 수 있다. 또한 코미디영화 장르에 적합한 분석틀로 접근할 때, 그것이 내포하는 본질적 의미에 다가갈 수 있음도 주지의 사실이다.

이런 관점에서 이 글은 다음의 두 가지를 증명하는 데 초점을 맞춘다. 첫째, 한국 코미디영화 형성의 다양한 계기들에 주목하여, 그 형성의 사회적, 상호텍스트적, 상업적 맥락, 그리고 관객과의 소통을 매개하는 다양한 제도적 실천들을 파악함으로써, 한국 코미디영화 장르가 구성되는 과정의 역사성을 밝힌다. 둘째, 1950년대 코미디가 형성되는 과정 및 그것이 반향하는 복잡다단한 사회문화적 관계들이 1950년대 대중문화사와 영화사에서 지금껏 '말해지지 않은 부분'들을 드러내며, 그것이 시대의 무의식과 당대 관객들의 잠재의식을 반영하고 있음을 밝힌다. 이를 통해 코미디영화의 역사성과 역동성을 증명함으로써, 한국 코미디영화를 제고하고자 한다.

이 글에서 연구의 대상으로 삼는 것은 한국 코미디영화의 형성과정이며, 1950년대 코미디영화를 중심에 둔다. 특히 이 글에서 주목하는 것은 코미디언-중심-코미디 즉, 코미디언코미디인데, 코미디언코미디는 코미디언 개개인의 개성과 장기를 전면에 내세워 웃음을 유발하는 형식을 일컫는다. 코미디언코미디는 코미디영화가 장르군을 이루어 등장한 첫 시기인 1950년대 후반 코미디영화의 가장 특징적인 형태였으며, 이 시기 코미디의 형성과 활황의 중심에 놓여 있었던 양식이라 볼 수 있다. 따라서 이 논의는 한국 코미디영화의 형성과정을 연구하면서 1950년대 코미디, 그 중에서도 코미디언코미디를 중심에 두고 진행되며, 1950년대 이전 시기와 이후 시기 대중문화의 코믹 전통과 코미디영화들은 다음의 방식으로 다루어질 것이다.

먼저, 1950년대 이전 시기 대중문화의 전통 및 한국영화사 내의 코미디와 코믹함의 전통은 1950년대 코미디영화의 등장에 중요한 영향을 미친 결정요소로 파악되며, 한국 코미디장르 형성 이전의 전사前史로 연구될 것이다. 다음으로, 1960년대 이후 코미디영화들은 이 시기의 코미디들과 형식적 측면에서, 그리고 이데올로기적 측면에서 구별되므로 비교의 대상으로 언급될 것이다. 보다 내러티브 중심적이고 형식적으로 규범화되면서 이데올로기적으로 경직되는 1960년대 이후 코미디들에 비하여 1950년대 코미디들은 충돌과 무질서의 에너지를 전면화하고 그것을 즐기는 형식이었으며, 이는 1950년대의 시대성과 관련된다. 그런데, 1950년대의 코미디언코미디 형성의 핵심 요소인 코미디언들 중 일부는 1960년대 후반까지 활발하게 활동하면서 장르의 관습 혹은 이데올로기적 측면을 변화시키거나 새로운 하위 장르를 구성하는 데 중요한 요인으로 작용하게 되므로, 이 글은 1960년대 코미디에 대한 언급과 비교를

포함한다. 그렇다고 해서 1950년대 코미디를 1960년대 코미디의 전사
前史이거나, 코미디장르의 '완성태'를 향해 나아가는 도정에 위치하는 것
으로 바라본다는 의미는 결코 아니다. 1950년대 코미디는 한국 코미디
영화 장르를 형성하는 과정의 일부이면서 동시에 '1950년대'를 담고 있
는 시대의 산물인 복합적 구성물로 인식되어야 본질을 파악할 수 있게
되기 때문이다.

그러므로 이 연구는 1950년대 코미디와 그 맥락에 집중하며, 그 이전
시기와 이후 시기의 코미디영화 혹은 대중문화 속 코믹함의 전통을 참조한
다. 부언하건대, 이 글의 목적은 이를 통하여 한국 코미디영화의 형성과정
을 밝히고, 그 과정에서 드러나게 되는 1950년대 코미디영화의 특성을
밝히는 데 있다. 그리하여, 1950년대 코미디영화가 함의하는 당대적 맥락
을 파악함으로써, 대중영화로서 코미디의 의미체계를 확장하고자 한다.

2. 관련 연구들

한국영화사 연구에서 1950년대에 대한 연구는 2000년대 이전까지
매우 드물었다. 한국전쟁 이후 대략 1956년부터를 중흥기라고 규정하
면서도 이 시기를 1960년대의 기업화, 세련화된 영화로 가기 위한 준비
단계 혹은 '미완의 시대'로 보는 관점이 일반적이었다. 또한 리얼리즘의
잣대로 정전화된 몇 편의 영화를 제외한 다수의 영화들은 구체적 연구

대상으로 다루어지지 않았다. 이 글에서 텍스트로 삼는 코미디영화들, 그 중에서도 코미디언을 주인공으로 하는 '엎치락뒤치락' 코미디들은 특히 '저급한' 것으로 분류되면서, 당대의 평론에서부터 최근에 이르기까지 진지한 관심의 대상이 되지 못했다.

여기에는 몇 가지 중요한 이유가 있다. 첫째, 영상으로 남은 자료가 거의 없었다는 점이다. 〈시집가는 날〉(이병일, 1957)이나 〈청춘쌍곡선〉(한형모, 1957), 〈오부자〉(권영순, 1958), 〈여사장〉(한형모, 1959), 〈백만장자가 되(려)면〉(정일택, 1959), 〈홀쭉이 뚱뚱이 논산 훈련소에 가다〉(1959) 등 지극히 적은 편수[1]를 제외하고는 현재 남아 있는 영상자료를 찾기 어렵다.

---

1   1950년대 코미디영화 목록은 다음과 같다. 이 중에서 〈오부자〉와 〈홀쭉이 뚱뚱이 논산 훈련소에 가다〉는 2015년 말 한국영상자료원에서 처음으로 일반 공개되었으며, 2018년 2월 현재 한국영상자료원 데이터베이스 시스템의 온라인 서비스를 통해 시청 가능하다.
〈표 1〉 1950년대 코미디영화 목록(한국영상자료원 데이터베이스 기준)

연도(편수)	영화명	필름	시나리오	비고
1955년 (1편)	〈결혼진단〉(이만흥)			
1956년 (4편)	〈벼락감투〉(홍일명)			
	〈시집가는 날〉(이병일)	○		
	〈여성의 적〉(김한일)			
	〈청춘쌍곡선〉(한형모)	○		
1957년 (3편)	〈배뱅이굿〉(양주남)			
	〈오해마세요〉(권영순)		○	
	〈천지유정〉(김화랑)			코미디언코미디
1958년 (9편)	〈공처가〉(김수용)		○	코미디언코미디
	〈딸7형제〉(박시춘)			
	〈사람 팔자 알 수 없다〉(김화랑)		○	코미디언코미디
	〈삼등호텔〉(박시춘)			코미디언코미디
	〈오부자〉(권영순)	○		코미디언코미디
	〈웃어야할까 울어야할까〉(신현호)			코미디언코미디
	〈인생차압〉(유현목)		○	
	〈자유결혼〉(이병일)	○	○	
	〈한번만 봐 주세요〉(김화랑)		○	코미디언코미디

특히 '슬랩스틱'이 많은 당시 코미디의 특성상, 몸의 표현이나 얼굴의 표정이 매우 중요함에도 이를 영상물로 확인할 수 없었다는 것은 이 시기 코미디에 대한 관심을 가로막는 가장 큰 원인이 되었다. 다행히 2015년 한국영상자료원에 '한우섭-한규호 컬렉션'이 기증되어 〈오부자〉와 〈홀쭉이 뚱뚱이 논산 훈련소에 가다〉의 영상을 확인할 수 있게 된 것은, 1950

연도(편수)	영화명	필름	시나리오	비고
1959년 (15편)	〈가는 봄 오는 봄〉(권영순)		○	
	〈고바우〉(조정호)		○	코미디언코미디
	〈구혼결사대〉(김수용)		○	코미디언코미디
	〈백만장자가 되려면〉(정일택)	○	○	코미디언코미디
	〈복도 많지 뭐유〉(백호빈)		○	
	〈부전자전〉(강대진)		○	코미디언코미디
	〈삼인의 신부〉(김수용)		○	코미디언코미디
	〈실례했습니다〉(박성호)		○	코미디언코미디
	〈여사장〉(한형모)	○	○	
	〈인생대학 1년생〉(윤봉춘)		○	
	〈자식복 돈복〉(윤대용)		○	
	〈청춘배달〉(김수용)		○	코미디언코미디
	〈홀쭉이 뚱뚱이 논산 훈련소에 가다〉(김화랑)	○	○	코미디언코미디
	〈후라이보이 박사소동〉(정창화)		○	코미디언코미디
	〈흥부와 놀부〉(김화랑)		○	코미디언코미디
1960년 (9편)	〈오형제〉(김화랑)		○	코미디언코미디
	〈로맨스 빠빠〉(신상옥)	○		
	〈경상도사나이〉(민경식)		○	
	〈연애전선〉(김수용)		○	
	〈신부여 돌아오라〉(안성찬)		○	
	〈장미의 곡〉(권영순)		○	
	〈산아제한〉(엄심호)		○	
	〈탈선 춘향전〉(이경춘)		○	
	〈스타탄생〉(이태환)		○	

위의 표에서 볼 수 있듯이, 1955년부터 1960년까지 제작된 총 41편의 코미디영화 중 영상자료가 존재하는 영화는 8편, 시나리오가 존재하는 영화는 30편, 시나리오와 영상자료 모두 존재하는 영화는 5편이다. 따라서 영상자료나 시나리오를 통해 내용을 확인할 수 있는 영화는 33편이다.

년대 후반 코미디언 코미디의 실제를 볼 수 있게 해 준 중요한 계기가 되었다. 둘째, 코미디영화를 다루는 당시의 신문기사나 평론 등 2차 자료가 부족했다는 점이다. 신문기사나 잡지의 평 역시 특정한 영화 몇 편에 집중되었기 때문에, 관객들의 큰 관심을 받았던 코미디영화들의 경우에도 심도 있는 논의가 진행되기 어려웠다. 마지막으로 코미디영화에 대한 인식의 문제가 있다. 특히 혼란했던 한국현대사에서 구차한 현실을 희화화하고 급작스런 화해로 유도하는 코미디영화의 봉합 과정은 역사나 사회에 대한 진지한 접근이 아니었다는 점에서 외면 받아왔다. 코미디영화에 대한 인식의 부족이나 분석틀의 부재가 바로 이 시기 코미디영화를 폄하하는 근본적 이유 중 하나가 되었던 것이다.

2000년대 이후 다양한 연구방법론이 개발되면서 학제 간 연구, 대중문화연구 및 미시사 연구가 활발해지고, 주변과 중심의 경계를 흩뜨리는 새로운 역사쓰기가 시도되었던 것은 코미디영화 연구에 있어서도 중요한 변곡점이 되었다. 연극사에서도 그간 소외되어 왔던 악극, 창극, 여성국극을 비롯한 대중적 연극양식에 대한 연구들[2]이 활발해졌고, 유성기

2 1990년대 후반부터 악극, 창극, 국극에 대한 연구들이 활발하게 이루어졌다. 특히 2000년대 이후 대중극으로서 악극, 창극, 국극에 대한 관심이 높아졌다. 주목할 만한 악극 연구로는
   김호연, 「한국근대악극연구」, 단국대 박사논문, 2003.
   _____, 『한국근대 대중공연예술의 생성과 그 변용양상』, 한국문화사, 2008.
   _____, 『한국근대악극연구』, 민속원, 2009.
   백현미, 「"국민적 오락"과 "민족적 특수성"—일제말기 악극의 경우」, 『공연문화연구』 11호, 한국공연문화학회, 2005.
   유인경, 「1950년대 한국연예주식회사의 설립과 활동 연구—자유가극단, 코리아가극단의 악극 공연활동을 중심으로」, 『한국극예술연구』 55집, 한국극예술학회, 2017.
   이규성, 「한국악극의 수용과정과 공연활동에 관한 연구—1930년대를 중심으로」, 단국대 석사논문, 2005.
   이화진, 「'노스텔지어'의 흥행사—1950년대 '악극'의 전성과 퇴조에 관하여」, 『대중서사연구』 17호, 대중서사학회, 2007.

음반, 가요 및 라디오방송을 비롯한 대중문화에 대한 연구들[3]이 성과를

정명문, 「백조가극단의 가극 연구—〈항구의 일야〉, 〈눈 나리는 밤〉을 중심으로」, 『한국
　　극예술연구』 37집, 한국극예술학회, 2012.
＿＿＿, 「흥행과 예술, 악극의 딜레마—해방기 악극단 레퍼토리 변화를 중심으로」, 『국
　　제어문』 66집, 국제어문학회, 2015.
최승연, 「악극성립에 관한 연구」, 『어문논집』 49호, 민족어문학회, 2004. 등이 있다.

창극과 국극에 관한 연구 중 이 글이 참조한 문헌은 다음과 같다.
김성희, 「여성국극의 장르적 성격과 이미지로서의 역사」, 『한국연극학』 40권, 한국연극
　　학회, 2010.
김유미, 「1950년대 여성국극에 나타난 대중 역사극의 변화—〈서동과 공주〉, 〈눈 우에
　　피는 꽃〉, 〈백호와 여장부〉의 성 역할을 중심으로」, 『어문논집』 57호, 2008.
＿＿＿, 「김화랑의 여성국극 작품 연구—〈백년초〉를 중심으로」, 『한민족문화연구』 28
　　호, 한민족문화학회, 2009.
김지혜, 「1950년대 여성국극의 단체활동과 쇠퇴과정에 대한 연구」, 『한국여성학』 27집
　　2호, 한국여성학회, 2011.
백현미, 『한국창극사연구』, 태학사, 1997.
＿＿＿, 「1950년대 여성국극의 성정치성」, 『한국극예술연구』 12집, 한국극예술학회,
　　2000.
＿＿＿, 「1950년대 여성국극의 성정치성 2」, 『대중서사연구』 18호, 대중서사학회,
　　2007.
손태도, 「한국창극사를 통해서 본 해방공간 창극 연구」, 『국문학연구』 31호, 국문학회,
　　2015.
송소라, 「20세기 창극의 음반, 방송화 양상과 창극사적 의미」, 고려대 박사논문, 2017.
진성희, 「한국여성국극연구 (1948~1960)—여성국극 번성과 쇠퇴의 원인을 중심으
　　로」, 『드라마연구』 29호, 한국드라마학회, 2008.

3　유성기음반에 대한 연구 중 이 책의 주제와 관련하여 주목할 만한 연구로는
　　고은지, 「20세기 유성기 음반에 나타난 대중가요의 장르 분화 양상과 문화적 의미」, 『한
　　　국시가연구』 21호, 한국시가학회, 2006.
　　구인모, 「근대기 유성기음반과 서영영화—영화설명 음반을 중심으로」, 『대중서사연
　　　구』 29집, 대중서사학회, 2013.
　　김재석, 「1930년대 유성기음반의 촌극연구」, 『한국극예술연구』 2집, 한국극예술학회,
　　　1992.
　　우수진, 「미디어극장의 시대, 유성기와 라디오」, 『한국학연구』 34집, 인하대 한국학연
　　　구소, 2014.
　　＿＿＿, 「유성기 음반극—대중극과 대중서사, 대중문화의 미디어 극장」, 『한국극예술
　　　연구』 48집, 한국극예술학회, 2015.
　　최동현·김만수, 「1930년대 유성기 음반에 수록된 만담·넌센스·스케치 연구」, 『한
　　　국극예술연구』 7집, 한국극예술학회, 1997.
　　＿＿＿＿＿, 『일제강점기 유성기 음반 속의 대중희극』, 태학사, 1997. 등이 있다.

이루었다. 영화사에서도 1950년대의 사회·문화적 지형도 속에서 이 시기 영화들을 새롭게 조명하는 연구가 이루어지고 있는 시점인 것이다. 이 글은 1·2차 자료의 부족이라는 절대적인 한계에도 불구하고, 기존 연구들과 최근 연구 경향의 성과를 바탕으로 1950년대 코미디영화에 대한 다각적 접근의 필요성을 인식하고 논의를 진행하고자 한다.

이 장에서는 먼저, 이 책에서 다루고자 하는 영화 텍스트들과 동시대를 살았던 이영일의 『한국영화전사』를 통해 당대 코미디영화에 대한 인식을 가늠해보고, 문제의식을 발전시켜 보고자 한다. 이영일의 『한국영화전사』는 코미디연구를 심도 있게 진행한 연구서가 아니지만, 이후 연

라디오 방송극 및 대중가요에 대한 연구 중 참고로 한 문헌은 다음과 같다.
문선영, 「한국 라디오 드라마의 형성과 장르 특성」, 고려대 박사논문, 2012.
_____, 「1950~60년대 라디오 방송극과 청취자의 위상」, 『한국극예술연구』 35집, 한국극예술학회, 2012.
_____, 「라디오 코미디 방송극의 형성과 변천」, 『어문논집』 51집, 중앙어문학회, 2012.
박찬호, 안동림 역, 『한국가요사』 1, 미지북스, 2009.
서재길, 「1930년대 후반 라디오 예술과 전통의 문제」, 『한중인문학연구』 23호, 중한인문과학연구회, 2008.
선성원, 『8군쇼에서 랩까지』, 아름출판사, 1993.
신현준·이용우·최지선, 『한국 팝의 고고학 1960－한국 팝의 탄생과 혁명』, 한길아트, 2005.
이영미, 「식민지 대중문화와 민중－대중가요」, 『역사비평』 22호, 역사비평사, 1993.
_____, 『한국대중가요사』, 민속원, 2006.
_____, 「1950년대 방송극－연속극의 본격적 시작」, 『대중서사연구』 17호, 대중서사학회, 2007.
_____, 「1950년대 대중적 극예술에서의 신파성의 재생산과 해체」, 『한국문학연구』 34집, 동국대 한국문학연구소, 2008.
이준희, 「1950년대 한국 대중가요의 두 모습, 지속과 변화」, 『대중서사연구』 17호, 대중서사학회, 2007.
장유정, 「만요를 통해 본 1930년대의 근대문화」, 『웃음문화』 1권, 한국웃음문화학회, 2006.
_____, 『오빠는 풍각쟁이야』, 황금가지, 2006.
_____, 「한국 대중가요의 전개 양상 고찰－1940~1960년까지의 작품을 중심으로」, 『한국문학논집』 51집, 한국문학회, 2009.

구의 전범典範이 되는 분류기준을 제시했으며 관객층의 분화와 윤리 문제에 대한 중요한 시사점을 제공했다.

『한국영화전사』에서 이영일은 1950년대 후반 한국영화가 산업적, 시스템적, 내적으로 발전하게 되었다고 평가하면서, 특히 작품 편수의 획기적인 증가와 더불어 '형식의 분화발전'[4]이 이루어졌다는 데 주목했다. 당시 제작편수의 70~80%를 점유했던 멜로드라마와 더불어 가장 먼저 장르적으로 형식이 분화되기 시작한 것이 코미디였는데, "서브플롯"이 아닌 "희극의 주인공이나 상황을 당당하게 그린" 영화가 최초로 등장한 것이 바로 이 시기였던 것이다. 이영일은 1950년대 후반 코미디영화의 등장 자체가 "전쟁 후의 한국사회가 희극을 수용하는 사회로 변모"[5]했음을 보여주며, 이 시기 코미디들이 내용이나 성과를 떠나 코미디영화의 패턴을 마련했다[6]는 점에서 흥미롭다고 평가했다. 한 장르의 등장과 발전을 사회의 변화와 연관 지어 설명하면서, 이영일은 당시 코미디영화들을 세분화했다.

첫째는 시추에이션 코미디의 형태이다. 〈시집가는 날〉이나 〈인생차압〉처럼 코미디 탤런트에 의존하지 않고 그 드라마 패턴 자체가 가진 구성이나 주제 때문에 희극이 구성되는 경우이다. 둘째는 시추에이션 코미디의 패턴에 들기는 하지만 인생에 대한 경구나 사회풍자의 대사 같은 것이 한결 더 희극적 요소를 이루고 있는 사운드 코미디의 유형이다. 〈삼등과장〉, 〈실례했습

---

4 이영일, 『한국영화전사』(개정증보판), 소도, 2004, 243쪽.
5 이영일, 『한국영화주조사』, 영화진흥공사, 1988, 423~424쪽.
6 이영일(2004), 277쪽.

니다〉 등이 이런 경향이다. 셋째는 이 연간에 가장 많이 볼 수 있었던 슬랩스틱 코미디의 패턴이다. 이것은 주로 코미디 탤런트가 희극을 유발하는 경우이다. 〈오부자〉, 〈후라이보이 박사소동〉, 〈홀쭉이 뚱뚱이 논산훈련소에 가다〉 등등이 여기에 들어간다. 이밖에 몇 편의 청춘코미디인 〈삼인의 신부〉니 〈구혼결사대〉니 하는 것은 형태상으로 시추에이션 코미디에 들어간다.[7]

이영일의 분류에서 첫 번째와 두 번째, 그리고 네 번째가 사실상 '시추에이션 코미디'라는 동일한 카테고리에 포함된다고 본다면, 그는 이 시기 코미디를 크게 두 가지의 형태로 분류하고 있는 셈이다. 즉, 드라마적 구성과 주제에 의해 코미디가 구성되는 '시추에이션 코미디'의 형태, 그리고 코미디 탤런트가 희극을 유발하는 '슬랩스틱 코미디'의 형태. 그는 시추에이션 코미디가 "짜릿한 풍자나 냉소"를 가진 반면, "통속희극"이라고 칭한 후자의 경우 당대의 사회 풍조를 가장 두드러지게 그려내고 있다[8]고 평가했다. 그리고 윤리적인 면에서는 이 통속희극이 신파의 변형이라고 설명한다. 덧붙여 이영일은 '진지한 시민의 일상감각'을 다루었던 멜로드라마의 경향이 코미디영화의 소재로 전이된 것을 "민중들의 심리 내부에 이상형태의 좌절이 있음을 보여주는 것"[9]으로 평가하지만, 그럼에도 이 시기 신파와 슬랩스틱 코미디가 "중간계층 이하 서민 대중들의 정서적 배설구"[10] 역할을 담당했다는 점에서 의의가 있다고 본다.[11]

---

7 이영일(2004), 274~275쪽.
8 이영일(2004), 276쪽.
9 이영일(2004), 266쪽.
10 이영일(2004), 269쪽.
11 이영일은 이 시기 코미디영화의 붐이 '무대의 인기 코미디언들을 영화계로 끌어들임으로써' 만들어졌다고 보면서, 무대 출신의 뛰어난 연기자들 때문에 서민층 중년남녀를

이와 같은 이영일의 서술은 몇 가지 측면에서 특히 중요하다. 첫째, 코미디영화를 '시추에이션 코미디'와 '슬랩스틱 코미디'라는 두 가지 하위 장르로 구분한 것과 그 각각에 대한 평가가 이후의 연구에서도 지속적으로 반복되어 왔다는 점이다. 즉, 그는 이 시기 코미디들을 시추에이션 코미디와 슬랩스틱 코미디로 양분하고, 전자에서 '사회 풍자적 주제나 대사'를 특징적으로 찾을 수 있다면, 후자는 당대 유행하는 사회풍조나 심리에 기댄 '익살맞은 제스처나 개그 같은 것'에 의존한다고 평가했는데, 이 같은 평가는 1990년대까지 한국 코미디영화를 다룬 논문들[12]에서도 지속되어 왔다. 이영일의 논의는 1950년대 코미디를 구성적 특징에 따라 분류함으로써, 이 시기 코미디의 등장과 전개 및 분화가 가진 의미를 체계화했다는 의의를 가진다. 그럼에도, 시추에이션 코미디를 세 가지로 세분화했던 데 비하여, 슬랩스틱 코미디

주인공으로 한 희극에서 좋은 작품들이 나올 수 있었다고 설명했다. 이영일(1988), 423~424쪽.

12 이 논문들 역시 1950년대 코미디영화에 대한 본격적 논의라고 하기는 힘들지만 '코미디'를 연구의 영역으로 끌어왔다는 점에서 그 의미를 찾을 수 있을 것이다. 오은실의 「한국영화에 나타난 희극성 연구—사회상의 반영에 따른 특성을 중심으로」(동국대 석사논문, 1993)는 1950년대부터 1990년대에 이르기까지 각 시대별로 나누어 희극성의 성격을 정의하고, 한국적인 웃음의 미학을 파악하고자 한다는 점에서 새로운 시도였다. 그러나 1950년대 후반 코미디의 유행에 대해서는 생활현실을 소재로 한 풍속희극과 저속 취향의 희극물로 양분한 뒤, 후자에 대해 도피성향, 가학성 두드러진 알맹이 없는 웃음이라는 단선적인 평가를 내렸다는 점에서 기존의 논의와 같은 한계를 갖는다. 김윤아의 논문 「60년대 초의 한국 가족희극영화 연구」(동국대 석사논문, 1995)는 "사회비판과 풍자가 가능한 유일한 시기"였던 4·19와 5·16 사이에 제작된 네 편의 영화 〈로맨스 빠빠〉, 〈박서방〉, 〈삼등과장〉, 〈서울의 지붕밑〉을 대상으로 논의를 진행한다. 김윤아는 가족희극영화가 서민들의 삶의 고단함을 위로하고, 웃음을 주었으나 결국은 체제유지에 봉사하는 사회적 '안전판'의 기능을 수행했다는 결론을 내린다. 김윤아의 논문은 '가족희극영화'라는 장르의 범주를 유형화하고 구체적인 텍스트 분석을 통해 의미를 도출하고자 했다는 점에서 새로웠지만, 그 역시 정전화된 코미디영화들의 분석에만 집중했다는 점에서 당대 코미디영화의 다양성을 설명하지 못했다는 한계를 노출했다.

의 다양성에 대해서는 언급하지 않았다는 점, 슬랩스틱 코미디의 정의를 '코미디 탤런트가 희극을 유발하는 경우'로 축소하고, 그 의의를 "'익살맞은 제스처나 개그'에 의존하여 사회 풍조를 가장 잘 드러내었다"는 것에 국한시켰다는 점, 즉 '통속희극'이나 '슬랩스틱 코미디'라는 용어를 충분한 설명 없이 자의적으로 사용하고 분류했다는 측면에서 이 논의는 재고될 여지가 있다.

둘째, 슬랩스틱 코미디를 윤리적인 면에서 평가할 때, 신파의 변형이라고 지적한 것은 지금까지 간과되어 왔던 '슬랩스틱 코미디' 혹은 '통속희극'의 내적 논리를 재고하게 한다는 측면에서 중요하다. 이영일은 시대적 성격과 민중의 원망顚望 사이에 달성되지 못한 갈등으로 인해, 개인의 불행에 대한 사회적 책임을 암시하는 것이 예술적으로는 리얼리즘을 이루며, 희극에서는 슬랩스틱 코미디가 된다고 설명했다.[13] 이 같은 이영일의 언급을 바탕으로 정리해 보면, 슬랩스틱 코미디는 두 가지 예술형식과 연관된다. 첫 번째는, 윤리적인 면을 기준으로 볼 때, '신파'의 변형이라는 것. 두 번째는, 개인과 사회의 관계의 형상화를 기준으로

---

13 리얼리즘, 멜로드라마, 신파의 개념에 대해서는 무수히 많은 논의가 있겠으나 여기에서는 일단 이영일의 정의에 한정하여 각 개념을 살펴보도록 하겠다. 그에 따르면 리얼리즘은 "인간문제나 사회문제를 합리적인 의식을 통해 제시"하는 것으로, "인간내부의 형이상학적 드라마를 보여주는 것"이다. 멜로드라마는 비판적 사회의식이 담기지만 사회 드라마의 형태(즉, 리얼리즘의 형태)까지 가지 못한 양식이다. 그럼에도 멜로드라마는 그 시대의 모습이나 사회, 민중의 현실감각, 풍속윤리를 볼 수 있는 영화적 형식이며, "생활의 주인공으로서 자기 자신의 주장"을 보여주는 심리적 기반을 가진다는 점에서 긍정적이다. 한편, 신파는 "사회문제를 다루기는 하나 해결 가능한 것으로 제시하지 않는" 것이며, 여기서 사회는 "서럽고 비참하다는 이야기를 할 수 있는 무대"로 활용된다. 신파는 "욕구 불만과 억압과 원망의 단순 무지한 과정에 의해 이성을 도외시한 채 대상 행위를 달성하는 수단을 보여주는 서민대중들의 예술형식"인 것이다. 이영일(2004), 20~22·248~257·268~269쪽 참고.

할 때, "예술적 형식"인 '리얼리즘'에 대한 희극의 형식이라는 것이다. 리얼리즘과 멜로드라마, 신파와 슬랩스틱 코미디가 맺고 있는 관계에 대해서는 보다 정교한 논의가 필요하며, 이는 본문에서 다시 살펴볼 내용이기도 하다. 여기서 중요한 것은 리얼리즘과 신파, 그리고 슬랩스틱의 세계가 사회적 한계에 부딪친 개인의 필패必敗와 좌절을 그린다는 점에서 유사하다는 이영일의 지적이다. 더 나아가 그가 리얼리즘의 변형태라고 지적했던 멜로드라마와 신파, 그리고 슬랩스틱은 세속화된 세계 속에서 윤리적 정당성을 획득할 수 있는 도덕적 비의moral occult[14]를 제시한다는 점에서 동일한 작동 원리를 갖는다고 볼 수 있다. 그리고 이는 1950년대 후반 슬랩스틱 코미디의 등장과 유행이라는 현상의 사회적 맥락을 분석하는 데 유용한 참고가 된다.

마지막으로 이 시기 슬랩스틱 코미디가 "중간계층 이하 서민 대중들의 정서적 배설구" 역할을 했다고 지적한 것은 1950년대 후반 영화 관객층의 확대와 분화라는 측면에서 중요한 시사점을 제공한다. 즉, 슬랩스틱 코미디를 즐기고 거기서 정서적 만족감을 얻은 관객층과 그들의 취향을 구분함으로써, 코미디, 그중에서도 슬랩스틱 코미디를 상대적으로 '저급한' 형식으로 분류해 왔기 때문이다. 그러나 이 시기 10만 관객을 넘어서면서 국산영화 흥행 순위의 상위권을 차지했던 이 영화들의 관객층이 어떤 집단으로 이루어졌으며 그들의 욕망이 무엇이었는지는, 여러 층위에서 다시 질문되어야 한다.

이러한 이영일의 논의를 염두에 두고 이후의 논의들을 살펴보면

---

14 피터 브룩스, 이승희·이혜령·최승연 역,『멜로드라마적 상상력─발자크, 헨리 제임스, 멜로드라마, 그리고 과잉의 양식』, 소명출판, 2013, 31쪽.

2000년대 이전에는 1950년대의 코미디영화뿐 아니라 코미디영화 자체에 대한 진전된 논의들이 많지 않았다는 사실을 알 수 있다. 코미디영화가 아카데미의 영역으로 진출한 뒤, 정전화된 영화들과 그 밖의 영화들로 양분된 시각에서 벗어나 지평의 확대를 이룰 수 있는 배경을 제시해 주었던 것은 1950년대에 대한 영화사 내외적 관심의 집적으로 이루어진 몇 편의 연구서들이었다. 그 중에서도 『매혹과 혼돈의 시대 ─50년대의 한국영화』[15]는 1950년대를 1960년대의 전사前史로만 이해해 온 기존의 역사기술에 의문을 제기하면서, 1950년대 영화의 자율성과 모순, 그리고 다양한 재현전략을 강조하며 이 시기를 단절과 차이로 이해하는 새로운 사관을 제시했다. 그리고 1950년대의 서사 영화들이 당대의 모습을 반영, 상징, 재현, 은유, 포착하는 방식[16]을 구체적 텍스트 분석을 통해 규명하면서 기존 한국영화사의 담론들이 맥락화되는 과정을 탐구하였다.

『매혹과 혼돈의 시대』가 1950년대를 영화사적 입장에서 새롭게 조명하고자 하는 시도였다면, 『아프레걸 사상계를 읽다─1950년대 문화의 자유와 통제』[17]는 1950년대의 격동하는 정치, 경제, 사회적 맥락 속에서 문화의 재편 현상을 논하면서 그 속에서 대중문화의 활황을 다루는데, 영화는 특히 '신파성'과 관련되어 논의된다. 신파 혹은 신파성은 1910년대 유입된 이래 특정 극 양식을 지칭하는 용어였다가 1990년대

---

15 김소연·백문임·안진수·이순진·이호걸·조영정, 『매혹과 혼돈의 시대─50년대의 한국영화』, 소도, 2003.
16 김소연·백문임·안진수·이순진·이호걸·조영정(2003), 9쪽.
17 권보드래 외, 『아프레 걸 사상계를 읽다─1950년대 문화의 자유와 통제』, 동국대 출판부, 2009.

이후 대중문화에 대한 보다 적극적인 해석이 이루어지는 과정에서, 20세기 이후 우리나라의 여러 종류의 대중예술에서 나타나는 독특한 예술적 관습 혹은 미적 특질[18]을 지칭하는 용어로 재정의 되면서 새롭게 독해되기 시작했다. 이영미와 이호걸은 '신파적 양식' 혹은 '탈신파적 양식'이 개별 텍스트 속에서 어떻게 드러나고 변형되고 굴절되는가를 분석함으로써, 1950년대 영화를 각각 공시적이고 통시적인 대중문화 지형도 속에서 재맥락화하고자 했다.

앞서 언급한 두 권의 책은 구체적인 시대상황 및 문화적 상황을 정교하게 읽어내는 과정에서, 당대 대중문화의 중심 매체였던 영화와 그를 둘러싼 담론의 의식적, 무의식적 욕망과 그 의미를 도출해 내고자 했다. 그리하여 발전론적이고 직선적인 역사관 속에서 전사前史 또는 준비과정으로 평가되어 왔던 1950년대를 탈역사화하여, 새로운 문맥 속에서 읽어내고자 하는 시도를 보여주었다. 이런 의미에서 이들의 연구는 주류 문화의 영역 / 주변화된 문화 영역, 정전화된 영화들 / 주변화된 영화들의 경계를 해체하고 재편하는 재역사화의 과정이었다고 할 수 있다.

그밖에 1950년대 중반~60년대 초를 중심으로, 여성관객의 관람경험을 분석함으로써 수용자 중심의 새로운 역사쓰기를 시도한 변재란의 논문 「한국영화사에서 여성 관객의 영화 관람 경험 연구-1950년대 중반에서 1960년대 초반을 중심으로」,[19] 실증적 자료들을 바탕으로 1950년대 후반 한국영화가 산업적으로 급격한 성장을 이룰 수 있었던 제요

---

18 이영미, 「신파성, 반복과 차이-1950년대 악극·영화·방송극」, 권보드래 외, 『아프레걸 사상계를 읽다-1950년대 문화의 자유와 통제』, 동국대 출판부, 2009, 292쪽.
19 변재란, 「한국영화사에서 여성 관객의 영화 관람 경험 연구-1950년대 중반에서 1960년대 초반을 중심으로」, 중앙대 박사논문, 2000.

소들을 파악한 윤진화의 「1950년대 후반기, 한국영화산업형성의 생성 메커니즘 연구」,[20] 당시 영화산업의 변화를 영화정책과의 연관 속에서 이해하고자 한 박지연의 논문 「한국 영화산업의 변화과정에서 영화정책의 역할에 관한 연구—1950년대 중반에서 1960년대 초반의 근대화 과정을 중심으로」,[21] 아시아영화제와 합작영화 제작이 1950~60년대 한국영화산업의 전개에 미친 영향을 논한 공영민의 논문 「아시아영화제를 통해 본 한국영화—1950~60년대 해외진출을 중심으로」,[22] 호남 지역의 극장사를 통해 1950년대 영화산업의 이면을 들여다본 위경혜의 논문 「1950년대 중반~1960년대 지방의 영화 상영과 '극장가기' 경험」,[23] 등도 1950년대를 새롭게 의미화 / 역사화 하려는 시도를 보여준 논문들이다.

이러한 1950년대의 재인식과 더불어, 그간 진지한 논의들에서 제외되어 왔던 코미디영화에 대한 논의들도 본격적으로 이루어지기 시작했다.[24] 1950년대 코미디영화에 대한 연구로는 오영숙의 「코미디의 세

---

20 윤진화, 「1950년대 후반기, 한국영화산업형성의 생성메커니즘 연구」, 동국대 석사논문, 2002.
21 박지연, 「한국 영화산업의 변화과정에서 영화정책의 역할에 관한 연구—1950년대 중반에서 1960년대 초반의 근대화 과정을 중심으로」, 중앙대 박사논문, 2008.
22 공영민, 「아시아영화제를 통해 본 한국영화—1950~60년대 해외진출을 중심으로」, 중앙대 석사논문, 2008.
23 위경혜, 「1950년대 중반~1960년대 지방의 영화 상영과 '극장가기' 경험」, 중앙대 박사논문, 2010.
24 1950년대 코미디영화에 대한 본격적인 논의는 아니지만, 1960년대 초반 가족드라마의 형성과정을 논하면서, 1950년대 후반 코미디영화에 대해 분석하는 이길성의 논문도 언급할 필요가 있다. 이길성은 1950년대 후반 영화산업의 급격한 성장과 장르의 분화가 가족드라마 장르 형성에 큰 영향을 미쳤다고 보면서, 1950년대 말 희극영화의 성장 배경으로 기존의 대중소설, 특히 유머어 소설의 영향과 무대극에서 활동했던 코미디언들의 흡수를 든다. 그리고 이 시기 코미디영화들을 코미디언들을 앞세운 슬랩스틱 코미디와 세련된 내러티브를 갖춘 희극영화로 구분하면서, 이 영화들의 특징을 다음과 같이 네

가지 존재방식」,[25] 그리고 1950년대 영화를 전반적으로 다루면서 그 중 한 챕터로 코미디영화를 다룬 박사논문 「1950년대, 한국영화의 장르형식과 문화담론 연구」[26]와 박사논문을 발전시켜 단행본으로 출간한 『1950년대, 한국영화와 문화담론』[27]이 있다. 오영숙의 세 편의 논문과 연구서는 동일한 관점에서 논의를 전개하는데, 그는 1950년대 영화들을 근대화에 대한 대응 방식으로 읽어내면서 이 시기의 활력과 개방성을 영화 속에서 포착하고자 한다. 그리고 개인성, 육체와 섹슈얼리티, 사적 공간을 향한 지속적 관심을 중심으로, 당대의 문화담론과 영화담론들을 포함한 사회, 문화사적 맥락 속에서 영화 텍스트를 해석한다. 특히 당대 유행했던 장르인 사극, 멜로드라마, 코미디영화 텍스트들의 분석을 통해 1950년대의 영화를 "시대적 상황에 대응하고 시대의 요구에 적응하고자 한 문화운동"으로 읽어낸다. 이 중에서 코미디는 현실적 문제들에 가장 근접해 있기 때문에 사회·문화적 사안에 가장 직접적으로 말 거는 장르이며, 1950년대 코미디영화는 일상과 개인에 천착하여, 풍속의 기록, 대화의 개방성, 세태의 풍자라는 형식을 통해 시대를 반영하고 있다고 평가했다. 그리고 코미디영화가 공식적 담론과 대립되는

가지로 정리한다. 첫째, 연애서사가 중심이 된다는 것, 둘째, 성역할 전도를 다루는 경향, 셋째, 가족 혹은 가정에 대한 관심, 마지막으로 희극영화와 뮤지컬의 접목현상. 1960년대에 들어서면서, 슬랩스틱 코미디의 경향이 후퇴하고, 세련된 희극영화들이 홈드라마와 혼합되는 경향이 두드러지게 나타나게 된다. 이길성의 논문은 1950년대 코미디영화를 1960년대 초반 가족드라마의 모태가 되는 장르 중 하나로 보면서, 이 시기 코미디영화의 형성과 경향에 대한 흥미로운 논점을 제시하였다. 이길성, 「1960년대 가족드라마의 형성과정과 제 양상연구」, 중앙대 박사논문, 2006.

25 오영숙, 「코미디의 세 가지 존재방식—50년대 코미디 영화를 중심으로」, 『영화연구』 26호, 한국영화학회, 2005.
26 오영숙, 「1950년대, 한국영화의 장르형식과 문화담론 연구」, 한양대 박사논문, 2005.
27 오영숙, 『1950년대, 한국영화와 문화담론』, 소명출판, 2007.

다양한 목소리들과 그 목소리들의 진실성을 채취한다는 점, 공론장으로서 역할을 수행한다는 점, 새로운 가치를 탐색하는 시대의 공기를 전달한다는 점에서 긍정적인 역할을 했다고 진단했다. 그런데 이러한 오영숙의 논의가 염두에 두는 것은 〈시집가는 날〉, 〈서울의 휴일〉, 〈삼등과장〉류의 정전화된 코미디들이다. 물론 당대 유행했던 모든 영화들을 대상으로 유형화, 분류하는 것이 이 논의의 핵심은 아니었으나 영화가 사회와 맺는 관계를 논함에 있어 당대 대중들과 더욱 밀착되어 있었던 '슬랩스틱'류의 '통속희극'들을 논의의 대상에서 제외한 것은 한계로 지적될 수 있을 것이다.

한편, 이수현의 「1950년대 후반 한국 코미디영화문학의 관습체계 연구」[28]는 1957~61년 사이 코미디영화의 시나리오를 중심으로 이 영화들의 내러티브적 / 비내러티브적 관습을 분석하면서, 이 영화들이 장르적 관습 체계를 통해 수용자의 감수성을 반영하고 공감을 이끌어 내는 대중오락으로 기능했다고 평가했다. 이 논의는 그동안 영상의 부재로 인해 연구에서 전적으로 소외되었던 슬랩스틱 코미디들을 분석의 대상으로 끌어와 적극적인 의미를 부여하고자 했다는 점에서 의의가 있다. 그럼에도 코미디영화의 내러티브 관습을 '보통 이하의 인물을 통한 웃음 창출'과 '연애로 봉합되는 서사' 두 가지로, 또 비내러티브적 관습을 '코미디언코미디'와 '코믹한 장치와 악극의 전통' 두 가지로 축소했다는 것, 내러티브 관습과 비내러티브적 관습 사이의 상호교섭, 코미디와 그것이 지시하는 외부 세계와의 관계에 대해서 깊이 있는 논의가 진행되지 않았

---

28 이수현, 「1950년대 후반 한국 코미디영화문학의 관습체계 연구」, 고려대 석사논문, 2009.

다는 점, 마지막으로 1950년대 코미디영화 관습 형성에 영향을 미친 다양한 맥락들—예컨대 할리우드 코미디영화, 명랑소설, 라디오 드라마의 영향 등—을 고려하지 못했다는 점은 이 논의의 한계라 하겠다.

최근 1950년대 코미디영화에 대한 이 책의 관심과 문제의식을 공유하는 몇 편의 논문들이 더 출간되었다. 그 중에서도 김청강의 학위논문과 이후의 연구들[29]은 1950년대를 전후한 시기의 코미디영화들, 특히 임화수의 한국연예주식회사와 홀쭉이 뚱뚱이의 영화를 주요 연구의 대상으로 삼아 코미디영화의 정치성에 주목하는 연구들을 제출했다. 김청강의 논문들은 한국의 국가 재건기이자 동아시아 문화냉전의 시기인 1950~60년대에 코미디 영화들이 어떤 방식으로 국가적 책무에 봉사해 왔는지를 규명해왔다. 이 연구들은 코미디영화가 시대적, 정치적 구성물이라는 이 책의 논지와 상당 부분 견해를 같이 한다. 그러나 코미디영화를 기본적으로 체제 순응적인 것으로 규정하여 그것의 전복적 가능성을 적극적으로 해석하지 않았다는 점과 1950년대 코미디영화가 구성되는 과정을 '식민적' 악극과 '탈식민적' 할리우드의 상호작용으로 축소하여 바라본다는 점에서 더 나아간 논의가 이루어져야 할 부분이라 생각된다.

이상의 연구 성과들의 의의와 한계를 바탕으로 이 글은 1950년대 코미

---

29 김청강, *South Korean Golden-age Comedy Film : Industry, Genre, and Popular Culture(1953~ 1970)*, Ph.D dissertation, University of Illinois at Urbana-Champaign, 2011; 「현대 한국의 영화 재건논리와 코미디 영화의 정치적 함의(1945~60)」, 『진단학보』 112집, 진단학회, 2011; 「악극, 헐리우드를 만나다—1950년대 한국 대중영화의 혼종성에 드러나는 식민성과 탈식민적 근대성의 문제들」, 『대중서사연구』 29호, 대중서사학회, 2013; 「냉전과 오락영화—1950~60년대 군사주의적 남성성과 반공적 주체 만들기」, 『한국학연구』 61집, 고려대 한국학연구소, 2017.

디영화를 대중 문화적 연속선상에서 파악하되, 그 형성에 영향을 미친 다양한 층위의 결정인자들을 분석하여 이 장르의 탄생과 전개 과정을 살펴보고, 그 구성적 특성의 분석을 통해 이 시기의 코미디영화가 한국영화사, 더 나아가 한국사회와 맺고 있는 관계에 대하여 논해 보고자 한다.

3. 연구방법론

지금까지 1950년대의 코미디영화를 다룬 한국영화사 내의 연구들을 살펴보면서, 기존 1950년대 영화연구에서 진일보한 시각을 보여주는 연구들을 일괄했다. 여기에서는 할리우드 코미디영화의 연구 경향을 중심으로 한국 코미디영화 연구를 되짚어 보면서, 이 책의 연구방법론을 설명하고자 한다. 이 책이 근간을 두고 있는 연구방법론은 신역사주의적 접근법으로, 텍스트를 산출한 역사적 콘텍스트에 관심을 기울이는 '텍스트의 역사성'과 텍스트가 해당 시대의 현실을 이데올로기적 담론형태로 반영한다고 보는 '텍스트의 현실 연관성'[30]을 밝히는 연구를 수행한다.

배리 랭포드[31]는 할리우드 영화연구에서 기존 장르연구의 경향을 세 가지로 설명했는데, 할리우드 코미디영화에 대한 논의들 역시 여기에

---

30 최호근, 「역사주의와 신역사주의」, 『한국사학사학보』 8호, 한국사학사학회, 2003, 84 ~86쪽.
31 배리 랭포드, 방혜진 역, 『영화장르-할리우드와 그 너머』, 한나래, 2010.

맞춰 분류해볼 수 있다. 첫 번째는 분류화 단계로 개별 장르를 정의하고 범주를 설정하는 연구 경향인데, 이에 해당하는 코미디영화 연구로는 제럴드 마스트의 *Comic Mind*[32]를 들 수 있다. 할리우드 코미디영화에 대한 거의 최초의 진지한 학문적 접근에 해당하는 이 연구서는 할리우드 코미디의 관습을 확정하며, '걸작masterpiece' 전통에 기대어 작가의 '진화'라는 관점에 초점을 맞춘 채 코미디영화와 작가들의 정전화 작업을 수행한다. 두 번째는 개별 장르의 의미 및 장르 일반의 사회적 기능에 초점을 맞추는 분석이다. 스티브 사이드만의 *Comedian Comedy : A Tradition in Hollywood Film*[33]가 이에 해당한다. 이 연구서는 슬랩스틱 코미디, 그 중에서도 코미디언을 중심으로 한 코미디언코미디가 1910년대부터 70년대에 이르기까지 일련의 장르적 관습을 확립하면서 계속되어온 영향력 있는 장르임을 증명하고자 했다. 다양한 코미디영화들을 참고로 관습의 의미와 신화적 기능을 분석하면서, 사이드만은 코미디언코미디가 특정 시대를 넘어서도 유효한 형식임을 주장한다. 그러나 사이드만의 연구는 여러 가지 의의에도 불구하고, 코미디 전통의 대중적 기반, 고전적 할리우드 영화 역사와 여타 대중문화의 코믹 전통이 맺고 있는 폭넓은 관계 및 문화적, 사회적 환경 변화에 대응하는 코미디의 변화 등에 대해서는 고려하지 못했다는 한계가 있다.

앞선 두 연구경향의 무역사성에 대한 비판으로 등장한 것이 세 번째

---

32 Gerald Mast, *The Comic Mind : Comedy and the Movies*, University Of Chicago Press, 1974. 이에 해당하는 연구로 Wes D. Gehring, *Personality Comedians as Genre : Selected Players*, Greenwood Press, 1997 등이 있다.

33 Steve Seidman, *Comedian Comedy : A Tradition In Hollywood Film*, UMI Research Press, 1981. 이에 해당하는 연구로 Alan S. Dale, *Comedy Is a Man In Trouble : Slapstick in American Movies*, University of Minnesota Press, 2000 등이 있다.

분류인 장르제작의 역사적 컨텍스트들에 초점을 맞추는 연구들이다. 이는 벤 싱어의 맥락적 연구방법과도 일맥상통한다. 맥락적 접근법은 하나의 문화적 대상이 어떻게 사회적, 상호텍스트적, 그리고 상업적 맥락의 복합적 관련으로부터 자라나고 존재했는지를 탐구하는 것으로, 벤 싱어는 이러한 접근을 통하여 서구의 멜로드라마 장르가 근대의 산물이자 근대의 반영임을 증명했다.[34] 즉, 벤 싱어의 맥락적 연구방법과 랭포드의 세 번째 분류—장르제작의 역사적 컨텍스트에 대한 연구는 신역사주의적 연구방법의 영화적 적용으로 볼 수 있으며, 이 책이 지향하는 연구방법이기도 하다. 이에 해당하는 대표적인 코미디영화 연구로는 헨리 젠킨스의 *What Made Pistachio Nuts : Early Sound Comedy and the Vaudeville Aesthetic*[35]이 있다. 젠킨스는 1930년대 유성영화 초기의 코미디들을 아나키즘적 코미디로 명명하면서 보드빌, 브로드웨이 연극, 소극, 만화, 유머 잡지를 비롯한 동시대의 문화형식들과의 관련 속에서, 또 영화산업, 스타 시스템, 고전적 규범의 등장과 같은 제도의 컨텍스트 속에서 이 코미디들에 대한 통찰력 있는 분석을 시도했다. 젠킨스의 연구는 코미디영화가 대중오락을 형성하는 문화적, 경제적, 산업적 힘들 사이의 복잡한 상호작용에 의해 형성된다는 것을 성공적으로 보여주었다. 젠킨스 이후, 사회, 문화적 관계망 속에서 코미디영화를 재해석하는 작업이 활발해져 1990년대 이후 연구들—프랑크 크루트니크가 편집한 *Hollywood Comedians : The Film Reader*[36]나 크리스틴 브루노프스카 카르니크와 헨리 젠킨스가 편집한 *Classical Hollywood*

---

34 벤 싱어, 이위정 역, 『멜로드라마와 모더니티』, 문학동네, 2009.
35 Henry Jenkins, *What Made Pistachio Nuts? —Early Sound Comedy and the Vaudeville Aesthetic*, Columbia University Press, 1992.
36 Frank Krutnik (ed.), *Hollywood Comedians : The Film Reader*, Routledge, 2003.

Comedy[37]에 실린 다수의 논문들 — 은 이러한 관점을 수용하여 진행된 연구들이다.

살펴본 바와 같이 신역사주의적 접근법을 통해 할리우드 코미디영화 연구는 정전화된 몇 명의 작가들과 그들의 작품으로 한정되었던 논의의 영역을 확대했고, 코미디 장르의 역사성을 복원하여 구체적인 시대 및 사회와 소통하는 '텍스트의 현실연관성'을 밝히는 데로 나아갔다. 이러한 접근법은 한국 코미디영화 연구의 경향을 쇄신할 수 있는 근거를 제시한다. 그간의 한국 코미디영화 연구는 주로 개별 텍스트[38]나 감독 연구,[39] 시대별 코미디 경향의 분석,[40] 장르 연구[41]로 진행되어 왔는데, 이길성이 지적했듯이 한국영화사 연구와 장르 연구가 분리된 채 진행[42]되어 왔기 때문에 코미디장르에 영향을 미친 다양한 현실관계들이 간과되었을 뿐 아니라, 코미디영화가 각 시대의 영화사와 관계 맺는 방식에 대

37　Kristine Brunovska Karnick & Henry Jenkins (ed.), *Classical Hollywood Comedy*, Routledge, 1995.

38　박선영, 「〈봄봄〉연구-희극성과 이미지의 작용을 중심으로」, 『영상예술연구』 4호, 영상예술학회, 2004; 김남석, 「〈웰컴 투 동막골〉의 장면 배열 양상연구」, 『한국문학이론과 비평』 36호, 한국문학이론과비평학회, 2007; 김윤정, 「연극의 영화화에 따른 텍스트의 변용 연구-장진의 〈박수칠 때 떠나라〉를 중심으로」, 『한국언어문화』 38권, 한국언어문화학회, 2009.

39　김수남, 「심우섭 감독연구-한국적 멜로드라마와 희극의 경계선」, 『청예논총』 19호, 청주대예술문화연구소, 2001.

40　유지나, 「60년대 한국 코미디-핵심 코드와 사회적 의미작용」, 『영화연구』 15호, 한국영화학회, 1999; 문관규, 「1990년대 한국 코미디연구-희극장면과 아버지 재현을 중심으로」, 동국대 박사논문, 2004; 박미경, 「2000년대 코미디영화에 나타난 대중성과 전복성에 관한 연구-내러티브 전략과 카니발 이론을 중심으로」, 동국대 석사논문, 2010.

41　서곡숙, 「1960년대 후반기 한국 변장코미디영화의 대중성 연구-변장모티프를 통한 내러티브 전략을 중심으로」, 동국대 박사논문, 2003; 조바울라, 「한국 가족 코미디영화의 웃음코드 연구」, 한국외국어대 석사논문, 2010; 박선영, 「1950년대 후반 코미디언코미디영화 속 스펙타클의 양상과 의미」, 『영상예술연구』 16호, 영상예술학회, 2010.

42　이길성(2006), 20쪽.

해서도 연구된 바가 적었다고 할 수 있다. 따라서 신역사주의적 연구방법은 기존 한국영화사 연구의 경향을 재고하고 새로운 방향을 설정하는 방법론이 될 수 있다. 최근 들어 코미디영화에 대한 관심이 증가하면서 코미디영화의 역사적 의미와 시대성 및 영화사 안에서 코미디영화의 위치에 주목한 논문들이 다수 출간되어 연구의 영역을 확장해 가고 있는 추세라 할 수 있다.

이에 덧붙여 이 책에서 또 다른 중요한 연구방법론으로 제시하고자 하는 것은 바로 구술사 방법론이다. 주지하다시피, 1950년대의 공연·상연을 중심으로 전개된 대중문화를 증명할 수 있는 실증적 자료가 부족하기 때문에, 이 논의는 당대의 신문이나 잡지의 평론과 광고 및 당대를 살았던 문화예술인들의 구술자료를 적극 활용할 수밖에 없다. 구술자료는 지배적인 역사해석이나 인식과 다른 주변적이고 지방적인 맥락에서의 합리적 해석[43]을 가능하게 하는 것으로, 기왕의 한국영화사에서 주변적으로 다루어졌거나 조명되지 않았던 부분들을 새롭게 밝혀 줄 수 있는 중요한 증거자료가 된다.

이상의 연구 방법을 바탕으로 1950년대 한국 코미디영화의 '역사성'과 '현실연관성'을 밝히기 위해 이 책에서 구체적으로 살펴보고자 하는 것은 다음의 세 가지이다. 먼저 '흥행 산업'의 흐름이다. 흥행 산업은 영화뿐 아니라 영화와 대화적 관계를 통해 그 영역을 확장시킨 다양한 대중문화를 포함하며, 영화를 비롯한 이들 대중문화의 발생과 활황, 쇠락의 흐름을 촉발시킨 산업적, 제도적, 상업적 환경 및 물적 토대를 포괄

---

43 윤택림·함한희, 『새로운 역사쓰기를 위한 구술사 연구방법론』, 아르케, 2006, 28쪽.

한다. 이 글에서는 1950년대 당대뿐 아니라 이 시기 코미디영화 형성에
직·간접적 영향을 행사했을 것으로 사료되는 이전 시기까지 시대를 거
슬러, 근대적 흥행 산업의 등장과 함께 변화의 전기를 맞게 된 '코미디'
와 '코미디언'의 전통에 대해 논한다. 흥행 산업의 전개와 변화 양상을
살핌으로써 레이먼드 윌리엄스가 말한 바, '지배적 문화, 잔여 문화, 부
상하는 문화'의 변동을 파악하고 이에서 새로운 대중문화―즉, '코미
디영화'가 "불균등하지만 결정적으로 작용하는 다양한 세력들의 상호
작용"[44]에 의해 부상하는 과정을 고찰하며, 1950년대에 그것이 장르를
형성하고 호황을 이루게 되는 구체적 과정을 파악할 수 있을 것이다. 이
는 곧 "존재해 온 전통들과 행위들에 대한 능동적 작업, 그들의 능동적
재작업, 그럼으로써 그들이 다른 방식으로 표출된 것"을 살펴보고, "대
중적 형식이 상업적 오락과 고급 예술의 지배에 의해 흡수되고 변형되
어 온 과정"[45]을 추적하는 문화 연구의 영역과 맞닿는다.

　다음으로 이 글에서 주목하는 것은 '코미디언'이다. 코미디언은 한국
의 근대적 흥행 산업이 형성되는 과정에서 가장 먼저 예능인으로서 자
리매김 되었다. 대중들이 흥미를 가질 법한 이야기들을 가지고 웃음을
이끌어냈던 이들 최초의 코미디언들은 '이야기성'과 '대중성'을 매개하
는 능력으로 인해 연예 산업의 중심이 될 수 있었다. 이들은 궁궐의 광대
에서 거리의 재담가와 만담가로, 다시 근대적 의미의 '극장' 등장 이후
대중극단의 희극 배우로, 이후 영화의 코미디 배우와 텔레비전의 코미

44　스튜어트 홀, 백선기 역, 「문화연구―두 가지 패러다임」, 존 스토리 편, 『문화연구란 무
　　엇인가』, 커뮤니케이션북스, 2000, 89쪽.
45　Stuart Hall, "Notes on Deconstructing 'the popular'" in Raphael Samuel (ed.), *People's
　　History and Socialist Theory*, Routledge and Kegan Paul, 1981, pp.227~228.

디언으로, 시대와 환경, 그리고 연희 형식과 매체에 탄력적으로 적응해 왔다. 코미디언들은 각 대중문화 형식에 적합한 코미디양식을 만들어갔을 뿐 아니라 인접 대중문화와 코미디영화 사이의 창조적 매개자로 기능했다. 특히 1950년대의 코미디언들은 영화산업의 정착과 '스타 시스템'의 확립이 이루어지는 과정에서 코미디영화의 형식과 내용을 결정하는 주체자로 존재했으며, 한편으로는 이미 확립되어 있었던 코믹 페르소나와 연기 패턴 및 장기를 통해 이전 대중문화 속 코미디의 양식을 성공적으로 영화에 이접시키는 중재자로서도 기능했다. 또, 그 자신이 시대와 관객의 불균질한 요구를 수용하고 표출하면서 동시대적인 웃음의 코드와 이데올로기적 환경을 조정하는 다성적 텍스트의 역할도 담당했다. 1950년대 주요 코미디들은 바로 이러한 코미디언의 존재에 의해 존립하고 부흥할 수 있었다. 따라서 이 글은 대중문화 속 코미디언들의 계보와 역할에 주목해 보고, 구체적으로 이들이 코미디영화 형성에 미친 영향과 기능을 살펴보고자 한다.

마지막으로 살펴볼 것은 이 시기 코미디영화의 사회적 의미이다. 주지하다시피 코미디영화는 차이를 웃음으로 축소시킴으로써 긴장을 완화하여 규범적 양식들을 재확신시키는 장르로 규정된다. 그런 한편, 급진적 관점에서 해석될 때, 기존 질서를 전복시키고자 하는 의도를 포함하며 이데올로기적 긴장과 모순을 다루는 장르[46]로 독해되기도 한다. 이 책에서 중점적으로 다루고자 하는 1950년대 코미디는 자유민주주의와 반공, 친미 이데올로기로 무장되었던 시대의 산물이므로 태생적으

---

[46] Frank Krutnik (ed.), "General Introduction" in *Hollywood Comedians : The Film Reader*, Routledge, 2003, p.3.

로 체제 순응적 성격을 띤다고 할 수 있다. 그러나 상대적으로 여타의 장르에 비하여 검열의 촘촘한 그물망에서 자유로울 수 있었기 때문에, 이 시기의 코미디는 1960년대 이후 코미디에서 보이는 경직성과 비교할 때 보다 다양한 목소리들을 포함할 수 있는 '상대적 자율성'을 누렸던 것도 사실이다. 1950년대 코미디영화가 보여주는 활기와 다성성, 그리고 이질성은 이에 근간한 것이라 보아도 무방할 것이다. 이러한 맥락 속에서 1950년대 코미디영화는 당대의 특수성을 담아내었으며, 사회적으로 구성된 '구별된 취향'의 관객들의 획일화되지 않은 욕망도 포착할 수 있었다. 그러므로 대중문화가 "완벽히 파괴적이지도 완벽히 진성인 것"도 아니며, 오히려 대중적 감정sentiments의 표현에 깊이 "모순"적인 것[47]이라는 스튜어트 홀의 논의를 염두에 두고, 1950년대의 코미디영화는 징후적으로 재해석될 필요가 있다.

이상에서 분석의 키워드로 설정한 '흥행 산업', '코미디언', 그리고 '사회적 의미망'을 중심으로, 이 글은 1950년대 코미디영화의 역사적 컨텍스트와 문화적이고 산업적인 컨텍스트를 파악하여 그것의 미적 전개와 현실 지시성, 그리고 이데올로기적 패턴을 규명함으로써 1950년대 한국 코미디영화 장르의 역사성을 밝히고자 한다. 그럼으로써, 1950년대 후반 대중영화의 의미체계를 재구성해볼 수 있을 것이다. 이를 위해 이 글은 다음의 세 장으로 구성된다.

2장은 한국 코미디영화의 기원을 조명하기 위하여 통시적인 접근을

---

47 Stuart Hall(1981), p.228.

시도한다. 본격적인 코미디영화 장르가 생성되기 이전, 대중문화와 영화사 내의 코미디의 존재와 수용 양상을 살핌으로써 그것이 이후 코미디영화 장르 형성에 미치는 영향을 추적해보기 위함이다. 1절은 근대적 실내 극장의 건축, 라디오의 등장과 유성기 음반의 발매, 대중극단 및 악극단을 비롯한 연예집단의 생성, 일본 연예물의 유입 등 근대 흥행 산업의 발전과 더불어 변화의 전기를 맞게 되면서 전통적 코미디 연희 형태인 재담이 걸출한 코미디언들을 중심으로 '만담', '넌센스', '스케치' 등의 짧은 극 형식으로 정립되는 과정, 그리고 동시에 막간극, 악극에 적합한 형식으로 변화를 꾀하면서, 1950년대 대중문화 코미디의 원형을 구성하게 되는 과정을 살핀다. 2절은 이 시기 흥행 산업의 변화 중 조선의 영화 발흥과 영화팬 구성에 지대한 영향을 미쳤던 식민지 시기 외국 코미디영화의 수용 양상에 대해 논한다. 영화의 수입기에서부터 식민지 말기 영미영화수입 및 상영금지 조치 이전까지 지속적으로 수입되고 호응을 얻었던 장·단편의 외화 코미디영화들이 조선의 영화관객을 형성하고, 코미디영화에 대한 감각을 수용하게 하는 과정을 살펴본다. 더불어 이 시기 채플린을 비롯한 외화 코미디의 슬랩스틱 경향이 코미디언을 중심으로 악극단 코미디 속에 수용되어 이후 코미디영화 장르 형성에 중요한 영향을 미치게 됨을 규명할 것이다. 3절에서는 이러한 다양한 영향 관계 속에서 한국 코미디영화가 시작되는 양상을 살핀다. 대중극계의 스타 코미디 배우인 이원규를 발탁하여 슬랩스틱 장면을 다수 활용했던 것으로 추정되는 〈멍텅구리 헛물켜기〉(이필우, 1926)의 제작, '코믹함the comic'을 적극 활용한 코믹 시퀀스와 희활극, 정희극의 존재, 식민지 시기 거의 유일하게 희극영화의 필요성에 대해 언급한 심훈의 논의 등을 통해 본격적인 코미디영화 장르 형성 이전 한국영화사에 내재된 코미디의 단초들을 파악한다.

3장은 1950년대 문화재편을 통해 동시대의 사회, 문화적 환경이 코미디영화 형성과 전개에 미친 영향관계를 분석한다. 우선 이 시기 대중문화 활황의 다양한 맥락들을 살펴보는 것에서 시작한다. 입장세법의 변화, 교차 입장제와 지정좌석제의 실시 등 제도상의 변화와 극장의 증가, 스튜디오의 건립, 시네마스코프 등의 기술과 자재의 도입과 같은 물적 토대의 마련, 그리고 잡지, 라디오, 텔레비전과 같은 대중매체의 성장, 해방 이후 미군정기를 거치면서 급격히 쏟아져 들어온 미국문화의 유행과 같은 흥행 산업의 획기적인 변화가 필연적으로 대중문화 시장의 확대를 가져왔으며 보다 '근대적' 문화인 영화산업의 성장으로 이어지는 과정을 살펴본다. 그 와중에서 상대적으로 검열과 감시에서 자유로울 수 있었던 코미디가 이 시기 대중문화 속에서 중심 장르로 성장할 수 있었음도 규명한다. 특히 1940년~1955년경까지 일제 말기와 해방기, 전쟁기를 거치면서 전성기를 구가했던 악극이 1950년대 후반으로 가면서 코미디배우들을 전면에 내세우는 버라이어티 쇼 형식을 전면화하면서 1960년대 말까지 인력과 레퍼토리 면에서 코미디영화와 깊은 연관을 주고받은 것에 주목한다. 이런 맥락에서 '명랑화 운동'과 같은 환경의 조성, 인접 대중문화 양식들과의 상호텍스트적 관계, 영화산업 자체의 활기를 바탕으로 1950년대 후반에 등장한 코미디영화가 중심적인 장르로 성장, 분화하면서 한국영화 자체의 활력과 시장의 확대, 관객층의 확장에 지대한 영향을 행사했음을 논구할 것이다.

4장은 1950년대 한국 코미디영화의 의미를 구체적 텍스트를 통해 규명한다. 앞선 논의들이 주로 '흥행 산업의 변화'와 '각 연예양식 혹은 각 매체의 코미디와 코미디언 수용'을 중심으로 서술된 것이었다면, 이 장에서는 '코미디언'의 역할과 기능, 그리고 '코미디영화의 사회적 성격'에 중점을 두어 1950년대 후반 코미디영화의 특성과 의미를 밝히고자 한다. 먼저, 코미디언이 기존의 대중문화 형식을 영화적 형식으로 바꾸는 매개자로서 기능하는 지점에 주목한다. '재담'과 '만담'의 요소를 활용한 언어적 슬랩스틱, 어트랙션과 막간극, 그리고 악극 형식의 영향을 받은 공연 장면의 빈번한 등장, 할리우드 코미디영화의 영향을 반향하는 슬랩스틱 장면, 그리고 코미디언들의 퍼포먼스의 현장성과 직접성을 가정하면서 관객들과 유희하는 자기반영적 성격 등은 '코미디언'이라는 매개자를 통해 비로소 영화적 형식으로 한국영화사에 안착된다. 다음으로는 당대 가장 활발하게 활동했던 코미디 배우들 각자의 개성 자체가 이 시기 코미디영화의 보편적 시대성과 개별적 특수성을 담지한 '장르적 요소'로 작용했음을 밝힌다. 예컨대 1950년대 전반에 걸쳐 전 대중문화영역에서 가장 활발한 활약을 펼쳤던 홀쭉이와 뚱뚱이, 양석천−양훈을 주인공으로 하는 코미디영화의 구성은 1960년대 이후 등장하는 구봉서와 김희갑 주연의 코미디와 구별된다. 따라서, 이들 코미디언들의 부상과 쇠락을 둘러싼 맥락을 살펴봄으로써 1950년대 후반의 코미디언코미디가 1960년대 코미디와 변별되는 지점을 그려볼 수 있게 될 것이다. 마지막으로, 1950년대 후반 코미디의 '통속'과 '모럴'을 논하면서 코미디영화의 사회적 의미를 제고한다. 전통과 근대적 규율 사이에서 동요하는 캐릭터, 연애와 취업 성공의 서사, 성적 모호성과 활기를 간직한 인물들의 '에너지'가 갖는 시대와의 접점, 그리고 멜로드라마의 '윤리성'에 가까운 '도덕적 비의moral occult'의 제시는 1950년대 코미디의 통속성과 모럴을 보여주는 것이라 할 수 있다. 그럼에도, 이 시기 코미디영화들은 영화적으로나 사회적으로, 내러티브적으로나 이데올로기적으로, 전적으로 '하나의 질서'에 의해 통제되기 직전의, 통합되지 않은 에너지들의 산란함도 담아낸다. 그리고 이 역시 1950년대 코미디영화가 자신을 둘러싼 환경과 소통하는 하나의 방식이었다고 말할 수 있을 것이다.

이상의 논의를 통해 이 글은 1950년대 코미디가 다양한 이접문화와 다양한 관객들의 요구에 부응하면서 당대의 중심적 문화형식인 영화 장르의 하나로 자리매김 되어가는 과정에 집중하여 논의를 전개함으로써, 한국의 영화사 및 문화사에서 코미디영화가 차지하는 위상을 제고하고자 한다. 1950년대 코미디영화가 생성되는 복잡다단한 맥락에서 문화적 변형과정을 살피는 것은 곧, 당대 대중들의 '삶의 양식'과 '감정 구조'[48]의 변화를 규명하는 것으로, 이 시기 대중영화의 외연과 그 의미체계를 확장할 수 있게 한다. 이와 더불어 한 특정한 시기에 역사적 양식으로 등장한 1950년대의 코미디영화뿐 아니라 이후의 코미디영화들이 영화사와 맺는 관계에 대해서도 보다 진전된 논의가 전개될 수 있을 것이다.

---

48 레이먼드 윌리엄스, 성은애 역, 『기나긴 혁명』, 문학동네, 2007, 93쪽.

/ 제2장 /
한국 코미디영화의 전사前史

한국 코미디영화의 기원을 논하기 위해, 이 장은 한국의 전통적 희극 양식과 영화사적 전통 중 코미디영화 형식과의 근접성을 유추해 볼 수 있는 몇 가지 양식과 사례들에 대해 탐색하고자 한다. 그런데 통시적 기원을 거슬러 한국코미디의 특성을 발견하고자 할 때, 우선 두 가지 의문이 제기될 수 있다. 첫째, 코미디의 기원을 거슬러 올라간다는 것은 '한국적 웃음의 전통'이라는 추상적 기원을 전제하는 것이 될 텐데, 1950년대 코미디가 보여주는 것은 한국 코미디의 독특성 보다는 '코미디' 양식의, 혹은 이 책에서 집중해서 다루고자 하는 '코미디언코미디'라는 장르고유의 보편성의 맥락에서 더 잘 설명될 수 있는 것이 아닌가? 둘째, 그러므로 1950년대 코미디영화는 당대의 사회, 문화, 영화사적 맥락 속에서 충분히 설명 가능한 것이 아닌가? 다시 말해, 여타 사회, 정치, 경제 질서의 전방위적 파괴에 대비되어 이례적으로 대중문화가 활황이었다고 평가된 1950년대적 환경 속에서 영화를 관계론적으로 위치 짓기보다 '한국적 웃음의 전통'이라는 추상적 언표를 통해 (과다한) 의미를 부여하고자 하는 것은 비평적 무의식이 아닌가? 혹은 전통과의 연계를 강조함으로써 역설적으로 장르의 역사성을 탈각시키는 것은 아닌가?

이 글은 위의 질문에 대한 대답을 위해 다음을 전제하고자 한다. 첫째, 하나의 '장르'로 분류되는 일련의 영화들이 공통적으로 갖는 내러티브 관습 및 도상적 특징 등의 존재는 물론 간과할 수 없으나, 1950년대 장르군을 이루어 등장했던 코미디영화들이 전적으로 할리우드 영화에 대한 의식적인 모방의 산물만은 아니었다는 점이다. 이는 1950년대 한국의 코미디가 장르의 보편성뿐 아니라, 그 형성과정의 역사적 특수성 역시 내포하고 있다는 뜻이 된다. 다시 말해 외래 사조의 유입과 모방역시 이 시기 코미디 장르 형성에 다대한 영향을 미쳤음이 사실이지만, 한국의 대중문화사와 영화사의 흐름 속에서 코미디의 등장을 설명할 수 있는 내적 요구와 필연성을 찾는 것 역시 중요한 시사점을 제공할 수 있다는 것이다.

둘째, 영화사적 맥락에서 볼 때, 1950년대 코미디는 확실히 이영일의 표현대로 '돌연변이'처럼 나타난 것으로 보였다. 그리고 이 현상은 당시 한국영화 제작환경의 급격한 변화 및 사회의 안정과 맞물려 설명[1]되어 왔으며, 최근 연구들에서는 당대 유행했던 대중문화와의 관련성도 지적

---

1   이영일은 사회적 여건이 코미디영화 장르 형성에 근본적인 영향을 미친다고 보았다. 1955년 이전 한국영화사에서 코미디영화는 "영화사의 시작이 이미 일제 치하인 데다 영화제작 상의 조건과 대중의 심리적 기반의 형성조건 때문에" 존재 자체가 불가능했으며, 해방 이후 10년간도 "희극양식이 대두할 만한 사회적 여건"이 못되었기 때문에 제작될 수 없었다고 설명한다. 따라서 1950년대 코미디영화의 등장은 '상대적으로 사회가 안정기에 접어들었다'는 것을 보여주는 표징이 될 수 있다는 것이다. 이영일, 『한국영화전사』(개정증보판), 소도, 2004, 273쪽.

되고 있다.[2] 1950년대 문화 지형도 속에서 영화가 차지하는 위치, 그리고 당대 영화사에서 코미디영화의 자리를 가늠해보는 것은 이 시기 코미디의 등장을 이해하는 데 무엇보다 중요한 선결과제임이 틀림없다. 그럼에도, 영화사 내적으로 '코믹한 전통'을 쌓아온 그간의 한국영화사 및 1950년대의 문화적 풍경이 반향하고 있는 이전 시기의 문화에 대한 이해는 이 시기 코미디의 등장을 역사적으로 예견할 수 있는 근거를 마련해 준다는 점에서 의미가 있다. 이 장의 논의가 밝히고자 하는 것은 '한국적 웃음의 전통'이 아니라 시대를 망라한 다종다양한 희극적 양식들과 양상들이 대화적 관계를 통해 특수한 시기에 하나의 '장르'로 탄생하는 역사적 과정을 추적하는 것이다. 이를 통해 단선적 발전의 모델이 아니라 혼종적이고 불연속적인 역사의 한 모델로서 '코미디' 장르의 형성과정을 논하고자 하는 것이다.

이와 같은 관점에서 한국의 근대적 대중연예의 형성 및 식민지 시기 영화사에서의 코미디 전통을 재구성하기 위하여, 이 장은 다음의 세 부분으로 구성된다. 첫째, 근대적 흥행 산업의 등장 및 전개를 중심으로, 재담과 만담, 악극과 유성기음반의 촌극, 스케치, 넌센스 등으로 이어지는 일련의 대중연희 속 코미디를 살펴보고, 코미디의 연행자로서 재담가의 전통에 대해 논한다. 둘째, 이 시기 흥행 산업의 전개 과정에서 영화를 주요 대중문화로 떠오르게 한 막강한 원동력이 되었던 외화코미디

---

2 이길성, 「1960년대 가족 드라마의 형성과정과 제 양상연구」, 중앙대 박사논문, 2006; 이수현, 「1950년대 후반 한국 코미디영화문학의 관습체계 연구」, 고려대 석사논문, 2009; 박선영, 「1950년대 후반 코미디언코미디영화 속 스펙타클의 양상과 의미」, 『영상예술연구』 16호, 영상예술학회, 2010; 김청강, 「악극, 헐리우드를 만나다—1950년대 한국 대중영화의 혼종성에 드러나는 식민성과 탈식민적 근대성의 문제들」, 『대중서사연구』 29호, 대중서사학회, 2013 등.

의 유입이 한국 코미디영화와 관객형성에 미친 영향을 살펴본다. 마지막으로, 한국영화사의 전개 속에서 코미디 혹은 '코믹함'의 발현양상을 찾아보고자 한다. 이상의 논의들을 통하여 1950년대 이전 한국영화사의 코미디 수용과 제작에 관련된 시사점들을 도출하고, 그로부터 1950년대 한국 코미디영화 형성의 특수성을 밝혀볼 것이다.

1. 근대적 흥행 산업의 등장과 '재담(가)'의 전통

한국 코미디영화의 형성을 논하기 위해서는, 전술했듯이 인접 문화 장르에서의 코미디전통에 대한 고찰에서 시작해야 한다. 1950년대부터 본격적으로 한국영화사에 등장하기 시작하여, 최근까지 한국 관객들에게 가장 사랑받는 장르 중 하나로 존재하는 코미디는 영화라는 형식 속에서 꽃피우기 이전 풍부한 자양분을 가진 대중문화의 토양 속에 이미 그 존재 기반을 가지고 있었던 것이기 때문이다. 그 중에서도 대중들과 가장 가까운 곳에서 가장 친숙한 대중문화 장르로 존재해왔던 연극의 역사 속에서 코미디영화에 영향을 미친 '웃음의 형식'을 찾아볼 수 있다. 바로 "말뒤집기나 언어유희, 욕설이나 비속어의 상용, 반복적인 운율성"을 보이며, "현실에 대한 비판과 야유를 수행"하는 한편 "쾌락적이고 오락적인 기능"[3]을 가진 재담才談의 존재라고 할 수 있다. 무엇보다 이 논의에서 재담에 주목하는 것은 그것이 가장 오래된 코미디 연회 양식이기도 하거니와 전문적이고 직업적인 예인의 등장을 이끌어 내었으며, 궁중에서 광장으로, 다시 실내 극장과 전파매체로 무대를 옮기면서 지속된 한편 변형된 형식이기 때문이다. 즉, 재담은 흥행 산업의 변화와 밀접한 관련을 맺고 있는 형식인 것이다.

그런데 재담 양식의 기원과 그것이 근대적 흥행 산업으로 수용되는 과정을 살펴보기 위해서는 먼저 연극사에서 전통 연희 형식과 근대극의 관계를 어떻게 설정하고 있는지를 파악하는 것이 필요하다. 연극사에서 근대극을 전통 연희와의 연관 속에서 서술하는 논의들은 주로 2000년대 이후에 나타나기 시작했다고 할 수 있다. 더욱이 이 글에서 관심을 가지고 있는 코미디 형식에 대한 논의들은 오랫동안 연극의 정사正史로 분류되지 못했기 때문에 관심의 대상에서 아예 제외되어 온 편이었다. 이런 연극사의 서술 경향 속에서 유민영의 『한국근대연극사』는 기존 한국연극에 대한 논의들이 전통극과 근대극을 이분법적으로 사고하거나 근대연극이 '창극→신파극→신극'으로 발전해 왔다는 단선적 관점에서 벗어나, 전통 연희가 근대연극사(개화기 이후 해방 이전까지)에서 하나의 중요한 흐름으로 자리하고 있음을 지적했다. 그는 근대극의 등장 이후 전통 연희가 사라진 것이 아니라 오히려 옥내 극장으로 들어와 내부 공간에서 연행되기 알맞은 형식으로 변모하는 과정에서 발전을 이루어, 한국적 연희의 전통을 이어갔으며 당대 신극과도 일정한 영향관계를 맺었다고 보았다.[4] 유민영의 관점을 수용하면서, 양승국은 여기에서 더 나

---

3 서연호, 『한국연극사─현대편』, 연극과 인간, 2005, 387쪽.
4 유민영은 근대연극사를 전통연희, 대중극, 그리고 사실주의 근대극 부분으로 나누어 설명하는데, 전통연희가 옥내로 들어오면서 분창을 하는 창극의 형태를 띠게 되었다는 점에서 전통극에서 근대극으로 변모하는 양상을 보인다고 설명했다. 그러나 전통연희가

아가 전통 연희와 신파극이 어떤 실증적 관계를 맺고 있었는가를 고찰[5]
했다. 양승국에 따르면, 전통 연희 집단과 신파극단들은 이미 1910년대
서로의 극 형식 및 내용을 수용하면서 변형되었는데 특히 신파극단들은
재담을 수용하고 재담의 1인자로 일컬어지던 박춘재를 영입함으로써
극 형식의 변화를 꾀했다. 여기서 재담이란 '재치 있는 말', '재미있는
말', '우스운 말' 등을 내용으로 하는 연희형식[6]을 일컫는다. 이들의 연
구는 한국 근대극의 역사 속에서 전통 연희의 위상과 그 영향을 다각도
로 파악했다는 의미가 있다. 특히 이 책의 주제와 관련하여 볼 때, 전통
연희와 근대극을 잇는 교량으로서 재담의 존재와 연행자 역할의 중요성
을 지적한 것은 이후 코미디영화에서 드러나는 구성적 측면의 특성과
맞물려 중요한 시사점을 제공해 준다.

다음으로 살펴볼 것은 재담이 시대에 적응하면서 공연 형식의 변용
등을 통해 지속적으로 코미디의 전통을 잇고 있다는 것을 지적한 연구
들이다. 앞서 언급한 유민영과 양승국의 논의가 근대 이후 전통 연희와
근대극 양식 사이의 상호작용에 집중하는 것이었다면, 사진실,[7] 손태
도,[8] 김재석,[9] 김만수·최동현[10] 등은 시대를 거슬러 오르며 '한국연극

대중극이나 사실주의 근대극과 어떤 직간접적인 영향관계를 맺고 있는지에 대해서는
자세히 언급하지 않았다. 유민영, 『한국근대연극사』, 단국대 출판부, 1996.

5   양승국, 「1910년대 신파극과 전통 연희의 관련 양상」, 『한국 신연극 연구』, 연극과 인
간, 2001.

6   서대석, 「전통재담과 근대 공연재담의 상관관계」, 서대석·손태도·정충권, 『전통 구
비문학과 근대 공연예술』 I(연구편), 서울대 출판부, 2006, 91쪽.

7   사진실, 『한국연극사 연구』, 태학사, 1997; 「배우의 전통과 재담의 전승―박춘재의 재
담을 중심으로」, 『한국음반학』 10호, 한국고음반연구회, 2000; 『공연문화의 전통―
樂·戱·劇』, 태학사, 2002.

8   손태도, 「서울 지역 재담소리의 전통과 박춘재」, 『웃음문화』 4권, 한국웃음문화학회,
2007; 「전통 사회 재담소리의 존재와 그 공연 예술사적 의의」, 『판소리연구』 25집, 판

사'의 흐름을 재구성하고자 했다. 멀게는 삼국시대 혹은 고려시대의 전통 연희 속 화극의 전통을 끌어오면서 이들은 재담의 지속성에 주목했다. 기존 논의 속에서 재담은 화극話劇, 소학지희笑謔之戱 등과 혼용되어 사용[11]되어 왔다. 화극이란 "주로 한 명의 광대가 중심이 되어 간단한 말과 흉내내기 등의 동작을 동원하여 연행하는 연극방식"[12]으로, "평소 궁궐 안에서만 사는 임금은 궐 밖의 사정을 잘 모르므로, 한 명의 광대가 중심이 되어 간단한 말과 동작을 통해 궐 밖의 여러 일들을 보여"줌으로써 "일정한 정치적 목적을 달성하고자 한 것"[13]이다. 한편, 소학지희는 '농짓거리를 하여 웃기는 놀이'라는 연극적 성격을 지칭하는 것으로 고유명사는 아니었으나, 남한 연극사에서 가면극이나 인형극의 전통과는 다른 화극 전통을 가진 연희형식을 지칭하는 것으로 굳어져 왔다. 이 글에서는 사진실과 손태도의 정의를 받아들여, 재담을 극劇이나 희戱에서 말 또는 사설로 삽입될 수 있는 공연의 한 요소로 보고 재담을 이용한 극 형식을 화극, 그리고 웃음을 유발하는 모든 연희 형태를 소학지희로 지칭할 것이다.[14]

소리학회, 2008; 「조선 후기 서울에서의 광대 문화 변동과 판소리」, 『고전문학연구』 35집, 한국고전문학회, 2009.

9 김재석, 「1930년대 유성기 음반의 촌극 연구」, 『한국극예술연구』 2집, 한국극예술학회, 1992.

10 최동현·김만수, 「1930년대 유성기 음반에 수록된 만담·넌센스·스케치 연구」, 『한국극예술연구』 7집, 한국극예술학회, 1997.

11 손태도(2007), 6쪽.

12 손태도(2009), 111쪽. 그런데 손태도는 「전통 사회 재담소리의 존재와 그 공연 예술사적 의의」에서 재담극을 정의하면서 "고려시대부터 이미 있었던 한 명의 광대가 중심이 되어 간단한 말과 흉내내기를 통해 하는 극"이라고 서술한다. 이로 미루어 손태도는 화극과 재담극을 구분하지 않고 혼용하고 있다고 할 수 있다.

13 손태도(2009), 107쪽.

14 사진실은 종래 소학지희가 (가) 가면이나 인형의 수단을 빌리지 않고 배우가 직접 연기

한국적 회극양식에 주목하여 소학지희를 연구해 온 사진실은 고려시대부터 이어져 왔던 소학지희가 18~9세기에 이르기까지 지속적인 변화를 거쳐 재담 혹은 재담극으로 변모하는 과정을 추적하면서 한국연극사에서 화극의 전통을 강조했다. 특히 그는 18~9세기 재담의 공연 양상에 주목하여, 이 시기의 재담이 14~5세기 궁정에서 연행되었던 화극과 1930년대 이후의 촌극 또는 대중극을 잇는 교량의 역할을 담당했음을 밝힘[15]으로써 기존 연극사에서 설명할 수 없었던, 전통극과 근대극 사이의 연결고리를 찾아낼 수 있다고 보았다. 손태도 역시 이런 관점에서 18~9세기에 전통극의 화극적 요소가 재담 / 재담소리 / 재담극을 경유하여 판소리로 통합되는 과정을 다각적이고도 실증적으로 연구해 왔다. 한편, 1930년대 대중문화의 활황기를 중심으로 악극단 및 유성기 음반, 라디오 방송 등 다양한 종류의 대중문화 속 코미디의 존재 양상을 밝힌 논의들도 있다. 김재석은 식민시기 유성기 음반에 실린 촌극을 분석하면서, 재담이 1930년대 유성기 음반에 실린 희극 형식과 밀접한 관계를 맺고 있음을 밝혔다. 최동현 · 김만수는 만담 · 넌센스 · 스케

하되 (나) 일정한 인물이나 사건을 소재로 하여 (다) 재담으로 관중을 웃기고 (라) 풍자적이고 비판적이며 (마) 어느 정도 즉흥적인 연극(사진실(1997), 46쪽)이라고 협의로 규정했던 입장을 수정한다. 그리하여 소학지희를 '농짓거리를 하여 웃기는 놀이'로 넓게 정의하면서 가면극과 인형극, 화극을 모두 아우르는 용어로 사용해야한다고 주장한다. 그리고 지금까지 소학지희笑謔之戲, 희학지사戲謔之事, 즉흥극卽興劇 등으로 불려온 '특정한 연극양식'에 대해서는 '골계희滑稽戲'라는 용어를 사용할 것을 제안한다(사진실(2002), 31~32쪽). 이 글에서는 소학지희가 특정한 연극양식이 아니라 연희의 성격을 지칭한다는 광의의 정의를 받아들이고, '배우가 직접 연기하되 재담을 통해 관중을 웃기며 풍자성과 즉흥성을 가진' 특정한 연극의 양식에 대해서는 '화극'이라는 용어를 사용할 것이다.

15 사진실, 「조선후기 재담의 공연양상과 희곡적 특성」, 사재동, 『한국서사문학사의 연구』, 중앙문화사, 1995.

치로 분화된 1930년대 희극의 특성을 지적하면서, 전통적 연행양식을 내포한 대중문화의 연구를 통해 "우리 문화의 실체와 정통성"을 확인할 수 있다고 주장했다. 또, 재담과 유사한 성격을 가졌으나 그 기원을 일본에 두고 있는 만담을 논하면서, 1920~40년대 만담의 제1인자로 불렸던 신불출의 창조적 역할에 방점을 둔 박영정[16]의 논의도 있다.

이상의 논의들은 전통연희와 근대극의 연속성을 파악하면서 공통적으로 재담의 역할 및 재담가의 존재에 주목했다. 이러한 선행 연구들의 성과를 바탕으로 이 글은 한국 코미디영화 장르 발생의 전사前史로서, 한국 대중문화 속의 코미디 양식을 살펴보고자 한다. 첫째, 연희 공간의 변화, 관객층의 이동 및 근대적 흥행 산업의 등장 등 제반 여건의 변동에 따라 재담이 형식의 변화를 이루게 되는 과정과 코미디양식의 수용에 집중하여, 여기서 어떤 특성들이 근대 이후의 코미디형식에 잔존하게 되는지 살펴본다. 둘째, 개화기 이후에 재담이 근대적 의미의 극장으로 수용되고 1920년대 후반에 이르러 다양한 매체에 적응하게 되는 양상을 살펴보고, 이 과정에서 중심 역할을 한 박춘재와 신불출 등의 연행자들에 대하여 논해볼 것이다. 이상의 논의를 통해 재담이 근대적 흥행 산업의 일부로 흡수되면서, 공연환경과 수용자 구성의 변화 등을 겪는 과정에서 '시대의 웃음'을 담아내는 양상을 추적해 보고자 한다.

16　박영정, 「만담 장르의 형성과정과 신불출」, 『웃음문화』 4권, 한국웃음문화학회, 2007; 「신불출―세상을 어루만지는 '말의 예술'」, 『한국현대연극 100년―인물연극사』, 연극과인간, 2009.

1) 실내 극장 등장 이전, 재담의 시작

반재식은『재담 천년사』라는 책에서 한국의 재담이 천 년 이상 존재해 온 형식이라고 주장했다. 그는『삼국사기』에 실린 최치원의「향악잡영鄕樂雜詠」이 재담의 현장을 묘사[17]하는 것임을 들어, 재담이 삼국시대 이전부터 존재해 왔다고 주장했다. 또『삼국유사』나『성호사설』에 실린 글들을 인용하여, 재담이 삼국시대와 고려시대에 민간에 널리 퍼져 있었다는 사실도 증명했다. 서연호와 손태도 등의 연구자들 역시 삼국 시대부터 재담을 비롯한 희극적 연희 양식이 존재했을 것으로 추정한다. 서연호는 초기 재담에 대한 두 가지 기록을 소개했다. 첫 번째는 통일신라시대의 '월전月顚'으로, 이는 유학자로 분장한 배우가 '어깨를 높이고 목을 움츠리고 팔소매를 걷고' 우스꽝스럽게 말하며 춤추고 노래하는 연희 형식을 말하는 것이다. 두 번째는 고려시대 염흥방의 기록에 등장하는 것으로 길거리에서 '세도가 높은 집의 노비들이 백성들을 괴롭혀서 조세를 거두는 짓을 흉내낸 놀음'이 있었다[18]는 언급이다.

이처럼 삼국시대부터 재담 혹은 희극적 연희 형식이 존재해 왔음을 추정할 수 있는 기록이 존재하는데, 보다 구체적으로 희극의 내용과 형식에 대한 언급이 등장하는 문헌은 고려시대의 것이라 할 수 있다. 고려시대의 재담은 주로 궁중 의식 및 연회에서 행해지던 대규모 축제와 관련되어 논의되어 왔다. 조선시대까지 이어졌던 궁중 의식에서의 재담

---

17 반재식,『재담 천년사』, 백중당, 2000ㄱ, 7~8쪽.
18 서연호(2005), 372쪽;『고려사』「열전 '염흥방'」(손태도,「조선시대 화극의 전통과 그 역사」,『공연문화연구』12집, 한국공연문화학회, 2006, 224쪽에서 재인용).

혹은 화극은 고려시대의 나례희儺禮戲에서 행해지던 연회 양식 중의 하나였다. 나례희란 궁중뿐 아니라 민간에서도 행해졌던 풍습으로, 구라 의식驅儺儀式(귀신을 쫓는 의식)과 오락적인 연회가 곁들여진 행사였다. 음악부와 규식지희規式之戲(장엄한 의식)가 나례의 주요 공연물로 상연되는 가운데 화극은 그 중간에 삽입되어 풍자와 웃음을 전달했다. 이때 화극은 임금에게 시정을 알려주는 역할을 담당하는 정치 풍자적 성격을 가진 것이었기 때문에, 이를 전문적으로 연희할 수 있도록 훈련 받은 배우가 존재했을 것으로 추정한다.[19]

화극의 풍자적 기능에 대해서는 다음과 같은 기록을 참고해볼 수 있다.

사신史臣은 논한다. 임금은 구중궁궐에 거하여 정치의 잘잘못과 풍속의 미악을 들을 수 없으니 비록 광대의 말이라도 혹 풍자하는 뜻이 있으면 채용하지 않는 일이 없었다. 이것이 나례를 행하는 이유다.[20]

임금이 비현합에서 나희를 구경하였다. 세자가 종친, 재상들과 함께 입시하였다. 우인이 놀이를 하였는데 항간의 비루하고 세밀한 사건을 늘어놓기도 하고 또한 풍자하는 말도 있었다. 임금이 즐겁게 듣고 베 50필을 내려 주었다.[21]

고려시대의 대규모 행사였던 연등회, 팔관회, 연말 나례희 중 불교 의

---

19 사진실(2002); 손태도(2006), 230쪽. 손태도는 이 글에서 이 시기의 화극이 연극인 동시에 위로는 임금에게까지 이르는 주요한 국가적 의사소통 방식의 하나였다고 주장했다.
20 『명종실록』 16년 12월 29일(갑신)(손태도(2009), 108쪽에서 재인용).
21 『세조실록』 10년 1월 17일(손태도(2009), 107쪽에서 재인용).

식과 관련된 연등회와 팔관회가 유교를 국시로 삼는 조선 시대에 들어와 폐지되면서, 연말 나례희는 보다 중요한 행사로 자리매김 되었다.[22] 이 과정에서 자연히 화극 역시 중요해졌는데, 특히 조선 초기에 이르면 구라의식에서 오락적인 연희가 분리되어 나례는 종합적인 오락연희물의 대명사로 정착되었다. 즉, 의식으로서보다 오락으로서의 성격이 강화되면서 나례희는 대규모로 화려하게 진행되는 일종의 "스펙타클 쇼 Spectacle Show"의 형식을 띠게 되었으며, 나례에서 화극의 중요성은 더욱 커졌을 것으로 추정된다.[23]

그런데 이렇게 화려한 축제로 진행되던 나례희는 1636년 병자호란 이후 폐지 논란에 휩싸이다가 1694년부터 사실상 완전히 폐지되었다. 이에 따라 재담극의 전통 역시 크게 위축되었는데, 이 과정에서 화극을 공연하던 광대들은 주무대를 민간공연으로 옮기게 되었다. 화극 공연의 가장 주요한 문화적 기반이었던 궁궐의 나례희가 폐지되었으므로, 공연의 장소와 성격이 변화하게 된 것이었다. 즉, 궁중 연희의 폐지는 민간공연이 보다 활성화되는 계기로 작용했다고 볼 수 있다. 그러나 궁궐이 화극 전통의 중요한 터전이기는 했지만, 조선시대는 물론 고려시대에도 민간에서 향촌재인鄕村才人과 유랑재인流浪才人이 재담을 연행하던 전통이 지속되어 왔던 것도 사실이었다.[24]

이때 민간 공연은 크게 민간 연희에서의 공연과 거리 공연 두 가지로 나눠볼 수 있다. 그 중 민간 연희에서 화극이 공연된 증거로 고려시대

---

22 손태도(2009), 107쪽.
23 사진실(2002), 55쪽.
24 손태도(2006), 231~233쪽.

과거제와 관련된 기록을 들 수 있다. 『고려사』에 고려 광종 때부터 실시된 과거제도(958년)를 설명하면서 과거에 급제한 선비들을 위한 연희에서 광대들이 잡기를 행했다[25]는 기록이 언급되었던 것이다. 조선시대에도 이 같은 전통이 이어졌는데, 이를 문희연(聞喜宴)이라 칭했다.[26]

　　지금 등과한 사람은 반드시 광대로서 즐거움을 삼는다. 광대가 있으면 반드시 광대들이 하는 〈유자(儒者놀이〉란 것이 있다.

—이익(1680~1763), 『성호사설』 권5하, '인사人事'[27]

　　이익이 언급한 〈유자놀이〉는 선비들을 흉내 내고 놀림거리로 삼는 일종의 화극이었던 것으로 추정되는데, 조선 후기로 가면서 문희연에서 화극의 전통이 사라졌던 것으로 보인다. 조선 후기 문희연에 대한 기록에는 광대들의 공연 종목으로 영산(판소리 단가), 판소리, 줄타기, 땅재주만이 열거되어 있을 뿐이다.[28] 손태도에 따르면, 판소리는 광대들이 화극을 연행하다가 그들의 또 다른 장기인 소리를 추가하여 발전시킨 양식이므로, 조선 후기 판소리가 연희의 주요 양식으로 부상하게 되는 과정에서 이 같은 변화가 일어났다고 볼 수 있다는 것이다.[29]

25　『고려사』 「지22」 「예10」, "신급제진사영친의新及第進士榮親儀"(손태도(2006), 221쪽에서 재인용).

26　조선시대에 과거 급제자를 위한 행사로는 궁궐에서 열리던 은영연恩榮宴, 고향 수령이 관아에서 베풀어주던 영친의榮親儀, 과거급제자의 집에서 열렸던 문희연聞喜宴 등이 있었다. 손태도(2006), 220쪽.

27　손태도(2006), 221쪽에서 재인용.

28　송만재, 「영친의榮親儀」, 1843(손태도(2006), 222쪽에서 재인용).

29　손태도는 재담이 재담소리가 되고 이 중 일부가 판소리로 발전하게 되었다고 주장한다. 여기에는 전통사회에서 활성화되어 있던 무당의 굿놀이적 방식의 재담소리를 발전시켰던 충청, 전라, 경상도의 광대들의 중앙 진출이 중요한 원인 중 하나로 작용했다고 분석

이처럼 조선 후기에 궁중 나례희가 폐지되면서 국가적 행사를 통한 화극 전통의 맥이 끊기고 민간 연희에서 역시 판소리로 흡수되면서 축소된 반면, 거리에서 화극은 "소극적笑劇的 성격이 강한 재담극"[30]의 형식을 띠고 여전히 주요 공연물로 자리하고 있었다. 거리의 재담극은 정치풍자적 성격보다는 일반적으로 가벼운 웃음을 불러일으키는 것을 목적으로 했다. 재담극의 소극笑劇적 특성은 첫째, 흉내 내기에 의하여 동작과 표정을 수단으로 극중 인물을 과장하여 흉내냄으로써 웃음을 유발하는 것, 둘째, 말의 영역, 즉 재담적 성격으로 웃음을 유발하는 것이었다. 무엇보다 "골계희의 본질이 박진한 입심에 의한 재담에 있"었기 때문에, 구어체로 이루어진 재담은 동음이의어를 활용한 웃음, 전통적 속담 및 속어, 비어, 사투리를 포함한 말장난에 의존하여 웃음을 창출했다.[31]

정리하자면, 고려시대부터 조선 중기까지 이어져 온 나례희 속 화극은 일정한 양식을 가진 명백히 연극성을 지닌 것이었고, '정치의 득실'과 '풍속의 미악'을 그림으로써 오락적 기능과 더불어 대외적 명분을 지닌 궁정연극[32]이었다. 또 과거에 급제한 유생들을 대상으로 벌였던 민간 연희에서의 화극은 양반들에 대한 일종의 풍자를 포함한 중요한 오락거리였다. 그러나 조선 후기, 궁궐에서 나례희가 폐지되고, 양반들의 연희에서도 밀려나게 되자 화극은 정치성을 탈각시키고 소극적 특성을 강화하여 대중들의 연희 속으로 깊게 파고들었다. 그리하여 민간 연희에서 화극은 흉내내기와 말장난을 앞세운 재담 혹은 재담극의 양식을

한다. 손태도(2008) 참고.
30 손태도(2009), 113쪽.
31 사진실(2002), 85쪽.
32 사진실(2000), 329~330쪽.

띠고, '담배장사'나 '곰보'와 같은 평범한 개화기의 대중군상을 그리는 친숙한 대중연희로 존재하게 되었던 것이다. 18~9세기를 거쳐 20세기 초까지 거리와 광장에서 지나가는 행인들을 대상으로 '목소리'와 '표정', 그리고 '몸짓'을 통해 웃음과 재미를 유발했던 재담은 실내 극장의 등장으로 또 한 번 전환점을 맞이하게 되었다. 즉, 재담은 근대적 흥행 산업의 영역에 포섭되면서 '상업적' 형식인 '무대극'의 형식을 띠고 근대 이행기의 관객들과 조우하게 되었던 것이다.

2) 극장의 등장과 재담가

전술한 바와 같이 조선의 거리 공연 문화는 거리나 광장에서 연행자들이 지나가는 행인들을 대상으로 벌이던 것으로, 고정된 시간이나 장소 없이 연행자와 구경꾼들의 교감과 합의에 의해 진행되던 것이었다. 그러던 중 등장한 개화기 초의 실내 극장은 공연 형식과 내용의 변화는 물론이거니와 관객층의 변화까지 촉발한 결정적 계기로 작동했다. 유민영은 극장으로 인해 조선의 문화가 기록문화에서 공연문화 중심으로, 개인중심 문화에서 집단중심 문화로 변화하게 되었다고 설명했다. 그리고, 극장이 공연예술계에 일으킨 획기적인 변화로 첫째, 귀족예술과 서민예술의 경계가 붕괴되었다는 점, 둘째, 열린 공간에서 연행되던 민중예술이 규격화된 옥내무대로 들어오게 되면서 탈춤이나 꼭두각시극이 쇠락한 반면, 무용과 판소리 및 화극은 번창하게 되었다는 점을 꼽는다.[33]

즉 구분된 관객을 대상으로, 구별된 무대에서 연행되었던 귀족예술 /

서민예술의 공연물들이 '상업적' 목적을 위해 극장 무대에 올려 지면서 귀족예술과 서민예술의 경계가 붕괴되었는데, 이는 곧 근대의 '대중예술'이 발전할 수 있는 전기가 마련된 셈이었다. 또한 극장의 등장으로 인해 상대적으로 프로시니엄 아치 무대에 적합한 형식으로 변모될 수 있었던 무용, 판소리, 화극이 근대적 대중예술로 각광받을 수 있게 되었다. 이에 따라 전문 예인들의 존재가 부각되었으며, 대중극단들의 형성이 촉진되었던 것은 극장의 등장이 초래한 매우 중요한 변화였다.

마지막으로, 이 시기 극장은 흥행 자본의 확대와도 긴밀한 연관을 맺었다. 국영 조직이었던 협률사가 민간 운영으로 바뀌고, 외국 자본들이 흡수되면서 극장들이 운영되는 방식은 말할 것도 없거니와 자금의 압박에 시달리던 극장들은 다양한 방식으로 흥행 자본을 새롭게 구축했다. 예컨대 장안사에서는 1913년 욱정환정약방의 홍보를 위하여 사흘 동안 연극을 무대에 올렸으며, 경품 추첨을 통해 상품권과 무료 관람의 기회를 제공했다.[34] 그런가 하면 1920년대 초 조선극장 개관 1주년 기념 공연에서 보신당 시계포, 중앙인쇄, 삿뽀로 맥주회사 등 기업들이 현물 협찬을 했다는 기사[35]가 실리기도 했다. 이처럼 극장의 등장 이후, 극장을 중심으로 다양한 국내외의 흥행 자본들이 집중되었다는 사실은 공연 양식의 변화와 관련하여 매우 중요한 지점이다. 따라서 이 절에서는 먼저 극장의 등장을 비롯한 조선 흥행 산업의 변화가 코미디 양식에 미친 영향에 대해 집중해 보고자 한다. 이 시기에 부상하게 되는 근대적 의미

---

33 유민영, 『한국근대극장변천사』, 태학사, 1998, 13~15쪽.
34 「경품촌대방매 근고 / 경품총액 삼백칠십 원 외에 부경품 수백 원」, 『매일신보』, 1913.9.3, 4면.
35 「조선극장 일주기념 관객에 추첨권 증명」, 『동아일보』, 1923.11.6, 3면.

의 연극과 대중극단에 대해서는 뒤에서 자세히 다룰 예정이므로, 여기서는 주로 극장의 코미디 수용 양상 및 재담가의 역할에 주목할 것이다.

(1) 초기 극장의 코미디 수용 양상—협률사와 광무대를 중심으로

우리나라 최초의 극장이자 근대적 흥행 산업을 시작한 것으로 볼 수 있는 협률사는 1900년을 전후로 아현무동연희장, 용산무동연희장과 함께 등장했다. 원래 협률사協律司는 국가 행사에 대비해서 주로 연예 쪽을 관장하는 부서였으나 1903년 명칭을 협률사協律社로 바꾸면서 일반 흥행장과 그 소속 자체를 일컫는 용어로 고정되었다.[36] 이후 활동사진 관람까지 추진하면서 본격적인 영업극장으로 운영되었는데, 이 과정에서 운영주체가 민간 관할로 변경되면서 협률사는 실질적으로 1900년대 초반 조선의 흥행 산업을 주도하게 되었다. 이처럼 협률사는 근대적 흥행 산업의 발생에서 매우 중요한 위치를 차지하는데, 그 중요성은 다음의 세 가지로 나누어 생각해 볼 수 있다.

첫째, 우리나라의 전통적인 연희를 서구식 극장공간에 편입시킨 최초의 조직[37]이었다는 점이다. 기존의 전통 연희가 객석과 무대의 구분 없이 특별한 무대 장치 없이 연행되는 것이었다면, 협률사가 등장하면서 무대와 관객석이 분리되고, 관객들은 유료로 공연을 관람하는 '입장객'이 되었다. 둘째, 협률사는 연희자들을 특정 조직의 일원으로 고용하여 임금을 지불하는 기업적 조직형태를 마련한[38] 근대적 흥행사 역할을

---

36 유민영(1998), 23~25쪽.
37 서연호, 『한국 근대 희곡사 연구』, 고려대 출판부, 1982, 7쪽.
38 유선영, 「한국 대중문화의 근대적 구성과정에 대한 연구—조선후기에서 일제 강점기까지를 중심으로」, 고려대 박사논문, 1992, 182쪽.

담당했다. 셋째, 협률사는 창, 승무, 줄타기, 재담, 성주풀이, 창극, 악기 연주 등 거의 모든 종류의 대중연예를 망라한 공연 레퍼토리를 정착시켰다. 협률사의 다종적 공연은 연중무휴 진행되었다. 이 같은 협률사의 공연이 관객들의 큰 호응을 얻자 '협률사'라는 명칭은 전통연희물들의 종합공연을 가리키는 일반명사처럼 사용되기도 하여, 1920년대까지 많은 가무단이 협률사라는 이름으로 존재하면서 지방의 공연을 이어가기도 했다.[39]

조선 최초의 근대 극장이자 흥행 산업의 한 주체였던 협률사가 '근대적 흥행물의 공연양식'을 정립했다면, 1908년 후발주자로 등장한 원각사와 1910년을 전후로 등장한 단성사, 광무대, 연흥사, 장안사, 단흥사 등 조선인 전용의 민간 극장들은 협률사의 공연 형식들을 전승, 개발하는 한편, 적극적으로 활동사진과 외화를 유치하면서 본격적인 극장의 시대를 열어갔다고 할 수 있다. 이 글은 그 중에서 광무대를 중심으로 재담을 비롯한 전통연희 및 이 시기 등장하기 시작한 새로운 코미디 양식들이 근대 극장에 수용되는 과정을 개략해보고자 한다. 장안사와 단성사도 전통연희를 중심으로 무대를 구성했던 극장들이었지만 장안사는 채 10년이 안 되는 짧은 기간 동안만 운영이 되었고 단성사는 1918년 이후 영화 전용극장으로 변경되었던 데 비하여, 광무대는 1931년 화재로 소실될 때까지 거의 30여 년에 이르는 시기 동안 다양한 레퍼토리를 통해 당대의 흥행 산업을 주도했던 중심 극장이었다. 따라서 광무대의 운영 방식과 레퍼토리를 일괄하면서 이 시기 무대의 코미디 수용 양

---

39 유선영(1992), 184쪽.

상의 일례를 살펴보고자 한다.

광무대는 1903년 경 미국인 콜브란이 동대문 부근 전차차고 내의 시설을 개조해서 만든 활동사진 영사장이었는데, 활동사진, 창가, 탄금, 유성기 감상, 승무 등을 연쇄극 형태로 공연했다.[40] 1907년 전문극장의 성격을 띤 공연장으로 바뀌면서 전통연희를 주로 무대에 올렸다.[41] 1908년 흥행업자 박승필이 광무대의 운영권을 인수한 뒤에는 보다 본격적으로 전통연회 위주의 무대를 꾸몄는데 1912년 몇 달 간의 임시 폐업 후 재개관하면서 공연의 성격이 다소 변모하게 되었다. 1912년 폐업은 조선의 전반적인 경제 사정의 악화로 인한 결정이었기 때문에, 그 이후 광무대는 가격을 대폭 인하하고 자선공연을 유치했으며 양질의 프로그램을 제공하는 등 이미지를 개선[42]하여 "관람쟈가 다슈 화집"[43]하고 "사름마다 칭찬"[44]하는 흥행의 중심지가 되었다. 본격적으로 프로그램의 변화가 시작된 것은 1913년 황금유원 내의 극장으로 이전하면서부터였다. 이때부터 기존 전통연희를 위주로 한 레퍼토리가 점차 변화하기 시작하여 1914년부터는 〈담배장사〉와 같은 대중적으로 인기 있는 재담이 공연 레퍼토리에 적극 수용되었고, 이 시기를 전후하여 재담가 박춘재는 광무대의 인기 스타로 등극했다.[45] 또한 재담뿐 아니라 '골계

---

40 배연형, 「근대 극장 사진자료 연구 (1) – 협률사, 원각사, 광무대」, 『한국사상과 문화』 제30집, 한국사상문화학회, 2005, 297쪽.
41 유민영(1998), 70쪽.
42 유민영(1998), 76~79쪽.
43 「연예계」, 『매일신보』, 1912.12.27, 3면.
44 「연예계」, 『매일신보』, 1913.2.21, 3면.
45 유민영(1998), 85~91쪽. 안종화 역시 "재담 같은 것으로는 후기 광무대 중기에서부터이었는데, 당시 별감출신으로 오입장이로 장안에 이름을 날렸던 박춘재가 재담의 시조였다."고 서술한 바 있다. 안종화, 『신극사이야기』, 집문사, 1955, 59쪽.

극' 등의 이름을 걸고 신연극 형식의 희극들도 공연되기 시작했다.

> 광무뒤 녀우비[46]의 신연희, 셔울 황금유원 안에셔 홍힝ㅎ는 광무뒤 박승
> 필 일힝에셔는 요스히 계집으히 십여 명을 모와 신연희 우슘거리를 빅와가
> 지고 그저께 밤부터 비로소 홍힝ㅎ엿다는뒤 관람쟈도 비상히 만엇고 쏘한
> 만흔 갈치를 밧앗더라.[47]

여기서 '광무대 여배우의 신연희 웃음거리'로 소개된 것은 골계극
〈여천하〉로, 광무대는 이 시기부터 신파극 혹은 신극도 무대에 올렸는
데 〈여천하〉는 첫 번째 레퍼토리로 선정되어 "밤마다 만원"을 이루었
다.[48] 이 시기는 광무대와 쌍벽을 이루던 장안사가 폐관되고 단성사도
운영난으로 잠정 폐관했던 때이므로, 광무대는 장안사와 단성사의 인력
들을 흡수하여 극장가를 주도하면서 레퍼토리를 새롭게 꾸며나갈 수 있
었다. 또한 프로그램을 다양화하여 재담과 신파희극 등을 무대에 올리
기 시작했다.

한편, 1923년 극장을 신축하면서 또 한 번 변화의 전기를 맞게 되었
던 광무대는 서양 음악과 춤 등 새로운 연예물들을 수용하는 데도 적극
적이었던 것으로 보인다. 특히 전통연회 공연에 힘을 기울였던 광무대
의 운영자 박승필은 전통연희만으로는 관객의 취향을 맞추기 힘들자
'신구극절충극'을 마련하거나 구파신파연합공연을 기획하는 등 다양한

---

46 여배우의 오기. 즉, 광무대 여배우.
47 「연희화류」, 『매일신보』, 1914.9.30, 3면.
48 유민영(1998), 87쪽.

노력을 기울였다.[49] 1920년대 중반 이후 조선극장이 건립되면서 재정적 압박에 시달리던 박승필은 박승배에게로, 이후 조병환에게로 광무대의 운영권을 넘겼다. 그리고 이 시기부터 좀 더 다양한 프로그램들이 광무대의 공연에 등장하기 시작했다. 1920년대 후반 광무대 공연 구성의 일례를 살펴보자.

승무 임명옥, 단가 김유앵, 검무 정명주, 이난옥 (…중략…) **재담 김복진**, 줄타기 임명심, 김봉선, 짠쓰 최운명, 김명기, **쏩박 임앵무**, 철봉 김학선, 최장복, **싸푸링 임종성**, 일본가곡 이옥도, 김녹주, **활극 강숙자**, **김완근**, 창가 바이오링, 경성무녀가, 평양다리굿

뒤과정은 신구를 절충하야 자미잇는 것으로 매일 교환합니다. 우천불구 흥행[50] (강조 인용자)

"신구를 절충하야 자미잇는 것으로 매일 교환"한다는 덧말이 실린 이 광고는 1920년대 후반 광무대 공연의 특성을 잘 드러낸다. 승무, 단가, 검무, 가야금, 서도잡가, 재담 등 기존 무대에서 연행해오던 전통극뿐 아니라 활극과 같은 신파연극, 줄타기, 철봉과 같은 서커스, 러시아의 쏩박춤, 서양의 댄스, 일본 가곡과 바이올린 연주와 같은 외국의 연행물들이 레퍼토리에 포함되어 있는 것이다. 이 중 쏩박춤은 1930년대 이종철을 비롯한 악극단의 유명 코미디언들에 의해서도 연행되는 인기 레퍼토리였으며, 당대 할리우드 영화의 최고 스타였던 채플린의 흉내내기를

---

49 유민영(1998), 105쪽.
50 「광무대 광고」, 『동아일보』, 1928.9.9, 석5면.

무대극에서 보여주었다는 사실은 특기할 만하다. 뒤에서 다시 중요하게 언급하겠지만 이 시기 광무대에서 대중들에게 선보였던 채플린 흉내 내기는 이후 대중극단의 고정 레퍼토리로 정착되어, 많은 악극단 희극 배우들에 의해 연기되었다.

광무대는 이처럼 1900년대 초 활동사진을 상영하는 극장으로 등장하여, 본격적인 흥행장으로 변모하면서 전통연희를 위주로 공연하는 극장으로 운영되었다. 1910년대 중반부터는 신파희극 등의 새로운 연희물들을 받아들여 프로그램을 다양화했고, 1920년대 중반 이후부터는 서커스와 서양의 악기, 할리우드의 영화까지 다종다기의 연예물을 섭렵하여 다양한 볼거리를 제공했다. 광무대는 1931년 폐쇄될 때까지 전통연희를 중심에 두고 다양한 레퍼토리를 함께 공연하는, 활발한 공연장으로 운영되었다.[51] 그리고 광무대에서 실험되었던 근대적 연희들은 이후 여러 악극단들의 인기 프로그램으로 활용되었다.

광무대의 예시를 통해 이 글에서 보다 주목해보고자 했던 것은 전통연희가 근대식 극장 공간으로 들어와 변화하는 양상 및 레퍼토리의 다양화가 일어나는 지점이었다. 이 과정에서 재담은 한정된 관객을 대상으로 하는 일정한 길이를 지닌 '무대극'으로 변형되어 살아남았다. 또한, 상업적인 극장 문화가 정립되면서 재담뿐 아니라 신파희극, 채플린 흉내 내기 등 당대 유행하는 대중문화 형식의 코미디들이 무대극으로

---

51 유민영은 『한국 근대극장 변천사』에서 광무대가 1925년 토월회에 운영권을 임대했고 이후 1928년 운영자가 박승배로 바뀌는 등 이전과 같은 흥행의 중심 역할을 하지 못했다고 보았다. 그러나 배연형은 『매일신보』 광고를 근거로 광무대가 1929년까지도 활발한 활동을 지속했던 극장이자 흥행단이었다고 주장했다. 이 글은 『매일신보』의 공연 광고로 미루어볼 때, 배연형의 주장이 보다 설득력 있다고 판단하여 이를 토대로 서술했다.

변용되었다. 그 속에서 광무대는 전통 연희 속 코미디와 근대 대중문화 양식 속 코미디가 조우하는 장소로 기능했다.

광무대가 문을 닫고 난 뒤 1930년대 중반 이후에는 동양극장과 부민 관 등 대규모 연극전용 극장들이 지어졌고 이미 1920년대부터 생겨난 대중극단들이 전성기를 누리기 시작했으므로, 이후의 논의들은 극장보 다 극단을 중심으로 서술될 것이다. 다음 절에서는 먼저 재담과 만담의 수용 양상을 통해 기존의 코미디 양식들이 '근대적' 양식으로 변용되어 생명력을 이어가는 과정을 살펴보고, 다음으로는 악극단을 중심으로 각 종 희극의 양식들이 만개하는 과정을 추적해보고자 한다. 이에 따라 한 국 코미디영화가 풍부한 대중문화의 토양을 바탕으로 발아하게 되는 과 정을 최종적으로 살펴볼 것이다.

(2) 재담의 대중화와 박춘재

앞서 살펴본 바와 같이 실내 극장의 등장과 함께 거리의 공연물이었 던 재담이 극장 안으로 들어오게 되었고, 또 신파극을 비롯한 근대 연극 의 양식들 및 영화의 영향을 받은 웃음거리들이 '공연'의 형식으로 관객 들을 만나게 되었다. 근대적 흥행 산업의 조건 안에서 전래 되어 오던 공연의 양식과 새로운 양식들이 혼효하는 가운데, 코미디도 다양한 형 식적 시도들을 통해 공연에 적합한 형태 및 내용을 개발했던 것이다. 이 시기 재담은 화극과 1930년대 대중극을 잇는 연극사적 의미의 연속성 을 담보할 뿐 아니라, 근대적 의미에서 코미디 양식의 형성 및 관객층의 확대에 중요한 계기로 작용했다는 점에서 매우 중요하다.

전술한 바와 같이 당대 관객들에게 가장 익숙한 웃음의 형식이었던 재담은 제일 먼저 인기 있는 극장의 레퍼토리가 되었다. 그 인기를 견인했던 것은 박춘재를 비롯한 재담가, 그리고 이 시기에 줄지어 출판되었던 '재담집'들의 존재였다. 개화기 인쇄술의 발전과 더불어 당대 유행하던 재담을 모은 재담집들이 출판되면서 재담의 대중화가 더욱 가속화되었던 것이다. 이렇듯 재담은 이 시기 공연물과 출판물의 두 가지 형태로 당대의 관객과 대중 독자를 만났고, 이 양식들은 서로 상보적인 관계를 이루었다고 볼 수 있다. 여기에서는 재담이 개화기를 거치며 대중적 연예물로 자리하게 되는 과정 및 최초의 대중 연예인이었던 재담가 박춘재를 살펴봄으로써, 재담과 재담가의 전통이 이후 코미디 양식에 미치게 되는 영향을 고찰해 보고자 한다.

먼저 이 시기 재담의 대중화를 가속화했던 요인으로 지적되었던 『앙천대소仰天大笑』, 『쌀쌀우슴』, 『팔도재담집』, 『소천소지笑天笑地』 등 재담집의 등장[52]을 살펴보자. 이미 조선 후기 『청구야담』, 『계서야담』, 『동야휘집』 등 한문설화집이 등장한 바 있으나 이 책들은 식자층을 대상으로 한 것이었기 때문에 향유대상에 한계가 있었다고 할 수 있다. 그러나 그 내용은 한문독자층으로부터 입으로 전파되어 널리 알려졌고, 이 중 재미있는 내용인 재담과 소화는 이 시기 한글로 기록되어 출판 보급될 수 있었다.[53] 즉, 한글 인쇄가 발달하고 출판 시장이 생성되기 시작했던 개화기, 본격적인 재담집이 유통되면서 '근대적 대중 독자'들에게 소구되기 시작했던 것이다. 당시 폭발적인 인기를 끌면서 재판에서 8쇄본까

---

52 1910년대에서 1920년대 근대 전환기의 재담과 소화를 '패설'이라는 용어로 통칭하여 연구한 김준형에 따르면 패설집은 1900년대부터 1940년대까지 꾸준히 출간되었으나 본격적인 패설집은 1910년대와 1920년대에 집중되었다. 식민시기에 출판되었던 재담집의 종류는 다음과 같다.

지 나왔던 재담집들은 기존의 재미있는 이야기들을 비롯하여, 편저자들의 창작으로 이루어진 재담도 수록하면서 재담의 소재와 범주를 한층 넓혔다.[54] 『앙천대소』, 『소천소지』, 『팔도재담집』의 내용을 분류하여 근대 공연과의 관계를 연구한 서대석에 따르면, 여기에 실린 재담들은 각각 연설 형식, 웅변 형식, 두 사람 이상의 대화로 이루어진 희곡 형식, 언쟁 형식 등을 차용하여, 당시 무대에서 공연되던 재담 및 만담의 내용 및 형식과 매우 직접적인 관계를 맺고 있었음이 드러난다.[55] 예컨대 『팔

〈표 2〉 식민지 시기에 출판된 재담집

작품명	찬자 및 발행자	편찬시기	수록 편수	출판사	형태	비고
요지경	박영진	1910년		수문서관		
絶倒白話	최창선, 圓石散人편집	1912년	100편	신문관	국한문	
開卷嬉嬉	최창선, 偶丁居士 談	1912년	100편	신문관	국한문	
仰天大笑	선우일	1913년	102편	박문서관	국한문	1917년 재판
깔깔우슴	홍순필, 남궁설 편집	1916년	70편	박문서관	국문	1926년 8판
笑天笑地	최창선, 長春道人편집	1918년	322편	신문관	국한문	
八道才談集	강의영	1918년	145편	영창서관	국문	
요절초풍 익살주머니	강의영 발행, 송완식 저	1921년	120편	영창서관	국문	1925년 5판
講道奇談	안병한	1922년		구을리서관		
古今奇談集	고유상	1923년	93편	회동서관	국문	1952년 복간
죠션팔도 익살과 재담	김동진	1927년	70편	덕흥서림	국문	
十三道才談集	작자미상	1928년	99편	신구서림	국문	1934년 재판
傑作笑話集	최인화	1939년		신문당		

(김준형, 「근대전환기패설의 존재양상—1910~1920년대 패설집을 중심으로」, 『한국문학논총』 41집, 한국문학회, 2005, 294~295쪽; 이홍우, 「일제강점기 재담집 『엉터리들』에 대한 소고—거짓말의 유형과 인물론을 중심으로」, 『관악어문연구』 31집, 서울대 국어교육과, 2006, 296~297쪽을 참고로 재구성.)

53 서대석(2006), 101쪽.
54 서대석(2006), 102쪽.

도재담집』에는 이야기 끝에 서술자의 촌평이 붙어 있는 재담들도 실려 있는데 이는 구연현장에서 나타나는 맞장구나 추임새와 같은 성격으로, 설화집이 문어체의 독서물이면서 동시에 공연자료로서의 성격을 의식하고 있다는 점에서 전통 설화가 공연재담으로 수용되는 한 양상을 예시하는 것으로 볼 수 있는 것이다.[56]

뿐만 아니라 『대한매일신보』와 『경향신문』 등의 일간지도 각각 '편 편기담'과 '웃음거리'라는 코너를 두고 단편 소화를 꾸준히 실었으며, 이후의 거의 모든 신문 잡지들에서 소화와 재담 코너를 두었다. 예컨대 『개벽』, 『동광』, 『별건곤』, 『삼천리』와 같은 잡지 역시 '유모어'면과 '만담'면을 두어 소화를 게재했고, 『동아일보』에도 '웃은 말', '소문만복', '소화' 등의 코너를 두고 소화를 게재했다.[57] 천정환은 여기에 실린 소화들을 몇 가지 경향으로 나누어 설명했는데, 전래의 소화들을 재창작거나 채록한 것, 새로운 일상과 사회가 만들어낸 현실의 구전 소화들을 수집 정리한 것, 서구나 일본의 소화를 번역 혹은 변형한 것, 공모나 공연 등의 필요에 의해 새롭게 창작된 것으로 구분했다.[58] 기존의 재담과 새롭게 창작/번역된 재담, 그리고 공연 양식의 재담이 신문과 잡지라는 새로운 매체를 통해 수집되고 정리되면서 일정한 형식을 만들었으며 새로운 '유머의 독자층'을 개발했던 것이다. 이와 같이 재담은 출판물을 통해 대중독자들을 만나고 새로운 형식들을 실험하며 재담 양식

---

55 서대석(2006), 102~133쪽 참고.
56 서대석(2006), 133쪽.
57 천정환, 「식민지 조선인의 웃음—『삼천리』 소재 소화와 신불출 만담의 경우」, 『역사와 문화』 18호, 문화사학회, 2009, 16~17쪽.
58 천정환(2009), 18쪽.

의 변화와 관객층의 확대를 이루었는데, 재담집과 재담 코너의 유행은 재담 공연의 인기를 반영하면서 동시에 그것을 강화하는 기능을 했다고 볼 수 있다.

　이 시기 재담이 공연 형식으로 정립되면서 인기 예능으로 자리 잡는 데 가장 큰 공헌을 한 것은 누구보다 광무대 최고의 스타였던 박춘재 (1883~1950)였다. 박춘재는 근대적 대중연예 형식으로 들어온 최초의 코미디언이었다고 볼 수 있는데, 원래 고종 때 가무별감으로 궁중에서 활동하던 우인偶人이었다고 한다. 박춘재는 당시 재담뿐 아니라 발탈의 명인으로 이름이 높았으며 명창으로도 인기 있는 종합 예능인이었다. 〈맹꽁이타령〉, 〈곰보타령〉, 〈장님흉내내기〉, 〈병신재담〉, 〈각종장사치 흉내〉, 〈개넋두리〉, 〈제석타령〉, 〈사설난봉가〉[59] 등이 박춘재의 소리로 알려진 유명한 재담소리들인데, 박춘재는 전통 민속시가인 무가, 민요, 단가, 잡가 등에 자신의 창작을 보태어 재담소리를 만들었다.[60] 또, 발탈 은 한쪽 발에 탈을 씌워 놓고 양손으로 탈의 팔을 조종하면서 연행자가 본인과 탈의 1인 2역을 맡아 재담, 노래, 춤을 엮는 일종의 인형극 형식 이었다. 발탈은 서사적 흥미에 초점이 있는 것이 아니라 주인과 탈의 대 화로 각종 재담이 이어지고 전국 각 지방의 민요와 고사축원, 덕담과 홍 수막이 등의 무가가 연행되는 집약적 공연[61]이었다. 재담의 일인자였던 박춘재는 재담의 요소를 충분히 활용하되 '극'의 형식을 강조한 발탈로 자신의 장기를 선보일 수 있는 새로운 극형식을 창조해내었던 것이다.

59　이 중 〈병신재담〉과 〈장님흉내내기〉는 한국콘텐츠진흥원 문화콘텐츠닷컴 사이트에서 오디오로 들을 수 있다. www.culturecontent.com
60　서대석(2006), 135쪽.
61　서대석(2006), 152쪽.

박춘재 재담 텍스트들을 연구한 사진실은 박춘재의 재담이 전통적인 소학지희의 웃음의 전통을 계승하면서도, 20세기 근대 이행기의 세태를 풍자하는 혁신성도 담보하고 있었다고 평가했다. 즉 웃음을 창출하는 방식에 있어서는 이전 시기의 재담을 충실히 계승하는 한편, 근대 극장의 무대예술에 적합한 형식을 창조했으며 그에 어울리는 내용을 개발했다는 것이다.[62] 이 시기 재담은 극장에 모인 불특정 다수의 관객을 위한 공연으로 양식의 변화를 이루면서, 근대 초기의 다양한 인간군상의 초상을 통해 더욱 보편적인 소재와 주제로 내용을 변화시켰다. 박춘재는 이러한 재담 양식의 변화를 주도한 인물이었으며, 재담의 대중화와 다양화를 이끎으로써 재담이 이후 만담과 근대 희극의 형식 속에서 그 맥을 이어갈 수 있도록 중심적인 역할을 담당했다. 이런 의미에서 박춘재는 조선시대의 마지막 배우이자 근대의 최초 배우로서, 또 코미디 양식의 계승자이자 창조자로서 중요한 위치를 점하고 있다고 볼 수 있다.

3) 라디오와 유성기 음반의 만담

실내극장으로 들어온 재담은 일정한 길이와 양식을 가진 공연 형식으로 정제되면서 개화기의 관중들을 만났다. 재담이 근대적 성격을 띤 공연물로 자리 잡게 되는 데는 박춘재를 비롯한 당대 재담가들의 가교 역할이 무엇보다 중요했다. 실내극장의 등장과 인쇄본 재담집의 유행,

---

62 사진실(2000), 329~330쪽.

그리고 걸출한 재담가 박춘재의 활약에서 비롯된 1920년대 재담의 유행은 1920년대 후반, 라디오와 유성기 음반이 등장하면서 일본 만당漫談의 영향을 받아 넌센스, 스케치 등 코미디 극형식으로 분화되거나 가락과 만나 만요가 되었다. 재담과 만담은 각 매체에 적합한 양식을 개발하면서 식민지 시기 코미디의 중요한 흐름을 이루었다. 이 과정에서 중요한 역할을 담당했던 것은 신불출을 비롯한 만담가들이었다. 이 절에서는 극장 안으로 들어오게 된 재담이 형식과 내용을 정비하면서 만담과 스케치, 만요, 넌센스 등으로 분화되는 과정을 살펴보고, 신불출을 중심으로 만담의 대중화와 공연양상에 대하여 논할 것이다.

(1) 만담의 기원과 변천

월간 『삼천리』에 실린 신불출의 「웅변과 만담」[63]은 만담가 신불출이 만담의 기원과 특성을 설명한 글이다. 이 글에 따르면 만담은 "해학성 homour의 종횡무진함과 풍자성의 자유분방한 점"을 특징으로 삼는 "불 같고 칼 같은" 말의 예술이다. 이 글에서 신불출은 만담과 재담을 전혀 다른 것으로 규정하는데, 그에 따르면 재담이 일본의 만자이萬歲와 비슷하며 웃음을 본위로 한 공허한 내용인데 반해 만담은 "가장 참신하고 가장 경쾌 명랑한 표현 형식인 무대예술"이다. 조선에 전무했던 만담을 신불출 본인이 일본에서 수입한 이후, "조선의 것"으로 만들기 위해 모방과 추종에서 더 나아가 조선에 어울리는 만담의 형식을 창조하였다고 주장했다.[64]

---

63 신불출, 「웅변과 만담」, 『삼천리』 7권 5호, 1935.6, 105~108쪽.
64 박영정에 따르면, 일본의 만담漫談은 1920년대 중반 주로 무성영화 변사들에 의해 새롭

한편, 반재식은 신불출이 만담가로 활약했던 초기, 박춘재의 제자였던 박천복과 함께 공연을 했던 기록을 들어 그의 만담이 전통 재담의 영향과 무관하지 않았을 것이라고 추측했다. 장소팔의 증언대로 신불출은 박춘재를 연구한 적이 있으며 그의 원본을 이용한 만담을 만들기도 했으므로, 박춘재의 재담이 "세월이 지나면서 만담의 소재로 녹아" 들어왔다고 보는 것이다.[65] 서대석 역시 만담이 재담에서 유래된 것으로 본다. 즉 만담은 곧 공연재담으로, 직업적 전문가의 재담이 곧 만담이었다는 것이다. 다만, 재담의 경우는 구비문학에 가까운 것으로 전래되어 오던 이야기들을 재미있는 방식으로 엮은 것이라면, 만담에서는 창작자의 의도가 중요해진다는 차이가 있다고 지적한다. 따라서 만담은 전통재담에 비해 수사가 화려하고 세련되어 있으며 근대 서구문물을 수용하였고 창작자의 문학적 재능이 가미된 재담이라는 것[66]이다.

이상에서 보았듯이 만담이 일본에서 유입되어 신불출에 의해 '조선화'된 현대적 예능 형식이라고 보는 시각과 재담에서 유래하여 근대적 공연양식으로 정리된 것이라고 보는 시각이 존재했다. 그러나 이승희의 주장대로, 각각의 기원설은 경쟁이 아닌 상보적인 관계로 이해될 필요가 있다.[67] 즉, 만담은 소학지희로부터 지속되어 온 전통연희 양식인 재

게 개척된 현대적 예능양식의 하나이다. 반면 '만자이(漫才)'는 일본 전통예능을 현대화한 것으로, 2인이 주고 받는 말놀음이다. 1930년 요시모토흥업 소속의 요코야마 엔타쓰와 하나비시 아챠코 콤비가 만든 이 만자이 형식이 지금 통용되는 '만담'으로 알려진 형식에 가깝다. 한편 박영정은 취성좌 시절 막간극의 희극 배우였던 신불출이 선보였던 짧은 극 형식의 코미디에서 만담이 비롯되었다고 보았다. 이것이 1920년대 말 야담대회를 통해 공연형식으로 정립되고, 여기에 일본 '만담'의 영향이 가해지면서, 1930년대 현대적 공연 양식으로 발전한 것이 만담이라고 정리한다. 박영정(2007).

65 반재식, 『만담 백년사─신불출에서 장소팔·고춘자까지』, 백중당, 2000ㄴ, 66·370쪽.
66 서대석(2006), 215~227쪽.
67 이승희, 「배우 신불출, 웃음의 정치」, 『한국극예술연구』 33집, 한국극예술학회, 2011,

담뿐 아니라, 막간극의 생성, 일본 연예물의 유입, 야담대회의 존재, 유성기 음반과 라디오의 등장이라는 다양한 계기들에 의해 1930년대 정립되고 유행하게 된 코미디 양식인 것이다.

다음으로 논의되어야 하는 것은 만담, 넌센스, 스케치 등 용어의 문제이다. 이 용어들은 절대적인 분류기준이 없이 혼용되어 사용되었던 것으로 보인다. 예컨대 대표적인 만담으로 알려진 신불출의 〈익살맞은 대머리(공산명월)〉 역시 '넌센스'로 음반에 표기되어 있었는데,[68] 이에 대해 반재식은 식민지 시기 만담, 스케치, 넌센스, 코메디, 희가극이 모두 만담의 이명異名이었다고 주장했다. 한편, 김재석은 만담과 넌센스, 스케치가 연행자의 숫자에 따라 구분되는 것이며, 만담에서 넌센스, 스케치가 발전되어 왔다고 보았다. 즉, 만담은 한 명의 배우가 희극적인 내용의 이야기를 일인다역의 방식으로 들려주는 것이며, 이것이 발전하여 배역에 따른 역할 분담을 한 것이 넌센스와 스케치라고 보았던 것이다. 반면, 최동현과 김만수는 만담에서 넌센스나 스케치가 발전한 것으로 보는 김재석의 시각에 의문을 제기하며, 이 형식들이 거의 동시대적으로 등장, 유행했던 것으로 파악한다. 이들은 내용의 전개방식과 공연형식을 기준으로 만담과 넌센스, 스케치가 구분된다고 보는데, 이에 따르면 만담은 가장 단순한 희극 장르로 1인의 재담과 흉내 내기로 이루어지는 데 비해 넌센스는 남녀 2인이 주고받는 대화형식을 기본으로 소극에 가까운 형식을 보이고, 스케치는 초보적 음악극으로 볼 수 있다는 것

31쪽.

68 소래섭은 넌센스가 일본에서 수입된 코미디 양식에 대한 명칭으로, 1930년대 초에는 코미디 전체를 대표하는 용어로 썼다고 지적하기도 했다. 소래섭, 「1930년대의 웃음과 이상」, 『한국현대문학연구』 15호, 한국현대문학회, 2004, 255쪽.

이다.[69] 이 글에서는 최동현·김만수의 정리를 받아들여 만담과 넌센스, 스케치가 단선적 발전을 이룬 것이 아니라 동시대적으로 발생하여 '만담류'를 형성한 것으로 보고, 연행자의 숫자와 공연 형태에 따라 구분될 수 있다고 가정한다. 따라서 〈익살맞은 대머리〉를 넌센스로 분류했을 때, 혹은 만담으로 분류했을 때, 그것은 광의의 의미에서의 만담, 즉 '만담류'를 지칭한 것으로 볼 수 있을 것이다.

이 같은 만담(류)의 대중화는 1933년 오케 레코드에서 발매된 〈익살맞은 대머리〉가 약 2만 매 가량 판매되면서 본격적으로 이루어졌다. 유성기가 조선의 일반 가정까지 널리 확산되기 시작한 것은 1920년대 말인데, 유성기와 음반의 가격이 낮아지고 내용물이 다양해지면서 보급이 활발해졌던 것이다.[70] 이 시기부터 유행가와 더불어 영화예고편, 만담, 스케치, 넌센스 같은 다양한 음반들이 등장했다. 이런 와중에 〈익살맞은 대머리〉가 기록한 공전의 히트는 콜롬비아나 빅타 등에 비해 뒤늦게 조선 유성기 음반 시장에 뛰어들었던 오케 레코드사의 공격적인 마케팅에 기인한 바 컸다. 기존 음반들이 1원 50전~2원이었는데 "요절할 폭소" 신불출·윤백단의 〈익살맞은 대머리〉는 1매 50전에 특별판매 되었던 것이다.[71] 〈익살맞은 대머리〉의 성공은 음반 판매고를 더욱 높였고, 이후 1930년대 중반까지 넌센스, 스케치, 만담 등의 이름을 단 코미디 음반들이 흥행을 주도했다.[72] 그러나 1937년 이후 음반 검열이

---

69 김재석(1992), 59~61쪽; 최동현·김만수, 『일제강점기 유성기음반 속의 대중희극』, 태학사, 1997, 19~28쪽.
70 호외생, 「레코-드의 열광시대-경쟁의 한토막 이약이」, 『별건곤』 67호, 1933.11, 30~31쪽.
71 이승희(2011), 30쪽.
72 이서구, 「봄과 ○와 레코-드」, 『별건곤』 72호, 1934.4, 8~9쪽. 1934년 당시 조선에는

강화되고 '유행가 정화론' 등이 대두되었으며 전시에 준하는 군국가요만이 음반 시장을 장악하게 되자, 유성기 음반 시장은 필연적으로 몰락하게 되었다.[73]

한편, 만담은 1930년대 라디오에서도 주요 프로그램으로 자리 잡았다. 조선에서 라디오가 첫 방송을 하게 된 것은 1926년으로, 1926년 7월부터 매주 1회 조선어 방송을 하면서 종로 파고다 공원 안에 무선수화설비를 장치하고 일반에게 공개되었다.[74] 1927년 2월부터 경성방송국에서 본방송이 시작되는데, 본격적으로 조선에 라디오 청취자들이 늘게된 것은 조선어 방송이 시작된 1932년부터였다. 그러나 이때도 대부분의 수신자들은 일본인으로, 조선인은 약 5천여 명만이 라디오청취시설을 허가 받은 상태였다. 부산, 평양 등 지방 방송국이 생기고, 청진, 이리등 방송국 설치가 논의되던 1935년 말에 조선인 청취자가 1만 명을 넘어섰다.[75] 1941년 말 조선 라디오 등록대수는 11만 7천개로 인구의0.5%였으며 실청취자 수도 약 2.3% 정도[76]로 볼 수 있으므로, 실제 식민지 시기 동안 라디오의 영향력은 유성기 음반, 영화, 신문, 잡지 등 타매체에 비해 그다지 높지 않았다고도 볼 수 있을 것이다. 그럼에도 라디오 연예오락프로그램의 청취율은 30%[77]를 넘었고, 이 중에서도 야담과

음반 판매점이 약 200여 군데, 콜롬비아와 빅타가 1년 동안 파는 음반이 각 200만 매. 그 외 회사에서 판매한 음반을 모두 합치면 1년간 팔리는 음반이 약 6~700만 매에 달했다고 한다. 「레코-트 판매점과 육백만원」, 『삼천리』 6권 8호, 1934.8.14, 14쪽.

73 이상길, 「유성기의 활용과 사적 영역의 형성」, 단국대 동양학연구소, 『근대한국의 일상생활과 미디어』, 민속원, 2008, 240쪽.

74 「탑동공원에서 라디오 공개」, 『조선일보』, 1926.7.8, 2면.

75 그런데, 등록된 수신기 수는 적었지만 청취료를 내지 않기 위해 등록하지 않고 도청하는 사례가 많았으므로, 실제 청취자 수는 등록 대수의 4배에 이를 것으로 추산된다. 최창봉·강현두, 『우리 방송 100년』, 현암사, 2001, 23쪽.

76 쓰가와 이즈미, 김재홍 역, 『JODK, 사라진 호출 부호』, 커뮤니케이션북스, 1999, 104쪽.

만담은 가장 인기 있는 프로그램에 속했다. 윤백남, 유추강, 신정언 등이 야담으로 유명했는데, 여기에 만담가 신불출이 가세하면서 라디오 만담 프로그램이 인기를 얻기 시작했다. 이에 경성방송국은 희극을 위주로 하

<그림 1> <방송예술가 실연의 밤> 광고. "인기가수, 재담-만담가 등 총등장!" (『조선일보』, 1940.3.19)

는 전속 예술단인 만소좌를 조직하여 공연을 하기도 했는데, "뚱뚱이와 홀쭉이"로 유명했던 손일평과 김원호가 방송 만담을 통해 이름을 알렸다.[78] 이처럼 방송에서 만담이 활발하게 취급되자 레코드사들은 "실연의 밤"이라는 명목으로 만담 공연을 개최하기도 했다. 이 중 라디오방송에서 인기 있는 재담가, 만담가들을 초청하여 공연했던 <방송예술인 실연의 밤>의 광고는 <그림 1>과 같다.

"박춘재, 고준성 양씨의 포복절도한 재담"과 "여류 만담가 김윤심양의 재기 발랄한 신작 만담"이 예정되어 있다고 광고한 이와 같은 실연무대는 '만담대회', '야담대회' 등의 이름을 걸고 종종 전국의 라디오 만담 청취자들을 찾았다. 그러나 전술했듯이 식민지 시기 라디오를 통한 만담의 영향력은 크지 않았다. 그보다 라디오와 실연무대를 연계한 위와 같은 공연이 더욱 큰 반향을 불러 일으켰다고 할 수 있는데, 그럼에도 이 시기

---

77 서재길, 「1930년대 후반 라디오 예술과 전통의 문제」, 『한중인문학연구』 23호, 중한인문과학연구회, 2008, 9쪽.
78 반재식(2000ㄴ), 129~130쪽.

가 라디오에 적합한 '만담'의 내용과 형식에 대한 감각을 키울 수 있었던 시기였다는 점은 언급할 필요가 있다. 이때부터 시작된 라디오 만담은 해방 이후, 1950년대 중반부터 1960년대까지 만담의 '제2의 전성기'를 이끌면서 코미디의 한 영역을 구축했다.[79]

(2) 만담가 신불출

만담의 역사는 곧 신불출의 역사라고 할 만큼, 만담의 시작과 영역 구축에 있어 신불출은 독보적인 존재였다. 대중극단 취성좌에서 작가로 연예 이력을 시작한 신불출은 막간극에서 배우로서의 재능을 인정받았고, 일본 방문에서 만당을 접한 뒤 조선에 알맞은 양식의 만담 형식을 발전시켰으며 야담 대회와 유성기 음반, 라디오 등을 통해 만담을 알렸다. 이러한 그의 이력은 조선 만담의 성립 과정과 일치한다고 볼 수 있다. 서대석에 따르면, 신불출은 재미있는 말을 만들어 구연하여 먹고 사는 최초의 전문 직업인이었다.[80]

만담가로서 신불출을 알렸을 뿐 아니라, 만담 자체를 대중화 시켰던 〈익살맞은 대머리〉는 조선의 대중문화가 상품으로 대두되던 시기에 만담을 주요 콘텐츠로 만들었던 기념비적 작품이었다.[81] 이후로도 신불출은 성광현과 함께 〈백만풍〉을, 나품심, 신일선, 성광현과 함께 〈소문만복래〉를, 배우 차홍녀와 함께 〈선술집 처녀〉 등의 만담 음반을 발표했고, 연이어 성공을 거두었다. 신불출의 대표작으로 현재 유성기 음반으로 남

---

79 한편, 식민지 말기 만담 동원의 역사에 대해서는 배선애, 「동원된 미디어, 전시체제기 만담부대와 만담가들」, 한국극예술학회, 『한국극예술연구』 48집, 2015 참고.
80 서대석(2006), 219쪽.
81 반재식(2000ㄴ), 137~138쪽.

아 있는 작품들도 상당수 있는데, 〈곰보 타령〉, 〈엿줘라 타령〉, 〈여천하〉, 〈겻말열쇠통〉 등의 만담뿐 아니라 〈낙랑공주와 마의 태자〉, 〈홍길동전〉, 〈항우와 우미인〉, 〈(폭소극)요절 춘향전〉 등을 녹음하기도 했다.

이승희는 〈익살맞은 대머리〉류의 만담 음반의 성행이 공연예술로서의 만담이 성립하는 계기가 되었다고 지적[82]한 바 있는데, 이 만담이 공연하기 적합한 양식으로 구성되어 노래를 포함한 막간극으로 활용이 용이했다는 점[83]도 이런 주장의 근거가 된다. 신불출은 음반의 지속적인 성공을 바탕으로 본격적인 만담 공연에 나서게 되었는데, 1934년 1월 20일 서울 화신백화점 옥상에서 첫 만담대회가 개최되었다. "신불출 만담대회"라는 이름의 이 공연들은 이후 주로『조선일보』의 후원 아래 전국 주요도시에서 열렸으며, 1940년대 초반까지 계속 되었다. 신불출공연단이 출연하는 공연들은 보통 1~2시간이 소요되었다고 하는데, 이은관에 따르면 박천복, 이은관, 김윤심 등이 함께 했던 1940년대 초 공연에서 신불출의 만담이 약 1시간, 그 외의 만담가들의 만담이 나머지 시간에 배정되었다고 한다.[84] 이 같은 공연을 통해 신불출은 만담의 전성시대를 열었으며, 만담을 무대 공연에 적합한 독립적인 장르로 정착시켰다.[85] 이 시기 신불출을 통해 정립된 만담 / 코미디의 양식은 해방이후까지 다양한 대중문화에 영향을 미쳤다.[86]

---

82 이승희(2011), 31쪽.
83 천정환(2009), 33쪽.
84 이승희(2011), 36쪽.
85 한편, 배선애에 따르면, 1940년대 해방 이전까지의 시기에는 만담이 대중연예에서 독보적인 지위를 확보했다고 볼 수 있는데, 만담은 각종 이동위문연예대와 만담부대를 통해 '동원'되면서 가장 효율적이면서 경제적인 공연예술로 부각되었다. 배선애(2015), 93쪽.
86 천정환은 만담이 코미디 양식의 정립에 미친 영향을 평가하면서, 신불출의 코미디가

마지막으로 언급할 것은 신불출 만담의 정치성이다. 신불출은 만담이라는 장르의 성격과 기능을 분명하게 인식하고 있었던 만담가였다. 그는 만담을 통해 새로운 문물을 알리고 세태를 풍자하여 민중을 깨우치고 암울한 시기에 웃음을 선사[87]하고자 했다. 특히 신불출의 이력과 관련하여 그의 만담의 정치성을 규명하고자 한 천정환과 이승희의 연구는 주목할 필요가 있다.[88] 천정환은 『삼천리』에 실린 신불출의 소화들을 분석하면서, 그의 만담이 근대 세계의 새로운 질서를 반영한 것이었다고 규정했으며 그 웃음의 정치성을 읽어냈다. 이승희는 "종족적 정체성"을 지닌 공간인 극장에서 '만담가'의 길을 걸었던 신불출의 선택 자체가 정치성을 띨 수밖에 없었음을 지적했다. 신불출 만담의 웃음이 사회적, 정치적 근거를 가진 것이었기 때문에 당대의 중요한 문화코드가 될 수 있었다는 것이다.

『삼천리』의 한 필자는 그에 대해 "'말재조'를 통해 보는 신불출 씨의 예술적 소질이야말노 문자 그대로의 재사"라 극찬하기도 했으나, 신불출 자신은 단순한 '말재조'보다 말의 사회적 기능과 가능성에 관심을 기울였던 만담가였다. 앞서 언급했던 글 「웅변과 만담」에서 신불출은 웅변이 만담일 수는 없으나, 만담에는 웅변이 없을 수 없다고 하면서, 웅변이 "말의 무기"이며 "혁명의 구화"가 될 수 있는 것이라고 주장했다. 이 글은 해방 이후 웃음보다는 비판과 각성을 촉구하는 만담 / 웅변을 했고, 정치의 소용돌이 속에 적극 휩쓸려 들어가 월북을 선택했던 만담

"코미디언코미디"로서의 가능성을 가지고 있다고 보았다. 천정환(2009), 32쪽.
[87] 서대석(2006), 219쪽.
[88] 천정환(2009); 이승희(2011).

가 신불출의 행보를 이해하는 데 중요한 실마리가 되어준다. 신불출은 코미디의 웃음이 정치적으로 얼마나 급진적일 수 있는지를 실천하여 보여준, 한국 대중문화계에서 보기 드문 코미디언이었다.

4) 대중극단의 코미디와 코미디언들

이 절에서는 근대적 극장의 등장 이후 식민지 시기 동안 전 관객층을 아우르며 대중적 인기를 누렸던 악극樂劇이 흥행 산업의 중심으로 떠오르게 되는 과정과 악극의 코미디 수용 양상, 그리고 악극단에서 활동한 코미디 배우들에 주목해 보고자 한다. 악극은 식민지 시기 영화를 포함한 각종 대중문화들과 활발히 교류하면서 세력을 확장해 나갔는데, 코미디는 악극 레퍼토리의 일부로 재담, 만담, 넌센스, 스케치 등 다양한 양식을 포괄하고 외화 코미디의 영향을 수용하면서 그 자신의 영역을 정립했다. 대중극단의 코미디 배우들은 연기뿐 아니라 신체를 이용한 묘기, 악기 연주, 모창을 비롯한 장기들을 선보이는 일종의 '만능 엔터테이너'였으며, 다양한 코미디의 양식들을 수렴, 무대극의 형식으로 정립시키는 매개자의 역할을 담당했다.

(1) 악극의 전개

원래 악극은 바그너 음악을 지칭하는 'Musikdrama'의 일본식 번역어였지만, 조선에서 처음 사용될 때는 음악音樂과 연극演劇의 준말 정도로 사용되다가 1940년대 이후 대중적 음악극을 총칭하는 용어로 사용하게 되었다.[89] 악극은 1927년 취성좌에서 시작한 막간극幕間劇에서 비롯되었다고 보는 것이 일반적인데, 막간극 혹은 막간무대는 막과 막 사이에 관객의 지루함을 달래기 위해 나타난 공연 형식을 지칭한다. 처음에는 독창무대로 시작했던 것이 점차 큰 호응을 얻게 되자 각 대중극단들은 여기에 만담, 넌센스, 스케치 등 간단한 극양식을 접목시키면서 점차 막간극의 비중을 높여 갔다. 1930년대 중반까지 막간극에 대한 찬반 논란이 계속되었음에도, "막간 무대를 보기 위하야 보기 실혼 연극을 참꼬"[90] 본다고 답할 정도로 막간에 대한 관객들의 호응은 열렬했다.

본격적으로 기악부를 두고 노래를 곁들인 극을 공연하기 시작한 것은 1929년 삼천가극단[91]의 출현 이후로 볼 수 있는데 이들은 1부에서는 "짤막한 이야기를 코믹하게 엮는 속에 노래를 끼어 만든" 희가극을 선보였고, 2부에서는 노래와 춤, 그리고 레뷰를 주 레퍼토리로 삼았다. 1935년 연극전용공간인 동양극장과 대규모 관객을 수용할 수 있는 부민관이 건립되고 고정관객을 확보하게 되면서 악극은 대중들에게 새로운 대중극으로 자리매김 되기 시작했다.[92] 그리고 1930년대 후반 레코드사 소속의

---

89 김호연, 『한국근대악극연구』, 민속원, 2009, 28~29쪽. 김호연은 이 책에서 좀 더 대중적인 의미에서 대중가요 중심의 '쇼무대'는 악극으로, 오페라 형식을 지향하는 음악극은 가극으로 구분한다. 그러나 일제시기 악극단과 가극단이라는 명칭은 실제 공연형식에서 별 차이를 보이지 않는 극단들에 임의적으로 붙여졌고, 한 단체에 대해서도 악극단이라는 명칭과 가극단이라는 명칭을 동시에 사용한 예를 많이 찾아볼 수 있으므로, 당대에는 악극과 가극을 구분하는 기준이 모호한 채 혼용되었다고 보는 것이 옳을 듯하다.

90 유치진, 「극단 시평―이원만보」, 『중앙』, 1934년 2월호, 298쪽.

91 최초의 악극단으로 볼 수 있는 삼천가극단은 일본에서 소녀가극을 익히고 돌아온 권삼천이 이끌었지만, 실질적으로는 취성좌를 이끌던 김소랑과 마호정이 극단을 해산하고 악극단 조직에 참여했기 때문에 "취성좌의 악극단화"라고도 볼 수 있다. 유민영(1996), 419쪽.

반도가극단, 조선악극단, 라미라가극단 등이 조직되면서 본격적인 장르로 정착되었다.[93] 악극의 주제가는 레코드사에서 음반으로 제작되어 날개 돋친 듯 팔려나갔으며, 레코드와 악극은 서로 상승작용하면서 이 시기 연예산업을 좌우했다. 당시 축음기 보급률은 해마다 증가하여 1930년대 말에는 전국적으로 35만여 대에 달했고 레코드판 판매도 한 달 평균 30만 장을 넘어 섰다고 하니[94] 레코드와 악극의 상관관계는 분명했던 셈이다. 특히 조선악극단은 음악극 위주의 공연물뿐 아니라 가요, 연극, 무용 및 간단한 희극 등이 함께 어우러진 버라이어티 쇼를 처음으로 무대에 올리면서 무대의 다양화를 꾀했다는 점에서도 주목할 만하다.[95]

이처럼 대규모 공연이 가능한 극장의 건립과 레코드사 소속 악극단의 등장, 이에 따른 안정적 자본의 유입 등의 물적 토대를 기반으로 당대 대중연예계의 인력들을 적극 흡수하면서 다양한 레퍼토리를 선보이게 된 악극은 1930년대 후반부터 흥행 산업의 중심으로 자리하게 되었

---

92 유민영(1996), 420쪽.
93 김호연(2009), 21쪽.
94 황문평, 「한국레코드 약사」, 『한국대중연예사』, 부르칸모로, 1989, 179쪽.
95 일제시기 악극의 생성과 전개에 대해서는 고설봉, 『증언연극사』, 진양, 1990, 23쪽; 유민영(1996), 417~435쪽; 박노홍, 「한국악극사」, 김의경・유인경 편, 『박노홍의 대중연예사』1, 연극과 인간, 2008, 12~14쪽; 김호연(2009), 33~36・179쪽 참고. 박노홍이나 김호연이 악극단의 형성을 막간극에서 시작되어 노래를 접목한 초기 악극 형태로 발전했다가, 레코드 회사의 악극단 / 가극단의 등장 이후 본격적인 장르로 형성되었다고 보는 견해를 보이는 데 비해, 유민영은 악극이 세 갈래의 시초를 가지고 각각 발전하게 되었다고 본다. 즉, 신파극단의 막간에 발전한 형태, 일본의 소녀가극단을 모방한 형태, 레코드 회사가 자사의 판을 선전하기 위해 만든 악극단의 형태로 구분될 수 있다는 것이다. 이 글은 이들의 견해를 종합하되, 유민영이 논한 대로 악극단들이 각각 뚜렷한 기원을 가지고 발전했다기보다 막간극, 소녀가극, 레코드 회사의 쇼 등이 서로 영향관계를 주고받으면서 하나의 형식으로 만들어져 갔다는 주장에 무게를 두고자 한다. 하나의 문화 장르가 형성될 때 그것이 단일한 기원을 갖는다기보다 다층적 기원과 영향관계를 통해 형성되어 간다는 것이 이 책이 근간을 두고 있는 연구방법이기 때문이다.

다.[96] 그런데 1930년대 후반에 레코드사 소속의 악극단들이 줄지어 출현하게 되고 악극단들이 번성하게 된 데에는 토키 영화의 유행도 한 몫을 했다고 볼 수 있다. 즉, 1930년대 초부터 수입되기 시작한 유성영화들이 중반을 지나면서 조선의 극장가를 점령하게 되었고, 1935년 조선 최초의 유성영화 〈춘향전〉의 등장 이후, 조선에서도 발성영화가 주도적으로 제작됨에 따라 무성영화 시절 음악을 담당했던 악사들이 극단으로 대거 유입[97] 되었던 것이다. 따라서 이들을 활용한 막간과 악극도 1930년대 중반 이후부터 더욱 발전할 수 있었다.

그런데 1930년대 중후반 악극의 활성화가 대중문화 시장의 흐름과 흥행 산업의 역학 관계에서 비롯된 것이었다면, 1940년대 이후 악극의 유행은 강력한 정치적 의도가 개입된 것이었다. 2차 세계대전이 막바지에 접어들면서 수세에 몰린 일본이 영화를 비롯한 여타 대중문화에 대해서는 검열을 통한 철저한 통제와 압력을 행사했던 반면, 악극에 대해서는 선전선동의 수단으로 이용하기 위해 전략적으로 동원했던 것이다. 중일전쟁과 태평양 전쟁이 발발한 뒤 총독부에서는 공연물들에 대한 규제를 강화했다. 1941년 2월에는 조선연예협회가 조직되어, 7개의 악극단(약초가극단, 금희악극단, 성보악극단, 라미라가극단, 반도가극단, 제일악극단, 조선악극단)과 창극단이 이에 소속되었다가 이후 서커스, 만담 단체를 포함 17개의 단체로 정리되었다.[98] 1942년 7월 조선연극협회와 조선연예협회가

---

96 박노홍은 1940년을 전후한 시기부터 약 15년을 악극의 전성기로 평가했다. 박노홍 (2008), 9쪽.
97 박노홍(2008), 26쪽.
98 백현미, 「"국민적 오락"과 "민족적 특수성"―일제말기 악극의 경우」, 『공연문화연구』 11호, 한국공연문화학회, 2005, 163쪽.

통합하여 조선연극문화협회가 창립된 뒤, 산하 단체로 이동극단 2개, 극단 13개, 악극단 8개, 창극단 3개, 곡마단 9개, 만담반 1개 등 총 36개의 단체를 두었는데, 1944년 4월 '연극, 연예, 흥행에 대한 비상조치요강'이 발표된 후에는 연극단 8개, 창극단 3개, 악극단 18개로 정리되었다. 연극단의 숫자가 줄어든 대신, 악극단의 수는 현저하게 늘어난 것이다.[99] 악극이 "농촌 어촌 공장 광산 등 근대 대중에게 건전 오락을 제공하면서 국책에의 협력을 촉진하는 지도계몽을 한다는 목적을 가장 경제적으로 수행하는 연극양식"[100]인 국민연극의 일종으로 인식되면서, 국민적 오락을 강조한 신체제 연극 정책에 의해 지원되었기 때문이다. 따라서 거의 대부분의 문화, 예술형식이 검열과 통제로 숨을 죽이고 있던 1940년대 계속적으로 정리되고 제재를 받으면서도 악극단들은 도시뿐 아니라 농촌과 지방의 곳곳을 누비며 가장 활발한 활동을 펼칠 수 있었다.

주지하다시피 이 시기 악극단의 왕성한 활동은 일제 말기 전시총동원 체제기에 정치적으로 악극단을 활용하고자 했던 일제의 정책으로 인해 가능했다.[101] 즉, 악극단들은 일제 말기 '조선연극문화협회 이동극단 제2

---

99 이두현, 『한국연극사』(개정판), 학연사, 1985, 323쪽; 백현미(2005), 170~171쪽.
100 백현미(2005), 170쪽.
101 유민영은 1940년대 악극의 활기를 세 가지로 설명한다. 첫째, 시대상황이 점차 열악해지자, 대중들이 현실도피적인 방향으로 흘렀고 "퇴폐적인 음악과 춤이 주가 된 스펙타클한 악극이 대중의 귀에 맞았"다는 것. 둘째, "정극을 할 만한 여건이 되지 못했던 점" 때문에, "상당수의 정상급 연극인들이 악극에 적극 참여"했다는 것. 셋째, 일본의 다카라즈카(寶塚) 가극단의 서울공연으로 악극인들이 고무되어 "가벼운 음악적 촌극이나 경희극, 노래부르기의 수준을 넘지 못했던 악극의 수준이 급격히 향상"되었다는 것이다(유민영(1996), 423~424쪽). 유민영의 지적은 악극이 대중들의 가까이에서 그들에게 위안을 주는 '오락'으로서 기능했다는 것, 연극과 악극 사이의 인력 교환이 자유롭게 이루어졌다는 것, 1940년대 이후 악극이 더욱 발전했다는 점을 지적한다는 점에서 일면 타당하다. 그러나 이 같은 그의 주장은 악극이 '연극'보다 저급한 '현실도피'적 예술형식임을 전제로 한다는 것과 1935년 이후 악극이 단편적인 희극 등의 막간극 형식을 보이

대', '황국위문연예대', '황군위문연예단' 등의 이름으로 조선의 방방곡곡과 만주 지역 및 상하이에 이르기까지 위문단으로서 가두공연을 펼쳤다.[102] 이 중 조선연극문화협회는 협회 직속으로 이동극단 형식의 위문대를 조직, 계몽과 농어촌 위문공연, 그리고 증산을 위한 탄광촌, 공장지대 심지어 일선 군장병(일본군 부대) 위문공연을 마련하였다. 협회 직속의 1소대는 20명 정도의 단원으로 구성된 순수 연극인들의 모임이었고, 2소대가 악극 및 버라이어티 쇼 형식의 무대를 구성한 단체로 남녀 연기반, 음악반, 도구반, 감독(협회 파견) 등 총 30여 인으로 구성되어 '근로오락의 확립', '지방문화의 앙양', '시국인식의 철저'와 같은 표어를 내걸고 전국 각지를 돌아다녔다.[103] 이동극단 및 위문단들에게는 사례금뿐 아니라 교통편을 비롯한 적극적 지원이 이루어졌다. 그리하여 김용환과 김정구는 태평양위문대(후일 '태평양악극단'으로 개명)를 조직하였고, 전옥과 최일은 남해예능대(후일 '백조가극단'으로 개명)를 조직했으며, 오케 레코드가 주관하는 손일평, 남인수의 신생악극단이 생겨나는 등 많은 악극인들이 이 시기 위문대 활동으로 공연을 이어갔다.[104] 그리고 이런 위문대와 이동

던 초기에서 발전하여 '음악극'과 '버라이어티 쇼' 형식으로 정립되는 과정 등을 간과한다는 점에서 재고의 여지가 있다고 생각된다.

102 이화진, 「'노스탤지어'의 흥행사—1950년대 '악극'의 전성과 퇴조에 관하여」, 『대중서사연구』17호, 대중서사학회, 2007, 49~50쪽. 이 중 만주건국 10주년 기념 만주개척촌 위문연예단은 조선악극단, 화랑좌, 반도연무좌, 반도악극단 등에 속해 있던 연예인 20여 명으로 구성되었는데, 1942년 8월 22일 만포, 신경에서 시작하여 20여 일간 위문 공연을 계속했다. 이들의 레퍼토리는 〈춘향가〉, 〈심청가〉와 같은 판소리, 한영순의 무용, 백년설, 장세정의 대중가요, 촌극과 재담 등이었다. 김호연(2009), 162쪽.

103 황문평, 『인물로 본 연예사—삶의 발자국』1, 도서출판 선, 1998, 291~292쪽; 백현미(2005), 165쪽.

104 1942년 외화수입금지조치로 인해 극장의 운영이 어려워졌고, 이로 인해 공연 단체들의 극장대관이 훨씬 더 용이해졌기 때문이기도 하다. 유민영(1996), 420쪽.

연예단들의 난립은 해방 이후 악극단들이 속출하는 원인이 되었다.

(2) 악극의 코미디 수용과 코미디언들

악극이 형성되던 초기로 볼 수 있는 1930년대 초반에는 대중극단들에서 주로 악극 혹은 악극에 가까운 형식의 무대극을 공연했다. 대중극을 표방했던 단체인 연극시장이나 태양극장, 조선연극사 등에서 희가극과 막간으로 악극의 형식을 실험했던 것이다. 또, 영화상영과 함께 어트랙션 쇼[105]가 상연되기도 했다. 예컨대, 1930년 9월 우미관에서는 영화 상영에 이어 '콜롬비아 재즈 밴드 대연주'와 함께 가극 공연이 뒤를 잇는다는 광고를 실었고, 『동아일보』 1931년 1월 31일 신문에는 단성사에서 번역극, 비극, 희가극에 레뷰를 포함한 연극시장의 첫 공연이 열린다는 광고가 실렸다.

> 극단 연극시장 첫 공연
>
> 1부 박영호 작, 양극洋劇 〈태양의 거리〉(1막)
>
> 문수일, 서일성, 김영숙 주연
>
> 2부 하석조 작, 비극悲劇 〈속세를 떠나서〉(1막)

---

105 어트랙션attraction은 본래 극장에서 손님을 끌기 위해 짧은 시간 동안 상연하는 공연물을 가리키는 말인데, 영화의 시작 이전 또는 상영과 함께 이루어지던 쇼를 통칭하는 말로 사용되었다. 유선영은 이러한 어트랙션의 전통에서부터 악극단이 탄생했다고 본다. 그러나 악극단이 시초에 소녀가극, 막간극, 어트랙션 쇼 등의 영향을 받은 것은 사실이지만 어트랙션 자체가 악극으로 발전했다고 보는 것은 무리이다. 악극의 공연은 본격적이고 독립적인 공연이었다는 점에서, 영화 흥행을 위해 상영 중간에 공연되던 어트랙션과 구별되어야 한다. 박노홍(2008), 12~30쪽; 이화진(2007), 78쪽; 유선영, 「황색식민지의 서양영화관람과 소비실천, 1934~1942─제국에 대한 '문화적 부인'의 실천성과 정상화 과정」, 『언론과 사회』 13권 2호, 사단법인언론과사회, 2005, 42~43쪽 참고.

〈그림 2〉 이애리스 주연 〈니가 아프대도〉 공연 기사 (『동아일보』, 1932.3.2)

이경설, 하지만 주연

3부 이경설 편, 희가극喜歌劇 〈처녀구락부〉(1막)

희극, 레뷰, 음악, 무용

연출 임서방, 미술장치 원우전

　이 시기에 공연되었던 인기 있는 희가극으로 〈결혼전선 이상없다〉와 〈엉터리 방송국〉 등이 유명세를 떨쳤으며,[106] 당대의 인기 스타 이애리스(리애리스)도 태양극장에 가입하면서 〈니가 아프대도〉라는 희가극의 주연을 맡았다.[107] 1950년대까지 악극단 최고의 코미디 배우로 이름을 날리게 되는 이종철 역시 1930년대 초반 대중극단의 막간무대에서 러시아인 복장을 하고 '꼽박춤'을 추는 것으로 명성을 얻었다. 그런가 하면, 조선연극사에서 공연했던 희가극을 공연이 끝난 직후부터 라디오에서 방송했다는 기록도 존재하는데,[108] 이는 희가극이 짧고 간결한 노래

---

106 황문평(1998), 255쪽.
107 「이애리스 양이 태양극장에 가입」, 『동아일보』, 1932.3.2, 4면.
108 1930년 2월 21일부터 조선연극사의 제3회 공연레퍼토리였던 희가극 〈경성행진곡〉이 1930년 2월 25일~26일 양일간 JODK 라디오로 방송되었다. 『매일신보』, 1930.2, 25~26, 5면.

극 형식이어서 라디오 방송에 적합했다는 이유도 있겠으나, 그것이 대중적 반향을 불러일으킨 인기 레퍼토리였음을 방증하는 것으로도 볼 수 있을 것이다.

〈표 3〉 예원좌 공연 레퍼토리 구성표 109

첫 공연 (1935.2.21~)	제2주 공연 예제 (1935.2.27)	제3주 공연 예제 (1935.3.3~7)	제3회 중앙대공연 (1935.9.3 ~ 6)
1. 전원총등장 좌가(座歌) 후 간단한 입사소개	1. 조선영화 〈신풍운아〉(전권)	1. 희가극 〈결혼비 800불〉	1. 대레뷰 〈항구마다 여자잇다〉
2. 예원좌 짜스밴드 간주악	2. 간주악– 예원좌짜스밴드	2. 간주악– 예원좌짜스밴드	2. 예원좌 짜스밴드 간주악
3. 유행가	3. 독창	3. 합창 〈청춘찬가〉	3. 유행가 독창
4. 만화경, 넌센스 풍자 〈생치쌈〉	4. 〈씩씩한 용사〉	4. 독창	4. 넌센스 〈신식구식〉
5. 촌극 〈활동광〉	5. 극요 〈백제의에중신〉	5. 스켓취 〈꼬맹이사랑은 버가치쏘아요〉	5. 무용 〈몬파리〉
6. 예원좌 짜스밴드	6. 〈노라나는 총각〉	6. 〈양산도〉 – 바이오린 도주(導奏)	6. 스켓취 〈자스 OK〉
7. 영화극만담 〈제양의 음향〉 — 제주와 서울	7. 요절가소극 〈벼란간 소동〉	7. 간주악	7. 유행가와 명곡
8. 백파짜스송 〈에로SOS〉	8. 〈집씨와 룸펜〉	8. 넌센스 〈애(愛)〉	8. 간주악

---

109 이 표는『조선일보』1935년 2월 21일; 2월 27일; 3월 4일;『매일신보』9월 4일 2면에 실린 신문광고를 참조로 김남석이 재구성한 자료의 인용이다. 김남석,「극단 예원좌의 '막간'연구」,『어문논집』58권, 민족어문학회, 2008, 267쪽.

첫 공연 (1935.2.21~)	제2주 공연 예제 (1935.2.27)	제3주 공연 예제 (1935.3.3~7)	제3회 중앙대공연 (1935.9.3 ~ 6)
9. 대감노리	9. 〈장한몽〉	9. 만담 〈푸시시헌 이야기〉	9. 넌센스 〈팔도잡담〉
10. 넌센스 〈암전박사〉	10. 〈반건달 사랑〉	10. 희가극 〈해수욕장 풍경〉	10. 합창
11. 영화 〈신아리랑〉	11. 간주악— 예원좌짜스밴드	-	11. ○○○○○
	-		12. 〈시집사리법〉

1930년대 중반부터 1940년대 전반까지 아예 막간공연을 특화했던 예원좌의 초기 공연 레퍼토리 구성은 〈표 3〉과 같다. 김남석이 평가했듯이, 예원좌는 이후 존속하는 기간 동안 막간 공연을 극대화하기 위해 각종 모색을 하면서 공연 예제의 리듬과 장르 조합을 고려하고자 애썼다.[110] 그럼에도 〈표 3〉에서 볼 수 있듯이 막간공연에서 코미디의 비중이 매우 높았으며, 이는 관객의 선호도를 반영한 것이라고 볼 수 있을 것이다.

막간을 특화했던 예원좌에서 음악과 코미디, 그리고 영화의 비중이 비슷했던 데 반해, 대중가요가 유행하고 유성기 음반이 대중화되는 1930년대 중반부터 많은 대중극단의 공연에서는 음악 부분이 강화된 악극 형식이 점차 중심을 차지했다. 여기에는 레코드사 소속의 악극단들의 등장이 지대한 영향을 미쳤는데, 콜롬비아 레코드 소속 가수들을 중심으로 하는 콜롬비아 악극단(1939년 일제의 영어 사용금지 조치 이후 '라미

---

110 김남석(2008), 285쪽.

라가극단'으로 개칭), 빅타 레코드 전속의 빅타 가극단('반도가극단'으로 개칭), 오케레코드사 소속 가수들이 모인 오케그랜드쇼('조선악극단'으로 개칭)가 그들이었다. 레코드사 산하의 악극단들은 소속 가수들의 노래 홍보가 중요한 목적이었으므로 가극 형식에 보다 중점을 두었으며, 여기에 흥행을 위해 짤막한 코미디와 무용을 곁들이는 형태를 띠는 것이 일반적이었다.

이 중에서 라미라가극단과 반도가극단은 생성 초기부터 버라이어티쇼 형식을 시도했던 조선악극단에 비해 가요극과 고전극 같은 '가극', 즉 음악극을 강조하는 편이었다. 그럼에도 두 가극단 모두 1940년대 이후에는 흥행을 위해 희가극과 코미디를 활용하여 공연의 재미를 추구했다. 훗날 영화감독으로 데뷔한 박구가 주관했던 반도가극단은 "만담계의 제1인자인 손일평 일행"[111]을 내세워 김원호와 손일평의 만담을 광고했고, 임생원과 신카나리아 만담 콤비와 양석천, 김희갑 등의 희극 배우를 적극 활용한 무대를 선보였다. 이로 미루어 반도가극단이 보다 적극적으로 코미디를 수용했다고 짐작해볼 수 있다. 라미라 가극단에도 물론 코미디는 존재했다. 여기서는 윤부길과 박옥초가 콤비를 이루어 "좋은 우스개"[112]를 했고, 코미디배우 겸 한국 쇼무대의 최초 사회자로 기록된 전방일[113]도 활약했다.

이에 비하여 조선악극단은 처음부터 쇼 무대에 중점을 둔 경우였다. 조선악극단은 '오케그랜드쇼단'이라는 이름으로 활동하면서 전속악단

---

111 「춤·노래·우슴의 만화경 ─반도악극좌공연」, 『동아일보』, 1940.6.3, 4면.
112 박노홍(2008), 24·42쪽.
113 황문평(1998), 64쪽. 전방일은 〈청춘쌍곡선〉(한형모, 1957)에 카메오로 출연하기도 했다.

인 CMC(조선뮤지컬클럽)를 조직하고, 고복수, 이난영, 남인수, 김정구 등 당대 최고의 가수들과 박시춘, 이복본, 송희선, 김해송을 멤버로 하는 '아리랑보이즈'를 전속으로 두고 노래와 음악, 가벼운 촌극 등으로 구성된 버라이어티 쇼 무대[114]를 선보였다. 이 중 아리랑보이즈는 "코믹한 스토리와 개그적인 음악처리가 즉흥적으로 연출되는 음악적 촌극무대"인 "코믹뮤지컬"을 주요 레퍼토리로 삼았으며, 재즈 음악의 초기적 기법을 이용한 "스윙뮤직"의 진수를 맛보게 해 주었다.[115] 그 중에서 "조선 최초의 보드빌리언"이라고 불렸던 이복본은 당대 유명 코미디언이자 샹송 가수로, 특히 판토마임에 뛰어나 히틀러의 흉내를 내면서 관객을 웃겼다고 한다.[116] 그런가 하면 이종송이라는 코미디언도 이 시기 조선악극단에서 활약한 멤버였다. 이들은 일본 공연에서 큰 성과를 내며 조선의 쇼를 알렸고, 일본공연 무대를 영화로 담아 〈노래조선〉이라는 음악영화를 제작[117]하기도 했다.

---

114 이 당시 전문적인 대중흥행극단으로서 악극단의 특성을 가장 선명하게 보여준 것은 조선악극단이었다. 조선악극단의 공연형식 및 차별화에 대한 논의로는 박노홍(2008), 62쪽; 황문평(1998), 279쪽; 백현미(2005), 171쪽.

115 황문평(1989), 259쪽; 황문평(1998), 169~170쪽.

116 황문평(1998), 416쪽.

117 당시 한국에서 공연되는 악극단 중 가장 인기 있었던 오케그랜드쇼단을 이끌었던 이철은 오케레코드의 경영권이 일본의 제국축음기주식회사에게 넘어가게 되자, 오케그랜드쇼단에 전력을 기울이게 된다. 〈방아타령〉(1932)을 감독했던 김상진을 문예부장으로 영입, 오케그랜드쇼단의 기획을 맡겼다. 김상진은 이후 일본의 도쿄, 오사카 등에서 오케그랜드쇼단의 공연을 성사시켰는데, 이때 단체명칭을 '조선악극단'으로 개칭했다. 김상진은 도쿄에서의 공연실황과 국내에서 촬영한 "코믹한 〈춘향전〉"을 편집하여 〈노래조선〉(1937)을 두 번째 영화로 만들었다. 1940년 봄에는 부민관에서 〈노래하는 춘향전〉을 공연하는데, 이것이 〈노래 조선〉과 어떤 관계가 있는지는 알 수 없으나 당대 유명 코미디언이었던 이복본이 출현한 것으로 미루어 '코믹한 효과'를 강조했으리라는 것은 추측해볼 수 있다. 한편, 김상진은 1932년 영화 〈방아타령〉으로 감독 데뷔를 했는데, 그가 조선악극단에 관계하고 있던 1944년 〈방아타령〉을 제일극장에서 공연했다. 김상진은 영화와 악극 양 편에서 활동하면서 두 형식의 접목을 시도했던 초기 대중문화인으로

이 시기에는 레코드 소속사 주도의 악극단들을 위시하여, 수많은 악극 단체들이 이합집산을 거듭했다. 이 단체들은 1부와 2부로 나누어 악극과 버라이어티 쇼를 각각 선보이거나, 혹은 악극에 방점을 두거나 버라이어티 쇼를 강조하는 등 각각 악극단의 특성에 맞는 공연방식을 개발해 갔다. 이 시기 악극단 공연에는 코미디의 요소들과 코미디 배우들의 활약이 작지 않았던 것으로 보인다. 예컨대, 포전악극단은 가요 작곡자이자 1950년대 후반 코미디영화 출연, 제작과 연출에 관여하게 되는 박시춘이 만든 단체로, 약 70여 명으로 구성된 대규모 악단을 거느린 본격적인 '쇼 무대' 위주의 악극단이었다. 또, 오케레코드가 만든 또 하나의 단체였던 신생악단은 남인수, 장세정을 중심으로 만담가 손일평, 지갑순과 한국의 버스터 키튼이라는 별명을 가진 코미디 배우 '쫑콩' 이방을 등장시켜 넌센스 코미디물로 인기를 끌었다.[118] 그런가 하면, 신흥악극단의 공연 레퍼토리였던 악극 〈장화홍련〉은 이후 코미디영화 감독으로 이름을 날린 이익(김화랑)이 쓰고 연출한 작품으로, "유우머가 담뿍 서린" "코믹"한 악극이었다.[119] 이후 이익은 1943년 유락좌有樂座를 창단하고 만담가 손일평과 코미디 배우 정유웅, 양석천, 그리고 당시 최고의 인기를 누리던 신카나리아와 박단마를 영입하여 일제 말기까지 활동했다.

기록될 수 있을 것이다. 김종원 외, 『한국영화감독사전』, 한국영화감독협회 기획, 국학자료원, 2006, 92~93쪽; 박노홍(2008), 57~61쪽; 유민영(1996), 431~432쪽.

118 황문평, 『인물로 본 연예사—삶의 발자국』 2, 도서출판 선, 2000, 218쪽.

119 『매일신보』, 1941.6.5; 『매일신보』, 1943.9.5(유민영(1996), 432쪽에서 재인용). 신흥악극단은 반도가극단을 이끌고 있었던 박구와 안익조(음악가 안익태의 형)가 함께 만든 단체로 1941년 약초악극단으로 개칭했다가 아예 1943년부터 약초극장 소속으로 본격적 활동을 했다. 자금이 넉넉한 일본인 극장주가 운영하게 된 약초악극단은 짤막한 코미디를 주로 공연했으며, 박시춘이 작곡한 〈춤추는 춘향전〉을 공연하여 큰 인기를 얻었다. 박노홍(2008), 45~51·71~74쪽.

이로 미루어 볼 때, 식민지 시기 악극은 비록 일제의 정책적 후원에 힘입은 바 크다 하더라도 지속적인 성장을 거듭하면서 다양한 무대를 실험할 수 있는 토대가 되었다. 특히 코미디의 발전과 관련하여, 이 시기 악극 무대를 통해 코미디 양식은 기존의 재담, 만담의 독연 형식에서 더 나아가 희가극, 경희극, 촌극, 판토마임, 코믹송 등 다양한 종류의 무대를 실험할 수 있었다. 무엇보다 1950년대 코미디영화의 주요 인력들 역시 악극단 출신이었음은 주지의 사실이다. 박시춘, 김화랑 등의 감독이 이 시기 악극에서 코미디를 익혔고, '조선의 버스터 키튼', '조선의 찰리 채플린'과 같은 예명을 가진 희극 배우들이 출현했다. 이들의 등장과 활약은 기존의 다양한 코미디 연희의 양식 및 외화 코미디의 영향을 수용하여 악극 내적 코미디의 형식으로 발전시켜 나가는 기회가 되었다.

이 시기 악극이 코미디양식의 발전을 이루는 계기로 작용했을 뿐 아니라 많은 인력들이 활약하면서 자신들의 역량을 시험하고 개발할 수 있는 무대가 되었다는 점은 중요하다. 그러나 무분별한 단체들의 난립과 이합집산은 악극 내적인 발전을 이룰 수 있는 충분한 토양을 마련할 수 없게 했고, 이는 이후 악극이 걷게 될 몰락의 전조가 되었다.[120]

---

120 식민지 말기 악극의 동원과 어트랙션의 유행에 대해서는 이화진, 「전쟁과 연예―전시체제기 경성에서 악극과 어트랙션의 유행」, 이상우 외, 『전쟁과 극장―전쟁으로 본 동아시아 근대극장의 문화정치학』, 소명출판, 2015 참고.

2. 식민지 시기 외국 코미디영화의 수용 양상

식민지 시기 외화, 그중에서도 할리우드 영화의 조선 시장 공습은 계속되었다. 1942년 일제의 영미영화 상영금지 조치가 내려지기 전까지 할리우드 영화는 조선인 극장 외화상영 프로그램의 대부분을 차지했고, 상영금지 조치 이후에도 창고에 쌓여 있던 물량이 유출되면서 사실상 식민시기 내내 조선영화 시장에는 할리우드의 물결이 넘쳐났다. 식민지 조선의 영화 관객들은 근대화와 서구화를 상징하는 할리우드산※ 외화를 크게 환영했다.

이 절에서는 조선영화의 발흥과 조선영화팬의 구성에 큰 영향을 미쳤던 외화의 수용 양상에 주목해 보고자 한다. 특히 이 책에서 관심을 두고 있는 것은 코미디영화이므로, 코미디영화의 수용에 집중하여 논의를 전개할 것이다. 이 과정에서 흥행 산업의 맥락, 즉 영화의 배급, 상영과 같은 요건들과 더불어 일본의 영화 정책, 극장의 건립, 신문잡지 등 대중매체 시장의 성장 등의 2차적 요인들이 이 시기 대중들이 할리우드 영화를 받아들이는 방식에 큰 영향을 미치게 됨을 살펴보고자 한다. 따라서 이 시기 수입된 코미디영화들을 중심으로 그것들이 어떤 방식으로 수용되고 소비되었는지를 밝히되, 당대 흥행 산업과의 관련 속에서 논의를 전개할 것이다. 이를 통하여 이 시기 외화 코미디가 대중문화 시장에 미친 영향과 한국 코미디영화 형성에 미친 영향을 규명해보고자 한다.

1) 외화 코미디의 상영[121]

먼저, 이 절에서는 각 시기 외화 상영의 대체적 경향을 간략히 살핀 뒤, 코미디영화의 수입과 상영에 초점을 맞추어 보고자 한다. 상영되었던 영화의 종류에 따라 이 시기는 크게 다음의 네 가지로 구분될 수 있다. 먼저, 영화의 전래 이후부터 1916년 장편 연속영화serial가 도입되기 이전까지 '볼거리' 위주의 활동사진이 상영되던 시기(1890~1916). 두 번째로는 연속영화의 등장 이후 장편 영화가 등장하기 이전까지 단편과 연속영화들이 혼재하면서, 서사가 있는 극영화가 출연한 시기(1916~1923). 세 번째는 1923년 이후 장편 서사영화가 정착하고 발성영화가 등장했으며 조선의 극장 수 증대, 영화 지면광고 등장 등과 더불어 조선에서 영화가 본격적인 대중오락으로 자리하게 되면서, 할리우드 영화의 영향이 극대화되었던 시기(1923~1934). 네 번째는 할리우드 영화 수입이 제한을 받게 되고, 특히 1937년 조선영화취체규칙에 의해 수입금지령이 시행되면서 영미권 외화 수입이 불가능해지며 전체적으로 일본영화의 영향이 커졌던 시기(1934~1945).

우선 초기 영화 시기, 외국계 기업들이 상품선전을 목적으로 회사 창고나 마당에 포장을 치고 짧은 단편영화들을 상영한 것이 그 시작으로, 1903년 이전에는 외교관, 선교사, 서양 기업가와 상인, 일본 상인들이 특정 계층의 소수 관람객을 상대로 간헐적, 단편적으로 영화를 소개했

---

121 외화 코미디의 상영 양상과 그것이 조선의 대중연예와 대중들에게 미친 영향 및 그 의미에 대한 더 자세한 분석은 이 책의 2부 1장 「식민시기 '웃음의 감각' 형성과 코미디(성)의 발현」을 참고.

다. 1904년부터 일본활동사진회, 프랑스인 마텡, 미국계 기업인 '한미전기회사' 등이 흥행장 및 가설극장을 개설하여 활동사진을 영사하면서 일반인들의 접근이 용이해졌다. 1907년 광무대가 전문극장으로 재개장하고, 비슷한 시기에 원각사, 연흥사, 단성사, 장안사 등이 생겨나면서, 활동사진은 전통 연희 무대와 함께 연행 / 상연의 형태로 간간이 선보이게 되었다. 조선 최초의 상설영화관은 1910년 일본인에 의해 건립된 경성고등연예관이었는데, 이곳은 일본인 변사를 두고 일본인들을 대상으로 하는 영화관이었으므로, 우미관이 생기면서 조선인들을 위한 영화상영이 시작되었다고 할 수 있다. 일본영화를 중심으로 상영했던 경성고등연예관과는 달리, 우미관은 주로 서양영화를 중심으로 상영했다. 이 시기를 거치면서, 영화는 조선에서 주요 흥행종목의 하나로 부상[122]하게 되었다.

이 시기, 상영되었던 활동사진 / 영화를 살펴보자. '실사實寫'와 '잡극雜劇'[123]이 주로 상영되었는데, 실사는 "일본에 유학ᄒ시는 황태자 전하의 활동사진"(『황성신문』, 1908.6.24), "일아전쟁"(『제국신문』, 1904.12.7)과 같은 '뉴스'의 성격을 띤 것이었으며, 잡극은 1, 2분 내외의 짧은 소극笑劇이 주를 이루었다. 이때 상영되었던 잡극은 "일상의 순간을 희화화하면서 활극요소를 가미한 단편"이었는데, 이 잡극들은 1916년 장편 연속영화serial가 도입되기 전까지 지배적으로 상영되었다.[124] 이 시기 신

---

122 유선영, 「초기 영화의 문화적 수용과 관객성―근대적 시각문화의 변조와 재배치」, 『언론과 사회』 12권 1호, 사단법인 언론과 사회, 2003ㄴ, 13~16쪽 참고.
123 잡극이란 영화 발명 초기에 만들어졌던 1분 내외의 짧막한 단편들로, 한국에서는 이 시기 상영되었던 프랑스 파테의 단편들을 주로 지칭했다. 이순진, 「조선 무성영화의 활극성과 공연성에 대한 연구」, 중앙대 박사논문, 2009, 24쪽.
124 유선영, 「초기 영화관람―시각문화의 기습, 전유 그리고 식민적 근대성의 예후」, 『한국

문『매일신보』에 실린 상영기사를 참고해 보면 다음과 같다.

1910년 7월 21일

-인수귀호(悲劇)

-기괴한 적(滑稽)

-근세력지(滑稽)

-결사의 청년(戰爭)

-크리스마스의 아조(거위)(滑稽)

-전류와 식상(滑稽)

-신혼여행(喜劇)

-교활한 적(滑稽)

-여흥 일본 소녀수용

-신파연극 '지중의 비밀'(8막)

-滑稽 벽상

1913년 1월 26일 황금유원 상영작 안내

희극 빌군의 사진기사

희극 우특권

외 실사영화 3편, 신파극 및 구극, 여흥까지 상영

이상의 목록에서 볼 수 있듯이 희극 혹은 골계라고 되어 있는 웃음거

언론학회 학술대회 발표논문집』, 한국언론학회, 2003ㄱ, 88쪽.

리가 15편 상영작 중 6편을 차지할 정도로, 이 시기 상영작에는 희극의 비율이 높았다. 유선영에 따르면, 이 시기 제작된 초기 영화의 1/3이 코미디영화로, 남녀 간 이성교제를 주요 소재로 다룬 보드빌 공연물의 전통, 즉 노동계급이 즐기던 버라이어티쇼의 특징인 외설한 성적 상상력과 우스개, 음담패설을 묘사했다고 한다. 당시 극장들에서 가장 많이 상영되었던 것은 프랑스 파테사의 단편들이었는데, 이 단편들은 "상업화된 '싸구려 오락물'로서의 볼거리 영화"로, 대도시 중산층을 대상으로 한 "보드빌 극장의 서커스, 곡예, 슬랩스틱 코미디, 저속한 희극을 그대로 기록한 실사영화" 등이 주를 이루었고,[125] 조선에 수입되어 상영되었던 프랑스, 미국, 일본 및 유럽의 초기 영화들의 경향도 크게 다르지 않았다. 원래는 1900년대 세계 영화시장을 장악하고 사라졌던 파테사의 15~20분짜리 희활극 단편영화들은 조선에서는 보다 오래 지체하면서 패권을 누렸다.[126]

연속영화가 등장한 1916년 이후 20년대 초반에 이르면, 활동사진 대신 '영화'라는 명칭을 사용[127]하게 되고, 서사영화가 주요 흥행물로 자리하게 되었다. 특히 1917년 단성사가 영화전용 상설관으로 개축되고, 1922년 조선인을 대상으로 한 최초의 영화전용 극장인 조선극장에 이어 우미관 등 영화상설극장들이 등장하면서 "미국 고전영화 시대"[128]를 열었다. 이 시기부터 미국영화는 조선영화시장에서 가장 큰 영향력을

---

125 유선영(2003ㄴ), 19~21쪽.
126 유선영(2003ㄱ), 89쪽.
127 박누월, 「한국영화 20년－1904년 활동사진수입부터 39년 9월까지」, 『영화』 109호, 1986, 120~129쪽(유선영(2003ㄴ) 42쪽에서 재인용).
128 유선영(2003ㄴ), 40~41쪽.

행사하기 시작했다. 정재왈은 당대 신문광고들을 조사하여 1918년 1년 간 상영되었던 미국영화가 100편을 넘긴 상황을 제시하면서 조선영화 시장에서 미국영화의 압도적 우위를 증명했다.[129] 이야기가 있는 장편 서사영화가 이 시기부터 대작, 명작의 타이틀을 달고 출현[130]하면서 코미디물에 대한 의존도는 상대적으로 낮아졌지만, 그럼에도 여전히 '슬랩스틱 코미디'류의 단편영화들은 "희활극"이라는 명칭으로 1920년대 중반까지 조선영화시장에서 중요하게 살아남아 있었다.[131] "문학작품을 영화화한 드라마(정극), 채플린의 코미디, 자유연애를 통해 주체됨을 선언하는 플래퍼 타입의 신여성을 내세운 로맨스물, 서부극, 갱영화 등"[132]이 많은 관심을 받았던 것이다. 그 중에서도 '유나이티드 아티스츠(UA)'에서 제작, 배급했던 채플린영화와 '유니버살'의 서부극은 조선에서 고정팬을 보유했던 인기 레퍼토리였다.[133]

조선영화가 만들어지기 시작하고, 신문·잡지에 영화 광고들이 일상적으로 실리기 시작했으며, 대중문화 시장이 확대되던 1920년대 중반부터는 본격적인 '영화팬'도 등장했다.[134] 무엇보다 장편 서사 영화로의 이행이라는 측면에서 이 시기는 매우 중요한데, 영화가 단순한 오락 이상의 문화이자 예술의 한 형태로 받아들여지게 되는 중요한 계기가 되기 때문이다. 이미 전 시기부터 강력해지기 시작한 미국영화의 영향

---

129 정재왈, 「한국영화 등장 이전의 영화상영에 관한 연구-매일신보의 영화광고를 중심으로」, 고려대 석사논문, 1996, 29쪽.
130 유선영(2005), 14쪽.
131 유선영(2003ㄱ), 90쪽.
132 유선영(2005), 14쪽.
133 유선영(2005), 21쪽.
134 유선영(2003ㄱ), 72~75쪽 참고.

은 이 시기에 이르러 극대화되었는데, 1927년 극과 영화계의 근황에 대해 쓴 유서촌인柳絮村人은 "수입되는 영화는 물론 미국영화가 전세력을 차지하고 다음에 독일과 불란서 등 일 년에 십여 종 가량 직수입되는 중이며, 일본영화가 다수히 수입"되고 있다고 증언했다. 또한 서양영화의 수입을 보면 수입되는 수효로는 '유니바살' 사진이 가장 많지만 상영수효는 얼마 되지 않고, 파라마운트 영화가 수입으로는 2위이지만 상영수효로는 1위를 점령하고 있다고 썼다.[135] 일례로 1928년 9월 한 달간 조선인전용 극장인 '단성사'와 '조선극장'에서 상영된 영화 48편 중 미국영화는 43편, 프랑스영화 1편, 독일영화 2편, 이탈리아영화 1편, 조선영화 1편[136]이었으며, 1935년에는 외화 상영비율이 62%를 차지[137]할 정도로 외화가 조선영화 시장에서 차지하는 비율이 높았다. 앞서 언급했던 유서촌인의 글에는 관객의 변화가 미친 영향이 크다는 사실이 지적되어 있는데, 그는 "최근 상당한 상식을 가진 영화팬들도 많아지고 일반의 취미도 밧귀여 련애극을 질기든 것도 발서 녯날이 되고 지금은 희활극, 희극, 문예극이 가장 만혼 환영을 밧게 되어 각 상설관에서도 그 종류의 영화를 다투어 상영케 되엇다"고 증언[138]했다. 그의 주장대로 특히 1925년부터 27년 사이에는 찰리 채플린뿐 아니라 버스터 키튼, 해리 랭던, 해롤드 로이드 등 미국의 인기 코미디 배우들의 영화 및 그에 관련된 기사도 쏟아졌다. 1926년 로이드의 영화가 다수 상영될 무렵

---

135 유서촌인, 「극과 영화계의 현상 (4) - 영화수입의 향상 / 관객들의 취미향상으로 문예 희극 영화 다수 수입」, 『동아일보』, 1927.5.10, 3면.

136 유선영(2005), 10쪽.

137 『조선연감』, 1935, 574쪽. http://search.i815.or.kr/ImageViewer/ImageViewer.jsp?tid=co&id=1-L00416-000.

138 유서촌인(1970).

에는 "로이드 안경 내력, 심리학덕 연구, 우숨의 고취책"[139]이라는 기사가 실렸고, 조선극장에서는 로이드의 영화들을 모아 상영하는 "로이드 대회"[140]가 열렸다. 키튼의 〈키톤 장군〉이 개봉될 무렵에는 "환경부터 희극적 세계희극명우 키톤 내력"[141] 등의 기사가 실리기도 했다.

마지막 시기는 외화통제 이후 전시체제에 접어들면서, 일본의 검열과 압박이 심해진 시기에 해당하는데, 무엇보다 1922년부터 시행되었던 외화내용 검열이 1926년 '활동사진필름검열규칙'을 통해 본격화되고, 1934년 '활동사진영화취체규칙' 이후 외화수입통제 및 상영제한, 국책선전영화 제작과 보급을 목적으로 하면서 보다 강화된 것이 이 시기 외화 수입과 관련된 가장 큰 영향요인이 된다. 그리고 같은 해 '조선영화취체규칙'을 통해 극장별로 상영프로그램의 3/4까지 상영할 수 있었던 외화를 1936년에는 2/3이내, 1937년에는 1/2으로 제한했다.[142] 이에 따라 가장 많은 수를 차지하고 있던 미국영화의 수입은 전면 금지되거나 혹은 "명랑한 것"에 한하여 일시 수입금지가 해제[143]되는 등 조선영화 시장에서 미국영화나 코미디영화를 찾아보기 어렵게 되었다. 그리고 1942년 결국 영미영화상영이 전면 금지되었다. 그럼에도, 태평양전쟁이 일어나기 전까지 조선영화시장은 점차로 확대되었고, 영화 관람의 열기 또한 가중되었다. 1932~1942년도 영화흥행추이를 도표화한 유선영의 연구에 따르면, 1932년 5백 8십만 정도였던 관객 수가 꾸준

---

139 「로이드 안경 내력, 심리학덕 연구, 우숨의 고취책」, 『동아일보』, 1926.4.24, 5면.
140 「로이드 대회와 본보 독자 우대」, 『동아일보』, 1926.11.24, 5면.
141 「환경부터 희극적」, 『동아일보』, 1927.1.7, 7면.
142 유선영(2005), 8쪽.
143 중일전쟁 발발 이후, 1937년 연말까지(9월~12월) 일시적으로 외화수입을 전면금지하였다가, 1939년까지 몇 차례에 걸쳐 해금조치가 행해진다.

히 증가하여 1942년에는 4.5배에 이르는 2천 6백만 명을 넘어서게 되었다. 또한 1942년 이전까지는 미국영화가 계속 수입, 상영되고 있었는데, 외화공급이 어려워지자 저렴한 가격으로 재상영을 하는 등 관객들은 여전히 외화, 그중에서도 미국영화를 즐기고 있었음을 알 수 있다.[144] 이 시기에 유행했던 영화장르는 "연애, 인정, 액션" 영화가 다수로 코미디영화의 비율은 눈에 띠게 줄어들었다고 할 수 있다.

2) 할리우드 코미디영화 수용의 일례[145]

전술했듯이 장편영화가 등장하면서 본격적인 극영화가 발전하게 되자, 코미디영화에 대한 관심은 이전보다 줄어들었다. 그럼에도 여전히 찰리 채플린이나 버스터 키튼, 해롤드 로이드와 같은 코미디 배우들이 출연하는 영화는 관객들의 사랑을 받았다. 특히, 채플린의 인기는 타의 추종을 불허하는 것으로 미국영화 수입이 전면적으로 금지되는 1940년대 이전까지 채플린의 영화뿐 아니라 사생활까지 신문과 잡지의 지면에 자주 오르내릴 만큼 극진한 관심을 받았다. 이 절은 당대 최고의 코미디언이자 코미디영화 감독이었던 채플린을 중심으로 외화 코미디(언)가 우리 대중문화에 수용되는 방식과 그 의미에 대해 논하고자 한다.

---

144 유선영(2005), 26쪽, 31~34쪽.
145 경성의 조선인 극장가에서 찰리 채플린의 영화가 상영되는 양상 및 그 수용의 의미에 대한 더 자세한 분석은 이 책의 2부 2장 「잡후린嚯侯驎과 애활가愛活家」를 참고.

당대 조선의 대중문화에서 채플린이 어떤 방식으로 수용되었는지를 살펴보는 방법은 크게 두 가지로 나눌 수 있다. 첫 번째는 대중극단에서 수용한 '채플린'의 흔적을 찾는 것이며, 두 번째는 당시의 신문, 잡지 기사들을 통해 생성된 담론들과 그에 대한 대중들의 반응을 추적해 보는 것이다. 먼저, 대중극단의 채플린 수용은 앞서 언급한 바와 같이 '조선의 채플린'이라고 불리던 배우들의 존재에서 잘 드러난다. 1920년대부터 이미 채플린 흉내 내기는 대중극단들의 주요 레퍼토리였으며, 악극단의 코미디 배우들 역시 채플린의 복장이나 연기 스타일을 모방하는 경우가 많았음을 여러 기사나 광고를 통해 찾아볼 수 있다. 이는 채플린이 연기하는 영화적 코미디의 양식, 즉 슬랩스틱을 대중연예물의 코미디에 적극 수용한 결과였으며, 채플린의 코미디는 이후 한국 코미디 양식의 전개에 지속적인 영향력을 행사했다. 창작자로서 당시 조선의 코미디 배우들과 대중극단들이 채플린을 응용, 접목한 것은 이 책의 뒷부분에서 다시 설명할 예정이므로, 여기서는 지금부터 논의하게 될 대중 관객들의 채플린 수용에 집중해 보고자 한다.

먼저 당시 신문, 잡지에 실린 채플린의 기사를 살펴보자. 채플린에 대한 기사들은 크게 다음의 세 가지로 나눠볼 수 있다. 먼저 그의 영화 세계에 대한 논의들을 번역하거나 직접 작성한 경우, 다음으로, '위대한 영화 예술가'의 예로 채플린을 거명하는 경우, 마지막으로 '스타'의 한 사람으로 채플린의 연애사나 일상생활에 대한 가십gossip을 전하는 경우가 있다.

첫 번째 예에 해당하는 것으로는 이경손의 「챱푸린 씨의 예술」,[146] 「〈서커스〉에 나타난 촤프린의 인생관」,[147] 이헌구의 「세계적 희극왕 촤플린을 논함」,[148] 로렌소 터렌트 로사스의 「영화계의 사상아 챠프린은 어데로 가나」,[149] 야푸리-드의 「챳푸린론-〈모던타임스〉를 중심으로」[150]와 같은 기사들을 찾을 수 있다. 이 기사들은 1925년부터 1938년까지 나온 것으로, 상당히 오랜 시간동안 채플린의 영화가 대중의 관심을 받았다는 사실을 증명해주는 것이다. 이 글들은 채플린의 대표작품 분석을 통해 채플린을 희극적 주인공이자 영리한 감독 / 예술가로 만든 그의 천재성에 대해 경의를 표하며, 작품의 의미를 통해 채플린의 인생관이나 예술관을 논한다.

두 번째로 채플린을 '위대한 영화 예술가'의 한 사람 혹은 '가장 좋아하는 영화감독 / 배우'로 꼽는 경우가 있는데, 이런 기사는 상당히 많이 존재한다. 예를 들면, 1931년 『문예공론』 창간호에서는 문단 인사 12명을 대상으로 좋아하는 영화와 배우를 조사했는데, 김억, 양주동, 윤백남, 심훈 등이 채플린의 〈황금광시대〉를 최고의 영화로 선정하면서, 동시에 그를 최고의 감독 / 배우로 꼽았다.[151] 그런가 하면, 미국영화의 현

---

146 이경손, 「챱푸린씨의 예술」, 『신민』, 1925.10, 94~99쪽.
147 「〈서커스〉에 나타난 챠프린의 인생관 (2)」, 『중외일보』, 1928.5.30, 3면.
148 이헌구, 「세계적 희극왕 채플린을 논함」, 『동아일보』, 1931.7.30~8.1, 4면.
149 로렌소 터렌트 로사스, 「영화계의 思想兒 챠프린은 어데로 가나」, 『신조선』, 1934.12, 60~63쪽.
150 야푸리-드, 「챳푸린론 -〈모던타임스〉를 중심으로」, 『비판』 6권 5호, 1938.5, 88~92쪽.
151 「1931년 문단 제씨, 내가 조화하는 1. 작품과 작가, 2. 영화와 배우」, 『문예공론』창간호, 1931.5, 73~80쪽. 그런데 이들 중 염상섭, 김억, 양주동, 박종화, 최독견 등은 영화에 대해 별로 생각나는 바가 없거나 즐겨 보지 않는다는 식으로 대답을 하고, 좋아하는 영화배우에 대해서도 언급하지 않는다. 이에 대하여 조연정은 문인들이 영화가 '민중과 갓가운 것'이라는 인식 때문에 영화를 폄하하는 태도를 갖고 있었으며, 덧붙여 영화의 발생 초기에 시나리오를 제공하는 원작자로서 자신들이 우위를 점하고 있다는 자의식 때문에 영화나 영화배우에 대한 언급을 피했을 것이라고 지적한다. 조연정, 「1920~30년대 대중들의 영화체험과 문인들의 영화체험」, 『한국현대문학연구』 14집, 한국현대문학회, 2003, 217~218쪽.

재를 소개한 글에서 최영태는 인기 감독이자 배우인 채플린에 대해 여러 차례 언급한 바 있으며,[152] 나운규는 이경손을 채플린에 빗대어 묘사하면서, 그가 채플린처럼 "보기에도 가엾은 천생고독한 예술가로서, 또는 차고 쌀쌀한 희극배우로서도 훌륭한 소질을 가진 것 같다"[153]고 평가했다. 이런 류의 기사들은 채플린에게 동시대 최고의 감독 / 배우 중 한 사람으로서의 위상을 부여했다.

마지막으로 채플린의 사생활을 흥밋거리로 소개한 기사의 예가 가장 많은 비율을 차지하는데, 특히 채플린의 결혼과 이혼에 관련된 소식은 1927년 전반기 동안 며칠에 한 번꼴로 등장할 정도로 상당한 관심을 받았다. 예를 들면, 「희극명우 챠푸링 쏘 다시 이혼 맛나―결혼 전에 간통하야 잉태. 결혼 후에 학대하여 이혼」[154]과 같은 기사는 채플린과 그의 두 번째 부인이었던 리타 그레이와의 이혼소송 건을 다루면서, 리타 그레이의 고소장을 적나라하게 옮겨 적어놓기도 했다. "안해를 무수히 학대하고 변태성욕자일 쑨 아니라 그 안해와 결혼하기 전에 그 여자를 속히여 간통을 하얏던 바 쯧밧게 아이가 들어 결혼하지 안흐면 감독 생활을 못하겟슴으로 할 수 업시 결혼"을 하였다는 것이다. 1927년 한 해 『조선일보』에 실린 기사만 봐도 「챠푸링의 결혼」(1927.1.19), 「챠푸링의 이혼이유」(1927.1.27), 「문제 많은 챠푸링의 련애생활」(1927.3.3), 「피소被訴된 챠푸링 씨 이혼의 맞고소 제기」(1927.6.7), 「최푸링 이혼사건 구례가 승리, 지불금 82만5천불」(1927.8.28), 「파리여성의 시인, 최푸린의 근황,

---

152 최영태, 「미국영화의 일전기 一轉機」, 『문예공론』 1권 1호, 1937.3.
153 심훈, 「이즉 숨겨가진 자랑 갓자라나는 조선 영화계」, 『별건곤』 12, 13호, 1928.5, 217~219쪽.
154 「희극명우 챠푸링 쏘 다시 이혼 맛나―결혼 전에 간통하야 잉태. 결혼 후에 학대하여 이혼」, 『조선일보』, 1927.1.13, 2면.

그가 역경에 잇슬때 인기가 더 올라」(1927.10.13)와 같은 기사가 지면을 장식했다. 이 해 『조선일보』에 실린 채플린의 기사는 19건(조간, 석간 포함)에 이르며, 그 중에서 결혼과 이혼에 대한 기사가 14건에 달했다. 이후 1940년까지 채플린에 대한 기사는 각종 신문·잡지에 잇달아 등장했다. 『동아일보』에도 역시 채플린의 이혼 및 신변잡기를 다루는 기사가 많이 등장했는데, 특히 「쵀푸린의 최근생활－궁궐가튼 주택에 남녀 하인만 십여 명을 부려」[155]와 같이 채플린의 호화스러운 생활을 전하는 한편, 감독으로서의 철저한 성품도 부각시키는 기사를 4차례에 걸쳐 연재했다. 그밖에 채플린의 파리 방문, 북경 방문, 일본 방문, 별장, 심지어는 채플린의 50세 생일을 구미 19개국에서 준비하고 있다[156]는 등 다양한 기사들이 채플린의 사생활을 노출시켰다.

이 시기 본격적으로 발전하기 시작한 인쇄매체들을 통해 조선의 영화 관객들은 영화, 그 중에서도 특히 미국영화에 대한 호기심을 충족시킬 수 있었으며, 스타들의 사생활이나 신변잡기적인 기사를 통해 영화팬으로서 자신들의 위치를 정립할 수 있었던 것으로 보인다. 즉, 이 시기 인쇄매체들은 앞다투어 대중들에게 할리우드의 스타들과 영화계 뜬소문들을 전해주었고, 이러한 뉴스들은 조선영화팬들이 '세계 영화의 팬'이자 '근대적 대중'으로 자신들을 위치 짓는 데 일정 정도의 역할을 담당했다고 볼 수 있다. 특히 채플린에 대한 기사들은 그의 복잡한 연애생활을 다루면서도, 항상 '그럼에도 불구하고 천재적인 배우이자 감독'으로 마무리함으로써, 채플린은 조선에서 신화화된 '대중스타'가 될 수 있었다.

---

[155] 「쵀푸린의 최근생활 (1~4)」, 『동아일보』, 1925.11, 26~29, 5면.
[156] 「챠플린 생일축하／구미 십구개국이 준비」, 『동아일보』, 1939.3.28, 석5면.

예술적으로는 천재적이지만 사생활이나 연애 문제에 있어서는 다소 방탕한 이미지를 가진 '천재 예술가'로서 채플린의 초상화는 조선영화 팬에게 두 가지 점에서 중요했다고 볼 수 있다. 첫째, '천재 예술가'이자 '불운한 개인사'를 가진 '대중스타' 채플린을 통해 일반 대중관객이 '팬'으로 형성되는 계기가 마련되었다. 특히 이 시기 영화 관객층은 여타 대중연회의 향유층과는 구분되는 이른바 '근대적 독자' 계층에 가까웠고, 이들은 채플린과 코미디영화를 구별되게 흡수함으로써 세련된 취향의 '팬'이 될 수 있었다. 이는 채플린뿐 아니라 당대 스타들과 그들을 다루는 기사를 통해서도 동일한 효과가 창출되었을 것으로 보인다. 둘째, 이러한 채플린에 대한 기사와 신화화를 통해 채플린의 영화는 천재 예술가가 만들어낸, 그리고 함부로 흉내 낼 수 없는 고급예술로서 미국식 '코미디영화'라는 전범으로 재탄생되었다. 이는 의도한 바였든 그렇지 않았든 간에, 1950년대와 그 이후까지도 지속되는 '완벽한 코미디영화'에 대한 허구의 상을 제공하는 근거가 되었다.

3. 한국 코미디영화의 시작

이 절에서는 한국영화사 내 코미디영화의 수용과 발전을 논하기 위해 식민지 시기 한국영화에서 볼 수 있는 코미디와 코믹함의 양상, 그리고 그에 대한 담론을 살펴보고자 한다. 우선 첫째, 실제 제작되었던 코미디영화 〈멍텅구리 헛물켜기〉(이필우, 1926)에 대한 논의가 이루어질 것이다. 최초의 코미디영화이자 이 책의 중점적 관심의 대상인 코미디언코미디영화의 시초라 할 수 있는 〈멍텅구리 헛물켜기〉를 중심으로 실제 제작되었거나 제작하고자 했던 코미디영화들에 대한 기사를 살펴볼 것이다. 〈멍텅구리 헛물켜기〉는 당대 인기 있었던 신문 연재만화를 실사화한 것으로 인접대중문화 수용의 예시가 되는 한편, 스타 시스템과 할리우드식 코미디영화 만들기에 영향을 받아 관객들의 호응을 얻었음에도 이후의 코미디영화 제작을 이끄는 견인차가 되지 못했다. 다음으로는 타 장르의 영화 속에 삽입된 코믹 에피소드나 희극적 요소를 살펴볼 것이다. 조선영화계에서 코미디영화의 제작은 드물었으나 '코미디' 자체가 익숙하지 않았던 것은 아니었기 때문에 많은 영화들에서 이같은 코믹 요소들을 활용했는데, 특히 나운규는 스타 페르소나 자체가 '활극'에 적합한 인물로 역동적인 액션뿐 아니라 코믹한 몸동작에도 뛰어났음을 당대의 자료들을 통해 확인할 수 있다. 또한 '정희극' 등 희극적 요소들을 가미한 영화 제작에 당시 영화 관계자들이 관심을 기울였음도 확인할 것이다. 마지막으로는 당시 영화담론 속에서 코미디에 대한 언급을 살펴볼 것이다. 일제 시기라는 특수한 상황 하에서 영화가 유입되었고 조선영화의 역사가 시작되었기 때문에 코미디영화의 수용이 결코 쉽지 않은 상황이었지만, 그럼에도 '오락'으로서 코미디영화의 필요성과 중요성을 역설한 담론이 존재했음을 살펴보고, 그것이 미친 영향에 대해서도 논해보고자 한다.

이 절은 1950년대 이전 우리 영화사 내 실제 제작되었거나 논의되었던 코미디영화에 대한 담론들을 통해 당시의 코미디영화와 그것을 둘러싼 영화계 내적 환경을 살펴봄으로써, 그 성과와 한계를 논해보려는 것이다. 이를 통하여 이 시기를 1950년대 코미디영화 장르 형성기의 전사前史로 재조명해 보고자 한다.

1) 〈멍텅구리 헛물켜기〉(이필우, 1926) - 최초의 코미디언코미디

1950년대 이전 한국영화사에서 코미디영화 제작 기록은 단 세 편에 불과하다.[157] 그 중 한국 최초의 코미디영화로 기록되었으며, 실제로 제

---

[157] 식민지 시기 동안 코미디영화를 표방하는 영화 제작 기사는 총 세 번 등장한다. 1926년 이필우 감독의 〈멍텅구리 헛물켜기〉가 첫 번째이고, 1932년 이북월 감독의 〈멍텅구리〉 제작에 대한 기사가 두 번째이다. 세 번째는 1939년 이익(김화랑), 전창태 감독 〈곰의 일기〉라는 영화가 제작될 것이라는 기사가 있다. 그런데 〈멍텅구리〉와 〈곰의 일기〉는 실제 제작되지 않았던 것으로 보인다. 우선 〈멍텅구리〉의 경우 "경성키네마 멍텅구리 촬영, 주연은 윤봉춘군"(『조선일보』, 1932.4.23, 4면)이라는 기사를 찾아볼 수 있는데, 이 기사는 "영화계의 부진을 통탄"하던 영화계 인사들이 경성키네마를 창립하고 첫 작품으로 "본보에 련재되어 호평을 밧든" 〈멍텅구리〉를 촬영하게 되었다면서 감독으로 이북월, 주연배우로 윤봉춘이 출연할 것이라는 소식을 전했다. 그런데 실제 1932년에 제작된 영화는 이규환의 〈임자없는 나룻배〉와 나운규의 〈개화당이문〉 두 편으로 기록되어 있으며 이 영화에 대한 더 이상의 기사도 존재하지 않으므로 이 영화가 실제 제작되었다고 보기 어렵다. 1926년부터 35년까지를 "무성영화의 전성시대"라고 규정한 이영일(『한국영화전사』(개정증보판), 소도, 2004, 98・132・144쪽 참고)에 따르면 이 기간 동안 생겨났다가 없어진 영화사나 프로덕션의 수효가 무려 40여 개에 달했으며 평균 수명은 1년에서 2년 사이로, 많은 제작사들이 난립했다. 이런 정황으로 미루어 경성키네마 역시 이렇게 생겨났다가 사라진 제작사 중 하나였을 것으로 추측된다. 한편, 〈곰의 일기〉는 "조선문화영화협회제공, 반도희극영화제작소 1회 작품으로 희극영화 〈곰의 일기〉를 촬영개시"했다는 기사가 있는데, 일본에서 희극배우로 이름을 떨치고 있던 "전촌방남田村邦男", 그밖에 "문예봉, 박제행, 서월영, 이금룡 등 조선영화계 스타-제씨가 특별출연"할 것이라는 기사가 소개된다(『동아일보』, 1939.12.5, 5면; 『조선일보』, 1939.12.6, 4면). 그러나 이 작품 역시 촬영이 시작되었다는 기사만 존재할 뿐 더 이상의 기사나 상영 사실을 확인해 줄 자료는 존재하지 않으며, 제작사로 이름을 올린 반도희극영화제작소도 창립작을 내지 못하고 사라진 제작사 중 하나가 되었다. 다만, '제공'으로 이름을 올린 조선문화영화협회는 일본인 스무라 이사무라의 회사로, 〈국기 아래서 나는 죽으리〉(이익,

작된 사실을 확인할 수 있는 유일한 영화는 이필우 제작, 감독, 촬영, 편집의 〈멍텅구리 헛물켜기〉이다. 1926년 1월 10일부터 15일까지 주야 2회 상영, 우미관과 조선극장에서 개봉한 것으로 기록되어 있는 이 영화는 『조선일보』에 연재 중이었던 한국 최초의 4컷짜리 신문연재만화 「멍텅구리」[158]를 영화화한 것이다. 만화 「멍텅구리」는 1924년 10월부터 1927년 3월까지 『조선일보』에 연재된 작품으로 이상협의 제안으로 노수현 화백이 그린 작품이었으며, 대중적 인기를 얻은 한국 최초의 만화[159]였다. 1920년대 경성에 거주하는 최멍텅, 신옥매, 윤바람의 연애 사건, 직장 생활, 가정생활, 세계일주 등을 중심 소재로 하는 「멍텅구리」는 서구화, 근대화 되고 있는 경성의 풍경과 당대를 살아가고 있는 인간군상을 잘 드러내 보여주는 작품이었다. 만화 「멍텅구리」는 적절한 시의성과 유머, 풍자적 성격으로 연재와 함께 곧 대중의 환영을 받았던 것으로 보이며, 재빠르게 연극으로 제작되어 수차례 공연되었다. 예를 들면, 신의주에서 기근의 구제정책의 일환으로 이틀 동안 연극회를 개최했는데, 첫날

1939), 〈바다의 빛〉(이익, 1940), 〈산촌의 여명〉(야마나카 유타카, 1940)과 같은 소위 "시국협찬계몽의 문화영화"를 주로 제작했다(이영일(2004), 188·194~203쪽). 따라서 이 글은 유일하게 제작된 사실이 확인된 〈멍텅구리 헛물켜기〉(이필우, 1926)만을 대상으로 삼아 논의를 전개한다.

158 『조선일보』에는 1925년 10월 13일부터 1927년 3월 11일까지 「멍텅구리 련애생활」, 「멍텅구리 자작자족」, 「멍텅구리 가뎡생활」, 「멍텅구리 세계일쥬」, 「멍텅구리 샤회사업」, 「멍텅구리 학창생활」 등 시리즈물이 연재되었는데, 이 시리즈물을 총칭해서 「멍텅구리」로 부른 듯하다. 영화가 제작될 당시에는 「멍텅구리 련애생활」, 「멍텅구리 자작자족」이 끝나고 「멍텅구리 가뎡생활」이 연재되고 있었다. 연재가 끝난 지 6년 뒤인 1933년 3월 6일부터 다시 「멍텅구리」 연재를 시작할 것이라는 기사가 1933년 2월 23일에 실리는데 실제 재연재는 2월 26일부터 시작되었다. 이후 5월 29일부터는 작가를 바꿔(김인○) 「멍텅구리 '제1편 기자생활'」을 7월 19일까지 연재하기도 하고, 1940년대에도 간헐적으로 등장하는 등 식민시기 내내 연재와 재연재를 거듭했다.

159 장하경, 「「멍텅구리」의 이야기 기법」, 『한국학보』 119호, 일지사, 2005, 175쪽.

에는 "풍속극 〈○위〉, 동요극 〈쓸에 피는 꽃〉, 희극 〈인형〉"
을, 둘째 날에는 "문예극 〈영겁의 처〉, 창작극 〈창조자〉, 희
극 본보本報 연재 〈멍텅구리 연애생활〉 등"을 공연[160]했으며,
용천군, 공주 등에서도 실극(연극) 〈멍텅구리〉가 "기근 동포
를 위하야" 공연[161]되었던 기록이 존재한다.

만화와 연극 〈멍텅구리 연애생활〉의 대중적 인기를 바탕
으로 이 작품은 곧 영화로 제작되었다. 원작 만화 자체가 클
로즈업이나 몽타주 등의 칸 분할과 편집과 같은 영화적 기
법[162]을 수시로 차용하였고 안정적인 내러티브의 구성을
보여줌으로써 이전 한 컷짜리 만화나 만평에서는 볼 수 없
었던 새로운 형식[163]을 담지하고 있었던 것도 만화 「멍텅구
리」가 영화화되는 중요한 계기가 되었던 것으로 보인다.
즉, 원작의 에피소드적 구성, 영화적 기법의 차용, 내러티브
의 안정성, 근대화된 경성의 풍경 묘사 등의 특성, 그리고
무엇보다 원작—연극으로 이어지는 「멍텅구리」의 대중적
인지도와 인기에 힘입어 〈멍텅구리 헛물켜기〉는 연재 중간
에 영화화될 수 있었던 것이다. 1925년 12월 30일 『조선일

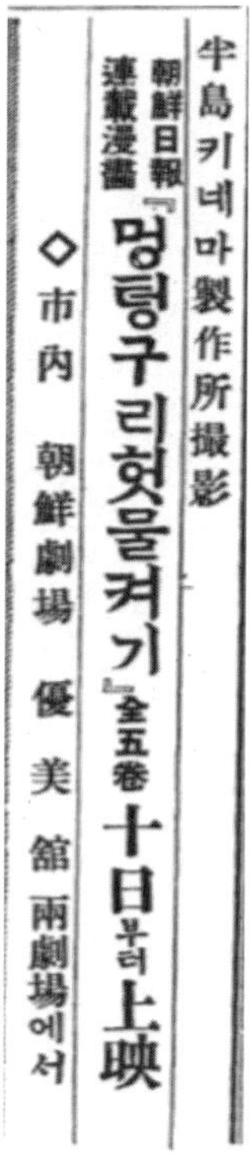

〈그림 3〉 〈멍텅구리
헛물켜기〉 광고 (『조선
일보』, 1926.1.10)

---

160 「신의구제국新義救濟劇 양야흥행兩夜興行, 환영바든 멍텅구리극」, 『조선일보』, 1925.1.18,
1면.
161 「멍텅구리연극, 용천군남시龍川郡南市 주일교主日校에서 거이십오일오일去二十五日 성탄축하
회 시時」, 『조선일보』, 1924.12.30, 2면; 「본지에 연재되는 멍텅구리 공주에서 시극상연
기근 동포를 위하야」, 『조선일보』, 1925.4.3, 2면.
162 장하경(2005), 183~187쪽 참고.
163 한국 최초의 4컷 만화임에도 불구하고 「멍텅구리」는 내러티브나 구성 기법에서 매우
안정적이고 세련된 정제미를 보여주는데, 이는 이미 영미권에서 인기를 끌었던 "생활신
문 만화체"를 충실히 학습했던 일본의 영향을 받은 것으로 볼 수 있다. 장하경(2005),
178쪽.

보』는 다음과 같은 영화 촬영 중의 에피소드를 소개하고 있다.

　　이십팔 일 오후 두 시경에 시내 중앙리발관은 수백 군중에 싸히어 인산인
해의 대혼잡을 이루어서 마츰내 경관대까지 출동하엿다는데 그 내용인즉
조선영화연구회에서 본보에 련재되는 「멍텅구리」가 리발관에서 머리를 싹
다가 마츰 밧그로 지나가는 옥매가 톄경에 빗처서 나타나는 것을 보고 톄경
을 향하야 옥매를 쪼처간다고 날쒸다가 톄경을 쌔트리고 리발관주인과 톄
경갑 문톄로 다투는 장면을 배우들이 젼긔 중앙리발관에서 활동사진으로
박엇섯는데 그것을 구경하기 위하야 그와 가티 군중이 모혀드러서 중앙리
발관에서는 몃 시간 동안 일도 잘 못하엿다 한다.[164]

〈멍텅구리 헛물켜기〉에 대한 그 외의 기록으로는 감독 이필우에 대
한 간략한 소개[165]와 개봉 기사 및 광고[166]가 몇 편 존재하며, 해가 바
뀐 뒤에도 대구, 원산, 군산 등에서 꾸준히 순업하고 있다는 기사[167]가
있다. 『조선일보』에서 연재 중이던 만화를 영화화한 것이기 때문에 동

---

164 「멍텅구리볼랴고 종로일대가 인산인해 - 멍텅구리 활동사진 박는 것을 보려고 구경군
　　이 만히 모혀서 군중으로 인하야 경관출동」, 『조선일보』, 1925.12.30, 2면.
165 「조선의 영화제작계 〈멍텅구리〉를 촬영중인 반도 키네마 제성1. 첫작품에 성공하려고
　　노력」, 『조선일보』, 1926.1.2, 3면.
166 「반도키네마사 제작의 〈멍텅구리 헛물켜기〉는 불일간 시내극장에서 봉절 상영」, 『조선
　　일보』, 1926.1.10, 2면; "반도키네마 제작소촬영의 『조선일보』 연재만화 〈멍텅구리 헛
　　물켜기〉는 십일부터 조선극장과 우미관에서 상영", 『조선일보』, 1926.1.11, 2면.
167 대구 상영기사는 "멍텅구리활사대 도구到邱와 본보독자우대", 『조선일보』, 1926.5.21,
　　2면; 원산 상영기사는 "멍텅구리영화, 본사 원사지국은 독자위안을 목적으로 금일 동
　　락좌에서 개연", 『조선일보』, 1926.3.3, 석1면; "원산본사지국 멍텅구리 영화, 독자에
　　게 우대권", 『조선일보』, 1927.3.2, 1면; 군산 상영기사는 "군산에서 조선명편활사, 일
　　수호영화직영 지방순회대일행, 금4일 군산좌에서 멍텅구리 등 공개", 『조선일보』,
　　1928.12.4, 4면.

신문에서 그에 관련된 기사를 여러 차례 내보낸 것은 독자들의 관심을 불러 일으켜 흥행을 유도하기 위한 것으로 해석할 수 있겠으나 이 영화가 그만큼 대중들의 관심을 끄는 것이었기 때문이었다고도 볼 수 있을 것이다.

실제로 영화 〈멍텅구리 헛물켜기〉가 상당한 대중적 반향을 불러 일으켰음을 증명해 주는 그 밖의 사례들도 있다. 잡지 『개벽』의 한 기자는 『조선일보』가 급격히 상업화되고 있음을 지적하면서, 연재만화 「멍텅구리」가 "무지한 계급의 까닭 모를 환심을 바다가면서 내가 천하의 제일이라는 듯이 활동사진영사까지 해 가며 인기를 끌고"있는 현상에 대해 비판한다. 작품 자체로는 "걸작이려는지 모루되 일반적으로 민중에게 하등의 유익을 주지 못한다"는 이유에서였다.[168] 또 다른 예로 1927년 12월 27일 『동아일보』와 『중외일보』는 일간지 기자들의 영화 분석 및 감상 모임이었던 찬영회의 "망년영사회"에서 상영했던 〈멍텅구리 해군〉(주연 웨에스 쎄아러, 레이몬드 하톤)[169]을 간략하게 소개하고 있는데, 이 영화는 '한손'이라는 권투선수와 '드란'이라는 선수의 매니저가 벌이는 희활극으로 주인공의 이름을 각각 '최명텅'과 '윤바람'이라는 이름으로 개칭하여 상영했다는 기사를 싣고 있다.[170] 다소 아둔하면서 상

---

168 「시언時言」, 『개벽』 66호, 1926.2.1, 55쪽.

169 원제는 〈We're in the Navy Now〉로 A. Edward Sutherland 감독의 1926년 작품이며, 제작사는 Famous Players-Lasky Corporation(이 회사는 1927년 Paramount Famous Lasky Corporation으로 이름을 바꿨다가 이후 Paramount Pictures Corporation이 된다. 1928년 조선에 소개될 때 '파라마운트사 제작'이라고 소개된 것은 이 때문이다), 상영시간 60분, 흑백, 무성영화로 1926년 11월 6일 미국에서 개봉했다. Wallace Beery는 'Knockout' Hansen, Raymond Hatton은 'Stinky' Smith 역을 맡아 권투선수인 한센과 매니저 스미스가 우연히 해군에 입대하여 스파이 사건에 휘말리게 되는 소동극을 그렸다. http://www.imdb.com/title/tt0017532 참고.

황 파악에 느리고 황당한 사건을 일으키는 주인공을 '멍텅구리'로, 그의
친구이자 조력자이면서 그로 인해 골탕을 먹거나 때로 그를 곯리는 인
물을 '윤바람'으로 불렀다는 것은 '최명텅'과 '윤바람'이라는 이름이 한
작품에 국한된 인물을 가리키는 것 이상으로 전형적 인물형을 일컫는
대명사 격으로 활용된 사례였다. 이는 〈멍텅구리 헛물켜기〉라는 영화
의 문화적 파급력을 보여준다고 할 수 있을 것이다.

한편, 영화 〈멍텅구리 헛물켜기〉가 원작에 버금가는 화제를 불러일
으킨 데에는 주인공 '최명텅' 역을 맡았던 배우 이원규에 대한 대중들의
관심도 컸던 것으로 보인다. "조선 재래 신파 연극계에서 희극배우로 첫
손가락"에 꼽혔던 이원규는 조선 최초의 신파극단이었던 혁신단을 시
작으로 문수성, 신극좌 등을 거치면서 당대 최고의 코미디 배우로 자리
매김 되었다. 안종화의 『신극사 이야기』는 이원규의 무대연기와 인기
에 대해 자세히 언급하고 있다.

그가 무대에 섰을 적에는 성대도 힘이 없을 상 싶을 만큼 극히 작게 들렸
고, 따라서 말까지도 느린 듯했다. 모두 이러한 그의 선천적인 조건이 제물
에 희극 배우로 적역이 되어서 시발 초부터 어리석은 바보 역으로만 분장하
고 전력했던 탓에 그 후 희극배우로 대성했던 연극인이다. 그는 희극 중에서
도 '장고'나 '장승' 같은 극에서는 극장 상하가 떠 달아나도록 관중을 웃기던
희극왕이다. 그렇다고 해서 동작이나 말투에 익살을 피우는 연기도 아니었

---

170 이 영화는 1928년 1월 12일부터 〈멍텅구리 종군기〉라는 제목으로 개봉하는데, 여기서
도 주인공 이름은 '최명텅'과 '윤바람'으로 불렸다. 「멍텅구리 종군기, 파라마운트사작
/ 웨레스 페어리, 레이몬드 핫돈 등 출연으로 거12일부터 개봉」, 『조선일보』,
1928.1.13, 석3면.

다. 다만 그가 무대에 서기만 해도 관
중은 무조건 웃었다. 그의 입에서 말
한 마디만 떨어져도 객석은 와아, 하
고 소성(笑聲)이 일어났다. 그의 얼굴만
보여도, 말 소리만 들려도 관객은 무
조건이다. 그만큼 희극 연기에 능숙
하였고, 그의 연기는 너무나 자연스
러웠고 꾸밈이 없었다. 예풍으로서
당시 극계의 독보적인 존재였다.[171]

〈그림 4〉 무대희극 〈장승〉에서 '장승' 분장을 한 이
원규 (『동아일보』, 1926.1.4)

"독보적"으로 관객을 웃기던 배우
이원규는 주로 바보 역을 도맡아 했

는데, 그의 출세작이라 할 수 있는 연극 〈장승〉에서도 장승 분장을 한
바보 역을 맡아 관객들에게 사랑 받았다. 자신 없고 느린 말투로 바보를
연기했던 이원규는 "희극 배우로 적역"이라고 평가되었으며, 동작이나
말투로 웃음을 유발하기보다 "자연스럽고 꾸밈없는" 존재감으로 웃음을
유발했다. 관객들은 그가 등장하는 것만으로도 웃을 준비가 되어 있었던
것이다. 〈멍텅구리 헛물켜기〉가 개봉하기 약 일주일 전, 『동아일보』는
상당히 큰 지면을 할애하여 "덥허놋코 대입만원 일등배당이 팔구십전-
십육년간 무대상에 희극배우 이원규"[172]라는 제목으로 이원규의 성공 스

171 안종화(1955), 151쪽.
172 「십년을 하루갓치 (4)-덥허놋코 대입만원 / 일등배당이 팔구십 전」, 『동아일보』,
    1926.1.4, 2면.

토리를 소개하고 있다. 『조선일보』의 만화를 원작으로 한 영화임을 의식했기 때문이었는지, 영화 〈멍텅구리 헛물켜기〉에 대한 언급은 의도적으로 보일만큼 배제되어 있지만 이 기사는 '장승' 분장을 한 이원규의 사진도 함께 싣고 있어 그의 스타성과 연기에 대한 단서를 제공해 준다.

이후 1932년 다시 한 번 〈멍텅구리〉가 제작되리라는 기사[173]가 실리지만, 실제 제작되지는 않았던 것으로 보인다. 그러나 이 기사에는 1926년 작 〈멍텅구리 헛물켜기〉의 스틸사진이 함께 수록되어 있어 "조선 최초의 희극배우"가 출연한 "최초의 코미디영화"의 한 단면을 엿볼 수 있게 해 준다.

구체적인 영화 텍스트에 대한 분석은 자료의 불충분으로 인해 불가능하나, 〈멍텅구리 헛물켜기〉에 대한 기사 및 사진들은 일제시기 조선의 코미디영화를 이해할 수 있는 몇 가지 단서를 제공한다. 첫째, 원작만화 「멍텅구리」의 세태반영, 서사성과 구성적 특징, 그리고 대중적 인기를 바탕으로 이 만화가 거의 동시에 연극으로, 영화로 제작되었다는 것은 당대 대중문화 시장의 유동성과 기민성을 보여준다. 『동아일보』 및 『조선일보』와 같은 조선어 신문의 구독자이자 대중잡지를 표방한 『별건곤』과 『신동아』, 『삼천리』 등을 읽으면서 '근대의 대중독자' 층을 형성[174]하기 시작한 이들은 「멍텅구리」에 열광한 독자이자 관람객이었다. "대중문화의 시대"라고 불렸던 1920년대 조선이었으나 여전히 『조선일보』의 구독자는 소수[175]에 불과했다. 그럼에도 이들은 근대적 인쇄

---

173 『조선일보』, 1932.4.23, 앞의 기사.
174 천정환, 「주체로서의 근대적 대중독자의 형성과 전개」, 『독서연구』 13호, 2005, 210~211쪽.
175 참고로 당시 조선인이 구독하는 신문부수가 꾸준히 증가하였으나, 세대당 보급률은

〈그림 5〉 영화 〈멍텅구리 헛물켜기〉의 스틸사진 (한국영상자료원 제공)

　매체인 신문과 1920년대 '신극'과 '신파극'을 통해 근대적 공연양식으로 정비된 연극, 그리고 근대적 영상매체인 영화를 향유할 수 있는 새로운 독자 / 관객층이었고, 이들이 형성한 새로운 대중문화 시장을 통해 최초의 코미디영화 〈멍텅구리 헛물켜기〉는 매체를 넘나드는 인기를 끌 수 있었던 것이다.

　둘째, 〈멍텅구리 헛물켜기〉가 이원규의 스타성을 활용했다는 점이다. 이 영화는 무대에서 이미 '희극왕'으로 이름을 떨치고 있던 이원규

　1929년 당시 국문 신문만 보면 87,736부 발행으로 1백세대에 2.49부, 일본어 신문을 포함한 전체 보급률은 1백세대에 2.9부였다. 따라서 이 시기에 신문보급률은 매우 낮은 수준이었다고 할 수 있다. 김영희, 『한국사회의 미디어 출현과 수용―1880~1980』, 커뮤니케이션북스, 2009, 104~105쪽.

를 캐스팅하여 기존 연극무대에서 보여주었던 것과 크게 다르지 않은 역할을 맡김으로써, 그의 스타 페르소나가 영화 속에서 잘 발현될 수 있도록 했다. 중절모에 프록코트를 입고 지팡이를 짚고 있는 '최멍텅'의 캐릭터는 만화 속 주인공과 거의 흡사한 외양이지만 한편으로는 당시 최고의 인기를 누리던 무성영화 코미디의 스타 채플린을 연상시킨다는 점에서도 흥미롭다. 앞에서 인용했던 기사에서 볼 수 있듯이 좋아하는 여자가 지나가는 것이 거울에 비치자 거울 속으로 들어가겠다고 난동을 부리는 최멍텅의 에피소드는 슬랩스틱에 가까운 연기였을 것으로 추측해 볼 수 있다. 채플린을 연상시키는 분장과 연기 방식은 희극배우 이원규의 스타 페르소나와 접목되어 한층 코미디의 효과를 상승시켰을 것으로 보인다.

셋째, 앞서 언급했듯이 〈멍텅구리 헛물켜기〉의 코미디는 할리우드식의 슬랩스틱 코미디였을 가능성이 높고, 그렇다면 이 영화를 이영일의 표현대로 "수입영화 붐"이 일었던 "모방기의 한 작품"[176]이라고 볼 수 있을 것이다. 그러나 한편으로, 이미 1910년대부터 채플린의 단편영화들을 통해 슬랩스틱을 비롯한 '영화적' 코미디 양식은 조선의 대중문화 속에 익숙한 것으로 자리 잡고 있었다. 〈멍텅구리 헛물켜기〉에서 보이는 코미디의 형식은 상당히 '영화적'인 성격이었을 테지만 동시에 대중극단에서 수용한 '코미디영화'의 형식과 관련된 것이라고도 볼 수 있다. 즉, 앞서 살펴보았듯이 1920년대 후반 광무대의 공연 레퍼토리에는 '짜푸링' 흉내 내기가 들어있었고, 막간극이 유행하기 시작했던 1920

---

176 이영일(2004), 71쪽.

년대 후반과 1930년대 대중극단에도 '조선의 버스터 키튼', '조선의 찰리 채플린'으로 불렸던 배우들이 존재했음을 상기해볼 때, 〈멍텅구리 헛물켜기〉의 코미디와 조선의 대중연예에서 흡수한 영화적 코미디 형식은 밀접한 관련을 맺고 있었다는 가설을 세울 수 있다. 〈멍텅구리 헛물켜기〉와 당대 대중극단이 받아들인 할리우드 영화적 코미디 양식의 선후관계는 자료의 불충분으로 인해 정확히 증명할 수 없지만, 중요한 것은 이 시기 할리우드 코미디의 양식이 조선의 대중극단들과 영화계에 동시적으로 큰 반향을 불러일으켰으며, 이들 사이의 상호작용 혹은 동시적 변용을 통하여 한국영화 코미디의 한 양상이 형성될 수 있었으리라는 것이다.

이런 점에서 〈멍텅구리 헛물켜기〉 이후 더 이상 장편 코미디영화가 제작되지 않았던 이유도 유추해볼 수 있다. 외화 코미디의 유입과 영향력, 거기에 더해서 〈멍텅구리 헛물켜기〉가 불러일으켰던 반향에도 불구하고 정작 이 시기 조선에서 제작된 코미디영화는 단 한 편에 불과했다. 〈멍텅구리 헛물켜기〉의 성공은 조선영화 시장에서 채플린이 가진 상징성, 이원규의 스타성, 장편 영화를 받아들일 수 있는 관객층의 형성, 그리고 원작 만화 및 연극의 흥행 등 제반 여건들이 맞물려 이루어진 결과로 매우 예외적인 경우였다고 볼 수 있다. 한국영화사에서 '코미디'영화 제작이 활성화되기까지는 더 오랜 시간이 필요했는데 여기에는 몇 가지 이유가 존재했을 것으로 보인다. 우선, 전술했듯이 영화 코미디의 양식은 대중극단의 코미디양식으로 흡수되었고, 영화에 비해 상대적으로 많은 관객과 무대를 가지고 있는 '지배적' 문화형식이었던 악극 등에서 이를 더 적극 활용했으리라는 점이다. 무대의 스타였던 이원규 역시 〈멍텅구리 헛물켜기〉 이후 다시 무대로 돌아갔던 점은 이러한 추측을 뒷받침 한다.

둘째, 단편 혹은 '코믹 시퀀스'를 통해서만 코믹함을 접할 수 있었던 그간의 조선 연예계의 흐름도 밀접한 관련이 있다. 즉, 연극무대에서도 정극 혹은 인정극과 같은 주요 공연물이 연행되던 사이 막간이나 버라이어티 쇼에서 단편적인 희극 양식만을 선보였고 영화 역시 단편이 아니면 장편 속의 '코믹 시퀀스'를 통해서만 코믹함을 드러내 왔다는 점을 고려할 때, 이 시기 조선의 영화계에는 호흡이 긴 장편 코미디 서사를 만들어낼 수 있는 장르적 관습이 형성되지 못했다고 볼 수 있다. 예컨대 미국에서 장편영화가 등장하던 때 코미디영화가 상당 부분을 차지했던 것과는 다른 양상[177]이라고 할 수 있다. 다시 말해, 미국에서는 보드빌 쇼나 서커스 등에서 다져진 코미디 양식의 영향과 여기에서 활동했던 스타 코미디언들이 영화로 넘어가는 과정에서 이들을 주인공으로 한 '코미디언코미디'라는 장르의 형성이 가능했다고 본다면, 아직까지 스스로의 전통이 빈약한 조선영화계의 경우 기댈 수 있는 대중연예의 전통 역시 단편적인 것에 불과했다는 것이다. 1940년대 이후 악극을 비롯한 대중연예물에서 장편 코미디가 등장한 뒤 몇 년의 시차를 두고 장편 코미디영화가 등장했던 것은 이런 점과 연관해볼 때, 시사하는 바가 크다고 할 수 있다.

마지막으로, '풍자'와 '세태의 반영'을 통해 웃음을 창출하는 코미디

---

177 할리우드에서 장편 코미디영화의 등장과 코미디언들의 이동에 관해서는 Henry Jenkins, *What Made Pistachio Nuts? : Early Sound Comedy and the Vaudeville Aesthetic*, Columbia University Press, 1992를 참조.

의 특성을 부각시키기 어려웠던 시대적 분위기와 검열 등의 문제도 큰 걸림돌로 작용했으리라 볼 수 있다. 무엇보다 전통 연희 속 익숙한 코미디의 양식과 흐름, 그리고 영화적 코미디의 양식을 접목시켜 긴 호흡으로 장편 서사를 이끌어 가면서 코미디가 담아낼 수 있는 '세계관'을 확립하기 위해서는 대중문화와 영화계의 성장, 그리고 이를 받아들일 수 있는 사회의 성숙이 동반될 때까지 좀 더 긴 시간을 기다려야 했다.

2) '우수운 것(the comic)'－코믹 시퀀스·희활극·정희극

일제시기 한국영화사에서 코미디영화의 제작 자체는 매우 드물었다. 그러나 당시 관객들이 코미디영화나 '코믹함'의 순간을 다양하게 접하지 못했던 것은 아니었다. 앞 절에서 논의한 바대로 일제시기 수입되었던 영화 장르 중 가장 큰 비중을 차지한 장르 중 하나가 코미디였으며, 조선의 영화 관객이 가장 좋아하는 장르 중 하나도 코미디였으므로 이들이 코미디에 익숙하지 않은 것은 아니었다. 또한 조선영화 내에서도 온전히 코미디라고 볼 수 있는 장르의 영화 제작은 드물었지만 '영화적 코미디'의 성격을 지닌, 혹은 '영화적'으로 코믹한 씬 혹은 시퀀스를 가진 영화는 상당히 많이 제작되었다고 볼 수 있다.

이순진은 나운규의 〈아리랑〉의 활극성과 공연성을 재고하면서, 활극성 면에서 〈아리랑〉은 미국영화의 영향을 받아 "거대한 스펙터클을 제공하고 미국 활극배우들의 연기방식을 흉내 내며 빠르고 스피드 있는 편집을 구사하는"[178] 것이었다고 주장했다. 즉, 나운규의 〈아리랑〉은 코믹한 성격을 가진 활극이었다는 것인데, 그 자신 〈아리랑〉을 만들었던 때를 회고하면서 "졸립고 하품 나지 않는 작품을 만들리라. 그러자면 스릴이 있어야 하고 유머가 있어야 한다"고 결심하였으며, 그래서 처음 개봉했을 때 의외의 환영을 받았다는 나운규의 증언은 이와 같은 주장의 근거가 된다. 나운규에 따르면 〈아리랑〉은 "졸음 오는 사진이 아니었고, 우스운 작품"[179]이었다는 것이다. 나운규는 텀블링 같은 아크로바틱한 연기를 펼치며 인기를 끌었던 미국의 활극영화 스타 리차드 탈마지에 비교되면서, 조선의 활극스타로 급부상[180]했고, "다그라스(더글러스 페어뱅크스)나 다르맛치 식 작난으로 통속적 재미를 획득"한 당대 가장 훌륭한 퍼포머[181]였다. 그 중에서도 더글러스 페어뱅크스처럼 "키가 크고 밋근"한 외모보다 "익살로 화"하는 리차드 탈마지의 "전문적인" 기예가 나운규에 더 가까웠던 것[182]이다. 그래서 나운규가 등장하는 장면에서 관객들은 그의 "기예"나 "익살"을 기대했다. 즉, 코미디영화가 아니었음에도 불구하고 '코믹 시퀀스'가 다수 존재하는 것은 당시 영화에서 매우 흔한 일이었으며, 주로 코믹 시퀀스를 만드는 것은 '삼마이메枚目'라고 불렸던 희극 배우들 혹은 기예에 능한 이원용이나 나운규 같은 배우들이었다.

〈아리랑〉과 같은 해에 개봉한 이규설 감독의 〈농중조〉의 검열대본[183]에는 주인공 안식과 화숙의 조력자 공진삼으로 등장하는 나운규

---

178 이순진(2009), 90~94쪽.
179 나운규, 「'아리랑'을 만들 때―조선영화 감독 고심담」, 『조선영화』 창간호, 1936.11월호; 김종욱, 『실록 한국영화총서』 上, 국학자료원, 2004, 333~337쪽.
180 이순진(2009), 95~97쪽.
181 이순진(2009), 99쪽.
182 이순진(2009), 101쪽.

의 코믹 시퀀스들이 존재한다. 예를 들어, 데이트 하는 두 사람 사이로 파고들면서 농담을 던지는 장면이나 두 사람이 공원에 앉아 있을 때 뒤에서 자전거를 타다가 넘어지는 장면 등이 바로 그런 예이다. 이에 대해 당시 평자들은 "〈농중조〉는 재미있는 영화이다. 비극장면보다는 희극장면이 많다. 나운규 군의 낙천가적 표현은 꽤 잘한다."[184]고 하면서, 그중에서도 "진삼이가 길에서 자전거에 부딪치며 지나가는 사람과 마주치는 장면은 가장 유머한 재미있는 장면"[185]이었다고 평했다. 물론 여기에서도 나운규는 서양식 격투에 유도가 가미된 "화양식 결투"를 보여주었고, 이 장면 역시 그의 장기를 잘 살린 장면으로 평자들의 호평을 받았다. 그런가 하면, 〈풍운아〉에서 니콜라이 박으로 등장하는 나운규는 활극과 희극을 보여주는 거의 유일한 인물이었다.

니콜라이는 주는 양복을 받으며 고맙다는 듯이 영자에게 키스를 한다는 것이 옆에 앉은 급행열차 신도성에게 키스를 하였던 것이다. 같이 앉았던 여러 동무는 니콜라이의 어깨를 탁 치며 허리를 못 펼 듯이 박장대소를 하였다.[186]

이와 같은 장면들은 "키가 작은 편이고 특히 목이 다붙고 안짱다리에다 뚱뚱보"여서 "미친 사람이나 불구자 외에는 적역이 없는 특수배우"이면서, "전문적인 기예"를 선보이는 '퍼포머'로서 나운규의 스타 페르소나[187]에 부합 / 충돌하며 웃음을 창출했다.

183 「〈농중조〉(1927) 검열대본」, 김종욱(2004上), 250~255쪽.
184 「K생, ─영화인상」, 『조선일보』, 1926.6.12, 3면.
185 김을한, 「영화평─〈농중조〉 조선기네마 작품」, 『동아일보』, 1926.6.27, 5면.
186 문일 편저, 『풍운아』, 박문서관, 1930; 김종욱(2004上,), 342~357쪽에서 재인용.

이렇게 로맨스나 활극이 주를 이루는 가운데 웃음을 유발하는 '코믹 시퀀스'는 나운규의 영화에서뿐 아니라 일반적으로 많은 영화들에서 활용되었던 것으로 보인다. 예컨대, 윤백남 프로덕션 1회 작품으로 제작된 이경손 감독의 〈심청전〉(1925)[188]에는 '멍텅구리 박총각'이라는 캐릭터가 등장하는데, 박총각은 뺑덕 어미를 9년째 짝사랑하는 사람으로 뺑덕 어미에게 수차례 얻어맞고 담장 위에서 떨어지는 등 몇 차례의 코믹 시퀀스를 선보인다.[189] 또, 대륙키네마 프로덕션의 1회 작품이었던 〈우리들의 친고여〉(유장안, 1928)는 "대창검 희활극"으로 분류되면서 "웃기고 울리고 아슬아슬하고 속시원한 가진 인생의 감흥을 함께 모아놓고 시객에게 당조짐을 하는 듯한 핍절한 맛"이 있었다는 평[190]을 받았으며, 원제가 〈삼걸인〉이었던 〈세동무〉(김영환, 1928)는 "기운 있고 의 있는 청년, 미 있고 로맨스 있는 청년, 살 있고 우스운 짓 하는 청년" 세 사람을 등장시켜 "대중의 웃음과 눈물과 의분을 돋우려"는 제작의도가 보였다는 평가[191]를 받았던 것으로 미루어 코믹 시퀀스가 중요한 내러티브 장치로 존재했을 것으로 보인다.[192] 그 외에도 상당수의 영화평에

---

187 이두현, 「나운규, 영상의 영웅」, 『한국의 인간상』, 신구문화사, 1965, 499쪽; 심훈, 「조선 영화인 언파레드」, 『동광』 23호, 1931.7, 56~66쪽(이순진(2009) 100쪽에서 재인용).
188 〈심청전〉(이경손, 1925).
189 〈심청전〉의 각본은 윤갑용과 김춘광이 쓴 것으로 기록되어 있는데, 변사 김조성으로 활약하던 김춘광金春光은 〈영화극 효녀 심청전〉을 각색했고, 이는 김종욱(2004上), 191~220쪽에 수록되어 있다.
190 「〈우리들의 친고여〉의 시사회, 신진명성 김소영의 이약이」, 『매일신보』, 1928.2.18, 3면.
191 이경손, 「일년간의 영화급 연극」, 『신민』 45호, 1929.1.
192 한편, 〈세동무〉의 감독이자 변사였던 김영환은 『중외일보』 1928년 3월 25일자부터 27 일자에 "어촌 정화情話 〈삼걸인〉"이라는 제명으로 영화의 내용을 연재했다(김종욱(2004上), 505~508쪽). 또한 김영환의 영화해설 〈세동무〉가 유성기 음반으로 녹음되어 현존한다. 그런데, 한 면에 약 2분 30초 가량, 앞 뒷면을 합해서 5분 여 가량의 음반 2개의 분량(약 10분)으로 녹음 되어 있는 유성기 음반의 특성상, 〈세동무〉의 변사해설

서 "연기의 유머"나 억지웃음을 비판하는 지적이 존재하는 것을 감안할 때 당대 영화들의 코믹 시퀀스에 대한 관심을 짐작해 볼 수 있다.

한편 코믹 시퀀스가 보다 강력한 효과를 발휘하는 영화에 대해서는 '정희극正喜劇'이라는 표현을 사용하기도 했다. 〈금붕어〉(나운규, 1927)에 대한 기사에 '정희극'이라는 표현이 처음으로 사용되는데 이 기사에는 "웃음 속에도 하염없는 슬픔이 잠겨있는, 경쾌한 중에도 의미가 깊은 정희극으로 매우 충실하게 제작이 되엇다는데 하여간 조선영화계의 정희극은 이번이 효시이므로 일반의 기대는 자못 적지 않다"라고 서술되어 있다.[193] 정희극이라는 명칭에 대해서는 이즈음, 일본을 방문한 미국 파라마운트 사의 시나리오 작가이자 프로듀서였던 벤자민 슐버그[194]의 언급도 참고해 볼 수 있다. 슐버그는 미국영화계가 긴축재정을 시행하고 있어서 제작비용의 절감을 위하여 세트 규모를 축소할 뿐 아니라 "팬들이 크게 환영하는 정희극 가튼 것을 제작"하고 있다고 말한 바[195] 있

은 중심 내러티브를 위주로 하고 있기 때문에 여기에서는 희극적 장면을 찾을 수 없었다. 이 글이 최초로 작성되었던 2011년 당시에는 가요114(gayo114.com) 홈페이지에서 김영환의 〈세동무〉 변사 해설 음반을 들을 수 있었으나 2014년 가요114가 재정상의 이유로 운영이 중단되고 퐁키ponki로 개편된 뒤에는 음반의 존재와 기본 정보들만을 확인할 수 있는 상태이다. www.ponki.com에서 관련 내용을 확인할 수 있다.

193 "〈금붕어〉 제작완료. 조선영화계의 정희극은 이번이 효시. 주인공으로 출연한 나운규 씨", 『동아일보』, 1927.7.1, 석2면.

194 벤자민 슐버그Benjamin P. Schulberg, 1892~1957, 프로듀서·시나리오 작가. 파라마운트의 전신인 Famous Players-Lasky에서 홍보담당으로 영화이력을 시작, 1910년대 초반 감독 에드윈 포터 영화의 시나리오 작가로 활약했다. 여기서 언급된 〈수난의 테쓰 Tess of the Storm Country〉는 1914년 에드윈 포터 감독, 메리 픽포드 주연의 영화로, 슐버그는 이 영화의 시나리오 작가로 이름을 올렸다. 이후 1940년대 파라마운트, 콜롬비아 픽쳐스 등에서 영화 프로듀서로 활발히 활동하며 100여 편의 영화를 제작했다. http://en.wikipedia.org/wiki/B._P._Schulberg; http://www.imdb.com/name/nm0775976/ 참고.

195 「현금의 미국 영화계는 정희극물 전성. 일본에 온 〈수난의 테쓰〉 작자 파라마운트 社, 벤싸닌 씨 담談」, 『조선일보』, 1927.7.2, 2면; 1927.7.3, 석2면. 여기서 벤싸닌 씨는 벤자

다. 이 기사는 당시 미국영화계에는 "정희극물이 전성"을 이루고 있다는 슐버그의 증언을 표제어로 뽑고 있다. 이와 같은 '정희극'의 사용 용례로 유추하건대, 비교적 적은 비용이 들면서 관객들에게 환영을 받는 희극적 요소를 다수 가미한, 그러면서 애상적 감수성을 지니고 있는 일련의 영화들을 '정희극'으로 일컬었던 것[196]으로 추측해볼 수 있다. 또한, 1938년 『조광』의 기자는 변사 서상호의 일대기를 소개하면서 '고등연예관시대'인 1910년대 후반을 설명하던 중 "영화도 이때부터는 본격적 무성영화가 수입되어 희극이니 정희극이니 정극, 희활극, 비활극 등 제명 외에 조선식 겨우사리 주석이 붙기 시작"[197]했다고 설명했다. 이로 미루어 1938년에도 여전히 '정희극'이라는 '장르적' 용어가 사용되었던 것으로 보이는데, 이에 대한 더 자세한 설명은 찾을 수 없다. 그러나 '희극'적 성격을 상당히 많이 가지고 있는 '정극'이라는 의미에서 이 단어가 사용되었을 것이라는 점, 또한 미국영화의 일종을 지칭하는 '장르' 명칭으로 통용되기도 했다는 점에서, '정희극'이 지칭하는 영화 형식 자체가 조선영화계에 그다지 낯선 것이 아니었음을 짐작해 볼 수 있을 듯하다.

민 슐버그를 가리킨다.

[196] 1차 세계대전 이후 미국이 경제 대국으로 부상하게 되면서 할리우드의 영화산업도 급격히 팽창했다. 특히 1920년대 초반에는 대규모 예산의 영화들이 제작되었고, 1920년대 중반 월 스트리트가 투자하면서 할리우드 스튜디오의 능력은 점차 강화되었다. 그런 한편, 장편 코미디나 서부영화, 공포영화와 같은 마이너 장르의 영화들이 "사회적 지위를 획득"하기 시작했으며, 중저예산을 투자한 "중소규모의 비관습적 영화들"도 확고하게 자리 잡기 시작했다(크리스틴 톰슨·데이비드 보드웰, 주진숙·이용관·변재란 역, 『세계영화사 1880~1929』, 시각과 언어, 2000, 235~254쪽 참고). 이런 맥락에서 할리우드 내부에서도 정희극 영화에 대한 요구가 있었을 것으로 보인다.

[197] 유흥태, 「은막 암영 속에 희비를 좌우하던 당대 인기 변사 서상호 일대기」, 『조광』 36호, 1938.10.

이처럼 조선에서 영화제작이 본격화되면서부터 코믹 시퀀스는 장편영화에서 의미 있는 장면으로 삽입되면서 내러티브적 긴장을 완화시키는 코믹 릴리프comic relief로서의 역할을 담당했다. 물론 코믹 시퀀스의 존재가 우리 영화에서만 나타나는 독특성이라고 볼 수는 없다. 그럼에도 당대 제작된 조선영화 속 코믹한 장면은 영화의 완급을 조절하는 역할뿐 아니라 '웃음'을 추구하는 관객들의 기대를 충족시키는 장면으로 존재했고, 또 한국영화의 코믹한 전통을 만들어가는 시발점으로 기능했다. 또 나운규와 같이 코믹 시퀀스를 담당하는 배우들의 존재가 부각되었으며 이들이 '활극'의 일종으로 기예에 가까운 희극 장면, 즉 슬랩스틱에 가까운 장면을 선보였다는 점도 지적해 볼 수 있다.

3) "자미(滋味) 잇는 것 우수운 것 시원하고 씩씩한 것"
　　　　　　　　　　　　　　　　　　　　　－심훈의 희극영화론

1919년부터 1923년에 이르는 초기 연쇄극 시대를 '모방기'로, 1923년부터 1925년까지를 초기영화기로 보면서, 1926년부터를 본격적인 영화제작이 시작된 시기로, 이때부터 1935년까지를 '무성영화의 전성시대'로 보는 이영일의 시대구분에 따르면[198] 1926년을 전후한 시기부터 조선에 영화가 본격적인 산업으로 등장했다. 1925년을 기점으로 전국적으로 극장의 수효가 "무섭게" 늘어나면서, 활동사진은 흥행 사업으

---

198 이영일(2004), 62~77쪽 참고.

로 인식[199]되기 시작했다. 또한, 1923년 발족된 단성사 촬영부를 시작으로 조선키네마주식회사, 윤백남프로덕션, 고려키네마, 계림영화협회 등 9개의 영화사와 프로덕션이 창립되었으며 〈아리랑〉을 비롯한 나운규와 이경손, 이규환의 무성시기 대표작들이 제작되었다. 또한 신문에서는 고정적으로 영화란을 배치하고 영화안내 및 영화광고를 싣는 등 이 시기에 조선의 영화산업은 급속도로 발전하고 대중화되었다. 이에 따라 조선총독부는 1926년 '활동사진필름검열규칙'을 제정 공포하기에 이르렀다.

영화산업의 성장과 더불어 이 시기, 본격적인 영화평론 및 영화에 대한 논의들도 전개되었다. 예컨대 영화연구와 합평을 목적으로 하는 기자들의 단체인 '찬영회'[200]와 '영화인회'[201] 등이 생겨났다. 이 절에서는 당시의 주목할 만한 영화담론 중 코미디영화 제작의 필요성에 대해 언급한 심훈의 글 두 편을 중점적으로 살펴보고자 한다. 심훈은 이 시기 영화사

---

199 1914년에 15~16관이었던 극장은 1925년 27관, 1935년에는 90여 관으로 늘어났다. 그 밖에 군소도시에서는 학교나 공회당 등이 임시 극장으로 사용되었다. 이영일(2004), 50~51쪽.

200 찬영회讚映會는 1927년 『동아일보』, 『매일신보』, 『조선일보』, 『중외일보』 등 각 신문 연예부 기자들(이익상, 이서구, 안석주, 김기진 등 5~6인)이 모여 영화분석을 하고 일반인들을 위한 상영회를 개최하는 등 "영화계 향상"을 위해 만들어진 단체였다. 이들은 영화감상회, 강연회, 모의촬영 등을 주최하며 활발한 활동을 했다. 그러나 외화 수입을 부추긴 뒤 흥행 수입으로 술을 마신다든가 영화인들에게 과분하게 시사회 비용 부담을 시키거나 영화인들의 사생활을 들추어 비난의 대상으로 삼는 등 본래의 취지와 어긋나는 행동을 하는 이도 생겨나게 되었다. 이에 분노한 영화인들에 의해 3일간 신문사 습격, 담당기자 폭행 등의 사태가 벌어지자 찬영회는 1930년 1월 해체되었다. 「영화계 향상을 위하여 찬영회를 조직, 각사 연예기자를 중심으로」, 『중외일보』, 1927.12.8, 3면; 「찬영회 해체」, 『중외일보』, 1930.1.5, 7면; 이영일(2004), 143쪽.

201 영화인회는 심훈, 이구영, 안종화, 나운규, 최승일, 김영팔, 윤효봉, 임원식, 김철, 김기진, 이익상, 유지영, 고한승 등을 회원으로 영화연구 및 합평을 목적으로 한 단체였다. 「새로 창립된 영화인회. 영화연구와 합평이 목적으로……」, 『조선일보』, 1927.7.7, 석2면.

적으로 중요한 평론과 논쟁들에 적극 관여했는데, 「영화비평에 대하야」,[202] 「관중의 한 사람으로 흥행업자에게」,[203] 「조선영화총관─최초 수입당시부터 최근에 제작된 작품까지 총결산」[204] 등을 비롯한 다수의 평문을 썼고, 카프 논자들과의 논쟁을 통해 민족주의적 영화담론의 형성에 기여했다. 여기서 언급하고자 하는 것은 그가 조선영화계에서 코미디영화 제작의 당위성을 주장한 다음의 글들이다.

우선, 『조선일보』 1928년 1월 세 차례에 걸쳐 연재된 「조선영화계의 현재와 장래」[205]라는 글에서 심훈은 어떻게 하면 영화산업을 발전시킬 수 있을 것인가라는 질문을 던진 뒤 몇 가지 방안을 제시한다. 첫째, 스튜디오(촬영장)를 세울 것, 둘째, 광선 설비를 할 것, 셋째, 기술자를 해외에 유학 보내어 장래의 일군을 양성할 것, 넷째, 최소한 전속배우 남녀 20명의 의식(衣食)을 보장해줄 것, 다섯째, 제작소에서 상설관을 세우거나 2관 이상을 직영할 것. 마지막으로 촬영은 감독 세 사람에게 맡기되 동시에 3조로 나누어 1개월에 한 편씩, 적어도 작품 3편 이상을 제작할 것. 제작할 작품은 "아직은 팬의 정도를 상량해서 희활극, 통속물, 시대극을 중심으로" 할 것을 제안한다. 그밖에 "고급 팬의 요구와 자체 권위를 보존"하기 위하여 봄·가을에는 "특작품을 두 편 정도" 만들 것도 권고하고 있다.

앞의 글은 '희활극, 통속물, 시대극'의 관객과 "고급 팬"으로 관객을

202 심훈, 「영화비평에 대하야」, 『별건곤』 11호, 1928.2, 146~150쪽.
203 심훈, 「관중의 한 사람으로 興行業者에게」, 『조선일보』, 1928.11.17~20, 석3면.
204 심훈, 「조선영화총관─최초 수입당시부터 최근에 제작된 작품까지 총결산」, 『조선일보』, 1929.1.1, 석2면.
205 심훈, 「조선영화계의 현재와 장래」, 『조선일보』, 1928.1.1, 27면; 1928.1.4; 1928.1.6.

분류한 뒤, 범속한 '대중'들이 조선영화계에 관심을 갖는 적극적 수용자가 되게 하기 위해서 그들의 취향에 맞는 "희활극, 통속물, 시대극"이 중심을 이루어야 한다는 점을 강조하고 있다. 『조선연감』의 영화검열 자료와 영화광고 수를 분석하여 당시 영화 관객들의 취향을 논한 유선영은 1920년대 초까지는 주로 활극류가 인기를 끌었으나 1920년대 중반부터 30년대 이전까지는 "눈물을 짜는 비극과 배경의 기술의 특수한 것이며 더욱이 가슴을 태우는 연애극이 선호"되었다고 밝혔다. 그리고 이러한 대중들의 취향은 1930년대에 들어서도 크게 변하지 않았다. 특히 그에 따르면 "연애극과 시대활극류는 조선인 취향의 2대 주류"를 이루는 것이었는데, 앞 절에서 언급했던 것처럼 조선에 수입되었던 영화들 역시 "활극, 희극, 애정물이 주류"였던 것이다.[206] 이순진에 따르면 이때의 활극은 '액션'장르로 국한되는 것이 아니라 신체 동작을 통해 웃음을 이끌어내는 슬랩스틱 코미디를 의미하는 것[207]이기도 했다. 따라서, 여기서 언급된 희활극을 '슬랩스틱 코미디'로 고려한다면, 심훈이 관객 대중의 취향에 알맞은 장르로 제안한 "희활극, 통속물, 시대극"은 곧 '슬랩스틱 코미디, 통속연애물(멜로드라마), 시대극(사극)'으로 고쳐 생각해볼 수 있을 것이다.

이러한 주장은 심훈의 "우리 민중은 어떠한 영화를 요구하는가? -를 논하여 만년설萬年雪 군에게"에서 보다 심화되었다. 이 글은 원래 『중외일보』에 1928년 7월 1일부터 8일까지 "영화예술에 대한 관견"이라는

---

206 유선영(1992), 325~330쪽 참고.
207 이순진은 전경섭의 구술을 인용하여, 당시 활극을 "명랑 코메디"로 지칭하기도 했음을 지적한다. 이순진(2009), 66~67쪽.

제목으로 만년설(한설야)이 썼던 글에 대한 반론으로 실린 글이다. 한설
야는 심훈을 비롯한 나운규, 이경손 등의 영화를 비판하면서 프롤레타
리아적 견지에서 볼 때 이들의 영화는 "고린내 나는 신흥예술"로 부르
주아적이고 소시민적인 넋두리에 불과하다고 폄하하면서, 조선영화계
에는 지도자가 부재한다고 지적했다. 이에 대해 심훈은 "조선 민중이 어
떤 내용과 경향과 색채를 가진 영화를 요구하며, 특수한 환경에 처한 우
리로서 어떠한 주의와 방법으로 제작"할 것인가가 무엇보다 중요한 문
제라고 주장했다. 그는 당대 조선 민중에게 필요한 것은 계급적 각성을
촉구하고 증오감이나 투쟁의식만을 고취하는 영화가 아니라, 위안과 오
락이 되어줄 "자미滋味있는 영화"라는 점을 역설했다. 심훈의 이 글이 발
표된 바로 다음날부터 임화가 이에 대해 또다시 반박했는데, 임화는 이
글에서 마르크시즘에 의거하지 않은 프롤레타리아적이고 민중적인 견
해란 있을 수 없으며 진정한 예술이란 대중으로 하여금 지배계급의 아
성에 도전하도록 만들 수 있어야 한다고 주장[208]했다. 한설야－심훈－
임화로 이어지는 이 논쟁은 조선프롤레타리아 예술가동맹(KAPF)과 그
에 맞선 민족주의 진영의 논쟁으로 볼 수 있는데, 이는 당대 문단에서도
활발하게 벌어지고 있던 논쟁의 연장선에서 해석할 때 더 풍부한 결을
찾아낼 수 있을 것이다. 그러나 이 글에서 관심의 대상으로 삼는 것은
영화 제작과 비평 경험을 바탕으로 한 심훈의 코미디영화 제작에 관련
된 언급이므로, 다소 협소하지만 주제를 축소하고자 한다. 심훈은 「조
선영화계의 현재와 장래」에서 간단하게 언급했던 "희활극, 통속물, 시

---

208 임화, 「조선영화가 가진 반동적 소시민성의 말살—심훈 등의 도량에 항抗하야」, 『중외
　　일보』, 1928.7.28~8.4, 3면.(총 7회)

대극"의 제작을 통해 대중들의 관심을 이끌어 내야한다는 데서 한 발 더 나아가 이 글에서는 "희극"이 왜 이 시대에 필요한 영화장르인지를 설명한다.

괴로운 현실 생활에서 잠시라도 떠나보고 싶어서 저 구석에나 무슨 재미있는 일이나 있을까 하고 모여드는 것이다. '인'이 박혔었다는 사람의 수효란 조족지혈이오, 거의 전부는 억지로라도 웃어보려는 사람들로 가득 찬 것이다. (…중략…)

허영과 위안! 헐벗고 굶주리는 백성일사록 오락을 갈구하고 고민과 억압에 부댓기는 민중이기 쌔문에 — 위자慰藉 문제를 무시하고 등한치 못하는 것이다. 그럼으로 어느 시기까지는 한 가지 주의의 선전도구로 이용할 공상으로 버리고 온전히 대중의 위로품으로써 영화의 제작가치를 삼자는 말이다. 대체로 보아서 큰 반동이나 업고 풍교상風敎上 해독을 끼치지 않은 정도로 자미滋味잇는 것 우수운 것 시원하고 씩씩한 것 — 을 만들 수밧게 업고 그리하는 것도 결단코 무익한 것은 아니다. 극단으로 말하면 쌔대가 업고 또 주의주장도 가지지안은 넌센스 영화도 썩 자미잇게만 본다면 반드시 배척할 필요도 업슬 것이다.

애상적 비극보다도 유모라스한 희극, 풍자극(만들기는 더 어려우나)이 좋켓다는 의견이다. 그러나 물론 여긔에만 만족할 것이 아니니 한거름 나아가서 대중에게 교화하는 작용을 하기 위하야 쏘는 그네들의 취미를 향상시키기 위하야는 그들의 현실생활 가운데서 가장 통절히 늣길 누구나 체험하고 잇는 문제중에서 힌트를 어더가지고 작품의 제재를 삼어야 할 것이다. (…후략…)[209]

이 글에서 심훈은 현재 식민 통치 하에 있는 조선 민중의 고단한 삶 속에서 무엇보다 필요한 것은 위안거리이므로, 풍속을 해치지 않고 반동적이지 않은 '재미있는 것, 우스운 것, 시원하고 씩씩한 것'을 만들자고 주장했다. 설령 뼈대도, 주의주장도 없는 넌센스 영화라 하더라도, 프롤레타리아적 가치를 주장하거나 행동을 이끌어낼 수 없는 것이라 하더라도 민중들에게 즐거움을 주는 것이라면 "결단코 무익한 것은 아니"라는 것이다. 영화를 민중을 교화시키고 선동하기 위한 수단으로 생각하는 카프 측 평자들의 주장에 반하여 이 글에서 심훈은 영화 그 자체의 즐거움을 '목적'으로 고려한다. 그에 따르면 "현재" 조선 민중들에게는 영화의 '위안과 오락으로서의 기능'이 더 절실하기 때문에 그러하다. 여기에서 더 나아가 그는 영화가 대중을 교화하고 취미를 향상시킨다는 목적에 봉사하기 위해서는 현실생활에서 제재를 찾아 공감대를 형성할수 있어야 한다고 보면서, "성애문제"가 좋은 제재가 될 수 있음을 언급했다. 즉, 그는 영화의 소재가 대중 관객들의 생활에 밀착된 것이자 공감대를 이끌어낼 수 있는 것이어야 함을 주장하고 있는 것이다. 이런 맥락에서 유머러스한 희극이나 풍자극의 필요성을 강조했던 것이다.

심훈의 논의들은 기본적으로 영화관객층을 "고급 팬"과 상대적으로 저급한 "일반 대중"으로 구분한 채 진행되었다. 고급 팬에 어울리는 "특작품"과 일반 팬에 어울리는 "희활극, 통속물, 시대극"이라는 경계가 상정되며, 일반 팬들이 조선영화에 더 많은 관심을 가질 수 있도록 유도하고 고단한 현실에 위안과 오락을 제공하기 위하여 '우습고 시원

---

209 심훈, 「우리 민중은 어떠한 영화를 요구하는가?—를 논하야 만년설군에게」, 『중외일보』, 1928.7.11, 3면~7.27, 3면.(총 12회)

하고 씩씩한', 유머러스한 희극의 존재가 중요하다고 주장했다.

물론, 코미디영화를 비롯한 '대중적 장르들'의 대사회적 기능을 단순히 현실도피나 오락으로 축소한 것은 그가 가진 엘리트 의식의 한계로 지적되어야 한다. 그러나 관객들을 취향에 따라 구분하고 그에 적합한 영화의 형식(장르)을 고민했으며 수단으로서 뿐만 아니라 목적으로서 영화의 본질 또한 중요하다고 주장했던 심훈의 논의는 그 자신이 영화 연출과 시나리오 작가, 배우로 관여했던 경험에서 우러나온 것으로 일면 조선영화계의 실상을 염두에 둔 현실적 주장이었다고 할 수 있다.

그럼에도 그의 논의는 영화제작으로 직접 연결되지 않았다. 그 자신조차 코미디영화 제작에 관여한 적이 없거니와, 이 논의를 마지막으로 식민시기 동안 더 이상 영화담론에서 코미디영화에 대한 언급은 찾아볼 수 없다.

1930년대 후반으로 가면서 조선의 영화제작은 점차 활기를 잃게 되었다. 조선극장은 불에 타 소실되었고 영미권 영화 수입은 전면금지 되었으며 각종 취체규칙을 통한 극장문화 단속이 강화되었다. 또한 중일전쟁과 태평양전쟁, 그리고 이어지는 패전의 기운 속에서 한층 가혹해진 일제의 문화탄압과 검열은 이 시기 조선영화산업 전체를 위축시켰다. 영화담론 또한 점차 글과 말, 그리고 지면을 잃어갔다. 1930년대 후반 이후 조선영화계가 잃어버린 웃음의 코드는 악극을 비롯한 대중연예 속에 살아남았고, 이렇게 지속된 웃음의 양식은 해방과 더불어 만개하면서 부상하는 새로운 문화 세력과 조우하며 문화적 변용의 길을 걷게 되었다.

/ 제3장 /

1950년대 대중문화의 재편과
코미디영화의 맥락

이 장에서는 1950년대 문화의 재편을 통해 영화가 가장 보편적인 대중오락의 형식으로 부상하게 되는 과정과 그 과정에 영향을 미친 다양한 산업적, 상업적, 문화적 요소들에 대해 살펴보고자 한다. 무엇보다 1950년대 처음으로 장르군을 이루어 등장하게 된 코미디영화가 정치·사회·문화적 결정인자들의 상호작용 및 다양한 인접장르들과의 교섭 속에서 형성되는 과정에 주목하고, 그 구체적 영향관계를 추적하는 것이 이 장의 목표이다. 특히 1950년대 이전 악극을 비롯한 대중연희의 관객과 영화팬 층으로 구별되었던 관객이 이 시기, 장르 영화들이 형성되는 과정에서 새롭게 구성되는 현상을 주목해 보고자 한다. 이 장은 영화산업이 중흥기를 맞게 1950년대 중반 이후에 초점을 맞추되, 해방 이후부터 전쟁기까지를 일종의 전사前史로 함께 다룰 것이다.

이를 위하여 이 장은 다음의 세 부분으로 구성된다. 첫째, 해방 이후부터 1950년대 전반에 걸친 대중문화의 지형과 흥행 산업의 재편 과정을 살핀다. 먼저 대중문화 생산과 소비의 배경에 집중하여 그 근간이 되는 정치, 경제, 사회적 환경을 간략히 살피고, "허용된 일탈"[1]로 대중문화가 자리매김 될 수 있었던 맥락을 짚어본다. 다음으로는 극장의 증가 및 운영과 관련된 법령의 변화, 국산영화 진흥을 고무했던 제도의 변천, 스튜디오의 등장과 기술의 발전 등 흥행 산업의 중심 이동과 그것을 가능하게 했던 다양한 물적 토대들의 변화 양상에 대해 논할 것이다. 이에 덧붙여 라디오와 텔레비전 프로그램, 다종의 대중문화잡지, 특히 지대한 영향을 미쳤을 것으로 추정되는 할리우드 영화의 대거 유입과 미8군 쇼 등 미국문화의 영향을 살펴보고, 그 각각이 이 시기의 영화와 맺은 다양한 관계를 살펴보고자 한다. 둘째, 당시 가장 중요한 대중문화 장르였던 악극이 버라이어티 쇼를 중심으로 재편되는 과정 및 코미디언이 부상하는 과정에 집중하여, 구체적으로 악극과 코미디영화가 인력 및 레퍼토리 측면에서 상호작용하는 양상을 고찰해보고자 한다. 마지막으로, 앞서 언급했던 다양한 영향관계 속에서 코미디영화가 발흥되어 제작 붐을 이루게 되는 과정을 살핌으로써 1950년대 코미디영화 장르 형성의 다층적 맥락을 파악하고 한국영화사에서 코미디영화의 등장과 활성이 의미하는 바에 대해 논할 것이다. 이 장은 1950년대 후반 코미디영화 발흥의 근간에 대한 실증적 논의로, 이를 둘러싼 다양한 환경들이 구체적으로 텍스트와 주고받는 상호작용의 양상을 통해 1950년대 문

---

1 이봉범, 「폐쇄된 개방, 허용된 일탈―1950년대 검열과 문화 지형」, 권보드래 외, 『아프레 걸 사상계를 읽다―1950년대 문화의 자유와 통제』, 동국대 출판부, 2009, 13~54쪽.

화사와 영화사의 흐름을 재구성하려는 시도라 할 수 있다.

1. 1950년대 대중문화의 지형과 흥행 산업

먼저, 1950년대 코미디영화의 발흥을 맥락화하기 위하여 당시 흥행 산업의 전개 양상과 그에 따른 대중문화 지형의 변화를 살펴보고자 한 다. 무엇보다 이 시기 흥행 산업에는 해방과 전쟁, 그리고 분단을 겪었 던 한국사회의 정치·경제 및 사회적 격변에 따른 물적 토대와 제도를 비롯한 환경의 변화가 가장 큰 매개변수로 작용했다. 물적 토대 자체가 붕괴되었던 해방기와 전쟁기 동안, 특별한 무대나 장치 없이 인력만으 로 운용이 가능했던 악극을 중심으로 형성되었던 연예 산업은 전쟁이 끝나고 사회가 안정기에 접어들면서 본격적인 경쟁의 소용돌이에 놓이 게 되었다. 악극 위주로 편성되었던 흥행이 영화, 라디오, 버라이어티 쇼, 여성국극 및 뒤늦게 등장한 TV에 이르기까지 다양한 실연 / 상영 매 체들로부터 도전을 받게 되었던 것이다. 주지하다시피 여기에는 극장세 법을 비롯한 정책의 변화, 미국 문화의 영향, 매체와 기술의 발전 및 그 로부터 촉발된 흥행 자본의 이동이 결정적 변수로 작용했을 뿐 아니라, 이러한 변화를 추동한 동력으로 대중문화를 한편으로 검열하고 한편으 로 허용했던 정치적이며 이데올로기적인 통제가 작용하고 있었다. 그리 고 이러한 맥락에서 '허용된 일탈'로 존재할 수 있었던 대중문화, 그 중에서도 코미디 양식의 번성을 논의할 수 있을 것이다.

여기서는 먼저, 대중문화의 활황 및 중심 이동을 가능하게 했던 정치적, 이데올로기적 배경을 비롯하여 다양한 물적 토대의 변화 양상을 추적해 보고자 한다. 다음으로 1950년대 후반, 영화산업의 발전을 가져온 다양한 환경의 변화 그리고 여타의 문화형식들이 활발한 교섭을 통하여 대중문화의 장을 넓혀가는 과정을 살펴봄으로써, 각 대중문화 형식 속 코미디의 특성과 그것이 코미디영화 형성에 기여하는 바에 대해 고찰할 것이다. 월북 또는 납북으로 인한 대중문화계 인력의 공백, 각 문화 형식 속 코미디 레퍼토리와 인력의 교환, 극장수의 증가 및 문화정책, 그리고 할리우드 영화의 대량 유입을 비롯한 미국문화의 영향 등이 이 시기 문화변동에 미친 영향도 함께 논의될 것이다.

1) "허용된 일탈"로서의 대중문화와 코미디영화

1950년대는 정치, 경제를 비롯한 사회 전반에서 혼돈이 계속되었으나, 문화에서만은 활황을 누렸던 시기로 기록된다. 해방 이후 곧 이어진 미군정기, 전쟁과 분단의 혼란한 정치적 소용돌이 속에서 생산기반만이 아니라 생활기반 마저 파괴된 경제는 파탄에 이르렀고 기존의 삶의 질서가 붕괴된 채 '근대화'를 앞세운 새로운 사회 질서 앞에서 대중들은 혼란의 시기를 보낼 수밖에 없었다. 그 와중에 호황기를 누렸다고 평가되는 대중문화는 일면 '통제'에 의하여 정책적으로 부흥되었다면, 또 다른 일면으로는 '통제되지 않음'으로 인하여 그 자신의 영역을 확고히 할 수 있었다. 이러한 관점에서 1950년대 문화의 기저에 놓인 이데올로기 작용과 그 물적 토대를 분석하여 이 시기 문화 재편 현상을 해석한 강인철과 이봉범의 논의는 중요한 시사점을 제공해 준다.

먼저, 1950년대가 1960년대 이후 한국사회의 산업화와 근대화를 촉진할 수 있는 '윤리적' 조건들을 제시했다고 보는 강인철은 이 시기의 문화 역시 '반공, 친미, 자유민주주의 이데올로기'를 통한 '시민종교'의 역할에 기여했다고 평가[2]한다. 다시 말해, 국가적으로 광범위한 영역에서 구성된 '반공, 친미, 자유민주주의'의 이념은 강력하게 시민사회의 성원들을 구속했으며, 그 자체로 '근대화에 대한 열망'과 밀접한 연관을 맺고 있었던 '반공'과 '친미'의 이데올로기는 전쟁과 가난에 지친 대중들에게 '근대화, 부와 풍요'에 대한 열망으로 번역되어 쉽사리 내면화되면서, 이에 의해 추동된 서구식 내지는 미국식 문화변동이 한국사회를 뒤흔들게 되었다는 것이다. 그런 한편으로는 시민종교의 영향을 강력히 수용하였으나, 현실과의 괴리로 인해 그 균열의 지점을 분명하게 인식하게 된 독자적 청년문화의 등장도 간과할 수 없다고 설명한다. 이 시기 청년문화는 실존주의, 앵그리 영맨, 뉴 웨이브, 뉴 크리티시즘 등의 외

---

2 시민종교civil religion의 개념은 루소에 의해 처음 사용된 것으로, 로버트 벨라에 의해 새롭게 정의되면서 미국사회의 맥락에 적용되었다. 이후 이 개념은 미국적 맥락을 넘어 다양한 사회에 적용되었다. 시민종교는 유사종교적 형태로 민족과 국가를 성화聖化하며, 개별화된 시민들을 종교와 계급, 출신신분을 뛰어넘어 민족 혹은 국가라는 거대한 집단과 도덕적으로 결속시킨다. 시민종교는 주로 문화적인 차원에서 작용하면서 국민적 · 국가적 통합을 표현하며 강화한다. 그러나 시민종교가 항상 국가나 지배층의 의도대로만 작용하는 것은 아니며, 기존 지배질서에 대한 탈정당화의 기능 또한 수행한다. 강인철을 비롯한 연구자들은 전쟁을 거치면서 반공이데올로기가 한국사회에서 다분히 종교적인 성격을 띠게 되었음을 지적한다. 강인철, 「한국전쟁과 사회의식 및 문화의 변화」, 한국정신문화연구원 편, 『한국현대사의 재인식』 7(한국전쟁과 사회구조의 변화), 백산서당, 1999, 220~223쪽 참고.

래의 철학, 문화사조에 깊은 영향을 받았으며 이후 4·19혁명의 초석이 되는, 구별된 '지식인' 문화였다는 것이다. 즉, 농촌과 뚜렷한 격차를 보이면서 이질적으로 전개되었던 이 시기의 도시문화는 두 가지 양상으로 드러나는데, 첫째는 대중매체의 발달과 "미국의 대중문화"의 범람으로 인한 "대중적 문화"의 발전이었고 다른 하나는 교육, 징병제도를 통해 '국민'으로 호명되었으나 지배계급과 거리를 두었던 젊은 세대들의 "청년문화"였다. 그리고 이러한 문화의 근간에는 '반공, 친미, 자유민주주의 이데올로기' 및 이와 결합된 '근대화'에 대한 열망이 자리하고 있었다는 것이다.

강인철의 글은 풍부한 사료들을 바탕으로 당대 대중문화에 영향을 미친 요인들에 대한 심도 있는 논의를 제기했고, 무엇보다 이데올로기가 대중을 '국민'으로 호명하고 통합시키는 과정에서 문화가 때로 순응적이고 때로 균열적인 면모를 보였음을 지적한다는 점에서 통찰력을 보여주었다고 할 수 있다. 그럼에도, '대중적 문화' 형성에 영향을 미친 요소들에 대한 다각적 분석, '대중적 문화'와 '저항적 청년문화' 사이의 역동성 및 농촌문화와 도시문화 사이의 상호관계까지는 논의를 확장하지 못했다는 점에서 한계가 있다. 이 시기 대중문화는 기존의 문화들과 새로 유입, 생성되는 문화 사이의 길항작용을 통하여 변화해 갔고, 대중적 문화와 저항적 청년 문화 사이의, 그리고 농촌과 도시 사이의 문화격차를 해소하는 역동적 과정 또한 존재했으며, 특히 그 변화의 중심에 영화가 놓여 있었다고 할 수 있기 때문이다.

한편, 이봉범의 논의[3]는 지배 이데올로기가 작동하는 구체적 환경으로 검열을 지적하면서, 오히려 이를 통해 대중문화가 능동적이고 역동적으로 구성되었다는 점을 강조했다. 그는 '한국전쟁', '미국문화의 영향', '국가의 근대화기획'이 1950년대 문화재편의 요인이었다고 주장하면서, 1950년대의 반공반일 검열에 의한 사상통제가 반대급부로 "폐쇄적 개방"의 문화지형을 만드는 중요한 요인으로 작용했다고 본다. 즉, 반공 이데올로기 외의 담론에 대한 철저한 봉쇄는 오히려 또 다른 담론의 과잉을 초래했으며, 이는 "자유, 민주, 교양과 같은 근대 담론을 아울러 내포"하는 것이었다. 과잉 생산된 근대 담론은 대중들의 욕망과 결합되었고, 더불어 탈정치적 대중물의 번성을 초래했다. 다시 말해, 정치 영역을 제외한 여타 분야에서 "맹목적" 자유가 가능했기 때문에 대중들은 "전근대적 유제에 속박된 삶으로부터 해방"되어 공식문화와는 다른 "이질적인 새로운 문화적 분위기"를 형성하고자 했으며, 매체의 대중화에 힘입어 한정된 계층만 소비했던 대중문화가 문화의 주류로 부상하게 되었다. 말하자면 "허용된 일탈"로서 통속적인 대중문화가 범람할 수 있었다는 것이다. 예컨대, 1958년 코미디영화 〈공처가〉로 영화계에 데뷔한 이래 1960년대 초반까지 수 편의 코미디영화를 만들었던 김수용 감독이, 〈피아골〉(이강천, 1955) 사건[4]에서 볼 수 있듯이 1950년대에 영

---

3 이봉범(2009), 13~54쪽.
4 이강천 감독의 〈피아골〉은 애초 문교부 검열에 의해 6개 장면 삭감 및 수정을 조건으로 상영허가를 받았다. 그러나 국방부 정훈국에서 '반공영화로 볼 수 없다'는 이유로 상영 불가를 주장하자, 육군본부 정훈감실에서는 이 영화가 "진정한 의미에서의 반공영화"라며 두둔한다. 이런 논란 속에서 주무부처인 내무부는 〈피아골〉이 "반공사상을 고취하는 영화라기보다 일반에게 좋지 못한 현혹감"을 주며, "반공영화로 보기 곤란하므로 치안상 영향을 미친다"는 결론을 내려 상영허가를 취소했다. 결국 〈피아골〉은 문제가 되는 일부 장면을 삭제하고 엔딩 장면의 배경에 태극기를 삽입하는 등의 조치를 취한 다음 재검열을 신청하여 상영허가를 받았다. 김소연, 「전후 한국의 영화담론에서 '리얼리즘'의 의미에 관하여」, 김소연·백문임·안진수·이순진·이호걸·조영정, 『매혹과 혼돈의 시대 - 50년대의 한국영화』, 소도, 2003, 43~44쪽.

화검열이 제도적으로 정착되면서 반공반일과 같은 사상의 문제에는 엄격한 잣대를 들이댔지만, 코미디영화에 대해서는 검열의 영향이 전혀 미치지 않았다고 증언[5]했던 것도 같은 맥락으로 볼 수 있을 것이다.

이처럼 해방 공간과 전쟁기의 혼란을 타파하고 대한민국과 이승만 정부의 정통성을 주장하기 위해 지배계층이 강화하고자 했던 반공과 친미, 자유민주주의 신봉과 같은 이데올로기적 측면은 문화에서는 다양한 제도(예컨대 우수영화보상정책) 및 검열로 드러났다. 전술한 바와 같은 이데올로기와 그 작용, 국가주도의 근대화를 통한 문화의 통제와 발전이라는 측면 외에도 이 시기 대중문화의 활황에는 다양한 물적 토대들의 영향 역시 중요하게 작용했다. 예컨대 대미원조로 인한 전후의 빠른 경제 회복[6]과 미국문화의 대량 유입, 교육의 민주화에 따른 문맹률의 저

---

5 김수용 감독 인터뷰. 2009.12.27. 2006년 이후 한국영상자료원에서 공개한 검열 서류들을 살펴보면, 특히 코미디영화 검열과 관련해서는 그 검열의 범위와 정도가 매우 약했다고 볼 수 있다. 단 한 편 예외적으로 검열에서 시정명령을 받았던 영화는 〈홀쭉이 뚱뚱이 논산 훈련소에 가다〉였는데, 현역 장군이 '코미디영화'에 실명으로 출연하여 "군의 명예를 훼손"했다는 지적을 받았던 것이다. 이 시기의 코미디영화와 관련된 검열서류가 대부분 부재하기 때문에 확언하기는 어렵지만 남아있는 서류만으로 볼 때, 그밖에 구체적으로 검열에서 문제가 되었던 코미디영화는 없었다(공보부, 「국산영화 〈홀쭉이 뚱뚱이 론산훈련소에 가다〉 상영허가의 건」, 1959 참고).

6 미국의 원조는 전후 한국에서 무엇보다 중요한 자원이었는데, 1950년대 미국원조 총액은 당시 달러가격으로 약 24억에 이르렀다가 1957년을 고비로 미국의 원조가 삭감되자 경기도 하강했다. 그나마 무상원조 대신 유상의 공공차관으로 전환된 부분이 많았는데, 미국은 한국에 대한 전후복구가 끝났다고 판단하여 1958년부터 대한원조를 감소시켰으며, 일부 원조는 개발차관의 형식으로 도입되었다. 근본적으로는 미국이 1950년대 후반부터 국제수지적자가 늘어나고 금 유출이 증대되어 달러 위기에 봉착해 있었으므로, 이제까지의 대외원조정책의 전환을 모색했던 것이다. 이에 따라 한국의 불황이 심화되었는데, GNP 성장률도 1957년의 7.7%에서 1958년 5.2%, 1959년 3.9%, 1960년 2.1%로 급격히 낮아졌다. 원조의 감소로 인해 결과적으로 1962년까지 경제정체와 불황이 지속되었던 것이다. 이완범, 「1950년대 후반기의 정치위기와 미국의 대응—1958년의 국가보안법 개정 파동을 중심으로」, 한국정신문화연구원 현대사연구소 편, 『한국현대사의 재인식』 4(1950년대 후반기의 한국사회와 이승만정부의 붕괴), 오름, 1998, 138~139쪽.

하, 그리고 그에 따른 신문, 라디오의 대중화와 다양한 대중잡지의 등장, 1958년 국산 조립품 라디오의 생산에 따른 1959년~1960년 사이의 라디오 대수 폭증[7]과 TV 방송국의 개국을 위시한 매체의 다변화 및 방송매체의 영향력 확산, 기술력의 증대, 국산영화 면세조치를 비롯한 제도적 뒷받침 등이 대중문화의 지각변동을 일으킨 또 다른 결정 요인으로 존재했던 것이다. 이에 따라 1950년대 후반에는 도시를 중심으로 하는 '근대적 대중문화'가 빠르게 전파되면서, 교제, 교육, 오락비가 서울 노동자 생계비에서 1952년 4%, 1954년 9%, 1956년과 1958년에 각각 8%, 9%[8]로 증가했다. 또한, 여성들의 사회진출과 교육 기회의 증대를 통한 지위 향상, 이에 따른 가족관계의 변화 및 핵가족 중심의 가족주의의 등장, 청년문화의 발달, 그리고 도농 간의 생활격차[9]에 따른 문화 향유층의 분화 역시 대중문화 소비계층을 변화시켰다.

그런데 이처럼 1950년대 후반을 위주로 문화지형도를 재구성하고자

---

7 라디오 수신기 보급추이를 살펴보면, 1948년에는 156,733대로 인구 1000명당 보급대수가 7.83이었고, 1957년 137,031대로 보급대수가 6.43이었던 데 반해, 1959년에는 346,154대, 보급대수가 15.07로 급증했다. 1960년에는 420,414대(16.82), 1961년에는 707,033대(27.44)를 기록한 뒤, 1963년에는 보급대수가 50대를 넘어섰다. 특히 서울지역 라디오 보급률이 급증하여, 1959년 12월 현재 55%를 넘어섰다. 김영희, 『한국사회의 미디어 출현과 수용-1880~1980』, 커뮤니케이션북스, 2009, 267~269쪽.
8 강인철(1999), 276쪽.
9 그럼에도 여전히 농촌과 도시의 생활, 교육, 문화 자원과 수준의 격차는 심각한 수준이어서, 1959년 말 농업인구가 총인구의 61.5%를 차지하였고 국민총생산에서 농림수산업이 38.5%를 차지했음에도 불구하고 도농 간 생활수준의 격차는 해마다 급격히 벌어져 1960년에는 농촌의 평균가계지출이 도시의 36.9%에 불과했다. 문화생활 면에서 격차가 특히 두드러졌는데, 1959년 말 농촌의 라디오 보급률이 7%로, 전 해에 비해 약 3%의 증가율을 보인 반면 전국적으로는 88.7%의 증가율을 보여 전국의 라디오 보급률 20.8%, 서울지역 보급률 61.5%를 기록했다. 한도현, 「1950년대 후반 농촌사회와 농촌의 피폐화」, 한국정신문화연구원 현대사연구소 편, 『한국현대사의 재인식』 4(1950년대 후반기의 한국사회와 이승만정부의 붕괴), 오름, 1998, 80쪽~84쪽.

할 때, 한 가지 간과해서는 안 되는 지점이 존재한다. 즉, 이 시기 물질적, 기술적, 제도적, 이데올로기적 제반 환경을 배경으로 급부상하게 된 '근대적' 대중문화가 지배적 문화가 되는 과정에서 악극과 창극을 비롯한 기존의 문화들이 주변부로 밀려나게 되었지만 여전히 이들은 농촌뿐 아니라 도시에서도 고정 관객층을 보유한 가장 대중적인 문화형식이었으며, '근대적' 대중문화 형식인 영화, 라디오, TV 프로그램과 인적·물적 자원의 상당부분을 공유하고 있었다는 사실이다.

기존의 논의들은 해방과 전쟁을 거치면서 거의 유일하게 서울과 지방을 막론하고 지속적으로 사랑을 받았던 악극이 1950년대 후반 영화에게 왕좌를 물려주며 점차 몰락의 길을 걷게 되었다고 평가했다.[10] 그런데 '악극의 몰락'이라고 이야기할 때, 논자들이 지칭하는 것은 악극단을 중심으로 한 공연단체들의 전반적인 쇠퇴의 경향을 의미하는 것이었다. 그러나 좀 더 구체적으로, '노래를 중심으로 엮인 극', 즉 악극 형식에 있어서 몰락은 가속화되었던 반면, 쇼 단체나 코미디 단체들의 경우 1960년대까지 일부 극장과 지방에서 여전히 영화에 버금가는 흥행의 패권을 쥐고 있었다는 것에 주목할 필요가 있다. 대부분의 논의들이 '영화의 부상'에 초점을 맞춰 논지를 전개했기 때문에, 또한 악극에 대한 논의 내부에서도 정통 악극이 아닌 버라이어티 쇼와 코미디 쇼 형식의 공연을 주변화 했기 때문에, 이 시기 변형된 형태로 잔존했던 악극단 혹은 쇼 단들의 활동에 대해서는 대체로 주목하지 않았던 것으로 보인다. 1940~50년대 초의 호황기와 비교할 때 1950년대 후반 이후 악극단을

---

10 박노홍, 「한국악극사」, 김의경·유인경 편, 『박노홍의 대중연예사』 1, 연극과 인간, 2008; 김호연, 『한국근대악극연구』, 민속원, 2009 등이 이에 속한다.

비롯한 공연 단체들의 활동이 위축되었던 것은 사실이지만 이 시기 각 공연단체들이 명맥을 유지하면서 영화와 끊임없이 관계를 맺어 왔던 것은, 특히 코미디영화와 관련하여 간과할 수 없는 지점이다. 기존의 대중문화를 대표했던 악극을 비롯한 실연무대와 근대적 대중문화로 새롭게 부상한 영화를 오가며 문화형식의, 그리고 관객의 이동을 성공적으로 이끌었던 것은 '코미디언'을 매개자로 내세운 코미디영화들이었다. 더욱이 검열의 사각지대에 놓여 있었던 코미디영화들은 코미디언들 각각이 보유하고 있는 기존의 레퍼토리와 스타성을 내세워 비교적 적은 비용으로 도시와 농촌을 아우를 수 있는 콘텐츠를 제작할 수 있다는 산업적 가능성 또한 갖고 있었다. 따라서 코미디영화는 이러한 맥락을 따라 기존의 대중문화 세력이 약해지면서, 근대적 대중문화가 부상하는 그 교차점에서 번성할 수 있었던 것이다.

2) 흥행 산업의 물적 토대와 전개 양상

여기서는 1950년대 전반기까지 계속되던 한국사회의 혼란이 수습되어 가면서, 대중문화계가 새롭게 재편되는 양상을 살펴보고자 한다. 주지하다시피 1950년대 중반까지 지배적 문화세력이었던 악극이 영화, 버라이어티 쇼, 여성 국극 등에 자리를 내 주고 잔여적 문화형식으로 쇠락해 가는 과정에는, 악극 자체의 문제도 자리하고 있었겠지만 연예 산업을 둘러싼 자본의 이동과 그 이동을 촉발한 다양한 변수들이 매개되어 있었다. 특히 연예 산업을 둘러싼 각종 법령 등 제도의 변화와 물적 토대의 변화를 비롯한 제반 산업 환경의 변화가 중요한 원인으로 작용했다. 예컨대 극장수의 증대와 입장세법의 변화, 지정좌석제의 실시 및 국산영화진흥정책, 그리고 스튜디오의 건설, 기술의 발전, 해외 영화계와의 교류 확대 등의 조건은 '근대적' 대중문화의 선두주자로 영화를 호명하기에 적합했다.

먼저, 1950년대 후반 코미디영화의 등장과 융성을 설명하기 위한 바탕으로 '한국영화의 중흥'을 이끌어낸 산업적·제도적 변화의 양상을 살펴볼 것이다. 이를 통하여 "불균등하지만 서로 결정적으로 작용하는 세력들"[11]의 상호작용에 의하여 새로운 지배적 문화가 탄생하는 과정의 한 단면을 탐구해 보고자 한다.

(1) 정책의 변화

① 극장 정책의 변화—입장세법의 변화, 극장좌석지정제와 교체입장제의 실시

무엇보다 1954년 입장세법 개정에 따른 국산영화 면세조치는 1950년대 후반 악극을 비롯한 실연 무대의 쇠퇴와 영화산업의 진흥을 추동하는 근본적인 원인 중 하나로 작용했다. 입장세법이란 관객이 극장에 입장할 때 내는 입장 요금에서 일정 부분을 세금으로 환수하도록 정해 놓은 법으로, 해방 이후 1960년까지 약 15년에 이르는 기간 동안 여러 차례의 법령 개정을 통해 면세에서부터 115%까지 변칙적으로 부과됨으로써 공연 / 상연 텍스트의 양과 질, 그리고 극장운용과 관객 유치에 결정적인 영향을 미쳤다고 할 수 있다.

---

11 스튜어트 홀, 백선기 역, 「문화연구—두 가지 패러다임」, 존 스토리 편, 『문화연구란 무엇인가』, 커뮤니케이션북스, 2000, 89쪽.

해방 이후 대한민국정부 수립까지 약 3년에 걸친 미군정기에 극장의 입장료는 최고 20배까지 상승했다. 1946년에 영화 15원, 연극 20원으로 처음 인상된 후, 1948년 5월에는 연극 150원, 영화 120원으로 가격이 크게 인상되었다. 그런데 이때 공포된 '미군정 법령 제193호'는 종전에 입장료가 2원 50전 이상일 경우 입장 요금의 30%를 입장세로 부과하던 세제에서, 입장 요금이 10원을 초과할 경우 100%의 입장세를 부과하는 것으로 바뀐 것이었기 때문에, 이에 따라 실질적으로 일류 극장 관객은 거의 300원에 달하는 입장료를 지불[12]할 정도로 기하급수적인 가격 폭등이 일어났다. 이로 인해 극장주들을 비롯한 연극, 영화계의 반발이 거세지자 1949년 10월 입장세법 완화조치가 취해졌는데, 연극 등의 공연물에는 30%, 영화에는 60%의 입장세를 받는 것으로 조정되었다.

악극의 전성과 퇴조, 그리고 영화의 부상은 이러한 극장 입장세법의 등락과 함께 파고를 그렸다. 물론, 악극의 퇴조와 영화의 선전이 전적으로 수차례에 걸친 입장세법의 개정 때문만이라고 볼 수는 없으나, 국산영화에 대한 면세 조치가 국산영화 관객의 확대와 제작의 장려로 이어졌던 것만은 분명했다. 국산영화에 면세를 조처했던 1954년 입장세법은 공연의 세비는 30%로 유지하되 외화에 대해서는 90% 입장세를 부과하는 내용이었는데, 공연계의 반발이 거세지자 1956년에 또다시 개정을 통해 국산영화 면세조치는 유지되는 대로 공연에는 10%, 외화에는 115%의 입장세를 부과했다. 이에 대한 외화수입업자들의 거센 불만에 직면하게 된 정부는 1960년 1월, 상설극장에서 상영되는 국산영화

---

12 이우석, 「광복에서 1960년까지의 영화정책(1945~1960년)」, 김동호 외, 『한국영화정책사』, 나남, 2005, 134~136쪽.

에는 2~4%, 외국영화에는 18~23%, 그리고 공연물에는 10%의 입장세를 부과[13]하는 것으로 또다시 정책을 바꾸었다. 한국영화 진흥책의 하나로 추진되었던 국산영화에 대한 면세조치는 곧 영화제작의 증가로 이어졌고, 제작의 증가는 제작, 배급, 상영 체계의 정비와 극장의 증가, 관객수의 확장에 지대한 영향을 미쳤으며, 이는 곧 한국영화 중흥기를 견인하는 주요 동력이 되었다.

이처럼 입장세법의 변화가 한국영화 제작과 관객수의 증대에 지대한 영향을 미쳤다면, 극장지정좌석제와 교체입장제는 관객과 극장의 분화를 이끌었다고 볼 수 있다. 1955년 11월 이승만 대통령의 "분부사항"에 의하여 치안국에서는 각 경찰국에 공문을 보냈다. 공문의 내용은 관할 구역의 극장 관리에 관한 것으로, 종전의 무질서한 입장제를 폐지하여 "출입의 무질서와 초만원으로 야기되는 범죄를 예방하고, 화재를 방지함은 물론 풍기문란의 미연 방지와 업자로 하여금 영리주의를 버리고 위생시설과 소방시설을 정비시키기 위하여",[14] 입장권에 좌석번호를 기입한 뒤 출입구에서 안내인이 지정좌석에 안내하도록 하는, 극장좌석지정제를 실시하도록 하라는 것이었다. 이와 더불어 프로그램이 바뀔 때마다 관객을 새로 입장시키는 교체입장제가 실시되었는데, 이미 시작부터 "극장들은 모두 문을 닫게 될 것"이라고 부정적 견해를 밝혔던 극장주들은 준비 미비와 관객 수의 감소를 내세워 이에 조직적으로 반발함으로써 이 제도를 사실상 무력화 시켰다. 그리하여 이 법령들은 1956년 7월에 개봉극장을 제외한 2, 3류 극장들에서 폐지되었다.

---

13 이우석(2005), 150~151 · 163~167쪽.
14 「극장에 지정석제 / 혼란을 막기 위해 치안국서 지시」, 『조선일보』, 1955.11.8, 3면.

극장좌석지정제와 교체입장제는 1류 극장과 2, 3류 극장, 그리고 서울의 극장과 지방의 극장 사이의 문화적 격차를 더욱 확고하게 했다는 측면이 있다. 특히 외화 상영관의 경우 "비싼 입장세를 내고라도 쾌적한 관람환경을 즐기겠다는 유료관객들"은 개봉관을 찾아 외화를 감상했으며, 당시 심각한 문제를 야기했던 무료입장자들과 비싼 입장세를 감당하기 어려웠던 관객들은 변두리 극장과 지방 극장에서 국산영화와 악극, 여성국극이 함께 상연 / 상영되는 프로그램을 즐기는, 관객의 분화가 일어나는 단초가 되었던 것이다.[15]

이처럼 1950년대 극장을 둘러싼 정책의 변화는 극장 운용에서 전면적인 변화를 야기했고, 이에 따라 영화가 흥행 산업의 중심으로 들어올 수 있는 통로가 마련된 셈이었다. 이는 한국영화산업의 부흥을 이끄는 촉매제로 작용하였으며, 한편으로 관객층의 분화를 가져오는 계기로 작용했다. 이러한 정책적 변화들이 그 자체로 영화산업의 발전과 일대일 대응관계가 있다고 단정 짓기는 어렵지만, 이를 바탕으로 산업과 자본의 본격적 이동이 촉발되었다는 점에서 의의가 있다.

② 국산영화 제작장려 및 영화오락순화를 위한 보상특혜

입장세법의 변화만큼 이 시기 한국영화산업의 급성장에 큰 영향을 미쳤던 정책은 우수영화보상제도였다. 우수영화보상제도는 1957년부터 시작되었는데, "일종의 구상무역求償貿易으로서 국산영화 외국수출자에게 1본, 문화영화수입 ○○의 의미에서 문화영화 3본 수입자에게 1

---

15 이화진, 「'노스탤지어'의 흥행사—1950년대 '악극'의 전성과 퇴조에 관하여」, 『대중서사연구』 17호, 대중서사학회, 2007, 63~66쪽.

본, 우수국산영화에 대하여 1본"[16]씩 외화 수입권을 준 것이었다. 외화 수입의 증대와 그에 대한 정책 변동은 민감한 사안인 만큼 계속 문제가 되어 왔는데, 여기서는 외화의 수입권이 국산영화 제작의 장려와 영화 오락의 순화를 위한 보상특혜로 주어졌다는 사실에 주목하고자 한다.

1958년에는 이 제도가 좀 더 확대되어 "① 우수국산영화에 대한 보상특혜, ② 국산영화 수출장려를 위한 보상특혜, ③ 국제영화제 참가자에 대한 보상특혜, ④ 문화영화 및 뉴스영화 수입자에 대한 보상특혜, ⑤ 우수외국영화 수입배급자에 보상특혜"로 세분화되었다. 외화수입권을 담보로 우수영화 제작을 유도하는 보상특혜의 기조는 1950년대를 넘어 1960년대 영화법의 기본 골자를 형성[17]했으며, 국산영화와 비교했을 때 몇 배의 수익을 올릴 수 있는 외화 수입권을 받기 위한 노력은 결과적으로 한국영화 제작편수와 제작사의 증가를 가져온 요인이 되었다. 우수영화의 제작을 장려하기 위해 마련된 보상제도가 외화 수입권의 확보를 위해 영화를 제작하는 주객전도의 상황을 초래하기는 하였으나 그럼에도, 국산영화시장 자체의 활성화를 가져왔던 것만은 사실이라 하겠다.

(2) 물적 토대의 형성

① 흥행 자본의 이동과 영화제작사의 증가, 스튜디오의 설립

앞서 논의했던 정책적 변화들이 대중문화의 지형도가 영화를 중심으로 재편될 수 있는 여건을 마련해 준 것이었다면, 1955년 이규환 감독

---

16 「영화검열의 현황 / 서류와 실사 2단계의 심사 / 아직도 막연한 그 기준과 과정」, 『한국일보』, 1957.10.23, 4면.
17 이우석(2005), 169쪽.

의 〈춘향전〉의 성공은 이를 목도한 흥행 자본들이 영화계로 진출하게 만든 계기이자 당대 연예 산업의 판도를 새롭게 형성하는 계기가 되었다. 이 시기 자본의 대거 유입이 가져온 변화는 여러 지점에서 논의될 수 있겠지만, 여기서는 우선 '물적 토대의 형성'이라는 측면에 집중하여 두 가지 변화를 지적해 보고자 한다.

첫 번째는 영화제작사의 증가를 가져왔다는 점이다. 해방을 기점으로 당시 활동하고 있었던 영화사는 10여 개 남짓[18]으로, 이 시기는 지방흥행사들의 배급망도 확립되어 있지 않은 형편이었으므로 감독 개인의 힘으로 자금을 마련하는 독립프로덕션이 대부분이었다. 전쟁 이후 여러 시스템들이 정비되고, 자본의 유통이 순조로워지던 시점에 영화계에서는 개인제작 시스템에서 벗어나 기업자본을 확립해야 한다는 주장이 나타나기 시작[19]했다. 그러나 기업자본의 확립은 1950년대까지는 여전히 요원하였다. 그보다 우수영화보장제도를 노린 이들과 지방 흥행업자들의 개입으로 인해 1950년대 후반 영화계에는 수많은 제작사들이 난립했다.

〈표 4〉에서 보듯이 1950년대 초 3~5개에 불과하던 영화사들은 국산영화에 대한 면세조치와 〈춘향전〉의 성공을 기점으로 10개 이상으로 증가하여 1956년에 26개로 늘어났다가, 흥행실패를 계기로 투기성 회사들이 정리되면서 12개로 감소했다. 1958년에는 다시 제작사 수가 6배나

---

18 최인규 · 최완규의 고려영화사, 이철혁의 동명영화사, 방의석의 계몽문화협회, 성동호의 중앙영화사, 이재명의 아세아영화사, 윤봉춘의 윤봉춘프로덕션, 이규환 · 전창근 · 김소동의 김프로덕션, 한형모의 한형모프로덕션, 신경균의 청구영화사, 김관수의 김관수프로덕션, 이창근의 이창근프로덕션, 김성민의 신세기영화사가 해방을 기점으로 설립, 활동을 시작했다. 윤진화, 「1950년대 후반기, 한국영화산업형성의 생성메커니즘 연구」, 동국대 석사논문, 2002, 13쪽.
19 이철혁, 「영화시감―제작정신에 관한 소견」, 『한국일보』, 1955.11.20, 3면.

연도	제작사수	제작편수
1950	3	5
1951	3	5
1952	5	6
1953	4	6
1954	12	18
1955	10	15
1956	26	30
1957	12	37
1958	72	74
1959	71	111
1960	55	90

증가하면서 제작사 수에 맞먹는 영화가 만들어졌다. 그런데 이 중 실제 영화제작이 이루어졌던 제작사는 약 47개에 불과했으며 전체 중 40여 개의 제작사는 1958년에 설립되었다.[21] 여기에는 1958년 6월부터 입장 세 부활이 언급되고, 실제로 1959년 한국영화에 대한 과세가 확실시 되면서[22] 1958년과 1959년에 마지막 면세혜택을 받기 위해 많은 영화들이 제작, 개봉되었던 상황도 영향을 미쳤을 것으로 보인다. 1959년의 "과도한 영화제작"은 자금의 고갈을 가져왔고, 1960년 영화 제작의 위축을 초래[23]하게 되었다. 그러나 기업자본을 통한 '건전한 투자문화'가 정착되지 않았다 하더라도 다양한 제작사들의 등장과 투자자본의 유동성은 상

---

20 『한국연예대감』, 성영문화사, 1962, 361~372쪽의 '방화작품일람'을 자료로 윤진화가 구성한 도표를 일부 인용했다. 윤진화(2002), 17쪽 인용.

21 윤진화(2002), 25쪽.

22 「국산영화에도 과세 / 세법개정 골자」, 『조선일보』, 1958.6.24, 석2; 「국산영화에 과세 / 백분의 20 / 조세분위 입장세법 개정 검토」, 『한국일보』, 1959.10.17, 4면; 「외화 3할, 국산 1할 / 입장세법 개정안 수정」, 『서울신문』, 1959.11.21, 석3면.

23 「구정의 영화계 표정 / 국산제작 올스톱 상태 / 다시 득세하게 될 외화 / 암거래만 성행 케 할 '갸란티 제한안'」, 『동아일보』, 1960.1.29, 4면.

〈표 5〉 종합스튜디오 현황(1957년 기준)[24]

스튜디오	제작사 / 제작자 / 건립연도	작품
안양스튜디오	수도영화사 / 홍찬 / 1957	〈생명〉, 〈금삼의 피〉
삼성스튜디오	삼성영화사 / 방대훈 / 1957	〈오해마세요〉, 〈나 혼자만이〉, 〈그대와 영원히〉
정릉스튜디오	세기영화사 / 국쾌남 / 1957	〈진리의 밤〉, 〈돈〉

대적으로 관객들의 반응에 민감하게 대응했을 것으로 보이는데, 이는 장르영화의 등장과 밀접한 관계를 맺었을 것으로 추측해볼 수 있다.

다음으로, 스튜디오 건립을 비롯한 영화 제작 시스템의 확충을 들 수 있다. 1956년과 1957년에는 아시아재단으로부터 6만 달러 상당의 기자재가 도입되고 정릉과 삼성, 수도 스튜디오가 건설되었으며, 세기영화사로부터 제작자본이 적극 유입되는 등 영화산업의 확장이 이루어졌다. 한국 최초의 스튜디오이자 동양 최대 규모의 촬영 스튜디오였던 안양스튜디오는 2백 평짜리 A스튜디오와 4백 평짜리 B스튜디오를 짓고, 미첼 카메라 3대와 웨스트렉스 녹음시설을 비롯한 기재를 도입하여 "맘모스 제작기구를 갖춘 곳"[25]으로 한국 최초의 시네마스코프 영화 〈생명〉을 제작하는 등 전문적인 제작 시스템의 기초를 마련했다.

그런데 이 시기 영화계에 유입되었던 흥행 자본이 제작사의 증가나 스튜디오 건립과 같은 가시적 성과를 이끌어 내기는 했지만, 건강한 제작자본의 형성으로까지 이어지지는 못했다는 점은 한계로 지적되어 왔다. 1950년대 후반 영화계로 유입되었던 제작비의 대부분은 투기자본

---

24 윤진화(2002), 59쪽.
25 이영일, 『한국영화전사』(개정증보판), 소도, 2004, 260쪽.

과 고리대금업에서 끌어들이는 형태였고, 1958년을 기점으로 서울 변두리와 지방 흥행사 중심의 전주 시스템이 형성되어 입도선매의 관행이 구축[26]되고 있었으므로, 영화의 흥행이 제작사의 자본 축적으로 이어지지 않는 악순환이 계속되었던 것이다. 스튜디오들의 건립과 기자재의 확충으로 체계적인 제작 시스템 마련의 기반이 닦였으나 그럼에도 여전히 자본의 체계적인 순환이 마련되지 않은 채 밀려드는 투기 자본들에 의지해 제작사만 증가했던 것이다. 예컨대, 수도영화사의 경우 안양스튜디오와 세기극장을 소유하여, 제작, 배급, 상영을 수직적으로 통합하고자 시도하였으나, 대부분의 경우 제작과 배급, 상영이 분화되어 있었기 때문에 '스튜디오 시스템'으로 제작 시스템이 운영되기는 어려웠으며 흥행수익이 제작자금으로 재투입되는 것이 아니라 극장으로 모두 빠져나감에 따라 제작사는 영세성을 면하기 어려웠고 따라서 기업으로 성장할 수 있는 여건이 마련되기 힘들었던 것이다.[27]

그런데 이처럼 건강한 자본의 순환을 통한 제작의 기업화가 이 시기 성취되지 못했다고 하더라도, 극장 흥행업자들의 제작개입이 신파영화와 슬랩스틱 코미디에 미친 영향은 결코 간과할 수 없는 것이었다. 즉, 흥행업자들의 관심이 신파와 슬랩스틱 코미디에 집중되었기 때문에 장르의 획일화와 질적 저하를 초래했다고 비난 받은 반면, 한편으로는 한국영화제작을 계속해서 가능하게 만든 원동력[28]이 되었던 것도 사실이기 때문이다. 또한, 흥행업자들의 개입은 지방의 관객들과 소통할 수 있

---

26 김미현 외, 『한국영화 배급사 연구』, 영화진흥위원회, 2003, 16~17쪽.
27 윤진화(2002), 60쪽.
28 윤진화(2002), 48쪽.

는 창구의 역할을 했다고도 볼 수 있다. 즉, 지방 관객들에게 익숙한 영화 형식, 일반 대중들의 취향과 밀접한 관계가 있는 영화의 제작을 고집했던 지방 극장주를 비롯한 흥행업자들의 요구에 의해 1950년대 후반, 흥행 업계에서 최고의 인기를 누리고 있었던 코미디언들을 주인공으로 하는 코미디언코미디의 집중적인 제작이 가능했다고 할 수 있을 것이다.

② 극장 증설과 배급망의 변화

1950년대 영화계의 호황을 이끌었던 물적 토대 마련에서 중요하게 다루어져야 하는 것 중 하나는 극장의 증설과 배급망의 구축이다. 우선, 이 시기에는 극장 건물 자체의 증가가 두드러졌다. 극장은 해방 이후 1950년대 후반까지 약 15년 동안 거의 두 배에서 세 배에 달할 정도로 급증했다. 1947년에 남한의 총 극장 수는 90관[29]이었는데, 1953년에 104관, 1958년에 150관(그 중 서울 시내 47관),[30] 1959년에 207관(그 중 서울 시내 42관)[31] 등으로 양적 증가를 거듭하면서, 영화 상영의 물적 기반이 전국적으로 크게 확립되어 갔던 것이다.

그런데 극장의 수가 증가할수록 다양한 콘텐츠의 공급이 필요한 것은 주지의 사실이거니와, 1950년대 중반까지 대부분의 극장은 악극을

---

29 「전국 도별 인구와 극장 분포비율표」, 『예술통신』, 1947.2.4.(이우석(2005), 159쪽에서 재인용).

30 「서울을 중심한 전국의 극장 개관 / 전국 150관에 서울 시내는 47관」, 『한국일보』, 1958.12.14, 8면.

31 「한국의 극장실태 / 십만 명에 1관 꼴 / 일 년에 0.5회 관람」, 『동아일보』, 1959.6.26, 4면. 그런데 이영일의 기록에 의하면, 극장협회에 가입되어 있는 회원사를 기준으로 전국의 극장 수는 1958년 225개, 1959년 242개, 1960년 273개로 위에서 인용한 신문기사 상의 수치와는 상당한 차이를 보인다. 이영일(2004), 327쪽. 이는 회원사 기준이기 때문에 상설극장 외 가설극장 등의 수치도 포함되었을 것으로 추정된다.

비롯한 버라이어티 쇼 무대와 외화 상영만으로도 충분히 수익을 내고 있던 상황이었으므로, 상대적으로 국산영화 상영에는 무관심할 수밖에 없었다. 1954년 국산영화의 입장료에 대한 면세조치가 시행되고 나서도 1957년까지 대부분의 극장들은 외화 중심의 시스템으로 운용[32]되고 있었다. 1955년 이규환의 〈춘향전〉의 성공이 한국영화의 제작과 관람을 고무하기는 했으나 이례적인 한두 작품에 한한 것으로, 1957년까지는 공급할 만한 국산영화 자체가 많지도 않았을 뿐더러 양질의 국산영화를 찾는 것은 더더욱 어려운 일이었다. 따라서 국산영화를 보기 위해 극장을 찾는 관객 수도 극히 적었던 것이 사실이다. 그러나 1957년 홍성기 감독의 〈별아 내 가슴에〉가 공전의 히트를 기록하고, 잇따라 개봉관 관람 인원 10만 명을 넘기는 흥행 영화들이 등장하기 시작하자 극장들에서도 국산영화의 중요성을 인지하게 되었고 신문을 통한 광고도 빈번해졌다.

수도영화사, 한국연예주식회사, 삼성영화사와 같이 자본이 튼튼한 제작사들은 지속적인 활동을 유지하면서 꾸준히 영화를 제작하고 있었는데, 이들 제작사는 1959년을 기점으로 극장들과 체인을 형성했다. 예컨대 명보극장은 한국영배, 신상옥프로덕션 및 최은희와 제휴했고, 국제극장은 선민영화사, 한국연예주식회사, 대한항업, 그리고 국도극장은 합동영화공사와 전속계약[33]을 맺음으로써 배급 시스템의 변화가 추구된 것이었다. 이처럼 극장과 연계를 맺음으로써 제작사들은 안정적인 배급망을 확보하고 제작 자본을 공급 받을 수 있었으며, 기획 제작을

---

32 윤진화(2002), 49~51쪽.
33 「제작체인 구체화 / 제명소동으로 제협에 암류」, 『동아일보』, 1959.10.23, 4면.

할 수 있다는 장점을 누릴 수 있었다. 한편, 극장 역시 유능한 프로듀서를 가진 제작사의 안정적인 영화를 공급받을 수 있었으며 톱스타가 출연하는 영화를 확보할 수 있는 장점을 누림에 따라 각 제작사에서는 1963년 스타 전속시스템을 도입하기도 했다.[34]

그러나 이러한 안정적 배급망의 확보는 서울 일부 대형 극장들에 한한 것으로, 서울 변두리와 지방에서는 여전히 입도선매를 통한 지방 극장 흥행업자들의 관여와 그에 따른 배급이 이루어지고 있었다. 극장의 증가와 배급망의 확보는 국산영화 진흥 정책과 더불어 1950년대 후반 한국영화 제작의 활성화를 이끈 결정적인 요인으로 작용했으나, 여전히 이 시기 지방의 극장과 관객들은 프린트 수급과 다양한 프로그램을 접하는 데 어려움을 갖고 있었음도 지적되어야 하는 부분이다. 여전히 이 시기 서울의 변두리 극장들과 지방 극장들에서는 변사를 위주로 하는 순업 형태의 영화 상영이 잔존했고, 쇼 무대를 비롯한 값싼 무대 공연들이 주를 이루고 있는 상황이었음도 간과되어서는 안 된다.

(3) 한국영화의 해외시장 개척

1950년대 한국영화계에서 주목할 만한 경향 중 한 가지는 합작영화 제작과 해외영화제 출품 및 수상 등을 통해 해외시장을 개척하기 시작했다는 점이다. 특히 합작영화 제작과 해외영화제 진출이 이 시기 코미디영화의 제작 편수 증가 및 경향에도 일정한 영향을 미쳤을 것으로 추정되는데, 이에 대하여 조금 더 자세히 살펴보고자 한다.

---

34 제작사−배급−극장의 연계에 따른 장점에 대해서는 이길성, 「1960년대 가족 드라마의 형성과정과 제 양상연구」, 중앙대 박사논문, 2006, 37~39쪽 참고.

우선 합작영화를 살펴보자. 1957년 한국연예주식회사는 홍콩 영화계 굴지의 제작사인 쇼 브라더스와 함께 전창근, 도광계, 와카츠키 미츠오 감독의 〈이국정원〉을 제1회 합작품으로, 그리고 김화랑 감독, 양석천, 양훈 주연의 〈천지유정〉을 제2회 합작품으로 제작했다. 이 영화들은 해방 이후 최초의 외국 합작영화[35]였는데 한국연예주식회사의 대표였던 임화수는 국내시장이 협소하기 때문에 시장의 확대를 위하여 그리고 기술력의 향상을 기대하며 합작영화를 제작하게 되었다고 제작 배경을 설명했다. 덧붙여 〈이국정원〉은 애초 시나리오의 비극적 결말과 달리 쇼 브라더스사의 요청으로 해피엔딩으로 막을 내리게 되었는데 국내 자본이 많이 들어가 있지 않았으므로 그들의 요청을 받아들일 수밖에 없었다는 사정을 설명하면서, "하루 속히 자유스럽게 투자"할 수 있는 정부의 정책 변경이 필요함을 주장[36]했다. 한편, "졸렬한 코메디"[37]로 폄하되었으나 홍콩의 이국적인 풍광을 보여줌으로써 외국여행이 자유롭지 않았던 당시 한국관객들에게 볼거리를 제공했던 〈천지유정〉은 악극단의 인기 코미디 배우였던 '홀쭉이와 뚱뚱이'를 주인공으로 캐스팅

---

35 이영일(2004, 258쪽)은 〈천지유정〉이 최초의 합작영화였다고 기록하였으나, 『서울신문』(1957.12.11)에 따르면, 현재 "한국연예주식회사의 한중 합작영화 〈이국정원〉은 완성되어 개봉을 기다리고" 있는 중이며, "제2회 한중 합작영화 〈천지유정〉이 완성을 서두르고" 있다고 기록되어 있다. 그런데, 국내 개봉에 있어서는 〈천지유정〉이 앞섰다. 신문광고에 따르면 〈천지유정〉은 1957년 12월 31일 국도극장에서 개봉했으며, 〈이국정원〉은 1958년 2월 15일 국도극장에서 개봉했다. 즉, 최초의 합작영화로 제작된 것은 〈이국정원〉이었지만, 국내에서는 〈천지유정〉이 먼저 상영되었다. 「연말 앞둔 한국영화계의 동향 / 여전히 왕성한 제작 의욕 / 각 촬영소 본격적인 운영 / 군소 「푸로덕숀」들도 활발」, 『서울신문』, 1957.12.11, 4면; 「광고」, 『조선일보』, 1957.12.28, 석4면; 「광고」, 1958.2.16, 2면.
36 임화수, 「합작영화의 가능성」, 『조선일보』, 1958.2.20, 석4면.
37 「신영화—값싼 감상과 졸렬한 코메디」, 『서울신문』, 1958.1.12, 4면.

하여 본격적인 코미디언코미디영화 붐의 시초가 되었다.

이 두 편의 영화를 시작으로 총 7편의 합작영화들[38]이 1950년대 후반에 제작되었는데, 합작영화들은 이후 1960년대 초, 한국영화인력의 해외진출에도 큰 영향을 미쳤다. 당시 합작영화는 주로 한국에서 자본과 배우를, 홍콩에서는 제작시설과 배우를 제공하는 형식으로, 한국감독과 홍콩감독 두 사람이 함께 연출하는 경우가 많았기 때문에 "독자성이 없는 기묘한 타협작품"이 되었다는 점에서 비판을 받곤 했다. 더욱이 "언어, 풍속, 생활감정의 장벽을 털고 상호관객을 이해"시키기 위해서는 좋은 스토리와 테마가 설정되어야하나, 우리보다 관객들의 수준이 낮은, 이른바 "후진국"과의 합작은 쉽고 명확하게 전달될 수 있어야 하

---

38 1950년대 해외 합작영화 목록은 다음과 같다.

〈표 6〉 1950년대 해외 합작영화 목록

영화	영문제명	감독	연도	합작국가	제작사	장르
이국정원	Love with an Alien	전창근, 투광키, 와카스기 미츠오	1957 (한) 1958 (홍)	홍콩	한국연예주식회사(한) 소씨공사(홍)	멜로드라마
망향	Watching Hometown	정창화	1958	홍콩	성광영화사(한) 아주영업유한공사(홍)	액션멜로드라마
애정무한	Red turn the flowers when down come the showers	전택이, 투광키	1958	홍콩	광영영화사(한)	멜로드라마
장상사	Everlasting Love		1958	홍콩		
천지유정	The sentimental heaven and earth	김화랑	1958	홍콩	한국연예주식회사(한) 금봉영업공사(홍)	코미디
그림자 사랑	Love's sad ending	김화랑	1958 (한) 1959 (홍)	홍콩	한국연예주식회사(한) 금봉영업공사(홍)	멜로드라마
사랑하는 까닭에	Love for you	한형모	1958	홍콩	한국연예주식회사(한) 자유영업공사(홍)	멜로드라마

(공영민, 「아시아영화제를 통해 본 한국영화—1950~60년대 해외진출을 중심으로」, 중앙대 석사논문, 2008, 81쪽 일부 인용)

기 때문에 우리 영화 수준의 향상에 도움이 되지 못한다는 주장이 제기되기도 했다.[39] 그런 한편, 해외 시장 진출이 가능해진다는 장점이 있으므로, 국제간 친선을 돕고 문화교류에 이바지하는 성과를 거둘 수 있는 작품의 생산도 강조되었다. 실제로 홍콩에서 개봉된 〈이국정원〉이 개봉 3일 만에 비평가들의 "맹공격"을 받고 상영을 중지했으며, 〈망향〉과 〈천지유정〉의 경우 극장을 잡지 못해 창고신세를 지고 있다는 소식[40]이 전해지면서, 합작영화의 작품성과 미래에 대한 고민은 더욱 중요한 화두로 떠오르게 되었다.

이런 점에서 합작영화에 대한 한국영화계의 시선과 고민을 담고 있는, 영화 평론가이자 감독이었던 유두연의 글을 살펴볼 필요가 있다. 그는 합작영화의 필요성을 네 가지로 나누어 설명하고 그에 따르는 문제점을 지적했는데, 우선 그가 지적한 합작영화의 필요성은 "첫째, 국내시장의 협소로 인한 한정된 제작비와 여기서 파생되는 작품의 질적 빈곤성을 지양하고 대작의 본격적 기획을 가능케 한다는 것, 둘째, 공동제작 상대방 측의 시장을 장래의 국산영화 단독작품의 시장으로 할 수 있는 모멘트가 된다는 점(〈이국정원〉의 합작회사인 소씨공사의 경우 동남아에 71개의 극장을 가지고 있으므로 더욱 유리하다), 셋째, 기술적 면에서의 후진성을 커버할 수 있는 기회가 될 뿐만 아니라 영화예술가의 교류가 자연적으로 형성되고 넷째, 기업적 면을 떠나 영화가 가지는 또 하나의 특성인 매스커뮤니케이션의 효용성을 노릴 수 있어 '한국적인 것'의 소개 선전이 용

---

39 「합작영화 / 내용에 진중한 고려를 / 우리 태세 갖추면 열려질 길」, 『서울신문』, 1958.3.16, 4면.
40 「빽밀러—오나가나 소박」, 『서울신문』, 1958.6.5, 4면.

이하다는 것"이었다. 반면, 애로사항으로는 작품의 성격을 결정하는 데
있어 합의가 어렵다는 점을 지적했다. 특히 "한국대중은 비극을 좋아한
다면 향항의 대중들은 희극을 좋아하기 때문"에 그렇다는 것이었다. 더
불어 지적수준이 우리보다 "퍽 뒤떨어진 유치한 관객"들이 대상이므로,
"오락본위의 라이트 코메디가 대부분"[41]을 차지하고 있다고 지적했다.

즉, 유두연은 제작비의 절감과 시장의 확대(해외 시장의 개척), 기술력의
증진과 문화교류의 측면에서 합작영화 제작이 이로운 반면, 상대적으로
'지적 수준이 떨어지는 유치한' 동남아시아의 관객들의 수준에 맞춰 영
화를 제작해야 하므로 "오락본위의 라이트 코메디"가 대세를 이루게 된
다는 것을 문제점으로 지적하고 있는 것이다. 그러나 실제 제작된 합작
영화들은 멜로드라마적 경향을 강하게 띠고 있음은 자료를 통해서 증명
된다.[42] 오히려 합작영화를 제외한 국내 제작 영화들에서 코미디영화의
유행이 생겨났으며, 코미디영화들은 이런 경향을 타고 수출되어 나갔다
고 볼 수 있다. 앞서 인용했던 유두연의 지적 중 "향항의 대중들은 희극을
좋아"한다는 것이 근거 있는 설명이었다고 본다면, 이 시기 코미디영화
제작붐을 조성한 또 하나의 원인은 바로 홍콩을 비롯한 해외시장 개척을
염두에 둔 제작사들의 의도적 선택이었다고 할 수 있다.[43]

---

41 유두연, 「합작영화의 애로, 〈이국정원〉의 경우」, 『경향신문』, 1958.2.21, 4면.
42 〈표 6〉 1950년대 해외 합작영화 목록 참고. 1960년대 후반 쇼 브라더스 사의 초청으로
    홍콩 영화계에서 10년 간 활약했던 정창화 감독의 증언에 따르면, 처음 합작영화 제의
    를 받았을 때는 〈조용한 이별〉(1967)과 같은 멜로드라마를 요청 받았고 이후 본인의 선
    택에 의해 액션영화를 주로 연출했다. 박선영 구술채록, 『2008년 한국영화사 구술채록
    연구시리즈-정창화』, 한국영상자료원, 2008ㄴ, 86~87쪽 참고.
43 이런 점에서 1950년대~1960년대 영화 중 상당수가 원본을 홍콩에 그대로 수출한 후,
    사후 회수나 처리에 미흡했던 제작사 혹은 배급사나 국가기관의 실책이 있었다는 정창
    화 감독의 증언이 1950년대 코미디영화에도 적용될 수 있을 것이다. 유독 이 시기 코미

뿐만 아니라 한홍 합작영화는 아시아의 시장을 공략한다는 의미에서 더 나아가 각 국가 간의 상호적이고 지속적인 노력과 공조를 통하여 보다 안정적인 시장을 구축하고 유지하기 위해 평균 이상의 질이 보장되는 콘텐츠를 지속적으로 보급하고자 했던 한국영화계의 열망[44]이 투영된 것이기도 했다. 기술교류를 통해 영화의 완성도를 높이고, 홍콩영화계가 가진 동남아 전역에 걸친 넓은 배급권을 통해 아시아 시장의 확보뿐 아니라 할리우드영화에 대응하는 아시아영화산업의 교류와 연대를 창출하고자 하는 욕망[45]은 이 시기 홍콩영화와의 적극적인 합작 노력을 이끌어 내었으며, 그것이 비록 비평적 찬사에 이르지는 못했을지라도 한국영화계가 품었던 애초의 목적은 십분 달성했던 것으로 평가할 수 있을 것이다. 이러한 노력은 1960년대까지 이어져 한홍 합작영화 제작 및 영화 인력과 기술의 활발한 교류를 이끌었으며, 이는 한국영화의 양적, 질적 성장에 적지 않은 영향을 미쳤다.

더불어 아시아영화제에서 〈시집가는 날〉(이병일, 1957)이 최초 해외 영화제 수상을 기록한 이래 베를린 영화제, 에딘버러 영화제 등에서 초청을 받으며 해외 시장으로의 진출을 도모했던 것 역시 코미디영화와 관련되어 재고되어야 할 지점이다. 〈시집가는 날〉의 수상은 코미디영화에 대한 인식의 전환을 야기하는 하나의 계기가 되었고, 이후 코미디영화 제작을 독려하는 자극제가 되었다. 또한 아시아영화제 참가국으로

디영화들의 필름이 많이 소실된 것은 홍콩에서 인기 있었던 코미디영화들의 원본 자체를 많이 수출했기 때문인 것으로 짐작해 볼 수 있다. 이에 대해서는 추후 홍콩에 실제로 반입되고 상영되었던 한국영화에 대한 자료들을 찾아 대조해 볼 필요가 있을 것이다. 박선영 구술채록(2008ㄴ), 95~96쪽 참고.

44 공영민(2008), 75쪽.

45 공영민(2008), 74~80쪽 참고.

적극적으로 행사를 유치하고 이에 참여함으로써, 아시아영화제는 한국영화의 시장 확대 및 성장의 동력이 되었다. '수출영화' 및 '해외영화제 수상 영화'의 제작사에 외화 수입권을 주는 보상제도가 마련되어 국산영화 제작을 고무시켰던 것도 이 시기였다.

이처럼 합작영화 제작과 해외영화제 진출은 1950년대 한국영화계 자체의 성장과 확대를 가져왔을 뿐 아니라 특히 코미디영화 제작 활성화와 인식의 변환에도 적지 않은 영향을 미쳤다. 이를 계기로 영화의 산업적 가치, 특히 코미디영화의 상업적 가능성이 관심의 대상이 될 수 있었고, 이후 코미디영화 제작의 활력을 이끌어 내는 데 일정 부분 기여했다고 평가할 수 있다.

3) 대중매체의 코미디 수용－잡지, 라디오, 텔레비전

1950년대는 도시를 중심으로 교육의 대중화, 매체의 대중화가 이루어진 시기였다. 라디오와 신문은 도시는 물론 농촌에 이르기까지 정책적으로 장려되었으며, 대표적인 교양잡지였던 『사상계』를 비롯하여 『여원』, 『야담과 실화』, 『현대문학』, 『학원』 등 다양한 독자계층을 겨냥한 잡지들이 발행되었다. 이러한 대중매체의 성장으로 대중문화의 향유층이 확대되었으며, 콘텐츠가 풍부해지면서 영화 매체와의 상호작용도 한층 활발해졌다.

여기서 살펴보고자 하는 대상은 1950년대 한국 대중문화의 장을 구성했던 다양한 양식의 공연문화, 출판물, 라디오와 TV 등 문화 전반이다. 그러나 이 논의의 관심은 당대 문화지형도를 전반적으로 재구성하는 데 있는 것이 아니라, 영화의 인접장르로서 각 대중문화양식이 영화와 맺는 관계에 있다. 특히 코미디영화의 등장과 관련하여, 인력 및 레퍼토리의 공유가 중요하게 탐구될 것이다. 따라서 먼저 1950년대 각 문화 장르의 전개양상을 개략적으로 살펴본 뒤, 그것이 영화의 발전과 어떤 상관관계를 맺고 있는지에 초점을 맞춰 논의를 전개하고자 한다.

(1) 대중잡지

해방 이후 교육의 민주화로 인한 한글세대의 출현은 대중잡지의 독자층을 급격히 증가시켰다.[46] 1950년대는 다양한 교양 / 대중잡지들이 등장했고, 각 잡지의 특성에 따라 독자군이 형성된 시기였다. 그 중 『사상계』는 1950년대의 여론을 주도한 잡지로, 1952년 창간 이래 자유당 정부에 대한 비판적 논조를 강화하면서 발행부수가 늘어 1955년 12월에는 1만 3000부, 1956년 3만 부, 1959년 5월에는 4만 부를 넘어설 정도로 사회적 영향력이 강화되었다.[47] 종합월간지 『사상계』의 반향이 거세지면서, 도시의 학생들과 젊은 층을 겨냥한 다양한 종합교양 월간지 발행도 고무되었다. 예컨대 1952년 대구에서 창간된 『학원』은 창간호 1만 부 매진을 시작으로 1954년 7월에는 8만 부가 발행되었고, 『희망』, 『태양』, 『청춘』 등 학생들과 젊은 층을 대상으로 하는 잡지들 역시 각 3~5만 부씩 유통 되었다.[48] 『현대문학』, 『문학예술』, 『자유문학』 등 문학전문잡지

---

46 오영숙, 『1950년대, 한국영화와 문화담론』, 소명, 2007, 93쪽.
47 김영희(2009), 222쪽.
48 김영희(2009), 220~221쪽.

들의 발행과 보급이 활발해 졌는가 하면 『여성계』, 『여원』, 『여성생활』 등 여성교양지를 표방한 월간지들이 등장했고, 『신영화』, 『국제영화』, 『영화세계』 등 영화전문잡지도 한층 다양해졌다. 그밖에 『새벽』, 『신시대』, 『주간희망』, 『아리랑』, 『명랑』, 『야담과 실화』, 『만화춘추』, 『신태양』 등 다양한 잡지들이 고유한 독자층을 겨냥하여 등장, 유통되었다.

이 책의 주제로 한정하여 이 잡지들을 일괄해 보면, 당대의 대중잡지들은 영화 소개 및 비평, 스타담론 형성, 그리고 콘텐츠 제공이라는 측면에서 영화와 관련을 맺었다고 볼 수 있다. 먼저 잡지의 영화 소개 및 스타담론의 형성을 간단히 살펴본 뒤 코미디영화와 관련하여 콘텐츠 제공의 측면을 논의해 보도록 하자.

먼저 영화 소개 및 스타담론의 측면에서 가장 큰 영향력을 행사했던 매체 중 하나는 여성지였다. 1952년 『여성계』를 시작으로 『여원』, 『주부생활』 등의 잡지가 등장하면서, 여성독자들을 대상으로 한 읽을거리들이 늘어나기 시작했다. 그 중에서 '여성교양'을 표방했던 『여원』은 1955년에 창간되면서부터 큰 반향을 불러일으키며 "정체된 출판시장에 활기를 불어넣는다"는 평을 받았고, 1958년에는 동경지국을 설립할 정도로 대단한 인기를 누렸다.[49] 『여원』에는 '여원극장', '여원명화관' 같은 고정코너가 있어서 매 호마다 8~10페이지를 할애하여 정기적으로 5~6편의 할리우드 영화를 소개하고 포스터를 게재했다.[50] 『여원』을 비

---

49 이선미, 「젊은 『여원』, 여성상의 비등점—1950년대 『여원』의 '독신여성' 담론을 중심으로」, 권보드래 외, 『아프레 걸 사상계를 읽다—1950년대 문화의 자유와 통제』, 동국대 출판부, 2009, 256쪽.
50 강소연, 「1950년대 여성잡지에 표상된 미국문화와 여성담론」, 상허학회, 『1950년대 미디어와 미국표상』, 깊은샘, 2006, 116쪽.

롯한 여성잡지에서 특히 관심을 보였던 것은 할리우드 여배우들의 패션과 헤어스타일로, 모방에 필요한 의상, 일상용품 등의 소비를 유도하는 광고가 많은 지면을 차지하였으며, '외양의 서구화' 담론을 주도[51]했다. 그리고 이 같은 광고와 기사들은 배우들의 패션이나 라이프스타일에 대한 모방심리를 자극했다. 그리하여 오드리 헵번의 머리 모양이나 엄앵란의 옷차림은 여성독자들에 의해 "현실 속에서 재생산"되어 "새로운 정체성"[52]을 형성했다.

영화배우들에 주목한 것은 영화 전문잡지들의 경우에도 크게 다르지 않았다. 1954년을 전후로 대거 등장한 영화잡지들은 식민지 시기 발행되었던 영화잡지들에 비해 한층 다양한 영화담론이 형성되는 데 중요한 몫을 담당했다. 1950년대 창간된 『신영화』, 『국제영화』, 『영화세계』, 『영화연극』, 『극장문화』 등의 영화전문잡지들은 수많은 독자층을 거느리며 해외영화계의 소식이나 영화인 대담 등 다양한 기사들을 실어 독자들의 욕구를 충족시켜 주었다. 무엇보다 영화 잡지들에서 비중 있게 다뤘던 것은 인기 스타들의 가십이나 일상, 화보 등 배우에 관련된 기사들이었다. 당시 영화 잡지들은 본문의 30% 이상을 배우의 인물분석과 육체분석 등으로 채웠는데, 여배우들의 복잡한 사생활이나 은밀한 과거, 할리우드 스타들의 결혼도표와 가계도 등을 파헤치거나[53] 한국 스타 배우들의 스캔들을 세세하게 폭로하고 가정탐방을 하는 등 스타에 집중한 기사들이 자주 지면에 실렸다. 코미디배우들도 좌

---

51 강소연(2006), 112~117쪽.
52 변재란, 「한국영화사에서 여성 관객의 영화 관람 경험 연구─1950년대 중반에서 1960년대 초반을 중심으로」, 중앙대 박사논문, 2000, 206쪽.
53 오영숙(2007), 95~96쪽.

담이나 인물 소개 코너 등에 등장하곤 했다. 이런 점에서 당시 대중잡지들은 할리우드 영화의 새로운 경향이나 새 영화에 대해서도 소개 했지만, 그보다 국내외 영화배우들의 외모부터 사생활에 이르기까지 전방위적 관심을 드러내면서 스타담론을 형성하는 데 큰 영향을 미쳤다고 할 수 있다.

한편, 이 시기 대중잡지들에는 명랑소설, 만화, 콩트 등이 실려 있는 경우가 많았다. 그 중에서 대중잡지와 여성잡지『아리랑』,『여원』,『명랑』,『만화춘추』 등에는 명랑소설과 콩트가 다수 실렸는데 시중에 떠도는 재담이나 만담의 소재들이 각색되어 명랑소설로 둔갑하는 경우도 있었으며, 구전 전설이나 이야기들이 특정 작가의 이름으로 잡지에 실리기도 했다. 이렇게 잡지에 게재된 콩트나 명랑소설은 영화의 소재나 원작으로 자주 활용되었다. 예컨대『아리랑』[54]에 연재되었던 김성환의 만화 중 한 대목이 구봉서 영화에 차용되기도 하며, 잡지『학원』에 실린 조흔파, 최요안 등의 명랑소설과 유머소설들, 예컨대「알개전」,「남궁동자」 등이 이후 영화〈알개전〉(정승문, 1965), 〈고교알개〉(석래명, 1976), 〈여고알개〉(석래명, 1977), 〈알개행진곡〉(석래명, 1977)으로 만들어졌다. 그 중에서도 조흔파의 소설은 1950년대 후반 코미디영화〈구혼결사대〉(김수용, 1959)의 원작이 되었으며, 1960년대 초반 코미디영화〈서울의 지붕 밑〉(이형표, 1961), 〈부라보 청춘〉(김수용, 1962), 〈와룡선생 상경기〉(김용

---

[54] 『아리랑』에는 특히 유머 소설과 만화가 많이 실렸는데, 예컨대 1955년 4월호의 경우「유-모어爆笑 소설 오인경작특집五人競作特輯」이라는 이름 하에 조흔파, 박흥민, 최인욱, 최요안, 현석연 등의 소설이 실렸고,「걸작 만우절 리레-만화」란에는 신동헌, 이병조, 심흥택, 김용환, 김성환, 김경언 화백의 작품이 실렸다. 그런가 하면 "청춘명랑", "농촌명랑", "공장명랑" 등 "명랑"이라는 명칭을 붙여 명랑소설의 하위장르를 분류하기도 했다.

덕, 1962), 〈언니는 좋겠네〉(이형표, 1963), 〈청색아파트〉(이형표, 1963) 등의 원작이 되었다.

이처럼 1950년대 중반 이후 급증했던 대중잡지들은 당대 주류 대중문화였던 영화에 지대한 관심을 가지고 있었으며, 스타 담론의 생산을 통해 유행을 창조하고 영화문화에 대한 대중들의 관심을 고조시킴으로써 독자들을 영화의 '적극적 수용자'로 만드는 데 일조했다고 볼 수 있다. 또한 대중잡지에 실린 만화나 명랑소설들은 이 시기와 이후 시기 한국 코미디영화의 원작이 되거나 소재로 전유되는 등 코미디영화의 형성에 중요한 영향을 미쳤다. 반면, 영화전문잡지들에서는 오히려 코미디영화에 대한 언급을 찾기 힘들다. 코미디가 '안정된 한 경향'을 띠고 있다는 사실을 지적하거나 '뮤지컬 코미디'의 등장과 유행을 새로운 경향으로 언급[55]하는 정도에 그쳤다. 그밖에 코미디영화에 대한 언급은 매우 단편적으로 '부끄럽다'는 인식[56]에 그쳤으며, 외화 코미디에 대한 언급도 상영 소개 정도의 간단한 기사에 그쳤다.

(2) 라디오

라디오는 악극이 전성기를 지내고 난 1950년대 중반 이후, 영화와 가장 활발하게 교류했던 인접 대중문화였다. 인력, 레퍼토리, 프로그램 형식 등 전반적인 면에서 영화와 관련을 맺었는데, 특히 악극단의 배우들은 높은 인지도를 바탕으로 캐스팅 되어 라디오의 성우, 연기자, 사회자

---

55 허백년, 「한국영화십년사 다이제스트」, 『영화세계』, 1960.6.
56 서호는 이 글에서 〈천지유정〉을 소개하면서 "홀쭉이와 뚱뚱이의 인기를 이용하여 한몫 보자는 흥행본위"의 이 영화가 "한중 합작이라는 의의는 있을지 모르나 부끄럽다"고 평가했다. 서호, 「1월 중 내외 개봉영화」, 『신영화』, 1958.4.

로 활약하면서 같은 시기 영화로도 활동 영역을 넓혔다. 예컨대 양석천과 양훈은 악극단에서의 높은 인기를 바탕으로 라디오에 진출하여 '홀쭉이와 뚱뚱이'로 전국적 인기를 얻은 뒤, 영화에 캐스팅 되었을 때 '라디오로 알려진 홀쭉이와 뚱뚱이'로 광고[57]되었다. 그런가 하면, 김화랑 감독 / 작가, 유호 작가 등도 악극과 영화, 라디오를 오가며 작품 활동을 했다. 인력 교류 및 콘텐츠의 이동에 대해서는 악극 부분에서 자세히 서술할 예정이므로, 여기서는 라디오의 코미디양식 수용에 집중하여 논의를 진행하고자 한다.

1950년대 후반, 적어도 도시에서는 라디오가 대중적 매체였는데 기술의 발전에 따라 보급대수가 빠르게 증가하면서 매체의 다변화를 이루었다. 1961년 서울시의 일반청취자 조사에 따르면, 라디오 소유현황은 72.2%, 평균 청취시간은 5시간 20%, 3시간 19.8%, 4시간 15.4%로, 라디오는 1960년 경 대다수 서울 거주 도시인들에게 일상적인 매체[58]로 자리하고 있었다. 1954년 민간방송국의 개국과 1956년 이중방송 개시, 그리고 1958년 국내 최초 라디오 생산이 무엇보다 라디오 보급률 향상에 큰 영향을 미쳤다. 여기에 더하여 정부의 무상 라디오 보급 사업이 시행되면서, 라디오는 도시뿐 아니라 농촌에서도 일상적인 생활용품으로 자리하게 되었다. 선전 및 교육의 목적으로 라디오 방송을 이용하고자 했던 정부는 1958년부터 농어촌 부락을 중심으로 무상 라디오를 배급하였고 수신기 보급책의 하나로 '농어촌에 라디오 보내기 운동'을

---

57 「〈청춘쌍곡선〉 광고」, 『조선일보』, 1957.2.14, 석2면.
58 김영희(2009), 228~229쪽 참고; 한국방송70년사 편찬위원회, 『한국방송 70년사』, 한국방송협회 · 한국방송공사, 1997, 261~263쪽.

전개하여 국민의 헌금이나 현품 기탁을 통해 매체의 대중화를 가속화하였다. 1957년 7월부터 유선방송 사업이 실시되면서, 라디오의 영향력은 더욱 커져 1950년대 말이 되면, 농민 약 40여만 명을 라디오 방송의 잠재적 청취자로 간주할 수 있게 되었다.[59]

1950년대 개국했던 라디오 방송국은 KBS, DBS, CBS, 그리고 AFKN까지 4개였는데, 그 중 KBS 라디오는 1957년 6월 가장 먼저 종일 방송제를 실시하여 라디오 프로그램 발전과 다양화에 공헌했다. 사회, 교양 프로그램도 있었으나, 무엇보다 연속극이 라디오의 대중화를 이끈 선두주자였다고 할 수 있을 것이다. 1956년 12월부터 막을 올린 일요 연속극 〈청실홍실〉을 시작으로 〈꽃피는 시절〉, 〈봄이 오면〉, 〈로맨스 빠빠〉 등이 방송과 함께 영화화 되었으며, 일일 연속극도 신설되어 1957년 10월부터는 〈라디오 극장〉이 방송되었다. 이 중 〈행복의 탄생〉은 〈또순이〉로, 〈산아금지〉라는 단막극은 동명의 영화로 만들어지는 등 라디오 연속극의 영화화는 시대의 트렌드가 되어 갔다.[60]

한편, 연속극만큼 청취자들의 많은 사랑을 받았던 것은 코미디와 버라이어티 쇼였다. 무엇보다 라디오에서 오락을 제공해줄 것을 요청하는 청취자들의 목소리가 분명했다.[61] KBS는 해방 직후부터 〈라디오 코메디〉, 〈유모어 소설〉, 〈방송만담〉, 〈만담〉 등의 코미디 프로그램을 지속

---

59 최창봉・강현두,『우리 방송 100년』, 현암사, 2001, 104~108쪽.
60 『KBS 연감 62』(한국방송문화협회, 1962)에 실린 1950년대 방송극의 리스트 중 영화화 된 작품은 〈청실홍실〉(정일택, 1957), 〈산 넘어 바다 건너〉(홍성기, 1958), 〈꽃피는 시절〉(최훈, 1959), 〈로맨스 빠빠〉(신상옥, 1960) 등을 비롯하여 약 20편에 이른다. 이런 점에서 백미숙은 라디오 드라마가 국산영화 붐에 중요한 촉매제가 되었다고 평가했다. 백미숙, 「라디오의 사회문화사」, 유선영・박용규・이상길 외,『한국의 미디어 사회문화사』, 한국언론재단, 2007, 352쪽.
61 백미숙(2007), 349쪽.

적으로 개발했다. 이 중 〈라디오 코메디〉는 만담과 같이 극적인 성격이 약한 일련의 이야기 형식을 아우르는 포맷이었다.[62] 전후 KBS에서 방송했던 〈가족오락회〉[63]는 코미디, 유머, 촌극, 가요, 노래극 등을 모두 담은 포맷으로, 버라이어티 쇼를 라디오로 옮겨놓은 것과 같은 프로그램이었다. 뿐만 아니라 이 시기에는 코미디 프로그램도 계속 기획 되었는데, 이 코미디 프로그램들은 신설되자마자 골든아워를 차지했다.[64] 1954년 〈유모어 소극장〉, 1955년 〈아마추어 쇼〉, 1957년의 〈스타탄생〉, 1958년 〈웃음동산〉 등이 대표적인 코미디 프로그램이었다.[65] 이 프로그램들에는 당대 최고의 악극 코미디 배우였던 이종철, 이복본, 윤부길, 박옥초, 오길래, 양석천, 양훈 등이 출연해서 입담을 뽐내었다. 이후 〈홀쭉이와 길쭉이〉, 〈막박사, 후박사〉, 〈양석천 코메디〉, 〈민요만담〉을 비롯한 코미디 프로그램이 뒤를 이었는데, 이 중 1956년에 시작된 〈민요만담〉은 민요를 소개하면서 간단한 만담을 곁들인 코너로, 장소팔, 고춘자, 김영운 등 최고의 만담가들이 출연하였고 1960년대까지 계속 되면서 여러 장의 레코드로 발매되기도 했다. 그런가 하면, CBS에서도 1955년 〈유모어극〉을 시도한 이래 연속만담 〈호동아 웃어라〉를 선보여 큰 호응을 얻었고, 〈라디오 유모어〉를 신설해 청취율을 높이기도 했다.[66] 그밖에도 〈웃겨보세요〉, 〈다이얼 Y를 돌려라〉, 〈7대 쇼〉[67]

---

62 최미진, 「1950년대 〈유모어 소극장〉 프로그램과 라디오 코미디 드라마의 특성」, 『동남어문논집』 37집, 동남어문학회, 2014, 277쪽.

63 〈가족오락회〉는 코미디와 노래를 혼합하여 청취자의 흥미를 끌었으며 1960년 5월부터 〈버라이어티 극장〉으로 개칭했다. 한국방송문화협회(1962), 175~176쪽.

64 한국방송문화협회(1962), 279쪽.

65 반재식, 『한국웃음사』, 백중당, 2004, 458쪽.

66 CBS의 〈라디오 유모어〉는 〈라디오 스케치〉, 〈라디오 만담〉, 〈라디오 코메디〉로 이름을 바꿔가며 방송되다가 1955년 10월부터 〈라디오 코메디〉로 프로그램명이 안착되었다.

등 청취자들이 참여하는 오락 프로그램에서도 코미디 배우들은 사회자와 초청인을 도맡아 하면서 라디오 코미디 프로그램의 활성화에 기여했다.[68] 당시 라디오 코미디 프로그램의 영향력은 매우 큰 것이어서, "한때는 너무 지저분한 내용이니 학생들에게 좋지 않은 영향을 준다고 래디오 코메디는 중단, 그리고 드라마를 해달라고 하기에 용약 당분간 중단 상태에 놓였었"으나 청취자들이 결사반대를 하는 바람에 해금되기도 했다. 그 이유에 대해 양석천은 "코메디 팬들이 많으므로" 코미디 프로그램 앞뒤로 배치된 "중요한 뉴스나 대북방송을 듣게끔"하는 것이 가능했기 때문에 코미디를 다시 방송하게 했던 것이라고 추측했다.[69]

한편, 라디오에서 고정적으로 영화를 소개하는 프로그램도 있었는데, CBS의 〈영화평론〉(1959.1.20부터 방송)은 매주 토요일 오전 9시부터 15분간 개봉되는 영화를 소개하였으며, DBS의 〈신영화〉는 새 영화를 현장 녹음으로 소개하는 새로운 방식으로 개봉 영화의 정보를 청취자들에게 전달했다.

이처럼 1950년대 후반에 이르러서 비로소 실질적인 '대중' 매체가 된 라디오는 다양한 방식으로 영화 및 코미디양식과 관계를 맺고 있었고, 라디오를 통해 코미디와 오락 프로그램 역시 공개방송, 코미디 대결, 민요와 만담의 접목 등 새로운 포맷을 실험할 수 있었다. 또한 라디오라는

KBS의 코미디가 만담을 주로 방송했던 데 반하여 CBS는 라디오 코미디 드라마를 차별화 전략으로 삼았으나 오래 가지 못하고 1956년 9월 폐지되었다. 최미진(2014), 281~283쪽.

67 반재식(2004), 481~482쪽.
68 박선영 구술채록, 『2008년 한국영화사 구술채록연구시리즈—구봉서』, 한국영상자료원, 2008ㄱ, 176~178쪽.
69 「신춘폭소경연대회」, 『명랑』, 1957.3.

매체의 일상성은 좀 더 생활밀착형 웃음을 추구함으로써, 코미디의 소재와 표현에도 일정한 영향을 미쳤을 것으로 추정된다. 예컨대 1960년대 초반에 유행했던 가족 희극 드라마가 라디오 연속극과의 영향관계 속에서 논의되어야만 하는 이유이다.

(3) 텔레비전

1950년대 후반 텔레비전 방송국이 처음 개국했으나, 이 시기의 텔레비전이 대중적 반향을 일으켰다거나 영화 혹은 코미디와 직접적인 영향관계에 놓여 있었다고 말하기는 어렵다. 그럼에도 TV 프로그램에서 코미디를 수용하고 코미디언들을 대거 기용했다는 점, 또 코미디언들을 다양한 프로그램에서 섭외하여 MC로 기용하는 등 활동 무대를 넓히고 다양한 코미디의 형식을 개발하게 했다는 점 및 코미디언들의 인지도를 상승시켰다는 점 등에서 언급될 필요가 있다.

먼저, 1956년 HLKZ-TV가 처음 개국했다가 이듬해 5월 대한방송 (주)으로 개편되면서 DBS-TV로 명칭을 변경했다. 대한방송의 첫 TV 프로그램은 성경린이 지휘하는 국악원 연주 '만파정식지곡', '수제천', 민속무용단의 승무, 박시춘 지휘의 경음악 연주, 현인, 장세정, 백설희 등 당대 인기 가수들이 출연한 버라이어티 쇼와 영화였는데, 이후의 기본 편성은 〈주부메모〉, 〈여성교실〉, 〈가정의학강좌〉, 〈역사의 인물〉 등의 교양 프로그램과 〈OB 파티〉(동양맥주 제공), 당시 코미디언들을 총출동시킨 〈TV 코미디〉, 〈노래자랑〉, 〈국악무대〉, 〈벙어리 문답〉, 〈TV 퀴즈〉, 〈뉴우스 퀴즈〉, 〈음악퀴즈〉 등의 오락프로그램이 주를 이루었다.[70] 당시 작곡가 황문평이 편성과장을 맡아 곽규석, 구봉서, 허장강, 윤왕국,

김희자, 김희갑 등의 코미디언들을 고정 출연자로 두고 오락프로그램을 생방송으로 꾸려나갔는가 하면, 황문평 자신이 직접 가요 프로그램을 연출하면서, 최초의 사회자로 노경희와 양석천을 기용했다는 기록도 남아 있다.[71]

  그러나 약 3년에 걸친 방송 경험으로 점차 텔레비전 방송이 안정되어 갈 무렵인 1959년 2월, 화재로 인해 방송국의 시설이 전소되었다. 잠정 중단되었던 방송은 화재 1개월 뒤인 3월 1일부터 AFKN-TV의 지원을 얻어 AFKN 채널로 매일 저녁 7시부터 30분씩 방송을 했는데, 그 마저도 AFKN에서 일어난 화재에 의해 1960년 10월 15일을 기점으로 전면 중단되었다. 이후 1961년 12월 KBS-TV가 개국하고, 뒤이어 민간 방송사들이 개국하면서부터 한국에 본격적인 텔레비전 방송 시대가 열리게 되었다. 잠시 1960년대 TV 채널의 개국 편성을 코미디 / 코미디언 위주로 살펴보면, KBS는 개국 프로그램으로 〈TV 그랜드 쇼〉라는 1시간짜리 대형 연예, 오락 프로그램을 신설했다. 포맷은 노래와 만담, 무용, 촌극 등 텔레비전의 기능을 최대한 발휘한 버라이어티 쇼 형식으로 아나운서들이 진행하다가 전문 MC 필요성이 대두되자 당시 라디오 프로그램 MC로 호평을 받던 곽규석을 영입하여, 본격적인 쇼무대를 펼치게 되었다. 한편 1964년 TBC(동양방송)의 전신인 DTV가 개국할 때도, 첫 편성에서 주말 8시라는 황금 시간대에 뮤지컬과 버라이어티로 단장한 〈쇼쇼쇼〉를 신설, 곽규석을 MC로 기용하여, 곽규석은 KBS의 〈TV 그랜드 쇼〉와 겹치기 출연을 하기도 했다. TBC에서는 이후 〈막둥이 고

---

70 최창봉·강현두(2001), 185~188쪽.
71 황문평, 『인물로 본 연예사─삶의 발자국』 2, 도서출판 선, 2000, 232쪽.

고고〉, 〈코미디 럭키7〉 이후 〈고전 유모어 극장〉, 〈일요일이다 코미디 출동〉, 〈코미디극장〉, 〈이게 뭡니까〉, 〈코미디 스파트〉 등의 코미디 프로그램을 선보이며 인기를 이어갔다.[72] 그러나 무엇보다 텔레비전이라는 매체에 적합한 코미디의 가능성을 보여주었던 것은 MBC의 개국 프로그램으로 선보였던 〈웃으면 복이 와요〉였다. 1969년 개국 프로그램으로 편성되었던 〈웃으면 복이 와요〉[73]는 당대 최고의 코미디언들을 망라하고 전문 프로듀서가 가세하면서 전국적 인기를 누리는 프로그램이 되었으며, 이미 악극단을 거쳐 영화계의 스타였던 코미디언들은 자신들의 인지도와 레퍼토리를 보유한 채 가장 성공적으로 매체 이동을 수행하게 되었다. 이때부터 시작된 TV 코미디의 인기는 부침을 거듭하면서도, 2018년 현재까지도 이어지고 있다.

정리하자면, 1950년대 후반 텔레비전 방송의 코미디들은 코미디언들의 활동 무대를 넓혀주었다. 또한, 1960년대 이후 라디오와 영화의 붐이 텔레비전으로 이어졌을 때 코미디언들은 가장 먼저 시스템에 적응하면서 성공적인 매체 전환을 이루게 하는 발판이 되어 주었다. 즉, 1950년대는 앞으로 만개하게 될 TV 코미디프로그램의 레퍼토리 및 인력의 기반을 닦은 시기였다고 평가할 수 있을 것이다.

---

[72] 1960년대 TV 코미디 프로그램에 대한 내용은 최창봉·강현두(2001), 185~188쪽; 노정팔, 『한국방송과 50년』, 나남, 1995, 500~501쪽 참고.

[73] 〈웃으면 복이 와요〉의 첫 방송은 "1968년 8월 14일 첫 회에 구봉서, 송해, 박시명, 이순주 등이 출연하여 현대판 윌리엄 텔, 여자가 더 좋아 등의 꽁트를 대본 없이 즉흥적으로 연출하여 화제를 모았다"고 기록되어 있다(문화방송30년사 편찬위원회, 『문화방송 30연 연표』, 문화방송, 1991, 247쪽). 그런데 실제 문화방송 TV의 개국일은 1969년 8월 8일이었다. 따라서 『문화방송 30연 연표』의 1968년은 1969년의 오기일 것으로 보인다.

4) 미국 문화의 유행―미8군 쇼, 그리고 할리우드영화

해방 이후 미군정기를 거쳐 전쟁, 그리고 휴전과 분단에 이르는 지각 변동 속에서, 이승만 정부가 추구했던 기본적인 정책은 반공, 친미, 자유민주주의 이데올로기로 요약될 수 있다. 이 중에서 대외정책으로 부각되었던 친미는 사실, 여러 차원에서 논의될 수 있는 부분이기도 하다. 해방 이후 1950년대 대한민국의 일관된 대외기조는 친미였으나, 통일, 군사, 원조정책에 대한 한미 양국의 입장차 역시 확연했으므로 이승만 정부는 수립부터 퇴진에 이르기까지 미국과 협력과 견제, 압력행사와 방관을 거듭하며 미묘한 관계를 유지했다고 볼 수 있기 때문이다. 이런 상황에서 한국에 대한 미국의 문화 침투는 정치적 개입이나 경제적 원조보다 훨씬 더 치밀하고도 간접적인 방식으로 진행되었다. 그리하여 경제 원조의 규모를 둘러싼 갈등이나 정치적 입장 차이에 따른 분쟁이 야기되던 상황에서도 미국의 문화는 1950년대 전반에 걸쳐 도시와 농촌, 지식 엘리트 계층과 일반 대중 모두에게 영향을 미치며, 매우 사소하고 사적인 부분까지 침투하게 되었던 것이다. 근대화의 표상으로 읽혔던 미국의 풍요와 문물들이 전쟁과 가난에 시달리던 1950년대 한국의 대중들에게 지향해야 할 지점으로 인식되었던 것도 사실이지만, 여기에는 미국의 대외 문화정책에 대한 자체인식의 변화와 그에 수반된 다양한 정책 변화 역시 큰 영향을 미쳤다고 할 수 있다.

미국의 대외 문화정책은 1940년대 초반부터 좀 더 공격적으로 변화하기 시작했는데, 전후 국제정치에서 문화가 담당할 역할의 중요성을 인지하고 국제사회에서 미국이 문화적으로 주도권을 장악해야 한다는 주장이 설득력을 얻게 되었다. 특히 신생독립국들 및 태평양 연안 국가들과 극동 지역 식민지 국가들과의 관계 설정에서 미국의 역할을 강조하면서 이들 국가에 대한 "공식적 차원에서 문화적 개입"의 필요성이 제기되었다. 이에 따라 미국의 대외문화 정책을 추진하던 미공보부에서는 "미국방문 지원, 교육영화 배급, 미국 출판물의 보급, 미국문화 전시, 미국음악의 대중화, 미국 문화원 및 학교 설립 지원" 등의 사업을 적극 추진하게 되었다. 이러한 정책들은 2차 세계대전 이후 새롭게 형성된 국제 정보시장을 장악하려는 미국 내 민간 기업들의 의도와 맞물리면서 더욱 힘을 얻게 되었다.[74] 즉, 이데올로기적이고 정치적 차원에서 논의되던 미국의 문화적 공세는 새로운 시장의 개척이라는 경제적 목표가 부과되면서 박차를 가하게 되었던 것이다.

특히 한국에서는 미군정이 실시된 1945년부터 문화공세 현상이 기승하게 되는데, 해방 이후 미국에게 한국은 여러 가지 면에서 "가장 중요한 나라country of primary importance"였으므로, 미군정 기간 동안 문화를 통한 "미국적 방식, 삶에 대한 이해의 증진, 미국에 대한 우호적 태도의 형성"[75]이 절실했다. 그러나 대북정책을 두고 때때로 형성되었던 이승만 정권과의 불화, 미군들의 고압적인 대민對民 자세, 점령지 국가에 대한 몰이해 등으로 인해 미군정기 초기, 한국인들의 부정적 대미 인식이 강화되자 미국은 보다 적극적인 문화 사업을 펼쳐 난관을 타개하고자 했다. 기존 공보국DPI : Department of Public Information이 담당

---

74 김균, 「미국의 대외문화정책을 통해 본 미군정 문화정책」, 『한국언론학보』 44권 3호, 한국언론학회, 2000, 45~50쪽.
75 김균(2000), 55쪽.

하던 사업을 1947년 5월부터 민정공보처OCI : office of Civil Information 로 옮기면서 지방의 정보센터, 도서관, 연주홀, 정보센터를 마련하고 교육강좌, 문화활동 지원, 음악회, 미국영화 감상회, 영어강좌 등을 주 관[76]하는 등 이들은 도시는 물론이고 농촌 마을의 '문화화'에도 개입하 기 시작했다. 무엇보다 6·25 전쟁을 계기로 대한민국의 존립과 재건 자체를 사실상 좌우하게 된 미국은 문화적 영역에서도 막강한 지배력 을 행사[77]했다. 특히 미공보원(USIS-Korea)은 직접 뉴스영화 및 문화영 화를 제작, 상영했을 뿐 아니라, 지역 문화의 구심점이자 지역 권력집 단의 중핵이었던 지방문화원의 설립에서 유지까지 적극 지원했다.[78] 이들은 농촌지역에서 자신들이 제작한 뉴스, 문화영화 등의 무료 상영 회를 개최하고, 농촌지역에 월간 잡지 『새힘』을 배포하여 미국 농민의 영농방식, 생활, 한국농민 성공사례, 농업 신기술 등을 소개하면서, 미 국원조의 의의, 민주주의와 관련된 글 등을 포함시켜 독자 의식 변화를 시도[79]했던 것이다. 실제 미공보원의 정책적인 문화의 전파가 얼마나 효과적이었는지는 알 수 없으나, 이후 한국사회에서 가속화되는 '문화 적 미국화'를 향한 중요한 전기를 마련[80]했던 것만은 분명했다.

이처럼 한편에서는 도서관, 교육 영화, 음악회, 전시회, 영어 강의 등 공보원의 문화정책을 통해 전략적으로 전파되었던 '고급문화'가 있었 는가 하면, 다른 한쪽에는 소위 'GIGoverment Issue 문화'를 통해 대량

---

76 김균(2000), 58쪽.
77 허은, 「1950년대 '주한 미공보원'(USIS)의 역할과 문화전파 지향」, 『한국사학보』 15호, 한국사학회, 2003, 229쪽.
78 1공화국이 종료될 시점까지 구성된 문화원은 총 43곳이었다. 허은(2003), 237쪽.
79 허은(2003), 248쪽.
80 김균(2000), 69쪽.

공급되었던 미국의 대중문화가 존재했다. 특히 미8군 무대는 미국 대중문화 전달의 가장 효과적인 도구였다. 미8군 쇼는 라디오(AFKN)와 함께 미국의 대중가요들과 쇼 형식, 다양한 하위문화들의 전파에 지대한 영향을 미쳤는데, 이는 1950년대 한국 대중문화 형성과도 밀접한 관련을 맺었다. 당시 미군의 클럽 수가 가장 많았을 때는 전국 264개[81]에 달했는데, 상당수의 가수들과 악단의 연주자들이 이 시기 미8군 무대를 통해 데뷔했고 1960년대 초를 전후하여 다시 한국 대중연예 시장으로 활동 범위를 넓혔다. 따라서 1950년대와 60년대 한국의 대중가요에는 미8군 무대가 매우 직접적인 영향을 미쳤다고 말할 수 있다. 또한 라디오와 미8군 쇼, 영화를 통해 전달된 미국 또는 이국 취향에 대한 동경도 유행처럼 번져 갔다. 대중가요를 예로 들자면, 전쟁 중 부산에서 유행하기 시작했던 〈슈샤인보이〉와 〈페르샤 왕자〉, 휴전 이후 유행했던 〈아메리카차이나타운〉, 〈아리조나 카우보이〉 등처럼 영어나 이국취향을 강조한 노래들, 또 맘보 열풍이 불러온 〈맘보타령〉, 〈닐리리 맘보〉, 〈도라지 맘보〉, 〈삼국지 맘보〉, 〈코리아 맘보〉, 그리고 〈승리부기〉, 〈기타부기〉, 〈노래가락 차차차〉 등의 가요들과 이에서 연결되는 춤바람은 미국 대중문화에서 파생, 변용[82]된 것들로 볼 수 있을 것이다.

1950년대 대한민국의 미국 열풍과 대중문화의 미국화는 이와 같은 미국의 전략에 기인한 바가 적지 않았다. 그럼에도, 이들의 정책적 문화 침투와 GI 문화를 통한 아래로부터의 문화 공습이 한국 사회에서 막강한 영향력을 행사할 수 있었던 것은 비단 그들의 노력 때문만이 아니라 새

---

81 이성욱, 「한국전쟁과 대중문화」, 『문화과학』 23호, 문화과학사, 2000, 222쪽.
82 이성욱(2000), 223쪽.

로운 근대적 문물에 목말라 있던 1950년대 한국 대중들의 선택이기도 했다. 미국문화를 적극 수용함으로써 한국의 대중문화가 동시대적 감각을 수용하면서 급격히 변화해 갔던 것이 사실이기 때문이다. 여기서는 한국에 전파되었던 미국문화, 그 중에서도 미8군 쇼와 할리우드 영화의 공습이 한국의 코미디 문화 형성에 미친 영향으로 주제를 한정하여 살펴보고자 한다.

(1) 미8군 쇼

'미8군 쇼' 단체는 미군이 주둔하고 있는 기지 내와 주변에 미군들의 위안을 목적으로 세워진 클럽들을 지칭하는 것으로 1953년 처음 생겼다.[83] 휴전 직후 미8군 클럽의 수가 전국에 264개에 이를 정도로 미8군을 대상으로 한 무대는 막강한 문화적 영역을 구축했고 이후 1960년대 후반까지 한국 대중문화사에서도 중요한 위치를 차지했다. 미8군 무대는 경음악단원들에 의한 댄스 음악이 주를 이루었으며, 이를 통해 신중현, 최희준, 위리키, 유준용 등 1960년대 한국 가요계를 평정하게 되는 많은 가수들을 배출했을 뿐 아니라 중요한 외화 벌이의 창구[84]이기도 했다.

쇼 단은 팀당 2~3명의 가수와 5~6명의 무용수, 7~8인조의 악단으로 구성되는 것이 일반적이었으며, 이를 '플로어 쇼'라고 불렀다. 초창기 클럽에는 김해송이 이끌었던 악극단 KPK가 KPK 쇼단[85]으로 개칭하

---

83 선성원, 『8군쇼에서 랩까지』, 아름출판사, 1993, 39쪽.
84 1960년대 후반 한국 수출액이 100만불이 채 되지 않던 시점에서 미8군 쇼를 통해 벌어들이는 외화가 연간 120만 불 정도였으니 미8군 쇼가 문화적 영역뿐 아니라 당대 한국 경제에 미치는 영향은 매우 컸다고 하겠다. 선성원(1993), 25~26쪽.
85 악극단 KPK는 전쟁 중 김해송이 사망하자 그의 아내 이난영이 KPK 쇼단으로 명칭을 바꾸고 본격적으로 미8군을 대상으로 하는 쇼 무대에 주력하였다. 김해송과 이난영의 딸과

여 무대에 등장했고, 일제말기 조선악극단에서 활약하던 조춘영과 서영덕이 운영하고 후에 손목인이 이끌게 되는 CMC 스윙밴드 등 악극단의 악사들이 10명 이상의 빅밴드를 구성하여 스윙 음악을 연주했다. 그러나 1950년대 후반으로 갈수록 점차 "다양한 볼거리를 제공하는 단체"들이 급부상하면서 미8군 쇼의 구성도 변화하게 된다. 플로어 쇼의 공연도 음악 공연뿐 아니라 무용, 코미디, 마술 등이 가미된 '모듬쇼'로 구성하게 된 것이다.[86]

이러한 쇼의 형태는 분명히 '서양적'인 것이지만 악극단의 영향도 작지 않았다. 이때, 미8군 쇼 무대에서 선보인 코미디는 언어와 문화의 차이 때문에, 언어적 재미를 추구하는 코미디 보다 신체를 활용한 슬랩스틱 코미디가 환영을 받았다.[87] 매 공연에 중요한 레퍼토리로 활용되었던 미8군 쇼 무대의 코미디 방식은 버라이어티 쇼 무대의 코미디와 긴밀하게 소통했을 것으로 보인다.

1961년 한국연예협회가 창설되면서 미8군 쇼무대의 가수와 밴드들은 일반 무대로 대거 진출했고, 이와 더불어 버라이어티 쇼는 한층 더 활기를 띠게 되었다. 1950년대 중반부터 악극이 점차 쇠퇴해가는 동안 활기를 얻었던 쇼 무대는 1960년을 전후로 다시 극장의 중심 프로그램으로 자리하게 되었다. 특히 1961년 시민회관이 건립되고 난 뒤에는 공

조카로 이루어진 김시스터즈는 KPK쇼단으로 데뷔한 이후 1960년대에는 미국으로 진출했다. 황문평, 『인물로 본 연예사─삶의 발자국』 1, 도서출판 선, 1998, 84쪽. 김시스터즈는 코미디영화 〈청춘쌍곡선〉(한형모, 1957)의 간호사와 〈오부자〉(권영순, 1958)의 이발사 조수로 등장하여 노래를 불렀다.

86 최지호, 「미군문화의 상륙과 한국 스탠더드 팝의 형성」, 단국대 석사논문, 2005, 103∼104쪽.

87 신현준·이용우·최지선, 『한국 팝의 고고학 1960─한국 팝의 탄생과 혁명』, 한길아트, 2005, 28쪽.

연 일수의 절반이 쇼 무대에 할애될 정도로, 1960년대 초는 쇼 무대의 전성기였다.[88]

1960년대 후반 베트남전 파병으로 인해 주둔미군의 숫자가 급감하면서 사양길에 접어들게 될 때까지, 미8군 쇼는 한국의 흥행 산업과 긴밀한 관계를 맺으며 인력과 레퍼토리를 공유했다. 1950년대 후반에서 1960년대 초반, 흥행 산업의 중심이 악극에서 버라이어티 쇼로 옮겨가게 된 것이나, 실력 있는 연주자들이 대거 이동함으로써 악극의 침체가 야기[89]된 것 역시 미8군 쇼와 밀접한 관련이 있다고 볼 수 있다. 이러한 흥행 산업의 움직임은 1950년대 영화계에도 적지 않은 영향을 미쳤으며, 특히 슬랩스틱을 비롯한 미국 코미디 쇼의 '코믹함'이 1950년대 대중문화의 주요 웃음 코드로 자리하게 되는 데 중요한 역할을 담당했다.[90]

(2) 할리우드 영화

1945년 이후 대한민국에 주둔하게 된 미군정이 추구했던 문화정책은 "1. 대중매체 종사자들에게 미국식 교육과 경험제공, 2. 모든 영화의

---

88 1950년대 후반~1960년대 초반 쇼 무대의 번성에 대해서는 이 책의 2부 3장 「영화를 실연實演하다」를 참고.

89 황문평, 「해방공간(1945~1950)의 우리 대중예술」, 『한국대중연예사』, 부르칸모로, 1989, 302~304 · 335쪽.

90 미8군 쇼가 야기한 한국연예산업의 또 다른 변화는 전문 매니지먼트사의 등장이다. 화양연예주식회사, 삼화기업, 공영, 유니버샬, 한국흥행 등은 당시 미8군 쇼와 연예인들을 연결시켜주었던 전문 프로덕션으로, 1960년대에는 일반 쇼의 제작에도 관여했다. 이들 매니지먼트 프로덕션들은 외화획득업체로 상공부에 등록되어 기업화되어 갔으며 화양연예주식회사의 경우 1961년 20~30개의 쇼 단체를 거느린 기업으로 성장했다. 최지호 (2005), 105~106쪽.

제작·배급·상영을 감독, 3. 미국적 삶의 방식을 묘사한 미국영화의 한국어 번역, 4. 미국영화의 편집 및 배급"[91]이었다. 여기서 적시했듯이, 영화는 문화 중에서도 가장 효과적인 교육, 선전의 도구로 간주되었다. 라디오와 같은 방송 매체가 부족하고 농촌 지역 문맹률이 높은 상황에서 영화는 '거의 모든 주제를 다양한 수준의 한국인들에게 전달할 수 있는 가장 중요하고도 유일한 매체'[92]였던 것이다. 미군정은 한국영화의 제작과 상영, 그리고 외화의 수입과 배급, 상영 등 한국 영화산업의 거의 전 분야에 걸친 통제권을 실시하고자 했다. 그리하여 1946년 공보국DPI 내 영화과를 신설하고 "영화의 제작, 배급, 상영에 관한 모든 통제권"을 공보국으로 이관하는 한편, 중앙영화배급사CMPE : Central Motion Picture Exchange(이하 중배)를 미국영화 배급기구로 공식 지정하여 독점적 배급이 이루어지게 했다.[93] 뿐만 아니라 중배가 배급하는 영화에 대해서는 세금을 면제해 주는 정책을 실시함으로써, 한국영화 시장을 철저하게 통제하고자 했다. 1946년 5월 한 달 동안에만 70편 이상의 미국영화가 상영되었는데, 이는 같은 기간 상영된 다른 모든 영화를 합한 것보다 많은 숫자였다. 같은 해 10월 미군정청에 상영신청을 한 671건의 영화 대부분도 미국영화였다. 이후 미군정이 한국 영화시장을 통제하면서 전체 상영 편수는 감소했지만, 미국영화 상영의 상대적 비율은 오히려 증가하는 추세를 보였다. 예컨대 1947년 5월 상영된 영화 전체 28편 중 22편이 미국영화였다.[94]

---

91 김균(2000), 62쪽.
92 "USIS→USIA, 9-9, 1954. Subject : Semi-Annual USI Report, January 1~June 30, 1954", p.22(허은(2003), 246쪽에서 재인용).
93 김균(2000), 63쪽.

6 · 25 전쟁으로 인해 일시적으로 줄어들었던 외화 수입 편수는 전후 다시 늘어나기 시작하여 1950년대 후반에 이르면 외화수입통제정책에도 불구하고 200편을 넘어서면서 미군정기에 버금가는 외화가 수입되었다. 1950년대 외화 수입 편수는 다음과 같다.

〈표 7〉 연도별 외화 검열실황[95]

연도	1951	1952	1953	1954	1955	1956	1957	1958	1959	1960
편수	-	66	119	114	120	143	134	222	212	208

외화 수입 편수도 급증세였지만, 무엇보다 이 시기에는 국내외의 정세와 이승만 정부의 대미 정책, 미국의 대외 문화 정책 등의 다양한 이유와 더불어 미국영화산업의 적극적 공세로 할리우드 영화가 한국의 극장가에서 확고한 우위를 차지하게 되었다. 코미디영화의 경우는 할리우드 의존도가 더욱 높아서 대만의 희극영화〈전희극 종군몽〉이나 소수의 이탈리아 혹은 프랑스의 희극영화들을 제외하면 90% 이상이 할리우드 영화였다. 즉, 1950년대 내내 할리우드 영화의 한국시장 점령은 지속되었다.

이 책의 부록에 수록된 '1945~1960년까지 4대 일간지에 광고된 외화 코미디영화 목록'은 1945년 해방 이후 1960년까지 『조선일보』, 『동아일보』, 『경향신문』, 『서울신문』에 실린 외화 광고 중 코미디영화만을 추린 것이다. 원제를 찾을 수 없을 경우, 광고에 분명하게 코미디임을 명시한 경우만 목록에 포함했다. 그리고 몇 년에 걸쳐 재개봉을 거듭하는 경우도 적지 않았는데, 이 경우에는 최초 상영만을 기준으로 했다. 따라서 이 목록에 수록된 코미디영화의 편수와 실제 상영되었을 것

94　김균(2000), 67~68쪽.
95　영화진흥공사, 「한국영화자료편람(초창기~1976년)」, 1977, 80쪽.

으로 추정되는 코미디영화의 편수 및 상영일수(중복포함)는 다소 차이가 있을 것으로 보인다. 그럼에도 여기에 수록된 150편이 넘는 코미디영화 광고 목록은 1950년대 외화 코미디영화 상영의 경향과 그것이 한국 코미디영화 및 악극 등 대중문화와 맺고 있는 관계를 파악하는 데 있어 몇 가지 중요한 단서를 제공해 준다.

우선, 식민지 시기 가장 큰 인기를 누렸던 채플린의 영화들은 해방 이후 거의 찾아볼 수 없다. 여기에는 당시 채플린이 처했던 정치적 상황으로 인한 미국영화계에서의 위상 변화가 적지 않은 영향을 미쳤을 것으로 보인다. 채플린의 영화들이 극장에서 사라진 반면, 키튼이나 로이드를 비롯한 많은 초기 코미디영화 스타들의 영화는 개봉에 재개봉을 거듭하며 해방 직후 극장을 선점했다. 이들의 영화뿐 아니라 이 시기에는 1930년대~1945년 이전에 제작된 영화들도 다수 상영되었는데, 이는 식민지 시기에 이미 수입되었으나 총독부령에 의해 적성국의 영화로 상영금지 처분을 받아 창고에 잠자고 있던 영화들이 쏟아졌기 때문이었다. 따라서 해방 직후에는 무성 슬랩스틱을 비롯한 초기 코미디영화들이 "오랫동안 잠겨있든 미영화 재등장" 등의 문구를 달고 대거 관객을 만났다. 예컨대 1946년 우미관, 서울극장 등에서는 "미국희활극영화주간", "특선희활극영화주간" 등의 특별전을 마련하여 〈로이트의 거인정복〉, 〈챱푸링의 거리에 왕자〉, 〈챠푸링의 투우사〉, 〈로이드의 구두빵〉, 〈키톤의 폭풍의 항구〉 등을 그 외의 단편 코미디들과 함께 반복, 상영했다.

1947년부터 점차 동시대 할리우드 영화 상영 비율이 높아지면서 1950년대 중반에 이르면 짧게는 1~2년, 혹은 같은 해에 미국에서 개봉된 영화들이 주로 상영되었다. 가령 〈미녀와 수병You Know What Sailors Are, 1954〉(국도극장, 1954.12), 〈쥬피터의 애인Jupiter's Darling, 1955〉(수도극장, 1955.9)은 제작연도와 같은 해 수입이 되어 상영되었던 영화들이다.

1940년대 후반부터 1950년대의 외화 코미디는 크게 두 가지 하위 장르가 주도했다고 볼 수 있는데 하나는 뮤지컬 코미디영화였고, 두 번째는 남성 코미디 듀오들의 영화였다. 먼저, 뮤지컬 코미디는 1940년대 후반부터 1950년대 중반까지 한국의 극장가를 휩쓸었던 코미디 장르로 〈오늘 저녁을 유쾌히You Were Never Lovelier, 1942〉(수도극장, 1947.12), 〈스윙호텔Holiday Inn, 1942〉(국도극장, 1948.6), 〈춤추는 결혼식You Will Never Get Rich, 1941〉(서울극장, 1949.1), 〈노래하는 인생Pot o' Gold, 1941〉(동아극장, 1951.12), 〈파리의 아메리카인An American in Paris, 1951〉(시공관, 1954.10), 〈비는 사랑을 타고Singin' in the Rain, 1952〉(수도극장, 1954.10), 〈7인의 신부Seven Brides for Seven Brothers, 1954〉(단성사, 1955.10), 〈춤추는 대 뉴욕On the Town, 1949〉(동도극장, 1956.12) 등의 영화가 지속적으로 관객을 만났다. 프레드 아스테어와 빙 크로스비와 같은 배우, 빈센트 미넬리, 스탠리 도넌 등의 감독은 광고에서 크게 다루어지는 스타였으며, "뮤지칼 코메듸의 주옥편"(〈은화銀靴, Happy Go Lovely〉(1951), 『동아일보』, 1952.11.4), "뮤지컬 코미디의 최고봉(〈상류사회High Society〉(1956), 『조선일보』, 1957.7.21)", "노래와 춤과 웃음의 대향연(〈춤추는 함대Hit the Deck〉(1955), 『조선일보』, 1957.12.21)" 등 '뮤지컬 코미디'를 내세우는 화려한 광고들이 지면을 장식했다. 악극의 레퍼토리에서 다시 언급하겠지만 이러한 뮤지컬 코미디는 악극으로 재구성되기도 하였고, 1950년대 중후반 한국의 "뮤직칼 코미디"를 탄생시키는 데에도 지대한 영향을 미쳤다.

〈그림 6〉〈비는 사랑을 타고〉광고(『조선일보』, 1954.10.21)   〈그림 7〉〈파리의 연인〉광고(『경향신문』, 1958.2.13)

뮤지컬 코미디 못지않게 큰 반향을 일으켰던 이 시기 외화 코미디는
남성 코미디 듀오들의 영화였다. 당시 "미국판 홀쭉이와 뚱뚱이"로 소개
되었던 스탠 로렐과 올리버 하디의 영화〈천국2인 도중The Flying Deuces,
1939〉(수도극장, 1946.9),〈엉터리 투우사The Bullfighters, 1945〉(국제극장,
1947.8),〈엉터리 숙수소동Nothing but Trouble, 1944〉(수도극장, 1948.12),
〈엉터리 무용사The Dancing Master, 1943〉(중앙극장, 1955.7) 등이 해방 직후
부터 가장 먼저 큰 인기를 얻었다. 그 뒤를 이어 버드 애보트와 루 코스텔로
콤비의 영화〈도깨비 소동Hold That Ghost, 1941〉(국도극장, 1947.10),〈보물
섬 소동Pardon My Sarong, 1942〉(수도극장, 1948.7),〈스파이 소동Rio Rita,
1942〉(수도극장, 1949.1),〈5만불 소동The Noose hangs High, 1948〉(수도극
장, 1952.2),〈엉터리 투명인간Abbott and Costello Meet the Invisible Man

〈그림 8〉 〈엉터리 투명인간〉 광고. 원제는 'Meet the Invisible Man'. 버드 애보트와 루 코스텔로 콤비가 주연을 맡았다. (『동아일보』, 1955.6.7)

〈그림 9〉 〈엉터리 무용사〉 광고. 원제는 'The Dancing Master'. 스탠 로렐과 올리버 하디가 주연을 맡았다. 〈그림 8〉의 〈엉터리 투명인간〉과 전혀 다른 영화였음에도 '엉터리'라는 제목을 동일하게 활용하여 이 두 영화가 남성 코미디 듀오가 출연하는 같은 계열의 영화임을 효과적으로 홍보하고 있다. (『동아일보』, 1955.11.5)

(1951)〉(국도극장, 1955.6), 〈외인부대소동Abbott and Costello In the Foreign Legion, 1950〉(중앙극장, 1959.10) 등이 1940년대 후반부터 1950년대 후반까지 꾸준히 인기를 얻으면서 가장 많은 편수가 상영되었다. 또한 빙 크로스비와 밥 호프 콤비의 영화 〈싱가폴 여행기Road to Singapore, 1940〉(부민관, 1952.10)도 빙 크로스비의 뮤지컬, 밥 호프 코미디영화들 각각과 함께 소개되었고, 딘 마틴과 제리 루이스 듀오의 영화 〈화가와 모델Artists and Models, 1955〉(중앙극장, 1957.9), 〈요절 하바나 소동Scared Stiff, 1953〉(국도극장, 1957.11), 〈그대는 젊어You're Never too Young, 1955〉(단성사, 1958.12) 등이 1950년대 후반 유행했다. 이들 남성 듀오의 코미디영화들은 이 시기 한국 코미디영화의 구성적 측면에도 큰 영향을 미쳤던 것으로 보인다. 악극단에서 활동하고 있었던 코미디 배우들은 '홀쭉이와 뚱뚱이', '홀쭉이와 길쭉이' 등의 별명을 내세워 남성 콤비를 이루어 활동했으며, 이들의 활약은 영화로 이어져 1950년대 코미디영화 초기의 한 경향을 형성했다.

그밖에도 코미디언 대니 케이의 영화 역시 한국에서 큰 인기를 얻었던 것으로 보인다. 대니 케이는 "로이드＋촤프링＋키톤＝다니-케이"라고 소개되면서, 자주 광고 지면을 차지했다. 〈화이트 크리스마스White Christmas, 1954〉(단성사, 1956.2), 〈몬테칼로On the Riviera, 1951〉(국도극장, 1956.4), 〈미녀와 우유배달The Kid from Brooklyn,1946〉(단성사, 1956.10), 〈대니 케이의 스파이 소동Knock on Wood, 1954〉(단성사, 1957.10), 〈스파이 소동The Secreet Life of Walter Mitty, 1947〉(수도극장, 1957.11), 〈나는 이상해Merry Andrew, 1958〉(대한극장, 1959.9) 등이 1950년대 후반에 집중적으로 소개되면서, 코미디언코미디영화의 맥을 이어갔다.

이처럼 1950년대를 전후하여 쏟아져 들어왔던 외화 코미디들의 경향 및 레퍼토리는 당대 한국의 대중문화에 지대한 영향을 미쳤으며, 특히 한국 코미디영화의 형성과정에 매우 중요한 계기로 작용했다. 또한 이 시기 외화 코미디의 유행은 관객들이 '영화 코미디'의 다양성을 체험할 수 있는 기회를 제공하였으며, 이를 통해 관객들은 다양한 '영화적' 웃음의 감각을 획득할 수 있었다.

2. 버라이어티 쇼의 전성과 코미디언의 부상

1950년대는 악극이 최고의 대중오락으로 군림하던 시기이자 급락을 경험하는 시기였다. 해방 이후 짧은 전성을 경험하고 전쟁기 동안에는 군예대와 지방 극장을 무대로 삼아 거의 유일한 연예물로 살아남을 수 있었던 악극은 종전 후에는 다양한 볼거리로 스펙터클한 무대를 연출했던 여성국극, 버라이어티 쇼, 그리고 영화에 밀려나 급속히 쇠락했다. 그리하여 악극단들은 기존의 악극 위주 프로그램 편성에서 벗어나 버라이어티 쇼 형식을 적극 도입하거나 아예 단체명을 '쇼 단'으로 개칭하고 본격적으로 쇼 위주의 흥행 시장에 뛰어들었다. 이때, 악극에서 코믹한 역할을 맡거나 코믹한 경희극의 주연을 담당했던 코미디 배우들은 춤, 노래, 쇼와 짤막한 코미디나 촌극으로 이루어진 버라이어티 쇼 무대에서 사회자이자 다재다능한 예능인인 '코미디언'으로 쉽게 적응하였고, 무대를 장악하면서 당대 흥행 업계의 중요한 핵심으로 떠올랐다.

이 장은 1950년대 한국영화, 특히 코미디영화의 발흥과 전성에 가장 강력한 영향을 미쳤던 악극이 형식의 변화를 겪는 과정과 그 과정에서 코미디언이 부상하는 계기들에 주목한다. 그리고 구체적으로, 악극과 코미디영화가 맺는 상관관계를 추적하여 인력과 레퍼토리의 교류를 실증적으로 분석, 제시할 것이다. 이를 통하여 단순히 두 대중문화 형식 사이 영향관계의 추적이나 텍스트 비교에서 그치는 것이 아니라, 그 전환 혹은 변화를 이루어 낸 내적 동력 및 의미를 파악하는 데까지 나아가고자 한다.

1) 악극단 코미디 형식의 변화

1950년대 영화와 가장 활발한 상호작용을 한 인접장르로 볼 수 있는 악극은 이미 1930년대 중반 이후부터 1950년대에 이르기까지 다양한 공연형식을 시도하면서 가장 대중적인 형식으로 정립되어 갔으며, 때로는 국가의 정책적인 후원에 힘입어 서울 및 지방의 극장과 이동무대를 선점하기도 했다. 일제시기의 악극에 대해서는 전술한 바이므로, 여기서는 해방 이후 악극의 변화에 초점을 맞추고자 한다. 해방공간의 악극과 전쟁기의 악극, 그리고 전쟁 이후의 악극은 공연의 형식과 흥행 측면에서 구별될 수 있다. 악극의 공연 방식이나 악극단의 구성은 세 시기별로 변화하지만, 악극에서 코미디가 구성되는 방식에서는 이전 시기와 다른 이 시기만의 변별점이 있다. 즉, 일제시기 악극 공연에서 희가극이나 만담, 스케치 등의 짧은 형식이 코미디의 주 공연 양식이었다면 이 시기에 장편 코미디 형식이 등장한다는 것[96]이다. 여전히 만담류의 단편적 코미디가 존재하는 한편, 버라이어티 쇼도 '코미디쇼'나 '뮤지컬쇼'와 같은 명칭으로 분화되면서 악극단에서의 코미디 의존도가 높아졌다. 이는 단편적인 코미디뿐 아니라 장편 코미디의 서사를 조직할 수 있고 받아들일 수 있는 창작과 수용의 능력이 향상되었음을 의미하는 것이며, 또한 이 시기 공연물에서 코미디가 차지하는 비중이 결코 작지 않았음을 보여주는 것이기도 하다.

이 시기에는 이복본, 이종철, 김윤심을 비롯하여 일제시기부터 활발하게 활동했던 악극단 코미디언 1세대들의 활약도 여전히 두드러졌지만, 양석천, 양훈, 구봉서, 배삼룡, 박옥초 등 악극단 코미디언 스타 2세대들이 해방기 전후로 등장하여 스타로 성장하게 되는 과정도 주목해 봐야할 지점이다. 또한 이들과 함께 작업했던 작가, 연출자, 작곡가 및 스태프들 중 상당수가 이후 영화로 활동범위를 넓혔다. 특히 김화랑, 박시춘 등은 악극단에서 익힌 코미디의 감각과 연출기법을 바탕으로 코미디영화들을 만들고 제작하면서 초기 한국 코미디영화 형성에 기여하였다. 그런가 하면, 여전히 악극의 중요한 레퍼토리였던 만담을 통해 신진만담가들(장소팔, 고춘자, 김영운 등)이 명성을 얻게 되었는데, 이들은 군예대와 해병대 연예대를 거쳐 악극단 및 라디오 고정출연을 도맡으며 전국적인 사랑을 받게 되었다. 이들의 만담 레퍼토리는 이후 영화의 코믹 시퀀스에서 차용되었으며, 대화만담의 형식은 특히 1950년대 코미디언코미디의 한 특징으로 존재했다. 이처럼 이 시기 악극에서 공연되었

---

96 김호연(2009), 191쪽.

던 코미디의 양식, 그리고 코미디언들 및 감독, 제작자들의 존재와 레퍼토리는 1950년대 중반 이후 코미디영화의 귀중한 자산으로 활용되었으며, 무엇보다 1950년대 코미디영화가 생성되고 발전하는 결정적인 원인으로 작용했다.

이 글은 악극의 흥망성쇠에 대한 자세한 논의를 목적으로 하는 것이 아니라 그것이 영화, 특히 코미디영화와 맺는 관계에 대해 가능한 실증적으로 논증하는 것을 목적으로 하고 있으므로 다음의 두 가지에 초점을 맞춰 이 시기의 악극을 살펴보고자 한다. 첫째, 시기별로 악극의 전개양상을 논하면서 각 시기 공연된 코미디의 형식 변화 및 공연 방식에 대해 언급할 것이다. 둘째, 이를 토대로 당대 코미디영화에 보다 직접적 영향을 미친 악극의 레퍼토리와 인력의 구체적인 흐름을 재구성해 볼 것이다. 이 글에서 악극단의 공연과 영화 코미디의 구성에 대해 구체적 텍스트를 대상으로 삼아 일대 일로 분석할 수는 없다. 악극이나 코미디 영화에 대한 기록 부족에 대해서는 이미 언급했거니와 더욱이 악극은 일회성을 특성으로 하는 '공연'이므로 당대의 공연실황을 접할 수 없음은 물론, 공연 대본도 대부분 부재하기 때문이다. 그러나 박노홍과 황문평 등 당대 주요 악극작가 및 작곡가의 저서, 신문광고를 비롯한 당대 기록들과 남아 있는 소수의 악극 대본, 연극사에서의 연구 성과와 구술 증언을 통해 당시의 레퍼토리와 공연 형식에 대한 추적은 일정 부분 가능하다. 이를 통해 시나리오와 2차 자료, 그리고 소수의 영상만으로 존재하는 1950년대 코미디영화의 일면을 재구성하기 위한 단서를 마련할 수 있을 것으로 판단된다. 텍스트를 기반으로 하는 분석은 4장에서 해결할 문제이므로, 이 절에서는 악극단과 공유된 레퍼토리와 인력 및

공연 형식에 집중할 것이다.[97]

(1) 악극의 전개

① 해방공간의 악극

해방 이후 좌우익의 이념대립 속에서 악극단들도 좌익 계열의 조선
가극동맹(1946.1)과 우익 계열의 조선가극협의회(1946.10)를 결성하면
서 두 조직으로 나뉘었다. 남로당 계열의 조선가극동맹이 '조선문화단
체총연맹' 산하조직이었으나 두드러진 공연활동을 하지 않았던 데에
비해 조선가극협의회는 김상진, 박노홍(이부풍, 이사라, 강영숙 등의 가명을
사용), 박구, 이익, 최일, 박시춘, 손목인, 김용환, 남양민, 조명암 등이
가담하면서 21개의 악극단이 소속[98]되어 대규모로 활동을 했다. 이후
이들은 1947년 '가극협회', '전국가극협회'를 거쳐 1948년 '한국무대
예술원'으로 통합되었고, 1948년 4월에는 연극, 창극 단체와 함께 '총
선거선전 문화계몽대'를 편성하여 전국적으로 국책 동원된 공연을 펼
치기도 했다.[99] 그런데 악극단 소속 인사들은 문학이나 연극, 영화에 비

---

97 그밖에 1950년대 관객들에게 사랑을 받았던 기타 공연형식으로는 창극과 서커스, 여성
국극이 있으며 이들이 영화와 맺은 관계 또한 적지 않다고 할 수 있을 것이다. 그러나
이 책이 집중적으로 논의하고자 하는 코미디영화와 관련해서는 상대적으로 영향관계가
적은 편이라 할 수 있으므로, 이에 대해서는 1950년대 대중문화의 상황에 대한 파악으
로만 간단히 언급할 것이다.

98 소속된 21개의 악극단은 다음과 같다. 희망악극단, 태양가극단, 반도가극단, 새별악극
단, 백조가극단, 라미라가극단, 자유악극단, 조향악극단, 박시춘악단, 조선악극단, 윤부
길악단, 무궁화악극단, 고향경음악단, 빅토리-레뷰단, 신세계악극단, 태평양악극단,
KPK악단, CMC악단, 약초가극단, 가극단앵무새, 백민악극단 등.

99 악극단들은 1공화국 출범 이전 5·10 선거계몽대라는 이름으로 지방공연에서 '반공쇼'
를 무대에 올렸는데, 일제말기의 선전활동을 비롯하여 군예대에 이르기까지 악극에 대
한 동원은 지속적으로 이루어졌다. 이화진(2007), 49쪽.

해 상대적으로 사상적인 면에서 자유롭게 활동하고 있었고 각 악극단들도 다양한 색깔을 보이며 활동[100]하였으나, 1947년 1월 31일 장택상 수도경찰총감이 정치성을 띤 연극공연을 엄중 단속하겠다는 담화[101]를 발표한 뒤에는 더욱 체제순응적 행보를 보였다. 좌익 계열 단체였던 조선가극동맹은 1949년 조선연극동맹, 조선영화동맹 등과 함께 이승만 정부에 의해 등록취소 되었다.

해방 직후부터 1950년대 전후까지 전국을 순회한 악극 공연단은 조선악극단, 반도가극단, 라미라가극단, 희망가극단, 백조가극단, 태평양가극단, 남대문악극단, 악극단 KPK, 무궁화악극단, 새별악극단, 강남악극단, 현대가극단, 태양가극단, 악극단신천지, 대도회악극단, 은방울악극단, 백민악극단, 부길부길 쇼, 뉴스타악극단, 서울악극단, 신세계악극단, 아리아악극단, 별악극단, 춘추악극단, 나나악극단, 양양악극단, 부케악극단, 장미악극단 등이고, 이 외에도 지방공연무대만 순회한 다수의 유명 무명 악극단들[102]이 존재했다.[103]

---

100 김호연(2009), 172쪽.
101 1947년 1월 30일 발표된 장택상 고시의 내용은 다음과 같다. "(…중략…) 민중의 휴식을 목적하는 오락 이외 정치나 기타 선전을 일사마 정치교란을 ○성한 자는 포고령 위반으로 고발하야 엄형에 처함."(『예술통신』, 1947.2.1), 이우석(2005), 123쪽에서 재인용.
102 황문평(1989), 308쪽. 1945년 말 『동아일보』의 한 기사는 해방 이후 거리마다 상점마다 극단과 악단 포스터들이 넘쳐난다고 하면서 서울에만 도합 59개의 단체가 있는데 정작 공연할 수 있는 극장수가 턱없이 부족하다는 점을 지적했다. 「해방후 총출하는 극단과 악극단」, 『동아일보』, 1945.12.2, 4면.
103 황문평에 따르면, 해방 후 가극단과 악극단, 쇼단이 점차 구별되기 시작했는데, 오페라 형식에 가까운 각본과 비교적 수준 높은 창작곡을 레퍼토리로 악단편성이 다양하며 무대 앞 오케스트라 박스를 꾸며 공연하는 단체를 가극단이라고 했다면, 레퍼토리를 1, 2부로 나눠서 1부에서는 애정물 혹은 코믹터치의 경연극 내용에 가요곡 형태나 노래, 효과음악을 사용한 드라마 중심의 연극을 공연하고 2부에서는 경음악단이 무대를 꾸미고 가요, 무용, 코미디, 원맨쇼 등을 뒤섞은 버라이어티쇼 형식 공연물을 위주로 하는 단체를 악극단으로, 인기 가수나 인기 코미디언 또는 인기 사회자를 중심으로 다양한 무대를

해방 이후 악극단들의 활동은 크게 두 부류로 나누어 살펴볼 수 있다. 첫째, 악극 위주로 활동한 경우와 두 번째, 악극과 버라이어티쇼에 동일한 비중을 두고 활동한 경우가 있다. 우선, 반도가극단, 라미라가극단은 일제시기부터 고전을 각색한 악극을 주로 연행해오던 악단들로 해방 이후에는 고전극과 현대극을 조화시킨 레퍼토리를 선보였다. 반도가극단은 가극, 대가극, 희가극이라는 명칭이 붙은 다양한 악극을 공연하며 활발하게 활동했는데, 공연했던 작품 목록을 예로 들면 가극 〈견우직녀〉(1945.11.8~11, 약초극장), 대가극 〈심청전〉(1946.2.29~, 중앙극장), 희가극 〈팔·일오시장〉(1946.4.26~28, 중앙극장) 등이 있다. 그런데 '가극'을 위주로 공연한다 하였지만 반도가극단 역시 1947년경부터는, 김희갑, 허장강, 장치희 등의 인기 배우들을 위주로 하는 '바라에티', '바라에듸', '스테이지 쇼'와 같은 버라이어티 쇼를 자주 공연목록에 올렸던 것으로 보인다. 당시 신문에는 '바라에듸 〈노래의 쌍곡선〉'(1947.2.4~6, 중앙극장)을 비롯한 다수의 버라이어티 쇼가 광고되고 있음을 발견할 수 있다. 라미라가극단 역시 해방 이후 초기에는 역사극 〈의사 안중근〉, 〈마의 태자〉 등을 선보였으나, 악극만으로 이루어진 공연이 관객들의 호응을 얻지 못하자 쇼 무대를 도입하거나 타 악극단과의 합동무대로 버라이어티 쇼를 공연하는 등 자구책을 모색했다. 예

구성하는 단체를 쇼 단이라고 했다.(황문평(1989), 318~319쪽) 당시의 신문광고를 살펴보면, 해방 이후 악극 공연을 중심으로 하는 단체가 번성한 것만큼 오페라의 번역어로서의 '가극'을 내세운 공연과 단체가 급증한 것은 사실이다. 그러나 백조가극단, 태평양가극단 등 악극을 주로 하는 단체에서도 '가극단'이라는 명칭을 쓴 경우가 많으며 동일한 단체에 대해서도 가극단 / 악극단이라는 명칭이 혼용되기 때문에, 단체의 명칭으로 가극단과 악극단이 명확히 구분된다고 보기는 어렵다. 다만 이전 시기에 비하여 오페라에 가까운 가극을 공연하는 단체가 증가했다는 점, 그리고 이들과 쇼를 위주로 하는 단체가 구분된다는 것은 일견 타당한 지적이라 할 수 있다.

를 들면, 이들은 1947년 태평양 가극단, 이종철 코메디 극단 등과 합동공연을 했다.

한편, 이 시기 활발한 활동을 보였던 악극단들은 관객들의 요구에 맞춰 악극과 버라이어티 쇼를 조화시킨 공연을 펼쳤던 악극단들로, 대도회악극단, 새별악극단, 무궁화악극단, 백민악극단, 백조가극단, 태평양가극단 등이 있었다.[104] 이들은 인기 가요를 모티프로 만든 악극을 선보이는가 하면, 오페레타라는 장르형식을 내세운 공연을 만들기도 하고, 버라이어티 쇼로만 구성된 무대를 꾸미기도 하는 등 다양한 무대를 시험했다. 이를테면 악극단 KPK의 경우는 미군부대에서의 연주 경험을 바탕으로 재즈 연주 악단을 산하에 두고 이를 바탕으로 하는 악극을 선보였는가 하면,[105] 부길부길쇼단을 이끌게 되는 코미디언 윤부길이 가세했던 기간에는 쇼 무대에 더욱 공을 들인 공연을 무대에 올렸다.

이 시기 악극단의 공연에서 특히 눈여겨보아야 하는 것은 본격적인 코미디극이 등장한다는 점이다. 일제시기 악극단 공연에서 주를 이루었던 단막 희극 또는 희가극, 만담, 재담, 레뷰, 스케치 등의 짧은 소극笑劇 일변도에서 벗어나 장편 코미디극이 등장했다는 것이다. 예컨대 해방 직후 최초로 조직되었던 악극단인 남대문악극단의 창립공연 작품은

---

104 김호연(2009), 179쪽.
105 미군정기 부민관은 미군의 위안과 오락을 목적으로 하는 극장으로 징발되어 USA Fic이라는 이름아래 미군전용 극장으로 운영되었다. 여기서는 위안공연과 영화상영을 주로 했는데, 악극단 KPK를 비롯한 몇몇 악극단은 이때부터 미군을 위한 공연에 참여했던 것으로 보인다. 한편 1940년대 후반 가장 인기 있었던 악극단 KPK는 쇼무대에서 에로악극을 공연하다가 문교부 교화과에서 상연금지 처분을 받기도 했다. 「에로악극에 斷, KPK 공연금지」, 『자유신문』, 1947.1.12, 2면.

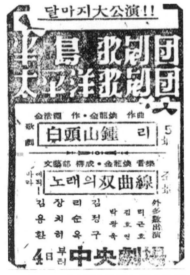
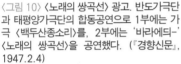

〈그림 10〉〈노래의 쌍곡선〉광고. 반도가극단과 태평양가극단의 합동공연으로 1부에는 가극〈백두산종소리〉를, 2부에는 '바라에티-'〈노래의 쌍곡선〉을 공연했다. (『경향신문』, 1947.2.4)

〈그림 11〉부길부길쇼〈지구는 돈다〉광고. 동시상영으로 영화〈벵갈의 대선풍〉을 상영했다. (『조선일보』, 1947.2.6)

〈오리정 사건〉으로, '코믹 터치의 탈선 춘향전'과 같았다는 평가를 받았던 장편 코미디극이었다.[106] 이때 방자역을 맡았던 배우는 '코미디언' 정웅으로, 정웅은 "대개 이런 배역을 맡아 작품을 코메딕하게, 유우머 형태로 엮"는 데 재능이 있다고 평가되던 배우였다.[107] 또한 윤부길의 부길부길쇼 창립공연 역시 장편 코미디물로 "코메듸쇼-〈장장추야곡〉 9경"[108]이라고 광고되었다. 무궁화악극단의 창립공연도 김화랑 작·연

---

106 남대문 악극단은 1945년 10월 8일부터 중앙극장에서 창립공연으로 반야월 작, 연출의 희가극〈오리정 사건〉을 공연했다. 남대문악극단은 1945년 말 5회 공연을 마지막으로 해산했다. 이후 1960년 이경춘 감독이〈탈선춘향전〉을 만드는데, "신파·악극의 재탕이 압도적"(『서울신문』, 1958.8.27)이라는 기사에서 이 영화가 언급되었다. 악극에서 희가극이나 희극적 연출을 보였던 춘향전, 예컨대〈오리정 사건〉등이 이 영화에 영향을 미쳤을 것으로 추측해 볼 수 있다. 황문평(1989), 313쪽 참고.
107 박노홍(2008), 81쪽.

출, 이인근·양석천 주연의 희가극 〈두 엉터리 신혼기〉였고, 다음 작품인 희가극 〈밀림을 헤치고 가다〉도 동일한 주연으로 무대에 올랐다. 일제시기부터 '짧은 희극' 무대에 누구보다 재능을 보였던 김화랑은 이 시기 여러 단체에 코미디를 제공했는데, 무궁화악극단뿐 아니라 새별악극단과 손일평만소단 합동공연(1946)에서도 손일평, 박옥초 등이 출연하는 만극漫劇 〈사장과 두취〉, 〈희비쌍곡선〉을 연출하면서, "희극에 가까운 코믹터치에 주력, 명랑한 촌극무대, 즉 슬립스틱 같은 무대구성에 특징"[109]을 보이는 작가이자 연출가로 확고히 자리매김 되었다. 한편, 조선악극단에서 기획을 담당했던 영화감독 김상진은 해방 전부터 중앙극장을 운영하다가, 1946년 희망악극단을 창립하여 오영진 작, 박시춘 작곡으로 희가극 〈시집가는 날〉(부제〈맹진사댁 경사〉)을 무대에 올렸다. 여기에는 양훈, 손일평 등의 코미디 배우들이 출연했다.

이렇듯 장편 코미디 악극은 해방 공간에서 매우 일반적인 공연 형식이었으며 많은 악극단들이 창립공연으로 선택할 만큼 인기 있는 장르였다. 이 시기 악극에서 코미디의 요소는 중요하게 취급되었던 것으로 보이는데, 당시 대표적 악극작가이자 연출자의 한 사람이었던 박노홍은 이 시기 악극을 논하면서 "웃기는 역을 맡은 연기자가 잘함으로 악극은 빛을 발한다고 할 만큼, 웃기는 역에 주목"[110]했다고 증언했다. 즉, 이는 만담이나 넌센스를 통한 단편적 웃음이 아니라 악극 속에 녹아 있는 코미디의 감각이 중요했다는 의미로, 이 시기 악극에서 코미디와 코미디

---

108 「연예」, 『자유신문』, 1946.9.16, 2면.
109 황문평(1998), 218쪽.
110 박노홍(2008), 91쪽.

언이 중요한 역할을 담당했음을 짐작해 볼 수 있는 대목이다.

특히 1946년 말에 실시된 극장 입장세 부과와 극장주들의 파업으로 인한 개정안 발표(1949년 말) 이후, 영화는 60%, 일반 공연물(실연무대)은 30%로 입장세가 개정되면서 악극에는 더 많은 손님들이 몰려들기 시작했다. 또 공익사업과 관련된 공연을 할 경우에는 세금이 면제되었기 때문에, 전국 각지에서는 공익사업을 내 건 공연들이 적지 않게 생겨났다.[111] 이 시기 악극단과 그 단원들은 적은 인력과 한정된 레퍼토리를 가지고 이합집산과 겹치기 출연, 반복 공연을 거듭하면서, 짧은 전성기를 만끽하고 있었다.

② 전쟁기의 악극

1948년 여수 · 순천사건을 계기로 국방부 정훈국에서는 군부대 위문과 민간인들의 반공의식 고취를 목적으로 지리산 전투지구 특별 선무공작대를 조직했다. 선무공작대는 김석민을 대장으로 30여 명의 대원을 이끌고 반공 계몽, 귀순공작, 위안공연을 펼쳤는데, 이들의 성과에 고무된 육군본부는 1949년 8월 "군민 간 유대를 강화하고 군의 사기를 앙양시킨다"는 목적 하에 군예대를 창설하기에 이르렀다.[112] 박호를 중심으로 한 군예대는 1949년 10월 부민관에서 창립공연을 가졌고, 유호, 김영수, 김화랑, 박시춘, 황문평, 남인수, 장동휘, 신카나리아, 허장강, 배삼룡, 구봉서, 박호, 윤부길, 윤인자, 박옥초, 길옥윤 등의 악극단 스타들

---

111 「학자學資 위하여 악극 고학생회서 공연」, 『자유신문』, 1945.12.29, 2면; 「단오노리 KPK 악단특별출연, 종로국민학교 기금모집」, 『동아일보』, 1947.6.21, 2면; 「재화동포구호 꼬마들 가극회」, 『동아일보』, 1949.1.27, 2면 등.
112 황문평, 『인물로 본 연예사─삶의 발자국』 2, 도서출판 선, 2000, 426쪽.

을 망라하여 화랑소대, 양양소대 등에 배치, 〈지리산의 봄소식〉, 〈민족의 꽃〉 등의 악극을 가지고 전국 각지를 순회하면서 공연을 펼쳤다.[113]

한국전쟁이 발발하자 대구에서 육군 군예대가 재편성 되면서 사단본부에서부터 연대본부에 이르기까지 각 사단마다 '정훈공작대', '문화공작대'로 불리는 군예대를 두고 조직을 강화했다. 별칭 KASKorean Army show라고 불린 군예대는 위문 공연, 간첩 색출, 대북선전용 귀순방송에 이르기까지 다양한 활동을 담당하며 군위문과 일반 공연을 병행했다.[114] 그 중 국방부 정훈국 선전과 직속의 문예중대 2소대는 악극단 인물들을 중심으로 하고 있었는데, 1·4후퇴 무렵에는 대구 키네마극장을 본거지로 전시에 전후방을 연결하는 위문공연에 주력하였다.[115] 이후 제주도 신병훈련소에서는 박시춘, 김화랑, 유호, 남인수, 구봉서 등이 주축을 이루어 군예대를 조직하였다. 또 구봉서를 비롯한 몇몇 악극단원들은 전쟁 이후에도 해병대 연예대 창립을 주도하는 등 군대에 소속되어 활동을 이어갔다. 군예대는 악극단원들을 반공 선전에 동원하는 한편, 이들에게 전쟁기 동안 활동할 수 있는 공연 무대와 활동비를 제공함으로써 최소한의 활동영역을 보장해 주었던 것이다.[116]

한편, 군예대에 소속된 악극단들은 일반 공연도 함께 했는데, 군예대 소속뿐 아니라 이에 소속되지 않은 악극단들도 부산에 몰려들었기 때문에, 악극단 공연은 1951년 후반부터 1953년 전쟁이 끝날 무렵까지 부

---

113 창립공연으로는 1부 반공악극 〈남풍〉, 2부 버라이어티쇼 〈노래하는 육해공군〉이라는 호화무대를 꾸몄다. 6·25 발발 직후에는 화랑 반공 지하공작대를 조직하여 활동하기도 했다. 황문평(1989), 331쪽.
114 박노홍(2008), 154쪽.
115 황문평(2000), 277~278쪽.
116 이화진(2007), 49쪽.

산과 대구 등의 피난지역을 중심으로 이루어졌다. 공연이 집중되었던 부산에서는 무대 시설이 갖춰져 있었던 부산극장이나 동아극장이 주로 악극의 무대가 되었는데, 이 시기 공연은 해방기의 공연방식을 이어 받아 버라이어티 쇼의 비중이 상당히 높았다. 특히 '바라에디 쑈'나 '코미디 쑈'라는 이름을 건 쇼 무대가 이 시기 공연의 주도권을 행사했던 것으로 보인다. 몇몇 공연 소식을 살펴보면, 1952년 3월 21일부터 부산극장에서 가협의 그랜드오페라 〈베루샤 궁전〉과 코메디 쑈 〈청춘교실〉이 무대에 올랐고, 뒤 이어 3월 27일부터 백조가극단의 〈사랑 뒤에 오는 사람〉과 함께 제2부 '바레이티 쑈' 〈부산야곡〉이 공연되는 등 대부분 악극으로 이루어진 1부와 코미디 쇼 / 버라이어티 쇼로 이루어진 2부로 구성되는 경우가 많았다. 그런가 하면, 아예 악극보다는 코미디나 쇼만으로 무대를 구성하는 경우도 있었다. 김화랑과 신카나리아 부부가 창립한 악극단 호화선(1952~1954)은 김화랑의 특기였던 코미디를 접목한 쇼 무대를 위주로 레퍼토리를 구성했는데, '쇼 〈연애할 시간 없다〉'나 '쇼 〈복덕방〉' 등 쇼를 내세운 코미디들을 무대에 올렸다. 이처럼 '뮤지컬 쑈', '코미디 버라에티 쑈', '코미디 쇼', '쑈보트' 등으로 광고되었던 이 시기의 쇼 무대에는 이종철, 전방일, 양석천, 양훈, 김희갑, 박옥초 등 유명 코미디 배우들이 그 중심에 있었다. 특히 이종철의 경우, 1950년 9월 29일 대구에서 이종철악극단을 창립하고, 〈18호 갑판〉 등 이종철의 독무대에 가까운 악극들을 연출했다. 또 그 밖의 악극단에 출연할 경우에는 '특별출연'으로 소개되거나 '이종철 쇼'라는 이름으로 프로그램을 맡으면서 당시 최고의 주가를 올렸던 것으로 드러난다.[117]

서울에서도 간헐적이나마 공연이 이루어졌는데, 부산에서와 마찬가지로 전통적인 스타일의 악극이나 가극과 더불어, 뮤지컬 쇼, 코미디, 코미디 쇼 등이 레퍼토리에서 강세를 보였다. 그러나 부산과는 달리 버라이어티 쇼를 전체 공연으로 구성하는 경우는 많지 않았는데, 이는 주요 악극단 인력들이 대부분 부산을 근거지로 활약했기 때문인 것으로 보인다. 전쟁기 동안 악극은 그간 서울에 집중되어 있었던 공연을 부산을 비롯한 피난지 중심으로 펼침으로써, 서울과 지방의 대중 문화적 격차를 줄이는데 일조[118]했다고 평가된다. 전쟁기 지방에서의 대중문화는 극장을 중심으로 확산되었으며 악극에 대한 관심은 극장수의 증가로 이어지면서 지방 관객층을 확대[119]시켰고, 이는 이후 영화 관객층의 확산에도 영향을 미쳤다.

전쟁기 악극은 버라이어티 쇼가 중요한 레퍼토리로 구성되어 이를 위주로 흥행이 이루어졌다는 점, 특히 코미디언을 중심으로 하는 코미디 쇼 공연이 중심 레퍼토리로 자리 잡았다는 점, 그리고 여타의 문화예술이 침체기를 겪는 동안에도 악극만은 군예대를 통해 오히려 지방까지 세력을 확장할 수 있었다는 점에서 주목해볼 필요가 있다.

마지막으로 언급되어야 할 것은 이 시기 활황을 누렸던 할리우드 영화와 악극 상호간의 영향관계이다. 전쟁기 악극은 할리우드 코미디영화의 영향도 반영하고 있는데, 해방 이후 쏟아졌던 인기 코미디영화들은 시차를 두고 이 시기에 악극으로 재구성되어 무대에 올랐고, 또 무대에서의 인기에 힘입어 영화의 재상영이 이루어지기도 하였다. 또한 여전히 '한국

---

117 이상 전쟁기 악극의 레퍼토리는 박노홍(2008), 135~172쪽 참고.
118 이화진(2007), 51쪽.
119 이화진(2007), 51~52쪽.

의 채플린'이나 '버스터 키튼'으로 불리는 악극단의 배우들이 등장하여 할리우드 슬랩스틱 코미디를 재구성한 악극을 선보이기도 했다. 이렇듯 전쟁을 거치며 코미디 장르가 부상하고, 이를 반영하듯 당대 대중문화의 웃음 코드와 레퍼토리를 흡수하여 코미디가 성장하고 있었던 것은 전쟁 이후 활황기를 맞게 되는 대중문화의 지형도에서 매우 중요한 계기로 작용했다.

③ 전후의 악극

전후 악극은 전쟁 이전 시기 레퍼토리를 반복하다가 여성국극, 영화, 버라이어티쇼의 인기에 밀려나기 시작했다. 이화진은 전쟁 중의 호황이 오히려 악극의 발전에 독으로 작용했다고 진단하면서, 과거의 인기 레퍼토리를 재공연하거나 기존 작품과 유사한 경향의 신작으로 무대를 채우는 등 "창조 없는 반복"만을 계속했던 것이 악극 몰락의 일차적 원인이라고 지적했다.[120] 우후죽순 생겼다가 사라진, 수십 개가 넘는 수많은 악극단체들에 정작 작품을 제공하는 이들은 매우 제한적이어서, 김석민, 박노홍, 김화랑, 박신민, 조건, 백은선 등 몇몇의 작가들만이 본명에 예명과 필명을 바꿔가며 종횡무진 활약하고 있을 뿐이었다. 이들 중 조건과 박노홍은 이 시기에 호황을 누렸던 여성국극에도 깊이 관여하고 있었고 박노홍은 1956년부터 '이사라'라는 예명으로 영화 시나리오 작업도 병행했으며 김석민은 국책성 반공악극에 더욱 집중했으므로, 악극단들에 창조적인 작품 자체가 제공될 수 있는 여건이 충족되기 어려웠

---

120 이화진(2007), 52쪽.

던 것도 사실인 셈이다. 또 다른 요인으로는 앞서 언급했던 극장의 지정 좌석제와 교체입장제 실시를 들 수 있다. 지정좌석제가 1955년 11월 말 공포되면서부터 극장 관계자들의 반발이 거셌는데, 지정좌석제의 완화 이후에도 이 제도를 고집했던 1류 극장에서는 악극공연이 성사되지 않았고 변두리 극장이나 지방 극장에서는 수익을 내기 어려운 사면초가의 상황에 부딪치게 되었으므로, 악극은 결국 설 자리를 잃게 되었다는 것이다.[121] 더불어 국산영화에 대한 면세조치가 행해진 이후에도 실연물에 대해서는 여전히 30% 입장세를 고수[122]했으므로, 교체입장제 실시 이후 악극만을 보기 위해 비싼 입장료를 지불하는 관객의 수는 현저히 줄어들게 되었다.

또한, 해방 이후 미군이 주둔하게 되면서 미8군을 통해 미국의 문화가 무차별적으로 영입되었고, 미8군 클럽과 댄스홀이 서울에 급증하면서 많은 실력 있는 연주자들과 악단들이 더 나은 대우를 위해 자리를 옮겼던 것도 악극의 쇠퇴를 가져온 중요한 이유 중 하나가 되었다. 앞서 지적했듯이 미8군 클럽의 '스테이지 쇼' 형식이 큰 인기를 끌게 되자 이를 한국 대중연예에 적극 도입하고자 했던 흥행사들의 움직임도 큰 영향을 미쳤을 것으로 보인다.[123] 더불어 미국 문화의 세례를 받고, '근대

---

[121] 이화진(2007), 63~66쪽.

[122] 1956년 12월 입장세법이 다시 바뀌면서 실연물에 대한 세금도 10%로 줄어들었지만, 상황은 크게 달라지지 않았다. 이우석(2005), 134~137쪽 참고.

[123] 이 시기 버라이어티 쇼의 구성과 특징은 남아 있는 소수의 영상 자료들을 통해서 일부를 확인할 수 있다. 1960년대 초반에 제작된 〈즐거운 쇼〉와 〈쇼는 즐거워〉는 "혁명과업에 힘쓴 국민들"을 위해 마련된 버라이어티 쇼 무대를 영상화한 문화영화이다. 〈즐거운 쇼〉는 1961년 11월, 〈쇼는 즐거워〉는 1962년 11월에 공연된 것으로 현재 한국정책방송원의 e-영상역사관 홈페이지에 게시되어 있다. 〈즐거운 쇼〉는 내레이터의 서술로 진행되며, 재즈 가수 로라 성, 박재란, 현인, 최무룡 등의 유명 가수와 배우, 현인과 고복수의

화'의 가치를 내면화한 청년 세대의 등장도 악극의 입지를 좁혔음은 주지의 사실이다. 그러나 무엇보다 1955년 〈춘향전〉의 예기치 못했던 성공 이후 한국영화의 산업적 가능성을 발견한 흥행 자본의 이동이 이 시기 악극의 몰락을 초래한 근본적 요인 중 하나로 지적될 수 있을 것이다.

이런 상황에서 1955년 임화수를 중심으로 하는 한국연예주식회사가 설립되어 가극단들을 통합했다. 이승만 정권과 결탁하여 무소불위의 권력을 휘두르던 당대 흥행계의 실력자 임화수의 한국연예주식회사는 무궁화악극단(임화수), 백조가극단(최일), 악극단호화선(이익), 은방울악극단(박시춘), 희망가극단(박노홍) 등 이름 있는 악극단들을 통합하고 악극작가 김석민, 무대미술장치의 김정환(김정항) 등 악극계의 유력인사들을 끌어들여 자유가극단과 악극단 코리아를 발족시켰다. 한국연예주식회사는 이 밖에도 무용연구소와 가곡음반제작소를 만들어 무용수와 가수들을 포괄했는데, 자유가극단의 창립공연에는 30명의 합창단과 40명의 관현악단, 베테랑 발레리나와 이종철, 김정구, 이인권, 윤부길, 황해, 양성훈을 비롯한 연기자들을 포함, 총 100여 명의 인원이 출연하여 가극 〈꿈의 궁전〉과 쇼 〈아리랑 환상곡〉을 무대에 올렸다. 중앙무대에서는 성공적이었지만 지방공연에서는 무대의 열악함 등의 이유로 성공하지 못했던 자유가극단은 1956년 7월 10일 시공관에서의 6차 공연을 마지막으로 활동을 접었다.[124] 그리고 자유가극단 소속단원들의 활약은 그대로 영화 활동으

모창으로 유명한 김희갑의 노래와 캉캉춤 등으로 구성되어 있다. 1962년의 〈쇼는 즐거워〉는 이보다 좀 더 다채롭게 구성되는데, 김희갑의 사회로 진방남(반야월)과 신카나리아, 이미자를 비롯한 유명 가수들의 노래, 코믹한 트위스트 춤을 비롯한 무희들의 무용, 그리고 양석천, 양훈의 대화만담과 구봉서와 곽규석의 농촌 풍자 대화만담 등이 순서를 이룬다. e영상역사관 홈페이지(http://www.ehistory.or.kr) 및 고려대학교 한국근현대 영상아카이브(kfilm.khistory.org) 참고.

로 오버랩 되면서, 김화랑 감독과 양석천(홀쭉이), 양훈(뚱뚱이) 주연의 코미디 5편(〈천지유정〉(1958), 〈사람팔자 알 수 없다〉(1958), 〈한 번만 봐주세요〉(1958), 〈홀쭉이 뚱뚱이 논산 훈련소에 가다〉(1959), 〈흥부와 놀부〉(1959))을 비롯한 영화 16편을 제작하는 등 한국연예주식회사는 1957년에서 1960년 4·19가 일어나기 직전까지 두드러진 활동상을 보였다.

전술했듯이 해방 이후 인기 배우들의 겹치기 출연 및 스태프들의 잦은 이동 등으로 이합집산을 거듭하던 악극단들은 1957년 이후 뚜렷한 하강세를 보이기 시작했다. 이 시기에 등장했던 은항악극단, 악극단 무랑루쥬, 악극단 가라지, 바렌티노악극단, 파리앗치악극단 등 수많은 악극단들은 창립공연 혹은 2회 공연을 마지막으로 사라져 갔고, 광복절 혹은 3·1절 기념공연 등을 위해 한시적으로 운영되거나 또는 지방 공연을 전전하는 등, 점차 중앙무대에서 설 자리를 잃어갔다. 반면 '그랜드 쇼'를 내걸고 화려한 쇼 무대를 선보이던 악극단들은 살아남아 1960년대까지 활동을 이어갔다. 이 중 서울악극단은 1955년 3월 국도극장에서 김희갑, 양석천, 양훈, 구봉서, 박옥초, 김희자 등 유명 코미디언들이 집결하여 선보인 코미디극 〈돈과 사랑과 청춘과 꿈〉을 창립공연으로 가진 뒤, 코미디와 쇼를 중심으로 한동안 활동을 계속 해나갔다. 그 밖에 만담가 장소팔의 명랑 스테이지와 같은 코미디 전문 악극단들과 새별쇼, 서울쇼, 호화선쇼와 같은 쇼 단체, 중앙무대, 럭키악극단, 부산악극단 등의 소규모 악극단 등, 한때 50여 개를 넘나들던 단체의 수는 1960년대 후반 20여 개[125]로 정리되면서 악극단의 공연 형태도 변화하

---

124 한국연예주식회사의 설립과 공연 레퍼토리에 대해서는 박노홍(2008), 168~171쪽 참고.
125 『영화연예연감』, 국제영화사, 1969, 235~238쪽.

〈그림 12〉 코메디코리아 활동 당시의 모습. 왼쪽 아래부터 시계방향으로 양훈, 양석천, 구봉서, 이종철

게 되었던 것이다.

마지막으로 언급할 단체는 코메디코리아이다. 코메디코리아는 영화 〈오부자〉(권영순, 1958)의 성공 이후 주연배우들 양석천, 양훈, 김희갑, 구봉서 등이 농구 친목단체로 처음 모였다가 김희갑이 빠지고 곽규석이 들어오면서 만들어진 쇼 단체이다.[126] 이들이 중심이 되고 김화랑 감독, 김석민 작가, 임병호 촬영기사, 정진남 기획자 등이 동인으로 모이면서 코메디코리아는 실연단체 겸 영화사를 표방하게 되고, 1960년 1월 수

---

[126] 박선영 구술채록(2008ㄱ), 74쪽; 구봉서, 『코미디 위의 인생』, 석필, 1997, 84~87쪽. 그런데 『월간명랑』 1957.3월호 「신춘폭소경연대회」라는 방담 채록을 보면, 이종철, 전방일, 김희갑, 양석천, 양훈, 황해, 박옥초가 등장하는데, 이 중 박옥초는 희극배우로, 나머지 다섯 명의 코미디언은 '코메디코리아' 회원으로 소개된다. 그리고 "코메디코리아도 활동을 시작"해야 하겠다는 이야기를 주고받는다. 이로 미루어볼 때, 코메디코리아가 1950년대 후반 코미디언들의 친목단체로 존재했던 것만은 분명하나, 그 시작과 구성원에 대해서는 기록에 따라 차이가 있으며, 1960년을 기점으로 실연을 겸한 단체로 성격이 변하여 본격적인 대외 활동을 시작했다고 볼 수 있다.

도극장에서 창립공연[127]을 가졌다. 1962년에도 이 단체는 당대 유명 코미디언들(양석천, 양훈, 구봉서, 이종철, 백금녀, 박옥초, 배삼룡 등)을 모두 망라하여 뮤지컬 코미디 〈바지씨와 형광등〉을 공연[128]하는 등 1960년대 초반 코미디를 위주로 하는 쇼 무대를 선보였다. 구봉서에 따르면, 이들은 화려하고 멋있는 무대를 만들기 위해 20여 명 이상의 밴드를 동원하는 등 다른 쇼 단체보다 큰 규모로 무대를 만들어 서울과 지방 공연을 다녔고, 구성원들은 영화와 쇼 단체를 오가며 전성기를 구가했다고 했다.[129] 양석천을 대표로 한 코메디코리아는 1969년까지도 1년에 약 200여 회의 공연을 하면서, 서울 중심부와 변두리, 지방에 이르기까지 활동을 이어갔는데[130] 중심 구성원들은 영화 활동을 위주로 하면서도 여전히 쇼 무대와 깊은 관련을 맺고 있었다.

전쟁 이후 악극단의 활동은, 전술한 바와 같이 다양한 요인들의 상호작용으로 인해 한국영화의 전성기와 맞물리면서 축소되어 갔던 것만은 분명하다. 그러나 그렇다고 해서 악극이 어느 한 순간 완전히 사라졌던

---

127 「코메디 코리아 창립공연」, 『한국일보』, 1960.1.18, 석4면.
128 「한하운의 반생을 수록 / 시민회관서 래 25일부터 〈황토길〉 개봉 / 뮤지칼 코메디로 장식」, 『경향신문』, 1962.8.23, 8면.
129 박선영 구술채록(2008ㄱ), 74~75·113~114쪽, 133~135쪽. 구봉서에 따르면, 코메디코리아는 1960년 〈청춘 일번지〉(정일택)를 제작했는데 이 영화는 결혼을 반대하는 아버지를 설득하기 위해 딸이 남자친구를 가수로 성공시킨다는 줄거리를 가진 코미디였다. 그런데 이 영화의 흥행 실패로 재정상태가 악화되면서 해체의 위기를 겪게 되었으나 이후로 영화제작에서는 손을 떼고 1960년대 초반까지 부정기적인 코미디 쇼 공연단체로만 활동을 했다. 이후 양석천을 제외한 다른 구성원들은 코메디코리아와 직접적인 연관은 없었던 듯하나, 양석천은 이 단체의 대표로 1960년대 후반까지 활동을 이어갔다.
130 국제영화사(1969), 237쪽. 연감에 따르면 이 시기 등록, 활동하던 24개의 단체 중 절반에 이르는 단체들이 적자를 본 반면, 코메디코리아는 흥행수익을 올린 단체들 중에서도 상위권에 속한다. 이에 대해 연감은 "앞으로도 계속 우수한 작품만을 선택 쇼 팬들을 웃음의 도가니로 몰아넣을 계획이고 보면 역시 (대표 양석천의) 코미디안으로서의 경력이 오늘의 사업에 플러스를 갖어왔다고 봐도 과언이 아닐른지-"라고 설명하고 있다.

것은 아니다. 이전의 명성에 비해서는 보잘 것 없었지만, 악극단들은 악극보다는 버라이어티 쇼를 중심으로 한 쇼 무대로 명맥을 이어가면서 1960년대 후반까지도 흥행계에서 중요한 역할을 담당했다.[131] 1960년대 초, 제작사들이 배우들의 쇼 무대 출연 금지를 요청하며 이를 어긴 배우들에 대한 제재를 둘러싸고 협회와 제작사 간의 갈등이 심화되는 사건[132]에서 볼 수 있듯이 배우들의 무대 출연 역시 드문 일은 아니었다. 특히 중요한 것은 코미디언들을 중심으로 하는 쇼 단체의 활약이 영화의 호황과 더불어 1960년대 중후반까지도 지속되었다는 점이다.[133]

---

131 일부 악극인들은 5·16군사쿠데타 후 한국연예협회를, 1964년에는 악극 재건을 목표로 하는 백합회를, 1966년에는 악극협의회를 창립하여 일 년에 한 편씩의 공연을 무대에 올리는 등 악극의 부활을 위한 노력을 계속했다. 그러나 1975년 6월 한국연예협회 주관, 김석민 연출로 〈31번지의 38선〉을 마지막으로 우리 대중문화계에서 악극 활동은 한동안 자취를 감추게 되었다가 1990년대 '한국형 뮤지컬'로 재탄생하면서 조명을 받았다. 박노홍(2008), 176~181쪽 참고.

132 『경향신문』 1963년 2월 8일에는 한국영화제작자협회(이하 제협)에서 배우들의 쇼 출연 금지를 주장하며, 무대 출연을 하는 경우 제협 회원이 제작하는 영화에 출연을 거부하기로 결의했다는 기사가 실렸다. 이들은 1960년대 초반 영화계의 부진을 "쑈 뮤직칼" 탓이라고 주장했다. 이후 『동아일보』 2월 12일에는 제협 이사회에서 쇼무대에 나간 배우 4명(김승호, 신영균, 최무룡, 김지미)을 6개월간 쓰지 않기로 결의했다는 기사가 실렸다. 이에 대해 영화인협회에서는 제협의 일방적인 처사라고 주장하며 불만을 토로했다. 이후 배우들의 출연을 놓고 한 달 가량 공방이 계속되다가 3월 7일 당사자들의 사과와 신필름, 한양영화공사 등 메이저 프로덕션의 보증이 담긴 문건이 제출됨으로써 제협 이사회가 결의를 취소했다. 「스타들 쇼 출연 못하게 / 출연하면 영화출연 거부 / 제협서 혼란 방지 위해 결의」, 『경향신문』, 1963.2.8, 8면; 「쇼무대 나간 배우 네 명 / 6개월 못 나오게 / 김승호, 신영균, 최무룡, 김지미」, 『동아일보』, 1963.2.12, 6면.

133 1964년 5월 14일 『경향신문』에는 쇼 플레이보이와 무랑루쥬 합동으로 5·16 세 돌맞이 희극제가 열린다는 기사가 실렸다. 5월 15일부터 5일간 시민회관에서 상연한다는 것을 광고하면서, "지금까지 코미디언들이 무계획한 만담을 벌이던 것과는 달리 희극인이 총동원되어 제대로 씌여진 대본에 의해 충분한 연습을 거쳐 공연한다는 것"을 내세웠다. 이로 미루어볼 때, 1960년대 초중반 코미디 쇼 공연은 여전히 대중적이었지만 내용적인 측면에서는 악극단이 그랬듯이, 무계획적인 레퍼토리의 반복으로 비난을 받고 있었던 것을 짐작해볼 수 있다. 1950~60년대 코미디언들의 쇼 무대에 대한 자세한 내용은 이 책의 2부 3장 「영화를 실연實演하다」 참고.

장편 코미디극 대신, 짧은 만담이나 경희극에 가까운 코미디로 레퍼토리의 규모가 축소되었으나, 코미디언들은 무대와 영화, 미8군 쇼, 그리고 TV와 라디오를 오가며, 이 시기 가장 활발한 활동을 펼쳤던 대중예술인들이었다.

2) 악극에서 영화로−인력과 레퍼토리의 교류

일제시기부터 악극에서 활동했던 인력들의 상당수가 1950년대 중반에 들어서면서, 영화로 주 활동무대를 옮겼다. 이에 따라 적지 않은 악극의 레퍼토리와 양식적 특성이 이 시기 한국영화로 유입되었으며, 특히 코미디영화의 형성에 지대한 간여를 했다. 이 절은 코미디 배우들을 중심으로, 감독, 스태프, 작가 등 코미디영화 제작에 관여한 인력들과 레퍼토리의 흐름을 재구성해 보고자 한다. 인력과 레퍼토리의 이동을 살피는 것은, 충분한 자료가 부재하는 상황에서 초기 한국 코미디영화와 인접장르 간의 영향관계를 실증적으로 검토하는 것을 가능하게 해 주기 때문이다. 이를 통해 한국 코미디영화 형성의 한 맥락을 살펴볼 수 있을 것이다.

(1) 코미디 배우

악극단과 영화계를 오가며 활발한 활동을 보였던 인력들은 이미 알려진 대로 상당히 많은 수가 있다. 여기서 초점을 맞추고자 하는 코미디 분야 외에도, 1950년대 영화계를 장악했던 배우들의 상당수는 악극단 출신[134]이었으며, 작가나 감독, 제작자 및 스태프들도 이 시기 악극에서 영화로 옮겨간 경우가 적지 않았다. 또, 악극이 버라이어티 쇼로 방향을 선회하는 과정에서 많은 관련자들이 영화뿐 아니라 라디오나 TV 등의 매체로 이동하기도 했다. 말하자면, 인력의 이동에서부터 이 시기 대중문화계의 지각변동이 이루어졌다고 해도 과언이 아닐 것이다. 그 중에서도 코미디 배우들은 대중문화의 첨병으로서, 무대와 방송국, 스크린을 오가며 대중들과 가장 가까운 곳에서 소통하고 있었다. 코미디 배우들은 악극에서 버라이어티 쇼로, 라디오에서 영화로 가장 먼저 활동 무대를 옮긴 인력군에 속했으며, 각 양식에서의 흐름을 주도하면서 대중문화 영역들의 동질성과 이질성을 조율하는 매개자로 기능했다. 다시 말해, 악극의 2부 순서에서 짤막한 코미디와 만담을 담당했던 이들은 좀 더 화려한 볼거리에 대한 대중들의 요구에 따라 버라이어티 쇼에서 코미디 쇼와 장편 코미디극을 선보이는 주연으로 발돋움했고, 여기서의 장기와 인지도를 바탕으로 라디오 및 영화에 진출, 각 매체에 알맞은 형식으로 자신들의 레퍼토리를 수정 보완하면서 탄력적으로 적응해 나갔

---

134 황문평에 의하면, 1954년 〈아리랑〉(이강천)에 출연한 허장강이 악극단 출신 배우 1호였다. 이듬해 이강천 감독의 〈피아골〉에서 허장강을 비롯, 김진규, 이예춘, 노경희 등 악극단 출신 배우들이 대거 주연을 맡으면서 악극배우들의 영화진출이 급물살을 타기 시작했다. 이후 최무룡, 도금봉, 조미령, 황해, 장동휘, 이경희, 박노식, 장혁, 최성호, 최봉, 조덕성, 이민자, 주증녀 등이 영화로 진출하면서 '한국영화 중흥기'를 견인했다. (황문평(2000), 78쪽). 〈항구의 일야〉, 〈눈 나리는 밤〉 등의 악극으로 '눈물의 여왕'으로 불렸던 전옥은 영화에서 먼저 데뷔한 경우이다. 15세 때 〈낙원을 찾는 무리들〉(황운, 1927)을 시작으로 〈잘 있거라〉(나운규, 1927), 〈사랑을 찾아서〉(나운규, 1928), 〈옥녀〉(나운규, 1928) 등에 출연했고, 이후 토월회를 거쳐 남해예능대, 백조가극단을 이끌며 악극작가, 연출, 배우의 1인 3역을 소화했다. 1950년대 후반부터는 영화출연에 매진하여 1960년대까지 약 50여 편에 출연했다. 주진숙 · 장미희 · 변재란 외, 『여성영화인사전』, 소도, 2001, 76~77쪽.

던 것이다. 한편으로, 이 시기 코미디 배우들은 그들 자체가 하나의 장르로서, 자신의 신체와 언어를 활용한 예측가능한 레퍼토리들을 통해 일종의 서사적 / 양식적 기능을 수행하는 데까지 나아갔다고도 볼 수 있다. 예컨대, 홀쭉이와 뚱뚱이로 더 많이 알려진 양석천과 양훈은 악극단에서 선보였던 코미디 스타일을 라디오와 영화에서도 이어갔다. 이들이 주연을 맡은 코미디영화들은 말장난pun과 만담식 대화를 차용하여 풍성한 말의 재미를 느낄 수 있게 구성되었으며, 신체를 이용한 슬랩스틱과 시각적 개그[135]를 활용하여 막스 브라더스의 코미디에 가까운 아나키즘적 코미디를 선보였다. 반면, 비교적 출중한 외모와 "정상적 화법"[136]을 보유한 구봉서의 경우, 언론을 통해 '자상하지만 엄격한 가부장', '아내를 존경하는 공처가 클럽의 회원'[137] 등의 이미지를 강조하면서 '건전한 서민'으로 페르소나를 구축해 왔으므로 구직과 연애에서 목적을 이루는 주인공 역할을 맡았고, 이런 이미지를 이용하여 동아방송의 〈안녕하십니까 구봉서입니다〉[138]라는 시사풍자 라디오 프로그램을

---

135 시각적 개그sight gag는 이미지나 이미지의 연속을 통해 일반적이지 않은 해석이 가능해지는 상황에서 창조되는 유머를 말한다. 즉, 시각적 부조화의 이미지가 발생하는 경우, 예컨대 오해에서 비롯된 잘못된 인식을 가지고 행동하는 주인공을 볼 때 관객들이 웃게 되는 상황 등을 일컫는다. 〈홀쭉이와 뚱뚱이 논산 훈련소에 가다〉에서 두 주인공이 서로 뒤바뀐 군복을 입고 항의하는 장면이나 〈사람팔자 알 수 없다〉에서 양석천이 몰래 과자를 먹다가 목이 메어 온 방 안을 휘젓고 다니는 모습을 보게 된 옆 집 여성들의 반응에서 창출되는 웃음을 말한다. Noel Carroll, "Notes on the Sight Gag" in Andrew Horton (ed.), *Comedy / Cinema / Theory*, University of California Press, 1991, p.26.
136 이창덕 · 황혜진, 「구봉서 웃음의 특성과 그 문화적 의미」, 『웃음문화』 5권, 한국웃음문화학회, 2008, 15쪽.
137 「명우의 진기 / 와이프 서비스 / 야유회서 셔터가 잡은 명랑가정」, 『경향신문』, 1962.10.9, 8면.
138 매일 아침 5분간 방송되던 이 프로그램의 인기는 대단하여, 〈안녕하세요, 구봉서입니다〉, 〈안녕하십니까, 막둥이 구봉서입니다〉, 〈안녕하세요, 막둥이 구봉서입니다〉처럼 제목을 조금씩 달리하여 KBS, CBS, MBC 등 타 방송사에서도 계속적으로 방송했다. (구봉서

7년이 넘도록 진행할 수 있었다. 코미디 배우들의 페르소나와 그들이 구축하는 장르적 성격에 대해서는 4장에서 더 자세히 살펴볼 예정이다.

여기서는 먼저 악극단 코미디 배우들을 전체적으로 조망한 뒤, 주요 인물들의 활약상에 대해 더 구체적으로 논의해보자. 일제시기부터 해방 직후까지 악극단에서 활약한 코미디 배우로는 KPK에서 '아리랑보이즈'로 활약하며 '음악적 촌극무대'를 선보이면서 '조선 최초의 보드빌리언'으로 불렸던 이복본[139]을 비롯하여 남대문 악극단의 정웅, 현대가극단의 백대민,[140] 반도가극단에서 활동하다가 부길부길쇼단을 만들었던 원맨쇼의 달인 윤부길, 코믹송에 뛰어났던 최병호, 최병호와 체격과 얼굴이 비슷해서 이를 코미디의 소재로 삼아 웃음을 유발했던 유노완, '번개돌이'라는 별명을 가지고 희활극을 담당했던 이종철, 반도가극단에서 짤막한 코미디를 선보였던 임생원과 신카나리아, 그리고 윤백단[141]이 있었다. 그리고, 신불출 이후 만담계의 일인자로 이름을 날리며 손일평만소단을 창단했던 손일평, 그와 짝을 이루어 만담을 선보였던 김원호, 김원호 다음으로 손일평과 짝을 이루었던, '조선 최초의 전문

(1997), 134~135쪽) 한편, 이 방송의 말미에 했던 "이거 됩니까 이거 안 됩니다"라는 멘트가 유행하자 1964년 박종호 감독에 의해 동명의 영화로 제작되기도 했다.
139 황문평(2000), 214~216쪽.
140 현대가극단에서 1949년 10월 국도극장에 올렸던 11회 신작공연 작품은 박노홍 작·연출, 박시춘 작곡의 가극 〈산적의 사랑〉이었는데, 이때 대본과 연출을 담당했던 박노홍은 백대민의 연기가 관객들을 사로 잡았으며, 극의 흐름을 주도했다고 증언하고 있다. 그러나 일류 희극배우 이종철, 손일평, 이복본보다 더 웃기다는 평을 들었던 백대민은 2년 정도 활동하다가 요절했다. 박노홍(2008), 91쪽; 반재식(2004), 294쪽.
141 임생원과 신카나리아, 윤백단과 신불출 등은 콤비를 이루어 만담을 선보이기도 했는데, 이들이 발매한 만담레코드판도 인기를 끌었다. www.ponki.kr 참고. 이 글을 처음 작성했던 2011년 당시에는 가요114(www.gayo114.com) 홈페이지에서 음원이 서비스되었으나 현재는 음반의 존재와 기본 정보만이 확인가능하다.

사회자'라는 타이틀을 가진 전방일,[142] 제일악극단을 창립했던 코미디 배우 임서방, '조선의 버스터 키튼' 또는 '쫑콩'이라는 별명으로 더 많이 알려졌던 이방,[143] 채플린 분장을 하고 판토마임으로 채플린의 슬랩스틱 코미디를 선보였던 임종성, 윤대룡, 그리고 '한국의 찰리 채플린'이라는 별칭을 얻었던 이원철,[144] 해방 직후 여러 극단에서 비중 있는 코미디언으로 활약했던 것으로 알려진 김대봉,[145] 피에로 연기로 유명했던 명진,[146] 정유웅, 이성운, 태을민, 복원규 등이 이 시기 이름을 알렸던 코미디 배우들이었다.

또 식민지 시기 말엽에 각각 반도가극단과 성보악극단에서 활동을 시작했던 양석천과 양훈, 해방 무렵 태평양악극단에서 악사로 활동을 시작한 구봉서와 반도가극단에서 코미디연기에 두각을 나타냈던 김희갑이 있었으며, 장미악극단에서 배삼룡이 데뷔하여 특유의 '비실이' 연기

---

142 전방일은 1940년 평양에서 창단된 인간좌라는 악극단에서 2부 버라이어티 쇼의 사회자를 맡으면서 등장했다. 당시 버라이어티 쇼 무대가 점차 악극단 무대에서 비중이 커지고 있었기 때문에 쇼를 진행하는 전문 사회자가 등장하기 시작했고, 전방일은 이때 신인으로 등장했던 것이다. 이후 손일평의 대화 만담 상대역으로 발탁되면서 유명세를 누리기 시작, 1943년 일본인이 운영하던 성보악극단으로 이적할 당시에는 이미 스타의 반열에 올라 있었다. 황문평(2000), 220~223쪽.

143 쫑콩은 찌그러진 콩이라는 뜻으로, 이방이 작은 몸집에 특이한 얼굴 표정을 갖고 있었기 때문에 붙여진 별명이었다고 한다. 반재식(2004), 308쪽.

144 『서울신문』 1946년 6월 6일 2면에는 챱부링 원작, 이원철 각색으로 〈조선 챱부링 이원철의 거리의 등불〉이 공연된다는 광고가 실렸다. 한편, 『조선일보』 1951년 12월 4일 2면에는 '대한의 챠푸링' 이원철 구성으로 〈코매디-쑈- 챠푸링의 폭소일기〉를 공연한다는 광고가 실렸다.

145 김대봉은 해방 직후, 여러 극단에서 겹치기 출연을 할 만큼 인기 있었던 코미디 배우였던 것으로 보인다. 구봉서와 김희갑의 회고록에 의하면, 이들은 각각 태평양악극단과 반도가극단에서 김대봉의 대역으로 처음 무대에 서게 되었다고 한다. 당시 김대봉은 "김대봉 희극하면 장안에서 알아줄 정도로 명망 있는 희극배우"였다고 한다. 구봉서(1997), 14~18쪽; 김희갑, 『어느 광대의 사랑』, 삼진기획, 1992, 57~58쪽.

146 반재식(2004), 385쪽.

〈그림 13〉 악극단 신천지의 코미디쇼 〈거리의 등불〉 광고. "조선찹부링 이원철"을 내세워 광고하고 있다. (『서울신문』, 1946.6.6, 2면)

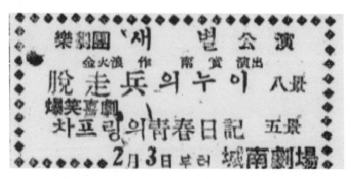

〈그림 14〉 새별악극단의 광고. 김화랑 작으로 〈탈주병의 누이〉와 "폭소희극" 〈차프링의 청춘일기〉를 공연했다. (『경향신문』, 1947.2.4, 2면)

를 선보이기 시작했다. 오길래, 김정분(백금녀의 본명) 등의 여성 코미디언들과 박응수, 경윤수 등도 해방 전후로 등장했다. 그리고 1950년대 초중반에는 서영춘, 이기동, 박시명, 송해, 김희자, 남성남, 남철, 이대성, 남춘, 배수남, 김성남 등의 코미디언들이 서울악극단, 낭랑악극단 등 코미디전문 악극단을 통해 데뷔했다. 악극단의 활동이 축소되기 시작할 무렵인 1950년대 중반 이후에도, 코미디 배우들의 숫자만은 한동안 증가[147]하여 쇼 무대와 영화, 텔레비전으로 그 활동 범위를 넓혀갔다.

이들 중 영화와 관련을 맺은 코미디 배우들을 다시 정리해보면, 두 가지 경향을 찾을 수 있다. 첫 번째는 악극단에서의 코믹한 연기 스타일과 크게 상관없는 역할을 맡은 경우, 두 번째는 코미디언으로서의 자신의 페르소나와 연기를 영화에 성공적으로 이접한 경우가 있다. 먼저, 코미디언으로서의 정체성이 잘 드러나지 않았던 경우로는, 이복본과 임생원 등 일제시기에 활동했던 배우들을 예로 들 수 있다. 이복본은 스윙 템포의 '노들강변'을 멋들어지게 부르던 가수이자 히틀러의 흉내를 잘 냈던 조선악극단의 대표적인 코미디언[148]으로, 악극단에서 인기를 바탕으로 영화에도 출연하여 나운규의 영화 두 편에서 조연으로 활약했다. 첫 번째 작품은 〈라보엠〉을 각색한 〈무화과〉(나운규, 1935)였는데, 여기서 이복본은 주인공 윤봉춘과 전춘우의 사이를 방해하는 비중 있는 조연으로 등장[149]했다. 다음 출연 작품이었던 〈그림자〉(나운규, 1935)에 대한 자세한 사항은 알 수 없으나, 나운규, 윤봉춘, 현방란과 함께 출연한 것으로

---

147 반재식(2004), 302~305쪽.
148 황문평(2000), 214~216쪽.
149 김종욱, 『실록 한국영화총서』上, 국학자료원, 2004, 910~912쪽 참고.

기록되어 있다. 이 두 편의 영화에는 임생원도 출연했다고 기록되어 있는데, 이에 대한 구체적인 내용 역시 찾을 수 없다. 따라서 이 영화들이 코미디적 요소를 얼마나 가지고 있었는지는 알 수 없으며, 이복본과 임생원도 이후 악극단 활동에 주력하고 더 이상 영화 출연은 하지 않았던 것으로 보인다.[150] 이복본이나 임생원은 악극단의 코미디 배우들로 가장 먼저 영화에 출연하였으나, 그럼에도 이들의 연기가 코미디에 근접한 것이었는지는 알 수 없다.

이들과 달리 악극과 영화를 넘나들었던 대부분의 코미디 배우들은 '코미디언'으로서 정체성을 분명히 한 채, 자신의 스타 페르소나를 적극 활용했다. 2장에서 언급했던 〈멍텅구리 헛물켜기〉의 이원규가 신파극단인 혁신단 및 문수성, 신극좌의 배우이기는 하였으나 이후에도 대중극을 중심으로 하던 극단 무대에서 코미디 연기를 주로 했고 그러한 연기 패턴을 영화로 이어갔다는 점에서 이 계열의 시초였다고 볼 수 있을 것이다. 이종철과 박옥초는 그 뒤를 이어 악극단과 영화를 활발하게 오가며 활동했던 코미디 배우들이었다. 이종철의 경우는 영화에서 먼저 코미디배우로서의 가능성을 인정받았던 것으로 보인다. 원래 '번개돌이'라는 별명으로, 기계체조와 철봉에서 묘기를 선보이며 악극단 무대에 섰던 이종철은 〈홍길동전〉(이명우, 1936)에서 주인공을 맡으면서 영화에 데뷔했고, 이후 〈장화홍련전〉에서 장쇠 역할을 맡으면서, 코믹한 역할을 소화했다.[151] 이후 이종철은 악극단에서도 주로 코미디를 도맡으면서 극

---

150 이복본은 해방 직후까지 악극단에서 활발한 활동을 했는데, 일제 말기 선전대에 동원되었던 과거를 반성하는 글에서 윤부길과 함께 '복본쇼'라는 그랜드 쇼를 기획하여 더 명랑한 사회를 만드는 데 일조하겠다는 포부를 밝혔으나 이에 대한 기록도 더 이상은 찾을 수 없으며, 전쟁 중 사망했다. 황문평(2000), 214~216쪽.

단의 흥행을 주도하는 배우로 자리 매김 되었고, 전쟁기를 거치면서 당대 최고의 코미디언으로 대접 받게 되었다. 악극단에서 전성기를 보낸 이종철은 1950년대 후반 〈여성의 적〉(김한일, 1956)으로 다시 영화 출연을 시작하여, 〈딸 칠형제〉(박시춘, 1958), 〈오부자〉(권영순, 1958), 〈실례했습니다〉(박성호, 1959)에서 양훈, 양석천, 구봉서 등 당대 최고 인기 코미디 배우들의 아버지 또는 상사 역으로 출연했다.[152] 이종철은 이후에도 조연, 또는 단역으로 꾸준히 활동하여 1970년대까지 약 30여 편에 이르는 필모그래피를 남겼다.

한편, 소녀가극단 낭낭좌 출신으로 남성역을 도맡으며 인기를 누렸던 박옥초는 악극단으로 활동 무대를 옮기면서 이종철, 윤부길 등과 호흡을 맞춰 여성 코미디언으로서 극의 생기를 불어 넣어주는 감초 같은 역할을 많이 맡았고 손일평만소단에서는 손일평과 함께 대화만담을 선보이기도 했다. 라디오 코미디 프로그램과 쇼 무대의 인기 있는 출연자였던 박옥초의 인기는 영화로도 이어져, 〈애정파도〉(문화성, 1956)로 데뷔한 이래 1981년까지 약 60여 편의 영화에 조, 단역으로 출연했다. 김수용의 〈공처가〉, 박시춘의 〈딸 칠형제〉, 김화랑의 〈흥부와 놀부〉를 비롯한 1950년대 코미디영화에 비중 있는 조연으로 출연했을 뿐 아니라,

---

151 당시 조선에 방문했던 미국의 영화감독 조셉 폰 스턴버그가 〈장화홍련전〉을 단성사에서 관람한 뒤, 이종철의 연기에 대해 찬사를 아끼지 않았다고 한다. 황문평(2000), 227쪽.

152 1950년대 후반 이후 영화에서 이종철은 조연보다도 단역에 가까운 역을 맡으며 악극에서의 인기를 이어가지 못했으나, 여전히 1960년대 초반까지는 쇼 무대의 스타였던 것으로 보인다. 1962년 한국예술문화진흥회주최 한국연예협회후원으로 열린 〈희극제〉에 "희극계의 별들이 총출연"하여 "희극 30년사"를 벌인다는 광고가 실리는데, '희극계의 왕자' 이종철을 비롯하여 양석천, 양훈, 김희갑, 구봉서, 곽규석 등이 출연한다고 기록하고 있다. 악극단 KPK에서 연출을 담당했던 백은선이 이 쇼 무대의 연출을 담당하고 있다는 것도 주목해 볼 대목이다. 「광고」, 『동아일보』, 1962.7.9, 석4면.

〈그림 15〉〈청춘쌍곡선〉 광고. 왼쪽에 "라디오로 알려진 홀쭉이와 뚱뚱이"라는 글씨와 함께 양훈과 양석천의 얼굴이 크게 그려져 있고, 오른쪽에는 단역으로 출연하는 전방일의 얼굴과 전신사진이 함께 실려 있다. (『경향신문』, 1956.12.30)

1960년대에는 〈행주치마〉(이봉래, 1964), 〈삼등사장〉(이봉래, 1965), 〈쥐 구멍에도 볕들 날 있다〉(김화랑, 1965), 〈워커힐에서 만납시다〉(한형모, 1966) 등 다양한 장르의 영화에서 활발한 활동을 이어갔다.[153]

그러나 이 시기, 누구보다 활발하게 활동했으며 악극단에서의 인기를 영화로 연장하여 라디오와 TV, 영화를 종횡무진 누비며 각 매체마다 가장 빠르게 성공적으로 적응하여 새로운 장르를 발전시켰으며, 관객의 확대에 이르기까지 그 영향력을 행사했던 일군의 코미디 배우들이 있었으니 양석천, 양훈, 구봉서, 김희갑이 그들이었다. 양석천과 양훈은 각각 반도가극단과 성보악극단에서 1943년부터 악극단 생활을 시작했다. 양석천은 김화랑의 유락좌, 무궁화악극단, 대도회악극단 등을, 양훈

---

[153] 그밖에 정웅은 〈검사와 여선생〉(윤대룡, 1948), 〈아리랑〉(김소동, 1957)에 단역으로 출연했으며, 남성남은 〈봉이 김선달〉(한홍열, 1957)에 출연한 기록이 남아 있다. 〈봉이 김선달〉은 악극 작가 이사라(박노홍) 각본, 한홍열 연출로, 김선달의 풍자와 해학을 엮는 코믹한 작품이었다. 그러나 이후 정웅과 남성남의 영화 출연은 더 이상 이어지지 않았으며, 남성남은 이후 텔레비전 코미디로 진출, 남철과 함께 남성 코미디 듀오로 1980년대까지 활약했다.

<그림 16> 〈청춘쌍곡선〉 광고. 양석천과 양훈의 얼굴만이 크게 강조되어 있으며 이 영화가 하와이에 수출하게 되었다
는 정보와 함께 "레디오로 알려진 한국이 낳은 천하명물 뚱뚱이와 홀쭉이의 실물이 등장"한다는 점을 강조하고 있다.
(『조선일보』, 1957.3.30)

은 희망가극단, 태양가극단, 현대가극단 등을 거쳐, 청춘부대에서 처음
만났다. 그러나 전쟁으로 지속적인 활동은 하지 못한 채 정훈공작대 등
에서 활동하다가 1951년 양훈이 대표를 맡게 된 무궁화악극단에서 다
시 만나, '홀쭉이와 뚱뚱이'로 콤비를 이루게 되었다.[154] 전쟁기를 거치
면서 두각을 나타내게 된 이들은 1950년대를 통틀어 가장 인기 있는 코
미디언으로, 악극단과 라디오, 영화와 텔레비전에 이르기까지 다방면
에 걸쳐 활약했다. 당시 이들은 라디오에서 "산뜻한 콩트"와 "빠른 템포
로 익살을 부리면서 무리없이 시사 풍자를 담아"낸 코미디를 선보이는
것으로 인기를 끌었다.[155] 1957년 3월호 월간 『명랑』에 실린 「신춘폭
소경연대회」[156]는 이종철, 전방일, 김희갑, 양석천, 양훈, 황해, 박옥초
7인이 모여 자유롭게 대화하는 내용을 실었는데, 양석천과 양훈의 인기
를 반영하듯, 대화는 주로 두 사람의 활동상과 만담에 초점이 맞춰져 있
다. 참석자들은 "지난 해의 배우 인기투표를 한다면 래디오 코메디의 두

---

154 미국의 코미디언 콤비 로렐과 하디의 영화가 '홀쭉이와 뚱뚱이'로 번역되었는데, 한국
   에서 이를 모방하여 처음 '홀쭉이와 뚱뚱이'로 등장한 것이 손일평과 김원호(이후 전방
   일)였다. 따라서 양석천과 양훈 콤비의 '홀쭉이와 뚱뚱이'는 2세대인 셈이다.
155 반재식(2004), 463쪽.
156 「신춘폭소경연대회」, 『명랑』, 1957년 3월호.

양군이 최고"일 것이라는 데 동의했다. 영화 출연 소감을 묻자 양석천은 "감독이 웃음을" 모르고 "쌍스럽게 취급"한다는 불만을 토로하기도 했다. 이러한 대화로 미루어 볼 때, 양석천, 양훈의 라디오코미디가 1950년대 중후반 전성기를 구가하고 있었다는 점과 이들이 무대와 라디오에서의 인기를 바탕으로 영화에 진출하게 되는 과정, 그리고 '웃음'에 대한 몰이해로 인해 코미디가 저급한 것으로 취급 받았으나 관객들에게는 큰 영향력을 행사하고 있었던 당시의 상황을 짐작해볼 수 있으며, 이미 영화에 진출하기 전, 팬덤을 형성하고 있었던 두 코미디언의 위상 또한 가늠해볼 수 있다.[157]

양석천과 양훈의 영화 데뷔작이었던 〈청춘쌍곡선〉의 광고에서 볼 수 있듯이, 영화의 실제 주연은 양훈과 황해였지만, 광고에서 부각된 것은 양훈과 양석천, 그리고 단역으로 잠시 등장하는 전방일의 얼굴이다(〈그림 15〉 참고). 전술한 바와 같이 전방일은 우리나라 최초의 MC이자 사회자로 이름을 널리 알린, 악극단의 스타 코미디언이었다. 영화의 오프닝과 엔딩씬에 각각 잠시 등장하는 '카메오' 전방일의 얼굴은 이 광고에서 누구보다도 크게 그려져 있다. 그리고 양훈과 양석천 얼굴 옆에는 "라디오로 알려진… 홀쭉이와 뚱뚱이"라는 문구가 써 있다. 이들은 이러한 인기를 바탕으로, 영화계에 진출하여 〈천지유정〉(김화랑, 1957), 〈오부자〉(권영순, 1958), 〈사람팔자 알 수 없다〉(김화랑, 1958)를 비롯, 〈홀쭉이 뚱뚱이의 한 번만 봐 주세요〉(김화랑, 1959), 〈홀쭉이 뚱뚱이 논산훈련소에

---

157 『월간실화』의 한 기사는 "무대에서 래디오에서 또는 스크린에서 너무도 유명하게 알려진 사람이 누구냐?"하고 물으면 "열이면 열이 모두 '아마 양훈이가 아닐까?'" 할 정도로, 양훈이 당대 최고의 인기 스타였다고 쓰고 있다. 「연예인의 출세이야기」, 『월간실화』, 1958년 12월.

가다〉(김화랑, 1959), 〈홀쭉이 뚱뚱이의
실례했습니다〉(박성호, 1959) 등 약 백
여 편의 영화에 출연하며 전성기를 누
렸다. 1950년대 말, 영화계를 통틀어
양석천과 양훈이 최고의 개런티를 받
는 영화배우로 자리매김 되어 있었던
사실도 확인할 수 있다.[158] 이후 1960
년대부터 양훈은 주연보다는 주로 개

〈그림 17〉 〈비단이 장사 왕서방〉(안현철, 1961)
의 주연으로 출연한 양훈. 〈비단이 장사 왕서방〉
은 1950년대 후반 코미디영화의 주연을 도맡았
던 양훈의 마지막 주연작이 되었다.
(한국영상자료원 제공)

성 있는 조연으로 활약했고 양석천은 무대 코미디로 자리를 옮기면서,
코미디영화의 주연 배우 자리를 김희갑, 구봉서에게 넘겨주었다.

한편, 구봉서와 김희갑은 1945년 각각 태평양악극단과 반도가극단
에서 데뷔했는데, 임시 악사였던 구봉서와 무대 뒤에서 배우들의 대사
를 읽어주던 프롬프터였던 김희갑은 둘 다 김대봉의 대역으로 코미디
배우의 길에 들어섰다. 훤칠한 외모와 능청스러운 말솜씨로 코미디와
쇼 무대에서 사랑을 받았던 구봉서, 그리고 노인역과 코믹한 조연, 고복
수·현인 등의 모창에 재능을 보였던 김희갑은 각기 악극단에서 눈에
띄는 스타로 성장했다. 구봉서는 종군연예인으로도 약 5년간 활동했으

---

158 1962년 당시 최고의 출연료를 받는 배우는 김승호, 김진규로 한 작품에 1백만 환 내지
1백 50만 환이었으며, 최무룡, 신영균 급의 주연배우가 한 작품에 1백만 환 전후를 받았
다는 기사가 실렸다. 또 "인기 코미디언들의 경우, 몇 해 전까지만 해도 뚱뚱이 홀쭉이
콤비의 전성시대에는 두 사람 한 몫으로 받는 출연료가 2백만 환으로부터 2백 50만 환
까지"였다고 언급하면서 1962년 현재, 김희갑, 구봉서, 양훈, 양석천 등이 80만환으로
부터 최고 백만 환까지 받고 있다는 기사가 실렸다. 이로 미루어볼 때, 1950년대 후반까
지 양훈, 양석천은 당대 최고의 금액을 받는 영화계 최고의 스타였음을 짐작해볼 수 있
다. 「희망취재―배우들 수입 얼마나 되나 / 주연급 한 편에 2백만 환 / 조연급은 작품따
라 천차만별 / 남우보다 여우들이 더 받고」, 『조선일보』, 1962.5.14, 3면.

며 라디오 방송에도 일찍 진출하여 홀쭉이 양석천과 함께 〈홀쭉이와 길쭉이〉 및 대북방송을 진행한 경력을 바탕으로, 1956년 영화계에 데뷔할 때[159] 이미 포스터 한쪽에 코믹한 장면을 연기하는 모습이 들어갈 정도로 잘 알려진 스타였다(〈그림 18〉 참고).

김희갑 역시 뛰어난 연기실력과 모창실력으로 전쟁기에는 반도가극단의 주연배우로 사랑을 받았는데 한형모 감독의 〈청춘쌍곡선〉(1957)으로 영화계에 데뷔하면서, 영화의 인기와 함께 인지도가 상승했다. 이들을 명실상부한 코미디 스타 반열에 올려놓은 것은 권영순 감독의 〈오부자〉(1958)였다. 이 영화에서 이들은 이종철과 석금성의 네 아들들(양훈, 양석천, 김희갑, 구봉서)로 출연, 연애담을 중심으로 하는 노래와 코미디를 선보였다. 이 영화는 당시 개봉관인 국도극장에서만 제작비가 다 충당[160]될 정도로 큰 인기를 얻었고, 영화의 성공으로 인해 코미디영화 제작이 급물살을 탈 정도로 산업적 반향을 일으키기도 했다. 그리고 구봉서와 김희갑은 이 영화를 통해 '막둥이'와 '합죽이'라는, 평생을 따라다닌 애칭을 얻게 되었다. 이후, 이들은 1970년대까지 다수의 영화에서 주조연으로 출연하면서, 대표적인 코미디 배우로 자리매김 되었다. 구봉서는 1970년대 초반까지 약 400여 편[161]의 영화에 출연했으며, 특히 1950년대 후반부터 1960년대 후반까지 이어지는 코미디영화 열풍의 중심에 서 있었다. 그는 〈백만장자가 되면〉(정일택, 1959), 〈구봉서의 벼락부자〉(김수용, 1961), 〈이거 됩니까 이거 안됩니다〉(박종호, 1964), 〈단

---

159 〈애정만세〉(문화성, 1956).
160 박선영(2008ㄱ), 82쪽.
161 구봉서, 『코미디 위의 인생』에는 400여 편으로 기록되어 있으나 현재 한국영상자료원 한국영화데이터베이스(KMDb)에는 150여 건으로 기록되어 있다.

〈그림 18〉〈애정파도〉포스터. 오른쪽 하단에 구봉서와 박옥초의 코믹한 연기 장면이 보인다. (한국영상자료원 제공)

벌신사〉(김기풍, 1965), 〈남자식모〉(심우섭, 1968), 〈남자미용사〉(심우섭, 1968)와 같은 원톱 주연 영화들에서 뿐 아니라 〈서울의 지붕밑〉(이형표, 1961), 〈맹진사댁 경사〉(이용민, 1962), 〈또순이〉(박상호, 1963), 〈돌아오지 않는 해병〉(이만희, 1963)과 같은 영화들에서도 비중 있는 조연으로 존재감을 드러내는 배우였다. 구봉서가 주연을 맡은 작품 중 〈수학여행〉(유현목, 1969)만이 코미디가 아닌 거의 유일한 작품이었던 데 반하여, 김희갑은 코미디영화 외에서도 다양한 연기 스펙트럼을 보이며, 1950년대 후반부터 1980년대까지 약 700여 편에 출연[162]했다. 구봉서와 달리 김희갑은 단독 주연을 맡은 영화보다는 공동 주연을 맡거나 극의 코믹한 성격을 불어넣는 조연 역할로 출연하는 경우가 많았으며, 연기 초반에는 그의 특기였던 모창 실력을 드러낼 수 있는 영화들이 많았던 것으로 보인다. 후기로 갈수록 코미디보다는 드라마적 성격이 강한 영화에 출연했는데, 〈사랑방 손님과 어머니〉(신상옥, 1961), 〈와룡선생 상경기〉(김용덕, 1962), 〈팔도강산〉(배석인, 1967), 〈속 팔도강산〉(양종해, 1968), 〈내일의 팔도강산〉(강대철, 1971) 등에서 뛰어난 연기력을 선보이며, 1970년대까지 활발하게 활동했다. MBC TV가 개국하면서 개국 프로그램으로 기획한 〈웃으면 복이 와요〉(1969)에 출연하면서 구봉서가 주 활동무대를 텔레비전 코미디로 옮겼던 것과 달리, 김희갑은 코미디 프로그램보다 〈꽃피는 팔도강산〉, 〈제삼지대〉와 같은 드라마를 중심으로 활동 범위를 넓혔다.

이들 외에도, 만담가 장소팔은 〈공처가〉(김수용, 1958), 〈쥐구멍에도 볕들 날 있다〉(김화랑, 1965) 두 편, 장소팔의 만담 파트너로 가장 유명했던 고춘자는 〈쥐구멍에도 볕들 날 있다〉 한 편에 출연했는데, 이들은 영화보다 라디오 방송 〈민요만담〉 등과 만담극단 명랑스테이지 운영에 더 힘을 기울였다. 만담가 출신으로 가장 활발한 영화 활동을 했던 여성 코미디언은 백금녀였는데, 백금녀는 김정분이라는 본명으로 부산 지역 악극단에서 데뷔한 뒤, 서울중앙방송 성우 제1기로 본격적인 연예 활동

---

162 김희갑, 『어느 광대의 사랑』에는 700여 편으로 기록되어 있으나 현재 한국영상자료원 한국영화데이터베이스(KMDb)에는 300여 건이 남아 있다.

을 시작했다. 청춘극장과 황금좌 등의 악극단에서도 활동했는데 1950
년대 후반 서영춘과 콤비를 이루면서 대중들의 큰 사랑을 받았다. '갈비
씨와 뚱순이'라는 애칭으로 불렸던 서영춘과 백금녀는 쇼 무대와 라디
오에서 큰 활약을 했고, 백금녀는 여기서 얻은 인기를 바탕으로 영화계
에도 진출, 〈공처가〉(김수용, 1958)로 데뷔했다. 백금녀는 단독 주연작
(〈남자는 싫어〉(안면희, 1967))이 있었던 유일한 여성 코미디언이었다. 그
밖에도 〈출세해서 남주나〉(이용호, 1965), 〈쥐구멍에도 볕들날 있다〉,
〈번지수가 틀렸네요〉(심우섭, 1968), 〈남자미용사〉(심우섭, 1968), 〈요절
검객 팔도검풍〉(김기풍, 1969), 〈우리강산 차차차〉(박구, 1971) 등 1970
년대까지 총 20편 이상의 영화에 출연했으며, 서영춘과 함께 만담, 코
믹송 레코드[163]를 발매하기도 했다.[164]

악극단에서 영화로, 또 라디오와 텔레비전으로 옮겨갔던 코미디 스
타들은 이들 외에도 다수가 있다. 그 중 서영춘과 배삼룡은 가장 주목할
만한 배우였고, 송해, 박시명, 이기동, 이주일, 남철, 남성남 등도 1950
년대 악극단을 거쳐 1960년대 영화에 데뷔, 이후 특히 텔레비전을 통해
스타로 거듭났던 배우들이었다. 서영춘의 경우, 1952년 코미디를 주로
하던 서울악극단에서 데뷔한 뒤 백금녀와 짝을 이루어 라디오 코미디
프로그램에서 인기를 얻었고 이 인기를 바탕으로 영화에 진출했다. 〈인

---

163 이들은 다수의 레코드 음반을 발매했는데, 그 중에서 현재 확인가능한 음반으로는 〈갈
   비씨와 뚱순이의 애정행진곡—서영춘과 백금녀 폭소 가요 코메디〉(1964), 〈가갈갈 골
   골 청춘—노래와 코메디 서영춘과 백금녀〉(1965), 〈원자폭소대잔치 제1탄—서영춘 대
   백금녀〉(1972), 〈웃음따라 요절복통—서영춘 백금녀 가요코메디 제4집〉(1983), 〈웃음
   따라 요절복통—서영춘 백금녀 가요코메디 제6집〉(1983) 등이 있다.
164 백금녀와 〈남자는 싫어〉에 대한 더 자세한 내용은 이 책의 2부 5장 「백금녀의 영화화와
   여성 코미디의 가능성」을 참고.

생 갑을병〉(박성복, 1961)으로 영화에 입문한 뒤, 〈여자가 더 좋아〉(김기풍, 1965)로 일약 스타덤에 올랐다. 1985년 지병으로 사망할 때까지 서영춘은 영화와 텔레비전을 넘나들며 가장 활발한 활동을 보였던 최고의 인기 코미디 배우였으며, 약 130여 편의 영화에 출연했다.[165] 배삼룡의 경우는 장미악극단에서 시작하여, 지방 악극단을 전전하다가 1961년 〈어부들〉(강대진)로 데뷔한 뒤, 약 20여 편의 영화에 출연했는데, 영화보다는 TV 코미디와 시트콤에서 더욱 유명세를 떨쳤던 경우였다. 그밖에 2018년 현재, 지금까지도 현역 MC로 활약하고 있는 송해를 비롯하여, 위에서 이름이 언급된 코미디 배우들의 활약상 역시 악극단에서 시작된 한국 코미디영화와 코미디언의 계보에서 매우 중요하다. 그러나 이 책에서 다루고자 하는 시대 이후에 영화사에 등장하므로 여기서는 간략하게 줄이도록 한다.

(2) 연출 / 감독 및 작가, 스태프

코미디 배우들만큼, 1950년대 코미디영화가 형성되는 데 큰 영향을 미친 것은 연출 / 감독과 작가, 그리고 음악과 미술 등을 담당한 스태프들이었다. 이들 역시 악극단 코미디 형식을 영화 코미디 형식으로 만드는 데 일조했다고 평가할 수 있는데, 특히 악극단에서 최고의 연출자이자 작가, 작곡가였던 김화랑(본명 이순재, 예명 이익), 박노홍, 박시춘(본명 박순동), 유호(본명 유해준, 예명 호동아), 황문평 등은 대중적 감수성에 가장 가까이 다가갔던 이들로, 다양한 대중문화 영역을 넘나들었던 이들

---

165 서영춘과 그의 코미디에 대해서는 이 책 2부 4장 「서영춘 코미디의 '불온함'과 검열의 문제」를 참고

의 전방위적 재능은 코미디영화뿐 아니라 영화계 전체, 나아가 대중문화 전 영역에 걸쳐 지대한 영향력을 행사했다.

우선, 영화와 악극, 방송을 넘나들며 가장 활발한 활동을 벌였던 연출자 / 감독으로 김화랑을 들 수 있다. 김화랑은 1938년 『조선일보』 신춘문예에 시나리오 〈드메〉가 당선되면서 영화계에 입문하여, 이익이라는 예명으로 〈한강〉(방한준, 1938), 〈성황당〉(방한준, 1939), 〈수선화〉(김유영, 1940)의 각본을 쓰고, 조선문화영화협회 일본문화영화사에서 제작한 〈국기 아래서 나는 죽으리〉(1939), 〈바다의 빛〉(1940)의 감독을 맡았다. 1943년 유락좌를 창단하면서 김화랑이라는 예명으로 바꾼 뒤 악극에 관여하기 시작하여 양석천, 손일평, 정유웅, 신카나리아 등과 함께 일본어 연극과 코미디극에 주력하였다. 해방 이후 김화랑은 대도회악극단, 무궁화악극단, 오향악극단 등에서 다양한 작품을 쓰고 연출했으며, 새별악극단, 뉴스타악극단, 악극단호화선 등 여러 개의 코미디전문 극단을 운영했다. "희극에 가까운 코믹터치에 주력, 명랑한 촌극무대, 즉 슬립스틱 같은 무대 구성에 특징"을 보였던 김화랑은 악극, 어트랙션 쇼, 연쇄극 등 다양한 무대를 실험하면서, 해방 이후 약 10년 간 "김화랑을 보증수표처럼 관객이 신뢰하고 구경하려고 몰려들었던 시기"[166]를 보냈다. 그리고 한국연예주식회사에 몸담으면서, 여기서 제작하는 다수의 영화를 감독했는데, 〈항구의 일야〉(1957), 〈천지유정〉(1957), 〈자유부인(속)〉(1957)을 시작으로 약 30여 편의 영화를 연출했다. 그런데 그가 특별히 두각을 나타냈던 것은 양석천, 양훈과 함께 한 코미디영화들 〈사람팔자 알 수 없

---

166 황문평(1998), 222쪽.

다〉(1958), 〈한번만 봐주세요〉(1958), 〈오형제〉(1960)를 비롯한 〈쥐구멍에도 볕들 날 있다〉(1965), 〈남자는 절개 여자는 배짱〉(1966), 〈살사리 몰랐지(007 폭소판 살살이 몰랐지)〉(1966), 〈남정임 여군에 가다〉(1968), 〈타잔, 한국에 오다〉(1971)와 같은 코미디영화들이었다.[167] 1948년 라디오방송국에 입사한 뒤 몇 년 간 유호, 김희창, 한운사 등과 함께 방송작가로 활동하기도 했던 김화랑은 악극 무대에서의 경험과 인맥, 인지도, 그리고 라디오 드라마 창작 경험을 통해 1950년대 코미디영화의 한 흐름을 만들어갔다. 즉, 김화랑은 악극의 관객뿐 아니라 라디오 청취자들도 아우르는 동시대의 보편적인 웃음의 감각을 획득할 수 있었으며, 악극의 스펙터클한 요소와 라디오의 일상성을 조합하여 코미디 배우들과 최상의 호흡을 보이는 코미디영화들을 만들 수 있었던 것이다.

한편, 악극과 영화의 제작 및 작곡, 감독까지 일인 다역을 했던 박시춘은 시에론레코드사에서 작곡가로 데뷔, 낭랑좌의 밴드 마스터로 일하다가 1937년 오케 레코드에 작곡가로 입사했다. 해방 이전 오케 레코드 소속의 조선악극단에서 〈노래하는 춘향전歌ふ春香傳〉, 〈이수일과 심순애〉를 손목인과 함께 작곡한 뒤, 조선악극단, 제일악극단, 약초가극단 등에 다수의 작품을 제공하는 악극작곡가로 활약했다. 해방 이후에도 현대가극단, 은방울악극단, 자유가극단 등에 작품을 제공했다. 박시춘은 이름난 악극 작곡가였을 뿐 아니라 〈눈물의 오리정〉, 〈애수의 소야곡〉, 〈신라의 달밤〉, 〈굳세어라 금순아〉, 〈봄날은 간다〉, 〈전우가〉" 등을 작곡한 가요작곡가로도 명성을 떨쳤으며, 1947년 JODK가 HLKA로

---

167 김화랑은 이후, 동아흥업을 설립하여 〈인목대비〉(안현철, 1962), 〈대전발 0시 50분〉(이종기, 1963) 등을 제작했다가 실패한 뒤, 영화계를 떠났다.

호출부호를 바꾸면서 서울중앙방송(KBS, 한국방송의 전신)이 새로 발족할 때는 손목인과 더불어 전속악단의 상임지휘자로 추대되기도 했다.[168] 이렇게 다양한 분야에서 활약을 펼치던 박시춘은 1949년 〈대지의 아들〉(신경균)을 시작으로 영화 음악에 관여하여 〈운명의 손〉(한형모, 1954), 〈청춘쌍곡선〉(한형모, 1957), 〈오해마세요〉(권영순, 1957), 〈오부자〉(권영순, 1958), 〈장미의 곡〉(권영순, 1960), 〈울지마라 두 남매〉(서석주, 1960), 〈이별의 부산정거장〉(엄심호, 1961) 등 약 40여 편의 영화에서 음악을 담당했다. 그런데 무엇보다 이 책에서 박시춘을 주목하는 이유는, 코미디영화를 비롯한 몇 편의 영화를 제작, 감독했던 그의 이력 때문이다.

박시춘은 1957년 오향영화사를 창설하고 〈삼등호텔〉(1958), 〈딸 칠형제〉(1958) 등 두 편의 코미디영화를 감독했다. 〈삼등호텔〉은 최무룡, 김희갑, 구봉서, 이종철이 등장하여 실의에 빠진 작곡가와 세 사람의 악사가 시련을 극복해 가는 과정을 다뤘으며, 신카나리아, 백설희, 조향남 등의 악극단 출신 배우 / 가수들이 등장하는 〈딸 칠형제〉는 홀아버지 밑에서 자란 일곱 명의 딸들이 제각기 결혼에 성공하는 이야기였다. 출연진과 시놉시스로 미루어 봤을 때 이 두 편의 영화는, 감독 박시춘의 근간이었다고 할 수 있는 악극의 특성이 다수 포함된 영화였을 것으로 짐작된다. 박시춘은 자신이 감독한 영화 두 편을 포함하여 〈가는 봄 오는 봄〉(권영순, 1959), 〈장미의 곡〉(권영순, 1960), 〈경상도 사나이〉(민경식, 1960) 등의 코미디영화와 〈육체의 길〉(조긍하, 1959), 〈내 마음의 노래〉(박성복,

---

168 황문평(2000), 270~281쪽 참고.

1960)까지 일곱 편의 영화를 제작했다. 그런가 하면 〈청춘쌍곡선〉에서는 음악을 담당했을 뿐 아니라 직접 배우로 출연하여 노래와 함께 코믹한 연기를 선보이기도 했다. 이처럼 박시춘은 장르 형성기에 놓여 있었던 코미디영화와 다방면으로 깊은 연관을 맺은 종합예술인이었다.

방송작가이자 가요 작사가인 유호도 이 시기 악극단 및 영화계와 밀접한 연관을 맺고 있었다. 일제말기 대중극 상연을 표방했던 동양극장에서 포스터 그리는 일로 대중연예계에 발을 들인 유호는 동양극장 소속 극단 청춘좌에 〈상해에서 온 사나이〉, 〈갈매기〉 등의 극본을 제공하면서 극작가의 길로 들어섰다. 해방 후에는 KBS 라디오 방송국의 작가로 입사하여, 〈똘똘이의 모험〉을 비롯한 수십 편의 라디오 드라마를 창작하면서 김영수 등과 함께 라디오 드라마 전성기를 이끌었다. 유호는 그의 대표작으로 거론되는 〈호호 할아버지〉, 〈개문만복래〉, 〈여름날의 사건〉, 그리고 〈공일날은 나빠〉 등에서 볼 수 있듯이 코믹하고 유머러스한 작가로 명성을 얻으며, '라디오 유모어' 프로그램의 대본 다수를 제공했다.[169] 유호의 라디오 드라마 중 영화화 된 작품들은 〈똘똘이의 모험〉(이규환, 1946),[170] 〈실례했습니다〉(박성호, 1959), 〈신식 할머니〉(백호빈, 1964), 〈학생부부〉(김수용, 1964), 〈공처가 삼대〉(유현목, 1967),[171] 〈잘돼갑니다〉(이성구, 1967),[172] 〈특호실 여자손님〉(이희중, 1970) 등이 있으며, 1960년대부터는

---

169 이영미 구술채록, 『한국 근현대예술사 구술채록연구 시리즈—유호』, 2006, 한국문화예술위원회 예술자료원 디지털아카이브(http://archive.arko.or.kr) 참고.
170 〈똘똘이의 모험〉은 김영수, 김내성, 유호가 함께 연속방송극으로 집필했던 것을 안석주가 각색하여 영화화한 것으로, 1968년에는 박옥상 각색, 김영식 감독으로 리메이크 되었다.
171 〈공처가 삼대〉는 김지헌 각색으로 영화화 되었다.
172 〈잘돼갑니다〉는 1965년 라디오 일일연속극으로 방송되었다가 1967년 이성구 감독에 의해 영화화되었는데, 정치권력을 풍자하고 비판했다는 이유로 인해 20년 동안 상영금지 되었다가 1988년 9월이 되어서야 명보극장에서 관객들을 만날 수 있었다.

TV 드라마 작가로도 활발한 활동을 하여 〈일요부인〉, 〈언니 시집 좀 가〉, 〈파란눈의 며느리〉 등의 대본을 집필했고, 이들 중 다수가 영화화되었다.[173] 한편, 유호는 1948년 경향신문에 입사하여 1961년까지, 전쟁기를 제외한 10여 년 동안 문화부기자로도 활약했으며, 작곡가 박시춘과 콤비를 이루어 〈이별의 부산정거장〉, 〈신라의 달밤〉, 〈아내의 노래〉, 〈전선야곡〉, 〈비 내리는 고모령〉, 〈님은 먼 곳에〉 등 잘 알려진 대중가요의 작사를 담당한 이력도 있다. 또한, 영화 〈카츄샤〉(유두연, 1960), 〈말띠 신부〉(김기덕, 1966) 등의 주제곡 가사를 쓰기도 했고, 〈여인애사〉(신경균, 1950)에서는 주연급 배우로 출연하기도 하는 등 1950~60년대 대중문화계에서 종횡무진 활약을 펼쳤다.

이와 같은 유호의 다양한 활약상 중 이 책의 주제와 관련하여 주목해볼 점은, 그가 '코믹 드라마 작가'로 불릴 만큼 라디오, TV 드라마에서 '명랑홈드라마'를 주로 썼고 이 중 상당수가 영화화 되었다는 점이다. 유호 원작으로 영화화된 작품은 약 20편에 이르며 직접 각본을 쓴 영화도 6편이 있는데 이 중 상당수가 코미디영화로 분류된다.[174] 유호는 특히 김화랑, 구봉서, 박시춘과 깊은 인연을 맺고 있는데, 전쟁 중 이들과 함께 제주도 훈련소 소속의 군예대 악극단 생활을 하면서 군예대 악극단에서도 악극 대본을 집필했다. 이후, 그는 김화랑과 지속적으로 협업을 하면

---

[173] 유호의 TV 드라마 중에서는 〈주책바가지〉(심우섭, 1965), 〈파란 눈의 며느리〉(김기덕, 1969), 〈잘못 보셨다구〉(이봉래, 1969) 등이 영화화 되었다.

[174] 유호의 원작이거나 각본을 쓴 영화 중 〈실례했습니다〉(박성호, 1959), 〈학생부부〉(김수용, 1964), 〈신식할머니〉(백호빈, 1964), 〈주책바가지〉(심우섭, 1965), 〈공처가 삼대〉(유현목, 1967), 〈내 멋에 산다〉(김기덕, 1967), 〈잘못 보셨다구〉(이봉래, 1969), 〈파란눈의 며느리〉(김기덕, 1969), 〈미쓰 촌닭〉(심우섭, 1970), 〈짚세기 신고 왔네〉(박상호, 1971) 등이 코미디영화로 분류된다.

서 김화랑이 연출한 악극 〈괴도 아리랑 두목〉과 〈청춘〉(1954.12), 〈사랑이 가기 전에〉(1955.7) 등의 작가로 활약[175]했고, 그의 영화 〈자유부인(속)〉(1957)의 시나리오, 〈태양의 거리〉(1959)의 원작을 쓰기도 했다. 한편, 구봉서와의 인연도 오랫동안 유지되었는데, 구봉서가 KBS 라디오에서 수년 간 진행했던 시사풍자 프로그램 〈안녕하십니까 구봉서입니다〉의 대본을 담당했으며, 여기에서 비롯된 영화 〈이거 됩니까 이거 안됩니다〉(박종호, 1964)의 원작자가 되었다. 유호는 1940년대부터 60년대까지 약 30여 년간 대중극단의 포스터 담당, 극작가, 악극작가, 신문사 기자, 대중가요 작사가, 라디오드라마작가, TV 드라마작가, 시나리오작가에 이르기까지, 대중문화의 거의 전 영역을 아우르고 있었다. 특히 유호는 이 시기 작가로는 드물게 '코미디'에 특기를 가진 작가로 규정되며 코미디 드라마 발전에 이바지하였고, 자신의 장기를 TV, 라디오, 영화의 영역에서 적극 발휘하였다.

한편, 황문평과 박춘석, 그리고 이인권은 악극단과 영화에서 두루 활약했던 작곡가들이다. 이 중 황문평은 1940년대 말 코리아가극단에서 작가 김건, 연출가 박진과 더불어 활동을 시작하여 1950년대 창공악극단, 무궁화악극단, 희망가극단, 자유가극단, 코리아악극단 등에서 박노홍, 김석민 등의 작가들과 수많은 작품을 만들면서 악극의 전성기를 이끌었다. 황문

---

175 박노홍(2008), 103쪽. 박노홍은 악극 제3기(1945.8~1950.6) 동안 활동했던 악극작가들을 나열하면서 유호를 언급한다. 비록 "극히 드물게 작품을 썼"지만, 유호 역시 이 시기 악극에 작품을 제공했던 악극작가로 볼 수 있는 것이다. 유호에 대한 이영미의 구술 채록에는 악극 작품으로 단 한 편만이 거론(〈괴도 아리랑 두목〉)되며, 이에 대한 기억 역시 연구자의 자료 제시에 따른 것이었다. 이로 미루어 유호 자신에게는 악극단 활동이 큰 의미를 가진 것이 아니었다고 보인다. 그 외의 유호 작품에 대한 기록은 찾을 수 없었다. 한편 〈괴도 아리랑 두목〉의 공연 광고는 『문화일보』 1947.4.3을 참조.

평은 악극뿐 아니라 라디오드라마 음악과 영화음악에서도 두드러진 업적을 남겼는데, '최초의 음악영화'로 홍보되었던 유동일 감독, 현인 주연의 〈푸른 언덕〉(1949)에서 시작하여 1980년대 후반까지 약 200여 편의 영화음악을 담당했다. 대표작으로는 〈원술랑〉(장일호, 1961), 〈빨간마후라〉(신상옥, 1964), 〈석가모니〉(장일호, 1964), 〈윤심덕〉(안현철, 1969) 등이 있으며, 다양한 장르의 작품에 어울리는 음악을 창작했다. 〈봉이 김선달〉(한홍열, 1957), 〈자식복 돈복〉(윤대룡, 1959), 〈합죽이의 신혼열차〉(황외천, 1962), 〈김희갑의 청춘고백〉(최경옥, 1964), 〈팔도사위〉(심우섭, 1969), 〈팔도며느리〉(심우섭, 1970), 〈타잔, 한국에 오다〉(김화랑, 1971) 등의 코미디영화의 음악도 담당했다. 황문평은 다양한 악극작곡의 경험을 바탕으로 주로 시대극이나 악극원작의 영화 및 대작영화들의 음악을 작곡했으며, 특히 1960년대와 70년대에 집중적으로 많은 작품을 남겼다.

악극단의 작곡가로 명성을 떨친 뒤 영화음악으로 활동범위를 넓혔던 황문평과 달리, 박춘석은 악극 작곡과 영화음악 작곡을 거의 동시에 시작했는데, 악극 작품으로는 1958년 파라앗치 악극단에서 공연했던 〈노래하는 춘향전〉(박노홍)과 1963년 극단 푸레이보이 쇼의 '스테이지쇼 〈5월의 찬가〉' 정도의 기록이 남아 있을 뿐, 주로 영화음악에 집중했던 것으로 보인다. 박춘석은 1950년대 코미디영화와도 특별한 인연을 맺고 있는데, 영화음악 작곡을 시작한 초기에 〈사람팔자 알 수 없다〉(김화랑, 1958), 〈실례했습니다〉(박성호, 1959), 〈고바우〉(조정호, 1959), 〈홀쭉이 뚱뚱이 논산 훈련소에 가다〉(김화랑, 1959), 〈후라이보이 박사 소동〉(정창화, 1959), 〈오형제〉(김화랑, 1960) 등의 다수의 코미디영화 음악을 담당했으며, 〈홀쭉이 뚱뚱이 논산 훈련소에 가다〉에서는 라디오 방송의 악단 지휘자로 직접 출연하기도 했다. 이후, 1980년대까지 박춘석은 다양한 장르의 영화들을 통틀어 약 100여 편의 영화음악을 작곡했다.

현대가극단, 악극단 호화선, 악극단 청춘부대 등에서 수많은 악극을 작곡했던 이인권은 〈꽃도 생명이 있다면〉(홍일명, 1958)을 시작으로 영화계에 입문하여, 이후 1970년까지 10여 년간 약 70여 편의 영화음악을 담당했다. 그리고 그 중 〈청춘배달〉(김수용, 1959), 〈언니는 말괄량이〉(이형표, 1961), 〈사장 딸은 올드미스〉(김응천, 1963), 〈남정임 여군에 가다〉(김화랑, 1968) 등의 코미디영화의 음악을 남겼다.

한편, 막간극을 특화했던 흥행극단 예원좌[176] 출신의 변사이자 배우였던 윤대룡도 1950년대 코미디와 독특한 인연을 맺었다. 대표작 〈검사와 여선생〉(1948)을 연출한 윤대룡 감독은 원래 무성영화기 변사였던 김춘광(김조성)의 제자였다가 1930년대 중반 김춘광이 조직한 상업극단 예원좌에 입단, 배우 생활을 시작했다. 극단 시절 찰리 채플린의 희극적 판토마임이 특기였던 윤대룡은 예원좌에서 단역 배우 및 사업부 임원으로 일하다가 해방 후, 예원좌 최고의 인기 레퍼토리였던 〈검사와 여선생〉을 영화화했다. 원작자이자 스승이었던 김춘광에게 영화제작을 승낙 받은 뒤, 윤대룡은 1948년과 1958년 두 번에 걸쳐 〈검사와 여선생〉을 직접 연출했으며, 〈조국의 어머니〉(1949), 〈마음의 진주〉(1958)를 연출한 감독이 되었다.[177] 그가 연출한 다섯 편의 영화 중 코미디영화도 한 편 존재하는데, 1959년 연출한 〈자식복 돈복〉이 그것이다. 그 자신, 변사이자 희극배우였고 신파극을 무대에 올리던 극단의 사업부에

---

176 김남석, 「극단 예원좌의 '막간' 연구」, 『어문논집』 58권, 민족어문학회, 2008, 260쪽.
177 황문평(1998), 246~248쪽.

오래 몸담았던 윤대룡은 신파 요소와 코미디 요소를 적절히 배합한 대중 코미디를 만들었다.

마지막으로 악극 배우이자 영화배우, TV 드라마배우로 활동하면서 동시에 라디오 코미디 작가로도 활약한 특이한 이력을 가진 배우 장혁이 있다. 장혁은 유락좌, 제일악극단 등 여러 악극단에서 조연 배우로 활동하다가 해방 이후 〈태양의 거리〉(김화랑, 1959)에 출연하면서 영화계로 진출, 약 200여 편의 영화에 출연했으며, TV 시리즈 〈형사수첩〉 및 동명의 영화에 주연급 형사로 출연했다. 액션 배우 혹은 개성 있는 악역 연기를 주로 했던 장혁은 1960년대 부산 MBC 라디오 코미디프로그램 〈만담공원〉의 구성작가, 동양방송국의 코미디프로그램 〈알바이트 부부〉의 구성작가, 동아방송의 프로그램 〈유쾌한 응접실〉의 패널로 활약하는 독특한 행보를 보였다.[178]

그밖에도 악극단의 대도구를 담당했던 김만길은 샛별영화사를 차려 다섯 편의 영화를 제작했으며(그 중의 한 편이 코미디영화 〈인생복덕방〉(박성복, 1959)이다),[179] 김정환(김정항), 원우전 등의 무대 장치가들도 각각 수 편에서 십 수 편의 영화미술을 담당하는 등, 많은 악극단 출신 스태프들이

---

178 황문평(2000), 84쪽. 그 밖에 악극단 KPK 등에서 활약했고, 부길부길 쇼단을 이끌었던 윤부길이 서부극이 흥행하던 당시, 한국판 웨스턴을 제작하고자 하여 그의 원안을 임한림 각색, 연출로 "조랑말을 타고 달리는 서부극"―"넌센스 코미디영화"〈안개낀 서귀포〉를 제작했다는 기록이 있다. (황문평(1998), 108~109쪽) 그런데, 1958년 11월 28일 개봉했던 이 영화는 신문광고로 미루어볼 때, 황해, 윤부길이 주연이었고 윤부길이 그 중 코믹한 부분을 담당했던 것으로 보이며, 극의 장르 자체가 코미디영화였다고는 볼 수 없을 듯하다(「광고」, 『경향신문』, 1958.11.28, 석2면) 다만, 원맨쇼와 코미디 연기에 재능을 보였으며, 화려한 쇼 무대 연출과 실험정신이 돋보였던 윤부길이 영화에도 관심을 두고 직접 영화의 원안을 제공하고 코믹한 장면을 연출하고자 했다는 사실에서 당시 악극단 인력들의 영화에 대한 지대한 관심을 엿볼 수 있다.
179 박노홍(2008), 166쪽.

이 시기 영화로 활동반경을 넓혔다. 이들이 무대에서 쌓은 다양한 경험과 재능은 1950년대 한국영화 발전의 자양분이 되었으며, 그 일환인 코미디 영화의 형성과 발전에도 적지 않은 영향을 미쳤다고 할 수 있겠다.

(3) 레퍼토리

악극과 영화의 영향관계는 인력의 교류에서뿐 아니라 실제 레퍼토리의 교류를 통해서도 드러난다. 이 글에서는 코미디영화와 관련된 악극의 레퍼토리 교류에 집중하고자 하는데, 이는 다음의 세 가지로 나누어 생각해볼 수 있다. 첫 번째로 작품 자체가 형식을 바꾸는 경우. 즉, 악극 작품이 영화화되거나 영화가 악극화되는 경우이다. 두 번째는 만담이나 재담 등 짧은 코미디형식이 영화의 일부로 차용되는 경우이다. 세 번째로는 악극에 포함된 노래나 버라이어티 쇼 형식이 영화에서 사용되는 경우이다. 각각의 경우가 내재한 '코믹함'의 형식은 '코미디언'이라는 매개자를 통해 악극에서 영화로, 또는 드물게 영화에서 악극으로 번역될 수 있었다. 즉, 코미디언들은 기존의 대중적 연희 양식(재담, 만담, 악극, 버라이어티 쇼 등)을 '영화적' 형식으로 변용시키는 주체이면서, 다양한 양식적 특성을 가진 웃음의 코드들을 중재함으로써 동시대적인 웃음을 만들어내는 창조자였다고 할 수 있을 것이다. 코미디언들의 매개자적 위상에 대해서는 다음 장에서 더 자세히 살펴보고, 여기에서는 레퍼토리의 교류에 집중해서 살펴보자.

우선, 악극작품이 영화화된 경우가 있다. 먼저, 〈시집가는 날〉은 1943년 「맹진사 댁의 경사」,[180] 라는 제목으로 발표되었던 오영진의 시나리오였는데, 오프닝 씬부터 엔딩 씬에 이르기까지 "처녀들의 노래소리"가 여러 차례 등장하는 만큼 악극 요소를 다수 포함하고 있는 것으로 볼 수 있을 듯하다. 오영진의 시나리오는 악극, 연극, 영화, 뮤지컬까지 여러 차례에 걸쳐 무대와 스크린에 구현되었다. 최초의 무대화는 1943년 김태진 각색으로 태양극단에서 공연한 것이었으며, 1946년 희망악극단에서 〈시집가는 날〉로 개제하여 백은선 연출, 박시춘 작곡, 김정환 장치의 희가극으로 공연한 것이 두 번째였다. 이 악극에는 양훈, 손일평, 고설봉, 계수남, 박단마 등이 출연하여 호평을 받았다.[181] 1952년에는 오영진이 〈도라지 공주〉라는 제목으로 각색하고 극단 신협에서 이해랑 연출로 연극 무대에 올렸다. 이처럼 몇 년에 걸쳐 수차례 무대에서 공연되었던 〈시집가는 날〉은 영화로도 세 번 만들어졌다. 첫 번째는 1957년 이병일 감독의 〈시집가는 날〉, 두 번째는 1962년 이용민 감독의 〈맹진사댁 경사〉, 그리고 세 번째는 1977년 김응천 감독의 〈시집가는 날〉이다. 그 중에서 1957년에 만들어진 〈시집가는 날〉은 "진정한 의미에서의 유우모어"를 가진 "건전한 오락영화"[182]로 상찬 받았고, 제4회 아시아영화제에서 특별희극상을 받은 후 에딘버러영화제와 베를린영화제에 초청되는 등 국내외적인 반향을 불러일으키며, "본래 희극영화의 전통이 거의 없다시피"했던 한국영화계에서 '돌연변이'라 할 만큼의 성공을 가져왔다[183]고 평가되었다.

---

180 「맹진사댁의 경사」는 『국민문학』 1943년 4월호에 일본어 시나리오로 게재되었다. 이 책에서 참고로 삼은 것은 이재명 외편, 『해방 전(1940~1945) 창작 시나리오집』(평민사, 2004)에 실린 타즈마 데츠오의 번역본이다.
181 박노홍(2008), 110쪽. 이 작품은 국립가무단 2회 공연작으로 1974년 뮤지컬 〈시집가는 날〉로 각색되어, 이기하 연출, 김희조 작곡, 지휘로 다시 한 번 공연되었다.
182 「신영화-풍토색 강한 민속극 / 코메디 〈시집가는 날〉」, 『한국일보』, 1957.2.14, 4면.
183 이영일(2004), 255쪽.

〈시집가는 날〉이 만들어졌던 해에 제작된 양주남 감독의 〈배뱅이굿〉 (1957) 역시 오영진 각본으로, 이은관과 조미령이 출연한 영화였다. 본래 〈배뱅이굿〉은 만담 레퍼토리로 평안도 사람 김관준이 만들고 이은관에게 전수되었는데, "재담이 많이 섞여 있어 대중을 불러 모으기 쉬"웠으며 "쉽고 웃기는 배뱅이굿"[184]이었다. 배뱅이라는 딸이 죽어 슬픔에 빠진 부모들을 만난 사기꾼 청년이 가짜 박수무당 흉내를 내어 많은 재산을 받아 간다는 내용으로 이루어진 〈배뱅이굿〉은 원래 긴 시간 동안 전수되어 오던 대표적인 전통 연희의 레퍼토리였다. 여기에는 슬픈 장면도 다수 존재했지만, 사설과 재담이 많이 들어가 코믹한 분위기가 주를 이루었던 것으로 보인다. 재담에 능했던 이은관은 신불출, 김윤심 등 당대 최고의 만담가들과 함께 무대에서 〈배뱅이굿〉을 공연[185]하곤 했는데, 가는 곳마다 청중을 매료시켰다고 한다. 이처럼 재담의 일종으로 전해 오던 〈배뱅이굿〉은 악극단에서도 인기 있는 레퍼토리였다. 1950년 악극단 KPK의 〈배뱅이 광상곡〉과 1959년 은방울악극단의 〈배뱅이 무쵸〉가 이를 모티프로 삼아 구성된 공연이었는데, 1950년 공연은 김해송 구성, 연출, 음악으로 '한국적인 쇼무대'를 보여주었다는 평을 받았으며, 나성려, 장세정, 전해남, 계수남, 최병호, 유노완 등이 출연했다.[186] 이 중 장세정은 이복본, 이종철과 함께 동방악극단에서 코

---

184 손태도 구술채록, 「이은관」, 서대석·손태도·정충권, 『전통 구비문학과 근대 공연예술 Ⅲ-자료편-면담, 작품, 사진자료』, 서울대 출판부, 2006, 107쪽.

185 『문화일보』 1947년 4월 3일 2면에는 〈만담제漫談祭〉의 광고가 실리는데, 〈여성아, 반성하라〉의 김윤심, 이은관의 〈배뱅이굿〉, 이천복, 이복재의 〈돼지덕담〉, 손일평, 지일연의 〈척척박사〉 등이 프로그램으로 실려 있다. 이 시기부터 1960년대까지 이은관의 〈배뱅이굿〉은 쇼 무대에 자주 등장하는 레퍼토리였다.

186 반재식(2004), 391쪽.

미디 연기를 했던 배우였고, 최병호와 유노완도 전술했듯이 코미디 배우로 이름 난 이들이었다. 따라서 1950년에 공연된 악극 〈배뱅이 광상곡〉은 어느 정도 코믹한 성격을 띠었던 것으로 볼 수 있을 듯하다. 1959년에 공연된 〈배뱅이 무쵸〉는 백은선 작, 박호 연출로 공연되었는데 "그랜드 쇼"라고 광고된 것으로 미루어 쇼의 성격이 부각된 연출이었을 것으로 추정되며, 백은선이 주요 멤버로 활동했던 KPK의 〈배뱅이 광상곡〉과도 어느 정도 연관성을 가졌을 것으로 추측해볼 수 있다.

한편 영화 〈배뱅이굿〉은 1942년 오영진에 의해 시나리오[187]로 개작되었고, 1957년 양주남에 의해 영화화되었다. 오영진의 시나리오에는 노래와 춤이 다수 삽입되어 있으며, 주인공 허풍만의 코믹한 언행이 드러나는 등 코미디 악극의 요소를 두루 포함하고 있다. 양주남이 연출하고 이은관과 조미령이 주연을 맡았던 이 영화는 "토속과 야담 취미를 뒤섞"은 "환상희극"이었으며, "몇 장면의 한국적인 슬라프스틱크가 있는 후", "다시 탐라국의 황제와 그의 신선초를 둘러싸고 또 다시 한바탕 값싼 슬라프스틱크가 벌어"[188]졌다고 기록되어 있다. 그러나 평자들의 혹평과는 달리, 이 영화는 문교부 우수국산영화로 선정[189]되었다. 악극 〈배뱅이 환상곡〉과 그랜드 쇼 〈배뱅이 무쵸〉 사이에 놓여 있는 영화 〈배뱅이굿〉은 전통 연희물 '배뱅이굿' 자체의 쇼적인 요소와 코믹한 재담의 내용들을 계승하면서 악극과 영화, 그리고 전통연희 사이의 활발한 교섭

---

187 오영진의 시나리오 「배뱅이굿」은 『국민문학』 1942년 8월호에 게재된 것으로, 발표 당시 일본어로 쓰였지만 이후 한국어로 번역되었는데, 이 책에서 참고로 한 것은 이재명 외편, 『해방전(1940~1945) 창작 시나리오집』(평민사, 2004)에 실린 것으로, 일본어 원본을 공동편집자 송태욱이 번역한 본이다.
188 「영화주평 ─ 잡가적인 작품 〈배뱅이굿〉」, 『한국일보』, 1957.3.24, 4면.
189 「과도기적 미비 / 작년도 우수 국산영화 심사 소감」, 『조선일보』, 1957.10.17, 석4면.

이 이루어지는 장으로 기능했다.

다음으로 조선악극단에서 1943년에 상연한 〈금나라 뚝딱 은나라 뚝딱金の國 銀の國〉은 흥부와 놀부 이야기로 "도깨비들의 그럴싸한 놀이를 겸"했다고 하는데 "영국의 처칠 수상을 잡아다가 마구 때리는 장면"이 삽입되어 있었고, 송달협과 이종철이 주연을 맡아 호평을 받았다.[190] 이종철은 이것이 "코메디 가극"이었다고 언급하면서, 이 작품을 가지고 일본 6개 도시에서 공연했다고 증언[191]했다. 코리아가극단에서도 1949년 같은 제목으로 김건 작, 황문평 작곡, 박진 연출작을 무대에 올렸다. 이는 조선악극단의 공연을 리메이크하여 김건이 각색한 것으로, 이종철, 계수남, 이예성 등이 출연했으며 "도깨비들이 바라는 금과 은의 세계를 재미있게 표현"[192]했다고 기록되어 있다. 〈춘향전〉이나 〈심청전〉, 〈장화홍련전〉과 함께 〈흥부놀부전〉은 인기 있는 고전으로 여러 차례 악극화, 영화화되었으므로 악극 〈금나라 뚝딱 은나라 뚝딱〉이 영화에 직접적인 영향을 미쳤다고 주장하기는 어렵다. 다만 1950년대에 두 번 영화화 되었던 〈흥부와 놀부〉[193] 중 1959년 김화랑 감독, 양석천, 양훈 주연으로 만들어진 〈흥부와 놀부〉에 대해서는 몇 가지 점에서 악극과의 연관성을 지적해볼 수 있다. 우선, 이 영화가 코미디를 표방하고 있다는 점, 양석천과 양훈뿐 아니라, 신

---

190 박노홍(2008), 64~65쪽.
191 「오라ー희비 얽힌 무대 위의 반평생 / 35주년을 맞는 이종철씨, 30주년을 맞는 전방일씨」, 『한국일보』, 1961.5.2, 석4면.
192 박노홍(2008), 129쪽.
193 1959년 김화랑 감독 작 외에 1950년 이경선 감독, 황남, 주증녀 주연으로 만들어진 〈흥부와 놀부〉가 있었는데, 이 영화가 악극이나 코미디와 어떤 연관을 갖는지에 대해서는 남아 있는 자료로 추측하기 어렵다.

카나리아, 박옥초, 고향미 등 악극 배우들이 대거 등장한다는 점, 그리고 시나리오에서 볼 수 있는 도깨비나라 장면이 부각된 점 등으로 미루어 악극 형식을 계승한 측면이 있을 것으로 짐작된다.

그런가 하면, 전쟁기 부산에서는 극단 신청년이 김영수 작 〈털보와 여사장〉을 부산극장에서 공연(『동아일보』, 1952.2.29)했는데 〈털보와 여사장〉은 전쟁 이후까지 여러 차례에 걸쳐 재공연 되었던 인기 있는 극 작품이었다. 이는 1959년 한형모 감독에 의해 〈여사장〉이라는 제목으로 영화화되었다. 선글라스를 끼고 머리를 올려 묶은 채 양장을 한 여사장의 모습이 크게 그려져 있었던 〈털보와 여사장〉의 포스터는 영화 〈여사장〉의 조미령 캐릭터로 구현되었다. 이 영화는 "비교적 청신"(『서울신문』, 1959.12.24)하고 "비교적 세련된"(『조선일보』, 1959.12.19) 코미디라는 호평을 받으며, 1950년대 후반 로맨틱코미디의 새로운 장을 개척했다.

또, 김화랑이 연출했던 악극 〈타잔, 서울에 오다〉는 1946년 11월 13일 국도극장에서 악극단 무랑루쥬가 공연[194]했는데, 이것은 김화랑 감독에 의해 1971년 영화 〈타잔, 한국에 오다〉로 리메이크 되었다. 〈타잔, 한국에 오다〉는 구봉서 주연으로, 배삼룡, 김희갑, 양훈, 서영춘, 오천평, 이기동, 송해, 이순주를 비롯한 코미디 배우들이 대거 출연했으며, 황문평이 음악을 맡아 우연히 한국에 불시착하게 된 타잔이 벌이는 에피소드를 그렸다.

한편, 드물지만 영화로 만들어진 작품이 악극으로 전환된 경우도 찾을 수 있다. 박성복 감독, 김강윤 각색의 〈인생복덕방〉은 1959년에 만

---

194 황문평(1998), 219쪽.

〈그림 19〉 극단 신청년의 연극 〈털보와 여사장〉 광고
(『조선일보』, 1954.5.24)

〈그림 20〉 영화 〈여사장〉 광고 (『조선일보』, 1959.12.19)

들어진 코미디 드라마였는데, 김화랑이 이 영화의 원작자였으며 1962
년에는 김화랑 연출로 무랑루쥬 극단에서 공연되었다. '코메디 〈인생복
덕방〉'은 춤과 대중가요로 화려한 무대를 장식했다. 한국 영화가 악극
으로 재탄생 되는 경우는 신파비극 쪽에서는 종종 있는 일이었지만, 코
미디 쪽에서는 실례를 찾아보기 힘들다.

　반면, 흥미로운 것은 할리우드 코미디영화들이 악극으로 재탄생한
경우를 종종 찾아볼 수 있다는 점이다. 예컨대 1948년부터 여러 차례
상영되었던 리처드 소프Richard Thorpe 감독의 〈자매와 수병Two Girls
and Sailor, 1944〉은 1950년 〈그랜드 쇼 자매와 수병〉이라는 제목으로

KPK에서 공연되었으며, 1946년 상영되었던 알렉산더 홀Alexander Hall 감독의 〈춤추는 버러지Once upon a Time, 1944〉는 동명의 악극으로 1953년 라미라가극단에 의해 무대에 올려졌다. 뮤지컬 코미디영화가 구성상 악극으로 만들어지는 것이 더 용이했기 때문에 이와 같은 레퍼토리의 전유가 있었을 것으로 보이며, 악극으로 만들어진 뒤 또 다시 극장에서 〈자매와 수병〉, 〈춤추는 버러지〉 등이 재상영된 기록을 찾을 수 있다.[195] 또한 〈쇼보트Show Boat, 1951〉나 〈타잔King of the Jungle, 1933〉 등의 인기 작품들도 악극으로 공연되면서 관객들을 만났다.

두 번째로는 만담이나 재담 등의 짧은 코미디가 영화의 일부로 차용된 경우이다. 1950년대 코미디영화의 특징이기도 한 만담과 재담의 삽입은 특히 코미디배우들이 중심이 된 코미디언코미디영화의 한 특징이기도 하다. 이 시기 코미디영화 속에 삽입된 만담의 연행 방식은 남아있는 시나리오 및 만담 레코드,[196] 〈즐거운 쇼〉 등의 영상 자료를 통해 확인할 수 있는 바, 빠르게 주고받는 대화의 형식으로 언어의 재미를 느끼게 하는 말장난이나 상황의 아이러니를 드러내는 풍자, 비꼼, 의도된 말의 오용, 속어의 사용 등[197]을 통해 웃음을 유발했다. 코미디언의 '퍼포머performer'로서의 정체성과 재능을 강조하면서, 관객들에게 약속된 웃음을 불러일으키는 이러한 삽입 장면들이 갖는 의미에 대

---

195 이에 대해서는 부록 '1945~1960년 4대 일간지에 광고된 외화 코미디영화 목록'을 참조.
196 현재 장소팔-고춘자, 장소팔-고백화, 서영춘-백금녀, 서영춘-김희자, 백금녀-배삼룡 등의 만담 레코드를 확인할 수 있다. 한국영상자료원이 소장하고 있는 만담 음반 자료에 대해서는 이 책의 2부 5장 「백금녀의 '영화화'와 여성 코미디의 가능성」 각주 20번을 참고.
197 이를 앨런 데일은 '언어적 슬랩스틱vebal slapstick'으로 명명하는데, 이에 대해서는 다음 장에서 더 자세히 설명할 것이다. Alan S. Dale, Ibid., pp.5~7.

해서는 다음 장에서 자세히 서술할 예정이므로, 여기서는 실제로 기존 연희에서의 짧은 코미디형식이 영화 속에 삽입된 사례 몇 가지만 언급해보고자 한다. 악극, 특히 버라이어티 쇼에서 보여준 코미디, 넌센스, 만담의 내용들은 체계적으로 정리된 바 없기 때문에 최소한의 기록만이 남아 있고 이를 통해 만담 다수의 영향관계를 추적하는 것은 무리가 있다. 그럼에도 분명한 것은 만담, 콩트, 넌센스의 레퍼토리들이 연행자인 코미디언들을 통하여 이 시기 코미디영화로 들어왔으며, 레퍼토리와 더불어 그 연행의 방식도 코미디영화 스타일의 형성에 영향을 미쳤을 것이라는 점이다.

우선, 영화 〈고바우〉(조정호, 1959)의 도입부를 살펴보자. 〈고바우〉[198]는 김성환 화백이 『동아일보』에 연재하고 있던 신문만화 〈고바우 영감〉을 원작으로 하며, 복덕방과 고리대금업을 하고 있는 고바우 영감 김승호를 주인공으로 하는 코미디영화이다. 이 영화의 오프닝 씬은 고바우의 꿈 장면으로 주인공들이 등장하여 노래와 춤을 통해 영화의 주제를 들려주는 장면이다. 갑자기 벽에 걸려 있던 표주박이 고바우의 머리 위로 떨어지면서 꿈에서 깬 고바우는 부인에게 옆집에 가서 망치를 빌려오라고 심부름을 시킨다.

S.#6 치국이네 집

강씨 : 계세요!

---

[198] 영화 〈고바우〉의 원작인 김성환 화백의 〈고바우 영감〉은 1950년 『만화신보』를 통해 첫선을 보인 뒤, 1955년 『동아일보』에서 본격 연재가 시작된 4컷짜리 시사풍자 만화이다. 1980년 『조선일보』로 옮겨 1992년까지 연재했다가, 이후 『문화일보』에서 2000년 9월 29일까지 1만 4139회를 끝으로 연재가 종료되었다.

치국 : (잠바를 입으면서 나선다) 어이구 웬일이슈. 고바우댁 마님.

강씨 : 마침 나가시는 길이군요.

치국 : 네 ― 어째 오셨오.

강씨 : 집 양반이 망치 좀 빌려 오래서 왔어요.

치국 : 망치요? 어이구 안되겠습니다. 그거 자꾸 써서 닳으면 곤란한데요.

강씨 : 지독두 허시군.

치국 : 헐 수 없습니다.

강씨 : 그럼 헐 수 없군요.

치국 : 그럼요. 할 수 없죠.

화가 나서 되돌아가는 강씨. 이를 바라보면서 이상야릇하게 웃는 치국.

S.#7 복덕방

앞에 달린 포장을 휙 재치며 들어서는 강씨

고바우 : 어떻게 됐오.

강 씨 : 그런 지독한 늙은이. 망치가 닳을까봐 못 빌려 준대요.

고바우 : 달까봐?

강 씨 : 그러니 홀애비로 고모양이죠.

고바우 : 남을 욕할 게 있나. 그럼 헐 수 없으니 우리껄 꺼내서 씁시다.

그런데 이 장면은 일제시기 발매된 리갈 음반에 수록되었던 넌센스 〈인색대왕吝嗇大王〉의 일부와 흡사하다.

갑 : 애, 저기 저 기둥에 못이 불거져 나왔구나. 옷 안 입은 아이들 손발 다

칠나, 어서 이 압집에 가서 마치 좀 빌녀오너라.

을 : 네, 가보겟습니다…….

갑 : 못들도 흔하지. 저런 쓸 데 업는 데다 무엇 쌔문에 못을 박아두나,
   응…….

을 : 영감님, 갓다 왓습니다.

갑 : 그래, 빌녀주드냐.

을 : 빌녀주다니요 말슴도 맙쇼.

갑 : 아니, 웨 안 빌녀줘. 그까짓 걸.

을 : 무엇에 쓰려느냐고 뭇기에, 못을 박는다구 그랫드니만, 나무못이냐
   쇠못이냐 그걸 뭇겟죠. 그래 쇠못을 박는다구 햇드니, 쇠못을 박으면
   쇠와 쇠가 부드치니까 마치가 다를까 봐서 못 빌니겟다구요.

갑 : 그놈 억척으로 인색한 놈이로군. 할 일 업다. 그럼 우리 마치를 내다
   써라.[199]

이미 1930년대 유성기 음반에 수록될 정도로 인기 있는 레퍼토리였
던 〈인색대왕〉은 여러 연행자를 거치면서 전수되다가 1950년대 후반
영화 속으로 들어왔다. 그리고 이후 1960년대 발매된 〈만담걸작선 – 장
소팔과 그의 일행〉에 장소팔과 고백화의 만담으로 수록되었다.

그런가 하면, 〈공처가〉(김수용, 1958)에서도 만담에서 유래된 내용을
찾을 수 있다. 최초 이 만담이 수록된 음반은 찾을 수 없으나, 유명 만
담 레퍼토리들을 집대성하여 시리즈로 출간했던 유니버살 레코드 〈홍

---

199 최동현·김만수, 『일제강점기 유성기 음반 속의 대중희극』, 태학사, 1997, 203쪽.

겨운 민요만담 걸작선〉(1972)에 수록된 〈부부싸움〉(장소팔·고춘자)의 일부와 동일한 것을 확인할 수 있다. 비록 레코드 발매는 1970년대에 이루어졌지만, 이는 기존 만담들 중 선별된 레퍼토리들을 모아 발매한 것으로 보는 것이 옳을 듯하다. 1950년대 쇼 무대에서 만담은 여전히 인기 있는 레퍼토리였고, 무엇보다 1956년부터 시작된 라디오 프로그램 〈민요만담〉을 통해 장소팔, 고춘자의 만담이 전성기를 맞고 있던 시기[200]였으므로, 이 시기 영화에 삽입된 만담들은 〈민요만담〉의 영향을 받은 바가 크다고 추정할 수 있을 것이다. 레코드 만담으로 전해지는 〈부부싸움〉은 인용하는 부분보다 훨씬 길지만, 영화에 삽입된 부분을 중심으로 살펴보면 다음과 같다.

(…중략…)

장: 이젠 환장을 했나? 동네에서 창피해! 나가란 말이야!

고: 아휴! 내 가라면 겁나서 못갈 줄 알아?

장: 가! 간다면 내가 치맛자락 붙들고 벌벌 떨 것 같으냐?

고: 그렇지만 내가 갈 바에는 그냥 갈 줄 알아?

장: 그냥 가잖으면 누굴 어떻게 하고 갈래?

고: 왜? 내가 시집올 때 해가지고 온 거 다 가지고 가지.

장: 뭐, 뭐, 해 가지고 온 게 있어? 뭐 해가지고 왔어?

---

200 1954년에는 김윤심, 장소팔, 이종철, 이은관 등 다수의 재담가, 만담가, 변사들이 회원으로 가입한 '대한담우협회'가 결성되어 해방 이후 만담의 발전에 이바지했다. 대한담우협회는 원래 1930년대 신불출, 윤백남이 주축이 되어 만들었던 '반도인 담우협회半島談友協會'의 후신으로, 해방 이후 흩어졌던 만담가 등을 재결집하는 역할을 했다. 반재식(2004), 438~439쪽.

고 : 왜 없어! 왜 없어! 왜 없어!

장 : 뭐 있어? 뭐 있어? 뭐 있어? 뭐 있어?

고 : 양복장, 이불장, 경대, 요강, 함이랑 몽땅 가져갈래.

장 : 아이고, 겁난다. 참빗, 얼레빗, 족집게, 깨진 색경, 쪼개진 인두판, 구
　　부러진 구공탄 집게, 다 가져가라! 꿈자리 뒤숭숭하다.

고 : 아이고, 내 기가 막혀! 그러니까 남자들은 전부 **뻔뻔스럽고** 능글맞고
　　거짓말쟁이야.

영화에서는 이 부분이 다음과 같이 그려졌다.

S.#83 내실

(…중략…)

(두 사람 만담식으로)

(…중략…)

윤 씨 : 나가면 내가 그냥 나갈상 싶어? 이집 집문서 땅문서 곰탕집 영업장
　　　이부자리 장롱까지 다 가지고 나갈테야—

김소하 : 아유! 겁난다. 민빛 챈빛 얼래빛 쪽지개 깨진샛경 쪼개진 인두판
　　　허다못해 장롱구석에 트러박힌 고란내나는 버선짝 다 가지고 가
　　　요…….

　영화에서 김소하(장소팔)는 부인 윤씨(백금녀)에게 옳은 소리 한 번 못
하는 소심한 공처가 남편으로 처가살이를 하는 처지이므로 부부싸움을
한다 하더라도 전개 양상이 만담의 상황과는 다르겠으나, 만담의 일부

를 인용하기 위해 부부간의 권력이 역전된 채 대화가 진행된다. 즉, 예시한 만담들은 내러티브의 진행을 잠시 멈춘 채 영화 속에 삽입되는 일종의 '퍼포먼스'였으며, 관객들도 이를 인지한 채 영화를 관람했다는 의미인 것이다.

마지막으로 악극단 코미디와 영화 코미디에서 레퍼토리의 교류를 보여주는 사례를 한 가지 더 소개하고자 한다. 다음의 인용문은 반재식이 발굴한 이복본의 일제말기 공연 대본의 일부이다. 이는 당시 "크게 히트"했던 내용으로 이후 방송 코미디에서도 다뤄졌다고 하며, 윤부길도 연기한 적이 있었다고 한다.[201] 여기서 이복본이 연기했던 남1은 친구인 남2가 빚을 지고 숨기 위해 자신의 집에 찾아오자 그에게 국수를 대접한다. 막 먹으려는 찰나, 남2에게 돈을 빌려준 남3이 등장하고, 남2는 남1의 이불보따리 안으로 숨는다. 그리고 남3은 남2가 남겨둔 국수를 먹으려 하고, 숨어 있던 남2는 남1의 뒤에서 국수를 먹기 위해 안간힘을 쓴다.

> 남1 : 자, 어서 먹세. (남1·3, 국수를 먹기 시작한다. 남2 보자기를 살그
> 머니 제치고 국수를 보고 침을 삼킨다. 못 참겠는지 남1의 겨드랑이
> 사이로 손을 뻗쳐 국수그릇을 가져간다. 이것을 본 남1은 남3이 볼까
> 봐 얼른 자기 팔을 뒤로 한다. 남3이 보기에는 남2의 손이 남1의 손
> 처럼 보인다. 남2는 상 위를 더듬거린다.)
> 남3 : 아니 자네, 왜 상 위를 더듬거리나? 여기 젓가락이 있잖아. (하면서

---

201 반재식(2004), 311쪽.

젓가락을 쥐어준다. 남1은 안절부절, 남2는 젓가락 위치에 국수그릇을 갖다 놓는다. 남2는 국수를 한 젓가락 뜬다. 그리고 남1의 입에 갖다 넣으려고 하지만 그것이 코에 갔다, 눈에 갔다, 방향을 못 찾는다. 남1은 그 젓가락 움직이는 대로 입을 갖다 맞추느라 안간힘을 쓴다. 그러다가 간신히 입에 넣는데 성공한다.) 아니 자네 왜 그래? 갑자기 중풍에 걸렸나?

남1 : 응, 어제 약주를 너무 많이 마셨더니…. (다시 젓가락이 국수를 젓는다. 남1은 다시 국수그릇을 젓가락에 갖다 댄다. 남2는 국수를 돌돌 말아서 이번에는 남1의 입에 안 갖다 대고 겨드랑이 사이로 쑥 빼어 얼른 자기가 먹는다. 당연히 이 사이에는 남1의 바른손이 없을 수밖에. 따라서 남1은 얼른 자기 손을 상 위에 올려 놓는다.)

남3 : 아니 자네 젓가락 어떻게 했나?

남1 : 응, 젓가락? 뒤에다 떨군 모양이야. (하면서 손을 뒤로 돌려 남2의 젓가락을 뺏으려고 할 때 남2는 다시 젓가락 쥔 바른손을 상 위쪽으로 뻗는다. 따라서 남1은 자기 손을 뻗을 수가 없어서 그냥 팔을 뒤로 돌린 채 가만 있을 수밖에. 이런 식으로 반복하다가 남2는 남3의 국수그릇에 젓가락을 대는 등 여러 가지 우스운 장면이 연출된다. 나중의 발각 장면은 남1이 화가 나서 벌떡 일어나며) 네가 다 먹어라. 다 먹어! (하면서 끝난다.)[202]

이 내용은 이후 1960년대 구봉서 주연의 영화에서 반복된다. 하숙집

---

202 반재식(2004), 311~313쪽.

에 놀러온 친구(서영춘)와 자장면을 먹으려고 할 때, 평소 마음에 두고 있던 여자가 노래를 배우겠다고 구봉서의 집으로 찾아오고, 친구를 이불 뒤에 숨긴 구봉서는 여자를 마주 보고 앉아 식사를 계속 하려고 하나 자장면을 먹으려는 친구에 의해 방해 받는 장면이 연출된다. 이 장면은 앞서 인용했던 레퍼토리들과 달리 슬랩스틱에 가까운 코미디를 선보이는 장면인데, 버라이어티 쇼에서 선보이던 짧은 꽁트와 같은 코미디 형식 역시 영화 속의 에피소드로 인용되었던 것이다.

악극과 영화의 레퍼토리 교환의 세 번째 분류는 악극과 버라이어티 쇼 형식을 영화에 도입한 것으로 노래와 춤, 공연 장면 등을 삽입하여 영화 속에서 악극의 분위기를 조성하는 경우가 있다. 악극단을 소재로, 가수나 악사, 또는 연예사업의 관련자들이 주인공으로 등장하여 노래를 만들거나 악단에 취직하는 내러티브를 전체 줄거리로 삼는 백 스테이지 뮤지컬back-stage musical 류의 영화가 있는가 하면, 악극에서 단골 레퍼토리로 사용되었던 〈라 콤파르시타〉[203]를 부르는 장면이 등장하는 〈삼인의 신부〉, 〈청춘배달〉과 같은 영화들도 있다. 이 같은 경향은 뮤지컬 요소와 악극 요소가 혼합되어 영화에 도입된 것이라 볼 수 있을 것이다. 코미디 레퍼토리로 간주할 만한 직접적인 공연 장면 삽입의 예시는 다음 장에서 다시 서술할 내용이다. 따라서 여기서는 악극의 공연형식이나 악극에서 사용되었던 음악이 영화에 차용되는 등 영향관계가 있었다는 언급 정도로 줄이도록 한다.

---

[203] 〈La Comparsita〉는 아르헨티나의 탱고 명곡으로, 1916년 우루과이의 Matos Rodriguez가 작곡한 곡으로 알려져 있다. 1950년대 라 콤파루씨타, 또는 라 콤팔시타로 표기된 악극단의 공연 페러토리는 "〈페루샤의 궁전〉을 능가하는 거편"으로 소개되었는데 이사라 각색, 이부풍 연출로 극단 가협에서 공연된 기록이 있다. 「광고」, 『조선일보』, 1952.6.25, 2면.

이처럼 다양한 코미디의 레퍼토리가 이 시기 대중문화 전반에 통용되며 활발한 교류를 촉진했다. 레퍼토리의 전유는 각각의 문화 장르를 발전시키고 관객들과의 소통을 가능하게 하는 중요한 계기로 작용했다. 무엇보다 '코미디언'을 매개로 레퍼토리의 전달 혹은 전환이 일어났다는 점은 의미심장하다. 악극단의 코미디 배우들은 이미 전통 연희의 코미디뿐 아니라 신파극의 코미디, 그리고 할리우드 코미디의 영향을 흡수하여 각종 코미디 양식의 '악극화'를 이룬 이들이었다고 볼 수 있다. 단순한 '이식'이나 '모방'이 아니라 익숙한 내용을 새로운 매체 형식에 적용시켰던 1950년대 후반 코미디영화의 창조적 전유는 이 시기 다양한 문화양식들에 대한 경험을 섭렵하고 있었던 코미디언들에 의해 이루어질 수 있었다.

3. 코미디영화 장르 분화와 관객층의 확대

1950년대 후반 코미디영화의 호황은 지금까지 논의했던 다양한 환경과 변수들의 작용 하에서 일어난 하나의 '사건'이었다. 전쟁 이후 여러 제도가 정비되고 물적 토대가 마련되면서 대중문화가 재편되는 과정에서 영화는 새롭게 부상하는 문화형식이 되었고, 그 중에서도 코미디는 인접 문화들과 상호작용하면서 앞장서서 새로운 문화형식에 탄력적으로 적응해 갔다. 반공, 친미, 자유민주주의 이데올로기와 근대화에 대한 열망이 온 나라를 휩쓸고 있던 1950년대, 시대의 정서와 분위기를 포착하며 일면 정책에 의하여, 일면 검열의 사각지대에 놓여있음으로 인하여 전성을 누릴 수 있었던 영화, 특히 코미디영화는 이 시기 가장 '대중적인' 문화 형식이었다.

극장 입장세법의 변화에 따른 국산영화 면세조치, 우수영화보장제도 실시로 인한 영화제작의 고무, 흥행 자본의 유입과 제작사의 증가, 극장의 증설과 배급망의 구축, 스튜디오의 건립과 기자재의 확충 및 마케팅의 활성화[204] 등은 영화산업 자체의 증대와 활황을 불러왔다. 또한, 국산영화의 해외진출이 시작되면서, 홍콩 시장을 겨냥한 코미디영화 제작 기획이 고무되고 해외영화제에서 〈시집가는 날〉이 받은 상과 호평은 코미디영화에 대한 인식을 새롭게 했다. 더욱이 식민지 시기부터 계속되어왔던 외화 코미디영화의 흥행도 코미디영화 제작을 고무하는 데 적지 않은 영향을 미쳤다. 그러나 무엇보다 이 시기 코미디영화의 형성과 직접적인 관련을 맺고 있었던 것은 악극을 비롯한 인접 대중문화였다. 그 중에서도 특히 당시 지배적 대중문화였던 악극이 형식의 변화를 꾀하던 시점에 코미디언을 중심으로 한 주요 인력들이 버라이어티 쇼와 영화로 대거 이동하면서, 비로소 이 시기 코미디영화가 만개할 수 있는 물적·제도적·인적 요건들이 충족된 셈이다.

1950년대 후반 코미디영화가 붐을 이루던 시기와 때를 같이 하여, 한국영화사에서는 '장르'가 중요한 산업적, 비평적 도구로 등장했다. 물론,

---

[204] 1950년대부터 영화포스터를 이용한 광고가 본격적으로 등장하기 시작했으며, 신문에서 영화비평란이 증대되고 고정코너로 자리 잡았다. 다양한 마케팅 방식도 등장했는데, 예를 들어 라디오 방송광고를 통한 홍보, 영화퀴즈와 스타 마케팅을 이용한 전략, 영화 주제가 레코드 판매 등이 시도되었다. 특히, 일간신문의 최대 광고주가 영화업계였기 때문에 일간지들에는 이 시기 영화관련 기사가 빈번히 등장했다.

그 이전에도 장르는 외국영화의 홍보 수단으로 활용되었지만, 한국영화를 분류하고 광고하기 위해 장르가 이용되기 시작한 것은 1950년대 후반부터였다는 것이다. 1950년대 후반 영화제작 편수가 급증하면서 장르 명칭을 통해 영화를 광고하는 경향이 생겨나기 시작했으며, 1957년부터 장르는 영화를 설명하는 가장 중요한 핵심문구가 되었다.[205] 이때부터 장르는 단순히 한 영화를 설명하는 데서 그치는 것이 아니라 가치평가의 잣대로 사용되거나 관객의 소구에 이용되기 시작했다. 예컨대 '삼류관객들의 웃음보를 건드리는 슬랩스틱 코메디'라든가, '고무신 관객들을 끄는 신파영화'와 같은 표현을 통해 장르가 규정되었던 것이다. '장르'를 중심으로 살펴볼 때, 1950년대 후반 한국영화계는 "멜로드라마의 주도적 위치와 하위 장르 분화, 그리고 희극영화의 부상, 스릴러와 액션 등 새로운 경향의 영화 등장"[206]으로 특징지어지는 시기였다.

『한국영화자료편람』에서 인용한 〈표 8〉을 코미디영화를 중심으로 해석해 보면, 1956년 처음으로 코미디영화가 등장하기 시작하여 1958년과 1959년 급증하는 것을 볼 수 있다. 1960년과 1961년에 약간의 감소추세를 보인 뒤, 다시 1962년을 기점으로 늘어나기 시작한다. 당시의 신문 및 잡지 기사에서 코미디영화로 평을 했거나 광고를 한 경우를 바탕으로 한국영상자료원의 데이터베이스(KMDb)에 코미디로 분류된 영화들을 참고하여 역으로 수치를 계산해 보면 코미디영화의 비율은 더 늘어난다.[207]

---

205 이길성(2006), 48~49쪽.
206 이길성(2006), 57~58쪽.
207 이 조사는 한국영상자료원에서 편찬한 『신문기사로 본 한국영화』 시리즈를 바탕으로 한국영상자료원 한국영화데이터베이스(KMDb), 『한국영화기획 70년사』(한국영화기

연도	멜로	액션	스릴러	희극	시대	괴기	문예	군사	반공	계몽	전기	음악	검술	종교	기타	계
1953	2							2	1						1	6
1954	2							3	3	4					6	18
1955	7						2	2	3	1						15
1956	16	1		4	5			2			1			1		30
1957	26	4	1	2	1						2					37
1958	59	2	2	7	1		2			1						74
1959	85	2	1	12	4			1		1	1					111
1960	64	6	1	8	2	1	3		1		1					87
1961	47			8	4	1	4	1			1	3			10	79
1962	57	11	3	13	8	1	1	5	5		6		2			112
1963	82	14	7	19	7	1	2	4	2	3	7					148

이 중에는 〈여성의 적〉(김한일, 1956)과 같이 한국영상자료원 데이터베

획창작협회 편, 한국영화인협회, 1999), 『한국영화전사』(이영일, 소도, 2004)를 참고
로 했다. 그런데 이 자료들에는 두 가지 문제가 있다. 첫째, 자료들마다 분류기준이 다르
다. 『한국영화자료편람』은 제작실황을 기준으로 하고 있다고 밝힌 반면, 『한국영화기
획 70년사』는 개봉일을 기준으로 한다. 이영일의 『한국영화전사』에 실려 있는 작품 목
록은 '○○년도에 나온'이라고 되어 있어 정확하지는 않으나 해마다 2~3편 정도를 제
외하고는 『한국영화기획 70년사』에 실린 목록과 거의 동일하며, KMDb 역시 『한국영화
기획 70년사』와 동일한 개봉날짜를 기록하므로 개봉일을 기준으로 하고 있다고 볼 수
있다. 그런데, 제작실황을 기준으로 하는 『한국영화자료편람』이나 개봉일을 기준으로
한 그 외의 자료들에서 밝힌 연도별 작품수가 거의 일치하므로, 사실상 이 자료들은 동
일한 기준 하에서 작성된 것이라 볼 수 있다. 둘째, 자료의 신빙성이다. 예컨대 위의 자
료에서 추론할 수 있는, 1956년에 제작(혹은 상영)된 영화 네 편은 〈청춘쌍곡선〉, 〈벼락
감투〉, 〈여성의 적〉, 〈시집가는 날〉이다. 그러나 이 네 편 중 〈시집가는 날〉(1957.2.11
개봉, 「광고」, 『조선일보』, 1957.2.9, 2면)과 〈청춘쌍곡선〉(1957.2.12 개봉, 「광고」,
『조선일보』, 1957.2.11, 석2면)은 신문광고를 통해 1957년에 개봉한 사실을 확인할 수
있으므로, 『한국영화기획 70년사』와 KMDb에서 밝힌 개봉일(〈청춘쌍곡선〉 1956년 4
월 10일, 〈시집가는 날〉 1956년 11월 27일)과는 상당한 차이가 있다. 따라서 이 책은
『한국영화자료편람』의 기준에 따라 이 영화들이 제작연도(제작신고서)를 기준으로 분
류되었다고 가정하고 논의를 전개할 것이다.
208 『한국영화자료편람』, 영화진흥공사, 1977, 46~48쪽 일부 인용.

연도	제작편수(전체 제작편수 중 코미디영화 비율)	
	한국영화자료편람	신문기사, KMDb 등
1955	0 (00.00%)	1 (6.67%)
1956	4 (13.33%)	4 (13.33%)
1957	2 (5.40%)	3 (8.11%)
1958	7 (9.46%)	9 (12.16%)
1959	12 (10.81%)	15 (13.51%)
1960	8 (9.20%)	10 (11.49%)
1961	8 (10.13%)	9 (11.39%)
1962	13 (11.61%)	17 (15.18%)
1963	19 (12.84%)	32 (22.30%)

이스에서만 코미디로 분류하는 사례도 있고, 〈딸 칠형제〉(박시춘, 1958)처럼 이영일의 『한국영화전사』에서만 코미디로 분류하는 경우도 있으며 〈배뱅이굿〉(양주남, 1957)처럼 신문기사에서만 코미디로 분류하는 경우도 있다. 이러한 차이는 『한국영화자료편람』의 경우 한 편의 영화를 하나의 장르 카테고리로 포함시켜야 하는 반면, 그 외의 매체에서는 한 영화를 다양한 장르로 해석하는 것이 가능했기 때문에 생긴 것으로 보인다. 따라서 『한국영화자료편람』에서보다 신문 잡지의 기사 및 광고와 시나리오, 영상자료원 데이터베이스 등을 참고로 재구성한 이 책의 조사에서 상대적으로 코미디영화의 비율이 높을 수밖에 없는 셈이다.

그런데 이런 차이를 감안한다 하더라도 위의 표를 통해 확인할 수 있는 것은 1950년대 전반기까지 전무하다시피 했던 코미디영화들이 1955년 혹은 1956년을 기점으로 우리 영화사에 새롭게 등장하기 시작

---

209 『한국영화자료편람』과 신문기사 및 KMDb 등을 참고로 재구성한 수치 비교.

했다는 점과 코미디영화가 차지하는 비율이 점차 상승하고 있었다는 점이다. 특히 1959년에는 전체의 10~14%를 차지할 만큼 코미디영화의 붐이 일어났다. 당시 멜로드라마의 제작비율은 1955년에 50%, 1956년 53%, 1957년 70%, 1958년 80%, 1959년 77%를 차지했는데, 이같은 멜로드라마의 압도적 우위 속에서 코미디영화가 차지했던 10% 내외의 수치는 결코 작은 것이 아니었다.

코미디영화 제작 붐을 불러온 외적 요인들은 앞서 언급했거니와, 내적 요인으로는 두 편의 코미디영화가 미친 영향을 들 수 있다. 우선 이병일 감독의 〈시집가는 날〉은 코미디영화에 대한 인식을 재고하게 했을 뿐 아니라, 코미디 하위 장르의 분화가 촉발된 하나의 계기였다는 점에서 중요하다. 당시 "진정한 의미에서의 유우모어"를 가진 "건전한 오락영화"로 평가되었던 〈시집가는 날〉을 '풍속적 사극코메디'로 칭한 이래, '라이트 탓취의 코메디'(〈오해마세요〉, 권영순, 1957), '시츄에이션 코메디'(〈인생차압〉, 유현목, 1958), '스랩스 스티크스 코메디'(〈사람팔자 알 수 없다〉, 김화랑, 1958), '넌센스 코메디'(〈홀쭉이 뚱뚱이 논산 훈련소에 가다〉, 김화랑, 1959) 등 다양한 방식으로 코미디영화들이 정의되기 시작했다.[210] 이처럼, 일련의 코미디영화들을 일정한 경향을 띤 하위 장르로 분류하여 설명하고 이를 광고에 적극적으로 이용했던 것은 이 시기 코미디영화들이 비평적 측면에서, 그리고 산업적 측면에서 관심을 기울일 가치가 있었음을 증명하는 것이었다. 이영일이 당시의 코미디영화를 시추에이션 코메디와 사운드

---

[210] 물론 이 시기의 장르 분화가 코미디영화에만 국한된 것은 아니었으며 〈시집가는 날〉을 원인으로 보기도 어렵다. 그러나 〈시집가는 날〉이 등장한 1957년을 기점으로 영화비평과 홍보에 장르가 적극 동원되기 시작하였고, 코미디영화 역시 다양한 장르명으로 분화되기 시작하였다는 것을 지적하려는 것이다. 이길성(2006), 48~63쪽 참고.

코미디, 슬랩스틱 코미디, 그리고 청춘코미디 등 4개의 하위 장르로 구분했던 것 역시 이런 의미로 이해될 수 있다.

그런 한편, 본격적인 코미디영화의 유행과 제작 붐을 촉발했던 것은 〈청춘쌍곡선〉이었다. 〈시집가는 날〉이 국내외의 평단으로부터 호평을 받고 코미디영화를 재고하는 기회를 마련해주었음에도 관객동원이 여의치 않았던 사정과 달리, "한국 최초의 코미디영화"[211]를 표방하며 제작된 〈청춘쌍곡선〉은 1957년 흥행 성적 5위를 기록하면서 개봉관 기준 36,600명의 관객을 극장으로 불러 들였다. 그리고 그 해 제작·상영된 국산영화 중 이익을 남긴 단 세 편의 영화 중 한 편이 되었다.[212] 〈청춘쌍곡선〉의 흥행 성공이 영화계에 미친 반향은 적지 않았던 것으로 보인다. 가령 「코메디 영화의 유행」이라는 기사는 "〈청춘쌍곡선〉이 재미 봤다는 소식에 코메디에 착안하는 약삭빠른 프로듀서들의 기업적인 쎈스"[213]가 놀랍다고 지적했고, 이 영화를 연출한 한형모 감독은 '서울시 문화상'을 수상[214]하기도 했다. 또한, '홀쭉이와 뚱뚱이 무대 실연'으로 광고되었던 개봉관의 어트랙션은 〈청춘쌍곡선〉의 상영과 함께 1년 내내 재개봉관을 돌며 지속되었고, 실연무대는 1950년대 후반 특징적인 극장의 상

---

211 「〈청춘의 쌍곡선〉 삼성영화사서 제작」, 『경향신문』, 1956.9.19, 4면. 주지하다시피 〈청춘쌍곡선〉은 한국 최초의 코미디영화가 아니다. 그럼에도 이 영화에 "한국 최초의 코미디영화"라는 타이틀을 사용한 이유는, 현대적인 감각으로 '코미디'를 표방하며 만든 최초의 영화라는 점을 부각시키고자 했던 제작자의 의도였을 것으로 보인다.

212 문교 당국에 의해 조사된 바에 따르면 1957년도 제작 상영된 국산영화 47편 중 이익을 남긴 작품이 전체의 6%, 수지균형을 맞춘 영화가 12%에 불과한데 이 중 〈청춘쌍곡선〉은 〈실락원의 별〉, 〈모정〉과 더불어 1천만 환 정도의 이익을 본 단 세 편의 작품이었다. 「국산영화는 수지가 맞나 / 작년도에 상영된 47편의 손의 결산 / 이익본 건 단 세편 뿐 / 과세조치 시기상조 문교당국」, 『한국일보』, 1958.7.5, 3면.

213 「빽밀러—코메디의 유행」, 『서울신문』, 1958.3.17, 4면.

214 「스크린 낙수」, 『서울신문』, 1958.5.25, 4면.

영 관행이 되었다.[215] 이런 추세에 힘입어 1958년에는 김화랑 감독의
〈사람팔자 알 수 없다〉와 〈한번만 봐 주세요〉가 그 해의 관객 동원 순위
2위와 5위를 차지[216]하면서 코미디영화의 강세를 증명하였고, 1959년
에는 12~15편의 코미디영화가 관객들을 만나게 되었던 것이다.

　이처럼 코미디영화가 한국영화사에 본격적 장르로 등장하고, 산업
적·비평적 가치를 인정받으면서 제작 붐을 일으킴과 동시에 하위 장
르로 분화되었던 것은 관객층의 확대 및 분화라는 측면과도 관련된다.
이 시기 코미디 장르의 등장은 그것을 이해하고 즐기는 관객층의 형성
과 밀접한 관련이 있다. 하나의 장르가 성립된다는 것은 즉, 일정한 관
습을 공유하는 영화군이 생성되었다는 것을 의미하는 바, 코미디는 이
시기 멜로드라마와 함께 가장 먼저 장르적 관습을 확립했던 장르였다.
더 나아가 '시추에이션 코미디', '슬랩스틱 코미디', '청춘코미디', '뮤
지컬 코미디' 등의 하위 장르로 분화될 만큼 일정한 경향성을 지닌 영
화군도 형성되었다. 여기에는 이 책에서 중점적으로 다루고자 하는 코
미디언-중심 코미디, 즉 '코미디언코미디'가 포함되는데, 이영일이 구
분한 '슬랩스틱 코미디'가 이에 해당한다고 볼 수 있다. 코미디언코미
디는 이미 잘 알려진 스타 코미디언의 개성과 퍼포먼스를 전면에 내세
워 만들어진 코미디 장르로, 당시 신문·잡지의 광고와 영화 소개, 포

---

215 1950년대 후반 주연배우들의 실연무대 혹은 무대인사는 〈청춘쌍곡선〉을 시작으로 개
　　봉관에서 유행했고 1960년대에는 주로 지방극장을 중심으로 이루어졌다. 이에 대한 자
　　세한 내용은 이 책의 2부 3장 「영화를 실연實演하다」를 참고.
216 1958년 흥행성적에서 1위를 차지한 홍성기 감독의 〈별아 내 가슴에〉는 13만 7천 명을
　　동원했으며, 그 뒤를 이어 2위를 차지한 김화랑 감독의 〈사람팔자 알 수 없다〉는 10만
　　7천 명을 동원했다. 5위에 오른 김화랑 감독의 〈한번만 봐 주세요〉는 7만 5천 명을 동원
　　한 것으로 기록되었다. 「58년도 관객동원수로 본 내외영화 베스트텐 / 대중들은 멜로드
　　라마를 / 거의 고배를 마신 우수영화」, 『동아일보』, 1958.12.24, 4면.

<그림 21> '뮤직칼코메듸' <오부자> 신문광고. "구봉서, 김희갑 실연(實演), 무대인사"가 있었던 재개봉관에서의 상영 광고로, 영화 상영 시 주로 코미디영화 주연배우들의 실연 혹은 무대인사가 곁들여지는 것은 1950년대 후반의 특징적인 영화상영 관행이었다. (『조선일보』, 1958.5.31)

스터 등은 이 같은 장르와 스타 시스템을 적극 활용했다.

코미디영화에 있어, 스타 시스템은 매우 중요하다. 이는 이미 대중문화 전반을 통틀어 유명한 스타였던 코미디언들의 레퍼토리 및 관습을 충분히 인지하고 있던 관객층이 이들을 보기 위해 극장으로 발걸음을 옮기게 되는 계기로 작용하기 때문이다. 1950년대 코미디영화가 상영될 때, 「홀쭉이와 뚱뚱이의 무대실연」(<청춘쌍곡선>, 『조선일보』, 1957.9.7; <천지유정>, 『조선일보』, 1958.2.2)이 "동시 상영"으로 광고되거나 "구봉서와 김희갑의 실연"(<그림 21> 참고)이 함께 광고되었던 것은 이러한 관객층을 위한 전략이었다. 기존 대중문화의 콘텐츠 및 관습을 자신의 것으로 흡수했던 코미디언코미디는 '장르'와 '코미디언'을 내세워 광고에 적극 활용함으로써 관객들의 기대를 고조시킬 수 있었으며, 이를 통해 기존의 악극 및 대중연희의 관객들을 영화 관객층으로 흡수했던 것이다.[217]

217 <청춘쌍곡선> 개봉 시, 개봉관이었던 국도극장에서뿐 아니라, 재개봉관이었던 동화극장(1957.8.20), 자유극장(1957.9.2), 문화극장(1957.9.7) 등 광고하는 극장마다 실연무대

이 시기 '청춘코미디', '뮤직칼코미디', '넌센스코메디' 등으로 설명된 하위 장르는 차별화된 관객들을 소구대상으로 삼았다. 할리우드 코미디 영화 광고 역시 '모던 커메듸'(〈통신연애〉, 『서울신문』, 1948.5.20), '연애소동기'(〈청춘소동〉, 『경향신문』, 1949.5.15), '희극음악영화'(〈노래하는 인생〉, 『동아일보』, 1951.12.31), '러브코메디'(〈연애진단서〉, 『조선일보』, 1952.3.27), '뮤지칼코메디'(〈은화〉, 『동아일보』, 1952.11.4), '연애코메디'(〈신부는 방년 17세〉, 『서울신문』, 1959.1.29), '섹시 로맨스'(〈그것은 킷쓰로 시작했다〉, 『경향신문』, 1960.8.26) 등 다양한 명칭을 붙여 각 영화를 차별화함과 동시에 동종의 영화들과 연대시킴으로써 관객층을 분화시켰다. 이는 한국 코미디영화에서도 마찬가지로, 다양한 성격의 코미디들은 확대된 코미디영화 관객층 속에서 '구별된 취향'을 가능하게 했다. 이 시기 코미디영화에서 하위 장르의 분화는, 의식적으로든 무의식적으로든, 이질적으로 구성된 코미디영화 관객들의 이질적인 욕망에 다가가기 위한 전략이 되었다.

'동시상영'을 광고했는데, 1958년 후반부터는 이런 경향이 차츰 줄어든다. 코미디언들이 실연무대에 설 수 없을 만큼 많은 영화에 출연했던 것이 가장 큰 이유였지만, 1958년 말에 이르면 코미디영화의 관객층이 일정정도 구축되어 코미디언들의 우스꽝스러운 표정을 전면화한 광고만으로도 관객 확보가 용이했던 것도 중요한 이유가 되었다.

제4장

1950년대 코미디영화의 역사성

지금까지 근대적 흥행 산업의 등장과 전개, 그리고 흥행 산업 안에서 코미디 양식의 성장과 코미디언의 부상에 초점을 맞춰 1950년대 코미디영화 형성의 맥락에 대하여 논했다. 여기에서는 구체적인 텍스트를 분석함으로써 코미디언의 '매개자' 역할과 다성적 측면에 주목해 보고자 한다. 코미디언의 위치와 기능이 생산하는 다양한 의미망의 분석을 통해 코미디영화의 역사성에 대하여 새로운 각도로 접근해 볼 수 있을 것이다. 이 글에서 분석하고자 하는 중심 텍스트들은 '엎치락뒤치락' 코미디 또는 '슬랩스틱' 코미디라는 용어로 규정되어 온 코미디언코미디이다. '코미디언코미디'라는 장르 명칭을 사용하는 이유는 무엇보다 '장르의 매개자'로서의 코미디언의 역할과 기능을 강조하기 위함이며, 또 '몸'의 코미디를 강조하는 '슬랩스틱', '엎치락뒤치락'보다 이 용어가 당대 코미디의 특성을 포괄적으로 설명하는 데 적합하다고 판단했기 때문이다.

이 장은 1950년대 코미디언코미디[1]를 중심으로 다음의 세 가지를 논하고자 한다. 첫째, 한국 코미디영화 형성과정에서 '코미디언'이 담당한 텍스트 내외적 역할에 주목한다. 먼저 구체적 텍스트 분석을 통하여 코미디언이 기존 대중연희와 할리우드 코미디영화, 라디오 코미디, 미8군 쇼의 코미디, 각종 매체 속의 코미디 등 다양한 코미디의 요소들을 수용하고 그로부터 각 매체에 적합한 코미디양식을 만들어내는 창조자로 기능했음을 증명한다. 1950년대 후반 코미디영화 형성에서 코미디언은 단순한 레퍼토리나 형식의 전달자에 머무는 것이 아니라 이질적 양식들을 하나의 텍스트로 포괄하는 창조적 매개자였다는 데에 그 중요성이 있다.

둘째, 코미디언 개개인의 개성과 특징이 일정한 '이야기성'과 웃음의 코드를 보유하면서, 코미디언코미디 내에서 하위 장르로 분화되었음을 살펴보고자 한다. 당대 코미디영화를 주도했던 핵심 코미디언들을 하나의 장르로 규정함으로써, 1950년대 집중적으로 생산되었던 코미디언코미디가 이전 / 이후 시기의 코미디영화 / 코미디언코미디와 구별되는 지점 및 그 맥락을 파악하고, 이를 통해 이 시기 코미디영화가 지시하는 당대의 사회적, 이데올로기적 징후들을 포착하고자 한다. 장르란 영화적 소통의 도구일 뿐 아니라, "국가적 정체성과 사회적 관습과 이데올로기"에 접근하기 위한 수단을 제공[2]하는 것이기도 하므로, 코미디언 개개인을 중심으로 구성된 각 하위 장르 역시 1950년대 후반 코미디가 가진 시대성을 드러내는 도구로 기능할 수 있다.

---

1 1950년대 제작된 코미디언코미디에 대해서는 〈표 1〉을 참고.
2 배리 랭포드, 방혜진 역, 『영화장르-할리우드와 그 너머』, 한나래, 2010, 55~56쪽.

셋째, 이와 같은 분석들을 바탕으로 1950년대 코미디영화의 시대성을 규명한다. 이는 곧 한국영화사의 흐름과 1950년대의 시대상 속에 이 시기 코미디영화를 관계론적으로 위치시키고, 그 내적 기능 및 사적史的 의미를 파악하고자 하는 것이다. 이를 위해 1950년대 영화사의 타 장르와 코미디영화가 맺는 대화적 관계를 살펴보고자 하는데, 무엇보다 이 시기 한국영화의 중흥을 이끌며 압도적인 편수로 제작되었던 멜로드라마와 함께 논의될 것이다. 글머리에서 언급했듯이 이영일이 지적한 바대로 멜로드라마와 통속 코미디가 '신파의 변형'이며 '리얼리즘의 다른 형식'이라고 볼 수 있다면, 이 논의는 '통속'과 '모럴'이라는 키워드를 통하여 1950년대 후반 멜로드라마와 코미디가 사회와 관계 맺는 방식에 대한 논의로 확장될 수 있을 것이다.

이 글의 1장과 2장의 논의들이 '텍스트의 역사성'을 밝히는 관점에서 1950년대 코미디영화 형성의 통시적, 공시적 맥락을 규명했다면, 이 장에서는 '역사의 텍스트성'에 주목한다. 이에 따라 1950년대 코미디를 영화사적으로, 그리고 사회사적으로 재맥락화함으로써 1950년대 코미디영화의 역사성을 밝히는 한편, 그 의미체계를 확장할 수 있을 것이다.

1. 코미디형식의 매개자로서 '코미디언'

전술했듯이 1950년대 후반에는 코미디영화의 제작이 고무될 수 있는 다양한 조건들이 갖추어지고 있었다. 산업적 맥락에서 본다면 국내 영화산업 자체가 정책적으로 지원되던 시점이었으며, 각종 제도적 장치와 물질적 기반이 마련되던 시기였다. 또, 악극단의 쇠락과 버라이어티 쇼의 전성, 그리고 라디오 코미디의 전성 및 명랑소설, 명랑만화의 유행 그리고 할리우드 코미디영화의 유행과 맞물려 코미디언들은 다양한 코미디의 양식을 섭렵할 수 있었다. 또한 1950년대 후반 영화계로 진출할 때 대부분의 코미디언들은 이미 스타의 반열에 올라 있었다. 이들의 스타성을 담보로, 코미디언코미디영화들은 일정한 관객을 보장할 수 있으며, 저렴한 비용으로 빠르게 만들 수 있다는 장점을 가지고 있었다. 상대적으로 검열에서 자유로울 수 있었다는 점도 이 시기 코미디영화의 유행에 적지 않은 영향을 미쳤을 것으로 보인다. 이에 더하여 〈시집가는 날〉로 인한 비평적 인식의 전환과 〈청춘쌍곡선〉으로 입증된 코미디영화의 관객동원력 및 동남아 시장으로의 진출 가능성 등은 1950년대 코미디영화 활황을 가속화 했다.

이러한 맥락 하에서 1950년대 코미디언코미디는 기존 대중연희와 할리우드 코미디영화를 비롯한 다양한 근원들로부터 '영화적' 코미디의 형식을 만들어 내는 과정에서 등장했다. 환언하자면, 관객들에게 익숙한 대중문화 형식 속의 코미디 요소들을 '영화의 형식'으로 변용시키면서, 그것을 아우를 수 있는 영화 문법을 창조하는 이중의 과제가 이 시기 코미디영화에 부과되어 있었다는 것이다. 그리고 이 요구들을 적극 수용하면서 만들어진 영화형식이 바로 코미디언코미디였다고 할 수 있다.

이제 코미디언코미디영화를 구성적 측면에서 분석해 보고자 한다. 코미디영화 형식의 매개자로서 코미디언은 우선, 다양한 기존 대중연희의 코미디형식을 영화적으로 변용시키는 매개자로 기능했다. 앞서 언급되었던 다양한 코미디양식들(재담과 만담, 할리우드 코미디영화, 악극단의 희가극 및 코미디 쇼 등)은 연행자인 코미디언을 중심으로 비로소 영화 코미디의 양식으로 정립될 수 있었다. 두 번째로, 이미 '스타'로서의 지위를 확고히 한 코미디언들은 영화 속 가상세계와 현실을 넘나들면서 흥행성과 웃음을 보장하는 한편, 관객들과 소통을 매개하는 중재자로서 기능했다. 이 글은 이와 같은 매개자로서 코미디언의 역할이 1950년대 코미디언코미디의 특징적 계기들 속에서 드러난다고 보고, 이를 규명하고자 한다. 이 분석을 통해 '코미디언'이라는 독특한 존재가 기존의 대중문화형식을 영화적 형식으로 바꾸면서 대중문화의 관객을 영화 관객으로 포섭하는 과정을 살펴볼 수 있을 것이다.

1) 재담 / 만담의 변형과 차용—언어적 슬랩스틱

할리우드의 코미디영화는 무성영화기에 발달한 슬랩스틱에서 그 역사가 시작되었다. 보드빌, 나이트클럽 쇼, 그리고 브로드웨이 연극 등에서 경험과 명성을 얻은 코미디 배우들은 영화에 캐스팅 되면서, 무성영화 제작 환경에 맞춰 그들의 기량 중 주로 신체를 이용한 묘기를 극대화한 영화들을 선보였다.[3] 할리우드 영화에 소리가 도입된 후 유행했던 코미디 장르는 빠른 속도로 대화를 주고받으며 남녀 배우들의 성적인 긴장감을 표출하는 스크루볼 코미디였다. 이에 반해 1950년대부터 장르군을 이루어 등장하기 시작한 한국의 코미디영화는 '언어'를 사용할 수 있는 발성영화를 기반으로, 기존 대중문화의 다양한 코미디의 양식에서 풍부한 참조의 가능성을 발견할 수 있었다. 그 중에서도 이 시기 코미디영화의 핵심적 원천이 되었던 것은 재담과 만담에서 유래한, 언어를 통한 웃음 코드였다. 이미 악극의 공연형식으로 정제되면서 무대연희에 적합한 형태로 유형화된 짧은 만담, 만요, 스케치, 넌센스 등은 재치 있는 말, 또는 말과 노래를 1인이 엮거나 2인이 주고받는 형식으로, 식민지 시기부터 유성기 음반으로 따로 발매될 정도로 인기가 높았다. 1950년대 코미디영화가 일차적으로 의존했던 것은 바로 이런 대중연희 속 '말'의 코미디였다. 이 글에서는 이를 언어적 슬랩스틱verbal slapstick으로 지칭한다. 언어적 슬랩스틱이란 일반적으로 정신없이 빠르게 연행되는 대화로, 다양한 말놀음을 통해 웃음을 유발하고 풍자적 의미를 부여[4]

3　Steve Seidman, *Comedian Comedy : A Tradition In Hollywood Film*, UMI Research Press, 1981, pp.15~27.

4　언어적 슬랩스틱verbal slapstick은 "모든 것이 동시에 일어나는 대도시의 삶에 적합한" 속도로 일어나는 사람들의 대화로, 신체적 슬랩스틱이 영화 속에서 구조화되는 방식과 마찬가지로 반복과 상승을 통해 구조화된다. 재미없는 수다, 과장, 말장난, 생생한 속어의 사용, 과장된 메타포, 이중적 의미, 비합리적인 추론, 익살스러운 오용, 잘못된 발음, 외국인 악센트의 사용 등으로 웃음과 풍자의 기능을 수행한다. 이 글에서는 앨런 데일의 '언어적 슬랩스틱' 개념을 차용하여, 이것이 의미 없는 말장난이나 중의법, 과장, 속어와 사투리의 사용, 불합리한 사용 등으로 텍스트에서 풍자적 기능을 수행한다는 점과 텍스트 내에서 '신체적 슬랩스틱'과 상호작용 한다는 점을 강조하고자 한다. Alan S. Dale, *Comedy Is a Man In Trouble : Slapstick in American Movies*, University of Minnesota Press, 2000. pp.5~7.

하는 양식이다. 특히 만담 형식을 차용한 언어적 슬랩스틱은 이 시기 코미디영화에서 뚜렷이 드러나는 특징으로 볼 수 있다. 양석천과 양훈이 주고받는 대화의 양상이나 전문 만담가를 주인공으로 캐스팅하여 그들 레퍼토리의 일부를 차용한 만담의 연행은 1950년대 코미디에 익숙한 당대의 웃음 코드를 부여했다.

1950년대 후반 당시 최고의 코미디언이었던 양석천과 양훈 콤비는 악극단의 스타였을 뿐만 아니라 1955년부터 시작된 HLKA 라디오 공개 방송에서 '하이라이트'로 대접 받으며 전국의 관객을 끌어 모았다. 그들의 코미디는 "바보가 등장"하곤 했던 종래의 코미디와 달리 "군계일학격인 격조 있는 사회풍자"와 "위트 있고 사회계몽적인 화제를 가지고 멋진 개그"를 선보이는 "하이브로코미디"[5]로 평가 받았다. 당시 수많은 악극단들의 이합집산 속에서 홀쭉이 뚱뚱이 콤비와 함께 활동했던 배우 고향미의 증언에 따르면 이들의 코미디는 "대화로서 한 마디만 턱" 하는 "수준 높은" 것이었다.

> 양석천이하고 양훈 씨는 그 둘, 그 둘이 다 양정고보 나오고 좀 머리가 있는 사람들이니까 대화를 하는 게 척척 이렇게 해서, 이렇게 해서, 그, 그 사람들이 코메디가 조금 수준이 높았지. 둘이서 대화로서 그, 이렇게 했고, 애들처럼 뭐 얼굴을 찡그리고 팔을 가지고 이상하고 병신으로 그런 거 아니고 그 사람들은 아주 정장을 딱 하고 나와서 아주 대화로서 한마디만 턱하면 뭐 그 말을 하고.[6]

---

5   황문평, 『인물로 본 연예사—삶의 발자국』 2, 도서출판 선, 2000, 231~232쪽.
6   이화진 구술채록, 『2007년도 한국 근현대예술사 구술채록연구 시리즈 96 고향미』, 한

사실 이 시기 코미디영화 텍스트에서 드러나는 이들의 말놀음이 고향미의 평가처럼 "격조 있는 사회풍자"와 "사회계몽적인 화제"를 가진 것이라고는 보기는 어렵지만, 재치 있는 언어유희로 웃음을 유발하는 기제가 된 것만은 틀림없는 사실이다. 이들의 코미디를 영화화한 김화랑 감독의 1950년대 후반 코미디영화들[7]은 이 시기 코미디언코미디의 가장 특징적인 경향들을 보여준다고 할 수 있다.

김화랑 연출, 양석천과 양훈 주연의 두 번째 영화 〈사람팔자 알 수 없다〉는 시골에서 상경하여 택시 운전수와 캬바레 바텐더를 전전하다가 우연히 간첩 일당을 소탕하게 된 홀쭉이와 뚱뚱이의 에피소드를 다룬다. 이들은 하숙방에 함께 기거하면서 매일 신문을 보며 취직자리를 찾기 위해 고군분투한다.

S.#21 하숙방

홀쭉이(이하 홀) : 그런데 오늘이 몇일이냐.

뚱뚱이(이하 뚱) : 모르겠어.

홀 : 그 신문보면 알게 안야.

뚱 : 이건 내일 거야.

홀 : 내일 날자니까 그 날자에서 하나를 빼면 오늘 날자가 될 게 안야.

뚱 : 가만있자― (한참 계산하다가) 오늘은 공일이다.

홀; 누가 공일 말했니!! 몇일이야 말야. 날짜가.

---

7 이들이 함께 만든 1950년대의 코미디영화는 다음의 총 6편이다. 〈천지유정〉(1957), 〈사람 팔자 알 수 없다〉(1958), 〈한 번만 봐 주세요〉(1958), 〈흥부와 놀부〉(1959), 〈홀쭉이 뚱뚱이 논산 훈련소에 가다〉(1959), 〈오형제〉(1960).

뚱: 글세 공일이야.

홀: 이게 누굴 약을 올리나!

뚱: 이거 참. 이건 일일날자 신문이니까 거기서 하나를 빼면 공이 되니까 공일이지 뭐야.

홀: 우리 팔자는 너 때문에 맨날 요꼴이야. (32~33)

취업을 준비하고는 있지만, 전혀 준비된 바 없는 이들의 이처럼 황당하면서 '비합리적인 추론'을 이용한 말장난은 상대적으로 좀 더 약삭빠른 홀쭉이와 아둔한 뚱뚱이라는 주인공들 본래의 캐릭터와 겹치면서 더 큰 웃음을 유발한다. 내러티브의 진행과 다소 동떨어져서 등장인물들의 캐릭터에 대한 힌트를 주는 이 같은 코믹한 장면들은 홀쭉이와 뚱뚱이가 주고받는 대화 형식으로 영화 속에 빈번하게 삽입된다. 이들의 세 번째 영화 〈한번만 봐 주세요〉에서는 이러한 측면이 한층 강조된다. 〈사람팔자 알 수 없다〉의 성공 이후 약 2개월의 시차를 두고 제작된 〈한번만 봐 주세요〉는 〈사람팔자 알 수 없다〉에서 성공한 웃음 포인트들을 더 많이 심어 놓았던 것으로 보인다. 〈한번만 봐 주세요〉 역시 시골에서 상경하여 만족할 만한 직장을 얻지 못한 채 복권과 결혼에 골몰하는 홀쭉이와 뚱뚱이의 좌충우돌을 그리는데, 이들은 각각 생선장수, 세탁소 주인, 미꾸라지 장수와 같은 단역배우들과 더불어 몇 차례의 만담을 선보인다.

S.#53 길

미꾸라지(이하 미): 자 친애하는 시민 여러분 백년 묵은 산삼보다 천년 묵은 녹용도 얼골을 붉이고 돌아설 보신탕의 원조 보신탕의 할

아버지의 아버지의 할아버지인 미꾸라지. 미꾸라지를 잡수어

보십시오.

홀쭉이(이하 홀) : 할아버지의 아버지의 할아버지면 전부 합계 몇 살이나

되우.

미 : 한 오십세 되습지요 (E) 하여튼 뼈다귀가 물이 되도록 푸욱 고아 잡수

어 보십시오. 양기가 왼몸에 확 돕니다.

홀 : 거 어디 한마리 갔다 시험해 봅시다.

미 : 한마립쇼 다랍게 젊은 양반이 한 마리가 뭡쇼 좌우간 한 마리 값이나

세 마리 값이나 가치 받습니다.

홀 : 그럼 세 마리 주슈.

미 : 네. 염려맙쇼. 자. 였습니다. 한 마리 이렇게 굵습니다.

홀 : 얼마죠.

미 : 이거 뭐 미꾸라지 값은 구만두고 깡통값으로 말하자면 수수료로 백환

만 주십쇼.

홀 : 였소.

미 : 고맙습니다 안녕히 가십쇼.

미꾸라지를 과장되게 선전하고 엉뚱하게 셈하는 장사꾼에게 속아 넘
어가는 홀쭉이를 보여주는 이 장면은 뚱뚱이에 비해 상대적으로 똑똑한
듯하지만, 자본주의의 논리를 앞세우는 영악한 장사꾼 앞에서는 홀쭉이
역시 어수룩한 시골뜨기에 불과하다는 것을 보여준다. 이들이 다른 출
연진들과 나누는 만담에 가까운 코믹한 대화들 역시 이 코미디 콤비 본
연의 개성 및 영화 속 캐릭터를 잘 드러내 준다. 이들은 영화 속에서 '홀

쭉이'와 '뚱뚱이'라는, 본명보다 더 유명한 예명을 그대로 사용하면서, 악극단 시절부터의 주특기인 '언어유희'를 통해 자신들의 존재감을 드러낸다. 코믹한 대화를 통해 웃음을 유발할 때, 이들은 내러티브 속의 캐릭터이자 동시에 코미디의 감각을 선보이는 악극단의 스타로서의 자기 자신을 내세우게 되는 것이다.

〈공처가〉(김수용, 1958)에는 악극단과 라디오의 만담콤비 장소팔과 백금녀가 출연하여 만담을 선보이는데, 지문도 아예 '만담식으로' 대사를 하도록 지시한다.

S.#83 내실

(두 사람 만담식으로)

(…중략…)

윤 씨 : 에그, 밤마다 술이나 취해 가지고 들어와서 선량한 아내나 들들볶지 말아.

김소하 : 아이그 그럼 남자 들어올때 빗자루 들고 섰다가 때리지나 말아! 세상엔 나하구 같은 처지인 공처가가 많다는 걸 알아? 우리나라 팔할이 공처가야. 이 친구들이 모두 내 편이 돼서 응원해준단 말이여 —

윤 씨 : 흥! 분바른 작부들 웃음소리에 쇠꼬부라진 유행가를 부르며 밤을 새우는 어리석은 남성들은 다 때려없애!

김소하 : 번쩍이는 다이야몬드 반지와 비로도 치마에 눈이 어두운 허황된 여자들버텀 쓸어버려.

윤 씨 : 만약 이 시국에 아직도 그런 사람이 남아 있다면 그 사람은 이 자리

에서 당장 죽어라!

김소하 : 그렇다 죽을 때 죽드래도 금반지나 돈 지갑은 나한테 맡기고 죽
　　　　 어라.

윤씨 : 액기 이 지지리 못난아.

　이 장면은 정략결혼을 거부하고 자유연애를 쟁취하기 위해서 집을
나간 딸 미옥이를 찾기 위해 동분서주하던 중, 공처가인 남편 김소하(장
소팔)와 부인 윤씨(백금녀)가 주고받는 대사이다. 갑작스럽게 시작된 대
화는 뜬금없이 남녀의 성대결 양상을 띠고 그 자리에 모인 관객들(곰탕
집 손님들)의 호응을 유도한다. 운율을 맞춘 언어유희를 선보이며, 관객
을 의식한 채 빠르게 진행되는 이러한 만담 장면은 무대에서 한때 장소
팔과 호흡을 맞췄던 백금녀[8]가 상대역으로 등장하였기 때문에, 유명한
만담 레퍼토리를 차용한 것이었다. 특히 백금녀는 장소팔과 대조적으로
체격이 비대했기 때문에, 영상으로 보일 때 다른 만담 상대역에 비해 시
각적 효과가 컸을 것으로 보인다. 즉, 이들 만담 콤비는 언어적 슬랩스
틱과 신체적 슬랩스틱의 대구를 통해 웃음을 유발할 수 있었던 것이다.
　이상에서 보았듯이, 악극단, 버라이어티 쇼, 라디오 등을 통해 이미 관
객들에게 익숙한 코미디 배우들이 익숙한 코믹 퍼포먼스를 영화 속에서
연행하는 장면은 이 시기 코미디언코미디의 가장 큰 특징 중의 하나였다

8　장소팔의 만담 상대역으로는 악극 배우 이춘자, 국악인 고백화, 코미디언 백금녀를 거
　 쳐 악극단 가수였던 고춘자로 정착될 때까지 여러 명의 여자 만담가들이 있었다. 1954
　 년 정부에서 농촌 계몽대를 조직할 때 만나게 된 장소팔과 고춘자는 곧 만담 콤비를 결
　 성하여 1956년부터 라디오 방송의 〈민요만담〉 코너를 통해 전국적인 스타로 발돋움, 약
　 10년 간 프로그램을 이어갔다. 반재식, 『한국웃음사』, 백중당, 2004, 410~416쪽.

고 할 수 있다. 이러한 특징적 장면을 통해 관객들은 기존의 '스타'들에게 기대하는 익숙한 웃음의 코드를 영화 속에서 발견할 수 있었으며, 이는 악극의 관객층을 코미디영화의 관객으로 흡수하는 데 기여했을 것으로 보인다. 유명 코미디언이 출연한다는 것 자체로 관객들이 갖게 되는 기대 지평에 제공되는 특정 코미디언들의 퍼포먼스는 "그 자체로 완결성을 가진 독립된 구조"[9]로 존재하면서, 악극단의 코미디를 포함한 당대적 '웃음의 형식'을 영화 속으로 끌어들이는 역할을 담당했던 것이다.

2) 내러티브적 / 장르적 개연성의 획득 — 공연 장면

1950년대 코미디언코미디의 특징적 장면 중 하나는 내러티브의 중간에 삽입되는 노래나 공연 장면들이다. 사실 노래와 공연 장면의 삽입은 코미디언코미디뿐 아니라 1950년대 한국영화의 특징 중 하나라고도 볼 수 있다. 1950년대 이후까지도, 한국사회에서 '극장에 간다'라는 말은 영화를 보러간다는 단일한 의미보다는 '영화, 연극, 악극, 쇼'를 비롯한 "다양한 볼거리를 구경하러 간다"[10]라는 뜻으로 사용되었다. 그래서 "극장 구경 간다"라는 말은 극장에서 볼 수 있는 다양한 볼거리들을 망라하여 그것들을 감상한다는 의미로 사용되었던 것이다. 그러나 1950년대 중반 이후, 교체 입장제와 국산영화 면세정책으로 인해 실연 무대와 영

---

9 Henry Jenkins, *What Made Pistachio Nuts? : Early Sound Comedy and the Vaudeville Aesthetic*, Columbia University Press, 1992, p.63.
10 변재란, 「한국영화사에서 여성 관객의 영화 관람 경험 연구 — 1950년대 중반에서 1960년대 초반을 중심으로」, 중앙대 박사논문, 2000, 126~141쪽 참고.

화의 관객이 분화되고 영화가 흥행 산업의 우위를 점하게 되면서, '극장 구경'의 함의는 축소되었다. 그럼에도 1950년대까지 대부분의 '극장'은 악극, 버라이어티 쇼, 영화를 동시에 상영하는 곳이었고, 영화 상영을 전후로 '어트랙션attraction'이라 불리던 공연도 여전히 볼 수 있는 곳이었다.

이렇게 영화와 공연이 결합된 형태는 어트랙션의 전통 및 악극 / 버라이어티 쇼 공연과 할리우드 뮤지컬에서 영향 받은 바가 크다고 할 수 있다. 먼저, 한국영화사에서 어트랙션이란 극장에서 손님을 끌기 위해 짧은 시간 동안 상연하는 공연물을 가리키는 말인데, 흔히 '아트락숀', '아드록숑', '아도로크쇼' 등으로 불리면서 영화의 시작 이전 또는 상영과 함께 이루어지던 쇼를 통칭하는 말로 사용되었다.[11] 1910년대 외국의 '초기영화'들을 수입, 상영하면서 필름 교체 시간에 춤과 노래, 곡예, 촌극 등의 막간 공연을 넣어 흥행프로그램을 구성했던 어트랙션은 1930대 후반 극장의 중요 흥행요소로 파악되면서 해방 이전까지 음반회사, 영화사 부설 악단 및 악극단, 일본의 유명 연예단 공연이 등장할 정도로 성행[12]했다. 이후 해방과 한국 전쟁을 겪으면서 다소 퇴색하였

---

11 이화진, 「'노스탤지어'의 흥행사―1950년대 '악극'의 전성과 퇴조에 관하여」, 『대중서사연구』 17호, 대중서사학회, 2007, 78쪽; 박노홍, 「한국악극사」, 김의경·유인경 편, 『박노홍의 대중연예사』 1, 연극과 인간, 2008, 13쪽.

12 유선영, 「황색식민지의 서양영화 관람과 소비실천, 1934~1942―제국에 대한 '문화적 부인'의 실천성과 정상화 과정」, 『언론과 사회』 13권 2호, 사단법인 언론과 사회, 2005, 42~43쪽. 한편 유선영은 이러한 어트랙션의 전통에서부터 악극단이 탄생했다고 본다. 그러나 앞에서도 언급했듯이 악극단이 시초에 소녀가극, 막간극, 어트랙션 쇼 등의 영향을 받은 것은 사실이지만 어트랙션 자체가 악극으로 발전했다는 단선적 영향관계로 파악할 수는 없다. 악극의 공연은 본격적이고 독립적인 공연이었다는 점에서, 영화 흥행을 위해 상영 중간에 공연되던 어트랙션과 구별되어야 한다(박노홍(2008), 12~30쪽 참고).

으나, 어트랙션은 1960년대까지도 명맥을 이어가고 있었다.[13] 관객들은 보통 30분에서 한 시간에 이르는 공연 때문에 영화가 상영되는 극장을 찾기도 했다. 말하자면 영화 상영 전후로 배우나 가수가 나와서 노래와 춤을 선보이는, 버라이어티 쇼와 거의 비슷하나 그보다 좀 단순하게 구성된 어트랙션은 당대 대중 관객들에게 으레 '영화 구경'과 함께 기대할 수 있는 매우 친근하면서 익숙한 볼거리였다는 것이다.

또, 1950년대 후반은 악극 공연과 버라이어티 쇼, 그리고 댄스홀과 미8군 쇼 등에서의 공연이 범람하고 있었던 시기로, 일반 관객들의 경우 아직은 국산영화보다 실연 무대에 더 익숙한 상황이었다고 할 수 있다. 그러나 동시에 1950년대 후반은 영화산업의 성장 및 TV의 출현, 라디오의 활성화로 인기 배우들이 점차 악극단이나 버라이어티 쇼보다 새로운 매체들에 집중하기 시작한 시기이기도 했다. 특히 몇 개 유명 극장을 중심으로 하는 대규모 공연이나 국책성 위문공연에 동원되는 것이 아닌 다음에는, 무대보다는 스크린이나 방송이 더 흥행과 수익을 보장해 줄 수 있는 공간이 되어 갔고 극장들이 빠르게 '영화전용관'으로 탈바꿈하게 되자 결국 1960년대 중반에 이르러서는 배우들의 무대가 대폭 축소되었다.[14] 따라서, 1950년대 후반 현재, 영화 속 공연으로 삽입된 장면들은 아직까지 무대 위의 배우들을 보는 것에 더 익숙한, 상대적

---

13 1950년대 말에는 주로 서울 재개봉관과 지방 극장에서 어트랙션이 성행했는데, 구봉서와 같은 인기 배우이자 코미디언들은 종종 서울에 있는 개봉관 극장무대에 초대되기도 했다. 2009년 10월 30일 한국영상자료원에서 진행된 〈1950년대 대중예술계의 인적 유동성─무대와 음반·스크린〉(이준희) 발제 후 1950년대 활동했던 가수이자 배우인 오정심의 증언 인터뷰 중.
14 그런데 이 역시 서울의 극장을 중심으로 한 서술에 불과하다. 지방 극장에서는 1960년대 말까지 여전히 배우들의 쇼 무대가 차지하는 비중이 매우 높았다.

으로 '저급'하다고 평가되어 온 취향의 관객들의 요구를 충족시켜줄 수 있는 중요한 스펙터클이었다. 이는 영화매체와 기존 실연무대와의 연관성을 증폭시켜 관객층의 확대를 이루는 또 하나의 계기로 작용했다. 그리고 그 간극을 좁히는 데 결정적인 역할을 한 주체 중 하나가 코미디언이었다. 1950년대 후반 코미디언코미디 속 코미디언 개개인은 버라이어티 쇼 무대와 어트랙션 무대를 통해 관객들에게 각인된 저마다의 특기를 보유하고 있었다. 예컨대 김희갑은 현인, 고복수, 남인수 등의 모창으로 이름을 날렸으며, 구봉서는 아코디언과 피아노 연주, 〈라 콤파르시타〉를 비롯한 몇 가지 노래 레퍼토리와 중국인 춤으로 유명했고, 양석천은 〈시골영감 기차노래〉 노래로, 양훈은 악기 연주 흉내와 상송으로 관객들의 호응을 이끌어 냈다. 이들이 등장하는 영화는 위와 같은 코미디언들의 레퍼토리를 활용하여 다소 코믹하게 엮인 공연 또는 노래를 삽입함으로써 웃음을 유발했다.

예컨대 악극단의 인기 코미디 배우들이 총출동했던 〈오부자〉에서는

〈그림 22〉 〈오부자〉의 한 장면. 양훈과 양석천의 '옷 바꿔입기' 레퍼토리를 보여준다.

〈그림 23〉 〈홀쭉이 뚱뚱이 논산 훈련소에 가다〉의 한 장면. 양석천과 양훈의 '옷 바꿔입기' 레퍼토리를 보여준다.

양석천, 양훈, 김희갑, 구봉서의 합창과 독창, 악기연주 등이 수시로 배치되며, 이들의 익숙한 코미디 레퍼토리(양석천과 양훈의 옷 바꿔 입기, 괴상한 춤추기 등)가 곳곳에서 등장한다. 이에 덧붙여 앞서 언급했던 것처럼, 이들의 코미디영화가 개봉될 때에는 출연 코미디배우들이 직접 실연무대를 꾸밈으로써 관객들을 불러 모았다. 〈청춘쌍곡선〉이 개봉될 때는 "납량폭소대회 뚱뚱이＋홀쭉이 무대실연"이 영화 제목만큼 크게 광고(『조선일보』, 1957.8.20)되었고, 〈오부자〉가 개봉될 때에는 김희갑, 구봉서의 실연무대가 광고(『경향신문』, 1958.5.30)되었다.

마지막으로 할리우드 뮤지컬의 영향을 언급할 수 있다. 특히 백 스테이지 뮤지컬back-stage musical이 이 시기 코미디영화에 많은 영향을 미쳤는데, 백 스테이지 뮤지컬은 뮤지컬 공연을 만들어가는 과정 자체를 극화하고 무대 뒤의 배우들과 스탭들을 조명하는 형식으로, 1950년대 코미디에서는 악극단으로 배경이 변용되었다. 앞서 언급했던 어트랙션이나 버라이어티 쇼 무대의 영향이 코미디언들의 장기를 영화 속으로 견인하여 퍼포먼스를 전경화 하는 것이었다면, 할리우드 뮤지컬의 영향을 강하게 받은 악극단 배경의 코미디들에서 출연자들의 퍼포먼스 장면들은 내러티브와 좀 더 개연성 있게 결합한다. 또한 해방 이후 한국 극장가에서 뮤지컬 코미디영화가 유행했던 것 역시, 이 시기 코미디의 구성적 측면에 적지 않은 영향을 미쳤을 것으로 보인다. 뮤지컬 코미디는 할리우드에서 1930년대 중반부터 1950년대까지 지속적으로 만들어진 장르로, 코믹한 구성과 개그, 농담이 특징적이며 전문적인 코미디언이 등장[15]하는 영화들을 일컫는다. 여기에는 백 스테이지 뮤지컬보다 내러티브적 개연성은 떨어지지만, 뮤지컬영화의 장르적 특성으로 볼 수 있는 뮤지컬 넘버musical number가 삽입되는 장면들이 존재한다. 이는 코믹한 악극 / 가극의 구성 및 특징과도 일맥상통하며, 여기에 개입되는 노래 혹은 공연 장면들은 장르적 개연성이라는 측면에서 이해될 수 있다.

구체적인 텍스트를 통해 코미디에 삽입된 공연 장면과 그 특징을 살펴보면, 크게 다음의 두 가지로 구별된다. 첫째, 내러티브적 개연성이 보장된 공연 장면들이 있다. 등장인물들의 직업이 가수이거나 연예산업에 종사하는 인물들로 설정되어 이들의 공연 장면이 내러티브적으로 수용되는 경우이다. 〈홀쭉이 뚱뚱이 논산 훈련소에 가다〉(김화랑, 1959)에는 주인공 홀쭉이(양석천)와 뚱뚱이(양훈)의 애인들 은주(조미령)와 옥화(조덕자)의 직업이 가수로 설정된다. 은주와 옥화는 군대에 간 홀쭉이와 뚱뚱이가 듣는 라디오 속에 출연하거나, 직접 군대를 방문하여 노래를 부른다. 라디오 속 공연과 군부대 위문 공연은 각각 2분 이상 지속된다.

S.#15 주보

아나운사 : 여덟시 삼십 분 국군방송시간이 되었습니다. 이 시간에는 특별 푸로로서 논산 훈련소에 새로 입대한 훈련병에게 보내 드리는 방송입니다. 맨 먼저 우리 가요계의 호-프인 김은주 양과 이옥화 양 두 분의 노래를 보내 드리기로 하겠습니다. 연주에는 박춘석과 그 악단.

---

15 스티브 닐 · 프랑크 크루트니크, 강현두 역, 『세상의 모든 코미디』, 커뮤니케이션북스, 2002, 152쪽.

〈그림 24〉 〈홀쭉이 뚱뚱이 논산 훈련소에 가다〉의 한 장면. 홀쭉이의 애인인 가수 김은주(조미령)가 라디오 방송에서 노래를 부르는 모습이다.

S.#16 방송국

(E) 음향 전주. 31초.

은주노래 아름다운 달빛 속에 그대와 둘이서 손을 잡고서 꿈꾸는 하늘 바라보면서 사랑을 속삭이는 로맨스의 밤…… (노래 60초)

S.#18 방송국

음악 노래 육십초, 옥화 노래

앞 장에서 언급했듯이, 악단장으로 등장한 박춘석은 이미 이름이 잘 알려진 대중가요 작곡가이며 악극단에서도 활발한 활동을 했던 인물로, 이 영화의 음악감독을 담당하고 있기도 하다. 박춘석은 여기서 실명으로 등장할 뿐 아니라 악단의 지휘자로 직접 공연에 참여한다. 그리고 술집에서 라디오를 듣고 있는 홀쭉이와 뚱뚱이의 모습이 교차 편집되면

〈그림 25〉〈홀쭉이 뚱뚱이 논산 훈련소에 가다〉의 한 장면. 군부대 위문공연을 오기로 한 악단
이 지각하자 홀쭉이와 뚱뚱이가 대신 무대에 올라 노래를 부르는 장면인데 이 때 이들이 부르는
노래는 기존 레퍼토리로 유명했던 〈홀쭉이와 뚱뚱이의 노래〉이다.

서, 옥화와 은주의 공연은 노래 한 곡을 부를 수 있는 시간인 약 2분 30
초가량 지속된다. 한편, 홀쭉이와 뚱뚱이의 스타성을 이용하여 이들의
공연을 보여주는 장면도 삽입되어 있다. 사회에서 말썽 부리다가 군대
에 온 홀쭉이와 뚱뚱이는 군부대에서도 이미 유명 인사들로, 위문공연
단의 도착이 늦어지자 이들이 무대로 뛰어 올라가 임기응변으로 상황을
해결한다.

S.#60 위문단

구상사(이하 구) : 홀쭉이 뚱뚱이 야단났네.

홀쭉이·뚱뚱이 : 네.

구 : 자네들이 나가서 위문단이 도착할 때까지 시간을 좀 끌어주게.

뚱 : 우리가 어떻게요.

구 : 저 소리 좀 들어보게. 어떻게 좀 해 주게.

(…중략…)

홀 : 저이들이 부를 줄 모르는 노래지마는

뚱 : 여러분들을 위해서 위선 한 번 부르겠습니다.

뚱·홀 노래 53초.

뚱·홀 노래 : (…중략…) 우습구나 우습다. 홀쭉이와 뚱뚱이. 오늘도 여

기서 또 만났네 그려.

오늘은 우리들의 콤비가 무엇을 보내드릴까요.

우리는 언제나 즐거워 즐거워 즐거워 언제든지 웃으며 노래

하는 명콤비

캉캉 쇼 등 쇼무대 연출……

옥화 (노래 31초)

2절 TOP

악극단에서 코믹한 노래와 춤, 악기 연주 등으로 인기를 모았던 양석
천과 양훈의 공연 장면은 그 자체로 관객들의 큰 호응을 이끌어낼 수 있
는 스펙터클이었다. 무엇보다 이들이 2절까지 부른 노래는 쇼 무대뿐
아니라 라디오와 TV를 통해서도 선보였던 홀쭉이 뚱뚱이 콤비의 인기
레퍼토리였다. 조미령과 조덕자는 극중에서 유명 가수 역할을 맡았고,
양석천과 양훈도 '홀쭉이와 뚱뚱이'라는 이름을 내세워 애초 본인들의

스타성을 드러내면서 시작했기 때문에 무대 위의 공연은 내러티브적 개연성을 획득했다고 할 수 있다. 이렇게 내러티브적으로 동기화된 공연 장면은 〈후라이보이 박사 소동〉(정창화, 1959)에도 등장한다. 이 영화의 엔딩씬은 '후라이보이' 곽규석의 주특기인 유창한 말솜씨와 피아노 연주를 전시할 수 있는 장면으로 마무리된다. 당시 쇼 무대의 사회자로 주가를 올리고 있던 곽규석은 자신의 이름을 내건 이 영화로 데뷔하면서, 1인 2역을 맡아 스타성을 입증했다. 그리고 악단의 사회자 겸 피아니스트로 취직하게 되는 엔딩 장면을 통해 관객들이 기대하는 '퍼포머'로서의 개성을 마음껏 펼쳤다.

그런가 하면, 내러티브적으로 동기화된 공연장면을 선보이는 대표적인 영화들로는 백 스테이지 뮤지컬의 구성처럼 악극단 혹은 레코드 회사를 배경으로 하는 영화들이 있다. 〈구혼결사대〉(김수용, 1959)는 라라 레코드사의 경리계장, 문예부장, 밴드 마스터인 구봉서, 김희갑, 곽규석이 여자 신인가수를 선발하면서 벌어지는 에피소드가 주를 이루는 영화이다. 신인가수 선발에 응모한 여배우들 조미령, 김의향, 안나영, 백금녀 등은 악극단 출신으로, 영화에는 이들이 노래 연습하는 장면과 공연하는 장면, 또 라디오 방송에 출연한 구봉서의 노래 장면 등이 등장한다. 같은 해에 제작된 김수용 감독의 또 다른 영화 〈청춘배달〉도 비슷한 경향으로, 도레미악극단의 작곡가로 취직하게 된 김진규와 악극단의 가수로 취직한 김희갑, 그리고 대졸 실업자 구봉서가 각각 춘호, 합죽이, 막둥이라는 이름으로 등장한다. 여기서도 합죽이와 막둥이의 노래와 춤이 수차례 삽입되며, 작곡 및 밴드 지휘를 담당한 춘호가 악단과 함께 자신의 곡을 연주하는 장면 및 가수 지망생들

의 오디션장면 등 다양한 공연 장면이 연출된다.[16]

이상에서 살펴본 영화들은 주인공이나 조연의 직업이 가수나 연주자 등 연예 사업에 종사하는 것으로 설정되었으므로 영화 속 공연장면에 대한 내러티브적 개연성이 보장된 경우로 볼 수 있다. 또한, 악극단이나 레코드사를 주배경으로 삼아 그 무대 뒤를 조명했다는 점에서, 악극 및 공연이 영화의 소재로 사용되기도 했음을 알 수 있다.

반면, 내러티브적으로 동기화되지 않은 공연 장면이 삽입되는 두 번째 종류의 영화들이 있다. 이 경우, 내러티브의 규범을 벗어나 스펙터클로서의 성격을 전면에 내세운다는 점에 주목할 필요가 있다. 이 영화들은 오프닝이나 엔딩 시퀀스에 집중적으로 공연 장면을 배치한다든가, 내러티브의 중간에 노래와 춤 장면을 삽입하는 장치를 통하여 이 장르의 독특성을 드러낸다는 점에서 악극의 구성 혹은 할리우드 뮤지컬의 장르적 특성을 좀 더 적극적으로 차용하고 있다고 볼 수 있다. 그리고 이는 내러티브적 개연성을 뛰어 넘는 장르적 개연성으로 설명될 수 있다.

〈청춘쌍곡선〉은 장르적 개연성을 적극적으로 활용한 초기 코미디영화 중 한 편이다. 오프닝 시퀀스에 등장하는 의사 역의 박시춘과 간호사 역의 김시스터즈는 토요일이라서 병원 문을 일찍 닫게 된 것을 자축하면서, 경쾌한 팝송과 함께 율동을 선보인다. 당대의 유명 가수였던 김시

---

16 이 외에도, 현재 영상자료나 시나리오가 존재하지 않는 〈삼등호텔〉(박시춘, 1958)의 경우, 신문기사와 광고, 시놉시스를 참고해 보았을 때 작곡가와 악사들의 이야기를 다룬 것이며, 〈가는봄 오는봄〉(권영순, 1959), 〈복도 많지 뭐유〉(백도빈, 1959) 역시 가수 혹은 악사가 주인공으로 출연한다. 이 중 〈복도 많지 뭐유〉의 촬영을 담당했던 홍동혁은 이 영화가 쇼의 성격이 강했으며, 라디오드라마를 원작으로 하여 구봉서의 '언어적 코미디'가 돋보인 영화였다고 증언했다. 한국영상자료원 편, 『한국영화를 말한다—1950년대 한국영화』, 이채, 2004, 388~289쪽.

〈그림 26〉〈오부자〉에서 4형제(왼쪽부터 양훈, 양석천, 구봉서, 김희갑)가 함께 〈내가 만약 결혼을 하게 된다면〉이라는 노래를 부르는 장면. 이들의 퍼포먼스는 '장르적 개연성'을 보여주는 사례이다. 한편, 영화의 성공과 더불어 〈오부자〉의 영화 주제곡 〈오부자의 노래〉를 비롯하여 이 영화에 삽입된 노래들 역시 크게 히트했다.

스터즈와 작곡자로서 이름을 널리 알린 박시춘이 영화의 오프닝 시퀀스에 등장하여 이 영화의 명랑한 분위기를 암시하는 공연을 보여주는 것이다. 또한, 영화 중반 빈민촌에 사는 명호(황해)네 집 앞을 지나던 물장수(김희갑)가 난데없이 노래를 불러주겠다며 그의 장기인 현인과 고복수의 모창을 선보이는 장면도 이러한 측면에서 이해되어야 한다. 악극단에서 모창과 코믹 연기로 주가를 올리던 김희갑의 데뷔작인 〈청춘쌍곡선〉은 단역에 불과할망정 그의 장기를 한 씬에 응축해서 보여주었던 것이다.

그런가 하면, '꿈'을 내세워 공연 장면을 합리화하는 〈고바우〉(조정호, 1959)와 〈오형제〉(김화랑, 1960)의 오프닝 시퀀스 같은 경우도 있다.

S.#2 복덕방 내

카메라가 안으로 들어가면 코를 드르릉 골고 있는 고바우가 앉아 있다. (…중략…) 졸면서 싱글벙글 하는 고바우 얼굴.

S.#3 극장무대

고바우의 꿈 장면이다. 두철, 두순, 맹란, 규수 등이 호화로운 의상으로 노래와 춤을 이루고 있다. 그 한가운데서 고바우 영감이 어살마진 노래를 부르며 쑈-를 하고 있다. (여기의 장면구성은 적당히 하되 고바우의 분장만은 만화와 똑같이 할 것) 십 여 명의 댄싱걸이 춤추고 돌아가는데 그 앞줄에서 노래를 부르며 춤추는 4인.

사중창 : 즐거웁고 명랑한 고바우 영감 / 언제나 남을 위해 애쓰는 영감 /
　　　　그러나 돈에만은 치를 떨다가 / 자기가 자기 꾀에 넘어가는 고바
　　　　우 영감

(…중략…)

이때 고바우가 맥고모자를 들고 등장하며 4인 앞 중간에 와서 노래한다.

독　　창 : 늙은이를 욕하면 나쁜 사람야 / 늙은이를 흉보면 나쁜 젊은이
사중창 : 아니아니 아니에요, 고바우영감 / 우리들은 다 같이 고바우를 좋아해
독　　창 : 이것저것 참견하다 골탕먹어도 / 모두가 좋와지면 나는 홀적해
합　　창 : 그러기에 인생은 고바우모양 / 실수해도 비관말고 살아가야 해 /
　　　　　바우고바우 명랑한 고바우

S.#4 복덕방 내

무대출연 맨 마주막 때 맥고모자를 쓰던 고바우. 그 장면에 이 복덕방 안에서는 벽의 못이 빠져 걸렸던 표주박이 떨어져 고바우 머리 위에 맞어 이 찰나에 잠에서 깨여난다.

　　고바우 : 이런 빌어먹을. 근사한 꿈을 꾸는데 해필 요때 떨어질게 뭐야!

고바우 역을 맡았던 김승호를 코미디언으로 규정할 수는 없지만[17] 만화 주인공 "고바우와 똑같은 분장"을 하고 각종 쇼와 슬랩스틱, 만담과 같은 "고도의 퍼포먼스"를 보여준다는 점에서, 이 영화는 코미디언코미디와 동일한 전략을 사용하고 있다고 볼 수 있다. 오프닝 시퀀스에는 김승호 외에도 두철(김종규), 두순(서애자), 맹란(지학자), 규수(이대엽) 등의 주인공들이 총 출연하여 노래와 춤을 선보이고 이들과 함께 10여 명의 댄스팀이 공연에 참여하여 〈고바우〉의 주제를 시청각적으로 제시해 준다. 한편, 〈오형제〉(김화랑. 1960)의 오프닝 시퀀스의 무대는 유람선인데, 불면증에 걸린 딸을 위해 좋은 약을 구해달라는 손님이 등장한다.

17　1963년 4월 20일자 『경향신문』은 김승호를 언급하면서, "아시아영화제에서 이름 달아준 최우수 성격배우상처럼 코메디안이란 딱지를 떼고 성격배우로서 관록을 세워가고 있다"고 언급한다. 물론 이 기사를 근거로 김승호가 당시 코미디언으로 평가되었다고 단정할 수는 없으며, 그것이 사실도 아니다. 그러나 김승호는 1950년대 후반 코미디영화들이 등장하던 무렵 〈시집가는 날〉(이병일, 1956), 〈오해마세요〉(권영순, 1957), 〈봉이 김선달〉(한홍열, 1957), 〈삼등호텔〉(박시춘, 1958), 〈인생차압〉(유현목, 1958), 〈딸 칠형제〉(박시춘, 1957), 〈삼인의 신부〉(김수용, 1959), 〈인생복덕방〉(박성복, 1959). 〈흥부와 놀부〉(김화랑, 1959), 〈고바우〉(조정호, 1959) 등 다수의 코미디영화에 출연했고 몇 편에서는 주연을 맡기도 했으므로, 코미디 배우로서의 면모가 돋보였다는 평가와 함께 그를 '코메디안'으로 분류했던 일부 평자도 있었던 것으로 추측해볼 수는 있을 것이다.

함장은 "마침 이 배에 우리나라 희극계의 유명한 오형제"가 타고 있으니 이들의 공연을 보여주어 "마음을 명랑하게 해드리는 것이 약보다도 오히려 효과"가 있을 것이라고 한 뒤 오형제의 공연을 소개한다. 박수소리와 웃는 소리가 들리는 가운데 이들의 공연이 펼쳐지는데, 잠시 후 이는 첫째 형인 일남(양훈)의 꿈이었음이 드러난다. 이처럼 꿈 장면은 내러티브 외적 스펙터클의 삽입을 허용하는 가장 손쉬운 장치였다고 볼 수 있다. 특히 오프닝 시퀀스의 공연 장면은 본격적인 내러티브가 시작되기 이전에 퍼포먼스를 제시함으로써, 관객들의 욕구를 충족시킴과 동시에, 향후 전개될 내러티브에 일정한 분위기를 부여할 수 있었다.

한편, 〈부전자전〉(강대진, 1959)처럼 엔딩 시퀀스에 공연 장면을 삽입하며 극을 마무리하는 경우도 있다. 가난한 합죽이(김희갑), 막둥이(구봉서) 부자가 벼락부자가 되었다가 사기를 당해 다시 가난해진 뒤, 인생에서 중요한 것이 무엇인지를 깨닫게 된다는 내용의 이 영화에는 김희갑, 구봉서, 양석천, 양훈, 이종철, 곽규석 등 유명 코미디언들이 대거 출연한다. 합죽이 막둥이 부자에 대한 풍자로 일관하던 영화는 엔딩씬에서 이들 모두가 화해하고 함께 노래와 춤을 연행하는 장면을 보여준다.

두꺼비(주선태) : 자 앞으로 이분들의 사랑과 우리들의 행복을 위해서 명
  랑한 노래를 부릅시다.
꽁생원(곽규석) : 좋습니다.

O.K. (전주에 맞추어)
(노래) 일동, 액션

두꺼비 · 꽁생원 : 인생이란 잠꼬대야. 세상이란 요술이야.

왕팔이(양훈) · 똘만이(양석천) : 부귀빈천 탓을 말아. 사람팔자 시간문제.

암석(황해) · 선희(최지희) : 꿈을 안고 살아가자. 인정으로 살아가자.

합죽이 · 막둥이 : 소문이면 만복래라 웃은 집에 복이 온다.

(노래)(E) 너도 인생 나도 인생

합창 : 즐거웁게 노래하자 희망이란 따로 있나 / 사랑하면 행복이지.

(간주)

합죽이 액션

왕팔이 액션

일동(노래) : 부전이면 자전이지 거울보고 물어보소 / 이래저래 고된 인생

　　　　　　웃는 것도 팔자소관

막둥이 · 선희 : 아름다운 별빛 속에 꽃을 놓자 수를 놓자.

두꺼비 · 합죽이 : 지성이면 감천이라. 고생 끝에 낙이 온다.

왕팔이 · 똘만이 : 너도 청춘 나도 청춘 즐거웁게 노래하자.

일동 : 희망이란 따로 있나 마음속에 살아 있지.

후주(M)

(O.L)

시내 밤의 야경 (끝)

　이 영화에는 빈곤, 실업, 범법의 문제 및 정경유착에 이르기까지 다소 무거운 주제들이 다루어지고 있으나, 엔딩씬은 그 모든 문제제기들을

무화無化시키면서 한바탕 공연으로 마무리된다. 마지막 공연은 모든 사건들을 일거에 해결하는 기계신deus ex machina[18]으로 제시된 것이다. 이것이 내포하는 이데올로기의 문제와 윤리적 측면은 마지막 절에서 다시 설명하도록 하고, 여기서는 코미디언들에게 마련된 퍼포먼스의 장이 영화의 엔딩으로 사용됨으로써, 내러티브 사건의 종결을 가져오는 극적 기능을 한다는 것에 주목해 보자. 오프닝 시퀀스나 엔딩 시퀀스에서 등장하는 퍼포먼스는 내러티브적 개연성이라기보다 장르적 개연성으로 설명될 수 있는 장면이지만, 한편으로 내러티브적 기능을 수행한다고 볼 수 있다. 즉, 앞으로 전개될 사건을 암시하거나 주제를 시청각적으로 제시하며 극적 종결을 가져온다는 점에서 일정한 내러티브적 기능을 수행하고 있는 셈이다.

'퍼포머'로서의 역할이 강조되어 장르적 개연성에 의존하는 경우든, '캐릭터'의 역할이 강조되어 내러티브적 개연성에 의존하는 경우든, '퍼포머'이자 '캐릭터'로서 코미디언의 이중적 정체성은 코미디언코미디를 구성하는 중요한 요소이다. 그리고 코미디언의 이중적 정체성을 통해 현실과 가상을 넘나드는 새로운 세계가 구축될 수 있다. 즉, 코미디언들은 내러티브가 창조한 가상 세계 속에 존재하는 캐릭터이지만 스펙터클을 통해 가상의 세계에서 뛰쳐나와 현실의 '스타'로 본인을 드러내는 특권화된 순간을 맞이하게 되는 것이다. 이때, 특권화된 순간인 공연 장면은 코미디언이 최소한도의 내러티브적 / 장르적 개연성 안에서

---

18 기계신, 또는 기계장치로 번역되는 데우스 엑스 마키나는 아리스토텔레스가 사용한 용어로, 에우리피데스 이후의 시인들이 사건의 해결을 플롯 구성에 의존하지 않고 신에게 맡기는 경향이 많았는데, 이때 사건을 해결하기 위해 기계 장치를 타고 나타나는 신을 뜻한다. 아리스토텔레스, 천병희 역, 『시학』, 문예출판사, 2002, 94쪽.

자신의 개성을 마음껏 펼칠 수 있는 장場이 됨으로써, 코미디언의 '캐릭터'로서의 역할과 '퍼포머'로서의 개성이 충돌하고 화해하는 지점으로 기능한다. 그리고 이 충돌의 지점에서 관객들은 영화 속 가상의 세계에서 벗어나 코미디언과 함께 현실의 유희를 즐길 수 있었다.

3) 퍼포먼스와 내러티브의 경합과 중재 - 슬랩스틱

재담에서 만담으로 이어져 온 전통 연희 속 코미디의 형태가 주로 언어유희를 통해 웃음을 유발하는 전략을 사용했다면, 슬랩스틱은 신체를 통한 웃음을 만든다는 점에서 구별된다. 한국 전통 연희에서 신체를 통한 웃음의 유발은 탈춤이나 병신춤, 곱사춤 등의 춤사위, 언행이 불일치하는 유학자나 바보 흉내 등에서 찾아볼 수 있다. 여기서 웃음은 연행자의 춤, 몸짓, 표정 등에서 기인한 것으로 일종의 풍자적 기능을 수행했다. 한편, 근대 이후 외화 코미디영화가 이 땅에 유입되기 시작한 이래, 코미디영화의 슬랩스틱은 한국의 코미디 양식이 신체의 중요성을 발견하게 했다는 점에서 주목할 만하다. 슬랩스틱이라는 용어 자체가 벌레스크에서 광대들이 서로를 때릴 때 썼던 도구에서 유래되었듯이, 슬랩스틱은 "고통이나 폭력을 특징으로 하는 거칠고 과장된 본성을 지닌 신체적 유머"로, 피학과 가학을 근간으로 하는 것으로 정의된다.[19] 할리우

---

19 슬랩스틱은 일반적으로 스턴트, 아크로바틱, 고통이나 폭력을 특징으로 하는 거칠고 과장된 본성을 지닌 신체적 유머로, 광의로는 아리스토파네스 이후의 코미디를 칭할 수 있으나 주로 찰리 채플린, 버스터 키튼, 해롤드 로이드 등의 연기자들과 맥 세네트 같은 프로듀서들이 함께 했던 초기 미국영화에서 유행했던 코미디의 한 형식으로 볼 수 있다.

드의 슬랩스틱이 가해자와 피해자를 상정하고 신체적 고통과 폭력을 야기한다는 점에서 우리 전통 연희의 신체 코미디와 표현 방식 및 세계관을 달리한다고 볼 수 있지만, "주인공의 위엄에 대한 신체적 모욕 혹은 위엄의 붕괴"[20]라는 측면에서 '풍자성'이라는 공통점을 발견할 수 있다.

한국의 연희 전통에서 슬랩스틱의 강렬하고 거친 세계관은 다소 낯선 것이었지만, 그것이 할리우드 코미디영화의 형식으로 전파되었을 때 그 파급효과는 상당히 강력했던 것으로 보인다. 2장에서 이미 언급했지만 1930년대 후반까지 식민지 조선에서 상영되던 외화는 거의 대부분이 할리우드 영화였고, 그 중에서도 코미디는 고정팬이 확보된 인기 있는 장르였다. 당시 슬랩스틱 코미디의 대명사로 불렸던 채플린의 인기는 조선에서도 대단한 것이어서, 대중잡지들과 신문들은 앞다투어 채플린의 사생활을 파헤쳤으며 채플린과 채플린의 코미디를 '코미디영화'의 전범으로 신화화했다.[21] 가령 1930년대 유년기를 보낸 코미디 배우 구봉서는 어린 시절 채플린 영화들을 많이 봤는데, 특히 '차플린의 〈거리의 등불City Light〉'이 가장 인상 깊은 영화였다[22]고 회고할 만큼 채플린은 일반 대중들에게 친숙한 스타였다. 한편으로, 할리우드 슬랩스틱 코미디는 대중극단을 통해 간접적인 방식으로도 수용

Andrew Stott, *Comedy*, Routledge, 2005, p.92.

20 Alan S. Dale, Ibid., p.3.

21 예컨대 1919년에 발간된 잡지 『녹성』은 "세계 어느 곳이나 애활가치고 잡후린이라면 모르는 이가 업다. 그는 세계무비의 고급을 밧는 희극배우로 일거수 일투족에 만인을 일시에 웃게한다"는 말로 시작하여 채플린의 결혼소식을 전하고 있고, 1928년 발간된 『문예영화』는 채플린의 해외 여행기를 소개하고 있다. 일기자(一記者), 「세계일의 희극배우 잡후린선생의 혼인」, 『녹성』, 1919, 36~37쪽; 챱푸링, 「챱푸링 외유기초外遊記抄」, 『문예영화』, 1928, 20~22쪽.

22 박선영 구술채록, 『2008년 한국영화사 구술채록연구시리즈-구봉서』, 한국영상자료원, 2008ㄱ, 54쪽.

되었다. 1920년대부터 대중극단들에는 '조선의 짜푸링'으로 불렸던 코미디 배우들이 존재했으며, 해방 이후까지도 채플린 흉내 내기는 코미디 쇼 무대의 단골 레퍼토리였다. 즉, 코미디 배우들은 악극단이나 쇼의 실연무대에서 슬랩스틱을 수용한 코미디를 선보였으며, 그것이 인기 있는 레퍼토리로 자리매김 되면서 아크로바틱한 체조[23]나 서커스 등의 신체를 이용한 볼거리들이 대중극단의 공연목록에 추가되어 갔다는 것이다. 이렇게 볼 때, 슬랩스틱은 1920년대 이후 연행자뿐 아니라 수용자들의 입장에서도 매우 익숙한 코미디의 형식이었으며, 슬랩스틱의 수용은 한국 코미디에 신체 코미디의 새로운 영역을 개척한 것이라고 볼 수 있을 것이다.

여기에 더하여 1950년대 한국영화 시장의 흐름 역시 슬랩스틱의 영향력을 강화하는 데 한 몫을 했다. 1951년부터 외화가 정식으로 수입되기 시작한 뒤, 할리우드 영화는 전체 외화의 90%를 차지할 정도로 편파적으로 유입되었다. 할리우드가 대규모 물량공세로 세계를 공략하고 있던 당시 시장의 흐름과 미국의 대외정책도 주요 변수였지만, 정치, 경제적인 면에서 상당 부분 대미원조에 기대고 있었던 이승만 정부의 특성과 '미8군'으로 불렸던 주한 미군문화의 영향 및 미국식 '자유주의'의 세례를 받은 청년층[24]의 등장도 이 시기 할리우드영화에 대한 과잉 열

---

23 예컨대 황문평이 '최초의 보드빌리언'으로 평가한 이복본은 막간무대에 등장한 "최초의 개그맨"으로 히틀러의 머리모양과 콧수염을 달고 그를 흉내내어 "객석을 포복절도시켰다." 또 1940년대 조선악극단에서 가장 인기 높았던 코미디언 이종철은 한국의 '라챠드 달마취'로 불리면서, "무대에서 훨훨 날 정도로 빠른" 몸동작을 이용한 체조연기를 통해 관객들의 사랑을 얻었으며, 바보연기로 극찬을 받았다고 한다. 황문평(2000), 214~216 · 224~229쪽.

24 강인철, 「한국전쟁과 사회의식 및 문화의 변화」, 한국정신문화연구원 편, 『한국현대사의 재인식』 7(한국전쟁과 사회구조의 변화), 백산서당, 1999, 291~299쪽.

기를 부추기는 데 일조했던 것이 사실이다. 이 같은 상황 속에서 1950년대 코미디영화는 할리우드영화의 형식을 적극적으로 수용했다. 슬랩스틱이 약화되고 서사가 강화된 로맨틱 코미디나 스크루볼 코미디, 뮤지컬 코미디도 강세를 보였지만, 1950년대 한국영화 시장에서 여전히 관객들의 큰 호응을 받았던 것은 채플린과 키튼, 로이드에서 이어지는 딘 마틴과 제리 루이스, 밥 호프, 대니 케이, 버드 애보트와 루 코스텔로, 올리버 하디와 스탠 로렐 등 유명 코미디언들의 슬랩스틱 코미디였다. 이처럼 직간접적인 방식으로 한국 코미디 양식에 수용되었던 슬랩스틱은 1950년대 후반 코미디언코미디를 통해 영화적 형식으로 안착되었다. 코미디언코미디는 신체를 전면에 내세워 웃음을 창조하는 슬랩스틱의 형식과 태생적으로 근사近似하므로 보다 중요한 영향관계에 있음을 추측해 볼 수 있다. 다음의 인용문들은 이처럼 직간접적으로 수용된 슬랩스틱이 1950년대 한국영화 속에서 구현되는 다양한 양상이다.

먼저, 〈고바우〉(조정호, 1959)에는 실연무대에서는 불가능한, 만화적 상상력과 상황을 이용한 슬랩스틱이 등장한다. 만화를 원작으로 했기 때문에 에피소드적 구성이 더욱 두드러지는 〈고바우〉는 매 상황을 신체적 / 언어적 슬랩스틱으로 마무리한다. 예를 들면, 씬 24에서 고바우(김승호)와 김치국(김희갑)은 거리에서 널을 뛰고 있는 아이들을 만나, "동심으로 돌아가"자고 하면서 널을 뛰게 된다.

S.#24 사무실 앞
이 인(고바우·김치국)은 널 위로 올라슨다.
먼첨 치국이 딛고 다음에 고바우가 디디므로 치국이 상공으로 올라간다.

올라간 치국은 내려오질 않는다.

이를 쳐다보고 놀래는 고바우의 얼굴.

초마끝 못에 뒤통수가 걸리여 매달려 있는 치국.

이에 놀랜 고바우는 고생하고 있는 치국을 내려줄려고 대나무로 못을 찔른다.

이윽고 치국이 떨어졌는데 그가 떨어질 때 한쪽 널에 발을 디디므로 한쪽 널판에 올라섰든 고바우는 그 반동에 반대쪽으로 펄떡 날러 떨어져 치국을 깔고 자빠진다.

일어나는 치국의 얼굴 코가 납작하다.

다른 장면에서는 술 취한 고바우와 김치국이 길을 가다가 지나가는 개를 바라보는데, 개가 "벼란간에 춘향이 같은 여인으로 변"하여 생긋 웃는다. 이들은 여인을 붙잡으려고 한바탕 소동을 벌이나 여인은 다시 개로 변하고 이들은 서로 뒤엉켜 주저앉게 된다. 또 갑자기 등장한 도둑을 잡기 위해 "업치고 덥치고 하다" 고바우는 자기가 휘두른 몽둥이에 자기가 헛맞아 "팽이 모양 뱅뱅 돌"게 되며, 숨 가쁜 추격전을 벌이기도 하고, 도둑이 주고 간 반지를 닭이 쪼아 먹는 바람에 닭을 쫓다가, 수백 마리의 닭이 있는 닭장에서 소동을 벌이기도 한다. 이처럼 〈고바우〉는 다분히 할리우드 코미디와 만화적 상상력에 빗긴 슬랩스틱을 선보이면서, 슬랩스틱을 전면에 내세운 코미디로는 드물게 "세련된" 코미디이자 "상등품"[25]이라는 평가를 받기도 했다.

---

25 「원작의 위력 보이는 〈청춘극장〉/ 〈고바우〉는 국산희극의 상등품」, 『한국일보』, 1959.3.17, 4면.

앞서 인용된 〈고바우〉의 슬랩스틱이 내러티브와 교차점을 가지면서도 "내러티브에 통합된다기보다 그것의 평형상태를 붕괴시키는"[26] 것에 가깝다면, 〈사람 팔자 알 수 없다〉의 슬랩스틱은 "내러티브 안으로 봉합되는" 혹은 "능동적으로 내러티브를 구성하는"[27] 것에 더 가까운 전략이라고 볼 수 있다. 즉, 슬랩스틱이 내러티브 사건 안으로 포섭되면서 맥락적 의미를 획득하게 된다는 것이다. 신체의 과잉반응, 통제불능에 빠진 신체, 혹은 질서 잡힌 주변 환경을 난장판으로 만들어 버리는 행위 등을 통해 이 영화의 슬랩스틱은 내러티브를 혼란에 빠뜨리고 그로써 의미를 창출한다.

S.#45 응접실.

(…중략…)

홀쭉이 갑자기 배를 쥐면서

홀쭉이(이하 홀) : 아이구 응 응 이거 뱃속에서 세계전쟁이 났다 큭큭.

난숙 : 과자를 잡수신게 체했나봐요.

뚱뚱이 : 여봐 홀쭉이 왜그래?

홀 : 윽 윽(눈알이 달러진다)

죽희 : 이거 야단 났네.

홀, 펄떡펄떡 튄다. 넓은 응접실 안은 괴상한 자태를 이리 저리 새우모양

---

26 Donald Crafton, "Pie and Chase : Gag, Spectacle and Narrative in Slapstick Comedy", Kristine Brunovska Karnick & Henry Jenkins (ed), *Classical Hollywood Comedy*, Routledge, 1994, p.107.

27 Peter Kramer, "Derailing the Honeymoon Express : Comicality and Narrative Closure in Buster Keaton's The Blacksmith", Frank Krutnik (ed), *Hollywood Comedians : The Film Reader*, Routledge, 2003, pp.46~47.

튀면서 뛰면서 나중에는 기진맥진 하야 쓰러지는 홀쭉이의 눈은 사팔로 변한다. (F.O)

변변한 직업도, 직장을 얻을 만한 소질도 가진 바 없는 이들은 직업이 무엇이냐고 묻는 난숙과 죽희에게 "이번에 큰 일을 하나 헐꺼허구 궁리 중"이라고 대답한다. 한국 사람은 알아들을 수 없는 '서부지방' 영어를 한다고 장담하는 이들에게 죽희가 한 번 해 볼 것을 요청하자 갑자기 홀쭉이가 배를 움켜쥐면서 넓은 응접실 안을 '튀면서 뛰면서' 나가떨어진다. 홀쭉이의 과잉 반응은 질문에 대한 대답 대신 갑작스럽게 그 씬을 종결시키면서, 신분 혹은 계급의 차이를 의식하지 않고 이들이 의원집 두 딸들과 동등한 관계를 유지할 수 있게 한다. 홀쭉이의 슬랩스틱은 다소 마조히즘적으로 자신의 신체를 학대[28]함으로써 의도적으로 서사의 진행을 차단시키고 주의를 돌리는 것이다. 내러티브의 진행을 흩뜨리고 예측할 수 없는 방향으로 흘러가게 만드는 것은 긴박한 순간에 등장하는 슬랩스틱 장면에서 확연히 드러난다.

S.#81 담밑
간첩단을 발견한 둘.
홀쭉이에게로 달려드는 부하.
2인은 격투를 하는데 홀쭉이가 불리하다.
홀쭉이는 싸우다가 권총을 빠뜨린다.

---

28 앤드류 스토트는 슬랩스틱이 사회적으로 용인가능한 형식의 마조히즘이라고 논한 바 있다. Andrew Stott(2005), p.93.

이때 권총을 주슬랴는 홀쭉이를 넘어뜨리는 부하.

넘어진 홀쭉이를 타넘고 권총을 집을려는 부하에게 발을 걸어 넘어뜨리니 그들은 서로 넘어져서 옥신각신 한다. 2인은 서로 권총을 집을려고 애를 쓴다. 권총을 중심으로 한 2인의 손과 손

이를 바라보던 뚱뚱이

뚱 : 야― 이거 서부영화 보는 것 같구나.

홀 : 임마 사람 죽겠다 어서 권총을 저리 치워.

뚱 : 응.

뚱뚱이 권총을 집는데 잘못 만져서 오발을 한다.

연달아 오발허는 뚱뚱이. 권총을 집어던진다.

홀 : 야- 이놈 좀 갈겨.

뚱 : 응.

이때 방맹이로 부하를 때리는 뚱뚱이

잘못 때려서 홀쭉이를 때린다.

눈알이 팽팽 돌며 쓰러지는 홀쭉이.

뚱뚱이는 또다시 부하를 때릴려고 몽둥이를 휘두루는데 그 놈이 피하는 바람에 헛마저 자기가 자기의 체중을 담당 못하고 쓸어진다. 뚱뚱이가 쓰러질랴는 찰나에 덤벼들던 부하는 뚱뚱이가 쓰러지며 휘두른 방맹이에 맞어서 쓰러진다.

정신을 채리고 일어선 뚱뚱이는 아모것도 없는데 아모렇게나 방맹이를 휘 두른다.

그때 홀쭉이가 일어서는데 뚱뚱이는 이를 또 때릴려고 하니 몸을 재빠르게 피하며

홀 : 뚱뚱아 나야 나.

뚱 : 응 홀쭉이구나.

비교적 자세히 서술된 지문을 통해 볼 수 있듯이, 자신의 몸을 제대로 통제하지 못하는 뚱뚱이가 권총을 오발하고, 간첩 대신 홀쭉이를 때리거나 스스로 넘어지면서 상황을 악화시키다가 마지막에 가서야 '우연히' 상황을 정리한다. 뚱뚱이는 홀쭉이와 간첩단 부하가 권총을 가지고 옥신각신 하는 것을 보고 '서부영화'를 언급하면서 그들의 몸싸움을 구경하는 메타 관객의 역할도 자임한다. 특히 코미디언코미디에서는 이렇게 영화 속에서 빠져나가 이것이 영화임을 지적하는 '자기반영적' 장면[29]이 종종 등장한다. 영화 속 캐릭터와 퍼포먼스의 주체로서 '스타' 개인 사이의 경계를 보여주며, 내러티브 혹은 등장인물과 거리두기를 통해 관객과 공모하는 이런 장면은 앞서 언급한 코미디언의 이중적 발

---

29 자기반영적 특성은 가공물에 주의를 집중시키고 지배적인 규칙들을 드러내 주며, 더 나아가 웃음을 유발시키기 위해 코미디에서 매우 자주 사용되는, 가장 명백한 위반 장치 중 하나이다. 특히 코미디언코미디에서는 카메라에 말 걸기, 영화의 허구적 성격 언급, 다른 영화의 인용이나 언급, 영화의 허구적 보편성 밖에 존재하는 연예사업 세계에 대한 언급 등이 자주 드러나는데, 이는 코미디언코미디의 고유한 자기반영적 특징이라 할 수 있다. 이에 대해서는 다음 절에서 더 자세히 다룰 것이다. Steve Seidman(1981), pp.25 ~53; 스티브 닐·프랑크 크루트니크, 강현두 역(2002), 137쪽.

화 위치와 관련된다. 이는 슬랩스틱이 야기하는 혼란과도 맞닿아 있는데, 캐릭터로서 코미디언은 플롯 사건을 해결하려 하지만, 스펙타클의 주체로서 코미디언은 웃음을 유발하고자 하므로 내러티브의 일관성에 균열이 생기게 된다. 결국 '우연히' 내러티브가 종결된다는 점에서 캐릭터가 스타-퍼포머를 잠재적으로 제한하기는 하지만, 코미디언은 그 자체로 특권적 위상을 가지기 때문에 내러티브의 선형성 혹은 인과관계를 파괴[30]하게 된다. 그리고 이런 혼란이 극대화될 때, 이를테면 '카니발적'[31]인 무질서의 상황이 연출된다.

S.#49 카바레

바-탠에서 술을 받아가는 뚱뚱이 급하게 서둘르며 왔다갔다 허는 홀쭉이

음악이 고조에 달해 있다.

이때 지배인은 슬며시 나와서 정에게 눈짓헌다.

정의 알어들었다는 표정.

지배인은 뚱뚱이의 일하는 모습을 보고 빙그레 웃는다. 사무실로 다시 드러가는 지배인.

뚱뚱이는 우수ㅋ 에 쟁반을 높이 들고 컵과 술병을 가지고 사람들 틈을 헤치고 걸어가는데 한쪽에서는 지배인과 눈짓을 한 정이 그의 명령에 응하고서 똑같은 양으로 오다가 2인의 손이 교차되여 팔과 팔이 끼이는 바람에 2인이 한바퀴

---

30 Henry Jenkins and Kristine Brunovska Karnick, "Introduction : Golden Eras and Blind Spots : Genre, History and Comedy", Kristine Brunovska Karnick & Henry Jenkins (ed), *Classical Hollywood Comedy*, Routledge, 1994, pp.22~25.

31 물론 바흐친적 의미에서 '카니발적'인 것은 '민중적인 것'과 분리해서 논할 수 없으나, 여기서는 '일상적 금기를 깨고 공식적이고 정상적인 것, 일방적인 엄숙함에 반기를 드는 것'이라는 의미로 사용하고자 한다.

돌고 갖어든 컵과 술병을 떠러뜨리며 쓰러진다. 이때 마침 지나가든 홀쭉이는 자기가 술병과 컵을 들고 있으면서도 뚱뚱이의 애처로운 모습을 보고 말리다가 같이 쓰러지며 역시 자기도 쓰러진다. 옆에 있다가 술에 덮어 손님은 이들을 때린다. 이 손님들을 밀어제친 그들은 자기들끼리 싸흠을 시작헌다.

정 : 자식이! 정신 좀 채려.

뚱 : 뭐? 내가 잘못했어?

정 : 그럼 누가 잘못했어?

뚱 : 난 잘못헌 게 없으니까 네가 잘못했지.

홀 : 이봐 고만둬. 서로가 다 잘못이지. 말을 해 뭐해.

정 : 넌 왜 중간에 끼 들었어.

홀 : 이거 왜 가만히 계시지 지랄이세요.

정 : 뭐이.

홀쭉이를 한 대 때린다. 옆에 있던 뚱뚱이는 정을 때린다. 싸음판이 버러졌다. 3인이 싸우는 바람에 장내는 수라장이 되어버렸다. 음악은 점점 신나게 울린다.

손님까지 합세하게 된 홀에는 술병이 왔다갔다 야단이다.

S.#51 캬바레

아직도 싸흠이 계속되고 있다. 그런데 뚱뚱이와 홀쭉이는 어느듯 이 싸흠에서 빠져나가고 구경을 하고 있다. 먼발체에서 이를 바라보는 지배인

이때 마침 술병 하나가 날러가 드럼치는 사람 머리에 맞어 쓰러진다.

이를 발견한 뚱뚱이, 황급히 뛰어 올라가서 드럼을 대신 친다.
또하나 병이 날러와 피아니스트를 때린다.
쓰러지는 피아니스트와 대신 뛰어 올라와 치는 홀쭉이
음악은 엉망진창이다. 일부의 손님들은 흥겨웁게 춤을 춘다.

　이어지는 53씬에서도 싸움과 춤의 난장판은 계속 되며, "여전히 홀쭉이의 피아노 소리만이 끊임없이" 들리는 가운데 혼란이 정점에 달한다. 이 장면은 55씬에서 홀쭉이와 뚱뚱이가 내쫓기는 것으로 마무리 되는데, 사실 이 거대한 혼란을 야기할 이유가 없었다는 것이 주목할 지점이다. 즉, 지배인은 정에게 '눈짓'을 했고 정이 '알어들었다는 표정'으로 뚱뚱이에게 시비를 걸었지만, 싸움이 끝나고 난 뒤 지배인은 정에게 호통을 친다.

S.#59 사무실
정을 앞에 놓고 기합을 넣고 있는 지배인

지 : 이 자식아 우리는 남과 달러 유난히 조용해야 되는데 해필 네가 사고
　　를 내면 어떻게 해.
정 : 미안합니다.

　세 씬에 걸쳐 집단 싸움이 벌어지고 손님들까지 가세해 싸우고 춤추고 악기를 연주하는 한바탕 난리가 벌어졌으나, 그 싸움에는 어떤 내러티브적 개연성도 존재하지 않는다. 그리고는 "미안합니다"라는 말로, 그 모든 혼란에 대해 누군가에게 사과한다. 관객들에게 가장 큰 즐거움

을 준 장면 중 하나였을 카바레 싸움씬에 대한 변명 아닌 변명인 셈이다. 결국 이 장면은 과잉된 슬랩스틱의 장면에 대한 내러티브적 봉합이라고 볼 수 있는데, 이 내러티브적 봉합이 균열의 틈새를 보인다는 점이 중요하다. 이 장면은 아나키즘적 코미디[32]로 분류되는 막스 브라더스 형제의 코미디를 연상시킨다. 파괴적 충동과 집단적 광란의 상황을 즐기는 이 같은 '아나키즘적 혼돈'의 장면은 내러티브의 질서뿐 아니라 현실세계의 질서마저도 흩어버리면서 무질서의 즐거움을 제공한다.

정리하자면, 슬랩스틱 장면들은 내러티브의 진행과 무관하게 순간적 퍼포먼스의 발현으로 드러나기도 하지만, 내러티브와의 관련 속에서 보다 복잡한 의미를 획득하게 되기도 한다. 즉, 내러티브가 사회의 질서를 환기시키는 순간에 서열화를 지연시키고, 개인과 국가에 위기를 초래할 다급한 상황에서 통제불능의 신체를 내세워 위기를 심화시키며, 혼란의 극대화를 연출한 뒤 해결하지 않은 채 그 장면을 서둘러 종결시킴으로써 무질서를 가중시킨다. 이렇게 내러티브의 지연뿐 아니라 실제적 혼란까지 야기하는 슬랩스틱 장면은 검열이나 영화사적 전통으로부터 상대적으로 자유로운 위치에 놓인 코미디언코미디영화의 독특성이자, 다양한 현실적 맥락을 지시하는 것으로 독해될 수 있는 여지를 남긴다. 이에 대해서는 뒤에서 다시 살펴보도록 하겠다.

---

32 헨리 젠킨스는 1920년대 후반에서 1930년대 초반 할리우드의 스튜디오 시스템 하에서 만들어진 코미디언-중심 코미디를 아나키즘적 코미디라고 규정한다. 그에 따르면, 이 영화들은 형식적 측면에서 고전적 할리우드 영화들의 선형성과 인과성에 대한 강조에서 벗어나 더 파편화되고 에피소드적 내러티브로 옮겨 가면서 전통적인 영화 실천에 반대했다는 것, 그리고 내용적 측면에서 사회 질서의 붕괴, 창조성, 자유와 충동을 찬양한다는 점에서 아나키즘적이다. Henry Jenkins(1992), pp.22~25.

4) 몰입과 거리두기 사이의 유희-자기반영성

카메라를 향해 직접 말을 걸고, 등장인물 자신이 영화 속 세계를 언급하며 허구성을 드러내는 것은 코미디에서 가장 자주 사용되는 위반 장치이며 웃음을 유발하는 기제[33]이다. 특히 코미디언코미디에서는 '스타' 코미디언이 카메라를 통해 관객에게 직접 말 걸고, 실제의 세계와 허구의 세계 사이의 경계를 흩뜨리며 관객들과 유희함으로써 영화적 픽션을 파괴하는 것 자체가 장르적 기대의 일부이며, 웃음을 유발하기 위한 의도적 장치가 된다. 즉, 코미디의 자기반영적 장면은 "파괴와 (재)질서화의 변증법을 통해 몰입과 거리두기 사이의 유희를 즐기는"[34] 전략인 것이다.

그런데 코미디 자체가 가진 특성이기도 한 자기반영적 특성이 이 글에서 특별히 주목의 대상이 되는 이유는, 1950년대 후반 코미디의 자기반영성이 악극을 포함한 당시 대중연예에서의 현장성과 즉흥성을 영화적으로 포섭하는 기제로도 작동하기 때문이다. 앞서 살펴보았듯이, 이 시기의 코미디는 언어적 슬랩스틱, 공연 장면의 스펙터클, 그리고 신체 중심의 슬랩스틱 등의 장치를 이용하여 대중연희 속 코미디와 할리우드 코미디의 관습을 '코미디언'을 중심으로 융합함으로써 관객들에게 볼거리와 웃을 거리를 성공적으로 제시할 수 있었다. 당대 관객들에게 코미디언을 중심으로 하는 이 코미디영화들은 영화이면서 동시에 연희인 새로운 즐길 거리였으며, 따라서 코미디언코미디는 당대의 스타코미디

---

33 스티브 닐·프랭크 크루트니크, 강현두 역(2002), 137쪽.
34 Peter Kramer(2003), pp.46~47.

언들의 연기와 연희를 동시에 볼 수 있는 새로운 형식의 연예물이었던 셈이다.

이러한 성격이 가장 두드러지게 드러나는 영화 중 한 편은 〈공처가〉이다. 앞서 언급했듯이 만담 커플로 유명세를 떨쳤던 장소팔—백금녀를 기용한 이 영화는 이들의 만담이 중요한 볼거리의 하나로 제시되는데, 실제 텔레비전과 같은 장치를 이용하여 이들을 '극 속의 극'으로 들어가게 함으로써 유희성을 더한다. 집안의 실권을 장악하고 있는 윤씨(백금녀)는 남편 김소하(장소팔)에게 곰탕집의 매상을 올릴 수 있는 방법을 강구하라고 다그치고, 이에 김소하는 가게 안에 스크린을 들여놓고 판소리에 장기를 가진 사위 박몽중(구봉서)에게 스크린 안에서 공연을 하도록 한다. "텔레비 수신기 같은 대형 스크린" 속에 "실물 박몽중이와 매월이가 반신을 나타내고 노래를" 부르고 구경꾼들이 몰려서 있자 윤씨는 김소하를 몰아세우며 가게 안으로 뛰어 들어간다. 그리고 이들은 스크린 안으로 들어가 손님들의 박수를 받으며 한 바탕 만담을 쏟아놓고, 다시 스크린 밖으로 나간다.

S.#84 가게 안

윤씨, 남편을 쫓아 마루로 나오며 대형 스크린 속에 나타납니다.

박몽중과 매월, 노래를 중지하고 황급히 달아납니다.

윤씨와 김소하씨가 나타나자 손님들 새로운 박수를 보냅니다.

(이상, 두 사람 만담식으로)

윤 씨 : 여봇 (소리를 꽥 지른다)

김소하 : 이것봐. 사람들이 저렇게 많은데 남편한테 삿대질이 뭐야? 고분
　　　고분하지 못하고.

윤 씨 : 압다 잘 논다! 고 모양에 또 사내 꼬부랭이라고 꼴값 할려고 그래.

(…중략…)

윤씨, 화가 꼭두까지 나서 김소하씨를 붙여잡고 십팔번으로 핵 스크린 밖
에 내던집니다. **구경꾼들 일대폭소와 박수를 보냅니다.** (강조 인용자)

　이 장면은 극중극 장면으로 제시되면서, 앞 장에서 인용했던 인기 있
는 만담 레퍼토리의 한 장면을 삽입한다. 이때, 이들의 만담은 "대형 스
크린 속에"서 진행되며, 이들의 퍼포먼스를 구경하는 "구경꾼들"이 등
장하여 박수를 치고 폭소를 하는 등 실제 공연장에 모인 관객처럼 행세
하게 된다. 이와 같은 극중극 장면 자체는 하나의 퍼포먼스 단락unit으
로 존재하면서 구경꾼-관객들에게 볼거리를 제시하는 한편, 느닷없는
만담에 대한 내러티브적 장치로도 기능한다. 퍼포먼스를 선보이는 동안
이들은 '대형 스크린'이라는 장치를 통해 내러티브 속 캐릭터에서 벗어
나 '만담가'인 자신으로 돌아가게 된다. 극의 환상을 깨는 장치(대형 스크
린)를 설정함으로써, 장소팔과 백금녀는 몇 겹의 가면을 쓰고 현실과 가
상의 세계를 넘나들면서 관객들에게 만담가로서 자신을 부각시킨다.

　그런가 하면, 등장인물의 '현실적' 정체성을 언급하는 장면도 있다.
예컨대 〈고바우〉에는 지나가던 행인이 고바우 영감을 보고 "할아버지
꼭 신문에 나오는 고바우영감 같습니다."라고 말하는 장면이 있다. 당시
김성환 화백이 『동아일보』에 연재하고 있던 인기 만화 「고바우 영감」을
영화화한 〈고바우〉는 김승호를 주연으로, 고바우의 캐릭터를 극대화한

코미디영화였다. 지나가던 행인의 이 같은 농담은 관객들이 이미 알고 있는 현실 세계 속의 만화「고바우 영감」과의 연관성을 상기시키는 것으로, 현실과 영화 속 가상 세계의 경계를 허물면서 관객들에게 웃음을 유발하는 장치로 배치되었다. 〈홀쭉이 뚱뚱이의 실례했습니다〉(박성호, 1959)에도 비슷한 장면이 등장한다. 극 초반, 호텔 주인이 급사로 일하는 홀쭉이(양석천)과 뚱뚱이(양훈)를 그들의 극중 본명인 동수, 남수라고 부르자 홀쭉이가 "거 복잡하게 동수, 남수 그러시지 말구 홀쭉이, 뚱뚱이라 그러세요"라고 말하면서, 현실의 자아를 영화 속 캐릭터에 투영한다. 동수와 남수라는 극중 인물에 홀쭉이, 뚱뚱이라는 현실 속의 캐릭터를 부과함으로써 가상과 현실을 넘나드는 매개적 관계가 설정되는 것이다.

그밖에도 이 영화는 반영적 성격을 다수 포함하고 있는데, 예컨대 오프닝에서 홀쭉이와 뚱뚱이가 일하고 있는 '아리조나 호텔'을 설명하면서, "서부극을 좋아하는 대중의 취미에 맞춰서 이 호텔을 시작"했다고 언급함과 동시에 말과 마차가 등장하는 장면이라든가, 홀쭉이의 변사 해설로 무성영화 서부극을 상영을 하는 중에 도둑이 뛰어 들어와 추격전이 벌어지는 등 서부극에 대한 다양한 참조와 언급이 이루어진다. 이는 영화라는 매체에 대한 자기-참조self-reference로, 영화의 허구성과 물질성을 드러내는 기능을 한다.[35] 이 영화는 호텔에서 벌어지는 사건들을 에피소드 형식으로 엮었는데, 그 중 애인에게 배신당하고 자살하기 위해 호텔에 머물고 있는 여인이 등장한다. 그녀를 찾아온 부모와 뉘우친 애인을 안내하면서 홀쭉이는 "드디어 서부활극이 이제부터 시작

---

35 Steve Seidman(1981), pp.40~53.

되는 것이다. 아하, 내가 어젯밤 지키지 않았더면 사건은 어떻게 전개 되는 것이냐?"라고 변사투로 읊는다. 이 장면 역시 역할 놀이를 통한 영화의 반영적 성격을 보여주는 것이다.

영화의 허구성을 지적하면서 현장성을 강조하는 보다 특징적인 장면은 관객들에게 직접 말을 거는 장면이다. 호텔에서 함께 일하는 분녀를 마음에 두고 있던 홀쭉이와 뚱뚱이 두 사람은 말다툼을 하다가 갑자기 관객을 향해 동의를 구한다. 이들은 영화가 설정하고 있는 스크린과 객석 사이의 시공간적 거리를 무시하고, 마치 실연무대에서처럼 관객들에게 말을 건넨다.

S.#95 뚱·홀의 방

(…중략…)

뚱 : 내가 무슨 연앨 했다구 그래? 이런 엉뚱하게.

홀 : 야, 이거 사람 잡겠다. 내 말이 거짓말이란 말야?

뚱 : 그래!

홀 : 이거 본 사람 없으면 정말 큰일나겠네- 하. 여러분, 내 말이 거짓말입니까? 여러분께서 뚱뚱이한테 얘길 좀 해 주세요. 사실이죠? 임마! 손님들이 싱글벙글 웃으시는 것 좀 봐. 괜히 시치밀 떼지마.

뚱 : 야, 이거 참 생사람 잡겠구나. 아 제가 닭다리두 얻어 먹어가며 농아릴 치더니 딴소리 하는 거봐. 여러분, 보셨죠? 나 혼자 먹는 것이 아니니까 여러분두 증명하실 겁니다. 에-봐라, 임마. 모든 게 네 책임이다. (강조 인용자)

이들의 대화가 이루어지는 장소는 홀쭉이와 뚱뚱이가 함께 쓰는 방으로, 이들이 지칭하는 "손님"이 호텔의 손님일 가능성은 없다. 즉, 영화를 보기 위해 극장을 찾은 관객들이 바로 "여러분"인 것이다. 홀쭉이는 마치 손님들에게 질문을 던지고 손님들의 반응을 보고 있는 것처럼 "손님들이 싱글벙글 웃으시는 것"을 좀 보라고 말한다. 뚱뚱이도 역시 관객들에게 질문을 던진 뒤, "에- 봐라"라는 말로 관객들의 반응을 본인이 파악한 듯이 말한다.

이처럼 코미디언코미디에서 코미디언들이 카메라 렌즈를 똑바로 응시하거나 관객에게 직접 말거는 행위는 기존 영화의 원칙들을 무시하는 동시에, 코미디언의 특별한 존재감과 코미디 자체의 '특이함'을 과시하는 행위이다. 즉, 코미디언코미디에서 코미디언들이 담당하는 역할은 믿을만한 캐릭터를 창조하는 것이 아니라 바로 "그 자신이 되고 그래서 캐릭터 밖으로 나오는 것"[36]이다. 그리하여 발화자로서의 코미디언을 드러냄으로써, 관객들에게 시공간을 뛰어 넘어 영화 속 인물들에 심리적으로 더 가깝게 다가가게 한다. 이는 또한 현장성과 즉흥성을 중요하게 생각하는 기존의 공연물에서 매우 익숙한 형식이기도 했다. 따라서 이와 같은 자기 반영적 장면은 악극과 버라이어티 쇼의 관객층이었던 '저급한 문화적 관객'들로 하여금 스타 코미디언들의 '실재'(라고 믿어지는 스크린 위의 또 하나의 허상)와 특징적 퍼포먼스를 극장에서 다시 조우하게 함으로써, 그들을 극장의 잠재적 고객으로 확보하는 특징적 장면이

---

36 Frank Krutnik, "A Spanner in the Works?—Genre, Narrative and the Hollywood Comedian", Kristine Brunovska Karnick & Henry Jenkins (ed), *Classical Hollywood Comedy*, Routledge, 1994a, p.24.

었다고도 해석해 볼 수 있다.[37] 전혀 다른 방식의 '거리두기'였음에도, '코미디언'을 매개로 하는 코미디를 통해서 관객들의 문화적 취향도 재편되었던 것이다.

2. 장르로서의 '코미디언'[38]

스타 연기자를 전면에 내세우는 모든 장르 영화가 특정 영화 속 가상 캐릭터의 정체성과 그 경계를 넘어 형성된(혹은 이미 형성되어 있는) 스타의 이미지 사이를 중재해야한다는 필요조건을 시작부터 안고 있는 것이라면, 코미디언코미디는 오히려 그 긴장을 격화시키는 것이라고 볼 수 있다. 코미디언코미디 자체가 스타 연기자를 위한 쇼케이스를 제공하는 것[39]이기 때문이다. 즉, 코미디언코미디는 무엇보다 코미디언의 재능에 의존하여 그 레퍼토리를 활용함으로써 웃음을 유발하는 장르의 형식이라 볼 수 있다. 이 절은 1950년대 코미디언코미디를 이끌었던 일군의 코미디 배우들을 중심으로, 그들의 개성과 레퍼토리가 코미디언코미디

---

37 더불어 사이드만은 이러한 장면들이, 영화 양식의 근본적 허위성에 대한 질문을 포함하는 것으로, 이러한 질문을 통해 안락한 픽션의 세계에 놓인 관객의 위치가 코미디언코미디에서 적어도 암시적으로나마 도전을 받게 된다고 보았다. Steve Seidman(1981), pp.45~46.
38 '장르로서의 코미디언'은 Wes Gehring의 책 *Personality Comedians as Genre*(Greenwood Press, 1997)의 문제 설정 방식에서 착안한 것이다.
39 Frank Krutnik (ed.), *Hollywood Comedians : The Film Reader*, Routledge, 2003a, p.7.

라는 장르 자체뿐 아니라, 그 장르의 전개과정에서 미묘한 차이를 견인하는 주 동인이었음을 밝히고자 한다.

악극, 버라이어티 쇼, 군예대, 라디오와 TV 등 다양한 무대와 매체를 통해 잘 알려진 스타 배우였던 코미디언들은 1950년대 후반 국산영화 제작 붐과 함께 영화계로 대거 이동했다. 특히 할리우드 코미디영화의 수용을 통해 영화적 형식에 적합한 웃음의 코드를 포함하여, 관객들의 웃음을 유발하는 고정 레퍼토리를 가지고 있었던 코미디언들은 그 자체로 관객들의 볼거리이자 그가 출연하는 코미디의 내용과 형식을 결정하는 주요 변수로 존재했다. 따라서 '장르로서의 코미디언'이란, 코미디언 개개인이 가진 개성과 레퍼토리, 코믹함의 양상이 그가 주연을 맡은 코미디언코미디 개별 영화들의 내러티브 및 스타일적 특성, 그리고 주제의식을 결정할 정도로 지대한 영향력이 있으며, 영화의 성격을 규정하는 가장 핵심적인 인자로 작용한다는 점을 강조하기 위한 것이다. 더나아가 이들 코미디언들 각자의 개성은 코미디언코미디 안에서 분화와 차별화의 지점을 만들었으며, 그 분화는 영화사적이고 사회사적인 맥락에서 재해석 될 필요가 있다. 이를 위하여 이 글은 1950년대 코미디언코미디의 등장을 이끌어 내었으며 1950년대 후반 코미디 유행을 선도했던 핵심 인물인 양석천·양훈을 중심으로, 구봉서와 김희갑을 비교 텍스트로 삼아 이들 코미디의 특성과 그 의미를 분석하고자 한다.

1) 양석천과 양훈의 '엎치락뒤치락'

전술했듯이, 양석천과 양훈은 악극단에서의 유명세를 라디오 프로그램에서 이어가다가 그 여세를 몰아 영화계로 진출했다. 이미 악극과 라디오를 통해 확립되었던 이들의 코미디 경향과 '홀쭉이와 뚱뚱이'라는 시각적 개그의 요소들이 어울려, 영화에서는 시사 풍자보다 가벼운 웃음을 주는 좀 더 대중적인 방향의 코미디를 선보였다. 1950년대 라디오와 악극단의 버라이어티 쇼, 그리고 영화를 오가며 당대 코미디의 주된 흐름을 이끌었던 이들은 〈청춘쌍곡선〉을 시작으로 1960년까지 총 10편의 코미디영화에 출연했다. 〈천지유정〉(김화랑, 1957), 〈오부자〉(권영순, 1958), 〈사람팔자 알 수 없다〉(김화랑, 1958), 〈한번만 봐주세요〉(김화랑, 1958), 〈실례했습니다〉(박성호, 1959), 〈부전자전〉(강대진, 1959), 〈홀쭉이 뚱뚱이 논산 훈련소에 가다〉(김화랑, 1959), 〈흥부와 놀부〉(김화랑, 1959), 〈오형제〉(김화랑, 1960), 〈청춘일번지〉(정일택, 1960)가 이들이 출연했던 코미디영화였는데, 이 중 〈부전자전〉과 〈청춘일번지〉를 제외한 8편의 영화에서 각자 주연 혹은 공동 주연을 맡았다.[40] 그리고 악극단에서의 인연을

---

40 〈청춘쌍곡선〉에서는 양훈과 황해가 주연을 맡고 양석천은 조연으로 출연했으며, 〈부전자전〉에서는 구봉서와 김희갑이 주연으로, 양석천과 양훈은 조연으로 출연했다. 그밖에 〈오부자〉와 〈오형제〉, 〈청춘일번지〉는 여타 코미디언들과 함께 주연을 맡은 경우이다. 양석천은 1960년부터 영화 출연보다는 주로 쇼 무대 출연에 중점을 두고 극단을 이끌어 갔기 때문에 영화 출연은 많지 않았다. 현재 한국영상자료원 한국영화데이터베이스(KMDb)에 따르면 약 40여 편의 영화에 출연한 것으로 기록되어 있다. 반면, 양훈의 경우 1970년대 후반에 이르기까지 200편이 넘는 영화에 계속 출연했다. 안현철 감독의 〈비단이 장사 왕서방〉(1961)이 양훈의 마지막 주연 작품이라고 볼 수 있는데, 이 영화는 신파드라마의 경향이 강한 코미디로 "시대착오적 희극"이라는 혹평을 받았다. 한국영상자료원 한국영화데이터베이스(KMDb) 참고; 「시대착오적인 속된 희극 / 〈비단장사 왕서방〉」, 『조선일보』, 1961.11.4, 석4면.

매개로 이들은 10편의 출연작 중 6편을 김화랑 감독과 함께 했다. 따라서 이들의 코미디 경향은 일면 김화랑 감독의 코미디 경향으로도 볼수 있을 텐데, 김화랑 감독은 이후에도 꾸준히 코미디영화 연출을 거듭하였으나 양석천·양훈 콤비와함께 했던 1950년대 후반이 그의코미디영화 연출 경력에 있어서 황금기였다고 할 수 있을 만큼 가장 많은 관객에게 호응을 얻었던 시기였다. 반면 양석천·양훈의 영화는 김화랑 감독과의 협업에서 가장 두드러진 특징을 보이기는 하지만 권영

〈그림 27〉 양석천과 양훈이라는 본명보다 홀쭉이와 뚱뚱이로 더 유명했던 양훈(왼쪽), 양석천(오른쪽) (한국영상자료원 제공)

순, 박성호, 강대진, 정일택 등의 감독과 함께 했던 영화에서도 이들만의 고유한 영역이 발견된다. 즉, 양석천·양훈이 출연한 영화는 연출한 감독보다도 그들 자체의 매력과 특기, 그리고 아우라가 영화에 일관된 내러티브적, 스타일적, 주제적 특징을 부여했다고 볼 수 있는 것이다.

그럼에도 이 시기 대중 연예계에서 양석천·양훈의 막강한 인지도와 이들의 코미디 경향을 전면에 내세워 만들어졌던 영화들은 대략 3~4년에 이르는 시기에 집중되었던 것으로 너무 짧은 시기 동안 과도하게 소비되었기 때문에, 이 집중의 시기를 지내고 난 뒤에는 더 이상 제작되지 않았다. 그리고 이들 코미디의 하강곡선과 함께 1950년대의 코미디

언코미디도 소강기에 접어들게 되었다. 다시 말해, 1950년대 후반 코미디언코미디의 생성과 변주, 소멸의 과정은 양석천·양훈 코미디의 전개 양상과 그 대략적인 궤적을 같이 한다고도 볼 수 있는 것이다.

이 글에서 주목하는 1950년대 후반 코미디언코미디의 경향은 따라서 양석천·양훈의 코미디 경향과 크게 다르지 않다. 그런데 이들의 코미디는 바로 평자들로부터 '엎치락뒤치락', '슬래스 스티크스', '넌센스 코메디' 등으로 평가되었던 바로 그 코미디였다. 당대의 많은 평자들이 이들의 코미디를 주로 "페이소스" 없는 '소극^{笑劇}'에 불과한 것으로 평가해 왔는데, "회화의 비속성 때문에 지식층 팬에 격리"되어 있었다는 점을 지적하면서,[41] 본격영화 혹은 장려되어야 하는 코메디와는 거리가 있다고 평가하였다. 1960년 이후 코미디언코미디 중심에서 벗어나 드라마가 강화된 홈드라마 류의 코미디가 등장하여 주요 경향으로 자리 잡은 뒤로, 이들의 코미디는 비교의 대상으로 거론되면서 "종래의 홀쭉이 뚱뚱이 식의 저급한 소극"으로 소급되어 호명되었다. 당대 평자들이 좋은 코미디의 조건으로 내걸었던 것은 "서민 사회의 희비가 뒤섞인⋯ 인생의 심오한 이율배반적 풍자"를 보여주는 "페이소스 있는" 작품으로, 양석천과 양훈이 주연을 맡았던 코미디들은 이에 대한 대표적인 반면교사로 거론된 것이다.[42]

여기서 주목하고자 하는 것은 이들의 코미디가 비록 코미디의 '전범^{典範}' 혹은 평단의 기준에 적합한 '장려되어야 하는 코미디'는 아니었을

---

41 「신영화―홀쭉이 뚱뚱이에 진경 / 소극에 그친 〈흥부와 놀부〉」, 『한국일보』, 1959.5.27, 4면.
42 「신영화―서민사회의 희비 / 〈로맨스 빠빠〉」, 『서울신문』, 1960.2.7, 석4면.

지라도, '홀쭉이 뚱뚱이 식'이라고 거론될 만큼 일정한 코미디의 경향을 가진 것으로 인식되고 있었다는 점이다. 즉, 양석천·양훈이 주인공을 맡아 출연했던 영화들에는 그들만의 내러티브적, 스타일적, 주제적 특징이 존재했으며, 이 글에서는 그것을 '양석천·양훈 코미디의 장르적 특징'이라고 부르고자 한다. 그리고 이는 1950년대 관객들에게 가장 환영 받는 웃음의 양식이기도 했다.

(1) '통제불가능성'의 코미디

여타 코미디언들이 주인공으로 출연한 코미디언코미디와 비교할 때, 무엇보다 양석천·양훈 코미디의 독특함은 엎치락뒤치락, 뒤죽박죽으로 전개되는 내러티브 사건과 빠르게 주고받는 말장난, 그리고 신체적 슬랩스틱의 강조에 있다고 볼 수 있다. 이들 코미디의 선형적 인과관계를 따르지 않는 에피소드적 구성, 쇼 무대에 적합한 웃음 창출의 방식, 언어적이고 신체적인 슬랩스틱의 과다한 활용 등은 장르의 정착, 물적 토대의 확충 및 제도적 여건의 뒷받침으로 한국영화의 제작환경이 안정화되어 간다고 믿고 있었던 당시의 '고급한 관객' 혹은 '평자'들의 취향에서 볼 때, '잘 만들어진well-made 장르 영화'의 규범에 어긋나는, 다시 말해 할리우드식 장르영화에 대한 결여태缺如態의 증명으로 보였다.

그러나 1950년대 후반 양석천·양훈 주연의 코미디언코미디는 해결 불가능성을 강조하는 '아나키즘 코미디'의 극대화된 혼란에 집중한다는 점에서 특징적이고 그 아나키즘적인 혼란 자체가 이들 코미디의 핵심이라는 점에서, 다른 평가의 기준이 적용될 필요가 있다. 양석천·양훈의 코미디는 사건의 해결로 나아가는 과정이나 내러티브의 종결을 향해 나아가는 도정의 에피소드들을 보여주는 것이라기보다 동시다발적으로 일어나는 혼란, 즉 '엎치락뒤치락'의 재현에 더 주의를 기울이며 그 과정의 모순과 부조리, 그리고 그 혼돈의 아수라장이 뿜어내는 에너지에 집중하는 코미디라는 뜻이다. 따라서 그것이 그려내는 혼란과 불안정함 자체의 역동성과 그 역동성의 징후가 내러티브의 완결성보다 더 중요하다.

앞 절에서 인용했던 〈오형제〉의 클라이막스 부분이나 〈사람팔자 알 수 없다〉의 카바레 씬 등은 양석천·양훈 코미디의 특징을 가장 잘 보여주는 장면이다. 이 두 편의 영화는 모두 김화랑 감독의 연출작이었는데, 그 밖의 감독과 함께 한 작품에서도 이들 코미디의 특성은 동일하게 드러난다. 박성호 감독의 〈실례했습니다〉는 아리조나라는 이름의 호텔에서 마부와 종업원으로 일하는 홀쭉이와 뚱뚱이가 주인공으로 등장하며, 옆 호텔인 만광호텔과의 경쟁관계에서 벌어지는 에피소드가 주된 플롯으로 호텔 투숙객들과 관련된 에피소드가 부차 플롯으로 엮인다. 다음에 인용된 장면은 홀쭉이가 변사 노릇을 하며 투숙객들에게 영화를 상영해주고 있는 와중에 만광호텔 종업원인 상달이 아리조나 호텔 손님들 방에 빈대를 풀다가 도둑으로 오인 받고, 상달의 꾀임에 빠져 식사에 돌을 넣었던 분녀, 그리고 아리조나 호텔의 종업원 박서방, 지배인 윤얌채 등이 영화 상영장으로 상달을 쫓아 들어온 뒤 투숙객의 아이를 맡아 돌봐주고 있는 뚱뚱이까지 모두 등장하여 일대 혼란이 벌어지는 장면이다.

S.#90 식당

홀 : 바로 이때였습니다. 나타난 악한 짜식.

뚱(E) : 도둑이야—

분녀 : 홀쭉 씨. 홀쭉 씨.

S.#91

박서방 : 하이, 저놈 잡아라.

남아 : 탕. 탕. 탕. 탕.

군중

박 : 에에 저 못 봤어요? 빨리. 어어 빨리 아. 여깃다. 여깃다. 야 여깃다.

군중

박 : 아 여깃다.

상달

뚱뚱이, 군중

군중

S.#92

상달 : 아 아이.

박서방 : 이 자식이.

박; 바루 이놈이 올시다.

상 : 아녜요. 난 난 영화구경 왔어요.

박 : 영화구경하는 놈이 도망은 왜 가? 마! 이놈.

윤얌채 : 오! 네가 바로 도둑놈이었구나. 너의 집 손님 물건두 네가 훔쳐갔

　　　　지? 이놈!

(…중략…)

분녀 : 맞았어요. 이인 아주 나쁜 사람이예요. 오늘 저한테 돈을 주면서 손

님들 진지에 돌을 넣으라고 했어요.

남갑 : 으응?

분 : 그래서 그만 제가 잘못했어요. 용서해주세요. 네? 여러분들.

윤 : 에이. 요 요놈아!

분 : 있어! 돈!

상 : 아유. 아아.

박 : 이놈을 그냥.

윤 : 얘 얘, 이놈을 끌구가자.

남아 : 탕탕.

뚱 : 이구, 이구.

극 중 영화 관객들을 포함하여 최소 10인 이상의 출연진이 등장하는 이 장면은 영화를 상영하고 있는 식당을 무대로 하여, 7명의 주요 등장 인물들이 저마다 한 마디씩 던지면서 혼란을 심화시키는 일종의 군중씬 이다. 상달을 비롯한 만광호텔 관계자들의 계략과 아리조나 호텔 측에 서 이를 무마하기 위해 벌이는 크고 작은 소동들, 거기에 호텔 투숙객들 의 사연까지 겹쳐지면서 점차 혼란이 가중되는데 위에서 인용한 장면은 바로 그 혼란 속에서 등장인물들이 뒤죽박죽 한데 엉클어지게 되는 상 황을 그린 것이다.

이들의 영화에서 내러티브 사건의 혼란을 한층 강화하는 것은 양석 천·양훈 코미디의 특기인 언어적 슬랩스틱과 신체적 슬랩스틱이다. 악 극단과 라디오에서 이미 인정받았던 빠른 템포의 만담에 가까운 대화, 그리고 지문에 따르면 다소 파괴적일 것으로 예측되는 행위의 퍼포먼스들은 영화의 재미를 줄 뿐 아니라 내러티브 사건에서 벌어지는 소동들에 언어적이고 신체적인 '엎치락뒤치락'의 형상화를 부여한다. 그럼으로써 내러티브 층위에서, 그리고 코미디언의 신체 층위에서 통제되지 않았거나 통제될 수 없는 아나키즘의 에너지가 발산된다.

또 다른 예로, 〈오형제〉를 살펴보자. 〈오형제〉는 말싸움과 변장 등 언어적 / 신체적 슬랩스틱을 내세우면서 집단적 혼란의 상황을 연출한다. 〈오형제〉의 주인공인 다섯 형제는 돌아가신 부모님의 유지를 받들어 한 달 내에 모두 결혼을 하기로 마음을 먹는데, 한 날 한 시에 오형제의 애인들이 부모님을 모시고 집으로 찾아오게 되면서 사건이 발생한다. 이들은 부모님이 돌아가셨다고 고백할 경우 결혼에 성공하지 못할까봐 애인들에게 이 사실을 숨긴 채, 형제들끼리 교대로 서로의 부모 역을 해 주기로 약속한다. 그리고 다섯 형제가 각기 변장을 하고 이 방, 저 방을 다니던 중 역할과 분장에 혼동이 생기면서 급기야 모든 커플들과 부모가 뒤죽박죽되는 상황에 이른다.

S.#81 낭하

(…중략…)

일남 : 아버지 손님 가신대요. 애 이남 어데 갔니.

성자 : 아이 사장님 안녕하세요.

일남 : 아 사장이구 뭐구 이남이 어데 갔니 이남이 응.

사남 : 형님이 좀 대신 들어가 보우.

삼남 : 내가 어떻게 하니.

일남 : 아무래도 좋으니 빨리 너 좀 와봐, 빨리.

일남 : 어머님 손님 가신대요. 빨리 좀 오세요. 빨리 아휴.(문닫는 소리)

사남 : 야단났네. 이것 정신을 차릴 수가 있어야지.

혜자 : 아버지 들어오세요.

사남 : 아이구 아이구 왔구나 네게 왔어 네게 야단났어.

삼남 : 옷을 벗으면 어떡허니 저기도 있지 않어 내게 왔어 내 발등의 불을
　　　꺼야지. 성자씨 저기 가 기다리세요.

혜자부 : 아무도 안계신가.

사남 : 이리 들어오세요.

혜자 : 저의 아버지세요.

사남 : 알었어. 빨리 들어가 들어가시죠. 들어가세요.

양자 : 어머니가 뵙고 가신대요.

일남 : 아 여짓껏 뭣하는거냐. 빨리 좀 아 거.

삼남 : 이거 내가 무슨 팔자야. 이런.

　　씬 51부터 84까지는 이런 극도의 혼돈 상태를 그린다. 그리고 혼란
이 극에 달했을 때, 일남이 형제들을 대표하여 여자들의 부모들에게 사
과하고 용서를 구한다. 단 한 씬, 몇 마디의 대화로 이 모든 혼돈은 용서
받는 것이다. 한 바탕의 소동이 모두 부모와 형제를 위한 것이었다는 지
극히 가부장적인 고백과 용서가 뒤따른 뒤, 바로 다음 장면인 라스트 씬
에서 다섯 쌍의 커플은 합동 결혼식을 올린다. 전체 86개의 씬 중 약
40%에 해당하는 34개의 씬이 혼돈의 상황을 그리는 데 집중한 뒤, 마
지막 한 씬만을 그 해결에 할애하고 있는 것이다.

　　사실, 중심적인 플롯 사건을 제시하고 그것의 종결을 향해 나아가는

일반적인 내러티브 영화의 규칙보다 혼란과 무질서의 장면 자체에 더 집중하는 '불안정성'의 경향은 양석천·양훈 코미디만의 특징이라기보다, 1950년대 코미디언코미디의 전반적인 특징이라고 보는 편이 옳을 듯하다. 그러나 이러한 경향이 차후 논의할 구봉서나 김희갑으로 대표되는 1960년대 이후의 코미디와는 사뭇 다른 양상이라는 점에서, 1950년대 후반 코미디언코미디의 대표적인 경향이었던 양석천·양훈의 특징이었다고 볼 수 있을 것이다. 한편으로 무질서와 혼돈의 장면은 이들 코미디에서 관객들에게 가장 큰 즐거움을 선사했던 장면이었다고 할 수 있다. 군중 속에서 도둑을 잡기 위해 벌이는 몸싸움이나 캬바레에서 패싸움이 벌어지는 와중에 피아노를 "두들기듯이" 시끄럽게 연주하는 홀쭉이 양석천의 퍼포먼스, 혹은 변장과 가장을 거듭하는 동안 자신들의 정체성을 혼돈하면서 웃음을 야기하는 오형제의 뒤죽박죽 엉킨 관계망 등은 무질서의 이미지를 유쾌함의 감각과 연관[43] 시킨다. 그럼으로써 이들의 영화는 신체적으로, 내러티브적으로 '엎치락뒤치락' 하는 혼란과 무질서가 갖는 역동성의 에너지를 전달하며, 이를 통하여 통제되지 않는 즐거움의 감각 역시 발현되고 있다고 볼 수 있을 것이다. '통제되지 않는 즐거움'이 갖는 '불안정성'은 폭발적이고 동시다발적으로 진행되는 현실 세계의 '예측불가능성'을 지시하는 것으로 독해될 수 있다.

---

[43] Henry Jenkins(1992), p.217.

(2) 성적 모호성의 에너지

양석천·양훈의 코미디의 특징 중 하나는 모호한 성적 오리엔테이션을 드러내는 것이다. 즉, 이들은 타인들이 침입하기 어려운 자신들만의 세계를 가지고 있고, 그 세계 속에서 끈끈한 애정을 나누면서 소통한다. 〈오부자〉나 〈오형제〉처럼, 다수의 등장인물이 주인공으로 등장하여 합동결혼식으로 막을 내리는 경우를 제외하고 이들을 투 톱two-top 주인공으로 내세우는 영화들의 경우에 이러한 경향이 두드러진다. 양석천과 양훈이 투 톱 주인공으로 나선 영화에서는 연애서사가 중심이 되는 경우가 드물며, 무엇보다 두 사람의 우정이나 이들이 함께 난관을 헤쳐 나가는 과정에 방점이 찍힌다. 설령 이 두 사람이 각각 연애에 성공하는 것으로 영화가 끝난다 하더라도, 그 과정에서 보이는 이 두 사람의 성적인 친밀감이나 여성성에 대한 두려움 혹은 무관심의 표현은 다양한 해석을 가능하게 한다. 예컨대, 〈사람팔자 알 수 없다〉에서 옆 집 국회의원의 딸인 죽희와 난숙은 홀쭉이와 뚱뚱이를 집에 초대하기도 하고 먼저 그들의 집에 찾아가기도 하며 바지가 찢어진 뚱뚱이에게 아버지의 옷을 빌려주는 등 매우 적극적인 애정공세를 펼친다. 이에 비해 홀쭉이와 뚱뚱이는 죽희의 갑작스러운 초대에 "이런 일은 먼저 얘기를 해야지, 도대체 그 여자들이 무식하니 그렇지 뭐야. 사람을 초대하는 방법두 모른"다며 핀잔을 주거나 "어머니께 케이크를 갖다드릴" 요량으로 죽희의 집에 놀러가는 등 소극적인 태도를 견지한다. 영화의 후반부에서 이들은 죽희와 난숙의 '남자친구' 자격으로 함께 난숙의 친구 원순의 집에서 열린 댄스파티에 참석하게 된다. 파티장에서 죽희와 난숙이 먼저 춤을 추자고 권하는데도 이들은 끝내 사양한다.

S.#70 원순의 집

(…중략…)

이때 음악이 첸지되고 지래박이 나오기 시작한다. 남녀들은 지래박춤을 추기 시작한다. 원순도 추기 시작한다.

난숙 : 춤 한 번 추실까요.

뚱뚱이 : 전 신경통이 심해서.

죽희 : (홀쭉이보고) 선생님은요.

홀쭉이 : 전 뚱뚱이허구나 추지 딴 사람하군 도무지.

난숙 : 그럼 두 분이 춰 보세요.

춤을 신청한 상대 여성들을 거절한 뚱뚱이와 홀쭉이는 서로를 파트너 삼아 "무대 중앙으로 뛰어"나가 "기묘하게도 괴상한 지래박"을 춘다. 이어지는 씬에서 '우연히' 죽희의 아버지인 국회의원을 암살하러 온 간첩 일당을 소탕하게 된 이들은 국회의원의 비서이자 사위가 되는 엔딩을 맞는다. 국회의원인 아버지가 일방적이고도 갑작스럽게 두 쌍의 결혼을 선포하는데, "난숙과 죽희는 즐거워 어쩔 줄 모른다".

그런데, 이처럼 갑작스러운 엔딩을 통해서라도 이들이 결혼까지 이르는 결말은 〈사람 팔자 알 수 없다〉가 유일하다. 〈실례했습니다〉는 에피소드적 구성이기도 하지만 여타의 영화들에 비해 연애 서사가 별로 중요하지 않은 텍스트이기 때문에 분녀를 사이에 두고 홀쭉이와 뚱뚱이가 잠시 다투다가 금세 '양보'하는 장면이 등장한다. 그리고 그 이야기 끝에 강조되는 것은 서로를 향한 그리움과 애정이다.

S.#95 홀·뚱의 방

(…중략…)

홀 : 하여튼 좋아. 너 결혼해라.

뚱 : 분녀하고?

홀 : 내 평생에 너 장가가는 걸 보구 죽어야 한이 없겠다.

뚱 : 야야, 돌아가신 우리 어머니가 하시든 소리 같은 소리 하지마!

홀 : 이햐, 맹꽁인 왜 저렇게 처량하게 울까?

뚱 : 서로를 그리워서 그런 거야.

(…중략…)

홀 : 먼저 자. 내 보구 올게.

뚱 : 빨리 다녀와. 난 네가 없음 쓸쓸해.

뚱뚱이의 마지막 대사는 이 영화의 엔딩씬에서 다시 한 번 반복된다. 분녀와 이들의 대화나 이어지는 관계는 생략된 채, 결국 서로를 향한 애정만이 반복되는 셈이다. 한편, 상대 여성의 내러티브 역할이 좀 더 중요해진 〈홀쭉이 뚱뚱이 논산 훈련소에 가다〉에서도 두 사람의 상대역 옥희와 은주는 이들과 사랑의 다툼을 벌이지만, 결국 오해였음이 밝혀지는 데서 내러티브상의 역할이 종료된다. 그보다 영화는 홀쭉이와 뚱뚱이의 좌충우돌 훈련소 적응기에 관심을 두고 있으며, 여기서도 이들의 우정을 넘어서는 관계가 암시된다. 애인에게 연락이 없자 화가 난 뚱뚱이는 배탈이 나는데, 홀쭉이에게 "변소 좀 같이 가자"고 요청한다. 홀쭉이가 "변소는 왜" 가냐고 묻지만, 그 질문은 '어디가 아프냐'는 질문이었지 '왜' 같이 가야하느냐를 질문한 것은 아니었다. 그리고 이어지는 장면은 변소 앞이다.

S.#45 변소 앞

장주 : 누구야.

홀 : 훈련병 홀쭉이올시다.

장주 : 왜 거기 서 있나.

홀 : 네 훈련병 뚱뚱이가 변소에 들어갔습니다.

장 : 뚱뚱이가 변소에 들어가 있는데 왜 넌 여기 서 있나.

홀 : 네. 우리는 죽어도 같이 죽고 살어도 같이 살자구 맹서했습니다.

장 : 그 정신 좋아.

홀 : 저두 동감이라구 생각합니다. 그러니까 결국 셋이 다 동감이지요.

변소를 함께 가 달라고 요청하고 또 따라가 주는 이들은 "죽어도 같이 죽고 살어도 같이 살자구 맹서"한 사이이다. 이들의 애정은 지나가던 선임병에 의해 긍정되면서, 일종의 군인정신으로 환치된다. 〈홀쭉이 뚱뚱이 논산 훈련소에 가다〉에서 이들의 동성애적 성향이 분명한 대사들은 군대에서 남성들이 갖는 동지애와 같은 감정으로 포장되는 것이다.

이들의 동성애적 코드가 가장 극명하게 드러나는 텍스트는 〈한 번만 봐 주세요〉이다. 이 영화에서 양석천과 양훈은 각각 퇴출 위기에 놓인 영업사원(홀쭉이)과 세탁소 직원(뚱뚱이)으로, 복권으로 일확천금을 노리면서 우연히 만난 여성들(혜경, 행숙)과 연애를 하게 된다. 그렇지만 혜경, 행숙과 나누는 대화보다 더 애틋하고 다정한 것은 홀쭉이와 뚱뚱이 두 사람이 나누는 대화이다.

S.#31 아파-트 앞

홀 : 비겁하게 허태풍 이녀석 먹다가 중간에 혼자 도망을 쳐.

뚱 : 내버려둬 나만 도망치지 않았으면 됐지뭐야.

홀 : 그래. 그러기에 너만 보구 살지 않어 뚱뚱아.

S.#32 현관

뚱 : 홀쭉아 여기가 분명히 우리집이지.

홀 : 암 틀림없는 우리집이지. 한번 더 올러가서 우향 앞으론 뚱땅지 안주인 방이고, 좌향 앞으로 갓 하면 거기가 우리들의 천국이란 말이야 아유.

뚱 : 홀쭉아 오늘밤 너하구 나하구 꼭 끼고 자자.

홀 : 그럼 너는 내 예편네니까.

뚱 : 부부는 남편이 큰 법이야.

홀 : 임마 우리 아버진 우리 어머니보다 기맥히게 적었다구 그러드라.

뚱 : 잔소리 말어. 어쨌던 넌 내 마누라다.

홀 : 어이구 징그러 아이고.

뚱 : 홀쭉아 가자 가.

이처럼 노골적으로 서로에게 애정을 표현하고, "거기가 우리들의 천국"이라든가 "꼭 끼고 자자", "너는 내 예편네" 등의 성적인 암시를 강하게 보여주던 이들은 당첨된 줄 알았던 복권이 은행의 파산으로 물거품이 되자 둘이 함께 낙향한다. 하숙집 주인이며, 우유 배달부에게까지도 세세한 인사를 나눈 두 사람은 애인들에게는 결별도 고하지 않은 채 떠난다. 이들이 떠난 뒤 하숙집에 도착한 혜경과 행숙은 "시골 아니라 그

보다 더 한데라두" "어델 가든 따러가겠"다고 한다. 굳은 결심을 하고
'새 출발'을 위해 떠난 홀쭉이와 뚱뚱이의 길에는 서로만이 필요할 뿐
여성들의 존재는 아예 인식 밖에 있으나, 여성들은 훨씬 적극적으로 이
들에게 구애할 뿐 아니라 이들을 따라 나서기까지 한다.

　살펴본 바와 같이, 양석천 · 양훈 코미디의 퀴어성은 남성들끼리의 연
대를 강조하면서 '우정'이나 '동지애' 혹은 '군인정신'으로 포장된다. 그
리고 훨씬 적극적이고 공격적인 상대 여성들에 대한 이들의 두려움은
무관심 혹은 '언급하지 않음'으로 표현된다. 이러한 남성 코미디 커플의
동성애적 성향은 할리우드 코미디의 경향과도 무관하지 않은 것으로 보
인다. 예컨대 할리우드의 1940~50년대 대표적 코미디 듀오였던 밥 호
프와 빙 크로스비의 코미디는 명백히 이들의 동성애적 코드를 코미디의
소재로 삼은 것이었으며, 한국의 극장에서도 상영되었다.[44] 스티브 코
언에 따르면 이들의 퀴어성이 보수적인 할리우드와 미국사회에서 폭넓
게 수용될 수 있었던 이유는 1940년대와 50년대라는 시대적 특수성에
기인한 것이었다. 즉, 전쟁을 겪으면서 남성＝군인인 환경 속에서 '밀접
한' 우정이 성립되었기 때문에, 1940년대의 남성우정은 특별한 문화적
의미가 있었다는 것이다. 그리고 "버디관계buddy relationship"를 맺고 있
는 동지에 대해 느끼는 신체적 친밀감은 "동성애에 대한 의식적인 수용

44　빙 크로스비와 밥 호프 주연의 〈싱가폴 여행기〉Road to Singapore, 1946가 1952년 부민
　관에서 상영되었으며(『동아일보』, 1952.10.2), 그밖에도 올리버 하디와 스탠 로렐, 버
　드 애보트와 루 코스텔로, 제리 루이스와 딘 마틴 등 남성 코미디 듀오를 주인공으로 하
　는 영화들이 1950년대 약 15편 가량 상영이 상영되었고 여러 차례 재상영 되었던 기록
　으로 미루어, 당시 한국 관객들에게 남성 연대를 보여주는 코미디들은 매우 익숙한 코드
　였다고 볼 수 있다. 제리 루이스의 성적 혼란의 의미에 대해서는 Frank Krutnik, "Jerry
　Lewis : The Deformation of the Comic", *Film Quarterly*, Vol.48, No.1(Autumn, 1994b)
　참고.

이라기보다 생명이 위협받는 상황 속에서 친밀감에 대한 욕구로 인식"되었으므로, 크로스비와 호프가 갖는 친밀감과 명백히 동성애적으로 보이는 퀴어 코드들은 "자연스럽게" 1940년대의 미국 관객들에게 받아들여져 그 기간 동안 이들은 엄청난 인기를 누릴 수 있었다고 진단[45]했다.

코언의 분석은 1950년대 후반 한국 코미디영화가 보였던 동성애적 성향의 해석에 하나의 방향을 제시해 준다. 2차세계대전과 6·25전쟁의 소용돌이에 놓여 있었던 한국의 남성들 역시 군대와 전쟁 경험을 공유하고 있었으며, 1950년대 후반 이승만 정권이 대중들을 '국민화'하는 과정에서 징병제도를 통해 입대와 군대문화를 긍정적인 것으로 제도화하고 있었다는 사실을 고려해 볼 때, 이 시기 한국사회에서 남성들의 동성애적 코드 역시 '동지애'나 '군인정신'으로 치환되어 쉽게 받아들여질 수 있었던 것으로 보인다. 즉, 퀴어성은 '동성애'로 의식하지 못하거나 혹은 할 수 없도록 억압 받은 채로, 친밀한 남성연대에서 표현할 수 있는 '자연스러운 것'으로 받아들여지도록 문화코드화 되어 있었다고 볼 수 있다. 그러나 한편, 이런 경향은 1960년대 퀴어 코드들이 '여장남자'들을 통해 '가장된 이성애'의 형태로 드러났던 것과 비교해 볼 때, 1950년대가 성적 코드들에 대해 문화적·사회적으로 덜 억압적이었기 때문에 가능했던 지점으로도 해석할 수 있을 것이다.[46]

---

45 Steve Cohan, "Queering the Deal : On the read with Hope and Crosby", Frank Krutnik (ed), *Hollywood Comedians : The Film Reader*, Routledge, 2003, pp.155~156.

46 1960년대 후반, 가부장제로 귀결되는 '건전'한 구봉서의 여장이나 성적 모호함을 근간으로 삼는 서영춘의 '불온'한 여장은 그 시대의 강제된 명랑과 건전, 그리고 저속의 위계 및 억압된 성적 에너지를 드러내는 것으로 해석될 수 있다. 이는 홀쭉이 뚱뚱이의 '허용된 동성애적 코드'가 받아들여지는 지점과 분명 다른 것이었다. 이에 대한 더 자세한 내용은 이 책의 2부 4장 「서영춘 코미디의 '불온함'과 검열의 문제」 참고.

2) 구봉서의 '소시민의 성공과 로맨스'

양석천과 양훈이 1950년대 후반 가장 먼저 영화계를 석권했던 코미디 배우였다면, 구봉서는 가장 긴 시간, 가장 많은 코미디영화에서 주연을 도맡았던 경우라 할 수 있을 것이다. 양석천과 양훈이 1950년대 이후 주연으로 출연한 영화가 거의 없다는 사실이나 김희갑이 더 많은 영화에 출연했으나 단독 주연을 맡았던 작품보다는 공동 주연이거나 비중 있는 조연을 맡은 경우가 더 많았다는 것과 비교해 볼 때, 구봉서는 비슷한 시기에 영화로 옮겨왔던 악극단 스타들 중에서도 10년 넘게 주연 배우로 활약한 드문 경우였다. 전술했다시피 구봉서는 이 시기에 〈공처가〉〈딸 칠형제〉, 〈삼등호텔〉, 〈오부자〉, 〈웃어야 할까 울어야 할까〉, 〈한 번만 봐 주세요〉, 〈구혼결사대〉, 〈백만장자가 되려면〉(정일택, 1959), 〈복도 많지 뭐유〉, 〈부전자전〉, 〈삼인의 신부〉, 〈여사장〉, 〈인생대학 일년생〉(윤봉춘, 1959), 〈자식복 돈복〉, 〈청춘배달〉, 〈연애전선〉(김수용, 1960), 〈오형제〉 등 1960년까지 17편의 코미디영화와 〈애정파도〉, 〈눈 나리는 밤〉(하한수, 1958), 〈살아야한다〉(조긍하, 1959), 〈아내만이 울어야 하나〉(조정호, 1959) 등 4편의 비非코미디영화에 출연했다. 이후에도 1970년대 초반까지 영화배우로서의 전성기를 구가하면서 4백여 편의 영화에서 주, 조연으로 활약했다.

이 글에서 관심을 갖는 1950년대 후반은 구봉서가 악극단에서 영화계로 활동 범위를 넓혀가던 시기로, 이 시기에 제작된 코미디영화에서 구봉서는 단독 주연보다 공동주연 혹은 비중 있는 조연의 역할을 맡으면서 내러티브의 중심인물을 보조하는 역할(〈공처가〉의 사위, 〈오부자〉의 막둥이, 〈삼인의 신부〉의 투, 〈구혼결사대〉의 박준서 등)을 담당하는 경우가 많았기 때문에, 실제로 구봉서 코미디의 특성을 더 잘 보여주는 것은 1960년대 후반 코미디라고 볼 수 있다. 그러나 1950년대 구봉서가 보여주는 웃음의 코드와 코미디의 맥락은 앞서 논의했던 양석천·양훈의 코미디와 대별되는 것이면서 1960년대의 코미디언코미디로 연결되는 지점을 내포한 것이라는 점에서 의미 있다. 즉, 1950년대로 그 유효시기가 다한 양석천·양훈의 코미디와 달리 1960년대까지, 그리고 영화를 넘어 텔레비전으로 영향력을 확대했던 1970년대와 80년대까지 구봉서의 코미디는 일정한 경향을 띠고 지속되었으며, 그 '일정한 경향'이 바로 하나의 '장르'로서의 구봉서의 특성이라고 볼 수 있다는 것이다. 이 글은 그 일정한 경향의 분석을 통하여 '구봉서 코미디'의 지속성을 통한 한국 코미디의 한 특성을 살펴보고자 한다.

(1) 취업과 결혼이라는 지상과제

1962년 10월 9일 『경향신문』에는 '공처가 클럽'이 '홈 서비스 데이'를 맞이하여 야유회에 나섰다는 기사가 실렸다. "우리 집은 걱정 없어요"라고 말하는 영화인 가정의 대표로, 공처가 클럽의 회원인 황해, 구봉서, 곽규석, 신영균이 부인, 자녀와 함께 동반 나들이한 것을 기사화한 것이다. "가정에서는 아이들에게 자신이 출연한 코메디를 못 보게 하는 엄한 아버지"이자 "아내에게는 자상한" 구봉서의 면면은 '건전하고 명랑한 가정생활'을 하는 평범한 가장의 이미지로 신문지상에 종종 소개되곤 했다.[47] 당시 인기 배우들의 스캔들이 신문에 적나라하게 소개되고 이에 대한 각 사회 인사들과 신문독자, 관객들의 논평이 이어지는 가운데, 구봉서를 '명랑가정'을 이루고 있는 대표적인 스타로 거론한 이 기사는 '명랑하고 건전한 소시민'이라는 그의 스타 페르소나를 잘 보여주는 것이었다. 외모적으로도 코믹한 효과를 보여줄 수 있었던 양석천과 양훈, 김희갑 등 여타의 코미디 배우들과 달리 훤칠하고 "예쁘게 생긴" 외모와 정확한 표준어 구사 능력을 특징으로 구봉서는 우리 주변에 있을 법한, "기발한 생김새도 아닌데 쏟아지는 웃음과 즐거움"[48]을 주는 배우로 자리매김 되었다.[49][50] 특히, 많은 영화 및 텔레비전 코미디에서 짝을 이루곤 했던 서영춘, 배삼룡 등이 엉뚱한 짓이나 바보짓으로 웃음을 유발할 때, 구봉서는 그들을 나무라거나 핀잔을 주는 '상식적 존재'[51]의 역할을 주로 맡았다.

이러한 스타 페르소나를 바탕으로, 구봉서는 31세 때 〈애정파도〉로

---

47 「명우의 진기 / 와이프 서비스 / 야유회서 셔터가 잡은 명랑가족」, 『경향신문』, 1962.10.9, 8면; 「취미오락-웃음을 만드는 사람들 구봉서② / 막동이의 히히 헤헤…… 그 보따리를 펴보면 / 눈물은 초상 때나 흘릴 일이지 / 비결은 동문서답식의 순진한 능청 / 코믹한 콧소리가 밑천 / 타고나야…… 코메디언적 천품 과시 / 해외만화와 토픽 부지런히 읽어 / 그대로 여성 같은 여성女聲」, 『서울신문』, 1965.4.3, 5면.

48 구상, 「웃는 얼굴 웃기는 얼굴」, 『한국일보』, 1963.1.20.

49 구봉서 웃음의 문화적 의미에 대해 연구한 이창덕과 황혜진은 구봉서의 준수한 외모에 어울리지 않는 다소 여성스러운 목소리톤, 그리고 도드라진 얼굴 볼살이 웃음을 유발하는 신체적 특징이었다고 지적했다. 이창덕·황혜진, 「구봉서 웃음의 특성과 그 문화적 의미」, 『웃음문화』 5권, 한국웃음문화학회, 2008, 19~20쪽.

50 1960년대 초반, 김승호, 김진규가 최고의 개런티를 받을 때 구봉서는 2위 그룹이었던 최무룡, 신영균에 버금가는 출연료를 받고 있었다. 김희갑, 양훈, 양석천 등이 이 그룹에 속해 있었는데, 1964년 말에는 최고의 과세 스타로 신성일, 엄앵란이 1위, 2위로 구봉서가 지목된다. 기사 말미에는 도미 중인 김희갑이 구봉서보다 많은 액수로 세금이 부과되었다고 덧붙인다. 1950년대 말 "최고의 개런티"를 받았던 양석천과 양훈은 불과 몇 년 사이 빠른 속도로 밀려난 반면, 김희갑과 구봉서는 1960년대를 지내면서 점차 스타성이 부각되었다고 볼 수 있다. 「희망취재-배우들 수입은 얼마나 되나 / 주연급 한 편에 2백만환 / 조연은 작품따라 천차만별 / 남우보다 여우들이 더 받고」, 『조선일보』, 1962.5.14, 3면; 「배우에 대한 과세와 국민교 기성회비」, 『조선일보』, 1964.10.25, 2면.

51 이창덕·황혜진(2008), 16쪽.

영화에 데뷔한 이래 1970년 초반까지 수많은 코미디영화에서 주연배우로 활약했다. 구봉서 본인이 대표작으로 꼽는 영화 중 한 편인 〈돌아오지 않는 해병〉처럼 비코미디영화에서 비중 있는 조연을 맡아 코믹 릴리프 역할을 수행하는 경우가 그의 필모그래피에서 상당히 많은 부분을 차지하지만, 여기서는 현재 자료로 남아 있는 코미디영화들을 위주로 주연이나 비중 있는 조연을 맡았던 경우에 한정하여 논의를 진행하도록 하겠다.

먼저, 1950년대 후반 출연작들에서 구봉서가 맡은 역할은 크게 세 가지로 분류해볼 수 있다. 첫째, 〈오부자〉나 〈오형제〉, 〈구혼결사대〉 등 다중주연 영화에서 공동주연을 맡아 좌충우돌하다가 제 각기 연애에 성공하는 '막둥이' 캐릭터. 이때, 연애서사는 공동주연을 맡은 인물들 각자에게 가장 중요한, 그리고 유일한 내러티브가 된다. 영화의 엔딩은 합동결혼식이나 그에 준하는 장면으로 마무리된다. 둘째, 〈삼인의 신부〉, 〈청춘배달〉, 〈부전자전〉, 〈복도 많지 뭐유〉, 〈웃어야 할까 울어야 할까〉 등도 다중주연 영화에 속하지만, 주인공들은 시골에서 상경하여 (혹은 실직 상태에서) 사랑과 취업 두 가지를 모두 추구하는 인물로 그려진다. 여기서는 연애서사와 취업을 위한 노력 두 가지가 주요 내러티브 사건이 되며, 첫 번째 경우와 마찬가지로 합동결혼이나 그에 준하는 장면이 엔딩으로 제시된다. 마지막으로 〈공처가〉에서의 아내에게 꼼짝 못하는 곰탕집 사위 캐릭터처럼 평범한 일상을 살고 있는 생활인으로 등장하는 경우가 있다. 이 유형에서 구봉서는 주연보다 조연에 가까운 역할을 맡았으며, 1950년대 코미디보다는 타 장르의 영화나 1960년대 이후의 코미디에서 더 많이 찾아볼 수 있는 유형이다.[52]

이상의 분류에서 첫 번째와 두 번째, 즉 구봉서가 주연배우로 등장하는 코미디영화로 대상을 한정해서 구봉서 코미디의 특징을 살펴보자. 양석천·양훈 코미디가 뒤죽박죽 얽히고설킨 내러티브 속에서 그 혼돈과 해결 불가능성을 즐기는 것이라고 할 때, 구봉서가 등장하는 코미디들은 연애 혹은 연애와 취업이 주 해결과제로 주어지고, 여러 가지 어려움을 헤쳐 나가는 과정에서 그것(들)에 성공하는 내러티브 구성을 보여준다. 준수한 외모 덕에 구봉서가 주연으로 등장하는 영화는 로맨틱한 요소들을 띠는 연애서사가 전면에 배치되었고, '건전하고 명랑한 소시민'이라는 페르소나 탓에 그의 캐릭터들은 '취업'과 '결혼'을 통해 주류사회로 진입하는 지상과제에 집중했던 것이다. 보다 강렬하고 스펙타클한 코미디를 보여주던 양석천과 양훈이 빠른 속도로 소비되어 가는 동안, 1950년대 출연작들에서 구봉서는 거의 3인~5인의 주인공 중 한 사람 몫을 담당하는 정도에 머무르면서 출중한 연기력으로 꾸준히 필모그래피를 늘렸다. 이 시기부터 비교적 일관성을 가지고 다루었던 연애와 취업이라는 두 가지 모티프와 그것을 이루어가는 목적지향형 내러티브 구성은 1960년대까지 이어지면서 구봉서 코미디 내러티브의 핵심적인 구성요소가 되었다.

비교를 위하여 1950년대 이후 구봉서의 영화들을 살펴보자. 1960년대 초반, 양석천이 실연무대에 전력을 다하고 양훈이 사업 실패와 이혼 등의 개인적인 문제들로 영화출연이 뜸해진 동안, 구봉서와 김희갑은 최고의 주가를 올리는 코미디 배우로 입지를 굳혔다. 그 중 구봉서는 라

---

52 예외적인 경우로 〈백만장자가 되(려)면〉(정일택, 1959)이 있는데, 이 영화는 구봉서의 첫 단독 주연작이었지만 코미디언코미디라기보다 드라마가 강화된 형식으로, 다른 이의 영혼으로 환생한 구봉서가 가난하지만 진정한 사랑을 선택한다는 이야기를 다룬다. 따라서 이 글의 논의에서는 제외한다.

디오 방송을 통해서 더욱 친숙한 대중스타가 되었는데, 그가 매일 아침 8시 고정으로 진행했던 동아방송의 라디오 프로그램 〈안녕하십니까〉는 '건전한 소시민'의 시각에서 사회를 풍자하는 것이었다. 영화 외의 대중매체들(라디오와 텔레비전, 신문과 잡지 등)을 통해 굳혀지고 다시 영화와 피드백을 주고받으며 강화되었던 구봉서의 '건전하고 상식적인 생활인'으로서의 스타 페르소나는 구봉서의 인지도를 높이는 데 일조했으며, 1960년대 초반에는 "한국에서 가장 바쁜 사나이"[53]라는 타이틀을 얻기에 이르렀다. 그리고 〈구봉서의 벼락부자〉(김수용, 1961), 〈구봉서의 인생출발〉,[54] 〈이거 됩니까 이거 안 됩니다〉(박종호, 1964)와 같이 아예 구봉서의 스타성을 전면에 내세운 영화들을 비롯하여, 〈호랑이 꼬리를 밟은 사나이〉(이강원, 1963), 〈남자는 안 팔려〉(임권택, 1963), 〈죽자니 청춘 살자니 고생〉(권철휘, 1964) 등 흥행작의 성공을 이끌면서 구봉서는 1960년대 전반기 동안 단독 주연이 가능한 코미디 배우로서 가능성을 입증했다. 〈호랑이 꼬리를 밟은 사나이〉처럼 스릴러코미디를 표방한 영화, 〈구봉서의 벼락부자〉나 〈이거 됩니까 이거 안 됩니다〉처럼 사회풍자의 성격이 가미된 영화 등 1960년대 초반에는 코미디형식의

---

53 구봉서가 진행하는 동아방송의 〈안녕하십니까〉가 1백회를 맞았다는 사실을 전하면서 이 기사는 〈안녕하십니까〉가 현재 가장 청취율이 높은 프로그램이라고 평가한다. 그리고 진행자인 구봉서가 현재 5편의 영화를 촬영 중이라는 소식도 함께 전했다. 「백회 맞은 〈안녕하십니까〉 / 유행어 만든 막동이 / 바빠서 "이거 되겠습니까"」, 『동아일보』, 1963.10.15, 5면.

54 〈구봉서의 인생출발〉은 1963년 6월 6일 『경향신문』에서 인기 코미디언들을 내세워 만들어지는 영화들에 대한 비판적 기사를 통해 처음 언급되며, 같은 해 6월 12일 『동아일보』에는 "지난 1일부터 크랭크 인"한 이 영화가 "대학까지 다닌 룸펜 구봉서가 사회에 도전하는 반항아로 전국을 방랑하다가 참된 삶을 추구한다는 이색 코메디"라고 소개하고 있다. 그러나 한국영상자료원 한국영화데이터베이스에는 자료가 남아 있지 않다.

다양한 변화를 꾀한 작품들도 시도되었다.

그러나 무엇보다 구봉서가 코미디영화의 전성기를 이끌기 시작했던 것은 심우섭 감독과 만나 본격적인 '구봉서식 코미디'를 꽃피우기 시작한 1960년대 후반이었다고 볼 수 있을 것이다. 남자 시리즈[55]와 팔푼이 시리즈[56] 등 인기 출연작들에서 구봉서는 1950년대 코미디에서 본인이 가지고 있던 캐릭터와 서사를 유지한다. 즉, 이 영화들 속에서 구봉서는 여전히 시골에서 갓 상경하거나 실직을 함으로써 직업을 구해야 하는 처지에 놓여 있으며, 그 과정에서 진정한 사랑을 만나게 되는 내러티브 사건을 겪는다. 그리고 여러 가지 소동에 휘말리거나 스스로 소동을 벌이면서, 그 속에서 홀로 중심을 잡고 여타 등장인물들에게 훈계를 하는 역할을 담당했다. 예컨대, 〈남자와 기생〉에서 그(태호)는 여성스러운 성격 탓에 직장에서 해고당하고 여동생을 뒷바라지하기 위해 기생 산월이로 변장하는데, 산월이는 요릿집에서 만난 기생 정미를 보호하며 자신에게 반한 옛 상사 허사장을 골탕 먹인다. 태호는 정미에게는 '희망을 가지고 살 것'을, 허사장에게는 '가정에 충실할 것'을, 허사장의 부인에게는 '남편에게 서비스를 잘 해서 기생집에 가지 않도록 할 것'을 주문한다. 그리고 정미와 로맨스를 이루면서 자신의 남성성을 회복한다.

S.#85 한강

모타보트가 엔진이 꺼진 채 한가롭게 노닐고 있다. 태호와 정미가 눈을 먼 하늘에 둔 채 상(想)에 잠겨 있다.

---

55 〈남자식모〉(1968), 〈남자미용사〉(1968), 〈남자와 기생〉(1969).
56 〈팔푼이 사위〉(1968), 〈팔푼 며느리〉(1968), 〈팔푼이 부부〉(1969).

정미 : 나 유란원 기생 노릇은 그만 두겠어요.

태호 : 잘 생각했어. 아무리 직업에 귀천이 없다 하드래도 여자가 그런 곳에 나간다는 것은 좋지 않은 일이지.

정미 : 그동안 돈을 약간 저축했어요. 그 돈으로 조그마한 가게를 하나 내고 싶어요.

태호 : 음. 내가 도움이 될 수 있다면 힘을 보태지.

실직 이후 '장난'으로 시작했던 기생 일을 하며 허사장을 비롯한 남성들의 허위의식과 바람기를 꼬집고, 사랑하는 여인을 만나 자신의 남성성을 회복하게 된 태호는 로맨스의 완성과 취업 문제를 동시에 해결하게 된다. 엔딩씬에서 태호의 여동생 태숙은 허사장의 아들과 결혼을 하게 되고, 태호는 허사장의 회사에 과장으로 승진하여 재취업하게 되며 정미와의 사랑도 이루게 된 것이다.

한편, 〈팔푼이 사위〉에서 구봉서(구만복)는 시골에서 올라와 직장을 구하던 중, 부잣집 사위로 '취직'하게 된다. 연애결혼을 했으나 '잘난' 첫째 사위의 외도로 부부간 불화가 잦을 날 없던 첫째 딸 내외 때문에 다소 바보스럽더라도 진실한 사위를 구하겠다고 결심한 장인 덕에 구만복은 부잣집 둘째 딸과 결혼하게 된다. 서울의 근대적이고 서구화된 생활방식에 적응하지 못한 그가 벌이는 소동을 코믹하게 그려내던 영화는 오히려 그가 기지를 발휘하여 난봉꾼—악처인 큰 딸 내외를 '고치고', 마지막으로 허영심 많고 남편을 깔보던 둘째 딸의 '버릇을 고침'으로써, 화목한 가정을 만들어낸다는 이야기를 다루고 있다.

S.#100 달근의 집

(…중략…)

만복 : 안 갑니다. 내 이제 말이지만 신혼여행 때 나 말 못합니다. 챙피해서
　　　괄세 받았다구요.

풍선 : 아 이사람.

만복 : 날 알길 우습게 아는데 나두 뱃장이 있다구요.

달근 : 암 그 뱃장 살리라구. 자고이래루 여필종부렷다.

(…중략…)

S.#101 동 대문 앞

태평 : 허 뭣들 하느냐구 허 내 나이에 이꼴이 뭐람.

손으로 동그라미를 그리며 나오는 풍선과 정애, 만복. 수줍어 돌아서는 정란.

태평 : 여보게 그거!

만복 : 내 자식을 봐서 용서하는 거야.

정란 : 여보 고마워요.

풍선; 자 이제 그만 갑시다.

태평 : 저 놈은 팔푼인 채 하지만 능구렝이 같은 놈이란 말씀이야. 여기까
　　　지 와서 빌게하는 저 놈이 보통 놈이 아냐요.

(…중략…)

이렇게 볼 때, 1960년대 후반 구봉서의 코미디영화들은 1950년대

〈그림 28〉〈막동이 신혼10개월〉(심우섭, 1969)의 한 장면 (한국영상자료원 제공)

〈그림 29〉〈팔푼이 며느리〉(심우섭, 1968)의 한 장면. 팔푼이 며느리 역의 남정임과 구봉서
(한국영상자료원 제공)

구봉서 주연 코미디 서사의 확대, 재생산이라는 관점에서 논의될 수 있다. 즉, 1950년대 후반에 30대 초중반의 나이였던 구봉서는 근대화의 물결과 이촌향도 현상으로 서울에 떠밀려 와 하숙집을 전전하며 직업을 구해야 하거나(〈삼인의 형제〉, 〈청춘배달〉), 혹은 이미 직업이 있더라도 황당무계한 직장(〈오형제〉에서 잠자리 날개 기름과 달팽이 이빨 가루로 만든 미래 우주식품을 연구하는 무역상사)을 가진 주인공이었다. 이 영화들 속에서 구봉서(와 친구/형제들)는 꿈에도 그리던 여성을 만나거나(〈구혼결사대〉), 이미 있었던 애인과 결혼에 성공하거나(〈오형제〉), 새로운 애인을 만드는(〈삼인의 신부〉, 〈청춘배달〉, 〈부전자전〉) 등 '연애와 결혼'의 서사 중심에 놓인다. 연애와 결혼을 통해 그(들)은 부모님의 소원을 이뤄드리기도 하고(〈삼인의 신부〉, 〈오형제〉), 진실한 사랑을 깨닫고 새 출발을 다짐(〈청춘배달〉, 〈부전자전〉, 〈구혼결사대〉)하기도 하면서, 합동결혼식 혹은 결혼약속을 통해 중산층-가부장제 사회로 진입하게 됨을 시사한다.

10년의 시차를 두고 제작된 1960년대 후반의 코미디영화들에서, 이제는 40대 초중반이 된 구봉서는 여전히 도시로 밀려왔거나 실직을 당함으로써, 다시 구직을 해야 하는 상황에 이르렀다. 이번에는 여동생의 뒷바라지(〈남자기생〉), 남동생의 실험비용 마련(〈남자식모〉), 고향 개간(〈남자미용사〉) 등 가족을 위해서 취직을 해야 하는 좀 더 구체적이고 절실한 상황에 맞닥뜨리게 된 이들은 변장을 하거나(남자 시리즈) 결혼을 함(〈팔푼이 사위〉, 〈팔푼이 부부〉)으로써 이 위기를 극복하고자 한다. 그리고 그 과정에서 다시 진실한 사랑을 발견하게 되고, 자신의 능력과 남성성을 발전시켜 '번듯한' 직장을 구하게 됨으로써 중산층-가부장제 사회에 성공적으로 안착한다. 1950년대 코미디 속 구봉서가 시골에서 올라온 주인공(혹은 '덜' 근대화된 인물)을 맡아 구직과 연애 활동을 통해 근대 사회와 가부장제에 다가간다면, 1960년대 후반 코미디에서 구봉서는 이미 시작부터 가부장이었으며, 여러 가지 위기 속에서 가부장으로서의 면모를 더욱 굳건히 하게 되면서 위기에 놓인 이들을 통합하는 역할을 맡게 된다는 점에서 주제의식이 강화된 버전이라고 볼 수 있다.

따라서 구봉서 코미디의 가장 큰 특징은 취업과 결혼이라는 지상과제를 수행하고, 성공하는 주인공을 보여줌으로써 '질서'를 잡고 '통합'하는 내러티브를 제시하는 것이라 할 수 있다. 구봉서의 페르소나와 외형적 특징은 이러한 내러티브에 적합한 캐릭터를 구현하였으며, 이는 영화 외의 매체를 통해 구성된 구봉서의 스타성과 상호작용한 결과였다고 볼 수 있다.

(2) 건전한 중산층의 '명랑한 윤리'

취업과 결혼이라는 지상과제를 성공적으로 완수해 내는 결말로 수렴되어 가는 구봉서 코미디의 특징은 앞서 언급한 바와 같이 '질서'와 '통합'이다. 구봉서의 캐릭터들은 전도된 남녀관계를 회복하고 파탄에 이른 가족관계를 복구하며 허영심에 들뜬 여성들에게 일침을 가한다. 1950년대 코미디에서 이러한 경향이 암시적으로 드러나거나 내재해 있었다면 1960년대 코미디에서는 훨씬 노골적인 대사들로 전달된다는 점에서 차이가 있지만, 구봉서 코미디가 추구하는 건전한 중산층의 '명랑한 윤리'라는 주제를 설파한다는 점에서는 일관성이 있다고 볼 수 있다.

이러한 내러티브와 주제를 통해 구봉서의 캐릭터는 무능력한 사회부

〈그림 30〉〈남자미용사〉의 한 장면. 프랑스 유학파 미용사 '앙드레'로 변장하여 허영심에 들뜬 여성들을 풍자하고 훈계하는 구봉서(한국영상자료원 제공)

적응자의 모습에서 과장된 남성의 능력과 우월함을 전시하는 방향으로 나아가며, 이 과정에서 자신의 우스꽝스러움을 극복하고 지배력을 회복하여 용기 있는 자아상을 구성[57]하게 된다. 구봉서 코미디의 장점은 무능력함을 드러내는 코믹한 장면들과 '취업'과 '연애'에서의 성공을 이끌어내는 이상적 자아 사이에서 균형을 맞추는 탁월함에 있다. 예를 들어 〈남자와 기생〉에서 구봉서(태호)는 지나친 여성성이 문제가 되어 직장에서 쫓겨나게 된다. 근무 시간에 용돈 벌이로 바느질이나 빨래를 대신 해 주다가 허사장에게 발각되어 실직을 하게 된 그는 우연히 여장을

---

57   Henry Jenkins, "The Laughingstock of the City : Performance Anxiety, Dread, Unfaithfully Yours", Kristine Brunovska Karnick & Henry Jenkins (ed), *Classical Hollywood Comedy*, Routledge, 1994, p.246.

〈그림 31〉 〈남자와 기생〉의 한 장면. 기생 산월이로 변장하여 노래 부르는 태호(구봉서, 왼쪽)와 산월이에게 구애하는 허사장(허장강, 오른쪽)

〈그림 32〉 〈남자와 기생〉의 한 장면. 기생 산월이가 노래를 부르며 남성들을 훈계하는 장면

하게 되고 기생으로 오해를 받게 된다. 그런데 오히려 기생 산월 노릇을 하면서 태호는 뭇 남성들을 훈계하고 남성으로서 자신의 정체성을 회복하게 되는 과정을 겪는다.

S.#73 그 일실(밤)

많은 손님들이 교자상 앞에 길에 앉아 저마다 기생들을 끌어 안은 채 술을 마신다. (중략) 태호 가야금을 엉터리로 켜며 목청을 돋군다.

> 태호 : 에헤야 에헤야 디야 어허랑 어허랑…… 모두들 내 노래가락 귀담
> 아 들어라. 이 노래가락은 요즘 새로 유행되는 금주의 인기 베스트
> 원이다. 어허랑 어허랑 네놈들 돈 많다고 자랑하러 여기 왔다. 집에
> 가면 쌀도 없고 연탄도 없는 것들이 이런 곳에 와서는 돈을 물쓰듯
> 쓰는구나. 어허랑 어허랑 이 녀석들아. 냉수먹고 속 차려라. 여기서
> 쓸 돈이 있으면 자식 새끼들 운동화나 사 주고 고생하는 만누라의
> 속옷이나 사 입혀라. 어허랑 어허랑.

급기야 춤을 춘다.

> 태호 : 한심하다 한심해. 네 놈들 때문에 우리들이 밥을 먹고 살지만 그러
> 나 너희들은 정신을 차려 국가를 위해 무언가 일을 할 생각이나 해
> 라. 어허랑 어허랑.[58]

---

58 심의대본 검열에서는 "국가를 위해 무언가 일을 할 생각이나 해라"라는 대목을 삭제하
도록 조처한 내용이 남아있다. 그러나 현재 한국영상자료원에서 소장하고 있는 필름에

이처럼 '건전하고 상식적'이면서 '명랑한' 페르소나를 갖는 구봉서라는 스타 코미디언은 코믹한 무능력함을 전시하는 영화 초반부에서 이상적 자아로 향하는 후반부로 가면서 항상 성공적으로 그 경계를 넘어섬으로써, 관객들의 응원 속에서 근대적 중산층 가부장제 사회의 주류로 편입하게 된다. 구봉서가 그려낸 세계는, '상식'과 '능력', 그리고 '건전한 정신'으로 신분의 사다리를 '수직상승'할 수 있는 이상화된 세계였던 셈이다.

1962년 영화법 개정과 코미디영화에 대한 검열 및 제반 장르영화의 정착, 1960년대 초반에 유행했던 홈드라마의 영향, 그리고 '아버지의 법'을 등에 업은 채 진행되었던 사회적 억압의 기제는 대중영화의 주제에도 직간접적인 영향을 미쳐, 1960년대 후반으로 갈수록 반대급부로서의 '이상화된 세계'에 대한 열망은 커져갔다. 변장이나 가장을 통해 '비정상적'인 방식으로 생존해 내고자 했던 구봉서의 캐릭터들은, 그들의 '가부장'성과 그에 대한 열망으로 인해 '정상적'인 방식인 취업과 결혼을 통해 신분상승의 기회를 얻게 된다. 묘령의 여인이나 회사의 직원, 하숙집 딸과 같은 중산층 서민과 연애를 했던 1950년대의 구봉서는 1960년대에는 회사 사장의 딸과 연애를 하거나 사장의 사돈이 됨으로써, 명실상부한 '중산층'의 윤리를 획득하게 된다.[59]

'정상성'과 '비정상성'이 구분되고 연애하는 상대의 사회적 계층을 인식하게 되며 '통합'이라는 주제가 강화되는 1960년대 코미디 속 구봉서는 1950년대 코미디 속 구봉서와 같은 내러티브 목표를 추구하지만 좀 더 속악해지고 좀 더 '질서 잡힌', 억압적 세계 속의 '구봉서'가 되었다.

서는 이 대목이 그대로 남아있다. 「〈남자와 기생〉 심의대본」참고.
[59] 이런 점에서, 서영춘이나 김희갑이 식모, 급사 등과 맺어지는 것과는 대조적이다.

3) 김희갑의 "밝은 웃음과 축축한 눈물"

우리나라 희극은 왠지 감상적이다. 희극이 갖는 밝은 웃음과 축축한 눈물은 상관이 없을 성 싶은데 우리 희극에선 그것이 이상하게 동거 하고 있다.[60]

김희갑은 한국 전쟁 무렵, 반도악극단에서 '웃기는 역을 도맡아' 하면서 연기력을 인정받는 스타 코미디 배우였다가 〈청춘쌍곡선〉에서 그의 특기인 현인, 남인수, 고복수 등의 모창을 선보이면서 영화계에 진출했다. 3장에서 언급했던 바와 같이 1980년대에 이르기까지 비공식적으로 700여 편, 공식적으로 약 300여 편의 출연기록을 남긴 김희갑은 가장 오랫동안 가장 많은 작품에서 활약했던 코미디 배우였다. 그는 1950년대 후반, 약 4~5년에 이르는 기간 동안 30여 편의 영화에 출연했는데, 이 중 18편 가량이 코미디로 분류되며 그 외에도 〈선화공주〉(최성관, 1957), 〈느티나무 있는 언덕〉(최훈, 1958), 〈인생극장〉(김지헌, 1959), 〈사랑이 가기 전에〉(정창화, 1959), 〈유관순〉(윤봉춘, 1959), 〈박서방〉(강대진, 1960) 등 다양한 장르의 영화에서 조연 혹은 단역을 맡았다. 1950년대 후반, 양석천이나 양훈, 구봉서 등의 동료 코미디언들이 코미디영화의 주연 혹은 비코미디영화의 비중 있는 조연으로 출연할 때, 김희갑은 비교적 비중이 작은 조연이나 단역도 가리지 않고 꾸준히 필모그래피를 늘려갔다. 김희갑은 1950년대 후반부터 1960년대 초까지 코미디영화의 공동주연뿐 아니라 비코미디영화에서 코믹 릴리프를 담당(〈사랑방 손님과

---

60 「신영화—소시민적인 인정희극 / 이봉래 감독 〈월급쟁이〉」, 『한국일보』, 1962.7.22, 4면.

어머니〉, 신상옥, 1961; 〈성춘향〉, 신상옥, 1961)하는 경우가 많았으며, 그밖에 주인공의 친구로 등장(〈박서방〉, 강대진, 1960; 〈서울의 지붕밑〉)하거나 단역으로 출연(〈청춘쌍곡선〉, 〈백만장자가 되려면〉)하면서 다양한 스펙트럼의 연기를 선보였다. 1960년대 초반, 양석천·양훈의 활동이 뜸해지면서 코미디영화의 인기 상승곡선이 소강상태에 이르고 제작 빈도가 줄어들던 시기에 오히려 김희갑의 활동은 더 활발해졌다. 김희갑은 이 시기 코미디영화의 명실상부한 주연배우로 자리매김 되었을 뿐 아니라, 당시 제작되었던 거의 모든 장르의 영화들에서 코믹 릴리프 역할을 수행하며 "가장 많은 영화에 겹치기 출연하는" 배우 중 한 사람이었다.[61] 양석천과 양훈, 구봉서나 곽규석 등의 코미디언들이 코미디영화와 코믹 시퀀스를 통해 '코미디 배우'로서의 정체성을 드러냈다면, 김희갑은 코미디 장르나 코믹함을 넘어 거의 모든 장르의 영화에서 자신의 자리를 만들어 갔다.

그런데 구봉서와 마찬가지로 김희갑 코미디의 특성은 1960년대 영화들에서 더 잘 드러난다. 1950년대 김희갑은 다수의 코미디영화에 출연했지만, 주연배우로서의 존재감을 드러낸 영화는 많지 않았기 때문이다. 그보다 1960년대 영화들에서 김희갑이라는 캐릭터와 김희갑의 코미디 스타일이 부각되는 경우가 많았으므로, '장르'로서 김희갑만의 연속적이고 독특한 관습을 파악하기 위해서는 1960년대 영화와의 비교가 불가피하다. 워낙 다작이었기 때문에 김희갑의 코미디를 몇 가지 경향으로 정리한다는 것 역시 불가능한 일임에 틀림없다. 이 글은 1950년

---

61 「연예수첩―최고 12편에 겹치기 출연 / 연말 연시 맞아 분망한 스타들」, 『동아일보』, 1963.12.25, 6면. 김희갑은 당시, 신영균 12편, 허장강 11편에 이어 세 번째로 많은 영화에 겹치기 출연을 하고 있는 스타로 거명 되었다.

대와 60년대 김희갑이 주연 혹은 주연급 조연으로 출연했던 코미디영화들로 텍스트를 한정하여 김희갑 코미디의 특성을 살피고, 그것이 전개되는 양상에 대해 논해보고자 한다.

이렇게 한정된 텍스트를 대상으로 했을 때, 앞서 인용했던 신문기사가 언급했듯이 "왠지 감상적"이고 밝은 웃음과 축축한 눈물이 동거하며 희극의 페이소스가 유난히 강조되는 것이 '한국형 코미디'의 큰 특징 중 하나였다고 한다면, 여기에 가장 가까운 것은 김희갑의 코미디라 할 수 있다. 김희갑의 코미디들은 1960년대 초반 영화계를 휩쓸었던 홈드라마에 근사近似한 것으로, 김승호 주연 홈드라마의 '코미디 버전'이라고도 볼 수 있다. 1960년대 그의 대표작으로 손꼽히는 〈와룡선생 상경기〉나 〈팔도강산〉 시리즈는 드라마적 성격이 강화된 코미디들로, 이러한 경향을 대표하는 작품이다. 그의 코미디들은 '엎치락뒤치락'의 활기로 표현되는 양석천・양훈의 코미디나 '청춘 코미디'의 성격이 강한 구봉서의 코미디와 달리, '페이소스'를 내세워 감상적이고 구구절절한 사연 있는 인물들을 등장시킴으로써 '누선을 자극'하는 것이었다. 예컨대 〈김희갑의 청춘고백〉(최경옥, 1964)은 동아방송의 인기 라디오 프로그램인 〈김희갑쇼〉를 영화화한 것으로, 〈김희갑쇼〉는 김희갑이 시골에서 올라와 성공을 하게 되기까지의 인생사와 그에 얽힌 인물들의 이야기를 에피소드 형식으로 이어가며 흘러간 옛 가요를 이야기 중간에 끼워 넣는 뮤지컬 코미디극형식[62]이었다고 한다. 이 라디오극에서 비롯된 영화 〈김희갑의 청춘고백〉은 김희갑의 장기인 모창을 전면에 내세우면서,

---

62 「이색프로-웃음 자아내는 김희갑쇼 인기」, 『동아일보』, 1963.5.20, 6면.

출세하기 위해 무작정 서울로 뛰어든 가난한 청년과 그를 의지하는 고아 자매의 이야기를 큰 축으로 하는 '애조 띤' 코미디로 제작되었다. 이렇게 감상성이 가미된 김희갑 코미디의 경향은 천경자가 썼듯이 "카이젤 수염의 센티멘탈"과 "친근감을 주는 한국적 체취"를 갖는 "그야말로 코리언적인 체취가 풍기는 좋은 개성의 코미디언"[63]이라는 그의 페르소나에서 비롯된 것이라고 볼 수 있을 것이다.

이 글은 눈물과 웃음이 공존하는 김희갑 코미디의 성격이 구성되는 단계로 1950년대를 살펴봄과 동시에, 1960년대에 이르러 구체화되는 김희갑 코미디의 특성을 통해 1950년대 코미디의 독특성을 되짚어 보고자 한다.

(1) 공감과 풍자

김희갑이 출연했던 1950년대 후반 코미디들은 〈청춘쌍곡선〉, 〈봉이 김선달〉, 〈삼등호텔〉, 〈딸 칠형제〉, 〈한 번만 봐주세요〉, 〈웃어야 할까 울어야 할까〉, 〈오부자〉, 〈복도 많지 뭐유〉, 〈백만장자가 되려면〉, 〈자식복 돈복〉, 〈구혼결사대〉, 〈인생대학 일년생〉, 〈고바우〉, 〈부전자전〉, 〈청춘배달〉, 〈여사장〉, 〈오형제〉, 〈장미의 곡〉 등 18편이었다. 이 중, 확인 가능한 작품에 한하여 김희갑이 주연으로 이름을 올린 작품은 〈오부자〉, 〈웃어야 할까 울어야 할까〉, 〈복도 많지 뭐유〉, 〈구혼결사대〉, 〈부전자전〉, 〈청춘배달〉, 〈오형제〉 7편이다. 이 7편의 영화에서 김희갑은 구봉서 등과 함께 공동주연을 맡았는데, 이 영화들은 로맨스가 가

---

63 천경자, 「웃는 얼굴 웃기는 얼굴—카이젤 수염의 센티멘탈 / 친근감 주는 한국적 체취 / 엄벨런스의 기묘한 매력 / 미스터 합죽이 김희갑의 장」, 『한국일보』, 1963.1.1, 14면.

미된 청춘코미디에 가까웠다. 김희갑 역시 구봉서의 형제 혹은 친구 역을 맡아 취업과 연애에 성공하는 인물로 등장했는데, 단 한 편 〈부전자전〉에서는 김희갑이 구봉서의 아버지로 출연하여 중심 서사에서 제외된다. 그런데 구봉서가 1960년대까지 이러한 청춘코미디의 경향을 이어가 자신의 특수성으로 만들었다면, 1960년대 김희갑은 매우 다른 경향을 보여준다고 할 수 있다. 즉, 1950년대의 명랑한 분위기와는 사뭇다른 '감상성'이 1960년대 김희갑의 코미디에서 드러난다는 것이다.

1960년대 초반 코미디에서 김희갑이 맡은 내러티브의 역할은 크게두 가지로 나누어 볼 수 있다. 두 경우 모두에서 김희갑은 공감을 하거나공감을 받을 수 있는, 관객들과 심리적으로 가까운 거리에 서 있는 인물로 등장한다. 첫 번째 경우는 김희갑 단독 주연 영화들에서 주로 볼 수있는 경향으로, 김희갑을 주연으로 내세우고는 있지만 그가 관찰자의 입장에 서게 되는 경우이다. 〈와룡선생 상경기〉(김용덕, 1962), 〈합죽이의신혼열차〉(황외천, 1962), 〈희갑 목욕탕 개업하다〉(안성찬, 1963), 〈청색아파트〉(이형표, 1963), 〈오색무지개〉(조긍하, 1963) 등의 영화에서 김희갑은 주연이되, 논평하고 공감하는 관찰자 입장에 더 가까운 역할을 맡아다른 등장인물들이 벌이는 내러티브 사건들에 개입하여 화해를 이끌어내는 인물로 기능한다. 그리하여 주요 내러티브 사건이나 사연들은 주인공 김희갑이 방문하는 서울의 제자들, 개업한 목욕탕의 손님들 혹은 김희갑이 소유주로 있는 아파트의 입주자이거나 김희갑의 자식들을 둘러싸고 벌어진다. 김희갑은 은퇴한 선생, 목욕탕 주인, 여행자, 아파트의소유주, 아버지로서 대면하는 이들이 일으키는 다양한 사건, 사고들을함께 겪고 공감해주는 인물이 된다. 김희갑의 초기 대표작 〈와룡선생 상

〈그림 33〉〈와룡선생 상경기〉(김용덕, 1962)의 한 장면. 제자(이대엽)가 결혼하게 될
여성(엄앵란)의 아버지(양훈, 왼쪽)와 와룡선생(김희갑, 오른쪽)(한국영상자료원 제공)

〈그림 34〉〈와룡선생 상경기〉의 한 장면. 다시 시골로 떠나는 와룡선생을 배웅하러 나온 제자들

경기〉는 물론이거니와 1960년대 후반에 제작되어 1970년대까지 속편을 거듭하고 TV 연속극으로도 제작되었던 〈팔도강산〉 시리즈[64] 역시 이 계열에 속한다. 〈와룡선생 상경기〉는 은퇴한 와룡선생이 서울 사는 제자들을 둘러보기 위해 상경하는데 대기업의 중역이거나 사업가로 성공한 제자들은 와룡선생을 박대하지만 소매치기, 빠 걸, 가난한 과부와 상이군인 등 근대화된 서울에 적응하지 못한 제자들만 와룡선생을 따뜻하게 맞는다. 그리고 '너무 출세하면 인간미가 없어진다'던 와룡선생의 교훈에 따라 잘못을 뉘우치고 제각기 변화한 제자들이 한 데 모여 와룡선생을 전송하는 장면이 엔딩으로 제시된다.

〈팔도강산〉(배석인, 1967) 역시 '팔도'에 사는 자녀들을 방문하기 위해 부인과 함께 전국 일주에 나선다는 큰 틀을 가진 이야기로, 김희갑과 그의 부인(황정순)이 내러티브를 이끌어가는 주요 인물이되 내러티브 사건은 이들의 자녀들을 둘러싸고 벌어진다는 점에서 동일한 서사 전략을 취한다. 〈팔도강산〉의 김희갑 부부는 전국을 돌아다니며 그에 적합한 음악 및 풍물을 소개하면서 근대화된 조국의 모습에 감격하고, 어렵게 살고 있는 자식을 도와주고 버릇없는 자식에게는 깨달음을 주면서 여행을 마감한다. 그리고 마지막 회갑연에서 전국 각지에 살고 있는 자식들을 불러 모아 우애 있게, 효도하며, '조국의 역군'으로 살아야 한다는 교훈을 전해준다. 이러한 영화들에서 김희갑은 여타 등장인물들의 사연에 크게 공감하고 안타까워하고 깨달음을 주기도 하면서 화해와 중

---

64 〈팔도강산〉은 1967년 배석인 감독에 의해 만들어진 뒤, 〈속 팔도강산—세계를 간다〉 (양종해, 1968), 〈내일의 팔도강산—제3편〉(강대철, 1971), 〈아름다운 팔도강산〉(강혁, 1971), 〈우리의 팔도강산〉(장일호, 1972), 〈돌아온 팔도강산〉(정소영, 1976) 등이 제작되었다. 1974년부터는 TV 드라마 〈꽃피는 팔도강산〉으로 그 인기를 이어갔다.

〈그림 35〉〈팔도강산〉의 포스터 (한국영상자료원 제공)

재를 이끌어 내는 아버지의 형상으로 그려진다.[65]

둘째, 공처가, 난봉꾼, 촌로, 구두쇠 등 일상적인 생활인으로서 코믹한 역할을 담당하는 경우로, 김희갑이 출연한 코미디영화의 대부분이 이런 경향이라고 할 수 있다. 〈부전자전〉, 〈오형제〉, 〈로맨스 그레이〉, 〈월급쟁이〉, 〈마이동풍〉 등의 주연작뿐 아니라 〈고바우〉, 〈구봉서의 벼락부자〉, 〈남자조종법〉 등 조연으로 출연했던 대부분의 코미디영화 및 여타 장르의 드라마에서도 김희갑은 주로 코믹 시퀀스를 연기하는 일상적 생활인으로 등장했다. 이 경우, 김희갑은 평범한 인물이지만 숨기고 싶은 비밀 혹은 결함을 가진 캐릭터로 등장하면서 관객들의 공감과 함께 웃음을 이끌어내는 인물로 기능한다. 즉, 김희갑은 밖에서는 바람을 피우지만 집에서는 부인에게 꼼짝 못하는 공처가(〈마이동풍〉, 〈로맨스 그레이〉), 급사를 사랑하는 회사 중역(〈오형제〉), 식모를 사랑하는 어리숙한 노인(〈약혼녀〉), 잘못된 자식 사랑으로 문제에 처하는 아버지(〈부전자전〉) 등의 역할을 맡아 소동을 벌이면서 웃음과 함께 페이소스를 이끌어낸다. 그러나 비극과 달리 코미디에서는 아무리 큰 결함이라 하더라도 그것이 인물을 파멸로 이끄는 것이 아니라 통합으로 이끄는 결정적인 계기로 작동한다는 점에서 김희갑이 맡은 인물들은 의미심장하다. 일련의 사건들을 계기로 바람난 공처가는 가정의 소중함을 깨닫게 되고 급사와 식모를 사랑하던 이들은 우여곡절 끝에 진정한 사랑의 중요성을

---

65 그런데, 구봉서의 '통합'이 본인의 '비정상성'을 '정상성'으로 회복하고, 남성성-가부장성을 획득하는 과정을 통해 사회의 울타리 안으로 넘어 들어가면서 주변인들을 아우르는 적극적인 '통합'이었다면, 김희갑의 '통합'은 관찰자적 입장으로 한 발 뒤로 물러난 상태에서, 다음 세대 혹은 그들끼리의 연대를 구축하도록 돕거나 공감하는 '중재자'의 역할에 가깝다는 차이가 있다.

느끼게 되며, 잘못된 자식 사랑으로 야기되었던 문제는 돈보다 귀한 것이 있음을 깨달음으로써 해결된다. 김희갑이 출연한 대부분의 작품에서 이러한 인물형을 연기했던 것은 그 인물형이 코미디나 코믹함의 표현에 적합한 것이었기 때문이기도 하다.

공감하는 관찰자의 형상이든, 결함이나 비밀을 가진 채 일상을 살아가는 생활인의 모습이든 김희갑은 평범하면서도 코믹한 인물들의 캐리커처에 누구보다 강점을 보였던 연기자로, 김희갑이 그려냈던 인물들은 갈등을 일으키는 인물보다는 갈등을 해결하고 통합을 이루는 인물들이었다. 그리고 그의 코미디 속에는 눈물샘을 자극하는 사연을 가진 인물들이 등장했다. 불과 세 살 차이지만 항상 연애 서사의 중심에 선 청년을 연기했던 구봉서에 비해, 30대 후반부터 중년 혹은 노년을 연기했던 김희갑은 선량해 보이는 얼굴과 인생의 희노애락을 알 법하게 겉늙어 보이는 외모, 그리고 뛰어난 연기력과 코믹한 애드리브 능력을 바탕으로 평범한 중년 / 노년의 일상을 가장 잘 표현하는 배우였으며 그의 눈물과 웃음을 통해 관객들은 그와 함께 공감할 수 있었다.

(2) "생활과 윤리감, 그리고 페이소스"

양석천과 양훈으로 대표되는 1950년대 코미디가 무질서의 활력을 이야기하는 '아나키즘적 코미디'의 경향을 보였고 구봉서가 1960년대 후반까지 이어지는 '청춘코미디'에서 독보적 영역을 구축했다면, 김희갑의 코미디는 애상적 정서를 띤 코미디로 1960년대 초반에 등장했던 홈드라마와 깊은 친연성을 가진 것이었다. 1960년대 초반 김희갑과 김승호가 짝을 이루어 등장하던, 홈드라마에 가까운 일련의 코미디들에 대해 이영일은 "생활이 있는 희극" 혹은 "풍속적 희극"이라고 칭했다. 이영일에 따르면 풍속적 희극이란 일상인들의 생활에 밀착되어 있는 코미디로 "소시민 상인, 말단 샐러리맨, 말단 회사간부, 시골선비" 등을 주인공으로 삼아 그의 일상을 통해 세태풍속을 그리는 동시에, 세태를 풍자하고 페이소스를 표현한 희극을 일컫는 것이다. 여기에는 '인생'과 '사회'가 "충실하게" 그려져야만 한다.[66] 김희갑의 1960년대 초반 코미디들은 이영일이 가장 높게 평가했던 '풍속코미디'의 정의에 부합하는 것이었다.

지금까지 논의했던 김희갑의 코미디들은 김희갑의 시선을 통해서 바라본, 혹은 김희갑 자신이 겪는 일상 속의 인물들과 사건들을 중심으로 했다. 그리고 공감의 중심에 서 있는 김희갑을 통해 가족 안에서의 화합과 더 나아가 새 시대의 질서 안에서의 통합을 이야기하는 것이었다고 할 수 있다. 김희갑 코미디의 '통합'은 근대화 과정에서 적응하지 못하고 뒤떨어졌지만 '충', '효', '예'와 같은 전근대적 가치관을 간직하고 있는 '페이소스'를 불러일으키는 인물들과, 속악한 근대화의 과정을 거쳐 '성공'한 희화화된 인물들 사이의 물질적 중재와 가치관의 중재를 포함한다. 그의 영화에서는 근대화된 환경들(구획된 도시, 서구적 생활환경, 개발 중인 팔도강산 등)의 전시를 통한 물질적 근대화가 강조된다. 특히 〈팔도강산〉 시리즈에서는 국가의 근대화 정책에 대한 찬양과 동조가 노골적으로 표현된다. 예컨대 〈내일의 팔도강산(제3편)〉(강대철, 1971)에는 전라도 농촌에 사는 사위 노식을 찾아간 희갑이 도시보다 농어촌이 더

---

66 이영일, 『한국영화전사』(개정증보판), 소도, 2004, 360쪽.

많은 혜택을 입고 있다고 설교하는 장면이 삽입된다.

S.#46 섬진강 수로

반듯하게 이어진 수로를 따라 판-하면 털털거리는 경운기를 몰고 있는 노식. 정순과 희갑이가 간신히 붙어 앉았다.

노식 : (그저 신나서 떠든다) 저기 저놈이 섬진강 다목적 땜이 아닙니껴. 강물이 산을 싸악 넘어서 전기를 만들어 놓고 여기를 흐르는디……. 요놈의 길이가 OOO 킬로여잉! 농사는 물인께 물을 다스려야 한다 요! 요놈이 뚫리면서 저 넓은 땅이 몽땅 수리 안전답으로 되어 뿌렷 입니다! 헛헛……

희갑 : 사대강 개발이 바로 그걸세…… 한강, 금강, 영산, 낙동을 개발하는 것이 다 토지자원과 수자원을 고도로 이용하자는 게 아닌가.

(…중략…)

노식 : 빙장어른 이번에 예산만 풍족하게 내려오면 저도 큰 사업 한 번 할 것잉께!

희갑 : 이 사람아, 거 예산, 예산 하지 말게! 자네도 다소간 불만이 있겠지 만 농어촌에서 낸 세금을 전부 합치면 전 세입의 OO%야. 그런데 농 어촌에 투자한 비율은 OO%니 자네들이 도시사람에 비해서 얼마나 많은 혜택을 입고 있나. 그걸 알아야지!

노식 : 헤헤헤…… 들어보니 그럴 듯 한디, 누가 그것을 계산해 보았간디요!

희갑 : 그래서 모든 일을 주먹구구로 하지 말고 숫자로 따져가는 습성을 길 러야 된다는 게야! 난 지금도 밤잠 안자고 공부하고 있네! 알겠나!

〈그림 36〉 〈내일의 팔도강산〉의 한 장면. 전라도 사위 노식에게 농촌이 받고 있는 혜택에 대해 설명하는 희갑. 왼쪽부터 김희갑, 박노식, 황정순(한국영상자료원 제공)

〈그림 37〉 〈내일의 팔도강산〉의 한 장면. 강원도 사위 김진규가 일하는 시멘트 공장에서 공보관 구봉서를 만나 설명을 듣는 장면. 왼쪽부터 황정순, 김희갑, 구봉서(한국영상자료원 제공)

농어촌의 상대적 빈곤과 박탈감을 오히려 "혜택"으로 둔갑시켜 위로 하는 한편, 사대강 개발이라는 국책을 편향적으로 선전하는 이 장면은 김희갑 코미디가 근간하는 이데올로기적 위치를 분명히 적시한다. 또한, 물질적 근대화, 세속적 성공을 긍정하기 위한 전략으로 '남존여비', '엄한 가부장', '형제간의 우애'와 '동료의식' 같은 전근대적 가치관의 '회복'이 주장된다. 〈내일의 팔도강산〉의 후반부에는 사업을 무리하게 확장하려다 망하게 된 허풍장이 첫째 사위 장강과 그를 도우려는 성실한 넷째 사위 영균, 그리고 그런 그들을 보며 눈물을 흘리는 장모 정순과 훈계하는 장인 희갑이 등장한다.

S.#106 공장(안)

모든 기계가 정지된 상황! 무서운 싸이렌트- 영균이가 천천히 장강에게로 다가간다.

영균 : …….

풀 죽은 얼굴로 쳐다본다.

영균 : (우정있게) 형님…… 다시 시작합시다. 작으면 어떻습니까…… 기계가 없으면 손으로 하고 손이 말을 듣지 않으면 의지로 싸와 나갈 수가 있지 않습니까.
장강 : (감격있게) 영균이……
영균 : (보증수표 한 장을 꺼내며) 얼마 되지는 않습니다. 하지만 서로 따

뜻하게 주고 받을 수 있는 마음이라고 생각해 주세요.

장강 : ……

(…중략…)

희갑 : 전하기는 하네만은 진규, 노식이, 수련이가 모은 걸세. 그 인정들이
　　　갸륵하지 않나!

장강 : ……. (감격해서 말문이 막힌다)

희갑 : 남의 도움으로 사는 것은 반댈세! 내 일은 내가 할 줄 알아야지! 하
　　　나 그 갸륵한 마음씨야 탓할 수가 없는 걸세! 그러니 남의 도움을 받
　　　아서 재기할 생각은 말구! 동기간의 인정이라고만 생각하게! 그리
　　　고 그 돈은 무슨 일이 있어도 갚아야 할 것을 명심하게. 모두가 자네
　　　보다 못하게 살던 사람이요 고생하면서 살아가는 사람들이 아닌가!
　　　그 어려운 생활을 하면서도 성공을 한 영균을 닮게!

　　즉, 〈팔도강산〉 시리즈는 '근대화' 자체는 긍정하되 희화화된 인물들
을 통해 그려지는 '속악한 근대화'만이 지양되어야 할 것임을 주장하면
서 "올바른 근대화"의 방향을 제시하는, 지배 이데올로기에 합당한 '중
재'와 '화해'로 나아가는 전략을 택한다. 그리하여 근대화의 그늘에 가
려져 있거나 소외된 이들의 마음을 위로하고 물질적 "성공"을 긍정하여
그것을 추구하도록 함으로써 그들 스스로 지배질서에 편입되도록 인도
한다. 이러한 김희갑 코미디의 주제의식의 표명은 '근대국가' 형성의 논
리를 앞세우던 박정희 정권의 이데올로기에 부합하는 것으로, 이후
1980년대에 이르기까지 국책으로 후원되고 장려되었던 김희갑의 〈팔
도강산〉 시리즈와 그것의 텔레비전 드라마에서도 지속되었다.

이렇게 볼 때, 1950년대 코미디를 대표하는 양석천·양훈의 코미디가 무질서의 활력을 이야기하고 1950년대 후반과 1960년대에 지속적으로 만들어졌던 구봉서의 코미디가 낙관적 전망을 보여주면서도 점차 지배질서에 순응해 가는 과정을 보여주는 것이었다면, 1960년대와 70년대에 걸쳐 제작되었던 김희갑의 코미디는 좀 더 생활밀착형 인물들을 등장시켜 관객들의 공감을 이끌었다. 그리하여 이 인물들에 대한 연민에서 비롯되는 애상적 감정을 숨기지 않으면서 지배질서로의 통합을 보다 정교하고도 노골적으로 이야기하는 영화였다고 할 수 있을 것이다.

3. 1950년대 코미디영화의 '통속'과 '모럴', 그리고 균열의 활력

지금까지 이 글은 1950년대 코미디영화가 형성되는 맥락을 살펴보았다. 1950년대 이전 한국 코미디 연희의 전통에서부터 근대적 흥행 산업이 형성되고 '영화 코미디'가 등장하기 시작한 식민지 시기까지의 통시적 맥락에 대해 논했으며, 1950년대 코미디영화의 등장을 둘러싼 사회적, 산업적, 제도적, 문화적 환경과 그 상호작용을 규명해 보았다. 그리고 그 과정에서 코미디 형식이 부상하고 코미디언이라는 매개자를 통하여 '영화'적 코미디의 장르 관습을 확립하게 되는 단계를 살펴보았으며, 코미디언 개인을 중심으로 한 하위 장르의 분화를 논했다. 또, 그 하위 장르 각각이 지시하는 세계와 시대성을 규명해 보고자 하였다. 지금까지의 논의를 바탕으로 이제 1950년대 코미디영화가 갖는 사회적 의미망을 재구성해 보고자 한다.

1950년대 후반 장르를 이루어 등장하기 시작한 코미디영화들, 그 중에서도 코미디언코미디는 주지하다시피 10만 관객을 동원하며 흥행영화의 반열에 올랐다.[67] 이 시기 10만 관객을 넘어서면서 국산영화 흥행순위의 상위권을 차지했던 이 영화들이 특정 관객층만의 것이 아니었음은 분명하다. 100여 편에 가까운 영화가 쏟아지던 시기에 이 영화들이 거둔 흥행 성적을 고려해 보았을 때, 이 코미디들의 관객이 "중간계층 이하 서민 대중들"[68]만으로 구성되었다고 보기 어렵기 때문이다. 이 시기 코미디는 대중오락의 관객층을 흡수했을 뿐 아니라, 다양한 영화 전략 및 문화코드를 통해 폭넓은 관객들을 수렴했다. 코미디란 사회의 불안을 반영하는 장르이지만, 그 문화 공동체에 의해 이해되고 받아들여지는 무언가를 표현할 때만이 코미디로 간주된다.[69] 따라서, 10만 관객을 넘기며 짧은 시간 동안 대중의 반향을 불러 일으켰던 1950년대 후반 코미디들은 동시대의 한국사회 대중을 수렴할 수 있는 문제의식을 갖고 있었고, 그를 통해 관객들의 '수용 가능한' 욕망을 표현했던 것이라 볼

---

67 특히 이 수치가 서울 개봉관에서의 관객만으로 한정된 것이라고 할 때, 지방과 재개봉관에서 더욱 사랑 받았던 코미디영화의 경우 더 큰 반향을 불러 일으켰다고 볼 수 있을 것이다.
68 이영일(2004), 269쪽.
69 Henry Jenkins and Kristine Brunovska Karnick, "Introduction:Golden Eras and Blind Spots : Genre, History and Comedy", Kristine Brunovska Karnick & Henry Jenkins (ed), *Classical Hollywood Comedy*, Routledge, 1994, pp.268~270.

수 있다. 또한, 그럼으로써 다양한 관객층을 포괄하는 홍행 성적을 거둘 수 있었다.

이 글에서는 폭넓은 관객층의 공감대를 형성하게 한 코미디언코미디의 계기들을 '통속성'이라고 부르고자 한다. '통속성'은 "공통적인 것common"과 "저급한 것vulgar"의 경계에서 중층적 의미로 사용되어 온 개념이지만, 이 글에서는 "대중의 일반적이면서 불완전한 취향"을 드러내는 것이자 "대중들의 상식"에 기반하는 것[70]으로 규정한다. 즉, 통속성은 동시대를 살아가는 일반적인 대중들의 '공통'적인 취향이자 상식을 드러내는 계기인 것이다. 이런 의미에서 1950년대 코미디의 통속성은 다음의 두 가지로 설명될 수 있다.

첫째, 이 시기 코미디영화가 형상화하는 인물과 세계의 통속성이다. 전근대적 가치관과 근대적 규율 사이에서 동요하며, 속악한 도시에 적응해야 하는 주인공, 그 과정에서 실패를 거듭하는 인물 등 1950년대 코미디영화들은 근대화, 도시화, 서구화 되어 가는 사회의 경계에 서 있는 캐릭터들을 그림으로써, 당대의 풍속과 유행, 사회 풍조 및 가치관의 혼돈 상태를 드러냈다. 이들은 실업과 가난으로 고통 받으며, 도시의 삶

---

70 근대초기부터 1950년대까지 한국의 문화 담론에서 '통속' 개념의 변천을 연구한 강용훈에 따르면, 근대 초기 한국에서 처음 사용되기 시작했던 '통속'의 개념에는 "특정 계층에게 점유되어 있던 지식과 언어를 공통의 사람들이 사용할 수 있게 한다는 의미"가 담겨 있었다. 이후 1920~30년대를 거치면서 '통속문학'이 '대중문학'과 동일한 의미로 사용되었고 이때, 통속은 대중의 일반적이면서 불완전한 취향을 드러내는 개념이자 대중들의 상식과 연관된 말로 규정되었다. 오히려 해방 이후 통속의 의미가 축소되면서 일상생활에서 '저급'의 의미로 주로 사용되었는데, 예컨대 백철은 '비속'과 '저속'을 통속의 속성으로 한정했다. 이 글에서는 보다 적극적인 의미에서의 '통속'의 개념을 받아들여 '저속'과는 다른 영역의 '대중적 취향'과 '상식'을 의미하는 것으로 규정한다. 강용훈, 「'통속' 개념의 변천 양상에 대한 역사적 고찰」, 『대동문화연구』 85집, 성균관대 대동문화연구원, 2014, 41~43쪽.

에 지쳐 있고 근대적 가치관의 수용에서 곤란을 겪는다. 물론, 이러한 인물들은 1920~30년대 조선 경성에도 존재했고, 그들이 즐겨 보았던 채플린의 영화 속에도 등장했다. 말하자면 전근대와 근대적 가치 사이에서 혼란을 느끼고 근대사회에 적응하는 데 지속적으로 실패하는 인물들은 대중영화, 특히 코미디영화에서 흔히 볼 수 있는 '근대적' 개인이라고 볼 수도 있을 것이다. 그러나 1950년대 코미디는 1950년대적 맥락 안에 놓여있다는 점에서 동시대적이라 할 수 있다.

예컨대 홀쭉이와 뚱뚱이는 대부분의 영화 속에서 실업자이거나 곧 직장을 잃게 될 위기에 처한 인물들로 등장한다. 〈사람 팔자 알 수 없다〉의 홀쭉이와 뚱뚱이는 취업을 하기 위해 고군분투하지만 취직에 적합한 기능을 습득하지 못한 상태이기 때문에 좌절할 수밖에 없다. 운전사나 카페 급사로 취직을 하기도 하지만, 금세 실직을 당한다. 〈한 번만 봐주세요〉의 홀쭉이는 비닐회사의 직원이지만 매일 지각을 할 뿐 아니라 제대로 업무를 수행할 능력이 없어 영화의 초반부터 해고 위협에 시달리다가 결국 실직하게 된다. 뚱뚱이는 세탁소의 점원이지만 다림질을 하라면 그 위에 땀을 더 많이 흘려놓고 세탁물 수거를 하라면 자신의 옷을 벗어놓는 정도로 업무 능력이 떨어진다. 〈실례했습니다〉의 홀쭉이와 뚱뚱이는 호텔에서 일하는 직원들이지만 주로 하는 일은 마차를 끌거나 짐을 나르고 청소를 하는 등의 단순 노동이며, 이러한 단순 업무에서도 문제를 일으키거나 곧잘 해고될 위기에 처한다는 점에서 안정된 생계를 유지하기 어렵다. 또, 이마저도 호텔의 영업이 순조롭지 않아 폐쇄될 위기에 처한다. 특히 앞선 두 영화 속 홀쭉이와 뚱뚱이는 시골에서 올라와 일확천금을 꿈꾸는 한편, 취업을 하기 위해 고군분투하지만 계산에 밝지 못하며 '지나치게' 순진하여 항상 놀림거리가 된다. 즉, 이들은 근대화의 물결에 갑작스럽게 떠밀려 들어와 도시의 하층 / 빈곤계급을 형성했던 1950년대의 젊은이들의 과거와 현재가 투영된 캐릭터였다. 1950년대 후반의 극심했던 경제난이 바로 이 영화들의 배경이 되는 것이다.

또한, 이 영화들은 당대 대중들의 '성공', '도시화', '근대화'를 향한 열망과 열패감을 그렸다. 전체 한국영화 제작 편수의 70~80%를 차지하며 절대 우위에 서 있던 멜로드라마의 주인공들이 거대한 운명 또는 사회적 관습에 굴복하는 인물들인 것과 마찬가지로, 코미디의 주인공들은 넘어지고 깨지며 실패를 거듭하는 인물들이다. 도덕적 비난을 감수하고라도 자본주의적 성공을 추구하던 〈부전자전〉의 김희갑-구봉서 부자, 자본주의적 질서 속에 성공적으로 안착하고자 악착같이 돈을 모으고 자식들 역시 그 길로 가도록 조련하고자 하는 고바우 영감, 잠자리 날개로 만든 신약을 개발하겠다는 허황된 꿈으로 사기에 가까운 기업을 유지하며 자본주의에 편승한 오형제들은 모두 이미 지배 질서에 순응하고 있는 인물들이며 더 나아가 그 안에서의 안정과 상승을 꿈꾸는 인물들이다. 그러나 이들의 시도가 지속적으로 실패하는 것은, 이들이 속악한 자본주의의 질서를 전적으로 내면화할 수 없는 이들이기 때문이다. 〈한 번만 봐 주세요〉의 홀쭉이와 뚱뚱이는 귀향을 선택하고, 〈부전자전〉의 부자는 사기를 당해 전 재산을 잃게 된다. 즉, 취업과 성공을 향한 노력이 끝내 좌절되는 것은 이들이 결코 도시와 자본과 근대의 논리에 완전히 동화될 수 없기 때문이다. 따라서 이들의 소망과 그 좌절의 서사는 더 이상 명확한 전망이 존재하지 않는 세상 속에서 평범한 대중들이 느낄 수밖에 없는 열패감의 표현에 다름 아니다. 〈사람 팔자 알 수 없다〉에서처럼 욕망을 성취하는 결말에 이른다 하더라도 이 성취는 갑작스럽게 외부에서 주어진 것이며 현실화될 가능성이 없다는 점에서, 열망과 열패감을 드러내는 또 다른 방식이라 할 수 있을 것이다.

둘째, 1950년대 코미디언코미디는 자신이 처해 있는 혼란한 시대상속에서 옳고 그름, 선과 악에 대한 감각을 일깨워 줌으로써, '모럴'을 제시하는 역할을 했다는 점에서 통속적이다. 스티브 사이드만은 코미디언코미디의 결론은 사회 부적응자에 가까운 코미디언을 사회로부터 추방시킴으로써 영원히 배제시키든지 혹은 그들의 독특성을 길들여서 순응하게 만드는 두 가지 방식 중의 하나로 귀결될 수밖에 없다고 보았다. 즉, 코미디언코미디는 그 사회의 아웃사이더를 공동체에 귀속시키거나 배제하는 방식을 보여줌으로써, 사회의 통합을 위한 일종의 신화 혹은 제의의 기능을 한다는 것[71]이다. 예컨대 앞서 언급했던 〈사람 팔자 알수 없다〉는 매우 명확한 도덕률을 제시한다. 이 영화 속의 홀쭉이와 뚱뚱이는 반공이 국시였던 시기에 '극도로' 이데올로기적인 대사와 행동을 보여주며 마침내 간첩을 생포한다. 특히 자유당 정권 하에서 무소불위의 권력을 누렸던 특권계층-국회의원의 목숨을 구함으로써 신분 상승의 기회를 얻게 된다. 그리고 '우연히' 간첩을 잡은 청년들은 그들이 동경하던 상류 사회의 일원이 된다. 반면, 끝까지 적응할 수 없었던 〈한번만 봐주세요〉의 홀쭉이와 뚱뚱이는 귀향을 선택한다. '일확천금'을 꿈꾸는 아웃사이더이자 아나키즘적 코미디를 선보이는 이 영화의 주인

---

71 Steve Seidman(1981), pp.143~159.

공들은 '배제'되는 방식으로, 공동체의 도덕률을 존중하게 되는 것이다.

한편, 〈홀쭉이 뚱뚱이 논산 훈련소에 가다〉는 사뭇 의미심장한 이데올로기 작용을 보여준다는 점에서 앞선 영화들과 비교해볼 수 있다. 이들은 군대에 지원하여 '국민의 의무'를 다하고자 하나, 신체적 조건으로 인해 '정상적'인 '의무'를 다할 수 없는 상황에 놓인다. 한량으로 동네의 근심거리였던 이들은 모든 성인 남성들에게 지워진 의무, 즉 군대에서도 배제당할 위기에 처한 것이다. 이들은 '억지로라도' 군대에 가고자 계략을 쓰는데, 계략은 실패하지만 이들의 '진심'만은 인정되어 특별 병사로 군대 생활을 경험하게 된다. 이곳에서 '지나치게' 뚱뚱한 뚱뚱이와 '지나치게' 홀쭉한 홀쭉이는 옷에 신체를 '(억지로) 맞춤'으로써 일시적으로나마 자신들의 정체성인 특이성을 제거하게 되며, 이를 통해 공동체의 일원이 된다. 또한, 이들의 코믹한 퍼포먼스들은 군대에 적합하지 않은 것으로 규정되면서, 홀쭉이와 뚱뚱이는 자신들의 개성을 포기하고 공동체의 규율과 가치를 따르고자 한다. 말하자면, '사회 부적응자에 가까운 코미디언을 길들여 그 사회에 순응'하게 만드는, 코미디언코미디의 전형적인 이데올로기 작용을 따르는 것이다. 그러나 결국 이들은 '특별 병사'로, 군대에서 일반 병사들과 함께 끝까지 '국민의 의무'를 다할 수는 없다. 일정한 시간이 지나고 나면 다시 사회로 복귀하여 자신들의 독특성을 과시하는 삶을 살게 될 것임을, 그들 자신뿐 아니라 우리모두 알고 있는 것이다. 이 영화에서 일시적으로 공동체에 귀속되었던 홀쭉이와 뚱뚱이는 잠시 동안의 '순응'을 경험한 뒤 또 다시 공동체의 규율 밖으로 튕겨져 나갈 독특한 개인이며, 이런 점에서 이 영화는 '당대의 도덕률'을 벗어나는 이데올로기 작용을 보인다고 할 수 있다. 마찬가지로 〈부전자전〉의 부자 역시 전 재산을 다 잃은 상황에서 자신들의 옛 동료이자 이웃이었던 도시 빈민들과 연대하며 함께 노래한다. 이 피날레는 매우 의미심장하다. 이 역시 중산계층의 자본주의적 논리를 체화하지 못한, 도시 빈민 출신의 '아웃사이더'를 추방 / 배제하는 결말을 보여주지만, 그들은 '기꺼이' 연대할 동지들을 갖고 있는 것이다. 이런 점에서 추방 이후 새로운 공동체를 상상하는 이 영화의 결말 역시 당대의 '모럴'을 넘어서는 또 다른 지점에 놓여 있다고 하겠다.

그렇다면, 이 시기 코미디언코미디가 제시하는 당대의 도덕률, 즉 통속성을 비껴가는 이 '또 다른 지점'은 어떻게 해석될 수 있을까? 당대 대중들의 삶을 가까이에서 밀착하여 보여주면서 시대의 풍속도를 그리는 것이 코미디영화의 일반적 기능 중 하나로 볼 수 있으며 시대의 감각과 도덕률을 제공하는 것이 멜로드라마를 비롯한 장르 영화의 특징적 기능 중 하나라고 볼 수 있다면, 1950년대 코미디만의 독특성은 균열과 활력의 에너지에서 나온다고 볼 수 있다. 멜로드라마와 달리, 그리고 1960년대 이후의 코미디와도 구별되게, 양석천과 양훈의 코미디로 대표되는 1950년대 후반의 코미디언코미디들은 자신들의 개성을 사회 속으로 완전히 통합시키지 않은 채, 자본주의적 가치에 경도된 세계에 문제를 제기하는 결말을 선택한다는 점에서 문제적이다. 이 과정에서 벌어지는 이들의 퍼포먼스나 개그는 정상적인 사람의 반응과 다른 지점에서 예기치 못하게 등장한다는 점에서 웃음을 유발한다. 그리고 산발적이고 단선적이지 않은 내러티브의 끝에서 1950년대 후반의 코미디언코미디들은 1960년대의 코미디와 다른 결말을 선택하는 것이다. 코미디언코미디라는 장르 자체가 "사회적으로 주변화되었거나 억압된 사람들과의 지속적이고 근본적인 제휴를 보여주면서 리미널한 형상들이 드러내는 저항적 정체성을 표현하는 플랫폼"[72]으로서 기능하는 것이라는 크루트닉의 정의에 기대어볼 때, 1950년대 코미디언코미디에서 '저항적 정체성'이라는 것은 결국, 시대적 '공통 감각common sense'을 벗어나는 균열의 활력에 놓여있다고 할 수 있기 때문이다. 앞서 살펴보았던 〈홀쭉이 뚱뚱이 논산 훈련소에 가다〉가 보여주는 이데올로기의 교착점, 〈부전자전〉이 상상하는 자본주의를 벗어나는 또 다른 질서, 또한 홀쭉이 뚱뚱이 코미디의 동성애적 코드와 스와핑 모티프 등은 이 시기의 도덕률을 비껴가는 성적 모호성과 일탈의 느낌을 담아냈다. 물론, 이러한 지점들이 의식적인 저항이나 충격을 의도했다고 보기는 힘들지만 1950년대의 '허용된 일탈'과 '검열의 틈새'를 보여주는 균열의 지점이라 할 수 있을 것이다.

1960년대 초반의 코미디들이 좀 더 교훈적이고 내러티브 통합적이며 지배 이데올로기에 순종하는 경향을 보인다면, 1950년대 코미디들은 영화사적으로나 사회적으로 더 유연하고 활기찬 '운동'의 이미지를 보여준다. 즉, 1950년대 후반 코미디는 엄격한 장르적 관습이나 리얼리즘 혹은 내러티브 중심 영화를 우위로 보는 한국영화사의 질서가 확립되기 직전의, 발산의 에너지들을 포착한다. 또한 이 시기의 코미디언코미디는 1960년대 박정희 정권이 강력한 '아버지의 법'을 시행하기 이전, 이승만 정권 말기 검열과 통제 사이로 미끄러지는 다양한 욕망과 모순의 균열 속에서 존재했다. 결국, 1950년대 코미디언코미디는 끊임

---

72 Frank Krutnik(2003b), p.15.

없이 변화하고 움직이며 스스로를 확장시켜 나가는 역동성의 에너지를 포함한 것이었으며, 이 에너지는 '현실 도피' 혹은 '지배 이데올로기의 강화'라는 코미디의 보수성을 균열시키는 혼돈과 무질서의 활력을 포함하고 있었다고 말할 수 있을 것이다.

제5장

맺는 글

일반적으로 언어와 '텍스트들'이 그러하듯이, 코믹함은 다원적이고 비완결적이며, 흩어져 버린다. 그리고 창작자, 텍스트, 수용자의 상호텍스트성과 맥락에 의존적이다. 즉, 코미디의 내용뿐 아니라 코미디와 관객의 "공모적인" 관계가 중요하다.

— 앤드류 호튼[1]

지금까지 1950년대 코미디영화 장르가 형성되는 과정의 다양한 맥락에 대해 논의했다. 코미디영화는 그 복잡다단한 맥락들이 끊임없이 영향관계를 주고받으며 변화를 지속해 가는 과정에서 등장할 수 있었고, 그것은 곧 지금까지 지속되어 온 많은 코미디의 양식들 및 그 관계를 아울러 영화적 형식으로 변용시키는 작업이었다. 한국의 코미디영화

---

1   Andrew Horton (ed), *Comedy / Cinema / Theory*, University of California Press, 1991, p.9.

는 1950년대 후반 격변하는 사회, 정치, 경제의 혼돈 속에서, 인접 장르들과의 끊임없는 교섭 속에서, 그리고 할리우드 영화를 비롯한 외부적 자극의 유입 속에서 가장 대중적인 오락의 형식들을 영화적으로 변용하면서 등장했다. 그리고 그 형식 속에서 시대의 윤리와 대중의 획일화되지 않은 욕망의 목소리들을 포착할 수 있었다.

1950년대 장르군을 이루며 활황을 누렸던 코미디영화들은 '돌연변이'처럼 갑자기 등장한 것도, 할리우드 코미디영화의 영향 하에서 '모방기의 산물'로 등장한 것도 아니었다. 한국 코미디영화는 긴 역사와 다양한 참조들을 갖고 있었으며, 그것을 매체와 시대에 적합한 양식으로 바꾸어 내는 힘을 내재하고 있었다. 궁정의 소학지희에서 시작하여 거리의 구경거리로, 또 실내 극장에 적합한 공연물로 양태를 달리하는 동안 재담, 만담, 희가극, 넌센스, 스케치는 짧은 극형식에서 장편 극형식으로 변화해 갔고, 악극의 코미디는 버라이어티 쇼의 중심이 되어 갔다. 코미디 양식이 실험과 변화를 지속하는 과정에서 할리우드를 비롯한 외화 코미디들은 무대 코미디의 구성에 적지 않은 영향을 미쳤다. 코미디에 슬랩스틱을 도입하는 시도가 이루어졌고, 이내 유명 코미디 배우들은 '한국의 채플린', '한국의 키튼'으로 불렸다. 이 시기, 한국영화에서도 최초의 코미디가 탄생했다. 당대 무대극 코미디의 일인자였던 이원규를 캐스팅하고 인기 있는 신문연재 만화 「멍텅구리」를 각색하여 만들었던 〈멍텅구리 헛물켜기〉는 흥행에 성공했으나 영화계의 흐름을 주도하지는 못했다.

그러나 해방 이전 한국영화사에 코미디가 드물다고 해서, 대중문화사에서도 코미디가 열세였던 것은 아니었다. 식민지 시기 대중들은 다양한 웃음을 갈구했으며, 인쇄물에서, 실연 무대에서, 그리고 할리우드 영화에서 그것을 충족시킬 수 있었다. 1950년대는 코미디영화가 처음으로 주목 받은 시기였지만, 이 시기 코미디영화의 유행은 예견된 것이나 다름없었다. 대중 연예의 홍행 산업에서 코미디는 항상 중심에 자리하고 있었으며, 박춘재와 신불출을 비롯한 최초의 근대적 대중연예인들은 매체의 변화에 탄력적으로 적응하면서 다종적인 코미디 양식을 형성해 왔기 때문이다. 따라서 1950년대 물적, 제도적, 산업적 토대가 영화의 부흥을 위해 준비되고 있던 시점에서, 코미디언들은 이미 확립되어 있었던 코믹 페르소나와 연기 패턴 및 장기를 통해 이전 대중문화 속 코미디의 양식을 성공적으로 영화에 이접시키는 중재자로 기능할 수 있었다. 또, 그 자신이 시대와 관객의 불균질한 요구를 수용하고 표출하면서 동시대적인 웃음의 코드와 이데올로기적 환경을 조정하는 다성적 텍스트의 역할도 담당했다. 1950년대 주요 코미디들은 바로 이러한 코미디언의 존재에 의해 존립하고 부흥할 수 있었다.

사실, 웃음에 대한 열망은 1950년대라는 시대에 더욱 적합한 것이었다. 기나긴 식민지 시기를 거친 뒤 이어진 전쟁과 분단으로 폐허가 된 한국사회의 1950년대는 정책적으로 '명랑'을 추진하던 시기였다. 각종 매체에서는 '명랑'을 선전했고, '명랑화운동'처럼, 다소 강압적인 방식의 '위로부터의 명랑'이 유행했다. 한편으로 식민지 시기에도 대중문화속에서 꽃피웠던 웃음의 기운은 코미디언코미디와 같은 '하위' 문화 속에서 아래로부터 발현된 명랑으로 드러나기도 했다. 1950년대의 웃음은 이 두 가지의 명랑이 각각 씨줄과 날줄로 직조되는 지점에서 발생했다. 규범적 양식을 재확신 시키기 위하여 예정된 결론을 향해 나아가는 코미디의 '윤리적' 명랑의 순간과, 예기치 못한 균열과 에너지'들'의 존재에서 터져 나오는 웃음의 순간이 1950년대 코미디언코미디의 '통속성'을 구성하고 있었던 것이다.

제2부
'희극적인 것'의 정치성과
한국 코미디영화의 해석 지평

제1장

'웃음의 감각' 형성과 코미디(성)의 발현

1. 들어가는 글

이 글은 식민시기 외화 코미디의 수용 양상을 살펴보고, 이것이 식민시기 조선의 대중문화에서 코믹함의 감각과 코미디 양식을 형성하는 과정에 미친 영향을 논하고자 한다. 주지하다시피 조선에 처음 영화라는 매체가 소개된 뒤 그것이 대중적 오락으로 자리 잡게 되는 과정에서 외화, 그 중에서도 할리우드 영화가 미친 영향은 지대했다. 당시 식민지 조선인 전용 극장들은 거의 외화관으로 기능할 정도로 외화의 상영비율이 압도적이었는데, 1940년 이전까지 할리우드영화는 외화 프로그램의 90% 이상을 점유했다.[1] 파테의 초단편 영화들의 시

---

[1] 유선영, 「황색 식민지의 서양영화 관람과 소비실천, 1934~1942 – 제국에 대한 '문화적 부인'의 실천성과 정상화 과정」, 『언론과 사회』 13권 2호, 성곡언론문화재단, 2005, 9쪽.

장 점유율이 상대적으로 더 높았던 1900년대 이후로, 할리우드 영화들은 세계 시장에서 그러했던 것처럼 조선의 영화시장에서도 단연 우위를 점했던 것이다.

이와 같은 외화의 압도적인 상영 비율과 그 영향력에 대해서는 최근 연구자들의 관심이 집중되면서 특히 극장사를 중심으로 상당한 진척을 이루었다고 볼 수 있는데,[2] 반면 외화의 수용적 측면에 대한 연구는 이제 막 시작된 단계라고 할 수 있다.[3] 예를 들어 식민시기 코미디외화의 수용과 그 영향관계를 살펴본다고 할 때, 이 시기 조선에서 만들어진 코미디영화가 단 한 편뿐이라는 사실은 이 논의가 처한 어려움을 단적으로 드러낸다. 한국영화사에서 본격적인 코미디영화가 제작되는 시기는 1950년대 중반 이후부터이므로, (1940년부터 1955년에 이르는 15년이라는) 긴 시차를 무시하고 식민시기에 상영된 코미디외화와 한국코미디영화 사이의 직접적인 영향관계를 주장하는 것 역시 어불성설임이 분명하다.

---

2   조선영화시장에서 할리우드영화를 비롯한 외화의 중요성을 논했던 기존 연구들로는 다음과 같은 논문이 있다. 유선영, 「초기 영화관람-시각문화의 기습, 전유 그리고 식민적 근대성의 예후」, 『한국언론학회 정기학술대회 자료집』, 한국언론학회, 2003ㄱ; 유선영, 「초기 영화의 문화적 수용과 관객성-근대적 시각문화의 변조와 재배치」, 『언론과 사회』 12권 1호, 성곡언론문화재단, 2003ㄴ; 유선영, 「황색 식민지의 서양영화 관람과 소비실천, 1934~1942-제국에 대한 '문화적 부인'의 실천성과 정상화 과정」, 『언론과 사회』 13권 2호, 성곡언론문화재단, 2005; 이순진, 「조선 무성영화의 활극성과 공연성에 대한 연구」, 중앙대 박사논문, 2009; 이호걸, 「식민지 조선에서의 외국영화-1920년대 경성의 조선인 극장을 중심으로」, 『대동문화연구』 72권, 성균관대 대동문화연구원, 2010.
3   김승구, 「식민지 조선에서의 영화관 체험」, 『정신문화연구』 제31권, 한국학중앙연구원, 2008; 김승구, 「식민지 시대 독일영화의 수용 양상 연구-1920년대 영화들을 중심으로」, 『인문논총』 제84집, 서울대 인문학연구원, 2010; 이순진, 「1920년대 후반 외화의 수용과 근대세계의 보편성에 대한 감각」, 『월경하는 극장들-동아시아 근대 극장과 예술사의 변동』, 고려대 민족문화연구원 HK한국문화연구단 기획연구팀, 2012년 심포지엄 발표자료집.

그러나 이렇게 단선적으로, 제작에서 제작으로 이어지는 직접적인 영향 관계를 차치해놓고 생각한다면, 코미디외화가 당대에 미친, 그럼으로써 후대에 미치게 되는 영향은 결코 작지 않으며 또 분석 불가능한 것이 아니다. 무엇보다 코미디영화를 중심으로 한 수용 연구는 그것이 영화뿐 아니라 대중극이나 악극을 포괄한 대중문화를 매개한다는 점에서 다각도로 조명되어야 한다. 또한 외화 코미디를 통해 관객들이 접하게 된 '영화적 웃음'의 코드가 근대적인 것이었다는 점 역시 정치하게 해석되어야 할 지점이다.

그러므로 이 글은 일차적으로 1940년대 이전 조선에서 코미디외화들이 상영되었던 양상을 꼼꼼하게 살펴보고, 코미디외화가 당대 대중문화의 연희자 및 수용자에 미친 영향을 규명하는 것으로 시작하고자 한다. 1920~1930년대 찬란히 꽃피었던 조선의 연예 산업에서 '영화적'인 '웃음'의 감각이 형성되고, 그것이 '근대'와 소통하는 일종의 도구로 사용됨으로써 조선의 대중문화에 새로운 '웃음'의 영역을 구축하는 과정을 살펴보고자 하는 것이다. 이를 통하여 한국 대중문화사에서 식민시기 '웃음의 감각' 및 코미디(성)이 발현되는 양상과 그 의의를 밝힐 수 있을 것이다.

2. 외화 코미디 상영 양상 분석

이 글이 주 분석 대상으로 삼은 것은 식민시기 신문에 실린, 경성 소재 조선인 극장의 영화광고들이다.[4] 1923년까지는 한국영상자료원에서 발간한 『신문기사로 본 조선영화』 시리즈에 실린 『매일신보』, 『동아일보』 및 『조선일보』의 광고를 대상으로 했고, 1924년부터 1940년 8월까지는 『동아일보』 광고를 대상으로 조사하였다.[5] 『동아일보』가 폐간되는 1940년 8월 10일 이후에 극장의 프로그램은 일본영화 위주로 진행되며 (코미디)외화의 상영이 극히 드물기 때문에, 이 논의에서는 간략한 경향만을 언급하도록 한다. 따라서 이 글은 1940년대 이전의 외화 상영, 그 중에서도 상영영화의 절대 다수를 차지했던 할리우드 영화에 초점을 맞추되, 주된 관심사인 코미디영화의 상영 양상으로 범주를 한정하였다. 코미디영화를 중심으로 하는 외화 수용의 시기 구분은 당연

---

4 식민시기 전체를 통틀어 경성의 극장에서 몇 편의 외화 상영이 이루어졌는지는 정확히 파악하기 힘들다. 참고로 『부산근대영화사』(홍영철, 부산대 한국민족문화연구소 편, 산지니, 2009)에 따르면 1915년부터 1944년까지 약 14,697편의 영화가 부산의 극장에서 상영되었다. 여기에는 일본인 극장에서 상영된 영화편수가 포함되어 있기 때문에 일본영화의 비율이 상대적으로 훨씬 높다는 점을 고려해보면 경성의 극장에서 상영된 영화의 수치와는 상당히 차이가 있을 것으로 보인다.

5 1921년과 1922년에는 『매일신보』가 단성사의 광고만을 싣고, 『조선일보』와 『동아일보』는 각각 우미관과 단성사의 광고들을 주로 싣는 등 차이를 보이지만 1922년 조선극장이 개관한 뒤 1923년부터는 각 신문들에 시차는 있을지언정 우미관, 단성사, 조선극장의 광고가 거의 동일하게 실리므로, 『동아일보』의 광고만을 대상으로 하는 것이 결정적 오류를 범하는 것은 아닐 것으로 판단된다. 그러나 한편으로 『동아일보』만을 대상으로 조사하는 것은 폐간부터 해방될 때까지의 기간, 그리고 몇 차례에 걸친 정간 기간이 공란으로 남기 때문에 한계가 있을 수밖에 없다. 이뿐 아니라, 『동아일보』에 실리지 않은 광고들도 존재할 수 있으므로, 차후 『조선일보』와 『매일신보』 등을 통해 보충할 필요가 있다.

히 세계 영화의 흐름 자체와 밀접한 연관이 있으나, 연속영화의 유행이나 장편영화의 등장과 같은 일반적인 영화사의 연도 구분과는 시기적인 면이나 내용적인 면에서 일정 부분 차이를 보이기 때문에 구별하여 서술할 필요가 있다. 또한 영화산업에 결정적인 영향을 미칠 수밖에 없었던 조선총독부의 각종 법령 및 극장을 둘러싼 산업의 흥망성쇠의 영향을 수렴하여 당대 조선의 역사적 특수성을 반영해야 하므로 더욱 그러하다. 그러므로 이 논의는 세계영화사의 흐름 및 조선의 역사적 특수성을 포함하되, 코미디외화의 내적 변화와 그것이 외부적 조건과 공명하는 양상을 기준으로 삼아 다음과 같이 여섯 단계를 산정하고자 한다.

1) 1911~1914년 중반─짧은 코믹 실사 / 코믹극 중심 상영기

1911년 신문에 영화상영 광고를 냈던 극장들은 경성고등연예관, 대정관, 황금유원, 유광관 등 경성고등연예관을 제외하고는 대부분 일본인 극장이었다. 1912년 12월에 우미관이 개관한 뒤부터 우미관 광고가 신문광고의 중심이 되었다.[6] 이 시기에는 매우 짧은 코믹 실사 혹은 간단한 줄거리가 있는 코믹극, 즉 잡극이 상영되었다.

이 시기에 상영 프로그램은 '움직이는' '활동사진'에 초점이 맞춰져 있었기 때문에 끊어진 필름의 일부이거나 단편적인 볼거리로 이루어진 경우도 많았다. 즉, '무엇'을 보는가보다 움직이는 무엇인가를 '본다'는

---

6 이후 1932년까지는 조선인 극장의 광고만이 신문에 실리게 된다.

것 자체가 중요한 것이었으므로, 초기 신문광고에는 '무엇'에 대한 최소한의 단서—제목만이 언급되었다. 예를 들어 『매일신보』 1912년 7월 23일에 실린 유광관의 광고는 다음과 같다.

본일로부터 본관의 사진 전부를 改替함
매일 八時에 개관홈

△ 영아의 품평회
△ 新築披路
△ 其勳
△ 여장부
△ 耶蘇教의 명소 안내
△ 花一輪
△ 쌔와리와의 王城
△ 衛生家
△ 妙智力
△ 악사의 夢, 청교도의 令孃, 恩義의 友

초기 영화의 상영은 연극이나 여흥 등의 공연을 포함하는 프로그램으로 짜인 것이 일반적이었으므로, 이 광고 속 제목들이 모두 활동사진의 것인지 확신하기는 어렵다. 다만, "본관의 사진 전부를 개체改替"한다는 설명과 유광관이 원각사 내 활동사진 상설관으로 개축된 극장이었다는 점을 고려하여, 짧은 실사와 단편 극영화로 이루어진 프로그램일 것

으로 추측해볼 수 있다. 더욱이 제목만 언급되어 있기 때문에, 당연하게
도 이 시기의 광고에서 코미디를 분류하는 것은 불가능하다. 다만 초기
영화사에서의 제작 비율 등으로 미루어, 조선의 극장 레퍼토리에도 코
믹한 성격을 띤 볼거리들이 다수 존재했을 것으로 추정할 수 있을 뿐이
다.[7] 어느 정도 내용상의 구별이 가능해지는 것은 장르에 가까운 규정이
소개되는 1913년부터이다. 신문에 영화광고가 실리기 시작한 지, 2년
이 지난 시점이었다.

> 10월 25일 사진 전부 차환
> △ 실사 海島의 포획
> △ 희극 셋가처의 쌕라온
> △ 실사 亞爾然丁의 목장
> △ 희극 毛生藥의 효과
> △ 실사 西洋角力
> △ 희극 肥人 구락부
> △ 탐정극 싸이록 콤쓰

---

7 1907년 이전 가장 활발하게 영화를 수출했던 나라는 프랑스였다. 이 시기 미국과 여타
의 유럽 국가들은 60~70%의 프랑스 영화를 수입했는데, 1907년부터 미국의 배급사들
이 적극적인 시장 개척에 나서고 1914년 세계대전을 전후로 유럽 영화계가 큰 타격을
받게 되면서 미국영화를 중심으로 세계 시장이 재편되었다. 한편, 1907년 미국에서 제
작된 픽션영화의 70%가 코미디영화였던 반면, 영화들이 점차 길어지고, 관객들의 다양
한 요구를 충족시키기 위해 다양한 장르들을 발전시켜가는 1911년에는 더 이상 코미디
영화가 제작된 픽션영화의 대부분을 차지하는 장르가 아니었다. 그럼에도 여전히 상영
에서는 중요한 비중을 차지했다. 이러한 경향을 참고로, 1913년 이전 조선에서 상영되
었던, 장르 구분이 되지 않은 영화들 중 상당수는 코미디영화였을 것으로 추측해볼 수
있을 것이다. 제프리 노웰-스미스 편, 김경식 외역, 『옥스퍼드 세계영화사』, 열린책들,
2005, 61~62쪽 참고.

△ 실사 動物倪

△ 활극 巧 의 이면

△ 희극 자동차 乘동○의 夢

△ 희극 呼吸器病을 공ᄒᆞᄂ 人

△ 비극 벽력일성

△ 희극 精力이 강흔 蠻人

△ 奇術 마법사

△ 활극 蠻人의 보은[8]

이처럼 실사, 희극, 탐정극, 비극, 활극 등으로 종류를 구분하는 것이
1913년 이후의 일반적인 광고 유형이다. 이 중 '실사'는 기록필름을 지
칭하는 것이며, 그밖에 희극과 탐정극, 활극 등은 단편영화의 내용에 따
른 일종의 '장르' 구분이다. 우미관은 애초 활동사진 상설관으로 지어진
극장이었고, 영화가 아닌 경우에는 별도의 표기가 존재하는 것이 일반
적이었으므로[9] 이 상영작들은 모두 단편 실사 / 극영화의 제목으로 보아
도 무방할 것이다. 초기 영화사에서 '희극'은 코믹한 성격을 띤 실사이
거나 매우 짧은 극형식의 우스운 볼거리 혹은 우스운 장면이 담긴 필름
의 일부 등 다종적인 것으로 알려져 왔다. 조선에서 1910년대 초에 광
고되고 상영되었던 '희극' 역시 동일한 성격의 것으로 파악할 수 있을
것이다. 예컨대 "희극 〈정력이 강한 만인〉"이나 "활극 〈만인의 보은〉"은

---

8   『매일신보』, 1913.10.25, 3면.
9   예컨대 황금유원의 광고를 살펴보면 영화를 제외한 극에 대하여 "신파극", "구극", "여
    흥" 등으로 분명하게 명시하고 있다. 『매일신보』, 1913.1.26, 3면.

외국인이 등장하는 희극적 기록물의 일부이거나 극의 성격을 띤 짧은 볼거리였을 것으로 추측해볼 수 있다. 장르 구분이 어느 정도 가능해진 시기의 광고들을 대상으로 할 때, 당시 극장의 프로그램들에서 골계나 풍자, 희극으로 광고되었던 것은 전체의 30~50% 이상으로 추정된다.

2) 1914년 중반~1917년−코믹 실사 / 코믹극의 주변화

이 시기에는 거의 우미관의 광고가 신문광고의 중심이 되고, 간혹 제이대정관의 광고가 실렸다. 연속영화serial films[10]가 중심 프로그램이 되면서, 광고도 연속영화 중심으로 변화했다. 연속영화들은 단순한 장르명이 아니라 보다 설명적인 문구를 동원하여 광고되는데, 이에 따라 상업적 소구력도 한층 강력해졌다. 이 시기 광고들을 살펴보면 상업적 위계에 따라 프로그램 자체에 대한 위계, 즉 영화형식 / 장르에 대한 위계가 결정됨을 알 수 있다. 즉, 연속영화가 중심 프로그램으로 놓이게 되면서, 이전 시기와 비슷한 짧은 실사 혹은 극 형태를 띤 코미디들은 '기타'로 구분되면서 주변화 되는 것이다.

이러한 변화는 초기영화가 '볼거리' 위주에서 '내러티브 통합' 영화의 과도기적 단계로 진입하게 되는 변화의 과정과 맞닿아 있다. 이 과정

---

10 연속영화serial films의 최초 작품으로 〈What Happened to Mary?〉(1912, 미국)를 꼽는 경우도 있고, 〈The Adventures of Kathlyn〉(1913, 미국)을 꼽는 경우도 있다. 〈팡토마〉(프랑스, 1913) 시리즈와 〈폴린의 위기〉(1914)를 거치면서 연속영화는 이 시기의 일반적인 제작, 상영형태가 된다. 데이비드 보드웰·크리스틴 톰슨, 주진숙·이용관 외 역, 『세계영화사』(3판), 시각과언어, 2000, 124쪽 참고.

에서 1910년대 초에는 액션, 탐정, 모험이 중심이 된 장르들이 점차 발전하게 되었고, 연속영화가 등장했다. 또한 1911년 남북전쟁 50주년의 영향 및 1914년 1차 세계대전의 발발 등으로 전쟁영화가 주요 장르로 합류하게 되었다. 1914년 중반 이후, 조선의 극장가를 사로잡았던 것도 이러한 장르의 연속영화들이었다. 그러나 이 시기의 코미디영화는 '내러티브 통합'의 형식보다는 '볼거리 위주'에 가까운 것으로 남아 있었다. 영화상영 초기 프로그램의 중심이었던 코미디(또는 코믹 극 / 실사)는 이제 제목도 명기되지 않은 덧붙임 프로그램으로 소개되기 시작했다. "기타 사진 골계물", "기타 사진 희극물 각종", "기타 정비희극 수종" 등으로 지칭되는 것이다.

九月 三日브터 영사하는 大寫

◀천마 이상의 一大 사진▶

◀天外奇想 壯絶快絶悲絶▶

◎ 대모험 대활극 맹호 상중하 삼편 팔천척

주임변사 서상호 설명

△ 기타 정활비희극 수종[11]

대활극, 대모험대활극, 태서 탐정극, 태서 모험극 등의 연속물이 프로그램 거의 대부분을 차지하게 되는 1915년과 1916년에는 '기타 희극 수종'이라는 덧말조차도 거의 찾아보기 힘들 정도가 되었다. 1916년

---

11 『매일신보』, 1914.9.4, 4면.

12월 미국의 유니버설사와 특약[12]을 맺게 된 우미관에서 1917년 1월 1일부터 "미국 유니바슬 하라마 상회 특약점"[13]이라는 광고를 내건 뒤, 다시 주요 프로그램에 붙여 '기타 사진 희극'을 상영하는 프로그램이 형성되었다.

3) 1918년~1923년–단편 코미디영화 중심기

1918년 단성사가 영화전용관으로 전환되고, 1922년 화려하고 고급스러운 시설의 조선극장이 신축되면서 조선의 극장가는 우미관, 단성사, 조선극장으로 확장되어 한층 많은 관객을 확보하게 되었다. 또한, 1920년 『동아일보』와 『조선일보』가 발간되기 시작하면서, 극장의 광고지면이 확대되었다.[14] 조선의 극장들은 중심 프로그램에 붙여 아버클Losco 'Fatty' Arbuckle[15]과 채플린 등 유명 코미디 배우들의 단

---

12 미국의 유니버설과 직접적인 계약을 맺은 것이 아니라 일본에 있는 유니버설의 지사와 우미관이 직접적인 계약을 맺었다는 것이다. 유니버설 이후 파라마운트, 유나이티드 아티스츠 등도 조선의 극장들과 특약을 맺게 되는데, 이는 조선의 영화 시장을 상업적으로 중요하게 생각했다는 뜻으로 볼 수 있다. 이호걸(2010), 26~29쪽.

13 『매일신보』, 1917.1.1, 3면.

14 1916년부터 23까지 유니버설과 특약을 맺고 있던 우미관이 매주 안정적으로 프로그램을 공급할 수 있었던 데 비해 곡카스, 다이카스를 거쳐 1921년부터 쇼치쿠와 특약을 맺은 단성사, 그리고 역시 쇼치쿠와 계약한 조선극장은 이 시기 우미관에 비해 안정적인 운영을 하지 못했다. 1923년 이후 단성사가 유니버설과 쇼치쿠와 동시 계약을 맺게 되고, 조선극장이 파라마운트 등과 계약을 맺었으며, 우미관은 잠시 폭스와 계약을 맺게 되지만 오래 가지 못하면서 단성사만이 1920년대 말까지 일주일에 2차례씩 프로그램을 교체할 수 있었다. 이호걸(2010), 26~29쪽.

15 아버클은 키튼, 채플린, 로이드의 신인시절 함께 작업을 했던 코미디계의 대선배이자 초기 코미디 역사에서 매우 중요한 인물 중 한 사람이었는데, 1921년 여배우 살인사건에 휘말리게 되면서 할리우드에서의 경력에 타격을 입었다. 데이비드 보드웰 · 크리스

편 코미디영화를 상영하곤 했다. 여전히 연속영화가 인기를 누리는 한편,[16] 장편영화가 등장하던 이 시기, 채플린의 장편영화 〈깃도The Kid〉(1921)가 1923년 12월 메인 프로그램으로 상영된 것을 제외하고, 코미디외화는 주로 단편영화의 형식으로 다시 제목과 함께 광고 속으로 돌아왔다. 즉, 서사가 전무하거나 매우 짧은 서사만이 존재한 채 일종의 '스펙타클'로 받아들여졌던 이전 시기의 코믹 실사 혹은 단편 코믹물에 비하여 이 시기 코미디들은 '단편 극영화'의 형태를 띠고, 프로그램에서 일정 부분을 담당하게 되었던 것이다.[17]

> 십사일로 십칠일까지 사일간
>
> ◎ 엣사네사 영화 / 희극 최푸링 은행 전이권 / 출연자 촬쓰 최푸링군 / 해
>   설자 우정식군
>
> ◎ 미국 아뮤스멘트 회사 영화 / 아도라마씨의 작품 / 가정극 여자의 애로
>   전오권 / 주연자 에설화이트양 / 해설자 김덕경군
>
> ◎ 미국 골도윙사 / 연속활극 괴상한 影 전십오편 삼십일권 / 제팔편 백설
>   의 공포 전이권 / 해설자 우정식군
>
> ◎ 미국 리아랏트사 영화 / 문예비극 천애의 고아 전육권 / 주연자 메리마
>   일스먼다양 / 해설자 최종대군 김덕경군 (단성사)[18]

틴 톰슨, 주진숙·이용관 외역(2000), 240쪽.

16 연속영화는 미국을 비롯한 여타 국가의 경우 장편영화 관습이 확립되면서부터 극장 낮
 시간 젊은 관객들을 위한 마티니 프로그램으로 변모해갔지만, 조선에서는 꽤 오랫동안
 연속영화의 인기가 유지되었다.

17 물론 이 시기를 비롯한 이후 시기에서 "기타 희극 수종" 등 단편적인 볼거리로서의 코미
 디는 지속적으로 등장한다.

18 『동아일보』, 1922.2.11, 4면.

또한 이 시기 코미디 배우들에 대한 스타덤이 형성되었다. 당시 조선에서 가장 인기 있었던 코미디 배우 중 한 사람은 '데부군'이라는 애칭으로 불리던 '뚱뚱이' 로스코 아버클이었다. 아버클은 '데부ʳᵉˢ, 뚱뚱보'라는 이름으로 불리면서 "희극계 유일의 인기남"[19]으로 소개되었다. 아버클의 영화 〈맹렬흔 데부〉(1919.1.17), 〈데부군의 결혼〉(1919.6.13), 〈데부군 化채의 皮플〉(1919.6.20), 〈데부군의 행수〉(1922.3.19), 〈대부의 경업〉(1922.6.10) 등은 채플린의 영화 이전, 그리고 채플린의 영화가 등장하고 난 뒤에도 상당기간 큰 인기를 모았다. 그러나 살인사건 등에 휘말리게 되어 할리우드에서의 그의 이력이 마감되는 1921년 이후, 조선에서는 1~2년의 시차를 두고 아버클의 영화는 점차 사라졌다.

한편, 로이드나 키튼이 1917년을 전후한 시기에 영화계에 데뷔하여 활발한 단편 작업을 했음에도 조선에는 1920년대 초중반이 되어서야 소개되었던 반면, 채플린은 상대적으로 이른 시기인 1910년대 후반에 등장했다. 1918년 4월 5일 〈쟈푸린의 백작〉을 시작으로 채플린의 단편들은 1919년 중반부터 본격적으로 광고되었는데, 〈자섈링 도구방〉(1919.7.18), 〈대전장의 차푸링〉(1919.11.9), 〈최푸링의 야유〉(1921.1.20), 〈차부링 연애〉(1921.7.15), 〈최푸링 은행〉(1922.2.11, 1922.3.19), 〈주점의 싸부링〉(1922.6.18) 등이 이 시기에 소개되었으며, 〈짜푸링의 요리〉(1919.12.5)와 〈철방 최푸링〉(1921.5.26) 등 채플린으로 주인공으로 하는 만화영화도 광고에 등장했다. 로이드나 키튼 영화의 등장이 상대적으로 늦었던 것은 제작사 및 배급(사)의 문제가 실질적인 요인이었겠으나, 그 이유가 무엇

---

19 『조선일보』, 1923.7.31, 2면.

이었든지 간에, 이 시기 누구보다도 채플린의 단편영화들을 통해 영화 코미디, 그 중에서도 슬랩스틱을 통한 웃음이 조선의 극장가에 전해졌다는 사실은 분명하다. 또한 각종 기사에서 언급되었던 '천재' 채플린과 그의 영화에 대한 일종의 신화화도 이 시기부터 시작되었다.

마지막으로, 이 시기 코미디광고 중 특기할 만한 것은 "빙글빙글"이라는 용어의 사용이다. "벙글벙글 활극 대골계 〈데부군의 결혼〉"(1919.6.13), "빙글빙글 대회 희활극 〈고향을 出하야〉"(1922.10.2), "미국 막센넷트 대회물   빙글빙글   〈결혼생활〉"(1922.12.11),   "빙글빙글   〈천하태평〉"(1922.12.21),   "대부군   대활동   빙글빙글극 〈데부의   석유   성금〉"(1923.7.31) 등 "빙글빙글", "빙글빙글극"이라는 용어가 코미디영화를 지칭하는 것으로 일반적으로 사용되었다. "빙글빙글희극대회 희극 명우 데부 이외 총출연"(1922.7.14)이라든가 "당 십이월 이십삼일부터 절대 무연기 삼일간 빙글빙글대회"(1923.12.24)를 개최한다고 하면서 코미디 단편 4편과 채플린의 〈깃도The Kid〉를 상영하기도 했다. 여기서 '빙글빙글대회'는 코미디영화들을 모아 상영하는 특집 프로그램을 의미한다. "빙글빙글"이라는 용어는 이 시기 무성 단편 코미디영화에 주로 사용되다가, 이후 유성 코미디영화나 장편 코미디영화가 등장하는 1920년대 후반이 되면 자취를 감췄다. 이렇게 볼 때, '빙글빙글'은 꼬리에 꼬리를 잡고 도는 모양, 즉 추격전으로 대표되는 슬랩스틱 코미디의 의태어이거나 혹은 '벙글벙글'로도 사용되었듯이 웃음이 나오는 모양을 의미하는 의태어로, '코미디'를 지칭하는 장르적 용어로 사용되었던 것으로 보인다. 그리고 이는, 이 시기 조선의 극장가에서 주로 상영되었던 단편 코미디영화의 성격을 단적으로 드러내 주는 용어였다고 할 수 있을 것이다.

4) 1924~1925년-장편 희활극과 정희극 등장기

이 시기의 극장 광고들은 장편 영화를 중심 프로그램으로 두고 한두 편의 단편영화를 상영한다는 점에서 이전 시기와 비슷하지만, 1924년 이후부터 코믹한 액션영화, 또는 코믹한 드라마와 같은 '코미디성'을 내 재하고 그 성향을 드러내는 장편영화들이 등장한다는 점에서 이전 시기 와 구별된다.

이 시기 조선에서 가장 인기 있는 영화는 단연 '다크라스 훼방크스 Douglas Fairbanks'의 〈삼총사〉를 비롯한 각종 희활극이었다. 슬랩스틱 을 '희활극'으로 지칭하는 경우[20]도 있었지만, 이 시기에는 대부분 '희 극적인comic', '활극action' 혹은 희극적인 장면이 가미된 액션물을 '희 활극'으로 지칭하고 있는 듯하다. 그런데 희극이 아닌 것으로 보이는 활 극의 경우에도 '희활극'이라는 표현을 사용한 경우[21]가 있는가하면, 활 극이 아닌 것이 분명한 희극의 경우에도 '모험전율' 등의 수식어를 붙여 활극처럼 보이게 하는 경우도 다수 존재했다.

한편, 희극적 성격이 가미된 장편 드라마도 '정희극'이라는 이름으로 등장하여 '희활극'과 함께 이 시기 코미디영화의 다수를 점했다. 정희극 이란 비교적 적은 비용이 들면서 관객들에게 환영을 받는 희극적 요소

---

20 1919년부터 신문광고에 단편 희활극(또는 활희극)의 광고가 실렸다. 그러나 1924년 이 후 등장하는 희활극은 장편이라는 점에서 차이가 있다. 희활극이 슬랩스틱의 의미로 쓰 였다는 논의에 대해서는 이순진(2009), 67쪽.

21 〈삼총사〉의 경우 인터넷무비데이터베이스를 제공하는 IMDb(www.imdb.com)에서 코 미디, 모험, 액션, 시대극 등으로 분류되어 있는 반면, 〈로빈후드〉는 코미디로 분류하지 않는다. 그러나 조선에서는 더글라스 페어뱅크스의 〈로빈후드〉 역시 "대희활극"으로 광 고하고 있다.

를 다수 가미한 드라마를 일컫는 것[22]으로 추정해볼 수 있다. "조선영화계의 정희극은 이번이 효시嚆矢"[23]라고 했던 나운규의 〈금붕어〉 관련 기사들은 정희극에 대한 몇 가지 힌트를 던진다. 『동아일보』 7월 6일 기사에는 〈금붕어〉의 내용이 소개되었다. 간략하게 정리하자면, 사이좋은 부부가 오해 끝에 헤어지게 되고 그 오해를 풀어주려던 친구 역시 감옥에 갇히게 된다. 세월이 한참 흐른 뒤, 부인을 못 잊던 남편이 다시 부인을 찾아가지만, 부인은 이미 약병을 들고 사라지고 말았다는 내용이다. 7월 10일에 실린 〈금붕어〉 관람평을 참고로 해 보자. 평문을 쓴 극생克生은 주인공 나운규나 김정숙, 신일선 등은 적합한 배역을 맡지 못했다고 혹평하면서, 정기탁의 연기만은 칭찬했다.

이 영화에 출연자로 대성공자는 정기탁 군이었다. 미국 파라마운트사의 '아돌프 멘죠'[24]의 모방을 한 모양인데 일본서 화제和製 차플린이라는 칭호를 듣던 부전영삼의 정도 이상으로 조선제 '아돌프 멘죠'였다고 생각한다.

---

22 정희극이라는 명칭에 대해서는 일본을 방문했던 미국 파라마운트 사의 시나리오 작가이자 프로듀서였던 벤자민 슐버그Benjamin P. Schulberg의 말을 참고해 볼 수 있다. 슐버그는 미국영화계가 긴축재정을 시행하고 있어서 제작비용의 절감을 위하여 세트 규모를 축소할 뿐 아니라 "팬들이 크게 환영하는 정희극 가튼 것을 제작"하고 있다고 말한바 있다. 1차 세계대전 이후 할리우드의 산업이 급격히 팽창하고, 1920년대 중반 월 스트리트가 투자하면서 1920년대 초중반 대규모 예산의 영화들이 제작되는 한편, 장편 코미디, 서부영화, 공포영화 같은 마이너 장르의 영화들이 "사회적 지위를 획득"하고, 중저예산을 투자한 "중소규모의 비관습적 영화들"도 확고하게 자리 잡기 시작했다. 이에 대해서는 이 책의 1부 3장 3절 참고.
23 「금붕어 제작완료 정희극은 이번이 효시」, 『조선일보』, 1927.7.1, 석2면.
24 아돌프 멘죠Adolph Menjou, 1890~1963는 채플린의 첫 장편영화였던 〈파리의 연인〉에 출연하여 눈에 띄는 코믹 연기를 선보인 것이 계기가 되어 파라마운트사에서 스카우트하게 된다. 이후 〈Broadway After Dark〉(1924), 〈Sinners in Silk〉(1924), 〈A Social Celebrity〉(1926), 〈A Gentleman of Paris〉(1927) 등의 코미디와 로맨스에서 바람기 많은 신사 역할을 주로 담당했다. www.imdb.com 참고.

비로소 그는 적역을 찾은 모양이다. 실로 그대로이면 일본 영화계에 갖다 놓더라도 '내로라!' 할 만하다고 나는 생각한다.[25]

이 시기에 제작, 상영된 영화들에서 아돌프 멘죠라는 배우가 주로 코미디나 로맨스의 바람기 많은 신사 역할을 담당해 왔다는 사실, 그리고 위의 기사를 참고할 때, 정기탁은 일본의 채플린이라고 불렸던 부전영삼처럼 조선의 아돌프 멘죠라고 불릴 정도의 코믹 연기를 선보이는 데 성공했던 것 같다. 또한 나운규가 코믹한 연기에 특장을 가졌던 배우였다는 점[26]도 염두에 둘 필요가 있다. 이렇게 볼 때, 간략한 내용만 보아서는 전혀 코미디의 성격이 드러나지 않는 이 영화에서 정기탁 혹은 정기탁과 나운규의 연기와 출연 장면들은 일정 분량 이상의 코믹함을 보여주는 것이었고, 이와 같은 성격을 가리켜 '정희극'이라고 칭했던 것으로 추정해볼 수 있을 듯하다. 따라서, 희활극과 정희극은 내러티브가 강조되는 코미디 유형의 일단을 보여주는 형태로 규정하는 것이 타당하다. 다시 말해, 희활극과 정희극은 코믹함의 정조mood가 부차적인 위치에 놓인 형식으로, 활극 / 드라마의 성격에 무게 중심이 놓인 장르라고 볼 수 있을 것이다. 이 시기에 등장한 장편 희활극과 정희극은 이후로도 꾸준한 인기를 얻으며 상영되었다.

한편, 이 시기에 단편 코미디 역시 부차적인 프로그램으로 꾸준히 소비되었는데, 해롤드 로이드와 버스터 키튼의 영화가 소개되면서, 이들의 인기도 채플린에 버금가는 것으로 성장했다. 특히 이때부터 채플린

---

25 극생, 「조선키네마특작 금붕어를 보고—영화연구」, 『동아일보』, 1927.7.10, 3면.
26 이순진(2009), 100~101쪽 참고.

은 장편영화만을 제작하므로, 채플린의 과거 단편들을 재상영하는 한편 로이드와 키튼의 단편영화들이 그 빈자리를 메우며 꾸준히 관객들에게 소비되었다. 이들의 단편 코미디영화가 메인 프로그램인 장편영화 못지 않은 인기를 누리면서, 로이드와 키튼 역시 신문 / 잡지 기사에 자주 오르내리는 '스타 배우'로 자리매김 되기 시작했다.

5) 1926년~1934년—장편 코미디 중심 상영기

1925년을 전후로 채플린 및 로이드, 키튼의 장편 영화들이 조선에 소개되면서부터 장편 코미디영화가 프로그램의 중심으로 들어오게 되었다. 화려한 광고문구와 함께 코미디영화들이 소개되고, 코미디 배우를 중심으로 하는 특별전도 개최되는 등 코미디영화가 부각되었던 것이다. 한편, 1928년부터는 '진희극'으로 설명되는 로맨틱 코미디의 비중이 커지게 되며, 1930년 단성사를 시작으로 조선의 극장가에 발성영화 상영시설이 완비된 뒤에는 뮤지컬 코미디도 중요한 레퍼토리를 형성했다. 따라서 1930년대부터는 채플린, 로이드, 키튼의 독주가 끝나고 해리 랭던Harry Langdon, 찰리 머레이Charley Murray 등의 코미디 스타들과 코미디 듀오 스탠 로렐과 올리버 하디Stan Lorell & Oliver Hardy가 등장했는가 하면 빙 크로스비Bing Crosby와 루이 암스트롱Lois Amstrong, 모리스 슈발리에Morris Chevalier 등 다수의 뮤지컬 코미디 스타들도 등장했다. 또한 독특한 아나키즘 코미디를 선보였던 막스 브라더스Marx Brothers의 영화도 상영되면서 다양한 하위 장르의 코미디가 조선의 관객을 만났다. 먼저, 이 시기의 신문광고들을 살펴보자.

當五月七日(金曜)부터 全部差換一今週普通料金一

△파라마운트社作 / 奇想天外 大喜活劇 〈奇言奇行〉(全二卷)

△파라마운트社名作品 / 南海情話 〈椰子葉影〉(全八卷) 主演 배데이 콤프슨孃

△天下無敵의 大冒險劇 大유나이뎃트社 空前의 大作品 차푸링氏 一世의 大飛

躍 驚異驚異 〈黃金狂時代〉(全十卷) 滿都人士의 白熱的歡迎을 밧든 本篇은

諸賢渴望에 싸여 再次上映 / 再得키 어려운 時期를 놓치지 마시고 壯大無

比의 腰折痛絶할 大爆笑劇을 그여히 보십소서 [27]

제목만 소개하거나 제작사, 배급사 및 감독, 주연배우의 이름 정도를 소개하던 방식에서 길이와 줄거리, 간단한 설명을 덧붙이던 방식으로 변모했다가 이 시기의 광고들에서는 상투적이고 과장된 문구들을 총동원하여 그야말로 영화를 '선전'했다. 코미디영화에 자주 사용되던 상투적인 문구로는 "포복절도", "기상천외", "대탈선", "홍소哄笑", "폭소", "전율", "스피드", "소살笑殺", "웃음보", "배파산", "진무류珍無類", "대비약" 등이 있었다. 조선의 영화계가 보다 산업화되고 확장되었으며, '영화팬'이라고 불리는 계층이 등장하는 시기에 맞춰, 신문 및 잡지에 실린 영화광고와 평론 및 기사들은 더욱 과감하고 적극적으로 변모했다. 이 과정에서 코미디영화 역시 더욱 관객들에게 어필하기 위해 자극적인 단어들을 동원했다. "포복절도", "홍소", "폭소", "소살", "배파산" 등 영화

---

27 『동아일보』, 1926.5.8, 2면.

를 통해 얻을 수 있는 웃음의 양상이 묘사되는 경우가 있는가 하면, "대탈선", "전율", "스피드", "대비약"과 같이 '활극'적 성격을 강조하면서 코미디의 성격을 드러내어 관객들의 기대감을 증폭시키는 경우도 존재했다. 또한, 슬랩스틱 코미디가 아니라 보다 잔잔한 웃음을 주는 로맨틱 코미디와 같은 영화에도 "포복절도", "폭소" 등의 문구를 사용함으로써 '웃음'을 이용한 적극적인 홍보의 의지를 드러냈다. '코매듸'라는 용어도 광고에 직접적으로 등장하기 시작했다.

이 시기 코미디영화 상영 형태 중 주목해볼 것은 채플린, 로이드, 키튼의 특별영화 주간이 개최되었다는 것이다. 예를 들면, 1926년 11월 24일 조선극장에서는 로이드의 새 장편영화 〈로이도의 인기남〉의 개봉에 맞춰 다른 장편 코미디 한편과 로이드 단편 3편으로 구성[28]된 로이도 영화주간을 개최했다. 뒤이어 12월 2일부터는 2주에 걸쳐 "키튼영화회"를 개최했다. 키튼 주간은 "호쾌통렬한 희활극 주간"[29]으로 소개되면서 키튼의 장편 2편과 단편 3편을 더불어 소개했다. 앞선 시기 "빙글빙글 대회"로 개최되었던 코미디영화 특별상영이 다수의 코미디 단편영화들을 묶어서 상영하는 형태였다면, 이 시기의 코미디 특별전은 특정 배우의 영화를 중심으로 구성되었다는 점에서 주목할 만하다. 즉, 이는 코미디 영화 특별상영이 편성될 만큼 코미디영화 관객층이 광범위하게 형성되어 있었다는 것, 그리고 특정 배우의 영화들만을 묶어 특별상영을 기획할 만큼 할리우드 코미디 배우에 대한 팬덤이 형성되어 있었다는 것을 뜻하는 것이기 때문이다. 이러한 사실은 코미디영화 특별주

---

28 『동아일보』, 1926.11.24, 2면.
29 『동아일보』, 1926.12.3, 2면.

간을 제외한 여타의 기획에서 특정 배우들을 대상으로 하는 경우가 많지 않다는 것과 비교될 수 있다.[30]

한편, 1930년대 등장한 코미디 배우들의 경우에는 특별전이 개최되지는 않는데, 이는 단순히 이들의 인기가 채플린, 로이드, 키튼에 미치지 못했기 때문이었다기보다 이 시기 코미디의 다양화와 코미디 배우층의 확대 등 복합적인 요인이 작용했기 때문으로 볼 수 있다. 오히려 로렐과 하디, 해리 랭던의 슬랩스틱 코미디, 막스 브라더스의 아나키즘 코미디, 빙 크로스비나 모리스 슈발리에가 주로 활약했던 뮤지컬 코미디와 로맨틱 코미디 등 이 시기 코미디 영화는 하위 장르로 세분화되고 다양한 관객층에게 소구되면서, 코미디영화 관객층의 확대 및 분화에 기여했을 것으로 추정해볼 수 있다.

6) 1934~ ─ 일본 코미디영화 중심 상영기

1934년 조선총독부에서 공포한 활동사진영화취체규칙은 외화 상영을 제한하는 규정을 포함했다. 이는 1930년 말까지 외국영화의 분량을 3/4 이내로, 1936년 중반까지는 2/3 이내로, 1939년 이후에는 1/2로 제한한다는 내용[31]으로 1930년대 중반까지 조선의 극장가에서 "외화"(일본영화 제외)가 전체의 65%를, 그리고 그 중 할리우드영화가 90%를

---

30 이 시기 "조선영화 특별주간"이나 "파라마운트 특별주간", "쇼치쿠 특별주간" 등 제작사(제작주체)나 배급사 위주의 특별주간이 주로 개최되었던 점과 비교할 때, 코미디 장르 영화전과 코미디 배우 특별전이 기획되었다는 점은 주목해볼 만하다.

31 조준형, 「일제강점기 영화정책」, 김동호 외, 『한국영화정책사』, 나남, 2005, 80~82쪽.

차지하고 있던 상황[32]에서 일대 지각 변동을 예고하는 것이었다. 이에 따라 1937년부터는 매월 상영하는 영화의 1/2을 "국산(일본, 조선)영화"로 상영하도록 강제했는데, 1942년 영미영화상영이 전면 금지될 때까지 일본영화의 상영 비율은 점차 높아지고 외화의 상영비율은 점차 낮아져 1938년에는 일본영화가 상영의 54.8%, 외화가 25.4%를 차지하도록 역전되었다.[33]

한편, 법령으로 규제하기 이전인 1932년부터 신문광고에서는 먼저 변화의 조짐이 드러나기 시작했다. 1911년 이래로 1932년까지 경성에 존재하는 조선인 영화 상설관이었던 우미관, 단성사, 조선극장에 한했던 신문광고는, 극장들이 유성영화의 유입으로 더 이상 '동족어 공간'으로 기능하지 못하게 되면서[34] 일본인 전용관으로 지어졌던 극장 및 일본 자본 극장들에 지면을 넘겨주게 되었다. 1932년과 1933년에는 일본 제일극장과 도화극장의 광고가 등장했고 1934년 이후에는 이들 극장의 광고가 점차 광고지면을 넓혀갔다. 1930년대 후반에 이르면 여기에 명치좌, 희락좌, 약초극장, 광무극장 등 경기지역을 포함한 극장의 광고가 주를 이루면서 경성의 조선인 전용관의 광고들은 점차 사라졌다. 1936년 6월 조선극장이 화재로 소실되고, 단성사가 1938년 2월 경영난 악화로 극 상설로 전환했다가 1939년 6월 폐관하게 되면, 우미관만이 재개봉관으로 남아 겨우 신문지상에 광고를 내는 유일한 조선인 극장이 되었을 뿐이다.[35]

---

32 유선영(2005), 9쪽.
33 유선영(2005), 23~24쪽.
34 이화진, 「식민지 조선의 극장과 '소리'의 문화 정치」, 연세대 박사논문, 2011 참고.
35 한편, 1935년에 지어진 동양극장은 연극상설관이었지만 1937년 이후 연극광고와 더불

그러나 이렇게 법적인 규제와 조선인 상설 영화관의 몰락에 따른 외화 시장의 축소에도 불구하고 조선의 영화 시장 규모는 극적으로 증가했다. 1936년 889만이었던 관객수는 1942년 2,640만을 웃돌 정도로 성장[36]했는데, 이는 우선 도시의 팽창과 도시 인구의 증가, 그리고 이에 따른 영화 시장 규모의 확대에서 일차적 원인을 찾을 수 있다.[37] 그럼에도 조선의 영화제작이 부진했던 상황에서 이와 같은 영화 관람 인구가 선택할 수 있는 영화란 거의 전적으로 외화였던 것이 사실이다. 이 글에서 지칭하는 '외화'에는 앞서 언급했던 바와 같이 1930년대 말 이후 조선의 극장들에서 50% 이상 상영되었던 일본영화가 포함된다. 또한, 이 전시기까지 외화의 절대다수를 차지했던 할리우드 영화의 독점적 지위가 거세되고, 독일(우파사, 비다사, 시네마론사, 에메루가, 위다사 등) 및 프랑스(시네로만사, 호세사, 네로사 등)의 영화들도 다수 프로그램 목록에 올랐다. 물론, 코미디영화도 이와 같은 추세를 따랐으며, 1934년 이전에 상영되었던 미국의 코미디영화들이 재상영되기도 했다.

무엇보다, 당연하게도, 이 시기 극장 프로그램에서 가장 많은 비중을 차지했던 것은 '국산영화'라고 표기되었으나 대부분 조선영화가 아니었던, 일본영화였다. 코미디에서도 일본영화가 절대 강세를 보였다. 송죽, 하합, 마기노, 태태, 대도, 전승 등 다양한 일본 제작사들의 코미디영화가 등장했는데, 1934년 후반부터는 〈출정전〉, 〈전쟁과 엉터리〉 등 전쟁을 소재로 한 코미디와 "애국 넌센스"[38]라고 명명된 코미디 등 본격적인 '선

어 재상영 영화의 광고도 종종 올랐다.
36 유선영(2005), 26쪽.
37 이호걸, 「식민지 조선의 문화사업, 극장업」, 『근대 미디어로서의 극장과 식민지시대 문화 장의 동학』 I, 성균관대 대동문화연구원 학술발표회, 2009.5, 27쪽.

전 코미디 영화'가 등장했다. 또한 당대 일본의 최고 인기 코미디 배우였던 에노켄榎本健一, エノケン[39]의 영화가 조선의 극장가에서도 지속적으로 상영되었다. 〈에노켄의 마술사〉, 〈에노켄의 원비좌조〉, 〈에노켄의 기리금태〉, 〈에노켄의 남래방〉 등 에노켄의 코미디는 1930년대 후반 이후 조선에서 가장 많이 상영된 코미디 영화 중 하나였다.

3. 코미디외화 수용의 몇 가지 국면

이상에서 살펴본 바와 같이 식민지 조선의 극장가에는 다양한 코미디외화가 수입되었고, 정도의 차이는 있었으나 대체로 프로그램의 중요한 부분을 담당했다. 코미디는 내러티브 중심의 영화들이 프로그램의 주요 부분을 담당하는 동안에도 일정기간 동안 볼거리 영화로 남아 있었고 이러한 '볼거리'로서 코미디의 특징은 상당히 오랫동안 지속되었다. 특히 유성영화가 조선에서 상영되기 시작한 1930년대 초까지, 슬랩스틱 코미디가 코미디외화의 가장 중요한 부분이었음은 주지의 사실이다. 물론 이미 1920년대 중반 장편 영화가 등장하고, 코믹한 정조를 기반으로 하는 각종 장르의 영화가 유행하게 되면서 슬랩스틱의 영향력

---

38 『동아일보』, 1935.3.12, 3면.
39 에노켄은 주로 슬랩스틱과 레뷰 코미디를 선보이는 배우였고, 시대극과 찬바라 영화를 코미디로 패러디하기도 했다.

은 다소 약화되었으나, 그럼에도 여전히 단편 코미디의 지속적인 상영 및 장편 슬랩스틱 영화 등을 통해 그 인기는 유지되고 있었다. 그렇다면 이와 같은 외화 코미디의 상영양상은 조선의 대중문화 및 영화계에 어떤 영향을 미쳤을까? 이를 다음의 두 가지로 나누어 살펴보고자 한다.

1) 코미디를 통한 '영화'와 '근대' 경험

1900년을 전후하여 우리나라 최초의 극장인 협률사를 비롯, 아현무동연희장, 용산무동연희장 등의 서구식 극장이 등장하면서 조선에는 본격적인 연예산업이 시작되었다. 극장의 등장은 무대와 객석을 분리하였고 일정한 관람료를 지불하는 유료 '입장객'을 만들어냈으며 직업적 연예단을 조직하여 고용하는 이른바 근대적 흥행 산업이 시작되었다는 의미였다. 이때, 기존 연희 중 근대적 흥행 산업의 지형 안으로 들어와 지속적으로 관객들의 사랑을 받으면서 각 극단의 고정 레퍼토리로 정착하게 된 대표적인 것이 바로 재담과 넌센스, 스케치 등을 포함한 만담이었다. 전통 연희의 마지막 배우이자 최초의 근대적 배우였다고 말할 수 있는 재담가 박춘재와 우리나라 만담의 역사를 만들어간 만담가 신불출은 전해져 내려오는 이야기 또는 매일의 일상사를 재미있는 이야기로 구성하여 식민지 조선인들을 웃기고 울리는 조선 최고의 인기 배우였다. 말하자면 근대적 흥행 산업 안에서 여전한 인기를 구가하며 지속될 수 있었던 전통 연희 코미디는 재담, 소화, 만담 등 '언어'를 이용한 '청각적' 코미디가 주를 이루는 것이었다.

반면, 초기 영화를 비롯한 슬랩스틱이 보여주는 코믹함의 감각은 '신체'를 통한 '시각적'인 것이었다. 앞서 살펴보았듯이 짧은 코믹 실사 / 극 시기에서부터 단편코미디영화 중심기까지 주로 상영되었던 볼거리 중심의 코미디외화는 슬랩스틱으로 웃음을 유발하는 것이었고, 이후 정희극이나 희활극에서도 조연급 배우들의 과장된 몸동작을 비롯한 슬랩스틱은 빠지지 않고 등장하는 주요 볼거리였던 것이다. 다시 말해, 영화 이전 대중 오락물에서의 코미디가 재담과 만담처럼 언어를 중심으로 하는 것이었다면, 초기 무성영화 코미디는 배우들의 신체를 활용한 슬랩스틱으로 웃음을 유발하는 것이었다고 할 수 있다. 이와 같은 매체의 특성에서 기인한 수용 감각의 차이는 관객들로 하여금 코미디 수용의 신체적 전환을 경험하게 했다. 전통연희에서 주로 청각을 통해 인지했던 코믹함을 무성영화 코미디에서 시각을 통해 경험함으로써, '영화적' 코미디의 감각은 구별된 것으로 형성되었다. 즉, 조선의 관객들은 외화 코미디를 통해 '시각적'인 웃음의 코드를 발견하게 되었던 것이다. 이것은 비단 무성 슬랩스틱 코미디에만 해당되는 것은 아니다. 슬랩스틱이 초기 영화기의 중심 프로그램이자 식민시기 전반에 걸쳐 압도적인 인기를 지속했던 것은 사실이지만, 춤과 제스처, 우스꽝스러운 표정 등을 통해 웃음을 유발하는 뮤지컬 코미디와 아나키즘 코미디, 로맨틱 코미디 역시 신체적인 웃음을 중요한 기제로 활용하는 것이었기 때문이다.

이러한 '영화적' 웃음은 당대 흥행 산업의 중심이었던 대중극단에서 먼저 받아들였다. 시각적인 웃음의 유발은 곧 기존 연희 속 재담이나 만담과 같은 청각적 웃음과 융화되어 대중극단으로 스며들었다. 이에 대해서는 뒷 절에서 다시 서술하겠으나, 중요한 것은 이 과정에서 영화의 관객과 대중극 / 악극의 관객들이 웃음의 코드를 공유하는 계기가 마련되었다는 점이다.

다음으로 슬랩스틱이 조선의 관객에게 미친 영향 중 주목해 보아야하는 점은 그것이 '근대'를 표상하는 웃음이었다는 점이다. 주체와 세계 사이의 갈등을 신체를 통해 드러내는 인물[40]을 주인공으로 하는 슬랩스틱을 통하여, 조선의 관객들은 '근대적 개인'으로 상정된 주인공의 위치를 인식할 수 있었으며, 근대를 사는 개인이 처한 고뇌에 다가갈 수 있었다고 볼 수 있다. 예컨대, 식민지 조선에서 가장 인기 있었던 배우 중 한 사람이었던 찰리 채플린을 비롯하여 로스코 패티 아버클, 버스터 키튼, 해롤드 로이드 등 스타덤을 형성한 슬랩스틱 연기자들이 영화에서 웃음을 유발하는 요인은 자신을 둘러싼 세계와 불화하며 근대화된 세계 속에서 적응하지 못하고 지속적으로 미끄러지는 인물들을 연기함으로써였다. 조선의 관객들은 이들에게 동일시하거나 때로 거리두기를 하면서 '근대'와 '서구'를 경험할 수 있었다는 것이다. 즉, 초기 영화의 관객들이 멜로드라마를 통하여 근대가 주는 충격을 완화하여 받아들일 수 있었던 것처럼[41] 조선의 영화 관객들도 코미디를 통하여 '근대'와 '서구화'의 충격을 완화하여 받아들일 수 있었다고 할 수 있을 것이다. 당연히, 이것은 근대적 매체인 영화 자체의 특성이고 슬랩스틱이라는 영화 장르에만 한정된 것이라고 볼 수는 없지만, 무엇보다 실패를 거듭하는 슬랩스틱의 개인, 그리고 세계와 주체 사이의 불화를

---

40 Frank Krutnik, "General Introduction", *Hollywood Comedians : The Film Reader*, Routledge, 2003b, p.3.
41 벤 싱어, 이위정 역, 『멜로드라마와 모더니티』, 문학동네, 2009 참고.

완화시키는 '웃음'의 기제를 통하여 이러한 습득이 한결 받아들이기 쉬운 것으로 형상화되었으리라는 점은 추측해볼 수 있다. 슬랩스틱이 가져온 이와 같은 두 가지 전환, 즉 웃음의 신체적 전환과 근대적 세계를 맞닥뜨린 실패한 개인으로서의 인식의 전환은 조선의 관객들에게 매우 의미심장한 것이었으며, '웃음'이라는 행위를 통하여 세계와 소통하게 되는 하나의 과정이었다고 할 수 있을 것이다.

이런 맥락에서 찰리 채플린이 조선에서 소비되었던 맥락도 재해석해 볼 수 있다. 찰리 채플린은 조선에서 '철인哲人'이라는 칭호로 불리면서 코미디에 철학을 녹인 '작가'로서 언급되었다. 특히 채플린에 대한 일종의 신화화는 그의 장편영화를 소개하는 시기부터 확고해진다.

> 챠플린의 名聲은 全世界를 通 해서 恰似히 帝王과 가티 全人類 우에 君臨하고 잇다. (…중략…) 뿐만 아니라 챠플린의 有名한 佛蘭西 傳記作家 '루이 들 륙크'氏는 "그와 王座를 다툴 사람은 크리스트基督가 잇슬 뿐이다"라고 激稱하엿스며 露西亞의 文豪 '엘렘부르그'氏는 "現在世界에 가장 有名한 人物은 누구인가? 그는 '레닌' 그리고 '챠플린' 두 사람이다"라고 論破하엿다. 그러나 어찌하야 챠플린은 世界的 喜劇王의 地位를 占領하게 되엇는가. 그의 主觀的 演技, 人間心理의 赤裸裸한 發現을 다시 그의 全身의 "프리즘"을 통해서 우리들 아페 再現할 때 거기에서 우리는 무엇을 느끼고 잇스며 다시 哄笑에서 哀愁를 맛보게 되는가. (…중략…) 그는 어디까지든지 '룸펜, 인텔리겐챠아'의 孤獨한 典型的人間이다. (…중략…) 그의 內面에 흐르는 것은 가장 弱한, 가장 우수운 '룸펜'의 全性格을 反映하는 것이다. (…중략…) 챠플린 亦是 그의 假裝을 通해서 無限한 人生의 寂滅 懷疑를 暝示 하고 잇다. 이 點에서 喜劇도 悲劇

을 默示하는 一變形이라고 보는 것도 決야코 無理는 아니다. (…중략…) 不絕
히 成長해가는 촤플린 그만이 참으로 우리가 깁히 期待하며 信望하는 촤플린
이다. (…후략…)[42]

　이헌구는 채플린과 어깨를 나란히 할 만한 위인은 '크리스트' 혹은
'레닌' 정도라는 글을 인용하며 그의 위대함을 강조한다. 그는 채플린의
영화가 "룸펜 인텔리겐챠아의 고독한 전형적 인간"을 그리고 있으며
"무한한 인생의 적멸 회의를 명시"라고 있다는 점에서 위대하다고 평가
한다. 당시 조선의 극장가에서 몇 번이고 재상영되었던 〈황금광시대
The Gold Rush〉나 〈써-커쓰The Circus〉, 〈거리의 등불City Light〉 등은 근
대라는 획일적이고도 조직화된 사회에서 도태된, 적응에 실패한 인물들
과 그들의 고군분투를 그리되 "비극을 묵시하는 일변형"으로서의 "희
극"으로 그려내고 있는 "예술품"인 것이다. 조선의 관객들은 이와 같은
채플린에 대한 담론과 기사들을 통해 그와 그의 영화에 대한 비평적 인
식에 다가갈 수 있었다.
　이런 점에서 채플린의 영화는 조선의 관객들이 근대적 일상에 내던
져져 갈등과 혼란을 겪는 동시대의 '근대인'으로서의 자각에 한발 다가
서게 해 주었으며, 자신을 '세계 영화팬'의 일원이자 '세계의 일원'으로
위치 지을 수 있게 하는 하나의 계기였던 셈이다.

42　이헌구, 「세계적 희극왕 촤플린을 논함」, 『동아일보』, 1931.7.30~8.1, 4면.

2) 코미디의 매체 전이와 변용

슬랩스틱을 비롯한 무성 코미디 외화가 조선영화에 미친 가장 직접적인 증거로 볼 수 있는 것은 조선 최초의 코미디영화인 〈멍텅구리 헛물켜기〉(1926)이다. 〈멍텅구리 헛물켜기〉에는 당대 대중극계의 유명한 희극배우 이원규가 주인공으로 등장하는데, 촬영 장면을 묘사한 당시의 신문기사를 살펴보자.

> 이십팔 일 오후 두 시경에 시내 중앙리발관은 수백 군중에 싸히어 인산인해의 대혼잡을 이루어서 마츰내 경관대까지 출동하엿다는데 그 내용인즉 조선영화연구회에서 본보에 련재되는 「멍텅구리」가 리발관에서 머리를 깍다가 마츰 밧그로 지나가는 옥매가 톄경에 빗처서 나타나는 것을 보고 톄경을 향하야 옥매를 쪼처간다고 날뛰다가 톄경을 쌔트리고 리발관 주인과 톄경갑 문뎨로 다투는 장면을 배우들이 젼긔 중앙리발관에서 활동사진으로 박엇섯는데 그것을 구경하기 위하야 그와 가티 군중이 모혀드러서 중앙리발관에서는 몃 시간 동안 일도 잘 못하엿다 한다.[43]

『조선일보』에서 인기리에 연재 중이던 4컷짜리 만화 「멍텅구리」 시리즈 중 일부를 영화화한 〈멍텅구리 헛물켜기〉는 최멍텅이라는 주인공과 그의 친구 윤바람, 최멍텅이 짝사랑하는 기생 신옥매의 이야기를 다룬다. 채플린을 연상시키는 복장을 한 배우 이원규가 거울과 실제를

---

43 「멍텅구리볼랴고 종로일대가 인산인해―멍텅구리 활동사진 박는 것을 보려고 구경군이 만히 모혀서 군중으로 인하야 경관출동」, 『조선일보』, 1925.12.30, 2면.

착각하여 소동을 부리는 위의 장면은 슬랩스틱으로 연기되는 장면이었다.[44] 이처럼 수백 군중이 촬영을 구경하기 위해 모여들고 경관대까지 동원되었던 것은 원작 만화 「멍텅구리」의 인기 및 영화 이전에 제작되었던 연극 〈멍텅구리〉의 명성이 한 몫을 했기 때문이었을 것이다. 만화와 연극의 인기를 등에 업은 작품의 전유로서, 영화 〈멍텅구리 헛물켜기〉 역시 당시 관객들의 큰 관심을 받으며 상당한 반향을 불러일으키게 된다. 그럼에도, 이런 인기는 코미디 영화의 지속적인 제작으로 이어지지는 않았다.

오히려 외화 코미디는 영화보다 무대에서 보다 직접적인 영향력을 발휘했던 것으로 보인다. 1928년 광무대 광고에 실린 "짜푸링 임종성"[45]이라는 프로그램 및 1931년 조선연극사의 〈황금광시대〉 공연 광고[46] 등은 채플린의 슬랩스틱을 모방하여 웃음을 만들어 내는 대중극단의 배우들이 존재했음을 시사한다. 이 외에도 조선의 버스터 키튼이라고 불린 이방, 조선의 채플린으로 불린 이원철 등의 존재는 자신의 신체를 활용하여 웃음을 이끌어내는 슬랩스틱 방식의 코미디가 조선의 대중문화 속에 깊숙이 자리하고 있었음을 증명해주는 것이다. 외화 코미디의 연기 방식과 레퍼토리, 장르 등이 대중극단으로 먼저 흡수된 것은 무엇보다 당시의 주도적인 대중오락이 연극 / 악극이었기 때문이었다. 〈멍텅구리 헛물켜기〉에 출연했던 이원규가 영화의 선풍

---

44 대중극단의 희극배우였던 이원규와 만화 「멍텅구리」에 대해서는 이 책의 1부 2장 3-1절 참고.
45 『동아일보』, 1928.9.9, 4면.
46 『동아일보』, 1931.6.9, 8면에는 조선극장에서 조선연극사 각본부 제공, 김성룡 각색으로 "서양극 〈황금광시대〉"(1막)을 공연한다는 기사가 실렸다.

적인 인기에도 불구하고 다시 극단으로 돌아갔던 것 역시 같은 이유 때문이었을 것으로 짐작해볼 수 있다. 그러나 이에 더하여 당시 조선 영화계가 장편 코미디를 지속적으로 생산할 수 있을 만큼 충분한 장르적 토대가 마련되지 않은 시기에 처해 있었음도 사실이다.

주지하다시피, 조선의 흥행계에 먼저 수용되었던 것은 단편적인 슬랩스틱의 '흉내내기'였다. 1920년대 중반이 되면 코미디 외화의 중심이 되었던 정희극이나 희활극에서 볼 수 있는 코믹함, 즉 하나의 '장르'로서가 아니라 일종의 '정조mood'로서의 코미디 역시 수용되기 시작했다. 단편적인 슬랩스틱과 '정조'로서의 코미디 수용은 대중극 / 악극에서뿐 아니라 영화에서도 그 영향력을 발휘했다. 나운규나 정기탁과 같은 코믹 연기에 특장을 가진 조연들을 통해 웃음 코드를 마련했던 조선영화의 코믹 시퀀스들은 외화에서 수용된 '코믹함'의 정조에 기댄 바 크다고 할 수 있을 것이다. 매체 전이를 통해 비교적 안정적인 토대를 가질 수 있었던 〈멍텅구리 헛물켜기〉 한 편을 예외로 두고, 이 시기까지 코미디는 하나의 단독 장르로서는 조선영화계에서 꽃피지 못했지만, '코믹함'이라는 무드를 통해서 조선영화계에 깊이 접근해 있었던 것이다. 그러나 1920년대 후반 채플린과 키튼, 로이드의 장편 코미디가 소개되고, 1930년대 초반 다양한 장르의 장편 코미디가 등장하면서 조선영화계에서도 코미디 장르에 대한 본격적인 영화적 수용이 가능해졌을 즈음, 활동사진영화취체규칙의 공포, 조선인 전용 극장들의 소실 및 폐관, 그리고 외화 수입 제한 등으로 제동이 걸리면서 코미디영화 장르의 형성은 다소 요원한 일이 되고 말았다.

한편, 1930년대 중반이라는 바로 이 시기는 악극단이 조선 대중문화의 중심으로 떠오르게 되는 바로 그 시기이기도 했다. 이미 1920년대부터 대중극단들은 코미디의 다양한 양식들을 적극 수용하고 있었으며, 1930년대 중반이 되면 조선악극단, 라미라가극단, 반도가극단 등 주요 악극단들이 조직되어 조선의 흥행계를 장악했다. 악극단들은 악극과 쇼, 코미디 등을 순차적으로 선보이는 공연의 형식을 정비하고, 희가극이나 경희극 등을 선보였을 뿐 아니라 재담과 만담류의 코미디도 적극 활용하면서 지속적으로 성장해 나갔다. 이러한 과정에서 흥행자본과 연예 인력들은 악극단으로 집중되었다. 따라서 1920년대 말을 거치면서 대중극과 영화계 양쪽에서 극대화되었던 코미디 외화의 영향은 자연스럽게 악극단으로 편중되었고, 1930년대 말 장편 코미디악극의 형성으로 이어졌다. 그리고 이러한 장편 코미디 악극은 해방 이후까지 유행하다가 이후 1950년대 장편 코미디영화의 생성에 인력과 레퍼토리 측면에서 지대한 영향을 미치게 되었던 것이다.[47]

마지막으로 식민시기 외화 코미디는 코미디 관객층의 확대 및 분화도 이루었다고 평가할 수 있다. 슬랩스틱 코미디가 주를 이루었던 초기를 지나 희활극, 정희극 등 다양한 '코믹'을 겸한 장르들이 생성되고, 1920년대 중반을 지나면서 로맨틱 코미디, 아나키즘 코미디, 뮤지컬 코미디 등 다양한 장르의 코미디영화들이 조선의 관객을 찾았음은 이미 주지의 사실이다. 어린이들에게 큰 인기를 얻었던 슬랩스틱 코미디, 청춘남녀들에게 소구되었던 로맨틱 코미디, 미남 배우 모리스

---

47 악극의 장편화와 악극과 코미디 외화의 상관관계에 대한 더 자세한 논의는 이 책의 1부 2장 2-1절 '악극단 코미디 형식의 변화'를 참고. 악극단이 1950년대 한국코미디영화 장르 형성에 미친 영향에 대해서는 이 책의 1부 2장 2-2절 '악극단에서 영화로-인력과 레퍼토리의 교류'를 참고.

슈발리에의 인기와 함께 했던 뮤지컬 코미디 등 다양한 하위 장르가 상영되고 인기를 얻음에 따라, 코미디 관객층 역시 다양해졌다. 특히 앞서 살펴본 바와 같이 채플린은 '철인哲人'으로 광고되면서 영화 예술의 진보를 이루었다는 적극적인 평가와 함께 지식인 계층도 코미디의 관객으로 흡수될 수 있었다. 이처럼 다양한 영화들이 다양한 취향의 관객에게 말 걸면서, 식민시기 외화 코미디는 코미디 관객층의 확대 및 분화를 이루었다고 볼 수 있을 것이다.

4. 나가는 글

이상에서 식민시기 외화 코미디의 수용 양상 분석을 통하여 이 시기 '웃음의 감각'과 '코미디(성)'이 발현되는 양상을 살펴보았다. 식민시기는 정치의 암흑과 경제의 종속, 문화의 통제와 억압의 시기였으며, 이 시기 한국영화사는 양적으로, 질적으로 긴 터널을 견딜 수밖에 없었다. 코미디영화가 식민시기 단 한 편밖에 제작되지 않았던 것도 이런 시대적 상황과 전혀 무관하다고는 할 수 없을 것이다. 그러나 식민시기 조선영화에 '웃음'과 '코미디(성)'이 존재하지 않았던 것은 아니다. 그것은 과거로부터 전해 내려왔던 전통 연희의 형태를 띠고, 그리고 막강한 기세로 일본의 통제와 검열의 틈새를 파고들었던 외화 코미디를 통해서 조선의 영화계에 전달되었다. 외화 코미디는 '코믹한 정조'와 '코미디'

장르의 배아라는 형태로 조선영화를 비롯한 대중문화 전반에 스며들어, 식민시기의 웃음을 형성하는 데 일조했다. 그리고 바로 이 '웃음'은 식민시기를 살고 있는 조선의 관객들이 '근대'와 '세계'를 조우하게 되는 소통의 창구로 기능했다.

이 글은 한국영화사에서 코미디의 암흑기로 볼 수 있는 식민시기를 고찰하는 데 있어, 외화코미디의 수용이 한국의 대중문화 및 영화 코미디의 중요한 원천이 되었다는 점 그리고 무엇보다 '영화적 웃음의 감각'이 형성되는 과정과 그 의미에 집중하여 논의를 전개하였다. 이 논의가 보충되어야 할 지점은 여러 가지이겠지만, 첫째, 경성지역 극장광고만을 중심으로 하고 있다는 한계가 있다. 경기, 부산 지역 등 상설영화관이 다수 존재했던 지역에 대한 고려 및 이동영사를 통한 코미디영화의 지방 보급과 수용과정에 대한 연구가 보충되어야 할 것이다. 둘째, 할리우드영화의 수용만을 다루고 있다는 한계가 있다. 식민시기 내내 일본영화 및 문화의 영향은 피해갈 수 없었지만 특히 발성영화의 등장으로, 민족적 구분보다 계급적 구분이 강력하게 작동하여 일본인 극장과 조선인 극장의 경계가 허물어지게 되면서 일본영화의 영향은 한층 강력해진다. 그 중에서도 에노켄의 코미디는 해방 이후까지도 조선의 코미디에 상당히 많은 영향을 미쳤던 것으로 보이는데 이에 대한 구체적인 연구가 보충되어야 식민시기 외화의 영향에 대한 연구가 더 균형 잡힌 시각으로 이루어질 수 있을 것이다. 이에 대한 연구는 추후의 과제로 남긴다.

제2장

잡후린囉侯麟과 애활가愛活家[1]

1. 경성 극장가를 밝힌 〈거리의 등불〉

1934년 6월 채플린의 〈거리의 등불City Light〉(1931) 상영을 앞두고, 경성 거리에는 색다른 거리선전町回り(마찌마와리)이 펼쳐졌다. 실물 크기의 채플린 입간판을 앞세우고 중산모에 짧고 꽉 끼는 상의, 그리고 우스꽝스럽게 큰 바지, 지팡이와 커다란 구두를 착용한 이십여 명의

---

1 1919년 조선최초의 영화잡지 『녹성』은 조선에서 처음으로 찰리 채플린을 다룬 기사를 실었는데, 이 기사는 "세계 제일의 희극배우" 채플린의 두 번째 결혼소식에 대한 것이었다. 이 글에서 채플린은 '잡후린'으로 표기되어 있다. 「세계 일의 희극배우 잡후린囉侯麟 선생의 혼인」, 『녹성』, 1919, 36~37쪽. '잡후린'이라는 표기는 이후 거의 사용되지 않았으며, 제목에서 사용한 '애활가'라는 표현 역시 영화를 '활동사진'이라고 칭하던 시기 영화팬을 일컫는 용어였으므로, 1910년대와 1920년대 초반에 주로 사용되던 용어였다. 그럼에도 이 글이 '잡후린'과 '애활가'라는 용어를 사용한 것은 시기적인 한정을 뛰어 넘어서, 1910년대부터 지속된 찰리 채플린에 대한 조선영화팬들의 오랜 관심을 드러내기 위한 것이다.

배우들과 사십 여 명의 악대 및 선전대원들이 프로그램 전단지를 나눠주면서 채플린의 신작 〈거리의 등불〉을 광고했던 것이다. 그간 신문기사나 4만 장에 달하는 광고지, 잡지의 지상상영[2] 등을 통해서 내용을 이미 숙지하고, 영화의 세계적 반향을 글로만 접했던 경성의 영화팬들은 무려 3년을 기다려 〈거리의 등불〉을 만나게 된 것이었다. 이 대대적인 광고는 3년간의 기다림을 배가시키는 기폭제 역할을 했다. 경성에 처음으로 등장한 실물크기의 입간판이며, 채플린의 독특한 제스처와 분장을 흉내 내는 배우의 무리는 거리를 지나는 행인들과 영화팬들의 즉각적인 호응을 불러 일으켰다.[3]

이목을 집중시킨 거리선전과 함께 6월 1일 개봉한 〈거리의 등불〉은 조선인 극장, 일본인 극장 할 것 없이 초만원을 이뤘다. 특히 조선극장에서는 1주일 상영만으로 2천 엔을 벌어들여 이로 인한 타격이 한동안 파라마운트나 메트로에 계속 될 것이라는 분석[4]이 뒤를 이었다. 채플린 영화에 대한 특별한 호응은 이번이 처음은 아니었다. 〈키드〉(1921)나 〈황금광 시대〉(1925), 〈서커스〉(1928) 등 채플린의 장편영화가 조선에 당

---

2 「눈물의 챠푸링 〈거리의 등불〉 지상상영」, 『삼천리』, 13호. 1931.3, 4~5쪽; 「영화」, 『별건곤』 69호, 1934.1, 42~43쪽.

3 이 내용은 다음의 기사를 참고로 재구성 되었다. 「쇼와9년 상반기 전국 지방별 최고 흥행성적 영화는 무엇인가(2) - 본사 각지 통신부」, 『국제영화신문』 131호, 1934년 8월. 16~17쪽, 한국영상자료원 영화사연구소 편, 『일본어잡지로 본 조선영화』 1, 한국영상자료원, 2010, 48~50쪽.

4 신기우오神崎祐吾, 「영화왕래」, 『조선급만주』 320호, 1934년 7월, 67~68쪽, 정병호 · 김보경 편역, 『일본어잡지로 보는 식민지 영화』 3, 도서출판문, 2012, 37~39쪽. 한편, 경성의 도아구락부과 조선극장에서 동시에 개봉했던 〈거리의 등불〉은 도아구락부에서도 "첫날부터 관객이 쇄도하고 주야2회 흥행으로 1천5백 원을 돌파"했다. 당시 도아구락부의 입장료는 2층 성인 1원, 학생 50전, 어린이 30전이고 1층 성인 80전, 학생 40전, 어린이 12전이었으며, "10일 동안 동일한 서양영화로 흥행을 한 것은 이번이 처음"이었다(한국영상자료원(2010), 48~50쪽)고 한다.

도할 때마다 극장가에서는 떠들썩한 광고와 함께 그에 대한 담론들이 홍수를 이루었다. 1914년 데뷔 이후 1930년대까지 세계를 휩쓸었던 채플린의 영화는 조선에서도 예외 없이 돌풍을 일으키고 있었던 것이다.

그런데 채플린 영화에 대한 열렬한 환영은 〈거리의 등불〉 이후 매우 드문 일이 되었다. 〈거리의 등불〉이 상영되었던 1934년은 활동사진영화취체규칙[5]이 발표되었던 해로, 이 시기를 기점으로 채플린의 영화들을 비롯한 할리우드 코미디들은 점차 일본 코미디영화로 대체되기 시작했기 때문이었다. 1936년 제작되어 1938년 조선의 관객들을 만났던 〈모던 타임즈〉는 단 한 번의 상영으로 그치고 말았으며, 1940년작 〈위대한 독재자〉는 아예 개봉조차 되지 못했다. 물론 채플린의 영화가 더 이상 식민지 조선에서 상영되지 못하게 된 데에는 복합적인 원인이 존재했다. 본문에서 더 자세히 살펴보겠으나 무엇보다 일제의 대미 관계 변화가 가장 큰 원인이 되었고, 이미 여러 연구자들이 지적했듯이 이 시기 일제의 식민지 영화시장 통제 정책도 미국영화의 수입과 상영을 제한하는 결정적인 요인으로 작용했다. 더불어 미국영화시장에서 채플린 자신의 입지가 변화한 것 역시 〈모던 타임즈〉 이후 채플린 영화의 부진을 설명할 수 있는 하나의 단서가 될 것이다.

이러한 여러 가지 요인들로 인해, 1930년대 중반 이후 조선의 극장가에서 채플린의 영화는 이전만큼 떠들썩한 환영을 받지는 못했다. 그러나 채플린의 영화가 극장가에서 아주 사라진 것은 아니었다. 조선극

---

5 활동사진영화취체규칙 시행세칙 7조에서 외국영화에 대한 수량 제한이 지시된다. 1935년 말까지 외화의 비율을 상영영화 총 미터수의 3/4이내, 36년 중 2/3 이내, 37년 이후 1/2 이내로 줄이라는 이 규칙은 1934년 9월 10일부터 시행하도록 규정되어 있다. 한국영상자료원 편, 『식민지시대의 영화검열』, 한국영상자료원, 2009, 139쪽.

장이 화재로 소실되고, 단성사가 대륙극장으로 개명하고 우미관이 재개
봉관으로 전락하게 되는 그 시기에, 채플린의 무성 단편코미디영화들은
"전발성영화"로 새롭게 태어나 다시 한 번 극장으로 되돌아왔다. 1910
년대 후반부터 1930년대 후반까지, 약 20년간 채플린의 영화들은 지속
적으로 조선의 극장가에서 순환하고 있었던 것이다.

이 글은 먼저 채플린 영화가 조선에서 상영되던 당시의 극장가의 상
황을 코미디영화를 중심으로 재구성해보고자 한다. 특히 채플린의 무성
슬랩스틱 코미디 영화가 식민지 조선에서 상영된 양상과 그에 대한 반
향을 중심으로, 조선의 극장가에서 채플린 코미디가 갖는 의미를 반추
해볼 수 있을 것이다. 또한 채플린이라는 하나의 문화 텍스트가 식민지
조선에 당도하여 조선의 대중문화와 관계 맺고 관객들과 소통하는 양상
을 통해, 문화의 '주변'에 놓여 있던 조선인들이 자신의 중심을 만들어
가는 과정도 살펴볼 수 있을 것이다.

2. 식민지 조선극장가의 코미디영화 수용의 환경

영화사의 초기, 코미디 단편과 코믹한 실사는 무엇보다 좋은 볼거리
로서 대부분의 극장 프로그램의 중요 레퍼토리였다. 연속영화가 등장하
고 영화가 내러티브 중심의 서사체로 변모해 나가는 시기, 코미디영화
도 '내러티브' 통합의 방향으로 변화해가는 영화사의 흐름과 동행하면

서 '볼거리'로서의 퍼포먼스를 포기하지 않는 독특한 형식을 발전시켰다.[6] 이때 등장한 찰리 채플린, 해롤드 로이드, 버스터 키튼 등의 코미디 배우들은 무성영화 시기 코미디의 붐을 일으켰다. 조선의 극장가 역시 이러한 세계적 흐름과 무관하지 않았고, 이들이 전성기를 누리던 1920년대와 1930년대 초반은 할리우드 코미디영화, 그 중에서도 슬랩스틱 코미디가 프로그램의 중요한 부분을 차지하고 있었다. 이 장에서는 식민지 시기 조선극장가의 코미디영화 상영 양상과 상영을 둘러싼 다양한 맥락을 간략히 살펴보고자 한다.[7]

1912년 신문에 영화광고가 실리기 시작하고 우미관이 영화전용극장으로 전환하게 되는 시점부터 1930년대 중반에 이르는 시기까지 경성의 조선인 극장은 서양영화상설관으로 불릴 정도로 외화가 압도적인 비율을 차지했고, 그 중에서도 할리우드 영화가 90% 이상을 차지[8]했다. 코미디영화의 경우도 예외는 아니어서, '볼거리 위주'의 짧은 코믹극이나 코믹 실사에서 벗어나 '내러티브 중심'의 단편이 주요 프로그램으로 자리하게 된 1918년 이후, 거의 대부분의 코미디영화는 할리우드 산産이었다. 식민지 시기 조선에서 만들어진 단 한 편의 코미디영화 〈멍텅구리 헛물켜기〉(이필우, 1926)가 존재하기는 했지만, 코미디영화는 곧 '할리우드 코미디영화'를 지칭하는 것이나 다름없었다. 전술했듯이 코

---

6   사이드만은 이를 "코미디언코미디"라고 명명했다. Steve Seidman, *Comedian Comedy : A Tradition In Hollywood Film*, UMI Research Press, 1981 참고.

7   코미디영화 상영 양상 자체가 주된 논의 대상이 아니므로, 이 글에서는 이에 대한 분석보다는 코미디영화 상영에 영향을 미친 다양한 콘텍스트를 언급하고자 한다. 식민시기 코미디영화 상영양상에 대한 자세한 분석은 이 책의 2부 1장을 참고.

8   유선영, 「황색식민지의 서양영화 관람과 소비실천, 1934~1942 – 제국에 대한 '문화적 부인'의 실천성과 정상화 과정」, 『언론과 사회』 13권 2호, 사단법인 언론과 사회, 2005, 9쪽.

미디영화가 극장의 중심 프로그램으로 자리하면서 관객들의 사랑을 받았던 시기는 1920년대 중반부터 1930년대 초반까지로, 이 시기에 채플린을 비롯한 코미디 배우들의 '슬랩스틱 코미디'는 최고의 인기를 누렸다.[9] 그러나 이러한 경향은 1934년 활동사진영화취체규칙이 발표되면서 강제적으로 외화의 상영 비율을 축소, 일본영화 상영비율을 높여가기 시작한 이후 서서히 변화를 맞았다. 1937년 중일 전쟁이 발발하고 1941년 태평양 전쟁을 목전에 두고 양화상영 금지[10]가 실시되면서, 경성의 극장가에서 할리우드 영화를 찾아보기 어려워졌다.

주지하다시피 할리우드 영화 상영에 대한 법적 제재에는 이와 같은 정치적인 이유 못지않게 경제적 요인도 크게 작용했다. 즉, 영화산업에 있어서 대동아공영권을 꿈꾸었던 일본은 조선의 시장을 내지와 합병하여 시장의 확대를 꾀하고, 조선을 일본영화 수출을 위한 전진기지로 삼고자 했던 것이다.[11] 이러한 맥락에서 1934년 활동사진영화취체규칙이 공포되었는데, 이에 따라 일본영화는 법적 보호망을 두른 채 조선의 극장가를 점령하기 시작했다. 더욱이 1938년 이후 양화상영

---

9   1927년 검열기록에 따르면, 외국영화 중 희극이나 소극으로 분류된 것이 거의 25%에 이른다. 이에 따라 조선에서의 극 경향을 "활극, 골계, 쾌활한 희극 종류가 비극에 비해 다수"라고 기록하고 있다. 한국영상자료원 편, 『식민지시대의 영화검열』, 211~213쪽 참고. 물론 이 시기 슬랩스틱 코미디 외에도 희활극을 비롯한 로맨틱 코미디 등 다양한 종류의 코미디 영화가 상영되었던 것이 사실이지만, 가장 두드러졌던 것은 채플린과 로이드, 키튼의 영화를 비롯한 슬랩스틱 코미디영화였다.

10   1937년 7월부터 미국영화 수입 금지조치가 내려졌는데, 1939년 6월까지 네 차례에 걸쳐 조건부로 '명랑한 미국영화'에 한해 해금조치가 취해지기도 했다. '조선영화령'에 따라 외화통제 및 강제상영제가 실제 시행되기 시작한 것은 1940년 11월 1일부터였다. 「양화상영절대금지」, 『매일신보』, 1940.8.30, 9면.

11   정종화, 「한국영화사의 탈경계적 고찰—1930년대 경성 영화흥행계 분석을 중심으로」, 『일본어잡지로 본 조선영화』 1, 한국영상자료원, 2010, 357쪽; 이호걸, 「1920~30년대 조선에서의 영화배급」, 『영화연구』 41호, 한국영화학회, 2009, 147쪽.

권리금 폭등[12]과 맞물려 1930년대 말에는 경성의 극장가에서 상영하는 영화의 50% 이상이 일본영화로 채워졌다. 물론, 코미디영화의 경우도 마찬가지였다. "애국 넌센스",[13] 전쟁 코미디 등의 하위 장르 명칭을 달고 등장한 이른바 '선전 코미디영화' 〈출정전〉, 〈전쟁과 엉터리〉 등을 비롯하여 당시 일본 최고의 인기 코미디배우 중 한 사람이었던 에노켄ㅡ/ヶン[14]의 코미디가 조선 극장가의 주요 흐름을 형성하게 되었던 것이다.

그러나 경성의 조선인 극장을 중심으로 논의할 때와 달리, 경성의 일본인 극장이나 부산을 비롯한 여타 지역 극장으로 눈을 돌려본다면, 위의 서술은 조금 다른 방식으로 전개되어야 한다. 일본의 코미디영화가 1930년대 말 갑자기 조선의 관객들을 급습했던 것은 아니었기 때문이다. 일본인 관객을 주요 고객으로 삼는 조선의 여타 극장들에서 일본영화는 식민지 시기 내내 극장 프로그램의 80% 이상을 점유했고, 코미디영화도 상당한 비율로 상영되었다. 예컨대 1920년대 경성의 일본인 전용 극장의 경우, 일본 코미디영화가 극장 프로그램의 주요 비중을 차지했다. 더욱이 이화진의 지적에 따르면, 1920년대 민족에 따라 관객의 성원이 결정되었던 극장 공간이 1930년대 발성영화의 등장과 함께 점차 경제적, 지적 배경에 따라 관객층이 구분되는 공간으로 변화함에 따라 이미 상당수의 관객들은 민족 공간으로서의 극

12　유선영(2005), 32쪽.
13　『동아일보』, 1935.3.12, 3면.
14　에노켄(에노모토 겐이치榎本健一, 1904~1970) 일본의 배우이자 가수, 코미디언. '일본의 희극왕'이라 불렸으며 제2차 세계대전을 전후로 크게 활약했고, 시대극과 찬바라 영화를 코미디로 패러디하기도 했다. 정병호・김보경 편역, 『일본어잡지로 보는 식민지 영화』 3, 도서출판문, 2012, 126쪽.

장이라는 경계를 넘어서고 있었다.[15] 실제로, 1932년부터 신문광고에서는 미묘한 변화가 일어났다. 이전까지 우미관, 조선극장, 단성사에 한했던 광고가 1932년과 1933년 각각 제일극장과 도화극장에도 지면을 할애하기 시작했고, 1934년부터는 일본인 극장 또는 일본인 자본주가 운영하는 극장들의 광고가 다수를 차지하게 되었다. 1930년대 후반이 되면 명치좌, 희락좌, 약초극장, 광무극장 등 경기지역을 포함한 극장의 광고가 주를 이루면서 극장 관객 구성에서의 지각 변동을 단적으로 드러내 보여주게 되는 것이다.[16] 따라서 1930년대 이후의 조선의 관객들은 정치적, 경제적, 그리고 언어적 이유와 더불어 취향의 문제를 포함하여 일본 코미디영화에도 상당히 익숙할 수밖에 없는 환경에 놓였다고 볼 수 있을 것이다.

그럼에도 불구하고, 조선의 영화인들과 관객들에게 할리우드 코미디영화만큼 일본 코미디영화가 불러일으킨 반향이 컸다고 보는 것은 무리이다. 조선의 영화 담론에서 일본영화 자체에 대한 언급이 드문 탓에 그 영향력을 가늠해보기 어렵기도 하거니와 이 시기 일본의 코미디 영화 역시 할리우드 코미디를 적극 수용하여 모방하고 번안하는 흐름이 주를 이루고 있었기 때문에, 일본을 경유한 '할리우드 코미디'의 영향을 구분하는 것은 소모적인 일이 될 것이다. 한편, 희극의 역사가 긴 일본에서

---

15 이화진, 「식민지 조선의 극장과 '소리'의 문화 정치」, 연세대 박사논문, 2011 참고.
16 물론 신문의 영화광고 지면이 더 이상 조선인 전용극장에 할애되지 못한 것은 화재로 인한 조선극장의 폐관(1936.6), 경영난 악화로 인한 단성사의 극상설관 전환과 이어진 폐관(1939.6), 우미관의 재개봉관 전략 등 때문이었다. 그러나 이미 1932년부터 조선인 극장의 광고뿐 아니라 일본인 극장의 광고가 조선어로 된 신문에 실리고 있었다는 것은 이 신문의 독자가 곧 일본인 극장의 잠재적 관객이기도 했다는 뜻으로 해석할 수 있을 것이다.

일본 코미디 고유의 흐름이 존재하고 있었음도 분명한 사실인데, 이것이 식민지 조선에서 문화적으로 번역되는 일이 결코 쉽지 않았을 것임도 짐작해볼 수 있다. 요컨대, 식민시기 조선의 관객들이 일본의 코미디 영화에 노출되어 있었던 환경인 것은 부인할 수 없으나 그 영향력이 지대했다고 평가할 수는 없다는 것, 그러나 할리우드 코미디의 직접적 영향 외에도 일본을 경유한 할리우드 코미디의 영향 역시 받을 수 있는 환경이었다는 것, 마지막으로 일본 고유의 웃음 코드 역시 1930년대를 거쳐 1940년대까지 조선의 문화 속으로 침투해 왔으리라는 것만은 추론 가능한 사실이라 하겠다.

3. 식민시기 코미디영화 상영의 실제
—찰리 채플린, 해롤드 로이드, 버스터 키튼을 중심으로

1) 채플린의 경우

1918년 〈백작〉 상영을 광고한 이래로, 채플린 영화들은 1930년대 말까지 경성 극장가의 단골 프로그램이었다. 그렇다고 해서 1918년 이전에 경성의 조선인 극장에서 채플린의 영화가 전혀 상영되지 않았다고 단정할 수는 없다. "채플린"이라는 이름을 광고 문구에 싣지 않았거나

영화 제목으로 내세우지 않았기 때문에 정확히 채플린의 영화라고 판단하기 어려운 경우도 있을 것이기 때문이다. 일본에서 채플린의 코미디를 최초로 상영한 기록이 1915년이었고 부산에서 1917년 4월에 상영[17]했던 것으로 미루어 볼 때, 경성의 조선인 극장에서도 1917년을 전후한 시기에 최초의 상영이 이루어졌을 가능성을 배제할 수는 없다. 그러나 1914년부터 1917년까지 신문광고에 코미디영화가 등장하는 경우는 극히 드물었고 "기타 정활비희극 수종"으로 뭉뚱그려져 소개되는 경우가 대부분이었으므로, 일본 최초 상영이나 부산의 극장, 경성의 일본인 극장 등의 기록보다 다소 늦은 시기에 경성의 조선인들이 채플린의 영화를 만났을 가능성이 더 크다 하겠다. 〈표 1〉은 신문광고를 중심으로 정리한 채플린 영화 상영의 기록이다.[18]

---

17 일본에서는 1915년 1월에 개봉한 〈メーベルの困難 Mabel's Strange Predica-ment〉(1914)의 상영이 최초로 기록되어 있고 부산에서는 1917년 4월 28일 〈チャプリンの惡戱〉의 상영 기록이 있다. 야마모토 키쿠오山本喜久男, 『日本映畵における外國映畵の影響』, 早稻田大學出版部, 1983, p.302; 홍영철, 『부산근대영화사-영화상영자료 1915~1944』, 부산대 한국민족문화연구소 편, 산지니, 2009, 121쪽.

18 1924년까지는 한국영상자료원에서 발간한 『신문기사로 본 조선영화』 시리즈를 참고로 하여, 『매일신보』, 『동아일보』, 『조선일보』 등에 실린 광고를 모두 정리하였으나, 1925년부터는 『동아일보』의 광고만을 대상으로 하였다. 1931년까지는 경성의 조선인 극장(우미관, 조선극장, 단성사)만이 광고에 실렸으므로 이를 중심으로 했으나 1932년부터는 신문에 광고된 일본인 극장 및 경기 지역의 극장들이 망라되어 있다. 제목이나 광고 문구에 '채플린'이 분명하게 언급되지 않은 경우, 누락되었을 가능성도 적지 않다. 원제는 상영목록과 광고문구, 영화에 대한 기사 및 언급을 중심으로 www.imdb.com, 찰리 채플린, 『찰리 채플린, 나의 자서전』(김영사, 2007), 데이비드 로빈슨, 한기찬 역, 『채플린-거장의 생애와 예술』(한길아트, 2002) 및 연표 등의 내용과 대조하여 확정하였다. 원제 뒤에 물음표가 붙어 있는 경우는 정황상 그 영화일 가능성이 매우 높지만 확신할 수 없는 경우이며, 원제가 두 가지로 표시된 경우는 두 편 중 한 편으로 추정되나 확정할 수 없는 경우이다.

날짜	영화제목	원제	극장
18. 4. 5	〈쟈푸린의 백작〉	The Count(1916)	우미관
18. 4.19	〈잠푸린 체옥(替玉)〉[19]	–	우미관
19. 5. 9	〈자푸링의 결혼〉	–	단성사
19. 7.18	〈잣부링 도구방〉	Behind the Screen(1916)	단성사
19.11. 9	〈대전장의 차푸링〉	Shoulder Arms(1918)	단성사
19.12. 5	〈잣푸링의 요리〉[20]	–	단성사
21. 1.20	〈촤푸링의 야유〉	A Day's Pleasure(1919)	단성사
21. 5.26	〈철방 촤푸링〉	–	단성사
21. 7.15	〈차부링 연예〉	–	단성사
22. 2.11	〈촤푸링 은행〉	The Bank(1915)	단성사
22. 3.19	〈차푸린 은행〉	The Bank(1915)	중앙회관
22. 6.18	〈주점의 자부링〉	Caught in a Cabaret(1914)	단성사
22. 7. 4	〈보리스〉	–	단성사
22. 7.24	〈불요의 걱정〉	–	단성사
22. 9. 6	〈하숙의 잣푸링〉	The Star Boarder(1914)	조선호텔
23. 1. 1	〈잣프링의 연애〉	–	조선극장
23. 5.16	〈곡예색색〉	–	조선극장
23.11.28	〈차푸링의 추억〉	–	단성사
23.12.24	〈자푸링 깃도〉	The Kid(1921)	조선극장
24. 8.3	〈챠푸링 권투〉	The Champion(1915)	단성사
24. 9.17	〈서울은 무서워〉	–	단성사
25. 3.20	〈차푸링의 방랑자〉	The Tramp(1915) The Vagabond(1916)	조선극장
25. 3.28	〈챠푸링의 도구사〉	Behind the Screen(1916)	조선극장
25. 4.12	〈주점〉	Caught in a Cabaret(1914)	조선극장
25. 4.21	〈챠푸링의 모험〉	The Adventurer(1917)	조선극장
26. 4.23	〈황금광시대〉	The Gold Rush(1925)	조선극장
26. 5. 8	〈황금광시대〉	The Gold Rush(1925)	조선극장
26.11.11	〈챠푸링의 칼맨〉	Carmen(1916)	조선극장
27. 2.23	〈위목사〉	The Pilgrim(1923)	조선극장
27. 4.14	〈황금광시대〉	The Gold Rush(1925)	조선극장
28. 5.16	〈서커스〉	The Circus(1928)	조선극장

날짜	영화제목	원제	극장
28. 7. 9	〈황금광시대〉	The Gold Rush(1925)	조선극장
29. 5.22	〈차푸링의 써커스〉	The Circus(1928)	조선극장
30. 3.14	〈촤푸링 출세기〉	-	조선극장
31. 3.17	〈써커쓰〉	The Circus(1928)	조선극장
31. 4.11	〈이상천국〉	-	조선극장
31.10.18	〈촤푸린 킷드〉	The Kid(1921)	우미관
33. 7. 9	〈밧드러 총〉	Shoulder Arms(1918)	조선극장
34. 2.26	〈잡푸링 상륙 제1보〉[21]	-	제일극장
34. 4.19	〈차푸린의 폭소돌격대〉	-	단성사
34. 4.27	〈이가의 영웅〉	A Dog's Life(1918?)	우미관
34. 6. 1	〈거리의 등불〉	City Lights(1931)	조선극장
34. 6. 6	〈알콜병원〉	The Rounders(1914?)	우미관
34. 6.11	〈챠푸린의 거리룬펜〉	The Idle Class(1920?)	도화극장
34. 6.13	〈폭소폭격대〉	-	제일극장
34. 6.25	〈거리의 대장〉	A Dog's Life(1918?)	조선극장
34. 6.28	〈촤푸링 상륙 제1보〉	-	도화극장
34. 7. 1	〈거리의 등불〉	City Lights(1931)	조선극장
34. 7.12	〈체옥〉	-	조선극장
34. 7.17	〈거리의 대장〉	A Dog's Life(1918?)	도화극장
34. 7.24	〈체옥〉	-	제일극장
34. 8. 8	〈거리의 장군〉	A Dog's Life(1918?)	제일극장
35. 2.10	〈이가의 영웅〉	A Dog's Life(1918?)	조선극장
35. 3.19	〈뒷거리의 영웅〉	A Dog's Life(1918?)	제일극장
35. 8.14	〈거리의 등불〉	City Lights(1931)	우미관
36. 1.13	〈소살 3단반〉	-	조선극장
36. 3.29	〈챠푸링 소살 3단〉	-	제일극장
36. 8.23	〈행운인 룸펜〉	The Idle Class(1920?)	제일극장
37. 6.13	〈특급시대〉	-	광무극장
37. 6.21	〈차푸린의 특급열차〉	-	제일극장
37. 7.23	〈거리의 등불〉	City Lights(1931)	단성사

날짜	영화제목	원제	극장
37. 9. 7	〈챠푸링실연시대〉	The Tramp(1915)	광무극장
37. 9.16	〈깃도〉	The Kid(1921)	제일극장
37.10. 8	〈챠푸링모쥬병정〉	Shoulder Arms(1918?)	단성사
38. 4. 9	〈모던타임스〉	Modern Times(1936)	우미관
38. 4.29	〈차푸린의 칼멘〉	Carmen(1916)	우미관
38. 8. 2	〈차프링의 칼멘〉	Carmen(1916)	제일극장

이 표에 따르면, 1921년 작 채플린 주연, 감독의 첫 장편영화 〈깃도 The Kid〉가 1923년 12월, 조선 관객들을 찾았고 이후 1930년대가 되어서야 두 차례 재개봉이 되었던 것과는 달리, 1925년 작 〈황금광시대The Gold Rush〉와 〈서커스The Circus〉는 각각 1926년과 1928년에 개봉하여, 큰 시차를 두지 않고 몇 차례의 재개봉을 거듭했다. 재미있는 것은 일본에서 가장 인기 있었고 많이 모방되었던 것이 〈키드〉[22]였던 데 반하여, 1950년대에 이르기까지 조선의 대중극단에서 가장 많이 모방했던(또는 번안했던) 작품은 〈거리의 등불〉이었다는 점이다.

다시 표로 돌아가 보면, 채플린의 영화 중 가장 많이 재상영되었던 영화는 〈이가의 영웅〉 또는 〈거리의 대장〉, 〈뒷거리의 영웅〉 등으로 광고되었던 영화인데, 1934년 4월부터 이듬해 3월까지 1년 동안 무려 6차례에 걸쳐 상영되었다. 이 영화는 "RKO 특별판", "전발성영화", "전발성 일본판" 등의 문구로 광고되었다. 이미 잘 알려져 있듯이 채플린의 첫 유성영화는 〈모던 타임즈〉(1936)로, 이 영화는 무성영화에 특별한 애착

---

19 〈체옥〉은 부산에서는 〈채플린의 가짜〉라는 제목으로 상영되었다. 홍영철(2009), 60쪽.
20 〈잣푸링의 요리〉는 만화漫畵로 소개되어 있다. 『매일신보』, 1919.12.5, 4면.
21 이 영화는 "실사"로 소개되어 있는데, 1932년 5월 약 20일간 일본을 방문했던 채플린을 촬영한 일종의 기록영화일 것으로 추측된다.
22 야마모토 키쿠오(1983), 314쪽.

〈그림 1〉〈거리의 등불 City Lights〉(1931)의 한 장면. 시각장애인 소녀(버지니아 셰릴) 앞에서 부자 행세를 하는 떠돌이(채플린)

〈그림 2〉 〈이가의 영웅〉으로 추정되는 〈A Dog's Life〉(1918)의 떠돌이 채플린

을 가지고 있어서 첫 토키의 등장 이후에도 10년 동안 무성영화를 고집했던 채플린의 첫 발성영화였다. 그렇다면 1934년과 1935년에 "전발성"이라는 대대적인 광고와 함께 반복적으로 상영이 이루어졌던 이 영화의 정체는 무엇일까. "잣부린촬영소 작품",[23] "촤리 촤푸린씨, 시토니 촤푸린씨 형제 주연",[24] "RKO 초특작 음향판"[25] 등의 광고문구가 유일한 단서라고 할 때, 이 영화의 정체를 규명하기는 쉽지 않다. 먼저 〈톰과 제리〉, 〈펠릭스〉 등의 애니메이션 제작자로 유명한 반 뷰렌이 채플린이 뮤추얼사에서 제작했던 영화 12편을 구입한 뒤 음향효과와 음악을 입혀 RKO를 통해 배급한 사실[26]을 확인할 수 있으므로, 채플린의 뮤추얼 시절 영화들 중 한 편이 아니었을까 추측해볼 수 있다. 그런데 채플린 형제는 뮤추얼 시기까지 단 한 편의 영화에도 동반 출연하지 않았으며, 시드니 채플린이 찰리 채플린의 영화에 출연한 것은 채플린 촬영소 시기, 즉 1918년부터 1923년까지 퍼스트내셔널 영화사의 채플린 촬영소에서 제작된 영화에 한해서였다. 따라서 채플린 촬영소 시절의 작품 9편 역시 유성영화로 재편집되어 RKO에서 배급했을 가능성이 있다고 볼 수 있을 것이다.[27] 이 외에도 1934년 이후 상영된 거의 대부분의 영화들 즉, 〈폭

---

23 『동아일보』, 1934.6.25, 4면.

24 『동아일보』, 1934.7.17, 4면.

25 『동아일보』, 1935.3.19, 4면.

26 위키피디아(http://en.wikipedia.org/wiki/Van_Beuren_Studios) 참고.

27 찰리 채플린과 그의 형 시드니 채플린이 함께 출연한 영화는 총 5편이다. 이 중 〈The Bond〉는 상영시간이 5분이므로 7권~9권으로 광고되었던 이 영화와 거리가 멀고, 〈Shoulder Arms〉는 〈밧드러 총〉, 〈모쥬병정〉 등 전쟁 또는 군인 관련된 제목으로 이 시기에 상영되고 있었으며, 〈Pilgrim〉은 〈위목사〉라는 제명으로 상영된 바 있었다. 〈거리의 대장〉, 〈이가의 영웅〉 등의 제목과 "항상 요절할 우슴이는 반면 눈물이 잇으니 서맹된 사회상을 통절히 풍자하는 교훈편이다"(『동아일보』, 1935.3.19)라고 소개된 줄거리 등을 고려할 때, 이 영화는 〈Pay Day〉보다는 채플린의 무성 단편영화 중 가장 많은 비평

소폭격대〉 또는 〈폭소돌격대〉, 〈챠푸린의 거리룬펜〉과 〈행운인 룸펜〉, 〈챠푸린의 특급열차〉, 〈모쥬병정〉, 〈차푸린의 칼멘〉 등이 "전발성", "발성일본어판"이라고 광고되었다. 그렇다면, 주체는 명확히 파악할 수 없으나 채플린의 상당수의 단편영화들이 유성영화 또는 발성영화로 재편집되어 1930년대 RKO의 배급망을 타고 일본과 조선에도 전해졌던 것으로 추측해 볼 수 있을 것이다.

여기서 중요한 점은 채플린 초기의 단편 코미디영화들이 음향효과와 음악을 덧입힌 형태로 재수입되었고, 그것이 극장의 주요 프로그램으로 다시 관객들을 만났다는 데 있다. 물론 이 영화들이 다시 극장으로 돌아올 수 있었던 것은 무엇보다 '발성영화'로 재편집되었기 때문이었을 것이고, 이에 덧붙여 단편영화가 당시 극장의 주요 프로그램이었던 장편영화에 덧붙여 상영하기 용이했다는 점도 크게 작용했을 것으로 보인다. 그럼에도 장편영화들이 불러 일으켰던 반향과 비평적 성공을 차치하고, 1930년대 채플린의 이름으로 소구되었던 것이 거의 대부분 1910년대와 20년대 초반에 제작되었던 채플린의 단편 슬랩스틱 코미디였다는 것은 흥미로운 지점이다. 다음 절에서 살펴보게 될 로이드와 키튼의 경우, 단편뿐 아니라 장편영화가 지속적으로 상영되었던 것과도 사뭇 다른 양상이라고 할 수 있다. 다음 절에서 이에 대해서 조금 더 살펴보도록 하자.

적 찬사를 받았고 인기가 높았던 〈A Dog's Life〉일 가능성이 높은 것으로 보인다. 인터넷무비데이터베이스(www.imdb.com) 참고.

2) 로이드와 키튼의 경우

이 시기 채플린 외에도 자신의 캐릭터를 내세워 성공했던 코미디 배우로는 '뚱뚱이' 로스코 아버클Losco 'Fatty' Arbuckle과 해롤드 로이드 Harold Lloyd, 버스터 키튼Buster Keaton 등이 있었다. 여기서는 이들 코미디 배우들과 채플린 영화 상영의 차이에 집중해보자.

조선에서 먼저 인기를 모았던 것은 '데부ㄷㅎ, 뚱뚱보'라는 이름으로 알려졌던 아버클이었다. 아버클은 "희극계 유일의 인기남"으로 소개되면서, 채플린보다 먼저 조선영화계에 이름을 알렸고 채플린의 등장 이후에도 한동안 조선의 스타 코미디언으로 남았다. 그러나 불미스러운 스캔들로 할리우드에서의 이력이 내리막길을 걷게 되자 조선에서도 4~5년의 시차를 두고 '데부'의 이름은 사라졌다. 반면, 1915년 데뷔하여 1916년 '외로운 루크Lonesome Luke' 캐릭터로 인기를 모았던 로이드의 경우는 1924년이 되어서야 처음으로 경성의 조선인 극장에 등장했다.[28] 키튼 역시 1917년에 데뷔하여 이미 1910년대 후반 스타덤에 올랐으나 경성에서는 1925년이 되어서야 그의 이름을 앞세운 영화가 관객들을 만날 수 있었다.[29]

이들이 채플린보다 늦게 조선에 소개된 데에는 몇 가지 이유가 있다. 먼저, 키튼의 경우는 1910년대 영화 대부분을 아버클과 함께 찍었기 때문에 상대적으로 지명도가 우위에 있었던 아버클을 앞세워 영화가

---

28 『동아일보』, 1924.4.1, 4면.
29 부산 상영 기록에 따르면 로이드 영화는 1921년 6월 28일 〈ロイドの奉公ロイドの就職〉 (상생관) 기록이 최초였고, 키튼은 1925년 12월 31일 〈バスタキートンの尊長〉(상생관) 기록이 처음으로 등장한다. 홍영철(2009) 171・246쪽.

〈그림 3〉〈벨보이 The Bell Boy〉(1918)에 출연한 '데부' 아버클과 버스터 키튼

광고되었던 것이 가장 큰 이유였다고 할 수 있다. 키튼이 세계적 명성
을 얻고 난 후인 1920년대 후반까지도 조선극장가에서는 〈천하지데
부〉, 〈데부군의 사로메춤〉 등의 제목을 달고 개봉하는 영화의 광고 한
켠에 "돌연 바스다 키튼씨 특별출연희극",[30] "희극왕 바스타 키톤씨 특
별공연",[31] "데부와 키톤 주연"[32] 등의 문구로 덧붙여 소개되기 일쑤였
다. 한편 로이드의 경우, '외로운 루크' 시리즈를 배급했던 파테사가
1910년대 후반 조선의 극장가에 많은 작품을 배급하지 않았던 것이
가장 큰 이유였을 것으로 추측되는데, 『일본영화작품대감』에 따르면

30 『동아일보』, 1926.7.3, 2면.
31 『동아일보』, 1926.8.7, 3면.
32 『동아일보』, 1927.3.11, 2면.

〈그림 4〉〈조심무용 Safety Last!〉(1923)에서 맨손으로 빌딩을 기어 오르는 해롤드 로이드

〈그림 5〉〈키톤 선장 Steamboat Bill, Jr.〉(1928)의 한 장면. 버스터 키튼(왼쪽)과 어니스트 토렌스(오른쪽)

일본의 경우는 조선과 달리 단편은 1919년부터, 장편은 1921년부터 개봉되었다.[33]

그런데 키튼과 로이드가 조선 극장가에 그 이름을 알리게 된 시기가 채플린에 비하여 상대적으로 늦었다는 점보다 주목해야 할 것은 이들의 경우, 무성장편영화를 중심으로 소개되었고 주로 이 영화들이 반복 상영되었다는 점이다. 다시 말해 채플린의 경우 단편영화 시절부터 관객들에게 소개되어 장편영화 개봉 이후에도 지속적으로 단편영화가 상영되었던 반면, 로이드나 키튼 역시 무성 슬랩스틱 단편영화의 코미디 스타로 그 이력을 시작했음에도 불구하고, 이들을 본격적으로 스타덤에 올린 장편영화와 더불어 조선의 관객들에게 소개되었으며 이후의 상영 역시 장편영화를 중심으로 구성되었다는 것이다. 로이드의 경우에는 〈거인정복Why Worry?〉(1923), 〈조심무용Safety Last!〉(1923), 〈스피데이Speedy〉(1928), 〈위험 대환영Welcome Danger〉(1929), 〈활동광Movie Crazy〉(1932) 등이, 키튼의 경우에는 〈키튼 선장The Navigator〉(1924), 〈권투가 키튼Battling Butler〉(1926), 〈키튼 장군The General〉(1926), 〈키튼 대학생College〉(1927)[34] 등 몇 편이 지속적으로 반복 상영되었음을 찾아볼 수 있다.[35]

---

33 야마모토 키쿠오(1983), 323쪽. 로이드의 영화 역시 1924년 처음 개봉되었다고 확신하기는 어렵다. '로이드'의 이름이 명시되지 않은 영화들이 1921년 이후 개봉되었을 가능성도 배제할 수는 없다.

34 예를 들어 로이드의 〈거인정복〉은 1925년2월28일, 1928년8월18일, 1929년1월17일, 1931년2월10일, 1931년7월15일, 1932년4월12일, 1936년5월2일, 〈활동광〉은 1933년 4월20일, 1933년12월27일, 1934년2월14일, 1934년10월10일, 1938년7월29일, 1938년8월3일에 각각 7회와 6회씩 재상영되었다. 키튼의 〈키튼 대학생〉은 1928년 1월 11일, 1928년 4월 27일, 1928년 11월 24일, 1929년 8월 3일, 1930년 2월 19일 상영되었고, 〈키튼 선장〉은 1926년 4월 23일, 1928년 11월 2일, 1929년 7월 11일, 1935년 12월 29일 각각 5, 4회에 걸쳐 재상영되었다.

35 물론 이들의 단편도 장편 영화와 함께 소개되었다. 예컨대 「빙글빙글 앙천대소 로이드대회」

채플린의 장편영화가 단편의 재기발랄한 슬랩스틱에서 더 나아가 '애수'
와 '비애'를 접목한 '웃음 속의 눈물', '철학'으로 평가될 때, 키튼과 로이드
의 장편영화는 극한까지 밀어붙이는 아크로바틱한 코미디와 묘기에 가까
운 '몸'의 코미디에 집중했다. 이렇게 본다면 채플린의 단편영화와 키튼
및 로이드의 장편영화는 일맥상통하는 부분이 있다고 말할 수 있을 것이다.
다소 거칠게 말하자면 '슬랩스틱 코미디에 대한 집중'인 셈이다.

또 한 가지 주목해 볼 사실은 이들에 대한 동시대 관객들의 반응이
다.[36] 1920년대 로이드가 23편(장편 13편, 단편 10편)의 영화에 출연한 반
면, 채플린은 8편의 영화(장편 3편, 단편 5편)만을 제작했고, 이 시기 할리
우드에서 로이드의 인기는 채플린을 능가하는 것이었다.[37] 조선에서도
로이드의 인기는 상당했다. 1920년대 후반~30년대 중반까지 다작을
했던 로이드의 코미디가 더 자주, 더 많은 조선의 관객들을 만났으며
'로이드 안경'이 유행하기도 했다.[38] 그럼에도 이 시기 조선의 신문, 잡
지에 등장하는 코미디 배우의 대명사는 여전히 채플린이었다. 채플린과

(『동아일보』, 1924.12.5; 『동아일보』, 1924.12.14)에서는 장편 〈호용로이드Grandma's
Boy〉(1922)와 함께 단편 〈낙담무용Never Weaken〉(1921)을 비롯한 3편의 단편을 함께
소개했다.
36 키튼의 경우 1910년대에 출연한 단편들의 성공에 아버클이 존재했다면, 1920년부터 자
신의 장편영화를 직접 만들기 시작한 뒤로 1928년까지 짧은 전성기를 누린 뒤 유성영화
와 거대 스튜디오 시스템에 적응하지 못하고 급격히 쇠퇴했다. 조선의 극장들에서는
1930년대 말까지 그의 중, 장편들이 로이드나 채플린 영화 못지않게 자주 상영되었으나
이때 상영된 것은 거의 대부분 무성 슬랩스틱 장편영화였다. 로이드가 발성영화에서도
성공을 거뒀고 채플린 역시 발성영화 〈모던 타임즈〉 및 발성판으로 재편집된 단편들이
극장가를 찾은 것과는 달랐던 것이다. 따라서 이 글에서는 로이드와 채플린에 대한 간략
한 비교만을 제시하도록 한다. 제프리 노웰-스미스, 「버스터 키튼」, 제프리 노웰-스미
스 책임편집, 『옥스퍼드 세계영화사』, 열린책들, 2005, 114~115쪽 참고.
37 데이비드 로빈슨, 「코미디」, 제프리 노웰-스미스 책임편집, 『옥스퍼드 세계영화사』, 열
린책들, 2005, 120쪽.
38 하소, 「속 영화가백면상」, 『조광』, 1938.3, 344쪽.

그의 영화에 대한 예외적 평가는 감독과 배우, 시나리오 작가를 동시에 소화하는 '천재'로서의 채플린에 대한 동경과 '철인'으로 요약되는 그의 영화 철학에 대한 비평적 찬사 등이 반영된 결과였을 것으로 보인다. 그리고 당대 담론을 위시하여 광고 문구에서도 쉽게 찾아볼 수 있듯이 채플린식의 '센티멘털리티'에 대한 감정적 동조도 컸다고 할 수 있을 것이다. 즉, 1920~30년대 실제 극장가에서 관객들이 조금 더 자주 만날 수 있었던 것은 로이드와 키튼이었음에도 불구하고, 채플린은 여타 코미디배우들과 다른 담론의 층위에 존재했다. 이에 대해서는 뒤에서 다시 논의하도록 하겠다.

4. 채플린영화의 동시대적 전유

1) 대중극단의 채플린 수용

채플린의 영화가 인기를 끌기 시작하면서부터 세계 각처에서는 채플린의 영향을 찾아볼 수 있는 영화 및 캐릭터들이 대거 등장하였다. 야마모토 기쿠오는 일본영화계가 채플린의 단순 모방에서 시작하여 점차 채플린 영화의 사상과 현실 비판적 요소를 차용하는 "창조적 전개"로 나아갔다고 서술하고 있다. 그에 따르면, 초기 모방기에 채플린을 흉내낸 배우로 최초로 거론되었던 것은 나카지마 요코였다. 요코는 "스스로 유일한 일본 채플린이라고 하고 있으며 그의 분장, 표정, 움직임은 본래 채플린의 예풍을 충분하게 흉내"내었다고 평가되었다. 이를 시작으로 '일본 채플린'이라는 칭호를 쓰는 배우들이 여럿 등장했는데, 배우뿐 아니라 변사 중에서도 채플린茶風林을 흉내 내는 사람이 적지 않아 전설前設 시, 채플린 분장을 하고 무대에 나가 채플린의 연기를 보여주기도 했다. 채플린의 연기나 분장뿐 아니라 그의 영화 역시 모방의 대상이 되었다. 일본에서 가장 많은 번안작이 만들어진 〈키드〉를 비롯, 〈황금광시대〉, 〈서커스〉, 〈거리의 등불〉 등 채플린의 장편 영화들은 대부분 번안작 또는 모방작을 수 편씩 양산했다. 무엇보다 채플린 식의 슬랩스틱 코미디를 모방한 코미디가 당시 일본 코미디영화의 큰 흐름을 이루었으며, 〈채플린이여 왜 우는가〉와 같은 반영적인 패러디 작품이 등장하기도 했다. 야마모토 기쿠오는 단순 모방기를 지나면서 채플린 코미디의 시츄에이션과 이데올로기적 측면이 오즈나 나루세와 같은 걸출한 감독들을 만나 '소시민 희극'의 등장으로 이어지는 밑거름이 되었다고 평가했다.[39]

이에 반하여, 식민지 조선에서 채플린 코미디가 실제 영화제작에 미쳤던 영향은 그다지 크지 않았던 것으로 보인다. 즉, 일본영화가 채플린 코미디를 적극적으로 차용 / 변용했던 것과는 달리, 조선에서는 코미디영화 제작 붐이나 영화 양식 자체의 변화가 일어나지는 않았다. 다만 조선 최초의 코미디영화이자 식민시기 유일한 코미디영화였던 〈멍텅구리 헛물켜기〉의 스틸 사진과 이 영화에 대한 언급들로 미루어볼 때, 조선

---

39 야마모토 키쿠오(1983), 302~321쪽 참고.

영화계에서도 슬랩스틱 코미디에 기대어 웃음을 유발하는 코미디가 시도되었다는 사실을 짐작해볼 수 있을 따름이다.[40]

그보다 조선에서 채플린의 영향을 찾아볼 수 있는 직접적인 증거는 대중극단의 공연들에 존재한다. 먼저, '공연' 형식을 띤 채플린의 레퍼토리가 극장가를 찾았다. 가장 먼저 1919년 10월 8일 우미관 광고에서 "여흥 대골계 일본 자푸린의 실연"을 찾아볼 수 있다. 앞서 언급했듯이 이때는 일본에서도 채플린을 모방하는 배우들이 등장하던 시기였으므로, '일본 자푸린' 중 한 사람이 조선을 찾아 퍼포먼스를 선보이는 무대 공연이 있었을 것으로 추측해볼 수 있다. 1924년 9월에도 '동양의 잡후린'으로 유명했던 일본 배우 고견高見을 조선극장에서 초빙, 공연한 기록[41]이 남아 있다. 비슷한 시기, 조선에서도 채플린을 가장한 공연자performer 혹은 배우들이 등장했다. 1920년 11월 23일 단성사의 프로그램에 실린 "여흥 최푸링 부부 기술과 마술"이나, 1928년 9월 9일 광무대 광고에 실린 "싸푸링 임종성"이라는 프로그램은 이러한 정황을 입증한다. 채플린 부부의 "기술과 마술"을 보여주는 "여흥"은 남녀 채플린으로 분한 배우들이 '기술'과 '마술'을 선보이는 실연實演 프로그램이었을 터이며, "싸푸링 임종성"은 '꼽박춤'이나 '바이올링' 등과 더불어 광무대 극단의 고정 레퍼토리 중 하나였다. 또 '조선의 채플린'으로 유명했던 윤대룡, 이원철 등의 코미디 배우들도 존재했다. 이와 같은 공연의 레퍼토리로서 채플린 흉내내기는 조선의 흥행산업에 새로운 코미디의 양식을 도입하는 계기

---

40 〈멍텅구리 헛물켜기〉와 식민시기 조선영화의 코믹한 정조에 미친 할리우드 코미디의 영향에 대한 논의는 이 책의 1부 2장 3-1절 참고.
41 『동아일보』, 1924.9.30, 4면.

가 되었다. 즉, 채플린의 코미디는 재담이나 만담과 같이 '말'로 웃음을 유발하는 청각적 웃음의 전통이 강했던 조선의 코미디 경향에 '신체'를 통하여 웃음을 유발하는 시각적이고 영화적인 웃음의 양식을 가져왔으며,[42] '퍼포먼스 단위'로서의 슬랩스틱을 조선의 흥행산업에 접목시키는 계기가 되었던 것이다.

한편 조선에서도 역시 채플린 분장 또는 단편적인 채플린의 슬랩스틱 코미디에 대한 모방뿐 아니라 채플린 영화를 번안한 연극이 존재했다. 1931년 6월 9일과 1932년 10월 19일 두 번에 걸쳐 조선연극사에서 〈황금광시대〉를 공연하는가 하면, 1935년 8월 14일 우미관에서 〈거리의 등불〉을 상영하고 있을 때 같은 날 조선극장에서는 〈거리의 등불〉 연극을 공연하기도 했다.

그런데 이처럼 동시대의 대중극단들에서 채플린을 적극 활용했던 데 반하여 키튼이나 로이드를 모방하는 공연 레퍼토리는 찾아볼 수 없다. 1920년대 중반 이후 누렸던 인기나 상영되었던 영화의 횟수를 놓고 볼 때 채플린에 버금갔던 키튼이나 로이드의 코미디는 왜 모방의 대상이 되지 못했던 것일까? '조선의 버스터 키튼'으로 불렸던 코미디 배우 이방[43]도 존재하기는 했지만 키튼의 코미디를 레퍼토리로 삼는 공연은 존재하지 않았던 것으로 보인다. 이것은 무엇보다 채플린과 키튼 / 로이드의 웃음 유발 방식의 차이에서 기인한 것으로 볼 수 있을 듯하다. 즉 채플린의 슬랩스틱이 모방가능한 것이었다면, 훨씬 더 정교한 기술을 요했던 키튼이나 로이드의 아크로바틱 혹은 기예에 가까운 슬랩스틱은

---

42 웃음의 신체적 전환 문제에 대해서는 이 책의 2부 1장 3절 참고.
43 황문평, 『인물로 본 연예사—삶의 발자국』 2, 도서출판 선, 2000, 218쪽.

쉽사리 모방할 수 있는 성질의 것이 아니었다. 고층 건물을 맨손으로 기어오르고 달리는 자전거, 자동차, 기차 등에서 장애물들을 뛰어넘으며 보여주는 로이드와 키튼의 슬랩스틱은 무엇보다 '영화적'인 시스템과 트릭을 필요로 했다. 이런 점에서, 무대 공연에 적합했던 채플린의 코미디가 더 환영받을 수밖에 없었던 것은 일면 당연한 일이었다고 할 수 있을 것이다. 그리고 이에 덧붙여 유독 채플린 코미디가 식민지 조선의 관객들을 매혹시키는 힘이 있음을 대중극단의 배우와 기획자들도 파악하고 있었기 때문일 것이다. 이제 마지막으로, 채플린이 조선 관객들에게 수용되었던 측면에 대하여 논의해보도록 하겠다.

2) 식민지 조선 관객의 채플린 수용

앞서 살펴보았듯이 식민시기 조선에서 할리우드 코미디영화는 극장 프로그램의 중요한 레퍼토리로 자리하고 있었다. 특히 채플린과 로이드, 키튼의 코미디는 개별 차이는 있으나 1910년대 후반부터 시작하여 1930년대 후반까지 상영에 재상영을 거듭하는 인기 프로그램이었고, 그 중에서도 채플린은 담론의 차원과 매체 전환 및 수용의 차원에서 여타의 코미디 배우들과는 다른 지위를 누렸다. 그렇다면 채플린의 영화는 당대 지식인과 일반 관객에게 어떤 의미였을까? 혹은 자본의 논리와 상영, 배급의 문제에 따라 여타의 선택지가 없었다 하더라도, 채플린의 코미디가 식민지 시기 내내 조선의 극장가를 점령했을 때 조선의 관객들은 그것을 어떤 방식으로 내면화했을까?

채플린에 대한 열광은 비단 조선만이 아니라 세계적인 분위기이기도 했지만, 조선에서도 그 분위기를 짐작할 수 있게 하는 몇 가지 에피소드가 있다. 그 중에서도 1932년 『삼천리』 4권 7호에 실린 서광제의 글 "최푸린 회견기"[44]는 그 열풍을 짐작케 한다. 저자 서광제는 김유영과 함께 일본을 방문한 채플린을 만나기 위해 도쿄에서 고베로 갔다가 그가 떠났다는 말을 듣고 다음 행선지인 교토로 간다. 거기서 며칠을 기다렸다가 채플린이 온다는 날 수백 명의 군중에 섞여 그를 기다렸으나 결국 채플린은 오지 않았고 채플린의 실물을 보겠다는 "순간적 환희"가 깨어지고 말았다는 것이 "최푸린 회견기"의 전말이다. 1932년 당시 도쿄로 영화 유학을 갔으며 카프 계열의 지식인이었고 이미 영화운동에 뛰어들어 활약했던 두 사람이, 더욱이 김유영은 1930년대 미국영화에 대한 가장 많은 비판 글을 썼던 사람 중 한 사람이었음에도,[45] 단지 채플린을 먼발치에서 보기위해 도쿄에서 고베로, 다시 교토로 갔다가 실패하는 여정은 식민지 지식인들에게 채플린이 어떤 의미였는지를 보여주는 좋은 예라고 할 수 있을 것이다. 이들이 그토록 열광적으로 채플린을 만나고 싶어 했던 이유를 다음의 두 필자의 글에서 추론해보자.

그는 언제던지 일개 연약한 룸펜으로 나타나 주인 업는 개 고아 등을 친구삼아 부자 순사 도적 등을 상대로 각종 우슴거리를 연출하는 바 그 우수운 가운데는 항상 비애가 숨어잇스며 결국은 실패와 히생으로 쓸쓸히 막을 다친다.

---

44 서광제, 「최푸린 회견기」, 『삼천리』 제4권 제7호, 1932.7, 32~33쪽.
45 이호걸, 「1920년대 조선에서의 외국영화 담론」, 『영화연구』 49호, 한국영화학회, 2011, 278쪽.

그의 고독한 심경은 동양적 숙명론에 갓갑다. 그러면서도 그의 야심의 탑 우에서 인생을 내려다보려고 한다. 이 두 모순된 감정이 한데 어우러저 표현 되는 거기에 챠풀린의 예술이 잇다. 그는 누구보다도 현세적이다. 그의 인기 명성 사업이 언제 멸망할지도 모르지만은 그는 "현세를 지배하라. 인생을 백퍼-센트의 공리적 가치에까지 높히라"로 말한다. 이 감정속에 그의 번뇌 가 잇다. 자본주의 기구의 화근과 오류을 인식하면서도 오히려 인테리긴차- 적 하로이즘을 탈각지 못한다.[46]

채플린의 방일 소식을 접하고 쓴 이 글의 저자 경화京化는 가난한 환 경에서 자라 불우한 어린 시절을 보냈던 채플린이 성공하게 되기까지의 간략한 스토리와 채플린의 뛰어난 예술성에 대한 극찬, 그리고 그의 영 화가 가지고 있는 자본주의에 대한 비판의 성격과 함께 한계 또한 지적 한다. 이 글은 자본주의 시대를 살아가는 아웃사이더들의 곤경을 그린 채플린의 영화가 '신체'를 통한 웃음을 창출하고 있으며 이 웃음이 세계 적 보편성을 띤 것이라는 점에서, 채플린을 "우슴의 에스페란토"로 칭 한다. 그런 한편, 웃음 속의 비애와 실패, 희생을 보여주는 채플린의 고 독이 "동양적 숙명론"에 가깝다고 논한다. 즉, 채플린의 웃음 및 그것이 기반하고 있는 근대의 '세계적 동시성' 및 보편성을 지적하는 한편, 그 속에서 살아가는 개인의 실패와 고독의 메커니즘을 "동양적" 숙명론과 결부시키고 있는 것이다. 채플린의 고독이 자본주의 사회에서 필패必敗 할 수밖에 없는 소외된 개인이 느끼는 보편적 감정에 가깝다고 할 때,

---

46 경화, 「우슴의 에스페란토 인간 챠플린」, 『별건곤』 52호, 1932.6, 29쪽.

이를 굳이 '동양적'인 '숙명론'으로 연관 짓고자 하는 저자의 의도에는 채플린의 영화 속에서 동양철학과의 친연성을 발견하고, 또한 '인텔리겐치아'로서의 인식과 한계까지 공유하고자 하는 저자의 자기인식이 담겨있다고 볼 수 있을 것이다.

여기서 한 발 더 나아가 이경손은 채플린의 영화에서 식민지인의 비애를 읽어낸다.

> 상편에서 돈 째문에 밥을 굴문 사람을 보앗스며 밥 째문에 동무를 잡아서 삶마먹으랴는 자를 보앗다. 우리는 하반에 넘어서 고국을 생각하며 인정을 그리여 우는 무리를 보앗스며 사랑에 취하야 밋치랴는 젊으니를 보앗다.[47]

위의 〈황금광시대〉에 대한 평문에서 이경손은 빈곤과 기아의 문제를 보여주는 영화의 전편과 "고국을 생각하며 인정을 그리여우는 무리", 그리고 사랑에 빠진 젊은이를 그리는 영화의 후편을 이야기한다. 〈황금광시대〉는 1920년대 미국의 골드러쉬 시대에 황금을 찾아 무모하게 뛰어들었다가 극단적인 기아와 공포에 사로잡히는 청춘들을 그리고 있으며, 그럼에도 채플린의 영화 중 드물게 해피엔딩으로 마감되는 영화이기도 하다. 물론 영화 속에서 채플린을 비롯한 젊은이들이 미지의 땅이자 오지에 가까웠던 알래스카로 떠나지만 1867년 러시아로부터 양도된 이래 이미 알래스카는 미국의 영토였고, 이들을 "고국"과 연결 짓는 장면은 등장하지 않는다. 따라서 "고국을 생각하며 인정

47　이경손, 「황금광시대 (1)」, 『동아일보』, 1926.5.4, 5면.

〈그림 6〉〈황금광시대 The Gold Rush〉(1925)에서 굶주림에 지쳐 구두를 삶아 스테이크와 파스타처럼 먹고 있는 채플린

을 그리여우는 무리"라는 문구는 이경손 자신의 감정이 포함된 과잉 해석이라 할 수 있다.

말하자면, 서광제와 김유영의 에피소드가 동시대의 뛰어난 예술가 / 지식인 / 천재 / 영화인으로서 채플린에 대한 '변방의 지식인'으로서의 동경과 선망을 보여주는 것이었다면, 『별건곤』의 저자와 이경손의 글은 그와 동시에, 채플린의 영화를 통해 '동시대인'이자 '지식인'이라는 공통된 정체성을 확인받고 나아가 '식민지인'으로서의 자각까지도 획득하고자 하는 적극적인 의도가 담긴 글이었다고 볼 수 있을 것이다.

이들에게 채플린의 의미가 '동시대인으로서의 감각'과 '식민지 지식인으로서의 자각'을 떠올리게 하는 것이었다고 한다면, 일반 관객들에게 채플린의 의미는 좀 더 실제적이고 체감적인 것으로 다가왔을 것이라고 추론해볼 수 있다. 무엇보다 1930년대 중반 이후에도 여전히 채플린의 무성영화, 혹은 초기영화를 즐겨 본 관객층은 일본어 자막을 읽을 수 있었던 식자층이나 고급 극장에 갈 수 있었던 계급과는 구별되는 계층이었다. 채플린의 영화들이 "전발성 일본어판" 등으로 광고되기는 했지만, 실제 이 시기 재상영되었던 영화들은 대사가 아니라 음향효과와 음악이 삽입된 버전이 대부분이었다. 이 영화들은 비슷한 시기에 음향 버전뿐 아니라 무성버전이 상영되기도 했으며, 저가로 양화를 공급하는 재개봉관으로 이름 높았던 제일극장[48]과 우미관 등에서 주로 상영되었다는 점 등을 고려할 때, 이 영화의 관객층은 저렴한 요금으로 영화를 관람하기 즐겨했고, 1930년대 후반 조선인 극장들에서 유행했던 대중극에 열광했던 이들과 동일한 대중들임을 짐작해볼 수 있다. 요컨대, 1930년대 중반 이후 여전히 조선의 극장가를 순환하고 있었던 채플린의 코미디 속 등장인물들과 이 관객층은 사회적, 심리적으로 매우 가까운 거리에 있었다는 것이다. 채플린이 되풀이하여 연기하는 떠돌이 tramp는 앞서 언급한 것처럼 근대 자본주의사회에서 철저하게 소외된 아웃사이더였다. 수많은 그의 단편영화에 등장하는 추격신이나 유명한 〈모던 타임즈〉의 식사 장면, 또는 〈서커스〉의 곡예 장면 등은 자신의 의지와 상관없이 넘어지고 미끄러지는, 채플린의 수난 또는 가까스로 모면하는 고난의 장면들이다. 채플린 영화 속 슬랩스틱은 곧 '신체'와 '개인' 존엄성의 훼손이라는 문제[49]를 다루는 것이었다. 따라서 이들에게

---

[48] 유선영(2005), 31쪽.

[49] Alan Dale, *Comedy is a Man in Trouble : Slapstick in American Movies*, University of Minnesota Press, 2000, p.2.

부적응자로 살아가는 "타자성의 스펙터클"[50]로서의 슬랩스틱은 세련된 근대성의 구현체로서 등장하는 여타 할리우드 영화의 신체성[51]과는 사뭇 다른 결을 가진 '근대'의 '신체'를 구현하는 것이었으며, 이를 통해 얻어지는 웃음은 현실의 패배와 아픔을 견디는 완충제로서의 기능을 갖는 것이었다고 볼 수 있을 것이다.

한편, 조선의 대중 관객들에게 채플린의 슬랩스틱은 근대 사회에 대한 완충제로서의 기능과 더불어 '눈물'과 '비애감'을 통한 센티멘털리티를 전파하는 것이기도 했다. 즉, 채플린의 코미디는 '빈곤'과 '소외'의 문제를 전면화하면서 근대 사회의 이면을 드러내는데, 여기서 발생하는 계급적, 감정적 동일시와 감상성感傷性은 식민지 대중들의 정서를 대변하는 것이었다고 할 수 있다. 감옥에 잡혀 가거나, 혹은 수감되었다가 풀려나거나 또는 도망치는 채플린, 배고픔에 내몰려 도둑질을 하거나 무전취식을 하다가 경찰에게 쫓기는 신세가 되는 채플린, 또 직장에서 쫓겨나거나 취직을 하려고 해도 번번이 실패하고, 심지어 직업소개소나 무료 급식소, 빈민 구제소, 노숙인 숙소에서조차 소외당하는 채플린의 모습은 화려한 경성의 이면을 살고 있는 수많은 도시 노동자, 빈민 계층이 동일시할 수 있는 대상이었다. 더욱이 정치적, 사회적으로 소외된 식민지의 대중들에게 채플린이 "노동과 사랑, 섭식에서 소외"[52]되는 정황은 예사롭지 않게 다가왔을 터이다.

---

50 Frank Krutnik (ed), "General Introduction", *Hollywood Comedians : The Film Reader*, Routledge, 2003b, p.10.
51 유선영, 「육체의 근대화—할리우드 모더니티의 각인」, 『문화과학』 24호, 문화과학사, 2000, 243~246쪽 참고.
52 야마모토 키쿠오(1983), 305쪽.

반면 키튼과 로이드의 코미디는 '성공'을 전제로 한다는 점에서 채플린의 코미디와 구별된다. 예컨대 〈로이드의 인기남Freshman〉에서 로이드가 촌뜨기에서 인정받는 미식축구 선수가 되는 과정, 또는 〈조심무용 Safety Last!〉에서 로이드가 맨손으로 12층 건물을 기어올라 마침내 백화점의 직원이 되고 거액의 상금을 받는 과정은 성공을 향한 통과의례 같은 것으로 제시된다. 즉, 근대화된 세계 속에서 고군분투하며 적응해 나가고자 하는 로이드나 키튼과 달리 채플린은 항상 소외되어 있고, 그 상태를 항상적으로 유지하려고 하는(또는 유지할 수밖에 없는) 개인의 모습을 그린다는 점에서 구별된다. 그래서 채플린의 코미디는 항상적으로 좌절과 우울을 겪을 수밖에 없는 식민지 조선인들에게 로이드나 키튼의 코미디보다 체감의 강도가 높은 '동조'의 코미디였으며, 따라서 그 '센티멘털리티'가 더 실제적인 것으로 다가갔을 터이다.

물론 코미디영화를 보고자 하는 관객들의 심리는 일차적으로 '웃음'과 '즐거움'을 추구하기 위한 것이고 채플린의 코미디는 그것을 충분히 만족시켜주는 것이 틀림없었다. 그러나 그에 더하여 채플린의 코미디는 빈곤과 실업, 소외라는 근대의 어두운 뒷면을 웃음으로 그려내고 있으며, 웃음 속의 눈물을 통해 불평등과 실패를 마주보게 만든다는 점에서 식민지 조선의 관객들에게 '이미 와 있는' 근대 세계에 대한 안내서이자 결코 녹록치 않은 근대를 경험하게 하는 일종의 완충제로 기능할 수 있었다.

5. 식민지 조선인들의 '웃음의 조건'

1920년대 후반, 심훈은 영화관을 찾는 조선 관객들의 심리를 다음과 같이 분석한 바 있다.

> 괴로운 현실 생활에서 잠시라도 떠나보고 싶어서 저 구석에나 무슨 재미 있는 일이나 있을까 하고 모여드는 것이다. '인'이 박혔었다는 사람의 수효 란 조족지혈이오, 거의 전부는 억지로라도 웃어보려는 사람들로 가득 찬 것 이다.[53]

이 글에서 심훈은 식민 통치 하에 있는 조선민중이 "억지로라도 웃 어"보기 위해 영화관을 찾고 있으며, 그들의 고단한 삶에서 무엇보다 필 요한 것이 "위안거리"이므로, 설령 "뼈대도, 주의주장도 없는 넌센스 영 화"라 하더라도 민중들에게 즐거움을 주는 것이라면 "결단코 무익한 것 은 아니"라고 주장했다. 심훈의 이 글이 쓰인 1920년대 후반 조선민중 들이 영화관에서 만날 수 있는 가장 익숙한 "위안거리"는 할리우드산産 영화였으며, 그 중에서도 단연 채플린의 코미디는 그들을 "괴로운 현실 생활에서 잠시라도 떠나 (…중략…) 억지로라도" 웃을 수 있게 만들어 주는 것이었다. 그리고 심훈이 지적한 "즐거움"과 더불어 몇 가지 측면 에서 채플린의 영화는 조선민중들에게 유익한 것이기도 했다.

---

53 심훈, 「우리 민중은 어써한 영화를 요구하는가?─를 논하야 만년설 군에게」, 『중외일 보』, 1928.7.11~27.

첫째, 채플린의 코미디는 '동시대적 감각'을 보여주는 것이었다. 채플린의 코미디는 갑작스럽고 거대하며 기계적이고 불친절한 근대세계와 일상을 맞닥뜨린 개인의 불안과 부적응을 담아내었으며, 사회적 빈곤과 실업의 문제 등을 제기했다는 점에서 세계적 보편성을 지니는 것이라 할 수 있다. 한 개인의 통제불능 상태의 신체가 세계와의 대결에서 지속적으로 미끄러지는 모습을 구현하는 채플린의 슬랩스틱은 "우슴의 에스페란토"이자, 조선민중들이 동시대성을 체험하는 통로이기도 했던 것이다.

둘째, 채플린의 코미디는 "동양적 숙명론"이나 "비애"를 떠올리게 하는 '감상성感傷性'의 코미디였다. 앞서 지적했듯이 이 시기 미국에서는 해롤드 로이드의 인기가 채플린을 능가하여 로이드 영화 수익이 채플린을 넘어섰으며, 일본에서도 로이드의 인기를 증명하듯 수많은 로이드 아류작과 모방작들이 줄지어 제작되고 있었던 데 반해, 조선에서는 로이드나 버스터 키튼보다 채플린이 여전히 더 많은 사랑을 받고 있었다. 미국 중산층을 대표하는 캐릭터로 볼 수 있는 로이드가 성공적으로 근대에 진입하는 인물의 고군분투를 그려냈다면, 채플린의 떠돌이 캐릭터는 항상적으로 실패하는 패자이자 상실과 부적응의 아이콘이었다. 결국 식민지 조선인들에게 채플린의 눈물과 슬픔, 좌절과 고독은 "동양적 숙명론"으로 환원될 수 있는 것이었으며, 나아가 '식민지인의 비애'까지도 읽어낼 수 있는 공감의 텍스트였던 것이다.

셋째, 심훈이 지적했듯이 무엇보다 채플린의 코미디는 조선의 관객들을 억지로라도 웃을 수 있게 만들고 즐거움을 주는 익숙한 위안거리였다. 어린 시절 '짜푸링 대장'이라는 별명으로 불렸다는 영화감독 이구영이나 유치원 때 〈거리의 등불〉을 보고 감동했다는 코미디언 구봉서의 증언, 그리고 대중극단에서 반복해서 연행되었던 채플린의 슬랩스틱 또는 채플린 영화의 연극화 기록 등은 조선의 대중들에게 채플린 코미디가 다양하게 변주될 수 있는 친숙한 웃음의 한 형식이었음을 의미한다. 채플린과 그의 코미디는 조선인들에게 있어, 동네 꼬마부터 전문 연기자에 이르기까지 각자의 방식으로 흉내낼 수 있고, 도시 변두리에 거주하는 실업 청년부터 동경에서 유학 중이던 영화감독에 이르기까지 각자의 의미를 찾아낼 수 있는, 폭넓은 스펙트럼을 가진 텍스트이자 현실을 잊게 해 주는 위안거리였던 것이다.

여섯 차례나 반복해서 상영되었던 채플린 초기 슬랩스틱 단편 〈이가의 영웅〉의 한 광고는 이런 제안으로 마무리 된다. "나오시여서 우습시오."[54] "우슴 속에 눈물을 짜아내는" 채플린 영화를 보기 위해 조선의 대중 관객들은 1930년대 중후반에도 여전히 '그들만의' 공간이었던 재개봉관으로 나아갔고, 그 공간에서 그들 앞에 놓인 세계를 견딜 수 있는 웃음의 힘을 발견할 수 있었다.

---

54 『동아일보』, 1935.2.10, 4면.

제3장

영화를 실연實演하다

1950년대 후반~1960년대 초반 극장의 영화 상영 관행

1. 무대인사 / 실연무대의 전성시대

1950년대 중반, 악극단의 스타이자 라디오의 스타로 최고의 인기를 모으고 있었던 홀쭉이와 뚱뚱이, 양석천과 양훈은 한형모 감독의 〈청춘 쌍곡선〉(1957)으로 영화계에 첫발을 내딛는다. 〈청춘쌍곡선〉을 통해 홀쭉이 뚱뚱이 콤비는 성공적으로 영화계에 데뷔했는데, 그것은 이 영화의 독특한 형식적 특성에 빗진 것이기도 했다. 김희갑의 데뷔작이기도 한 〈청춘쌍곡선〉은 악극과 할리우드 뮤지컬 코미디 양식을 빌려 악극단 출신 배우들의 장기를 십분 발휘할 수 있는 장면들을 적극 삽입한 영화였다. 양석천과 양훈, 황해, 김희갑 등의 배우들뿐 아니라 악극단의 유명 작곡가 박시춘, 해외 진출을 목전에 두고 있던 악극단 KPK의 가수 김시스터즈 등은 이 영화에서 노래와 춤, 슬랩스틱 등의 퍼포먼스를 선보였고 이것은 악극에 익숙한 기존의 극장 관객들에게도 매력적인 흥행 포인트가 되었을 터였다. 이 영화는 1957년 2월 12일 중앙극장에서 개봉했는데, 개봉관 관객 3만 6천 600명을 모으며 그 해 흥행 순위 5위를 차지했고, 개봉관에서 제작비를 회수한 3편의 영화 중 한 편이 되었다.[1] 〈청춘쌍곡선〉은 평자들의 찬사와 기대를 한 몸에 받았던 〈시집가는 날〉(이병일, 1957)과 단 하루 차이로 개봉했다. 〈시집가는 날〉이 관객 동원에서 별 다른 성과를 거두지 못했던 것과 달리, 이 영화는 연이은 매진 행렬을 기록하며 2주 동안 개봉극장인 중앙극장에 걸려 있었다.

그런데 〈청춘쌍곡선〉이 개봉 당시 관객들의 폭발적인 호응을 얻을 수 있었던 데에는 또 다른 결정적인 이유가 있었던 것으로 보인다. 그것은 영화와 함께 제공되었던 "홀쭉이 뚱뚱이의 실연무대"였다. 1956년 말부터 이미 신문에는 이 영화가 개봉될 것이라는 기사와 광고들이 등장하기 시작했다. "라듸오로 알려진 홀쭉이와 뚱뚱이"가 출연한다는 광고가 한 달 동안 간헐적으로 등장하다가 개봉을 며칠 앞 둔 2월 8일, 처음으로 "홀쭉이와 뚱뚱이 인사차 돌연 무대"에 등장한다는 광고가 실렸다. 영화의 주인공은 황해와 양훈이었으나, 광고의 주인공은 단연 홀쭉이와 뚱뚱이였다. 특히 1956년 연말에 사망 소문이 나돌기도 했던 양훈[2]을 위해 "뚱뚱이 죽지 않았다!"[3]라는 문구까지 삽입한 광고들은 홀쭉이 뚱뚱이 콤비가 매일, 매회 무대에서 실연實演한다는 사실을 강조했다. 겨우

---

1 「국산영화는 수지가 맞나 / 작년도에 상영된 47편의 손익결산 / 이익본 건 삼 편 뿐 /」 과세조치 시기상조" 문교당국",『한국일보』, 1958.7.5, 3면.

2 「신춘폭소경연대회 — 코메디코리아 키멤바 총출동의 지상 코메디」,『명랑』, 1957년 3월호, 70~74면.

3 「〈청춘쌍곡선〉 광고」,『조선일보』, 1957.2.14, 석2면.

15분에 불과한 무대실연이었지만, 광고효과는 대단했던 것으로 보인다. 상영 열흘째인 2월 21일에 광고는 중앙극장 앞에 잔뜩 몰린 인파의 사진으로 바뀌어 이 영화의 흥행을 자랑하는가 하면, 3월 30일 평화극장 재개봉 광고에서는 이 영화가 하와이 교민들의 "열광적인 환호리에 근근 수출을 보게"[4] 되었음을 적시하기도 했다.

홀쭉이와 뚱뚱이의 실연무대는 개봉관에서 그치지 않았다. 개봉관 상영 이후 첫 재개봉이었던 평화극장에서는 실연 무대가 없었던 것으로 보이지만, 같은 해 8월에는 성남극장(6일부터), 동도극장(8일부터), 동화극장(19일부터)에서, 9월에는 자유극장(3일부터), 문화극장(7일부터), 그리고 또 다시 문화극장(26일부터)에 이르기까지 2번관, 3번관에서도 지속적인 "무대 실연"이 이루어졌다. 심지어 재개봉관 광고들에서는 실연무대가 강조되어 양석천과 양훈의 얼굴만이 전면에 등장한 채, 〈청춘쌍곡선〉의 동시상영은 구석에 매우 작게 쓰이기도 했다. 그런가 하면, 10월 1일부터는 홀쭉이, 뚱뚱이를 비롯하여 윤부길, 윤복희 등이 출연 하는 쇼무대가 〈청춘쌍곡선〉과 함께 "영화와 실연으로 구성된 최대뮤직칼호화무대"[5]를 이루어 화신극장에서 5일 동안 동시 상영 / 상연되기도 했다.

〈청춘쌍곡선〉이 상영되는 방식은 당시 극장 흥행 혹은 광고의 인기 모델로 등장했던 것으로 보인다. 〈청춘쌍곡선〉의 흥행 성공 이후 많은 수의 한국영화들이 영화와 함께 '실연무대' 혹은 '무대인사'를 곁들여 개봉하는 방식을 택하게 되었다. '실연무대'와 '무대인사'의 관행은 그러나 그리 오래 가지는 못했다. 매일, 매회 상영에 앞서 15분의 인사를

---

4 「〈청춘쌍곡선〉 광고」, 『조선일보』, 1957.3.30, 석2면.
5 「〈청춘쌍곡선〉 광고」, 『조선일보』, 1957.10.1, 석2면.

위해서 한창 주가를 올리고 있는 일류 배우들이 며칠을 온전히 다 할애할 수는 없는 일이었기 때문이다. 한편, 관객과 얼굴을 직접 맞대고 인사하는 대면 마케팅의 장점 역시 극장 입장에서는 포기할 수 없는 중요한 광고효과이기도 했다. 특히 악극 공연이 "창조 없는 반복"[6]으로 인해 쇠퇴해 가고 악극단의 자리를 여성국극과 쇼 무대가 메우기 시작했던 1950년대 후반, 이제는 영화배우가 된 기존의 악극단 배우들의 '실연'을 본다는 것은, 당시의 한국영화 관객층에게는 한층 더 매력적인 일이었을 것임은 충분히 짐작할 수 있는 바이기도 하다. 이런 상황에서 이 시기의 극장들은 조변석개하는 각종 정책들과 영화산업 규모의 비약적인 확대 등 변화의 소용돌이 속에서 나름의 생존 방안을 모색해 갔다.

이 글은 1950년대 후반의 극장들이 관객들의 수요와 영화계 내외적 조건의 변화 양상에 탄력적으로 적응하면서, 새로운 상영 방식과 무대를 기획하고 실천하는 적극적인 생성의 장으로 기능했음을 밝히고자 한다. 또한, 스크린과 무대에서의 동시 출연을 통해 이 시기 문화의 역동성과 간섭 현상을 그 자신의 신체로 증명했던 코미디언들의 역할을 조명해보고자 한다.

이를 위하여 이 글은 먼저 식민지 시기 조선의 극장에서 시작되었던 실연무대의 역사와 맥락을 짚어보고, 1957년에서 1959년 사이 실연무대의 구성 및 특징을 보다 자세하게 살펴볼 것이다. 이후 1960년대 초에 실연무대가 변화하는 양상을 살펴본 뒤, 이 시기 실연무대의 의미에 대하여 논의하고자 한다.

6　이화진, 「'노스탤지어'의 흥행사―1950년대 '악극'의 전성과 퇴조에 관하여」, 『대중서사연구』 17호, 대중서사학회, 2007, 52쪽.

2. 극장가의 '어트랙션'과 '어트랙션 쇼'[7]의 전개과정

1) '무대인사'의 등장과 유행—1940년~해방 이전

1941년 성보극장에서 개봉한 이병일 감독의 〈반도의 봄〉은 영화 속 영화 〈춘향전〉의 제작을 둘러싼 인물들과 사건을 그린 영화이다. 이 영화의 마지막 부분에는 이 글의 주제와 관련하여 매우 흥미로운 장면이 등장하는데, 바로 〈춘향전〉이 개봉하는 날 주인공 정희가 무대에 올라 노래를 부르는 장면이다. 개봉을 기다리는 수많은 관객들이 극장 밖에 늘어서 있고, 이층 좌석에 VIP들이 앉아 있다. 극장의 무대에서는 피아노, 아코디언, 기타, 바이올린과 트럼펫, 색소폰 등으로 구성된 악단이 지휘자의 사인에 따라 연주를 시작한다. 조용히 무대에 등장한 주인공 정희가 〈망향초 사랑〉이라는 노래를 구슬프게 부르고 퇴장하면 박수소리와 함께 막이 내려온다. 영화 속 설정이므로 자세한 맥락이 생략될 수는 있다고 해도, 영화의 시작을 기다리는 관객들 앞에 아무런 설명 없이 주연 배우가 무대에 등장하여 노래를 부르고 인사도 없이 사라지는 이 장면을 어떻게 해석할 수 있을까? 이 글의 주제로만 한정해 본다면, 1941년 당시 경성의 개봉관에서 (아마도 개봉일

---

7 어트랙션attraction은 극장에서 손님을 끌기 위해 짧은 시간 동안 상연하는 공연물을 가리키는 말인데, 영화의 시작 이전 또는 상영과 함께 이루어지던 쇼를 통칭하는 말로 사용되었다. 이 글에서는 독립적으로 공연되었던 다종다기한 프로그램을 뜻할 때는 '어트랙션 쇼'로, 영화에 덧붙여진 프로그램이라는 의미로 사용될 때는 '어트랙션'으로 구별하여 부른다.

에) 영화 상영에 덧붙여 주연 배우의 실연무대가 꾸며지는 것이 영화속 영화 〈춘향전〉의 관객에게나, 〈반도의 봄〉의 관객 모두에게 자연스럽게 받아들여지는 이벤트였다는 사실을 짐작할 수 있을 것이다. 실제 이 장면은 1941년 3월 2일 명치좌에서 촬영된 것으로, 이 날 개봉작이었던 〈아름다운 희생〉의 주인공 리코란李香蘭의 개봉 기념 무대인사[8]가 있었다고 한다. 관객들이 극장 앞에 긴 줄을 이루고 있는 모습을 담은 쇼트 뒤쪽으로 "리코란"의 이름이 크게 쓰인 휘장이 발견되는 것도 이 때문이었을 것이다.

그렇다면 이 시기에는 이미 드물지 않았던 것으로 보이는 영화배우들의 개봉 전 무대인사가 조선의 극장에서 시작된 것은 언제부터였을까? 이에 대한 첫 번째 실마리는 다음의 기사에서 찾을 수 있다. 1940년 2월 9일 『동아일보』에는 「구미영화가산보─배우의 영화관무대인사가 유행하는 이유」[9]라는 기사가 실린다. 이 기사에 따르면, 유럽에서는 영화배우가 영화관의 무대에서 인사를 하는 것이 한동안 유행이었는데 최근 미국에서도 이러한 경향이 현저해졌다. 이 기사는 배우들의 무대인사 관행의 시작을 다음의 네 가지 이유로 추측한다. 첫째, 세계대전의 영향으로 제작여건이 어려워지고 이에 따라 배우들의 시간이 많아졌다는 것, 둘째, 제작사 간부들이 스타의 인기가 여전한지 시험해보고자 했다는 것, 셋째, 앞으로 제작할 영화를 위해 신인이나 비교적싼 비용의 스타를 만들기 위하여, 넷째, 제작사 직영 극장의 수입을 증

---

8 「〈半島の春〉の全撮影終了す」, 『경성일보』, 1941.3.11(김려실, 『투사하는 제국 투영하는 식민지─1901~1945년의 한국영화사를 되짚다』, 삼인, 2006, 274쪽에서 재인용).
9 「구미영화가산보─배우의 영화관무대인사가 유행하는 이유」, 『동아일보』, 1940.2.9, 석5면.

가시키기 위해서였다는 것이다. 기사에 따르면, 미국에서는 가장 먼저 20세기 폭스에서 〈세기〉라는 영화의 개봉을 앞두고 샌프란시스코의 시사회장에 출연배우들을 파견했는데 이것이 대성공을 거두었고 곧 전미국에 유행하기 시작했다. 이제는 파라마운트와 워너브라더스를 비롯한 거의 모든 제작사들이 시사회에 배우들을 파견하는 것을 '상식'으로 생각한다면서, 이 기사는 이어서 "배우의 인사라 하더라도 그저 무대에 나타나서 '나는 ○○○이올시다. 아못쪼록' 식의 인사는 물론 안될 말이고 노래를 한다든지 춤을 춘다든지 무엇으로든지 관중을 만족시킬만한 연기를 보이지 안흐면 안된다"는 점을 강조했다. 이 기사는 1940년을 전후한 당시 유럽과 미국에서 배우들의 시사회 무대인사("인사여행")가 제작사들의 마케팅 전략과 극장 수입의 증대를 위한 방편으로 고안되었다는 것, 그리고 무대인사는 출연 배우들이 노래와 춤을 선보이는 일종의 실연무대 형식을 띠고 관객들의 열띤 호응을 얻어 관행화되었다는 사실을 알려준다.

이 기사가 직접적인 영향을 미쳤다고 단정하기는 어렵지만, 1940년 2월에 소개되었던 유럽과 미국 극장가의 무대실연은 조선에서도 현실화되었고 1941년 시점에 조선 극장가에서는 결코 드문 일이 아니었다고 할 수 있다.

이 시기 조선 극장가에서 행해졌던 실연무대를 이해하기 위해 고려되어야 할 또 다른 중요한 요소는 기존 조선의 영화 상영 관행 및 1940년대 초 조선 흥행계의 움직임이다. 앞서 살펴본 바와 같이 무대인사나 실연무대는 영화 상영 전 주연배우들이 무대에 등장하여 노래와 춤 등의 장기를 선보이는 것이었다. 그런데 실연무대의 범주를 좀 더 넓혀 본다면, '어트랙션'이라는 이름으로 영화 상영에 붙여 연행되었던 각종 공연이나 막간 무대 등을 떠올리지 않을 수 없다.

주지하다시피, 조선의 극장에서 영화에 덧붙여진 어트랙션으로서의 공연은 긴 역사가 있다. 단편과 초단편으로 이루어졌던 초기영화들이 상영되던 순간부터 연속영화 상영이 극장 프로그램의 주를 이루게 되는 순간까지, 대부분 영화 상영에는 신파극, 짧은 코미디, 노래 등으로 이루어진 막간 또는 '어트랙션'이 곁들여졌다. 이후 영화 자체의 길이가 길어진 데 더하여 영화전용 극장들이 등장하고 안정적 배급망이 확보되면서 개봉관에서는 영화 상영만으로도 프로그램 구성이 가능해졌고, 이 과정에서 자연스럽게 어트랙션 또는 공연과 영화 상영이 분리되었다.

그러나 악극을 비롯한 대중연예물이 번성하던 1930년대 후반 이후, 서양영화 상영 축소라는 결정적 계기를 맞닥뜨리면서 '어트랙션'이 또다시 극장의 주요 프로그램이 되었다.[10] 외화, 그 중에서도 미국영화 상영에 주력해 왔던 경성의 '영화관'들은 미국영화 상영 금지조치와 배급료의 폭등, 흥행 시간의 단축과 입장세 부과 등의 조치에 따라 점차 영

---

10 이화진, 「전쟁과 연예 – 전시체제기 경성에서 악극과 어트랙션의 유행」, 이상우 외, 『전쟁과 극장 – 전쟁으로 본 동아시아 근대극장의 문화정치학』, 소명출판, 2015, 364쪽. 이 글에서 이화진은 이 시기 어트랙션이 미국영화에 대한 일종의 '전시대용품'이었다고 주장하면서 필름 임대료의 급등, 활동사진영화취체규칙에 따른 흥행시간 제한, 조선영화령에 따른 입장세 부과 등의 규제가 오히려 어트랙션을 활성화시킨 계기가 되었다고 분석했다. 이화진의 논의는 1930년대 후반 조선의 흥행계에서 어트랙션의 유행이 갖는 의미와 맥락을 다각도로 분석하고 있어 본 논의에 중요한 참조점을 제시한다. 그러나 그가 다루는 '어트랙션'이 매우 포괄적으로 설정되어 있다는 점에서 본 논의와 구별된다. 이화진은 어트랙션을 '영화에 곁들여진 프로그램'을 넘어서 독립적으로 공연 되었던 기존의 악극 및 버라이어티 쇼 등을 포함하는 것으로 규정하고 논의를 진행하는데, 이 글은 영화 상영에 덧붙여진 프로그램으로서의 어트랙션으로 관심 범주를 한정하며 어트랙션과 어트랙션 쇼를 구분하여 서술한다.

화가 아닌 쇼와 연예에 집중하게 되었다.[11] 그런 한편, 영화상영에 덧붙여진 프로그램으로서의 어트랙션도 다시 주목받기 시작했다. 영화가 이땅에 도래한 이래 줄곧 할리우드 영화의 홍수 속에서 살아온 경성의 관객들에게 그간 외면 받아왔던 '내지영화'가 관객들을 시선을 끌기 위해 선택한 것이 어트랙션이었기 때문이다. 이 시기에 영화의 홍보를 위해 어트랙션을 덧붙이고 "내지로부터 어트랙션을 공급"받는 것은 새로운 트렌드가 되었다. '일본영화법'(1939) 이후 "레뷰에 속하는 것부터 스타들의 인사를 겸한 연예물, 레코드가수의 가요, 경음악단의 연주, 또는 만자이, 마술, 철봉체조"[12] 같은 온갖 종류의 어트랙션 쇼 / 어트랙션이 부상했던 일본의 흥행계의 사정 역시 경성의 영화관으로 전이되었다.

1940년대 초반 극장은 이처럼 각종 연예물을 포함하는 어트랙션 쇼의 시대이자, 한편으로는 영화와 더불어 상영되는 어트랙션이 다시 중요해진 시기이기도 했다. 1940년대 경성 극장가의 실연무대는 각종 공연과 연예물이 범람했던 조선 흥행계의 사정, 일본영화의 공급과 소비를 촉진시키기 위한 마케팅이라는 측면, 그리고 미주 유럽에서 시작된 배우들의 무대인사의 유행 등이 교차하는 지점에서 번성할 수 있었다.

---

11 이화진(2015), 368~370쪽.
12 双葉十三郎, 「アトラクション觀覽」, 『映畫旬報』 제37호, 1942.2.1, p.58(이화진(2015), 370쪽에서 재인용).

2) '어트랙션 쇼'의 전성─1945년~1956년

해방을 맞은 후 미군정기와 전쟁기를 거치면서도 여전히 악극을 비롯한 어트랙션 쇼 무대는 대중문화 시장의 주류였다. 미국영화의 범람, 국산영화 콘텐츠의 부족, 극장 시설의 파괴, 입장세법의 제정과 개정 등의 환경 속에서 악극이 화려했던 전성기를 보내는 동안, 극장에서는 악극을 중심으로 하는 쇼 공연이 극장 프로그램의 대부분을 차지했으며, 영화와 공연의 동시 상연은 매우 드물었다.

주지하다시피 일제 말기 조선의 극장에는 일본영화가 절대 다수를 차지하고 있었고, 조선영화인들 역시 '제국의 영화 시장' 안에서만 활동이 가능했다. '어느 날 갑자기' 해방이 되었을 때, '조선영화령' 하에서 제국에 복무하기 위해 일원화 되어 있었던 조선의 제작, 배급 시스템은 제대로 작동할 수 없었다. 이 시기 '해방조선'의 흥행장에서 상대적으로 제 기능을 할 수 있었던 것은 극장이었다. 미군정에 의해 대부분의 극장들이 '적산'으로 분류되었고 이에 대한 공개 입찰이 결정되면서 극장을 공공재화 하려는 예술인들의 반발과 항의, 적극적인 의견 개진이 있었으나 여전히 상당수의 극장들은 (미군정청의 용인 하에) 일본인 극장주 밑에서 일했던 지배인을 비롯한 비영화인 / 비연극인의 손으로 경영되었다. 당연하게도 극장들은 상대적으로 부진했던 국산영화의 장려나 육성보다는 흥행에 유리한 프로그램을 선택하는 편을 택했고,[13] 그들의 선택을

---

13 유민영은 이 시기에 "악덕흥행주"들에 의해 서울의 주요 극장들은 "신파극단과 악극단, 그리고 미국영화가 점거하고 있었다"고 서술했다. 유민영, 『한국 근대극장 변천사』, 태학사, 1998, 294쪽.

받았던 것은 미국영화, 그리고 악극을 비롯한 대중극과 쇼 무대였다.[14]

　먼저, 미국영화는 해방기부터 그야말로 홍수처럼 쏟아져 들어오기 시작했다. 미국은 1946년 4월 중배의 한국지부를 설립했고, 중배는 1946년 말부터 본격적인 활동을 개시했다. 그런데 중배의 활동이 본격화되기 이전에도 미국영화는 극장에서 상영되는 외화의 대부분을 차지했는데, 식민시기에 상영되었거나 혹은 수입되었으나 상영되지 못했던 미국영화 필름들이 대거 쌓여있었기 때문이었다. 1947년 초, 한국 시장을 더 확실하게 장악하기 위해 중배는 장기상영과 블록 부킹block-booking을 강요하고 부율을 일방적으로 조정하는 불공정한 배급조건을 제시[15]하기에 이르렀다. "미국영화의 식민지화"를 우려했던 당대 대중들과 문화예술 각계의 비판 여론에도 불구하고 극장들은 부율의 현상 유지, 상영일의 자율적 운영 등이 조정되자 중배의 요구를 전격 수용하였고 이를 계기로 더욱 본격적인 미국영화의 시대가 열리게 되었다.[16]

　전술했다시피 미국영화의 전략적 공습 외에, 이 시기의 극장에는 다

14　이길성은 이 시기 극장광고 분석을 통해 각 극장에서 상영되었던 공연물 수 대비 영화작품 수의 비율을 도표화했다. 이 분석은 서울 개봉관 중에서도 일류극장이었던 수도, 국제, 국도극장을 중심으로 행해졌는데 1946년부터 1949년까지의 조사에서 국도극장의 경우는 45% 내외, 수도극장은 46년과 47년 50%에 못 미치던 것이 48년과 49년 70% 넘는 수치를 보인다. 2류관이었지만 중앙영화배급사(CMPE, Central Motion Picture Exchange, 이후 '중배'로 약칭)에서 선호했던 서울극장의 경우는 기간 내내 90%를 넘는 수치를 보이고, 보다 공연에 치중했던 중앙극장의 경우는 48년까지 30% 정도를 차지하다가 49년에 50%를 넘기게 된다. 이 극장들 외에 서울에서 영화를 위주로 프로그램을 구성했던 극장은 명동극장과 우미관이 있었고, 극공연 위주로 기획했던 극장은 동양극장과 제일극장 등이었는데, 그 외의 대부분의 극장들에서는 영화와 공연이 50% 정도의 비율을 보였다. 이길성, 「해방 직후 뉴스문화영화의 상영 연구」, 『영상예술연구』 27, 영상예술학회, 2015, 15~16쪽.
15　「조선 극장문화 위협하는 중앙영화사의 배급 조건」, 『경향신문』, 1947.2.2, 3면.
16　해방기 미국영화 상영의 추이에 대해서는 김승구, 「해방기 극장의 영화 상영 활동에 대한 고찰」, 『동방학지』 158, 연세대 국학연구원, 2012 참조.

양한 공연 무대가 펼쳐지고 있었다. 그 중에서도 양적인 면에서 단연 우위를 점했던 것은 악극이었다. 악극은 1940년대 이미 전성기를 맞아 한국영화의 암흑기였던 일제 말기에도 이동연예대와 위문대 등의 활동으로 쉼 없는 공연 활동을 벌인 바 있었다. 해방 이후에도 반공악극과 선전악극을 한 축으로, 식민시기부터 유행했던 레퍼토리를 또 다른 한 축으로 악극단들은 이합집산을 거듭하면서 극장과 가설극장, 이동무대 등 다양한 무대 위에서 공연을 펼쳤다. 한국 전쟁기에 악극단의 인력들은 군예대 활동과 악극단 활동을 병행하며 공연을 이어갔다. 그러나 휴전이 되고 일상이 복구되는 시점에서 악극단은 영화, 여성국극, 버라이어티 쇼, 창극 등의 활황에 밀리면서 역사의 한 켠으로 밀려나고 말았다.[17]

이처럼 해방기와 전쟁기는 극장 프로그램의 대부분을 미국영화와 무대 공연이 점령하고 있었던 시기이지만, 드물게 동시상영의 기록을 찾을 수 있는 경우도 있다. 전쟁기 서울과 대구의 신문 광고를 통해 영화 상영의 양태를 실증적으로 연구한 정종화에 따르면, 영화 자체만으로 관객들의 주목을 받을 수 있었던 미국영화가 개봉할 때 무대공연이 같이 기획된 적은 없으나, 화제작이 재상영되거나 뉴스영화가 상영될 때 공연을 동시에 배치한 경우는 있었다. 예컨대, 1951년 1월 27일 미국 영화 〈사선을 넘어서〉가 대구의 만경관에서 재상영될 때 여류만담가

17　전쟁기 악극의 활황과 퇴조에 대한 더 자세한 맥락은 이화진(2007)을 참조. 한편, 1950년대 후반 여성국극의 활동에 대해서는 김지혜, 「1950년대 여성국극의 단체활동과 쇠퇴과정에 대한 연구」, 『한국여성학』 27, 한국여성학회, 2011 참조. 김지혜는 이 글에서 기존의 연구들이 1950년대 후반 여성국극이 내적 발전을 도모하지 못했기 때문에 '몰락'했다고 평가해 왔으나 실제 여성국극의 인기는 1960년대 초반까지 지속되었으며 남성중심의 문화적 위계로 인해 그 영향력이 과소평가되었다고 지적했다.

김충심의 만담 〈전쟁과 봇따리〉가 동시 공연되었으며, 개봉관에서 관객을 끌지 못했던 영화들이 재개봉할 때 변사공연을 홍보 수단으로 삼아 관객몰이에 성공한 경우도 있었다. 한국영화 〈성불사〉(윤봉춘, 1952)가 상영될 때 육군 군예대의 밴드 공연이 덧붙여진 것, 기록영화 〈지나간 노도〉 상영에 마술쇼가 덧붙여진 것도 눈에 뜨인다. 반면, 서울에서는 같은 영화일지라도 변사공연이 이루어진 경우는 찾아볼 수 없으며, 대신 전쟁뉴스가 전면에 부각되어 전쟁뉴스와 극영화가 동시상영되거나 (드물지만) 전쟁뉴스에 악극 공연이 덧붙여 상영되기도 했다.[18]

휴전 이후에도 여전히 공연은 영화보다 극장 점유율이 더 높았다. 공연과 영화는 완전히 분리되어 있었으며 특히, 개봉관에서 어트랙션이 포함된 영화 상영은 찾아볼 수 없는 풍경이 되었다. 이 글이 관심을 두고 있는 1955년 이후를 좀 더 자세히 살펴보자면, 1955년과 1956년 서울의 개봉관에서는 어트랙션은 물론이거니와 영화와 악극 등의 공연이 동시에 상연되는 경우도 거의 존재하지 않았다. 이 시기 신문에 실리는 극장 광고들 역시 대부분 미국영화 광고와 악극 / 여성국극 / 국악단의 공연광고로 양분되어 있었다. 드물게 공연과 영화를 동시상연한 경우를 찾아볼 수 있는데, 1955년 5월 25일 대한영화배우협회가 주최한 〈영화인 예술제 ─ 고故 이금룡선생추모제〉(성남극장)에서 영화 〈고향의 노래〉(윤봉춘, 1954)를 상영하고 동시에 이 영화의 주연배우 김신재, 이선애를 비롯하여 협회 소속의 유명 배우들 ─ 복혜숙, 주증녀, 노경희, 이민, 조미령, 석금성, 윤일봉, 이택균, 황남, 최

---

18 정종화, 「한국영화 성장기의 토대에 대한 연구 ─ 동란기 한국영화 제작을 중심으로」, 중앙대 석사논문, 2002, 78~80쪽.

은희, 이향, 윤인자, 최집길, 염매리 등─이 출연했던 행사를 들 수 있다. 그리고 1956년 11월 8일 시공관에서 "봉절영화와 아토락숀"이라는 이름으로 외화 〈수사대搜査隊와 개가凱歌〉와 함께 코메디쇼 〈행운십자로〉를 공연한 기록 정도가 남아 있을 뿐이다.

그런데, 1954년을 기점으로 이러한 경향은 차츰 변화하기 시작한다. 그 시작을 알렸던 것은 입장세법의 개정이었다. 1946년 군정법령으로 제정되었던 입장세법이 극장 입장세를 일괄 30%로 부과했던 데 비하여 1949년에 개정된 입장세법은 공연에 30%, 영화에 60%를 차등적으로 부과했다. 1954년 다시 개정된 입장세법에서는 이 비율이 세분화되어, 국산영화는 면세, 공연에는 30%, 외화에는 90% 세금을 부과하는 것으로 변경되었다. 입장세법에 더하여 1955년부터는 지정좌석제 및 교차입장제가 실시되면서 극장이 점차 무대 공연을 부담스러워하는 경향이 생겨나고 있었던 것이다. 1956년 2월 좌담회에서 국도극장의 성동호와 시공관의 백순성은 영화 상영 시 수입은 달라진 바 없으나 "실연을 하면 3할 감수"가 된다면서 실연무대 유치의 어려움을 호소했다.[19] 『한국악극사』를 쓴 박노홍과 『한국대중연예사』를 쓴 황문평은 악극이 쇠퇴하기 시작한 분기점으로 1955년을 지목한 바 있다.[20] 즉, 전술한 제도적 변화의 영향뿐만 아니라, 1955년은 악극이 변화와 발전의 내적 동력을 상실한 시기이면서 〈춘향전〉의 대대적인 성공을

---

19 「시들어가는 극장문화 / 운영의 애로를 듣는 좌담회(상)」, 『한국일보』, 1956.2.13, 4면. 이러한 여론 및 무대예술의 축소에 대한 지속적인 탄원 등으로 인해 1956년 12월 개정된 입장세법은 공연에 대한 입장세를 기존 30%에서 10%로 대폭 축소했다.

20 박노홍, 「한국악극사」, 김의경·유인경 편, 『박노홍의 대중연예사』 1, 연극과 인간, 2008; 황문평, 『한국대중연예사』, 부르칸모로, 1989.

목도한 대중연예계의 인력 및 홍행자본이 영화를 향해 대거 이동하기 시작한 시점이기도 했다.

그러나 그렇다고 해서 하루아침에 극장의 간판이 모두 바뀌는 것은 아니었다. 해방기와 전쟁기를 거치면서 점차 쇼 무대에 역점을 두고 '악단'이나 '쇼단'으로 이름을 바꿔갔던 악극단들은 이 시기에 여전히 남은 불꽃을 태우고 있었으며, 임춘앵, 김진진 등이 이끄는 여성국극단이 그 화려한 시절을 이어 받고 있었다. 따라서 1955년과 1956년이라는 시점은 악극단의 중심 인력들이 영화계로 이동하고 있는 중이었고 극장 프로그램의 비중이 점차 영화 쪽으로 기울어가고 있었으나, 그럼에도 여전히 악극단들은 지속적으로 공연을 기획했고 쇼 무대를 위한 새로운 '악단'들이 탄생하고 있었다. 그것은 이 시기까지는 아직, 악극을 비롯한 공연들이 영화의 홍행에 의존하지 않아도 자생적으로 살아남을 수 있는 힘을 가지고 있었다는 뜻이기도 했다.

영화와 함께 인기 배우들의 무대 출연을 다시 보게 되는 것은 1957년 〈청춘쌍곡선〉부터였다. 휴전 이후 많은 악극배우들이 영화에 기용되어 '영화배우'로 자신의 영역을 구축하기 시작한 이래 1957년은 이들이 '영화배우'의 정체성을 부여받고 무대로 돌아온 첫 해였다. 그러나 이때의 실연무대는 '영화관'의 무대로, 영화 마케팅을 위한 장소로서 그 성격이 달라져 있었다.

3. 1950년대 후반 '영화관'의 '무대' 기획

1) 1957년-〈청춘쌍곡선〉과 실연무대

1957년은 〈청춘쌍곡선〉의 해였다. 거의 1년 내내 수많은 극장에서 '실연무대'를 진행했던 〈청춘쌍곡선〉의 흥행 방식은 다른 영화들의 상영 방식에도 영향을 미쳤다. 〈청춘쌍곡선〉의 떠들썩한 개봉에 고무된 첫 영화는 〈대춘향전〉(김향, 1957)이었다. 1957년 2월 16일 시네마코리아에서 개봉한 〈대춘향전〉[21]은 여성국극을 영화화한 것인데, 주인공인 박옥진, 조양금, 박옥란, 조양녀 등 당시 인기 있었던 여성국극단의 스타들이 "세배 인사차" 무대에 등장하여 "동시실연"을 선보였다. 개봉 당시 〈청춘쌍곡선〉의 기세에 밀려 흥행에 참패했던 〈시집가는 날〉도 제4회 아세아영화제 최우수희극영화상을 수상한 기념으로 수도극장에서 재개봉 하면서 "영화제 귀환보고 및 출연배우 무대인사"를 진행했다. 1957년 시점에서 개봉관과 재개봉관을 오갔던 시네마코리아는 홍콩의 영화배우 하후란夏厚蘭을 내세워, 한국영화를 동시 상영하면서 그 주연배우들을 함께 무대에 세우는 방식으로 "영화와 실연의 호화프로"를 마련하기도 했다. 그런가 하면, 수도극장에서는 〈찔레꽃〉(신경균, 1957)의 만원사례를 감사하는 의미로 상영 일주일가

---

21 당시 인기 있었던 여성국극단 중 하나였던 삼성국극단은 박옥진, 박옥란 자매와 박옥진의 남편이었던 연출가 김향이 함께 창단했던 단체였다. 〈대춘향전〉은 김향이 제작했고 박옥진, 박옥란이 주연을 맡았는데 이 영화의 흥행 실패는 극단이 몰락하는 결정적 계기가 되었다. 김지혜(2011), 14~15쪽.

〈표 2〉 1957년 실연무대 현황

날짜	극장	영화	실연무대 출연진	광고문구	실연 시간	비고
2.12 ~23	중앙극장	청춘쌍곡선	양석천, 양훈	홀쭉이와 뚱뚱이 상영 중 매일 단연 무대 등장 실연	15분	개봉 / 매일·매회 출연
2.16~	시네마 코리아	대춘향전	박옥진, 조양금, 박옥란, 조양녀	동시실연, 세배 인사차 등장	-	개봉
6.16 ~20	수도극장	시집가는 날	조미령, 김승호, 석극성, 최현	영화제 귀환보고 조미령, 출연배우 무대인사 김승호, 석금성, 최현	-	재개봉 / 3회·6회에 한함
7.21 ~24.	시네마 코리아	김삿갓	하후란(홍콩), 김승호, 복혜숙, 박경주	영화와 실연의 호화프로	30분	개봉 / 토미와 그 악단 축하연주, 현인 등 가수 출연
7.25 ~29	시네마 코리아	전후파	하후란(홍콩), 윤인자, 후라이보이 (토미와 식스 자이안스 연주, 현인 특별출연)	하후란 양 연기공연!	30분	개봉
7.24~	수도극장	찔레꽃	이경희, 주선태, 복혜숙	연일 만원에 보답코저 24일부터 무대에서 인사를 드리며 주제가 〈정순의 노래〉를 주연 이경희 양이 불러드려……	30분	16일 개봉
8.6~7	성남극장	청춘쌍곡선	양석천, 양훈	홀쭉이 양석천 뚱뚱이 양훈 무대인사	-	재개봉
8.8~	동도극장	청춘쌍곡선	양석천, 양훈	동시실연, 매일 무대현장 실연	-	재개봉
8.19~	동화극장	청춘쌍곡선	양석천, 양훈	뚱뚱이＋홀쭉이 무대실연	-	재개봉
9.3~	평화극장	노들강변	김을백, 하연남	동남아진출기념상연, 축하가 요쑈와 주연배우 무대인사	-	재개봉

날짜	극장	영화	실연무대 출연진	광고문구	실연시간	비고
9.4~	자유극장	청춘쌍곡선	양석천, 양훈	무대인사 당당 홀쭉이 뚱뚱이 실연	–	재개봉
9.7~	문화극장	청춘쌍곡선	양석천, 양훈	무대실연	–	재개봉
9.30~	화신극장	청춘쌍곡선	양석천, 양훈, 윤부길, 윤복희 등 (윤부길과 악단, YYY코메디클럽)	영화와 실연으로 구성된 최대뮤직칼호화무대	–	재개봉
11.30~	중앙극장	나그네서름	후라이보이, 박춘석 등(박춘석과 그 악단, 후라이보이와 뉴코메디)	동시상연, 그랜드쑈 "감격의 45분"	45분	개봉
12.31 ~1.14	국도극장	천지유정	양석천, 양훈	귀환보고 무대출연	–	개봉

량이 지난 시점부터 출연배우들의 무대인사를 준비했다.[22] 1957년도
에 있었던 '실연무대'를 날짜별로 정리해보면 〈표 2〉와 같다.

　단연 눈에 띄는 것은 물론, 〈청춘쌍곡선〉의 무대인사 행렬이다. 〈청
춘쌍곡선〉과 앞서 언급했던 〈시집가는 날〉, 그리고 임화수가 운영하던
평화극장에서 재개봉한 〈노들강변〉(신경균, 1957)을 제외하고는 대부분
의 무대인사가 개봉작 상영 시, 개봉관에서 이루어졌다. 이 중에서 재개
봉관이었던 화신극장의 〈청춘쌍곡선〉 무대쪽인사를 주목해볼 필요가

22　한지산, 「비극의 희로인 이경희양은 어디로 가려나?」, 『국제영화』, 1958년 3월호, 72~
73쪽. 이 기사에 따르면, 이경희는 〈찔레꽃〉이 개봉되자 광주, 마산, 부산, 대구 등 전국
각지를 순회하면서 〈찔레꽃〉의 주제곡 '정순의 노래'를 불러 "영화 끝에서 팬들의 구미
를 돋구었다. 그리고 전국적인 팬의 환송을 받으며 대구, 부산, 마산을 거쳐 상경한 그녀
는 서울 수도에서 마지막의 누구를 위해 흘린 눈물이나를" 불렀다. 이 기사로 추측컨대,
〈찔레꽃〉은 당시로서는 드물게 전국적으로 동시개봉한 뒤 무대인사를 위해 먼저 지방
순회를 돌고 서울에 도착, 서울의 개봉관에서 몇 차례 공연을 가졌던 것으로 보인다.

있는데, 화신극장은 양석천, 양훈 외에도 윤부길과 윤복희 부녀를 기용하여 '뮤지칼호화무대'를 꾸몄다. 윤부길은 '부길부길 쇼단' 등을 이끌며 특히 코믹한 무대 연출과 연기에 돋보이는 배우 중 한 사람이었으며, 그의 딸 윤복희 역시 다섯 살 때부터 악극단에서 노래를 부르기 시작하여 이미 미8군 무대에서 인기 있었던 어린 스타였다. 이 같은 구성으로 미루어볼 때, 화신극장은 단순한 '무대인사'를 넘어서서 보다 본격적인 '쇼' 무대를 기획했던 것이라고 할 수 있는데, 이러한 경향은 〈나그네서름〉(이선경, 1957) 상영에서 좀 더 나아간 형태로 등장한다.

　11월 30일 중앙극장에서 개봉한 〈나그네서름〉은 개봉관에서 독립된 하나의 쇼를 "동시상연" 프로그램으로 구성했다. 악극단의 유명 작곡가 박춘석과 그의 악단, 라디오의 명 사회자로 이름을 날리고 있었던 후라이보이 곽규석과 그의 공연 단체인 뉴코메디는 그 이전에도 합동 공연을 해 오던 유명 단체들이었다. 그럼에도 당시 이 공연은 영화평자들에 의해 "악극을 즐기는 팬들의 저급한 취미에 알맞은 애트락슌"으로 평가 절하 되었다.[23] 그러나 이 평가는 또 다른 측면으로 해석해볼 여지가 있다. 즉, 〈나그네서름〉은 원래 인기 있는 악극 레퍼토리를 영화화했던 것으로, 이 영화가 기존의 악극팬을 겨냥하여 제작된 것이었다면 오히려 그에 맞는 어트랙션을 구성하여 영화와 무대 사이의 격차를 줄이는 역할을 했다고도 볼 수 있는 것이다.

　한편, 연말에 개봉한 〈천지유정〉(김화랑, 1957)은 "무대실연"을 광고한 마지막 영화였다고 할 수 있는데, 그런 의미에서 이듬해의 상영 관행

---

23 「순 신파조의 멜로드라마 / 이예춘의 〈나그네서름〉」, 『한국일보』, 1957.12.2, 4면; 「신영화 〈나그네설음〉, 영화 이전 신파 희극」, 『서울신문』, 1957.12.5, 4면.

을 예고한 영화이기도 했다. 홀쭉이 뚱뚱이의 두 번째 영화였던 〈천지유정〉은 〈이국정원〉(전창근·도광계·와카스기 미쓰오, 1957)에 이어 임화수의 한국연예주식회사가 제작한 두 번째의 한홍합작영화였다. 개봉 한 달 전부터 신문에는 대대적인 광고가 실리기 시작했다. 홍콩 로케이션을 떠난 홀쭉이 뚱뚱이의 인사, 귀국인사를 통해 지속적인 관심을 호소했고 개봉을 앞두고는 이들의 "귀환보고" 무대출연이 집중 광고되었다. 국도극장에서 12월 31일에 개봉한 이 영화는 애초 하루 5회 상영이었으나 1월 3일부터 총 6회 상영으로 상영시간을 추가했고, 1월 7일 다시 5회 상영으로 변경한 뒤 14일까지 상영을 이어갔다. 이 영화에 대한 신문 잡지의 평은 대체로 인색하기 그지없었지만, 홀쭉이 뚱뚱이의 인기에 힘입어 재개봉관에서는 거의 일 년 내내 상영이 이어졌다. 그러나 〈청춘쌍곡선〉이 재개봉할 때마다 적극적인 무대실연을 선보였던 것과 달리 홀쭉이와 뚱뚱이는 성남극장과 평화극장에서 1월 31일, 동시 재개봉을 할 때 실연무대를 진행한 뒤, 더 이상 무대에 서지 않았다.

이들의 무대인사가 〈청춘쌍곡선〉의 경우처럼 적극적으로 진행되지 않았던 데에는 몇 가지 이유가 있었을 것으로 보인다. 무엇보다 이 해 양석천, 양훈은 〈천지유정〉 이외에도 〈오부자〉(권영순, 1958), 〈사람팔자 알 수 없다〉(김화랑, 1958), 〈한 번만 봐주세요〉(김화랑, 1958) 등 세 편의 주연작을 더 개봉했고, 이듬해 초(1959.2)에 개봉할 〈홀쭉이 뚱뚱이 논산훈련소에 가다〉(김화랑)와 〈실례했습니다〉(박성호, 1959)까지 촬영을 마쳐야 했으므로 영화 홍보를 위해 매일, 매회 무대에 서는 것은 시간적, 경제적으로 부담이 큰 일이었을 것으로 보인다. 이에 대해서는 다음 절에서 좀 더 자세히 살펴볼 것이다.

또 한 가지 추론 가능한 이유는 한국영화의 비약적인 양적, 질적 성장으로 인해 한국영화 관객이 급증하고 있던 시점에서, 비용이 많이 드는 '실연무대'를 유치하는 것이 광고 및 마케팅 비용을 공동 부담해야 했던 제작사나 극장의 입장에서 그다지 반길 일은 아니었기 때문이었다고도 볼 수 있을 것이다.

요컨대, 1957년 시점에서 '어트랙션'으로서의 "무대인사"는 영화를 '실연'해 보임으로써 스크린과 무대, 현실을 오가며 입체적인 오락의 공간을 창출하는, 복합적인 대중연예의 산물이자 악극의 관객을 영화의 관객으로 견인하는 매개였다. 또 다른 한편으로 흥행산업의 자장 안에 포획된 '상품'으로서의 "무대인사"는 영화 마케팅의 수단이자 경제논리에 따라 쉽게 삭제될 수 있는 주변적인 산물에 불과한 것이기도 했다.

2) 1958년 – 재개봉관의 동시실연 무대

홀쭉이와 뚱뚱이의 영화 활동이 바빠지던 1958년, 이들이 주연작을 개봉할 때에도 무대인사를 진행하지 않는 것은 1958년 개봉영화 마케팅의 흐름을 단적으로 보여주는 것이기도 했다. 대신, 이전 해 개봉관의 '무대실연' 열기는 재개봉관의 실연무대로 이어졌다. 1958년의 실연무대는 〈나그네서름〉에서 선보였던 것처럼 영화와 관계없는 인물들이 등장하는 쇼 무대로 구성되어, '동시실연' 또는 '동시공연'이라는 이름을 달고 주로 재개봉관을 중심으로 이루어졌다.

〈표 3〉1958년 실연무대 현황

날짜	극장	영화	동시공연	비고
2.15.	자유극장	다정도 병이런가	영화와 막간쑈-동시실연-코메듸쑈 -금주기념일	재개봉
2.18	시네마 코리아	잊을 수 없는 사람들	NBC악단쑈	재개봉
3. 8	천일극장	모정	악극만담과 고전무용	재개봉
3.11.	천일극장	왕자호동과 낙랑공주	TNDC그랜드쑈, 재즈공연	재개봉
3.13.	천일극장	후편 실낙원의 별	코메듸쑈 동시공연	재개봉
3.13.	우미관	찔레꽃	NBC악단	재개봉
3.28	동보극장	배뱅이굿	동시무대출연 〈노래하는 팔도강산〉 본격적 민요만담과 코메듸크럽	재개봉
3.29	문화극장	배뱅이굿	특별출연 구봉서, 김희갑 〈코메듸쑈 봄바람은 미친바람〉	재개봉
4. 6	화신극장	배뱅이굿	노래하는 팔도강산(이은관, 박옹수), 만담(장소팔, 고백화)	재개봉
4.22.	천일극장	옥단춘	민요코메듸 동시공연	재개봉
4.22	동화극장	전후파	코메디쑈 〈꿈 속의 공연〉	재개봉
5. 2	천일극장	이국정원	홀쭉이 뚱뚱이 동시공연	재개봉
5. 5	자유극장	전후파	동시실연 김희갑, 구봉서 코메듸쑈 〈꿈 속의 사장〉	재개봉
5. 5	천일극장	백치아다다	동시공연 코메듸쑈 〈찻차차부녀〉 윤부길, 윤복희	재개봉
5. 8	천일극장	아름다운 악녀	동시공연 박옹수 코메듸크럽, 탵크럽	재개봉
5. 9	문화극장	전후파	동시무대출연쑈 〈노래하는 팔도강산〉	재개봉
5.12	천일극장	봉이김선달	동시공연 민요만담코메듸쑈 〈아리랑 청춘〉, 이은관, 장소팔, 고춘자	재개봉
5.19	현대극장	장화홍련전	동시실연 김윤삼 코메듸크럽, 만담	재개봉
5.20	동양극장	돈과 시간을 달라	노래하는 바렌틔노 악극단	재개봉
5.22	화신극장	풍운의 궁전	쑈보트, 코메듸구락부	재개봉
5.28	동화극장	돈과 시간을 달라	영화와 노래와 코메듸쑈- 〈노래하는 남국성〉	재개봉
5.28	천일극장	애원의 고백	쑈뽀트 〈결혼소동〉	재개봉
5.29	성남, 평화	오부자	무대인사 김희갑, 구봉서 실연	재개봉

6. 3	천일극장	돈	코메디쑈 〈신혼만대〉 박응수	재개봉
7. 4	문화극장	돈과 시간을 달라	노래와 춤, 코메디의 호화판, 박옥초, 황금심, 고운봉 등	재개봉
7.13	화신극장	전후파	영화와 가요쑈	재개봉
7.15	계림극장	사랑의 지평선	가극단 쑈뿌트, 코메디쑈 〈딸 삼형제〉 (박옥초, 신카나리아, 황금심 등)	재개봉
7.22	자유극장	돈과 시간을 달라	영화와 실연, 문일화 가요쑈	재개봉
7.25	동보극장	후라이보이 박사소동	장소팔, 이은관 코메디쑈 동시상영	재개봉
8. 7	국도극장	봄은 다시 오려나	동시공연 마가렛트 모리스 일행 내한 공연	개봉/ 쇼 40분 영화100분
9.19	천일극장	황혼열차	동시공연 문일화 가요쑈 노래와 춤과 코메디쑈 박옥초 서영춘 대 경연	재개봉
11.21	자유극장	숙영낭자전	동시실연 이종철코메딕크럽 합동공연, 문일화가요쑈	재개봉
11.25	천일극장	사십대 여인	동시공연 쑈뿌트 코메디쑈(명진, 경윤수, 박응수)	재개봉

1957년 〈청춘쌍곡선〉을 제외한 대부분의 영화가 개봉관에서만 실연 무대를 진행했던 것과 달리 1958년에는 외국 공연단의 내한공연이 동시상영으로 포함된 〈봄은 다시 오려나〉(이만흥, 1958)를 제외한 모든 "실연"이 재개봉관에서 이루어졌다. 특히 1957년 10월에 개관하여 첫 상영작으로 외화를 택했던 천일극장은 1958년 매우 적극적으로 쇼 프로그램을 유치하여 다양한 한국영화와 쇼 무대의 동시상영이 이루어지는 대표적인 장소였다. 개봉관보다 더 많은 관객들을 모으며 거의 외화전용으로 운영되다시피 했던 계림극장과 성남극장에서도 이 시기 한국영화와 쇼를 동시상연했다는 것은 이 조합의 프로그램이 흥행에서 어느 정도 유리한 지점을 가지고 있었기 때문이었을 것으로 추정해볼 수 있다.

재미있는 것은 대부분의 동시실연이 "코메듸쑈"를 위주로 하고 있다는 점이다. 양석천, 양훈의 '무대인사'만이 거의 일 년 가까이 진행되었던 이전 해에 비해 1958년에는 이은관의 민요만담을 비롯하여 당시 라디오 만담의 대표 주자였던 장소팔, 고춘자가 다시 극장으로 돌아오고 영화 〈오부자〉의 인기를 등에 업고 구봉서와 김희갑이 새로운 콤비를 이루었다. 또, 1950년대 후반 악극단에서 제3대 홀쭉이 뚱뚱이로 유명세를 타기 시작했던 서영춘과 백금녀가 '동시실연' 무대를 통해 영화의 관객들을 만나기 시작했다. 그런가 하면, 여성국극단에서 남성 역할을 도맡으며 사랑 받다가 코미디 배우로 전향한 박옥초와 여성 만담가로 이름을 알리던 김윤심 역시 동시실연무대를 통해 영화에 한 발 다가섰다.

이처럼 1958년, 재개봉 영화와 코메디쑈가 동시실연으로 만나 일정한 상영 / 상연의 형식을 갖추게 되었던 데에는 다양한 맥락이 존재했다. 무엇보다 먼저 1956년 30편, 1957년 37편 제작되었던 한국영화가 1958년 74편으로 두 배 늘어났고 외화 수입 역시 1956년 70편, 1957년 145편에서 1958년 178편으로 늘어나면서 공급 과잉의 상태가 되었다는 점이 고려되어야 한다. 이에 더해 한국영화 관객의 수 역시 급증[24]하고 있던 상황에서 특히 개봉관들은 "무대인사"와 같은 별도의 마케팅을 위해 비용을 지출하거나 행사를 기획하는 번거로움을 선택할 이유가 별로 없었다. 또한 주지하다시피, 1950년대 후반 공연만으로 단독 프로그램을 구성하는 것은 단독 영화상영에 비해 극장 측에 수지맞는 장사가 아니었으므로 흥행이 예정된 대규모의 공연, 예를 들어 "악극인대

---

24 「극장 입장료로만 35억환 / 구경 좋아하는 서울 시민 / 한사람 평균 연6회 정도」, 『한국일보』, 1958.9.22, 3면.

제전"이나 "영화인대제전"과 같은 행사가 아니고서야 개봉관들은 쉽사리 공연에 자리를 내어주지 않았다. 더욱이 아직까지 전국적인 스타덤에 오르지 못한 코미디 배우들의 경우, 그들만으로 구성된 쇼는 개봉관의 단독 프로그램이 되기 어려웠다. 이런 상황에서 재개봉관을 중심으로 영화에 덧붙여진 '어트랙션'으로서 동시실연 무대를 구성하는 것은 높은 입장세를 피하면서 공연 시간을 할애 받을 수 있는 묘책이 될 수 있었을 것으로 보인다.

1958년, 이제 곧 양석천과 양훈의 뒤를 이어 한국 코미디영화계를 접수하게 될 주요 코미디 배우들은 영화에 덧붙여진 '코메디쑈'를 통해 영화의 관객들을 만나고 있었다. 그들의 코미디 스타일과 주요 레퍼토리들은 몇 년 내에 인기 영화 속의 퍼포먼스로 재탄생될 것이었다. 그럼에도 아직까지 그들의 쇼는 2번관 이하의 재개봉관에서 주로 통용되는 것이기도 했다.

3) 1959년 – 개봉관의 "특별유료시사회"

1959년이 되면 또 다시 개봉관에 '무대인사'가 등장한다. 이번에도 시작은 양석천과 양훈의 영화였다. 1959년 2월 6일 수도극장에서 개봉한 〈홀쭉이 뚱뚱이 논산훈련소에 가다〉는 "본 영화에 출연한 저의들 배우일동이 나타나 여러분들과 일일이 악수를 하게 되었어요"라는 광고와 함께 등장했다. 홀쭉이와 뚱뚱이를 비롯하여 조미령, 조덕자, 김진규, 윤일봉 등의 인기배우들이 상영기간 중 "스테-지 실연을 특별선물로서 제공"했는데, 1회에는 모두 출연하고 2회부터는 홀쭉이와 뚱뚱이만 출연하면서 2주 동안의 성공적인 흥행을 마쳤다. 재미있는 것은 2월 6일로 개봉 날짜를 잡고 지속적으로 광고를 내보내고 있었던 수도극장 옆에서 국제극장이 "특별유료시사회"라는 명목 하에 2월 1일부터 5일간 "단독 상영"을 내걸고 미리 영화를 공개했던 것이다. 국제극장의 이 변칙적인 상영은 상당히 예외적인 것이었음에도, 극장 간의 마찰이 크게 발생했던 것 같지는 않다. 아마도 이 영화의 제작자인 한국연예주식회사의 임화수가 당시 이승만 정권을 등에 업고 영화 및 연예계에서 막강한 실력을 행사했던 인물이었기 때문에 이러한 예외적인 변칙 상영도 가능했으리라 추측해볼 수 있다. 그리고 이를 계기로 이전에는 매우 드물었던 "특별유료시사회"라는 명칭의 사전 개봉이 일반화되었던 것으로 보인다.

〈표 4〉 1959년 실연무대 현황

날짜	극장	영화	무대인사 출연진	광고문구	비고
2.6 ~19	수도극장	홀쭉이 뚱뚱이 논산 훈련소에 가다	양석천, 양훈, 조미령, 조덕자, 김진규, 윤일봉	"스테-지 실연을 선물로서 제공"	
5.21 9pm	명보극장	청춘배달	사회 후라이보이, 김희갑, 구봉서, 박응수, 이빈화, 최지희, 김지미	전야제, 특별유료시사회	22일 개봉
6.4 9pm	명보극장	청춘일기	사회 후라이보이, 최무룡, 조미령, 염매리, 이빈화, 안나영	전야제, 특별유료시사회	6일 개봉
7.1 9pm	아카데미	처(아내)	이민, 김동원, 주증녀, 이빈화	특별유료시사회, 전야제	2일 개봉
7.1 9pm	명보극장	사랑이 가기 전에	김지미, 문정숙, 박노식, 허장강	전야제, 특별유료시사회	2일 개봉
7.15 8:40pm	명보극장	십대의 반항	조미령, 엄앵란, 박노식, 황해남, 박광수, 안성기	전야제, 특별유료시사회	16일 개봉
7.23 7pm	국제 / 원각사	비극은 없다	홍성기, 최금동, 노경희, 이봉래	〈최무룡, 김지미의 밤〉	주최 : 국제 영화뉴스사

1959년 전반기에 배우들의 실연무대나 무대인사는 개봉관에서의 "특별유료시사회"라는 일회성 행사를 통해서만 볼 수 있는 것으로 정리되었다. 그리고 이전 해, 서울 대부분의 재개봉관에서 일 년 내내 볼 수 있었던 영화와 동시실연 코미디 쇼 무대 역시 거의 대부분 사라졌다.

명보극장에서 다수 진행되었던 "전야제-특별유료시사회" 행사는 개봉 전날 단 한 번의 행사로 그치는 것이었다. 이전처럼 매일, 매회 상영 전 무대에 등장하는 것이 아니라 개봉 전날 1회에 한하여 출연하는 것은 배우들의 부담이 훨씬 줄어든다는 의미이기도 했다. 마찬가지로 극장 측에서 부담해야했던 배우들의 무대인사 비용이 절감된다는 뜻이기도 했다. 또한, 당시의 신문기사로 추측컨대 입장좌석제의 제한 없이, 더 정확하게는 제한을 무시하고 관객들을 입장시킬 수 있었다는 점에서 "특별유료시사회"는 극장들에게 특히 매력적이었다.[25] 배우들이 무대인사를 진행하던 행사가 사라진 7월 이후에도 상당수의 영화들이 "전야제" 혹은 "특별유료시사회"라는 타이틀을 내세워 변칙 상영을 진행했으며 이는 외화의 경우에도 마찬가지였다. 외화의 "특별유료시사회"도 이 시기에 활성화되었는데, 처음에는 500만 환 상당의 피아노 등의 경품 행사를 곁들인다거나(〈자유는 애정과 더불어〉, 2.21~28), 선착순 100명 혹은 30명을 무료입장시키는 (〈함정〉, 7.24, 『중앙일보』; 〈출격명령〉, 7.28, 『대한일보』) 등의 특별한 이벤트를 마련하기도 했지만 이내 행사 없는 "특별유료시사회"를 개봉 전날 오후 1~2회에 걸쳐 진행하는 것이 한동안 외

---

25 「【뱅가드】 극장의 윤리」, 『서울신문』, 1960.9.2, 석4면. 이 기사는 대한극장을 예로 들면서 극장들이 "특별 유료시사회라는 미명 아래 무제한으로 관객을 입장시켜 놓고선 자리가 없어 휴게실의 장의자까지 비상출동을 시켜 혼란"을 주고 있다고 비판했다.

화 상영의 관례처럼 자리 잡았다.

또 한 가지, 〈비극은 없다〉(홍성기, 1959)의 개봉을 앞두고 개최되었던 '최무룡, 김지미의 밤'은 매우 이색적인 행사였다. 홍성기 감독의 선민영화사와 밀접한 관계에 있었던 국제극장에서 곧 개봉될 예정이었던 〈비극은 없다〉의 사전행사로 기획된 것은 '최무룡, 김지미의 밤'이었는데, 이 행사는 국제영화뉴스사에서 주최하고 을지로에 새로 생긴 소극장 원각사에서 진행되었다. 재미있는 것은 남자 주인공이었던 김진규가 아니라 선민영화사 소속이었던 최무룡을 내세워 '최무룡, 김지미의 밤'을 만들었다는 것이고, 여기에 두 배우는 참석하지 않은 채로 영화의 감독이었던 홍성기, 각색자였던 최금동, 그리고 이 영화와 아무런 관련이 없는 배우 노경희와 감독 이봉래가 초청되었다는 점이다. 이 자리에서 홍성기 감독은 〈비극은 없다〉에 대한 "연출의 변"을, 각색자 최금동은 "〈비극은 없다〉 김지미와 최무룡의 비극성"을, 노경희 배우와 이봉래 감독은 각각 김지미와 최무룡의 연기와 인간성에 대해 이야기를 하도록 되어 있었다. 주연배우 없는 전야제 행사는 이것이 유일했고 감독 및 각색자와의 대화 등이 마련되어 있었다는 점에서 앞선 행사들과는 사뭇 성격이 다르다고 할 수 있지만, 극장의 '개봉 전 행사'가 다양한 방식으로 진행되었으며 '스타덤'을 앞세워 기획된 행사였다는 점에서 함께 살펴볼 만하다.

이처럼 상반기에 개봉관을 중심으로, 주연배우들을 망라한 '무대인사'를 배치함으로써 다소 공격적으로 진행되었던 개봉 행사들은 8월 이후 대부분 사라졌다. 1959년은 공급 과잉의 정점을 찍었던 해였다. 이해 한국영화는 총 111편이 제작되었고, 외화는 총 203편이 수입되었다. 주지하다시피 공급이 수요를 압도할 때, 극장들은 공격적인 마케팅을 진행할 이유가 별로 없다. 더욱이 1959년을 기점으로 배우들의 개런티가 급증했는데, 1958년 이전 70만 환 정도였던 주연배우의 출연료는 이 해에 200만 환[26]으로 훌쩍 뛰어올랐다. 따라서 한창 인기를 구가하던 영화의 주연배우들을 무대인사에 초청하기 위한 비용 역시 극장들에게 큰 부담이었다. 그럼에도 불구하고 이 시기에 특정 극장을 위주로 이런 행사들이 기획되었던 맥락은 좀 더 살펴볼 필요가 있다.

1959년은 외화 상영극장들에게 특히 곤란한 해였다. 외화에만 과도하게 부과되었던 입장세는 새삼 말할 것도 없거니와 4월 1일부터는 정부발행입장권 판매 강행으로 인해 많은 극장들이 경영난을 호소하며 외화상영 중지를 결의하기도 했다.[27] 당시 한 기사는 많은 외화전문관들이 한국영화 상영관으로 돌아서고 있다고 지적했는데 대표적인 극장으로 거론되었던 것이 바로 "명보, 아카데미, 단성사"[28]였다. 2년 전에 유행했던 '무대인사'의 관행을 되살려, 주연급 배우들을 모두 초청하여 고비용의 "무대인사"를 진행했던 것은 한국영화 상영관으로 방향을 전환하고자 했던 명보극장과 아카데미극장의 특별한 사정 때문이었던 것이다. 1959년 12월의 한 기사는 당해에 수입되었던 외화 중 11월까지 상영된 것은 단 70편에 불과하다는 기사[29]를 쏟아내며 외화수입 및 상영

---

26 윤진화, 「1950년대 후반기, 한국영화산업형성의 생성메커니즘 연구」, 동국대 석사논문, 2002, 54쪽.

27 「극장의 탈세를 방지 / 정부발행입장권이 등장」, 『동아일보』, 1959.4.3, 3면; 「배협측, 외화상영의 중지결의 실행을 연기키로」, 『동아일보』, 1959.7.1, 4면. 앞의 기사는 서울 시내 8개 개봉극장 중 영화수입사를 갖고 있는 극장 두 곳만이 외화를 상영하고 있다고 지적하고 있다.

28 「흥행계에 이변 / 정부발행입장권 사용을 계기 외화업계는 위축 / 기세올리는 국산영화계」, 『동아일보』, 1959.4.5, 4면.

에 관한 정책의 변경을 촉구하기도 했다.

한편, 한국영화는 한국영화 나름대로 유례없는 제작편수 111편 앞에서 마케팅 경쟁에 돌입했다. 통상 제작비의 10%에 불과했던 "선전비"는 30%까지 치솟았다.[30] 공급 과잉의 상태임에도 불구하고 극장들이 처했던 또 다른 어려움 중의 하나는 예고된 입장세법의 변화였다. 1960년 3월부터는 개정된 입장세에 따라 지금까지 면세 혜택을 받고 있었던 한국영화에도 세금이 부과될 예정이었기 때문에 1959년이 끝나기 전에 서둘러 상영을 마쳐야 했던 것이다. 외화관까지 국산영화를 상영하기 시작했으며, 백 편이 넘는 국산영화들이 개봉을 기다리고 있던 시점에서 치솟은 선전비는 불특정 다수의 잠재적 관객을 향한 신문의 전면광고나 간판, 포스터 등에 더 많은 비용을 지불하는 것으로 사용되었던 듯하다. 명보극장과 아카데미를 제외한 대부분의 극장들은 비용면에서나 효율성 면에서, 특정 시간을 할애하여 이미 영화를 선택한 관객들을 대상으로 하는 어트랙션을 선호하지 않았던 것으로 보인다. 국제극장 본관이 아니라 공연세가 면제되는 원각사에서, 영화 개봉 이전의 불특정 다수를 대상으로 하는 '최무룡 김지미의 밤'을 사전 행사로 기획했던 국제극장의 선택은 이런 맥락 하에서 더 잘 이해될 수 있다.

이에 더하여 새로운 세제에 따르면, 1960년부터 입장료 500환 이하

---

29 "심각한 영화계의 표정 / 정률세안을 오히려 개악시 / 국산, 외화계 모두 반대", 『동아일보』, 1959.12.2, 4면.

30 "선전비"는 마케팅비에 해당하는 비용으로 신문광고, 포스터, 전단 등 영화를 홍보하는 데 소요되는 비용을 말한다. 1950년대 후반 선전비는 전체 제작비의 10% 정도였으나 1959년에는 제작편수가 늘어나 경쟁이 치열해지면서 30%까지 오르기도 했다. 박지연, 「한국 영화산업의 변화과정에서 영화정책의 역할에 관한 연구─1950년대 중반에서 1960년대 초반의 근대화 과정을 중심으로」, 중앙대 박사논문, 2008; 「흥행가에서 선전 자숙 / 15일부터 전국적 실시」, 『동아일보』, 1959.10.16, 4면.

의 공연에 대해서는 세금이 면제될 예정이었다. 1956년 12월 이후 10%로 일률 부과되었던 공연의 입장세는 조금 더 탄력적으로 적용되어 결과적으로 많은 공연에 대한 세율을 감소시키게 될 터였다. 그러므로 1959년 후반의 각종 쇼 단체들은 서둘러 극장을 구할 필요도, 공연을 축소하여 영화의 '어트랙션'으로 존재할 필요도 없이 시간이 흐르기를 기다릴 뿐이었다. 더불어 쇼 무대의 인력들이 영화로 빠져나간 자리는 미8군 쇼의 인력들로 새롭게 채워지기 시작했다.

이처럼 1959년에 영화와 실연은 복잡한 각자의 맥락 하에서 최소한의 교섭만을 유지한 상태로 각자의 무대를 지키고 / 기다리고 있었다. 1950년대 후반의 실연무대는 영화의 어트랙션으로 존재하는 것이었다. 그러나 1960년대 초반의 '실연무대'는 쇼 혹은 악극 무대 전반을 일컫는 용어로 확장되면서, '어트랙션'으로서 영화의 이름을 빌려오기도 하는 극장의 또 다른 주연 배우가 되었다.

4. "영화스타가 무대로 오다" – 1960년대 초반 극장의 '실연무대'

1960년이 되자, 1월부터 거의 모든 한국영화 극장들이 앞 다투어 쇼 무대를 올리기 시작했다. 드물지만 영화에 어트랙션으로 공연이 붙는 경우도 있었고, 영화에 출연한 배우들이 그대로 연극 무대에 서는 동시 '실연'을 선보이기도 했으며 영화로 개봉되어 혹평을 받았던 기존 악극의 레퍼토리가 다시 무대로 돌아오기도 했다. 미국과 영국, 필리핀, 서독, 대만 등에서 온 가수, 코미디언들이 한국의 연예인들과 함께 합동공연을 갖는가 하면, 1953년부터 생겨나 1950년대 후반 200여 단체에 이르렀던 미8군 전속 쇼 단체들이 처음으로 한국의 일반 대중들을 대상으로 한 쇼 무대를 선보이기도 했다. 이런 쇼 공연들은 국도, 수도, 명보, 국제, 세기, 반도 극장 등의 개봉관을 비롯해서 동도, 한일(구 평화극장), 자유, 계림, 문화 극장 등의 재개봉관과 시공관에 이르기까지 대부분의 극장에서 거의 2년 동안 쉼 없이 지속되었다. 1961년 11월 시민회관이 건립되고 난 뒤부터 쇼를 비롯한 공연들은 점차 시민회관으로 무대를 옮기기 시작했다. 1962년 2월 이후부터 개봉관에서는 더 이상 쇼 공연이 이루어지지 않았다. 출연인원이 100명에 육박하는 스펙터클한 대규모 공연부터 다소 규모가 작은 가극단의 쇼에 이르기까지 대부분의 공연은 거의 독점적으로 시민회관에서 이루어졌고, 극히 일부만 재개봉관에서 선을 보였다.

1950년대 후반에 쇼 무대와 영화를 탄력적으로 오가며 '영화배우'로서 무대에서 '실연'을 선보였던 코미디배우들과 달리, 여타 배우들은 무대에 등장하는 일이 상대적으로 드물었다. 그러나 이 시기에는 주연급 배우들을 비롯한 거의 대부분의 배우들이 활발하게 쇼 무대에서 활약했다. 주목해볼 것은 이 때 배우들의 무대 출연이 '영화스타'들의 '실연무대'로 광고되었다는 점이다. 당시의 유명 배우들은 대부분 악극단 출신이었지만 이들이 다시 무대로 돌아올 때는 '영화배우'로 정체성을 부여받았고, 이들의 무대 출연은 '스크린의 연기를 무대에서 실연實演하는 것'이 되었다. 예컨대 김희갑, 황해, 박옥초 등이 출연하는 쇼는 "영화스타 무대로 오다!"(1960.4.19, 서울키네마)로, 전옥, 김진규, 최무룡, 김지미 등이 출연하는 무대는 "인기정상의 영화계 톱스타-가스트!"(1960.10.22, 국도극장)로, 김승호와 주선태는 "특별초대출연 영화의 두 거성"(1960.12.2, 국제극장)으로 소개되었다. "희극계의 거성군 은막을 박차고 수도극장 무대에 총출연"(1961.2.23, 수도극장), "구봉서 다시 무대로"(1961.7.2, 수도극장)와 같은 광고문구도 유행처럼 사용되었다. 또한, "아세아3대스타 김진규, 김혜정, 신영균…… 거물성격스타들의 불을 뿜는 대경연"(1962.9.26, 시민회관), "스크린의 명콤비 문정숙, 최무룡 절대합동열연"(1962.10.9, 시민회관), "전영화예술인 총출연으로 스크린에서의 감격을 되사기는 호화스펙타클무대"(1962.10.12, 시민회관)와 같은 문구도 찾아볼 수 있다.

이러한 인기 배우들의 쇼 무대 출연은 영화제작에 상당한 지장을 초래할 정도로 빈번했다. 1962년 11월에는 제작가협회(이하 제협)가 주연급 영화배우들의 쇼무대 출연을 강력히 제재하기로 결의하는 일이 있었다. 57명의 스타들에게 쇼 출연금지를 통고했던 것인데, 이것이 실행되지 않자 제협은 톱스타급 10명에 대한 제한으로 대폭 축소하여 재통고를 했으며, 이 역시 무시되자 그 중 김승호, 신영균, 최무룡, 김지미 네 사람을 특정하여 6개월간 출연 거부를 선언했다.[31] 이후 한 달 가량 공방이 계속 되다가 3월 7일 배우 당사자들이 사과를 하고 신필름, 한양영화공사 등 메이저 프로덕션이 보증서를 제출함으로써 제협 이사회가 출연 거부 결의를 취소했다. 배우들의 무대 출연을 놓고 배우들과 제협,

---

31 「쑈 무대출연금지 / 주연급 영화배우」, 『동아일보』, 1962.11.21, 5면.; 「김승호, 신영균, 최무룡, 김지미 제협서 6개월간 출연거부 / 쇼출연으로 제작에 지장 / 영협선 일방적처사라고 불만」, 『경향신문』, 1963.2.14, 8면.

개별 제작사와 극장 사이의 이해관계가 엇갈리면서 이 같은 해프닝이 벌어질 정도로, 1960년대 초 극장가에서 배우들이 쇼 무대에 등장하는 것은 매우 빈번하면서도 문제적인 일이었던 것이다.

이 시기의 극장에서 쇼 무대가 중요해지는 데에는 앞서 언급했던 여러 제도적, 인적 변화 외에도 몇 가지 중요한 이유들이 교차작용했다. 먼저, 악극을 비롯한 공연 예술인들을 망라한 한국연예협회의 창설을 들 수 있다. 1961년 창설된 한국연예협회는 시민회관에 사무실을 두고 쇼 공연 기획자들의 활성화 시대를 구가했다.[32] 또, 1957년부터 주한 미8군 스페셜 서비스 측과 계약을 맺고 연예인들을 공급하는 일을 해왔던 업체들이 1961년 통폐합하여 한국연예대행연합회를 창설[33] 했는데, 이들의 활약 역시 쇼 무대의 활성화에 적지 않은 힘을 보태었다.

이런 맥락에서 1950년대 후반의 극장이 영화를 중심으로 재편되는 과정이었다면, 1960년대 초의 극장은 쇼 무대가 자신의 영역을 재구획하는 과정에 놓여 있었다고 할 수 있다. 즉 1950년대 후반, 영화가 악극을 비롯한 공연양식과 적극 교섭하는 가운데 '무대인사'와 '실연무대', '동시상연' 등 다양한 기획을 통해 '어트랙션'의 형식을 실험하고 활용했다면, 1960년대 초 쇼 무대는 영화를 '어트랙션'으로 활용하며 자신의 영역을 확장했다고 볼 수 있다. 이 과정에서 극장은 다양한 대중문화의 양식들과 인력과 레퍼토리가 교차하고 경합하는 장으로서, 이를 기획하고 펼쳐 놓는 적극적인 생산자로서의 역할 또한 담당했다.

---

32 황문평(1989), 355쪽.
33 「본격적 쑈를 무대에 / 한국연예대행 연합회서」, 『경향신문』, 1961.5.14, 석4면; 황문평, (1989), 353쪽.

5. 결론을 대신하여—지방극장의 무대로 간 스타들

1960년 장흥극장에서 양석천과 양훈, 곽규석 등이 주연을 맡은 코미디영화 〈청춘 일번지〉(정일택, 1960)가 개봉했을 때, '청춘 일번가'라는 제하의 쇼가 동시공연으로 상연되었다. 극장 간판에는 '인기스타 실연과 영화의 밤'이라는 문구가 내걸렸고, 양석천을 비롯하여 구봉서, 백금녀 등의 인기 코미디 배우들이 등장[34]하여 무대 실연을 선보였다. 양석천이 대표로 있었던 '코메디코리아'가 〈청춘일번지〉의 제작을 맡았고, 이 단체에 소속되어 있었던 구봉서, 백금녀 등이 실연 무대를 담당했던 것인데, 코미디배우들이 실연무대를 담당할 때는 독특한 구성을 선보이기도 했다. 예를 들어 1960년대 전반기 해남극장에서 열렸던 '스타 쇼'는 특정한 영화에 출연했던 배우들이 무대인사를 와서 선보였던 쇼였는데, 30분에서 1시간 정도 상영되던 영화가 잠시 멈추면 영화배우들이 무대에 등장하여 인사하고 우스갯소리나 만담을 늘어놓는 실연무대가 이어지고, 이 실연무대 이후 곧 이어서 나머지 분량의 영화 상영이 재개되었다. 이 같은 형식의 무대인사는 광주의 동방극장에서 양훈과 양석천이 했던 방식을 모방했던 것이었다[35]고 하며, 특히 1960년대 해남극

---

34 영화 〈청춘 일번지〉의 제작을 맡았던 코메디코리아는 양석천이 대표로 있었던 쇼 단체로, 〈오부자〉(권영순, 1958)의 출연을 계기로 시작된 친목 단체였으나 1960년에 연예단체로 등록하여 주로 코미디언을 위주로 하는 쇼를 선보였다. 이 단체는 1968년까지도 전국을 무대로 활발하게 활동하며 수익을 올렸다. 박선영 채록연구, 『원로영화인 구술채록—생애사, 구봉서』, 한국영상자료원, 2008; 『영화연예연감』, 국제영화사, 1969, 237쪽.

35 장흥극장과 해남극장의 예는 위경혜, 『호남의 극장문화사』, 다할미디어, 2007, 176 · 186~187쪽에 실린 내용을 재구성한 것이다.

장의 운영과 순업을 담당했던 노우춘은 1963~1964년이 배우들의 무대인사가 가장 많았던 해였다고 기억했다.[36] 1960년대 호남지역에서 '아도로꾸 쇼'라는 명칭 자체가 일반적으로 주연배우들이 악단과 함께 극장 무대에서 노래를 부르거나 자신이 출연한 영화의 한 대목을 직접 실연해 주는 것을 지칭[37]하는 용어로 사용되었다는 실례는 이 시기 지방 극장들에서 무대인사를 비롯한 실연무대가 '쇼 무대'의 일반적이고도 대표적인 형식이었음을 말해주는 것이기도 하다.

장흥극장과 해남극장의 예에서 볼 수 있는 바와 같이 1960년대, 배우들의 무대인사는 지방을 중심으로 활발하게 펼쳐졌다. 영화배우들은 주로 악극단이나 쇼 단과 함께 다니면서 출연한 영화의 홍보를 위한 무대인사를 겸한 쇼 무대를 선보이곤 했는데, 1960년대 후반까지 이런 경향은 지속되었다. 목포극장을 운영했던 손인석의 구술에 따르면, 〈애수〉(최무룡, 1967)나 〈순애보〉(김수용, 1968)와 같은 멜로드라마가 상영하는 날이면 극장이 '미어터졌'고, "목포시에서의 흥행과 인기에 보답하듯이 당시 유명 영화배우들은 자신이 출연한 영화가 개봉할 때 극장에 들러 무대인사를 하고 노래를 한 자락 선사"하는 것이 관례처럼 자리잡혀 있었다.[38] 이렇게 진행되던 무대인사는 1960년대 후반부터 점차 사라지기 시작했고, 영화에 덧붙여졌던 어트랙션은 차차 가수를 중심으로 하는 쇼 무대로 대치되어 1970년대 이후의 극장의 쇼 무대는 가수를 중심으로 재편되었다.

---

36 위경혜(2007), 176쪽.
37 위경혜(2007), 64쪽.
38 위경혜(2007), 128쪽.

서울의 극장들이 빠르게 '영화전용관'으로 전환되어 갔던 1960년대 초, 한국영화의 절대적인 인기 속에서 주연배우들이 등장하는 무대인사나 이들을 기용한 '쇼 무대'는 지방의 관객들에게 가장 큰 볼거리였다. 서울만큼 다양한 쇼의 기획을 볼 수 없었던 지방의 극장에서, 별다른 무대 장치 없이 '영화배우'의 스타성에 의존하는 실연무대는 관객들의 입장에서나 극장의 입장에서나 결코 포기할 수 없는 매력적인 것이었다. 특히 서울과 서울 변두리 지역의 극장들에서 외화 수익성이 확실히 높았던 데 반하여, 한국영화 수요가 훨씬 높았던 지방의 극장들[39]은 서울의 개봉관에서 흥행에 성공하지 못했던 영화들에도 훨씬 넉넉한 사랑을 주는 곳이었다.

1960년대 초, 인기스타들의 '무대인사'가 지방의 극장을 중심으로 활발하게 전개되었던 것은 한국영화산업에 지방 흥행사들이 중요한 투자자로 등장하게 된 시점과 무관하지 않다. 1950년대 중반까지만 해도 제작자가 개인적으로 제작비를 마련하는 것이 일반적이었으나, 1958년경부터는 지방 흥행업자들이 제작비의 일부를 대고 권역별 흥행권을 사는 방식이 존재했다.[40] 심지어 이 시기부터 1980년대 이전까지 지방 흥행업자들의 투자액이 총 제작비의 50~70% 혹은 90%까지 이르렀다는 연구 보고들[41]은 지방의 흥행자본이 한국영화 제작비의 절대적인 비율을 차지하고 있었음을 증명하는 것이기도 하다. 이 시기 입도선매로 제작 투자를 했던 지방 배급업자들은 대부분 지역의 극장주였다. 이

---

39 박지연, 「영화법 제정에서 제4차 개정기까지의 영화정책(1961~1984)」, 김동호 외, 『한국영화정책사』, 나남, 2005, 214쪽.
40 김미현 외, 『한국영화배급사연구』, 영화진흥위원회, 2003, 17쪽.
41 김미현 외(2003), 12~13쪽.

들은 자신의 영화관에 "흥행성 높은 영화를 '붙이기' 위하여 제작사를 상대로 영업"을 했고, 그 과정에서 지역 내 배급권을 획득했다.[42] 따라서 지방의 극장주들은 영화사의 입장에서 결코 무시할 수 없는 중요한 투자자였으며, 인기 스타들의 지방 무대행은 이런 투자, 배급권의 변화 과정과 함께 이해되어야 한다.

1950년대 후반을 거치면서 한국영화산업은 비약적으로 성장했지만, 실상 1960년대까지 제작 편수의 급증과 관객수의 증가에도 불구하고 외화 시장과 비교할 때 언제나 열세였다. 또한, 1955년을 기점으로 악극과 무대 공연이 한국영화에 왕좌를 내어주고 몰락의 길을 걸어갔다는 기존 연구들의 전제 역시 일정 부분 수정되어야 한다. 1960년대 초에 이르는 시기까지, 악극의 인기는 여성국극과 각종 쇼 단체로 이어져 무대공연의 활기가 다양한 방식으로 지속되었기 때문이다. 따라서 외화 및 무대 공연과 경쟁해야 했던 한국영화에 관객들을 끌어들이기 위해 극장들은 다양한 어트랙션들을 시도해야 했다. 그러나 1950년대 말에 서울의 개봉관에서 유행했던 무대인사를 비롯한 실연무대는 1960년대가 시작되면서 그 짧은 전성기를 마감했다. 그럼에도, 이렇게 시도되었던 어트랙션은 대중문화의 헤게모니가 이동하는 과정에서 무대와 스크린의 접경 지역을 새롭게 구획하며 무대 공연의 관객들을 영화의 관객으로 중첩시키는 역할을 담당했다. 특히 코미디 배우들은 변화의 과정 중심에 위치했다. 앞서 해남극장의 예에서 볼 수 있는 바와 같이, 영화의 흐름을 끊고 실연무대를 끼워 넣는 등 현실세계와 가상의 공간을 넘

---

42 김미현 외(2003), 17쪽.

나들며 지속되었던 코미디 배우들의 퍼포먼스와 자기반영적 성격은 무대와 스크린을 오가며 입체적인 '실연'의 공간을 창조했다. 그리고 이는 바로 이 시기 대중관객들의 사랑을 받았던 일련의 코미디언코미디 영화의 특징이기도 했다.

이러한 실연무대는 1960년 이후 서울의 극장들에서는 더 이상 찾아볼 수 없었지만, 지방의 극장들에서는 여전히 외화보다 힘이 셌던 한국 영화들이 개봉과 흥행을 놓고 경쟁하는 과정에서 관객들을 '매혹'시키는 어트랙션으로 존재했으며, 1960년대 내내 지방 극장 상영 문화의 독특한 관행으로 자리매김 되었다.

제4장

서영춘 코미디의 '불온함'과
검열의 문제

1. '명랑사회'와 '코미디'의 역학

1950년대 후반과 1960년대를 가로지르는 대중문화 키워드 중 하나는 '명랑'이었다. 기나긴 식민지 시기를 거친 뒤 이어진 전쟁과 분단으로 폐허가 되었던 한국사회의 1950년대는 정책적으로 '명랑'을 추진하던 시기였다. 그 중에서도 1950년대 후반에 이승만 정권이 내세웠던 "국민생활의 명랑화"라는 기치는 당대의 문화 재편에 적지 않은 영향을 미쳤다. 특히 대중문화의 핵심 매체였던 라디오가 국가의 '명랑화 운동'을 수용[1] 하면서, 구체적 문화 텍스트로서 '명랑'이 발현되는 데 적지 않

---

1 문선영, 「라디오 코미디 방송극의 형성과 변천」, 대중서사장르연구회, 『대중서사장르의 모든 것』 4(코미디), 이론과실천, 2013, 278쪽.

은 영향을 미치기도 했다.

"명랑화"의 기조는 1960년대 좀 더 조직적이고 집요한 방식으로 지속되었는데 1964년 재건국민운동중앙회 등 단체의 발기로 '명랑한 시민 생활위'가 설립되었을 뿐 아니라 1966년 대통령 연두교서에서도 '명랑한 사회'가 언급되는 등 '명랑'을 향한 국가 차원의 노력이 경주되었다. "조국의 근대화를 이룩하고 통일의 성업을 이룩하기 위한 우리의 활로는 새로운 인간관계의 '믿음의 사회', '명랑한 사회'의 건설"이 되어야 한다는 주장은 곧 신념과 정서의 차원에서까지 체제의 이념을 각인시키고자 하는 "내면적 조형술의 강화"[2]였다. 그리하여 1960년대의 명랑은 "일상의 습속을 정서적 차원에서부터 규율화하는 정치사회적 언표이면서, 국가가 규율한 생활윤리를 '유쾌'한 감성으로 수용하고 서사화하는 '건전' 장르의 코드인 동시에 질 낮은 하위문화의 일부를 구성하는 '저급' 장르의 코드라는 혼종적 의미"를 동시에 내포하는 것이었다. 다시 말해, 1960년대 대중문화 속에서 '명랑'은 "체제순응적 규율을 강요하는 국가와 자본주의적 시장 경제의 다원적 주체들에 의해 다층적인 방향으로 전유되면서 때로는 서로 모순적인 의미까지 포함한 채 혼종적으로 움직"였던 셈[3]이다.

영화에서도 이러한 '명랑'의 의미는 전유되었다. 이 글에서 초점을 맞추는 1960년대 후반, 영화계에서의 '명랑'은 무엇보다 검열에 의해 규정되는 것이었다. '명랑'하라는 국가의 '명령'에 발맞춰 〈먹구름〉이

라는 "어두운 제목"은 〈후회〉로 개제되었고, 〈처제〉는 어딘지 "저속"
하므로 〈언니의 일기〉로 변경[4]되어야 했다. "일요일 오후, 구름이 낮게
덮인 어두운 날"이라는 설정에 대해 검열은 "왜 일요일이 밝은 날씨가
아니냐"고 반문했다.[5]

특히 코미디영화의 검열에 있어서 '명랑'은 '저속성'의 반대항이자
동시에 그것을 상쇄시키는 것이기도 했다. 검열의 언어를 통해 보자면,
1960년대 초반 유행했던 '가족희극드라마'는 대체로 명랑한 것이었고
1967년의 〈팔도강산〉은 '건전하고 명랑한' 것이었으며, 1968년의 〈남
자미용사〉는 "다소 저속한 감"이 없지 않지만 "대체적으로 명랑하고 건
전오락적인 사회 풍속극적 코메디"[6]였다. 1960년대 중반 청춘코미디로
분류되는, 섹슈얼리티를 전면화했던 코미디들은 '건전' / '명랑'과 '저
속' 사이의 아슬아슬한 경계에 놓였으나 1960년대 후반 코미디언코미
디와 '섹슈얼리티'가 만난 지점에서 코미디영화에는 다시 '저속'이라는
꼬리표가 달렸다. 한편, '저속함'은 (규율되지 않은) '명랑'을 구현했다.
말하자면, "하위문화의 일부를 구성하는 '저급' 장르 코드"[7]라는 의미에
서, 이 시기 흥행의 선두를 달렸던 '저속'한 코미디들은 당대 '통속대중
오락물'의 '명랑'을 구현하는 것이기도 했다.

요컨대 1960년대 후반 코미디는, 영화뿐 아니라 대중문화 전역에서,

---

4 「한계 흐린 가위질 / 영화검열 시비 / 〈처제〉는 저속, 〈엄마기생〉은 OK / 귀걸이 코걸이
   재단 / 업자 당국 반성하고 전문위 두도록」, 『중앙일보』, 1968.5.25, 5면.
5 「영화검열의 한계 / 어디까지 그 선을 그을 수 있는가 / 아카데미하우스 「대화」에서 사
   회정화 역행 안 돼 / 지엽적인 것의 가위질 안 될 말 / 「맨발의 영광」의 판자촌은 테마 끌
   기 위한 것 / 공중도덕이나 사회윤리 위한 검열이 문제 / 무정견 기준, 윤리위서 심의 있
   어야」, 『조선일보』, 1968.5.26, 5면.
6 사단법인 한국영화제작자협회, 「극영화 "남자미용사" 각본심의결과통고서」, 1968.10.
7 김지영(2014), 360~361쪽.

'코미디'이기 때문에 용인되는 '저속함'과 '저속'하기 때문에 용인될 수 없는 '코미디'라는 모호한 검열의 언어 속에서 유영해야 했다. 또, 코미디는 '명랑사회'를 건설하기 위해서 동원되는 한편, '명랑사회'를 유지하기 위해 삭제되어야 하는 것이기도 했다. 코미디의 위치를 설정하는 이러한 역설적인 태도는 검열을 통해 가시적으로 드러났다.

이 글은 1960년대 후반 우후죽순 쏟아져 나왔던 코미디언코미디 영화들을 '건전한 모럴'의 대척점에 놓인 '저속한 코미디'로 통칭하면서도 그 안에서 구봉서의 코미디와 서영춘의 코미디를 위계화 했던 검열의 작동 방식을 살펴보고자 한다. 먼저, 이 시기의 전사前史로서 1950년대 후반과 1960년대 초반 코미디의 검열 문제를 간략히 짚어본다. 그리고 1960년대 중반부터 서영춘의 등장과 함께 대중문화 영역에서 '코미디'에 대한 검열이 가시화되는 과정을 일괄한 뒤, 그것이 영화의 영역에서 구체적인 텍스트에 어떻게 드러나는지를 살펴볼 것이다. 마지막으로, 이러한 검열 과정을 통해 서영춘 코미디의 '불온함'이 드러나는 지점과 그 의미를 고찰함으로써, 1960년대 후반 코미디를 당대 사회와 문화 지형도 속에서 맥락화해보고자 한다.

2. 1950년대 후반부터 1960년대 전반까지
한국 코미디영화 검열의 경향

한국코미디영화사는 1950년대에 시작되었다고 해도 과언이 아니다. 한국영화사가 시작된 이래 영화 속에 '웃음'과 '코믹함'의 감각이 부재했던 적은 없었으나, '코미디' 장르가 본격적으로 영화 속에서 꽃피기 시작했던 것은 1950년대 후반이었다. 이 시기에 코미디영화는 다양한 하위 장르로 분화되면서 활황을 이루었는데, 홀쭉이와 뚱뚱이를 비롯한 악극단의 유명 희극 배우들이 영화로 옮겨와 그들의 장기를 십분 발휘했던 코미디언코미디 영화(〈사람팔자 알 수 없다〉, 〈홀쭉이 뚱뚱이 논산 훈련소에 가다〉, 〈오부자〉 등)로부터 이미 대중연극을 통해 콘텐츠의 가치를 확인 받았던 로맨틱 코미디영화(〈청춘쌍곡선〉, 〈여사장〉, 〈자유결혼〉), 고전적 희극의 영화화(〈시집가는 날〉, 〈흥부와 놀부〉, 〈배뱅이굿〉), 만화 원작의 영화화(〈고바우〉) 등 이 시기 코미디영화들을 풍성하게 했던 다양한 영화가 등장했다. 그리하여 1950년대 후반, 멜로드라마의 절대 강세 속에서도 코미디영화는 나름의 입지를 굳히고 고정 관객층을 확보할 수 있었다.

이 시기 코미디영화가 쏟아져 나왔던 데에는 다양한 원인이 있었겠지만, 무엇보다 '코미디'가 정착할 수 있는 사회적, 문화적 분위기가 조성되었던 것이 큰 이유였다고 할 수 있을 것이다. 그 중에서도 먼저 1950년대 중반부터 악극단 희극 배우들이 대거 스크린으로 이동하면서, 일정한 콘텐츠를 제공했던 것은 중요한 요인이 되었다. 슬랩스틱을 비롯한 할리우드 코미디의 다양한 형식을 흡수하여 자신만의 독특한 장기를 개발했던 악극과 버라이어티 쇼의 희극배우들은 악극의 관객을 스크린으로 끌어오는 일종의 '어트랙션'으로 존재하면서 한국코미디영화의 장르 형성기에 중요한 역할을 담당했다. 그리고 라디오의 전국적 보급과 더불어 라디오 쇼프로그램을 통해 지속되었던 이들의 코미디는 한국영화 관객층의 확대와 유지에 적지 않은 역할을 했다고 볼 수 있다.

이에 더하여 코미디영화가 농담 / 풍자 / 해학이 통용될 수 있는 성숙한 사회 분위기가 조성되었을 때에야 비로소 발흥할 수 있는 문화형식이라고 할 때, 1950년대 후반은 식민과 전쟁, 분단이라는 역사적 질곡에서 일정 정도 거리를 두고 일상으로 눈을 돌릴 수 있는 시기였다는 점도 염두에 둬야 한다. 물론, 이승만 정권 말기에 부정과 부패, 실업과 인플레이션 등이 만연했다는 점에서, 1950년대 후반 한국사회가 전반적으로 안정적이었다거나 성숙한 분위기였다고 말할 수는 없다. 그럼에도 그 시기가 질곡의 '역사'를 겪고, 그 소용돌이에서 벗어나 어느 정도 '일상'을 돌아볼 수 있는 시간이었던 것만은 사실이라 할 수 있을 것이다. 그리고 무엇보다 일상의 욕망을 드러내놓고 이야기한다는 점[8]에서, 1950년대 후반 코미디영화의 의미와 가치를 논할 수 있다.

그런 의미에서 이 시기의 코미디영화는 이봉범의 지적처럼 "허용된 일탈"[9]로서 대중문화가 누렸던 활기를 더 한층 누릴 수 있는 자리에 놓

---

8   오영숙, 「왜 코미디인가—1950년대 코미디 영화에 대한 소묘」, 대중서사장르연구회,
     『대중서사장르의 모든 것』 4(코미디), 이론과실천, 2013, 339쪽.
9   이봉범, 「폐쇄된 개방, 허용된 일탈—1950년대 검열과 문화 지형」, 권보드래 외, 『아프
     레 걸 사상계를 읽다—1950년대 문화의 자유와 통제』, 동국대 출판부, 2009 참고.

인 텍스트들이기도 했다. '반공'과 '반일', 그리고 '자유민주주의' 이데 올로기의 강조 속에서, 이제 막 만개하기 시작한 '한국'의 '코미디' '영 화'들의 웃음의 코드 및 그 실험은 그다지 주목의 대상이 아니었을 지도 모른다. 그렇기에 1950년대 후반 당대 최고의 인기를 누리던 홀쭉이와 뚱뚱이의 코미디에 대한 '저질' 시비가 없었던 것이 아니었고, 특히 이 들을 주인공으로 하는 영화들을 '엎치락뒤치락'이라는 용어로 지칭하 며 폄훼하는 경우가 허다했지만, 실제로 검열에 의해 이들의 코미디가 제재의 대상이 되거나 삭제된 경우는 흔하지 않았다.[10]

한편, 1960년과 1961년을 거치면서 한국 코미디영화의 두드러진 경 향으로 등장했던 가족희극영화들은 일면 라디오의 홈코미디 혹은 홈드 라마의 경향을 스크린으로 옮겨온 것이었다. 이 영화들은 김승호 혹은 김희갑을 아버지로 하는 가족의 이야기를 중심으로 웃음의 코드들을 찾 아냈다. 전근대와 근대 사이의 갈등, 혹은 기성세대와 신세대 간의 갈등 을 중심에 두고 유약한 아버지와 젊은 아들, 딸들이 벌이는 갈등과 화해

---

10 1950년대 후반 선풍적 인기를 끌었던 홀쭉이 뚱뚱이의 코미디도 "페이소스 없는 넌센 스"에 불과하다고 평가받으며 '본격영화' 혹은 '장려되어야 하는 코메디'와는 거리가 있 다고 비난 받곤 했다. 1960년 이후 드라마가 강화된 가족드라마 류의 코미디가 주요 경 향으로 자리 잡은 뒤로, 이들의 코미디는 비교의 대상으로 거론되면서 "종래의 홀쭉이 뚱뚱이 식의 저급한 소극"으로 호명되기도 했다(「신영화─홀쭉이 뚱뚱이엔 진경」, 『한 국일보』, 1959.5.27, 4면; 「신영화─서민사회의 희비/〈로맨스 빠빠〉」, 『서울신문』, 1960.2.7, 석4면). 그러나 지금까지 밝혀진 바, 이들의 코미디가 실제 검열에서 문제가 되었던 것은 〈홀쭉이 뚱뚱이 논산 훈련소에 가다〉(1959)에서 군 장성이 실명으로 출연 하여 군의 명예를 훼손했다는 점에서였다.("국산영화〈홀쭉이 뚱뚱이 론산훈련소에 가 다〉상영허가의 건") 이 영화는 최근 발굴되어 한국영상자료원에서 상영(2015.11.7)되 었는데, 오히려 군 기강의 문란, 군대 내 가혹행위 등이 더 문제적이었으나 이에 대한 문 제제기는 없었던 것으로 보인다. 한편, 1958년 코미디영화〈공처가〉로 데뷔했던 김수용 감독은 초기 여러 편의 코미디를 만들었는데, 코미디영화에 대해서는 상대적으로 검열 이 엄격하게 이루어지지 않았음을 증언한 바 있다.

의 메시지는 '가족'을 '민족'과 등치시키고 '민족'을 곧 '대한민국'이라는 '단일국가'이자 '한반도의 유일한 국가'로 공식화하고자 했던 군사정부의 시대정신과 맞물려, 홈코미디의 명제이자 국가의 명제로 기능했던 것이다.

가족드라마가 코미디의 주류였던 이 시기의 검열은 먼저, '영화윤리위원회'에 맡겨졌다. 영화윤리위원회는 1957년 8월 민간 영화 규제기구의 필요성이 대두됨에 따라 결성된 단체였는데, 4·19 혁명 이후 조직의 변화를 거치면서 민간 영화심의기구의 역할을 담당했다. 1950년대에는 오히려 규제 기준이 지나치게 엄격하다는 비판과 함께 현실적 강제력을 지니지 못했으나 4·19 이후 문교부가 영화검열사무를 폐지하자 영화윤리위원회는 1960년 8월 5일 민간자율기구인 '영화윤리전국위원회'(영윤)으로 재창립되어 9월 5일부터 심의에 착수하였다.[11] 전술한 바와 같이 1950년대 후반 코미디들에 대해서는 거의 검열이 이루어지지 않았던 데 반하여, 1960년대에 들어서면 영화법 제정 이전인 영윤의 시기부터도 코미디영화 검열이 결코 가볍지 않았음을 보여주는 몇 가지 일화가 존재한다. 특히, 신상옥 감독의 〈로맨스 빠빠〉(1960)에서 '공공기관에 대한 조롱', '공교육 부정'이라는 이유로 몇몇 장면에 대한 삭제 또는 개작 조치를 내렸던 일화[12]는 이 시기 검열이 '코미디에 대한

---

11 이후 영윤은 1961년 5·16군사구테타로 해산될 때까지 검열 사무를 실질적으로 담당했다. 5·16 이후에는 문교부와 계엄사령부가 합동으로 검열을 하다가 1961년 10월 영화행정업무는 다시 공보부로 이관되었으며, 박정희 정권기에 접어들면서 검열은 체계적으로 정비되기 시작했다. 배수경, 「한국 영화검열제도의 변천에 관한 연구—정권별 특징과 심의기구의 변화를 중심으로」, 중앙대 석사논문, 2004, 30~33쪽.

12 「국산영화 〈로맨스빠빠〉 상영 허가의 건」, (문화국 예술과)에 따르면 "관상대에 대한 야유를 순수한 코메디로 하기 위하여" "이건 지나가는 비입니다"라는 대사를 첨가하도록 한 것, 공교육에 대한 비방으로 보이는 "전 학교 졸업장 필요없어요"라는 대사를 삭제할

예외'를 허용하지 않았다는 것을 방증해주는 것이기도 하다.

그러나 이후 검열이 보다 본격화되고 난 뒤에도 특히 코미디영화 검열이 어떤 경향성을 띠고 있었다고 지적하기는 어렵지만, 1960년대 중반부터는 코미디영화 검열의 기준이 명시적으로 드러난다고 볼 수 있다. 즉, 코미디의 '저속성' 문제가 지속적으로 제기되기 시작했던 것이다. 코미디의 '명랑'과 '저속'을 이분화하는 문제는 이 시기부터 본격화되었을 뿐 아니라, 이후에도 줄곧 코미디라는 장르 자체를 폄하하고 검열하는 기준으로 작용했다는 점에서 보다 주목해보아야 할 지점이다. 무엇보다 1960년대 초반 유행했던 가족드라마나 청춘코미디에서 주로 조연에 머물렀던 코미디언들이 〈여자가 더 좋아〉를 필두로 다시 주연으로 등장하기 시작하면서 이들 코미디언에 대한 폄하와 함께, 코미디의 '저질' 문제가 공론화되었다는 점은 좀 더 정밀한 분석이 요구되는 부분이기도 하다. 1960년대 중반에 코미디를 '명랑'과 '저속'으로 구분하는 것은 영화보다 라디오 코미디 검열에서 두드러지는 현상이었다. 그리고 그 중심에는 코미디언 서영춘이 있었다.

것을 주문했다. 「국산영화 〈로맨스빠빠〉 상영 허가의 건」, 「〈로맨스빠빠〉 검열서류」.

3. 서영춘의 등장과 '저질' 코미디 논란의 가시화
—1960년대 중반 코미디 검열

서영춘은 구봉서, 김희갑보다 다소 늦게 연예계에 등장했다. 악극단의 유명 작곡가 서영은의 동생이었던 서영춘은 국도극장에서 간판을 그리는 일을 하다가 1952년 악극단 배우로 데뷔하게 되었다. 이후 백금녀를 만나 뚱뚱이-홀쭉이 콤비를 이루면서 유명세를 탔고 이 인기를 바탕으로 중앙무대에 진출, 1950년대 말에서 1960년대 초 라디오 코미디의 전성기에 동양라디오방송국의 한 프로그램을 맡게 되면서 전국적으로 이름을 알리기 시작했다. 라디오 프로그램과 TV쇼의 사회자이자 백금녀와 함께 하는 만담의 출연자로 등장하면서 서영춘은 "여보 마누라 가갈갈 갈", "피가 되고 살이 되는 찌개백반" "뿜빠라뿜빠 뿜빠빠", "살살이, 요건 몰랐지?" 등등의 유행어들을 쏟아내기 시작했고, "인천 앞바다에 사이다가 떴어도……"로 시작되는 일종의 만요와 "시골영감 기차놀이"의 리메이크 등 다양한 레퍼토리를 통해 스타 코미디언으로 발돋움했다. 그리고 그와 동시에 한국방송윤리위원회의 주목을 받는 인사로 분류되었다.

1963년 5월 제6차 방송윤리위원회 총회에서는 방송의 편파성, 관제성, 선정성 등 10개의 안건이 상정되었는데, 그 중 하나가 서영춘 방송의 '저속함'이었다. 그들은 서울텔레비전의 '즐거운 휴게실'이라는 프로그램에서 서영춘이 "상식 이하의 수준"의 사회를 본다고 지적하면서 "그가 즐겨쓰는 '눈깔', '지랄' 등의 단어가 듣기 거북"하다고 언급했다.[13] 1965년 5월에도 방송윤리위원회는 여러 차례 방송윤리규정에 저촉되는 방송을 한 서영춘에 대해 경고처분을 내렸다.[14]

방송윤리위원회의 경고 조치를 받은 직후인 1965년 6월 개봉한 〈여자가 더 좋아〉는 이례적으로 한 달이 넘는 기간 동안 상영되면서 19만의 관객을 동원, 그 해 최고의 인기작이 되었고 이 영화의 인기를 바탕으로 서영춘은 명실공히 원톱 주연이 가능한 최고의 코미디 스타가 되었다. 뒤이어 각종 라디오와 영화에서 서영춘의 겹치기 출연이 이어졌다. 이와 더불어 서영춘의 코미디에 대한 방송윤리위원회의 관심도 계속되었다.

1965년 12월 27일, 중앙라디오방송의 '다이아몬드 스테이지'라는 프로그램 중 한 코너인 '하꼬바꼬 요리강습'에서 서영춘은 파리로 국을 끓이는 법을 소개했는데, 이것이 문제가 되어 1966년 1월에 열린 방송윤리위원회의 정례위원회는 서영춘의 출연정지 1개월을 의결했다. "저속"하고 "품위 없는" 코미디를 했다는 것이었는데, 중앙라디오방송에서는 그것이 서영춘의 탓이 아니라 각본을 쓴 작가 최휘로의 문제였다고 변명하며 재심을 청구했으나 위원회는 결국 각본과 코미디 실연 사이에 차이가 있었다고 판단하여 서영춘의 출연 정지를 재가결했다.[15] 그 해 9월 서영춘은 또 다시 경고처분을 받았다. '다이아몬드 스테이지'에서 "품위 없는 언동"의 "저속한 코메디"를 했다는 것이었다. 1967년에도 역시 같은 방송에서 "우리말을 일본식으로 발음하여 언어순화에 역행"

---

13 「질의 저하 편파성 등 지적 / 방륜위 총회각국에 시정건의키로」, 『동아일보』, 1963.5.30, 7면.
14 「서영춘 씨 경고처분 / 방송윤리 규정 저촉」, 『조선일보』, 1965.5.29, 3면.
15 「방송국측서 지킬지 주목 / 코메디언 서영춘 한달 출연정지로 결론」, 『서울신문』, 1966.3.5, 5면.

하고 "청소년들에게 저속한 유행어를 전파"시키는 품위 없는 방송을 했다는 이유로 경고처분[16]을 받았다. 요컨대 서영춘은 1960년대 전반에 걸쳐 "저속 코메디언"으로 "방송윤리위원회에서 최고의 체크 기록"을 세운 인물이었던 것이다.[17]

사생활에서도 서영춘은 공권력과 잦은 마찰을 빚곤 했다. 애초에 서영춘은 구봉서처럼 전형적인 '가부장'의 페르소나를 가지고 있거나 '얌전'하고 '모범'적인 이미지를 가진 인물은 아니었다. 그는 방송 이외에도 여러 차례 스캔들을 일으키곤 했는데, 그 중 가장 흥미로운 것은 1965년 10월 경찰의 날 행사를 둘러싼 소동이었다. 이 날 사회자로 섭외되었던 서영춘은 40여 분을 지각했는데, 각급 경찰 간부를 비롯하여 내무부 장관까지 참석하는 행사에 서영춘이 나타나지 않자 30분이 지나가는 시점에서 긴급수배가 내려졌다. 다행히 그로부터 10분 뒤 도착하여 무사히 행사를 마치고 나자 이번에는 화가 난 종로 경찰서장이 그를 사기혐의로 불구속 입건했던 것이다. 이밖에도 서영춘은 형제까지 연루된 폭행사건 및 경찰 치사 사건 등 다양한 사건사고를 일으켜 가십거리를 제공하곤 했다. 이처럼 서영춘의 통제 되지 않는 성격, 금기를 깨는 막말과 눈치 보지 않는 코미디 스타일 등은 1960년대 후반 〈팔도강산〉의 아버지의 페르소나 그 자체가 되어버린 김희갑이나 그 자신 '건실한 사회인'이자 '가부장'으로의 이미지를 일찌감치 획득했던 구봉서의 코미디 스타일과 같을 수 없는 것이었다.

---

16 「'방륜'이 지적한 탈선방송 / 지나친 유머…… 인격 우롱 / 저속한 말씨, 언어순화에 역행」, 『대한일보』, 1967.1.14, 8면.
17 "방송가에 또 하나의 불씨 / 막다른 골목에 이른 코메디 프로 방륜마저 가벼운 경고 정도의 조치뿐", 『서울신문』, 1966.9.15, 5면.

서영춘 코미디에 대한 제재가 지속되던 시기, 언론에서는 앞다투어 코미디의 저속함을 비판하고 나섰다. 먼저 1964년 방송국에서 코미디언 전속제가 시행되면서, 코미디의 수준이 점점 저하되고 있다고 비판했다. "코미디는 방송을 건전한 방향으로 이끄는 데 별로 보탬이 되지 않고 청취자의 말초신경이나 허파를 자극하는 걸로 만족해온 실정"인데, 코미디언 역시 "영화, 무대, 방송 등을 누비면서 같은 소재를 재탕삼탕 울거먹는다"는 것이었다.[18] 1965년 5월 『신아일보』의 기사는 코미디언들이 때를 만나 TV, 라디오, 영화에서 한창 주가를 올리고 있지만 "저급한 대사가 아니라 독창성으로" 웃음을 줘야한다면서 작금의 코미디가 수준 이하의 것이 많다는 사실을 지적했다.[19] 1966년 9월 15일 『서울신문』 기사에서는 방송의 저속화에 앞장서고 있는 것이 코미디라고 단언하면서, 코미디가 청취자의 "가치판단과 생활 윤리까지 파괴"하고 있다고 지적했다. 이 기사는 또한 "어느 프로보다도 청취자들에게 강렬한 자극과 영향력을 끼치는" 코미디 프로의 정화가 이루어져야 방송 전체의 정화가 이루어질 수 있다고 주장했다. 이 기사가 요약하는 라디오 코미디프로그램의 특징은 "조잡한 말의 나열과 불순한 상상력의 동원", "저속하고 무가치한 언어"의 나열, "쓴 웃음을 자아내는 애드립", "기성奇聲의 연속", "아이디어의 빈곤", "위트 이하" 등이었다. 기사는 더 나아가 이러한 문제점들을 극복하기 위해 장기적으로는 신진 코미디언을 체계적으로 양

---

18 「방송에 팔리는 '코미디언'들 / 각국이 전속 경쟁」, 『경향신문』, 1964.5.2, 5면.
19 「코메디언 때를 만나다 / 광대 오명 씻고 매스콤 지배시대로? / 폭등한 주가로 월수 20만원 / 세치 허끝 한번 놀리면 최하 5천원 / TV, 라디오는 경쟁터…… 갖가지 유행어 만들고 / 아쉬운 스크립터 / 저급 대사 아닌 독창으로 웃겨야 / 국산영화엔 감초 노릇도」, 『신아일보』, 1965.5.15, 4면.

성해야 한다는 것, 그리고 응급조치로는 "저속의 낙인이 찍힌" 코미디언을 퇴출해야하며 코미디프로 역시 정지되어야 한다는 것 등을 주장했다.

1966년 12월의 기사 역시 그 해 있었던 방송윤리위원회의 결정 사항들을 정리하면서, "방송의 질적 향상을 부르짖으면서도 저속한 프로가 각 방송국에서 다투어나가고 있어 시급하고 강경한 정화책이 요청"된다고 기술했다. 이 기사에 따르면, 1966년 한 해 방송윤리위원회의 공개처분은 총 526건이었는데, 그 중 금지곡 방송, 월북작곡가의 노래 방송 등이 전체 경고의 36%를 차지했다. 결국, 출연정지까지 이르는 징계를 받은 것은 서영춘의 막말과 방송의 '편파성'이 문제가 되었던 시사 프로그램 두 가지였는데, 서영춘 코미디의 '저속성'에 대한 방송윤리위원회의 적극적인 조치가 눈에 띄는 대목이라 할 수 있을 것이다.[20]

라디오스타 서영춘의 코미디는 이처럼 초기부터 검열의 주목을 받았다. 그러나 "저속"하고 "무가치"하며 "조잡"하다고 혹평 받는 서영춘의 코미디는 점차 팬덤을 형성했고 서영춘은 이 인기를 바탕으로 영화계에 진출, 〈여자가 더 좋아〉의 성공으로 영화계에서도 원톱 주연이 가능한 스타 배우가 되었다. 1969년 MBC TV의 개국 프로그램 〈웃으면 복이 와요〉를 시작으로 텔레비전 코미디프로그램의 시대가 도래할 때까지, 서영춘은 구봉서와 함께 최고의 코미디 배우로 스크린을 누볐다. 검열이 규정한 '저속함'이 자본주의적 매체들을 통해 전파되면서, 위로부터 내려

---

20 한편, 같은 시기 김희갑과 구봉서, 곽규석, 배삼룡 등도 라디오 방송의 인기 스타였다. 그 중에서도 구봉서는 1960년대 초부터 "이거 됩니까, 이거 안 됩니다"라는 유행어를 만든 〈안녕하십니까 구봉서입니다〉라는 프로그램을 DBS, MBC, CBS 등 방송국을 바꿔가며 거의 7년간 진행했다. 유명 방송작가 유호가 초기 대본을 쓰기도 했던 이 방송은 구봉서를 '상식'적이고 '건전'한 '풍자'를 하는 코미디언으로 자리매김하는 중요한 매개체가 되었다.

온 '명랑'과는 또 다른 의미에서의 '명랑'을 구현했던 것이다. 그리고 이번에는 영화의 영역에서 서영춘 코미디의 '저속성'이 지적되기 시작했다.

4. 1960년대 후반 코미디영화 검열 사례
　－〈여자가 더 좋아〉, 〈오대복덕방〉, 〈내 것이 더 좋아〉를 중심으로

이 절에서는 서영춘 코미디의 특징을 잘 보여주는 영화 두 편 〈여자가 더 좋아〉(김기풍, 1965)와 〈내 것이 더 좋아〉(이형표, 1969), 그리고 코미디영화 검열에 있어 중요한 분기점이 되었던 〈오대복덕방〉(이형표, 1968)을 중심으로 1960년대 후반 검열의 사례를 검토해보고자 한다.

1961년 〈인생 갑을병〉의 엑스트라급 조연으로 영화계에 데뷔한 서영춘은 라디오에서의 인기를 바탕으로 1964년 〈총각김치〉, 〈이거 됩니까 이거 안 됩니다〉(박종호)에서 비중 있는 조연을 맡아 존재감을 드러내기 시작했고, 1965년 〈여자가 더 좋아〉로 일약 스타덤에 올랐다. 서영춘은 이 영화의 흥행을 시작으로 라디오와 TV, 스크린, 무대에서 종횡무진으로 활약하면서 1986년 간암으로 사망할 때까지 대단한 인기를 누렸다.

〈여자가 더 좋아〉는 서영춘을 스타 배우로 만든 영화일 뿐 아니라 1960년대 후반 유행했던 여장남자 코미디의 시초이자 이 시기 코미디

언코미디의 활황을 선도한 영화였다. 여장남자를 주인공으로 하고 있고, 성전환 수술을 암시하는 결말을 보여주는 등 상당히 파격적인 내용을 담고 있는 코미디이지만 검열에서는 거의 지적된 바가 없으며 오히려 흥행을 통해 재평가된 지점이 존재했다. 한편, 〈오대복덕방〉은 서영춘이 여러 주인공 중 한 명으로 출연하는 영화여서 전체적인 비중으로 볼 때 '서영춘 코미디'라고 보기는 어렵지만, 코미디영화로는 드물게 재검열논란을 불러 온 영화였고 공보부의 검열강화 기조에 일조한 영화였다는 점에서 살펴볼 필요가 있다. 마지막으로 〈내 것이 더 좋아〉는 〈오대복덕방〉 사건으로 한창 강화된 검열 속에서, 세 차례에 걸친 시나리오 검열과 실사검열 이후의 (조건부) 상영허가라는 지난한 과정을 거치면서 대본의 상당 부분이 삭제되거나 수정되어야할 것으로 지적되었다. 그러나 필름 자체에는 검열의 흔적이 그다지 기입되지 않았으며, 서영춘 코미디의 '불온함'을 잘 드러낸 영화였다는 점에서 주의 깊게 살펴볼 필요가 있다.[21]

1) 〈여자가 더 좋아〉─흥행으로 재구성된 '저속함'과 '명랑함'

코미디영화사에서 매우 중요한 영화였던 〈여자가 더 좋아〉는 오랫동안 유실된 필름이었다. 다행히 2015년 한국영상자료원에 '한우섭-한

---

21 〈내 것이 더 좋아〉는 구봉서와 서영춘이 공동주연을 맡고 있으나 서영춘이 여장남자 역할을 하면서 극의 흐름을 이끌어가는 중심인물로 기능한다는 점에서, 이 영화를 서영춘 코미디의 특징을 잘 드러내는 영화로 보는 것도 무리가 없을 듯하다.

규호 컬렉션'이 기증되어 실체를 확인할 수 있었는데, 마지막 장면이 유실된 불완전판 필름으로 공개되었다.[22] 유실된 부분에 대하여 시나리오, 검열 서류 및 각종 기사들과 스틸 사진 등의 자료를 보충하여 내용을 재구성해보면 다음과 같다.

이 영화는 흡사 김기영의 〈하녀〉에서 남녀가 뒤바뀐 설정의 코미디 버전처럼 보이는데, 여자직업학교에서 음악 선생으로 일하던 규철(서영춘)은 동거하고 있던 애인 영숙(최지희)이 자신을 배신하고 결혼하자 여장을 하고 그 집의 식모로 들어가 복수하고자 한다. 영숙이 규철을 배신하게 되는 결정적인 이유는 그가 '여성에 가까운 중성'이라는 의학적 소견 때문이다. 이를 인정할 수 없는 규철은 변심한 애인을 벌하고자 규화라는 이름으로 여장을 하고 영숙의 집에 식모로 들어간다. 시아버지(김희갑)의 못된 버르장머리 때문에 "식모란 식모는 모조리" 얼마를 견디지 못하고 그만 두던 이 집에서 애교스럽고 일 잘하는 규화는 시아버지의 총애(를 가장한 성추행)를 받는다. 뛰어난 피아노 실력으로 영숙의 남편 박문기(남궁원)에게도 호감을 사며 문기의 동료이자 악극단의 지휘자인 선우광(양훈)으로부터는 적극적인 구애를 받게 된다. 이러한 일련의 사건을 통해 자신의 성정체성을 확인하게 된 규철은 정체가 탄로 나자 속옷 바람으로 거리를 질주하여 성전환 수술을

---

22 이 글을 최초로 발표했던 2015년 11월 14일 한국영상자료원의 학술대회 당시에는 필름이 공개되지 않은 상태였다. 이 영화는 2016년 5월 31일에 영상자료원에서 최초로 일반 상영되었는데, 후반부 20여 분의 싱크가 맞지 않고 마지막 씬이 끊긴 상태였다. 즉, 선우광과 규철의 러브씬이 이어질 때 선우광의 아내가 나타나고, 가발과 옷이 벗겨진 규철이 뛰쳐나가면서 영숙과 문기를 비롯한 가족들을 문 앞에서 맞닥뜨리는 데서 영화가 끝난다. 엔딩 표시나 크레딧 등이 없었던 것으로 미루어 필름이 손상된 것으로 추측해볼 수 있는데, 이는 복원이 진행되어 재상영이 가능해 진 뒤에야 확인이 가능할 것으로 보인다.

하는 병원으로 뛰어 들어간다. 현재는 유실되었으나 시나리오 및 신문기사 등에서 확인할 수 있는 엔딩 씬은 여성이 되어 병원을 나선 규철이 "교태를 부리며" 걸어가는 장면으로 제시된다.

이 같은 파격적인 내용을 갖고 있었던 〈여자가 더 좋아〉는 그럼에도, 검열에서 큰 지적 사항 없이 영화화되었다. 시나리오 심사의견서는 이 영화가 당시 일본에서 유행하고 있었던 '여자 같은 남자' 콘셉트를 베꼈다고 지적하면서 코미디에 필요한 "건전한 웃음" 없이 "난잡"하고 "황당무계"한 것으로 "오로지 웃기기만 하면 된다"는 비예술적 태도를 지양할 것을 주문했다.[23] 〈여자가 더 좋아〉의 시나리오 검토는 제작자에게 "건전한 웃음"과 '코미디란 무엇인가'를 근본적으로 성찰할 것을 주문하는, 다소 추상적이고 훈계적인 내용의 '의견서'로 제출되었다. 그런데 건전한 코미디로서 자격 미달이라는 평가에도 불구하고, 이 영화는 공보부에서 '눈깔' 등의 대사를 시정하라는 것, 선우광과 규철

〈그림 7〉 〈여자가 더 좋아〉(1965) 포스터. 결말부분에서 여장 남자라는 정체가 들통난 서영춘이 거리를 뛰어가는 장면 (한국영상자료원 제공)

---

23 공보자문위원회 영화분과위원회, 「〈여자가 더 좋아〉 씨나리오審査意見書」, 1965.4.22.

의 밀회 장면을 '주의 깊게 취급'해달라는 것 등 5개의 가벼운 지적 사항과 함께 제작신고 수리 통보를 받았다.[24] 그리고 실사 검열에서는 위의 밀회 장면을 단축하라는 단 한 가지 지적을 받고 상영이 허가되었다.[25] 상대적으로 '반공법' 위반에 주목하고 있었던 이 시기의 영화검열은 아직 서영춘 코미디의 '저속함'을 크게 문제 삼지는 않았던 것으로 보인다.

오히려 "만화조 넌센스의 소극"[26]에 불과하다며 별로 관심을 보이지 않았던 평단에서 의외로 영화가 장기 흥행 하며 관객 몰이에 성공하자 이 영화가 일종의 사회 "풍자"적 성격을 띠고 있다는 점을 지적하면서 '저속'함에 대한 면죄부를 마련하고자 했다는 점이 흥미롭다. 이 영화의 장기 흥행을 보도하면서 한 기사는, 남자였을 때 누릴 수 없었던 사회적 지위나 경제력을 여장을 하고 난 뒤에 쉽게 얻을 수 있게 된 상황에서 성전환을 택한 "서영춘의 페이소스"와 "깊은 슬픔"이 느껴진다는 비평을 실었다.[27] 같은 해 11월에 개봉한 영화 〈주책바가지〉를 혹평하면서, 〈주책바가지〉에는 〈여자가 더 좋아〉의 "페이소스"가 결여되어 있다고 평가한 기사[28] 역시 같은 맥락에서 이해할 수 있을 것이다.

24 공보국 영화과, 「극영화 〈여자가 더 좋아〉 제작신고 수리통보」, 1965.5.31.
25 공보국 영화과, 「국산영화 〈여자가 더 좋아〉 상영허가」, 1965.6.9.
26 「만화조 넌센스 소극 여자가 더 좋아」, 『조선일보』, 1965.7.15, 5면.
27 「우울한 동정에 기대어 롱런 한달 째나 〈여자가 더 좋아〉」, 『신아일보』, 1965.7.20, 5면.
28 「희극배우들의 여성숭배열 / 주책바가지」, 『신아일보』, 1965.11.6, 5면.

2) 〈오대복덕방〉-코미디이므로 용인되는 '저속함'

〈여자가 더 좋아〉가 제작되었던 1965년 이후, 1966년 2차 영화법 개정을 통해 검열에 대한 기준이 강화되면서 코미디영화 검열 역시 강도가 높아졌다. 시나리오 사전검열과 제작 후 필름검열을 모두 통과하여 개봉 중이었던 〈오대복덕방〉을 공보부가 재검열하겠다고 나서면서 이 영화는 검열논란의 중심에 서게 되었다. 필름은 남아 있지 않지만, 시나리오와 기사, 스틸 사진 등으로 영화의 대략적인 내용을 유추해볼 수 있다. 〈오대복덕방〉은 김해 김씨 일가 5대의 이야기로, 영화는 90세의 1대 용태 할아범(김희갑)이 서울에 와서 복덕방을 차려 성공하자 자손들을 서울로 불러들이면서 시작된다. 이후 전라도 무주에서 상경한 일가족이 한 동네에서 각자 복덕방을 차리면서 벌어지는 각종 해프닝이 담긴다. 서영춘은 여기에 4대 김명호로 등장했다.

그런데 전라도 사투리를 구사하는 이 가족의 '저속한' 행태와 말투로 인해 전라도 지역 영사기사들이 영사를 거부하는 일이 발생하고 전북극장협회에서도 영화 상영을 거절하였으며, 김해김씨 종친회 및 전라북도 도지사의 상영정지요청이 이어지자[29] 공보부에서는 이 영화를 재검열

---

29 사단법인 가락중앙종친회, 「영화상연중지요청」, 1968.2.5. 이 민원은 〈오대복덕방〉이 "우리종친인 김해김씨의 명예를 형언할 수 없을 만치 훼손한 스토리로 되어 있어서", "우리나라 고유의 미풍양속인 종친사회를 근본적으로 모욕한 것"이므로 즉각 상연을 중지시켜달라고 요청했다. 또한 전라북도 도지사의 이름으로 발송된 건의서는 이 영화가 "오락적 경지를 벗어나 전래의 미풍양속을 해하고 나아가서는 혈연의식과 지역적 파벌을 조장하는 결과를 자아내"어 "전북도민으로 하여금 격분의 도가니에 몰아넣게 하고 신문, 방송 등 이 고장 언론기관이 선두에서 이를 규탄하는 일대 쎈세이션을 일으키고 있는 동시에 본도 전도민이 항의에 기세에 있을 뿐만 아니라 (…중략…) 국민적 단합과 정신무장 면에 구열을 가져다주는 결과"를 낳았다고 지적하면서 이 영화를 즉각 상영중지하도록 요청했다. 전라북도지사, 「영화 "5대복덕방" 상영 정지처분 건의」, 1968.2.29 검열

〈그림 8〉 〈오대복덕방〉의 한 장면. 5대가 모두 한 방에서 자고 있다. 아래 맨 왼쪽
부터 황해, 서영춘, 박옥초, 남성진.

하여 무려 50여 곳이 넘는 부분을 삭제하도록 지시했다. 전라북도를 고
향으로 하는 김해김씨로 설정된 주인공들의 저속한 행위와 말투가 특정
지역과 특정 성씨에 대한 비하로 보일 수 있다는 지적, 그리고 5대가 한
방에 살면서 치마로 영역을 구분하고 부모와 자식 커플이 동시에 부부
관계를 맺는 것을 연상시키는 장면의 선정성이 가장 문제가 된 내용이
었다. 그러나 "건전하며 코믹한 오락작품이면서도 과욕과 허실된 생활
을 다분히 경고적으로 풍자한 작의가 좋"다고 호평 받으며 검열에 통
과[30]하여 전국에서 개봉 중이었던 영화를 다시 수거하여 50여 곳 이상

서류에는 포함되지 않았으나 전라북도 내 영사기사들이 이 영화의 상영을 거부하기로
결의했다는 기사도 찾아볼 수 있다. 「복덕방 상영거부」, 『대한일보』, 1968.2.10, 7면.
30 사단법인 한국영화제작자협회 각본심의위원회, 「〈오대복덕방〉 각본심의의견서」,

을 삭제한다는 것은 사실상 불가능한 일이었고, 이를 놓고 제작자와 공보부가 격돌하자 영화각본심의위원회[31]가 나서게 된다. 영화각본심의위원회는 이에 대해 "다소 저속"하지만 "넌센스 코메디임을 감안하면 그냥 웃고 넘길 수 있다"고 회신했다.[32]

〈오대복덕방〉 해프닝으로 검열에 대한 문제제기는 한층 강도가 높아졌다. "가혹하기로" 이름 높은 검열에서 "우리나라 영화사상 최저의 태작"[33]이라고 평가받는 〈오대복덕방〉에 별 다른 문제없이 상영허가를 내준 것에 대해 비난 여론이 들끓었던 것이다. 상황이 좀처럼 진정되지

1967.12.14. 이후 필름검열에서도 판잣집을 서울의 명물이라고 보여주는 장면, 화장실 씬 등 3곳 삭제, 대사 1곳 삭제 등 가벼운 지적만을 받고 합격증을 받는다. 공보부, 「국산영화 "오대복덕방" 검열합격」, 1968.1.26.

31 영화제작신고서 첨부되는 각본에 대하여 공보부가 1967년 4월 1일부터 '한국영화제작자협회'의 '각본심의위원회'에서 각본을 검토하도록 했는데 이는 영화법 저촉사항을 미연에 방지하고자 영화계 내부에서 스스로 조직한 단체였다. 제작이 끝난 뒤 실사심의를 했던 이중의 심의 제도는 1967년 12월 1일 공보부에 6인으로 구성된 '영화각본심의위원회'가 설치되면서 3중의 제도로 변경되었다. 1968년 4월 1일부터는 '각본심의위원회'와 '영화각본심의위원회'가 합동검열을 실시하고 검열의 강도도 강화되었다. 1970년 2월 20일 극영화시나리오 검열 업무는 한국예술문화윤리위원회(예륜)으로 이관되었다. 배수경(2004), 35～38면 참고. 배수경은 이 논문에서 '한국영화제작자협회'를 '한국영화업자협회'로, '각본심의위원회'를 '영화심의위원회'로 지칭하고 있으나 검열 서류에서는 '한국영화제작자협회'와 '각본심의위원회'라는 명칭을 사용하고 있으므로, 이 글에서는 검열 서류의 명칭을 따른다.

32 「말썽난 70여 곳 삭제 항의 속에 / 다시 검열대 앞에 / 넌센스 코메디, 오대복덕방」, 『신아일보』, 1968.2.13, 5면. 영화각본심의위원회의 회신 내용은 검열 서류에는 담겨 있지 않다. 다만, 재검열 통보 이후 제작사인 한국연합영화사의 "희극영화 〈오대복덕방〉 영화위원회 심의요청의 건"(1968.2.6)과 재검열 이후의 결과 통보서 "극영화 〈오대복덕방〉에 대한 추가 제한 조치"(1968.2.9)이 첨부되어 있을 뿐이다. 또한 이후 재검열 통보서에 따라 상영 중이던 필름들이 회수, 수정되었는지 확인하는 것도 불가능하다. 다만, 위의 신문기사에 의거하여 영화각본심의위원회가 중재 역할을 했을 것으로 추정해볼 수 있다.

33 「〈오대복덕방〉 시비를 계기로 본 / 영화검열의 문제점 / 무정견한 양식의 기준 / 제 나름의 주관 / 툭하면 가위질. 영화 드라마의 뼈대를 손상시키기도 / 윤리적 면서 타락, 검열은 계속 강화 공보부의 견해」, 『조선일보』, 1968.2.22, 5면.

않자 홍종철 공보부 장관은 이 영화의 상영허가가 "사무적 미스 때문에 빚어진 것"이었다고 변명하면서, 이 영화의 재검열뿐 아니라 앞으로도 더 엄격한 검열을 실시하겠다고 말했다. 2중, 3중으로 실시되는 영화검열의 엄격함과 그 자의성에 대한 비난이 거세짐에도 불구하고, 홍종철은 "반국가적 반사회적인 것과 윤리적 도덕적인 것에 위배되는 것은 계속 커트하겠다"고 밝혔던 것이다.[34] 그간 한국영화제작자협회의 각본심의위원회에서 해 왔던 사전 시나리오 검열과 제작 이후 공보부의 실사 검열은 〈오대복덕방〉 검열 논란이 있었던 직후인 1968년 4월 1일부터 각본심의위원회와 영화각본심의위원회에서 합동으로 사전 시나리오 검열을 실시하고 검열의 강도도 강화하는 방침으로 변경되었다.[35]

한편, 재검열 소동이 벌어졌던 와중에서 〈오대복덕방〉은 〈남자식모〉와 더불어 개봉관에서 10만 관객을 넘겼다. 〈남자식모〉가 18만, 〈오대복덕방〉이 10만을 넘기며 그 해 흥행 순위 2위와 5위를 기록했던 것이다. 그리고 이 영화들의 "크린 히트"와 함께 평단에서는 코미디영화 검열에 대한 문제가 지속적으로 제기되었다. 검열에서 "대중적으로 건전"하다고 평가 되었던 〈남자식모〉와 "저속"하지만 "코미디"이므로 "웃고 넘길" 수 있다는 이유로 두둔되었던 〈오대복덕방〉은 검열의 위계상 분명히 같을 수 없는 것이었으나, 평론에서는 함께 엮어 "관객들에게 추파"를 던지는 "마구잡이로 찍은" "저질 코미디"[36]의 대

---

34 위의 글.
35 배수경(2004), 38면.
36 「한계 흐린 가위질 / 영화검열 시비 / 〈처제〉는 저속, 〈엄마기생〉은 OK / 귀걸이 코걸이 재단 / 업자 당국 반성하고 전문위 두도록」, 『중앙일보』, 1968.5.25, 5면; 「관객 동원수로 본 상반기 영화 / 이상기류 / 철저한 오락물 추구 / 난센스 코미디와 검객영화 판쳐 / 흥행서 실패한 올해 수확작」, 『대한일보』, 1968.7.9, 6면; 「하반기의 영화제작 경향 /

표작으로 거론되었다. 이 시기, 검열과 평가의 기준을 달리 했던 평단은 서영춘 코미디와 구봉서 코미디를 한데 묶어 "저질" 코미디로 분류하였으나 검열은 "저질 코미디" 안에서 또 다른 위계를 설정했던 것이다. 이에 대해서는 다음 절에서 〈내 것이 더 좋아〉와 '남자시리즈'의 비교를 통해 논의할 것이다.

3) 〈내 것이 더 좋아〉
－"넌센스 코미디 텃취"로 교정되어야 하는 '불건전함'

1968년 말부터 지난한 검열의 과정을 거쳐 제작된 뒤 1969년 초에 개봉한 〈내 것이 더 좋아〉는 또 다른 의미에서 문제적인 영화였다. 조준형에 따르면, 1968년부터 1971년은 한국영화사에서 '섹스영화'가 '폭발'했던 시기였다. 특히 1969년에는 '섹스'가 한국영화의 주류로 부상했다고 할 수 있는데, 남성동성애를 다룬 김수용 감독의 〈시발점〉과 동성애적 표현 수위가 상당히 높았던 신상옥 감독의 〈내시〉 등이 이 해 제작된 영화들이었다.[37] 이와 같은 분위기 속에 제작되었던 〈내 것이 더 좋아〉는 동성애와 섹슈얼리티의 문제를 '코미디'라는 장르를 통해 제기하는 영화였다.

소극, 합작물의 범람 / 거의 예술성을 외면 / 아이디어 부족 소재도 저속 / 관람 성향에 편승 / 인니, 태국과 합작도 기획」, 『대한일보』, 1968.7.20, 6면.

[37] 이 해 이형표, 신상옥, 박종호는 외설 혐의로 불구속 기소되기도 했다. 조준형, 「박정희 정권 후반기 영화와 섹스 그리고 국가」, 『한국극예술연구』 45집, 한국극예술학회, 2014, 167~168쪽.

가수가 되겠다는 꿈을 안고 상경한 성춘(서영춘)은 소매치기에게 가진 돈을 다 잃고 우연히 식당에서 만난 봉수(구봉서)에게 얹혀살게 된다. 봉수는 성춘 만한 덩치의 '여편네'와 함께 살다가 얼마 전 헤어진 상태로, 하숙집 아주머니가 맞선을 주선한 여자가 마음에 들지 않자 성춘을 시골에서 올라온 '본마누라'라고 소개한다. 이때부터 여장을 하게 된 성춘은 봉수와 함께 살면서 자신의 여성성을 마음껏 뽐낸다. 한편, 맞은 편 집에 살고 있는 부부 역시 여성 동성애 부부로, 두 쌍의 동성 부부가 엮이게 되면서 여러 가지 에피소드가 펼쳐진다. 성춘은 부부 중 아내 역할을 하는 분임(고은아)에게 마음을 두고, 그녀에게 "정상적인 부부"의 즐거움을 알려주기 위해 고군분투한다. 결국 성춘은 분임과, 봉수는 강자(이금희)와 연결되면서 두 쌍의 동성 커플은 두 쌍의 남녀 커플로 '정상화'된다.

그런데 제작신고 시 제출했던 오리지널 시나리오에는 이와 상당히 다른 내용들이 포함되어 있다. 그 중 가장 주목을 끄는 것은 하루만 재워주겠다고 성춘을 집으로 데려 갔던 봉수가 먼저 성춘에게 "마누라"가 될 것을 제안하는 다음의 장면이다.

S.#20 봉수의 방

성춘: ……근데 혼자 사세유?

봉수: 그래 한달 전에 내쫓았어! 난 여자라면 신물이 난다구! 여편네라구 어디서 바가지만 박박 긁구 귀찮구 재수없는 존재란 말야…….

하다가 성춘을 천천히 뜯어본다.

성춘 : 뭐가 잘못 됐시유?

봉수 : 너 밥도 잘한다고 했지?

성춘 : 그쯤이야 누워 코풀기지 뭐유. 힛힛……

봉수 : 그럼 너 내 마누라 안돼볼래?

성춘 : 예? 마누라유? 제가유? 아이고메…… 남자가 어찌 여자가 된단 말
　　　이예유?

봉수 : 그럼 년 아내로서 언제까지나 이 집에서 살아두 되는 거야.

성춘 : 허지만 난 가수가 될려고 왔지, 아내가 될려고온 건 아닌데유?

봉수 : 야 여기 살면서 저 전축으로 열심히 배워서 가수가 되는 길을 더듬
　　　어 보는 거야!

성춘 : 오라 그것도 좋은 생각이유!

봉수 : 그럼 우리 간단히 초례나 올릴까?

성춘 : 어떻게유?

봉수 : 찬물 떠놓고 올리면 되는 거지. 예식장에 갈 필요가 없잖아.

성춘 : 허지만 여자옷도 한 벌 없는데.

봉수 : 옷이 왜 없겠니. 봐라 보구만 죽으라구!

하며 양복장 문을 드르륵 열어 보인다. 쪼옥 걸려있는 옷가지들.

봉수 : 양장에 한복에 수두룩하다! 먼저 살던 여편네가 등치가 너만 했으
　　　니까 잘 맞을거야. 아무거나 골라 입으라구. 난 냉수 떠올게.

하며 나간다. 놓여지는 냉수 한 그릇.

밤이다. 정한수 떠놓고 마주서서 예를 올리고 있는 봉수와 성춘.
봉수가 절하면 성춘도 절하고.

봉수 : 우리 두 부부 일생을 화목하게 지내도록 해 주시고 아들 딸 낳고 백
　　　년해로하게 해 주시옵소서.
성춘 : 여봐. 아들 딸을 어떻게 낳아.
봉수 : 글쎄 우선 그렇게 해두는 거야. 자! 식은 끝났구…… 사랑의 선물로
　　　키쓰나 한 번 하자!

하며 성춘의 뺨에 입술을 갖다댄다.

봉수 : 아이 따거! 야 수염이나 좀 깎어라!
성춘 : 정말 별꼴이야…… 에이 퇴!
봉수 : 여보 이제부터 우린 부부야. 남편 말 잘 듣고 착한 아내가 되라구!

　　그리고 이어지는 첫날 밤, 봉수와 성춘이 자고 있는데, "서로 다리와
다리를 엉키구 부둥켜 안고 자고 있는 두 사람의 꼴이 가관"이다. 다음
날 아침 봉수는 "그럼 다녀오리다"하는 인사와 함께 성춘의 뺨에 뽀뽀
를 하고, 퇴근하는 길에는 성춘에게 주기 위해 "케키집"에 들러 "케키상
자"를 들고 나온다. 현재 남아 있는 영화에서는 이 장면들이 모두 삭제
되었으며, 봉수가 성춘을 끊임없이 '이 새끼야' 등으로 칭하고 구박하는
장면과 대사로 대치되었다. 두 사람이 애정을 표현하거나 다정하게 이
야기하는 장면 역시 성춘을 귀찮아하고 내보내고 싶어하는 봉수의 대사

〈그림 9〉 〈내 것이 더 좋아〉의 한 장면. 여장을 하고 봉수(구봉서, 왼쪽)와 함께 살게 된 성춘(서영춘, 오른쪽)

〈그림 10〉 〈내 것이 더 좋아〉의 한 장면. 목욕탕 앞에서 마주친 두 커플. 맨 왼쪽부터 분임(고은아), 강자(이금희), 봉수(구봉서), 성춘(서영춘)

〈그림 11〉〈내 것이 더 좋아〉의 한 장면. 서로 사랑을 확인하게 된 분임(고은아)과 성춘(서영춘)

들로 바뀌는데, 검열 이후 재녹음된 이 대사들은 화면의 입모양과 동조
되지 않는다.

한편, 맞은 편 집에 살고 있는 여성 동성애자 부부에 대해서는 '부부'
임을 암시할 수 있는 모든 단어들을 지워져 있다. 오리지널 시나리오에
서는 처음 분임과 강자를 본 성춘이 부부냐고 묻자 봉수는 "그야 부부지
만 예사 부부가 아니지", "동성연애를 하고 있는 거야"라고 대답한다.
동성연애가 뭐냐고 묻는 성춘에게 "여자끼리 남편이 되구 여편네가 되
구 어쩌구 저쩌구 하는 거지."라고 대답한다. 분임－강자 부부의 성적
정체성을 확실히 드러내는 이 대화는 영화에서 저들이 부부냐고 묻는
성춘의 질문에 "아니야. 둘 다 여자야"라는 봉수의 대답으로 부정되고
축소된다. '부부'라는 표현이나 '남편'이라고 칭하는 분임의 대사 역시
'강자 씨' 등의 일반적인 호칭으로 대치되며, 이들의 관계를 드러내는

직접적인 표현들도 대부분 삭제된다. 그리고 두 사람의 애정 표현 또한 거의 삭제된다.[38]

전술했듯이, 이 영화는 제작신고 시 시나리오 검열에서 제작불가 통보를 받았다. 무엇보다 남장여자, 여장남자를 등장시켜 동성애 커플을 다뤘다는 것과 여장남자의 '저속한 행동'이 문제가 되었으며, 음식점에서 음식을 먹고 돈을 안 내는 도주 및 사기 행각, 도둑놈의 도둑질 행위, 깡패들의 돈 갈취 행위 등도 불가의 사유로 지적되었다. 재미있는 것은 검열에 의해 여장 남자의 저속한 행위로 규정되어 삭제되어야 할 것으로 구체적으로 지적된 것들이 매우 일상적인 행위들이며 또한 이 영화에서 웃음을 유발하는 요소들이라는 점이다. 예를 들어 검열에서 지적한 '저속한 행동'에는 빨래하는 것, 시장보고 음식하는 것, "식모노릇", 마사지 하는 것, 여장남자의 부부생활, 산부인과 소동, 얼굴을 할퀴는 등의 난동, 남장 여인 부부 침실에 뛰어드는 행위가 포함된다.[39]

제작 불가 판정을 받은 한 달 뒤인 12월 10일, 제작자인 합동영화사의 곽정환은 27곳의 대사를 삭제하거나 삽입했다고 하면서, 시나리오

---

38 그런데 여성 커플의 다정한 장면이 대부분 삭제된 것과 달리, 남성 커플의 애정 행각은 좀 더 여러 곳에서 발견된다. 성춘이 "여보 나 예쁘지? 난 당신이 좋아 죽겠어"라고 애교를 부리는 모습, 노래 자랑 대회에 나가 '코미디언 서영춘'의 레퍼토리 중 하나인 "삐빠삐룰라"를 부를 때 다정하게 봉수의 이름을 부르고 "여보"라고 칭하는 장면, 팔짱을 끼고 음식을 서로 먹여주며 데이트 하는 장면 등 이들의 애정이 드러나는 부분은 그대로 남겨진다. '남성성'과 '여성성'을 오가는 서영춘의 행위가 '코믹함'을 위해 상당수 남겨질 수 있었던 반면 여성 동성애를 묘사하는 장면은 삭제되어야 했다는 점에서, 당대 검열이 구분했던 '불온'의 위계를 짐작해볼 수 있다.
39 작성자 불명, 「극영화〈내 것이 더 좋아〉각본심의의견」, 1968.11.(추정) 이 심의의견서는 '씨나리오검토의견'이라는 제목이 명시된, 일정한 형식이 있는 문서 네 건(심사 날짜가 11월로 되어 있는 것 두 건, 재심분으로 표기된 것 두 건)과 달리 수기로 쓴 위와 같은 제목을 달고 있는, 형식이 없는 문서이며 당부의견에서 영화 제작 '불가 또는 개작 통보' 중 불가에 동그라미 표시를 해두고 있다.

의 재심을 요청했다. 현재 남아 있는 서류상으로 볼 때, 이 영화는 12월 14일 시나리오검토의견에서 또 다시 불가 판정을 받았으나 12월 23일 검토에서는 제작 '가' 판정을 받았다. 재검토 이후 10일 간의 공백을 두고 다시 한 번 검토가 이루어진 것인데, 12월 26일 제작사에 통보된 「제작신고수리 및 시정사항통보」[40]에 "12월 23일에 제출된 극영화 '내 것이 더 좋아'에 대한 검토"라고 명시된 것으로 미루어, 이 문건은 12월 14일 이루어졌던 재검토에서 제작 불가 판정을 받은 이후 한 차례 더 수정이 이루어진 뒤 세 번째 시나리오 검열에서 작성된 것으로 추정된다. 그럼에도 12월 26일에 통보된 검열의 내용에서 지적하는 바 역시 그 이전에 적시되었던 불가의 의견과 크게 다르지 않다. 이 통보서는 이미 두 차례에 걸쳐 수정된 시나리오 중 12곳을 더 삭제하거나 시정하도록 요청하고 있는데 그 중 가장 중요한 지적은 "동성끼리 부부를 가장하여 생활하는 설정 자체가 불건전"하기 때문에 "모든 장면 묘사는 어디까지나 가벼운 넌센스 코메디 스타일의 텃치로 건전하게 처리"해야 한다고 당부하고 있는 점이다. 그리고 "동성 부부관계의 애정 묘사 등 비정상적인 표현을 일체 삭제"하라고 주문한다. 또한 "여장남자의 저속하고 추잡한 모든 장면이나 대사를 건전하게 시정"하고 "동성부부가 서로 성감을 느끼는 듯한 일체의 묘사를 삭제하거나 달리 시정"하도록 지시한다. 이는 곧 동성애는 그 자체가 "불건전"하고 "비정상적"인 것이므로, 삭제되어야 하거나 혹은 "가벼운 넌센스 코메디 스타일의 텃취"로 그려질 때만 "건전"하게 취급될 수 있는 여지가 있다는 의미인 셈이다. 즉, '동성 부

---

40 공보부, 「극영화 〈내 것이 더 좋아〉 제작신고수리 및 시정사항 통보」, 1968.12.26.

부'라는 설정 자체가 없어지면 이 영화의 전제 차제가 성립하지 않으므로 제작이 불가능한데, 제작을 가능하게 하기 위해서는 최대한 '동성애자 부부'임을 드러내지 않아야 하며 그러기 위해서는 "가벼운 넌센스 코메디 스타일의 텃취"를 통해 이 영화의 불온함을 가려야만 한다는 것이다. 그러나 앞서 언급한 바와 같이 "가벼운 넌센스 코메디"의 웃음 유발 장치로 활용될 수 있는 거의 대부분의 요소들은 '저급'하므로 삭제되어야 하는 것이었다. 결국 검열이 요구하는 바를 모두 지키면서 코미디영화의 형식을 유지하는 것은 불가능한 일이며, 따라서 이 영화는 완성될 수 없는 것이다.

재미있는 것은 딜레마 속에 놓인 이 영화가 살아남은 방식이다. 앞서 언급했던 내용들을 포함하여 재검열을 위해 자진 삭제하였다고 제시한 부분을 제외하고, 제작신고 수리 시 시정사항으로 통보된 내용들, 그리고 필름 검열합격 후 삭제 또는 단축할 제한사항으로 지적된 26개의 장면 또는 대사[41] 대부분이 필름에 남아있다. 서류에 따르면 심지어 이 영화는 사전제작 위반작이었는데, 1차 개작 이후에도 두 차례에 걸친 시나리오 검열과 실사 검열을 거치면서 "불건전"하고 "비정상적"이라고 지적되어 '시정' 혹은 '삭제'되어야 했던 부분들은 대부분 서류상으로만 삭제되었다. 임검까지 가능했던 당시의 검열 속에서 '저급'하므로 삭제되어야 했던 이 영화는 삭제되지 않은 '저급'함으로 남은 경우였다.

그런데 이 영화와 거의 동시기에 제작된 〈남자와 기생〉이나 〈남자식모〉, 그리고 〈남자미용사〉는 검열에서 훨씬 관대한 평가를 받았다. 이

---

41 공보부, 「장편영화 〈내 것이 더 좋아〉 검열합격」, 1968.12.30.

영화들에서 구봉서는 여장을 하고 시장을 보며, 청소와 식사준비, 바느질 등의 집안일을 도맡고 마사지를 하기도 한다. 특히 〈남자와 기생〉에서 구봉서는 여장을 하고 요정에서 남성들에게 술과 웃음을 파는 기생 역할을 맡는다. 그럼에도 검열에서 구봉서의 코미디는 서영춘의 코미디와 결이 다른 것으로 취급되었다. 앞에서도 언급했지만, 구봉서의 '남자 시리즈'는 검열에서 대체로 '건전'하며 '명랑'한 '풍자 코미디'로 평가 받았다. 〈남자기생〉은 제목이 "너무나 직선적인 퇴영적 인상"이 강하므로 "건전한 이메지의 것"으로 개제하라는 지적[42]에 따라 〈남자와 기생〉으로 변경되었고 그 외 섹슈얼리티를 직접적으로 드러내는 장면들에 '주의'를 요하면서 "각별히 저속하지 않게 묘사"할 것을 주문하는 정도가 검열에서 지적된 내용이었다. 〈남자식모〉에서는 여성 식모들을 비하하거나 성적으로 대상화하는 듯한 발언들, 예를 들어 "식모 주제에", "예쁜 식모라도", "여자 식모들 살맛이 나는데" 등의 대사 등을 삭제하라고 지시한 것을 제외하면, 제명에 대한 언급 정도가 검열에서 지적한 사항이었다. "제명은 일기경박하고 저속한 감 불무하나 작품자체가 코메디텃취이고 주인공이 남성이기 때문에 원제명을 인정"[43] 한다는 것 정도의 언급이 있을 뿐이다.[44]

---

42 사단법인 한국영화제작자협회, 「극영화 〈남자기생〉 각본심의결과통고서」, 1968.9.14.
43 사단법인 한국영화제작자협회, 「극영화 〈남자식모〉 각본심의결과보고서」, 1968.3.29.
1967년까지 '씨나리오심의의견서' 또는 '각본심의의견서'였던 사전 시나리오 검열서류는 1968년 초 '각본심의결과보고서'를 거쳐 1968년 4월 이후 '각본심의결과통고서'로 변모했다.
44 한편, 〈남자와 기생〉에서 눈에 띄는 것은 남자기생 태호(구봉서)가 요정에서 술 마시는 남자들을 앞에 놓고 춤과 노래로 풍자하는 대목인데, 검열에서 일부 삭제되었다. 삭제된 부분은 "네놈들 때문에 우리들은 돈벌이 잘 되지만 너희들도 국가를 위해 무언가 할 생각을 해 보아라"라는 대사였는데, 노골적으로 교훈을 설파하는 구절이 삭제된 것이

구봉서가 영화에서 여장을 하거나 여자들의 직업(〈남자식모〉, 〈남자미용사〉)에 도전하는 것은 생계를 위한 어쩔 수 없는 선택이었을 뿐 아니라 결국에는 '타락한 사업가'나 '일부 유한계급의 여성들'을 "풍자"하기 위한 것이므로 대체로 "건전"하고 "명랑"한 것으로 규정된다. 반면, 서영춘의 여장은 이와 다른 위치에 놓인다. 〈내 것이 더 좋아〉의 마지막 부분, 봉수와 크게 싸우고 집을 나가는 장면에서 성춘은,

> 내가 여태 갈 데가 없어 안간 줄 알아유! 너 인생이 불쌍해서 못갔다! 네 놈 때문에 팔자에도 없는 여자 구실하다 그 좋은 육체마저 요렇게 갈비처럼 살이 쏙 빠졌다! 먹고 싶은 오징어 다리 하나 안 사먹고 하고 싶은 가수 한 번 못하고 너 구린내 나는 양말쪽 깁느라고 허송세월만 했어!

라고 화를 낸다. 생계를 위해서만 여장을 한 것이 아니라 봉수에 대한 연민과 애정으로 함께 살고 있었음을 고백한 성춘의 문제적 위치는 '남자시리즈'의 구봉서의 행위와 달리 '위험'하고 '불온'한 것으로 간주될 수 있는 것이었다. 특히 성춘은 분임과 있는 장면에서는 남성성을 과시하지만, 봉수와 둘만 있는 자리에서는 항상 풀 메이크업에 브래지어까지 갖춰 예쁜 옷을 차려 입고 목소리도 가냘프게 변조하는 등 여성성을 적극 드러낸다. 마지막 장면에서 두 사람이 사랑을 느끼는 대상도 의미심장하다. 남성의 역할을 맡았던 이들끼리, 여성의 역할을 맡았던 이들끼리 사랑을 느껴 파트너를 바꾸는 마지막 씬은 '정상화'되고 난 뒤에도

다. 이 대사가 삭제된 이유는 분명치 않지만 코미디 영화에서 '국가'를 거론하는 것 자체의 '불온함'이 문제가 되었던 것은 아닐까 추측해볼 수 있다.

여전히 남아 있는 동성애적 코드이다. 우여곡절 끝에, 삭제하라는 모든 부분을 삭제하지는 않은 채 개봉된 이 영화에는 검열로도 채 다 삭제하지 못한 '불건전한' 성적 에너지가 흘러넘친다.

5. '명랑'과 '저속'의 길항
―1960년대 후반이라는 시대와 서영춘 코미디의 불온함

이영일은 1960년대 후반이 "저속취향의 풍조"를 보이는 "이상현상"의 시기였다고 규정하면서 〈여자가 더 좋아〉가 "서민대중 관객의 저속취향을 발견"하는 계기가 되었다고 평가했다.[45] 이영일이 건전한sound 코미디로 언급했던 것이 사회적 교훈, 경구를 풍자적으로 그린 코미디들임을 감안할 때, 1960년대 후반 코미디가 '저속취향'이라고 단정한 이면에는 '풍자'하거나, 적어도 '풍속'을 그리는 '건전'한 코미디가 코미디의 위계상 상위에 놓인다는 인식이 있었다고 할 수 있다. 그리고 이는 당대를 살았던 평론가들의 일반적인 인식이었다고 말할 수 있을 것이다. 그러므로 이영일을 비롯한 당대 평론가들이 이 시기의 코미디를 '저속취향'이라고 규정한 것은 이 코미디들이, 당대 검열의 언어를 통해 말하자면, 국가가 규율한 '명랑'과 '건전'으로 수렴되지 않는다고 본 것과 크게

---

45 이영일, 『한국영화전사』 개정증보판, 소도, 2004, 362~363쪽.

다르지 않은 의미라고 할 수 있을 것이다. 그러나 한편으로 이는 '서민대중'의 '취향'을 형성할 정도의 대중적 파급력과 일종의 장르성을 가진 것이었다는 점에서, 그 의미를 재고해볼 필요가 있는 것이기도 하다.

서영춘이 영화에서 담당했던·역할들이 주로 시골에서 올라온, 성적 정체성이 모호한 노동계급의 남성이었다는 점은 이런 의미에서 중요하다. 서영춘 코미디의 특성은 그가 맡은 캐릭터들의 성적, 계급적 위상에서 잘 드러난다.

먼저, 서영춘의 젠더 형상을 분석해볼 필요가 있다. 여성으로 성전환 수술을 받는 경우(《여자가 더 좋아》)는 말할 것도 없거니와 영화의 마지막 부분에서 가부장으로 복권되면서 남성으로서의 정체성이 확립되는 결말(《내 것이 더 좋아》)이라고 해도, 서영춘의 코미디에는 '시각적'으로는 여성적인 포지션을 포기하지 않는 이른바 '정상성'에서 벗어나는 '그로테스크한 신체'가 중심에 놓인다. 비쩍 마른 몸매에 다양한 표정 연기가 가능한 얼굴, 새된 목소리에 한 옥타브 높은 음색도 소화하는 표현력 있는 목소리, 빠른 입놀림과 순발력 있는 애드 립은 '그로테스크'라는 형용사에 어울리는 것이면서 동시에 그를 당대 최고의 코미디언으로 자리매김하도록 만든 특성이기도 했다. 서영춘의 '그로테스크한 신체'는 회복되지 않은 '남성성'과 포기되지 않은 '여성성'의 기묘한 공존을 시각적으로 전시하는 것이었다. 이러한 성적 모호함은 특히 1960년대 후반이라는 경직된 시대에 맞닥뜨렸을 때 한층 더 불온한 것으로 간주되었다. 이는 서영춘의 코미디가 직업, 젠더, 섹슈얼리티, 가족과 같이 사회적으로 규정된 규범 및 영역에 의문을 제기하는 것으로 독해될 여지를 남기는 것이었기 때문이었다. 이를테면 구봉서의 코미디가 '건전한' 상식을 바탕으로 '남성성'을 재설정하면서 종결될 때, 서영춘의 코미디는 '도착적' 남성성과 성적 에너지를 드러냄으로써 경계의 대상이 되었던 것이다.

두 번째로, 서영춘 캐릭터의 계급성과 이로부터 비롯된 언어적 특성을 살펴볼 필요가 있다. 전술했듯이 서영춘은 주로 시골에서 상경하여 곤란에 처한 구직자 역할이나 실직자, 수위, 중국집 배달부, 세탁소 직원 등 도시 하층계급의 저임금 노동자 역할을 맡으면서 비속어, 욕설, 그리고 욕망에 지나칠 정도로 충실한 날 것 그대로의 언어를 사용했다. 언어유희와 파괴, 비속어의 남발 등을 통한 '언어적 슬랩스틱verbal slapstick' 스타일의 코미디는 이미 라디오 시절부터 그의 트레이드마크였는데, 이는 영화에서 그가 맡은 캐릭터들의 사회, 경제적 상황 설정에 부합하는 것이기도 했다. '저속'한 언어를 활용한 코미디는 '건전'한 코미디가 줄 수 없는 해방감과 일탈의 만족을 주는 것일 수밖에 없다. 다소 뻔뻔할 정도로 욕망을 노골적으로 드러내고 비속한 언어로 감정을 표출함으로 인해, 서영춘이 맡은 캐릭터들은 제 꾀에 제가 넘어가거나 간혹 골탕을 먹게 될 때도, 배삼룡처럼 불쌍한 느낌과 연민을 자아내기보다는 관객들에게 통쾌한 느낌을 주었다. 굳이 비교해서 말하자면, 동일시와 위안의 즐거움이 구봉서 코미디의 몫이었다면, 가학과 위반의 쾌감이 바로 서영춘 코미디의 존재 이유였던 것이다.

요컨대, 서영춘의 코미디는 성정체성이 모호한 여장 남자, 시골에서 올라온 노동계급의 남성, 비속어와 욕설, 성적 뉘앙스가 담긴 저급한 언어의 사용 등으로 '저속'하다는 평가를 받았으나 '정서의 규율'로서의 '명랑'과 '건전'을 벗어나는 위반의 즐거움을 선사했다. 서영춘의 "그로테스크한 신체"와 하층 계급 남성의 '상'스럽고 생생한 언어는 "성스러운 것, 두려운 것, 권력, 지배체제"로부터의 "해방"[46]을 선사해주는 것이자 '불온한' 공범자로서의 웃음을 주는 것이었다. 이러한 서영춘의 코미디 스타일은 검열을 통해 '저속함'으로 규정되었으나 시대가 강제했던 '명랑'과는 또 다른 의미에서의 '명랑'을 구현했던 것만은 분명했다. 그럼으로써 그로테스크한 웃음과 위반의 쾌락을 근간으로 했던 서영춘 코미디는 '명랑하라'는 시대적 명제와 더불어 공생할 수 있었다.

---

46 게리 솔 모슨·캐릴 에머슨, 오문석·차승기·이진형 역, 『바흐친의 산문학』, 책세상, 2006, 760쪽.

/ 제5장 /
백금녀의 영화화와 여성 코미디의 가능성

1. 한국영화와 여성 코미디언

1950년대 후반 〈청춘쌍곡선〉(한형모, 1957)과 함께 포문을 연 한국의 코미디영화는 1960년대 후반까지 전성기를 누렸다. 이 시기 다양한 하위 장르의 코미디영화가 제작되었고 관객들의 사랑을 받았다. 〈청춘쌍곡선〉을 시작으로, 악극단 코미디 배우들을 주연으로 기용한 〈오부자〉(권영순, 1958), 〈사람팔자 알 수 없다〉(김화랑, 1958), 〈홀쭉이 뚱뚱이 논산 훈련소에 가다〉(김화랑, 1959) 등의 코미디언코미디가 1950년대 후반 코미디 영화의 주류를 형성했다면, 〈시집가는 날〉(이병일, 1957)과 〈흥부와 놀부〉(김화랑, 1959), 〈탈선 춘향전〉(이경춘, 1960) 등 시대극을 표방한 코미디와 〈자유결혼〉(이병일, 1958), 〈여사장〉(한형모, 1959) 등의 산뜻한 로맨틱 코미디도 관객들을 찾아갔다. 1960년대 초에는 가족드라마가 주요 장르로 등장하여 〈로맨스 빠빠〉(신상옥, 1960), 〈서울의 지붕밑〉(이형표, 1961), 〈삼등과장〉(이봉래, 1961) 등의 가족희극드라마가 다수 제작되었는가 하면, 1960년대 중반 유행했던 청춘드라마의 영향으로 〈총각김치〉(장일호, 1964), 〈말띠 여대생〉(이형표, 1963), 〈말띠 신부〉(김기덕, 1966) 등의 청춘코미디가 한동안 코미디 시장을 휩쓸기도 했다. 한편, 1960년대 중반부터 1970년대 초까지는 서영춘, 구봉서를 투톱으로 하는 코미디언 코미디가 다시 주류를 형성하면서, 구봉서 주연의 〈남자식모〉(심우섭, 1968), 〈남자미용사〉(심우섭, 1968), 〈남자기생〉(심우섭, 1969) 등의 남자 시리즈와 〈팔푼이 사위〉(심우섭, 1968), 〈팔푼며느리〉(심우섭, 1968), 〈팔푼이 부부〉(심우섭, 1969) 등의 팔푼이 시리즈, 서영춘의 퍼포먼스를 전면에 내세운 〈여자가 더 좋아〉(김기풍, 1965), 〈살살이 몰랐지?〉(김화랑, 1966), 〈내 것이 더 좋아〉(이형표, 1968) 등이 끊임없이 제작되었다. 요컨대, 1950년대 후반부터 유행하기 시작했던 코미디영화는 1970년대 초까지 지속적으로 만들어졌으며 코미디영화의 제작 비율은 연평균 12%에 이르렀다.[1] 코미디영화는 한국영화 시장에서 멜로드라마에 이어 지속적으로 관객을 불러 모을 수 있는 주요 장르였던 것이다.

그런데 이 시기의 코미디영화, 그 중에서도 특히 코미디언코미디에서 주연을 맡았던 이들을 떠올려 보면 가장 먼저 스타덤에 올랐던 '홀쭉이와 뚱뚱이' 양석천(1921~1990)과 양훈(1923~1998)에서 김희갑(1923

---

1 영화진흥공사 편, 『한국영화자료편람』, 영화진흥공사, 1977, 46~48쪽의 "국산극영화 내용별 제작실황"을 기준으로 계산한 수치이다. 이 수치는 멜로드라마가 거의 60~70%를 차지했던 상황에서 결코 작지 않은 비율이었다고 볼 수 있다.

~1993), **구봉서**(1926~2016), **배삼룡**(1926~2010), 서영춘(1928~1986)
에 이르기까지 거의 대부분 남성 코미디언들만으로 명단이 완성된다.
같은 시기, 이들에 못지않게 활발하게 활동했던 여성 코미디언들을 꼽
아보자면 다음과 같다. 먼저, 신불출의 유일한 여성 제자이자 인정받는
만담가로서 신불출에 버금가는 인기를 누렸던 김윤심(1914~1997)이
있다. 그는 한국 최초의 여성 코미디언으로 기록[2]되었는데, 1930년대
부터 1960년대 까지 쇼 무대의 인기 출연자였다. 김윤심의 활약이 만담
에 국한된 것이었다면, 전방위적인 영역에서 활동 하면서 여성 코미디
언의 입지를 다진 사람으로는 박옥초(1920~1984)를 들 수 있다. 소녀가
극단 낭낭좌에서 데뷔한 이래 남성 역을 도맡아 여성관객의 인기를 독
차지 했던 박옥초는 코미디로 연기 영역을 넓힌 뒤 1950~60년대에는
악극단과 쇼 무대, 영화와 라디오, TV까지 각종 매체를 넘나들며 자신
의 영역을 구축했다. 그는 이 시기 영화에서도 중요하게 활약했던 유일
한 여성 코미디언으로 약 100여 편의 필모그래피를 남겼다. 고춘자
(1922~1995)는 장소팔과 함께 콤비를 이루어 1950년대 대화만담의 전
성기를 이끌었던 인물이었다. 활동 후반부에는 김영운과 짝이 되어 민
요만담 분야에서 독보적인 위치를 구축했으며, 1990년대 초까지 무대
와 TV, 라디오에서 만담을 계속 했다. 백금녀(1931~1995)는 김정분이
라는 본명으로 부산 지역 악극단에서 데뷔한 뒤, 서울중앙방송 성우 제
1기로 본격적인 연예 활동을 시작했다. 청춘극장과 황금좌 등의 악극단
에서도 활동했는데 1950년대 후반 서영춘과 콤비를 이루면서 대중들

---

2   김은신, 『한국최초 100장면』, 가람기획, 1998; 황문평, 『인물로 본 연예사—삶의 발자
    국』 2, 도서출판선, 1998, 240~241쪽.

의 큰 사랑을 받았다. '갈비씨와 뚱순이'라는 애칭으로 불렸던 서영춘과 백금녀는 쇼 무대와 라디오에서 큰 활약을 했다. 백금녀는 여기서 얻은 인기를 바탕으로 영화계에도 진출, 〈공처가〉(김수용, 1958)로 데뷔했다. 또, 1964년에는 박노식과 함께 악극 재건을 목표로 11인 백합회를 결성하여 부회장직을 맡는 등 다양한 분야에서 적극적으로 존재감을 드러냈다. 백금녀는 1960년대 중반에 여성 코미디언으로는 유일하게 고소득 연예인 명단에 이름을 올리기도 했다.[3] 김희자(1934~)는 1950년대 후반 HLKZ-TV 코미디 프로그램의 유일한 여성 고정출연자였는데, 서영춘과 함께 무대에 올라 빠르게 주고받는 코미디에서도 결코 밀리지 않는 입담을 자랑했다. 그 역시 1950년대 악극단에서 데뷔하였고 TV 코미디로 큰 인기를 누렸다.[4]

이처럼, 1950~60년대 악극단과 쇼 무대, 라디오와 TV 등 다양한 매체를 오가며 활발하게 활동했던 주요 여성 코미디언들의 리스트 역시

---

[3]　「연예인고액납세」, 『중앙일보』, 1966.8.5, 3면; 「늘어가는 스타의 자가용차」, 『서울신문』, 1966.9.17, 5면; 「납세액으로 본 인기 바로미터」, 『조선일보』, 1967.3.26, 5면. 백금녀는 1965년 연예인 고액납세자 중 가수 분야 3위로, 이미자, 박재란의 뒤를 잇고 있으며, 자가용 승용차를 가진 코미디언 4인(구봉서, 김희갑, 후라이보이, 백금녀) 중 한 사람이었다. 또, 1966년에도 가수 중 9위로 링크되어 고액납세자의 명단에 올랐다. 여기서 백금녀가 가수로 명단에 오른 것은 대중예술인들을 배우와 가수로 나누어 납세액 순위를 발표했던 당시의 관행 때문인데, 연기자를 제외한 대부분의 대중예술인들을 가수로 분류했다.

[4]　이들보다 10년~20년 가까이 아래 세대이기는 하지만 1960년대 후반과 1970년대 영화에서 구봉서, 서영춘, 배삼룡 등 남성 코미디언들의 상대역을 맡았던 이들도 언급할 필요가 있다. 1969년 KBS 탤런트 공채로 시작하여 각종 TV 코미디에서 인기를 모은 최용순(1946~2000)과 쇼 무대와 라디오의 전문 여성 MC로 활약했으며 주로 TV 코미디를 중심으로 활동한 이순주(1942~)가 그들이다. 이들은 TV에서의 인기를 바탕으로 영화에 진출, 1960년대 후반과 1970년대를 통틀어 각각 4~5편의 코미디 영화에 출연했다. 1950년대 후반부터 1970년대 초반에 이르기까지, 상대역 여성들이 점차 젊은 세대로 바뀌는 동안에도 여전히 남성 코미디언들은 취직과 결혼이 지상과제인 '청춘' 주인공의 역할을 맡을 수 있었다.

결코 짧지 않다. 그러나 약 15년에 이르는 코미디영화 전성기에 남성 코미디언들이 주인공 자리를 당당히 차지하는 동안, 여성 코미디언들은 조연이나 단역 이상의 역할을 맡지 못했다. 이들은 악극단의 전성기와 라디오 시대를 거치며 눈부신 활약을 했으나 흥행 시장이 영화를 중심 으로 재편되면서 주변화 되었거나 영화를 건너뛴 채 쇼 무대에서 TV로 이동하여 스타덤을 이어갔다.

물론, 코미디의 영역 자체에서 여성들은 대체로 남성들에 비해 좁은 입지를 가져왔던 것이 보편적인 현상이었다고도 볼 수 있다. 특히 가부 장제 하의 젠더 규범에서 여성성은 "겸손함과 어여쁨"으로 규정되어 왔 기 때문에 "광대짓하기나 바보짓 하기"는 여성들의 행동으로 부적절하 게 여겨져 왔다. 즉, 여성이 코미디 발화의 주체가 되는 것은 "문화적으 로 결정된, 이상적인 여성 행위에 대한 기준"에 부합하지 않는 것으로 여겨져 왔기 때문이다.[5] 우리나라뿐 아니라 영미권이나 유럽에서도 마 찬가지로 코미디 산업의 모든 영역에서 오랫동안 남성들이 지배적인 것 이 일반적[6]이었다고 볼 수 있을 것이다.

그러나 이처럼 코미디 산업에서 남성의 우세가 보편적인 현상이었다 는 점을 염두에 두고 살펴본다 하더라도, 1960년대의 한국 코미디영화 와 여성코미디언의 관계는 여전히 문제적인 측면들을 내포하고 있다. 전술했다시피, 1950년대 후반부터 1970년대 초까지 한 해 평균 10편

---

5   Kott hoff, Helga, "Gender and Humor : The State of the Art", *Journal of Pragmatics* 38(1), Elsevier B.V, 2006, p.12.
6   Inger-Lise Kalviknes Bore, "(Un)funny Women : TV Comedy Audiences and the Gendering of Humour", *European Journal of Cultural Studies*, no.13(2), Sage Publications, 2010.

이상의 코미디영화가 제작되었고 이 기간 동안 코미디언을 주인공으로 하는 코미디언코미디가 50여 편 가까이 제작되었던 상황에서, 여성 코미디언이 주연배우로 출연하는 영화는 〈남자는 싫어〉 단 한 편에 불과했다. 단편적인 무대 코미디나 만담, 쇼 등에서는 동등하게 중요한 역할을 담당할 수 있었던 여성 코미디언들은 왜 장편 코미디영화의 주인공이 될 수 없었을까? 두 번째, 1960년대 코미디영화 속 여성 재현의 문제이다. 프로이트는 두 남성 사이의 농담에서 여성의 역할이 "적대적이고 성적인 공격의 대상"[7]이라고 규정한 바 있는데, 1960년대 후반 한국의 코미디영화 속 여성들 역시 대체로 프로이트적 규정 안에서 유형화되어 있다고 볼 수 있다. 예컨대, 앞서 언급했던 구봉서 주연의 1960년대 후반 영화들을 떠올려보면 이 영화들은 매우 남성중심적이고 가부장적인 시선으로 여성 캐릭터들을 그리고 있다고 할 수 있을 것이다. 즉, 남자 시리즈나 팔푼이 시리즈 속 여성들은 남성들에 의해 '교화'되어야 할 대상이자 남성 주인공의 사회적 성취와 더불어 주어지는 '성적 보상'으로 객체화된다.

이 글에서 살펴보고자 하는 〈남자는 싫어〉는 이러한 문제점들을 의식적 / 무의식적으로 비껴가는 지점을 내포하고 있다는 점에서 논의할 만한 가치가 있다. 이 영화의 검열과 개작 과정에서 작용했던 시대의 의식과 무의식, 그리고 주인공 금순이(백금녀)가 내러티브적으로 수행하는performing 기능과 내러티브를 넘어 '코미디언 백금녀' 자신으로 존재하는 지점에서 수행되는performed 기능 사이의 충돌과 균열은 이 영화

---

7   지그문트 프로이트, 임인주 역, 『프로이트 전집』 6(농담과 무의식의 관계), 열린책들, 2007(4쇄), 129쪽.

가 '여성 코미디'로 재평가될 수 있는 가능성의 발판을 마련해준다.

이와 같은 가능성에 답하기 위하여 이 글은 〈남자는 싫어〉의 검열서류를 통해 이 영화의 개작 및 제작 과정을 살펴보고, 시나리오를 중심으로 백금녀가 영화 속에서 웃음을 유발하는 방식에 대해 분석해보고자 한다. 이를 통해 1960년대 후반 한국 코미디영화 안에서 여성 코미디언의 웃음과 위치를 상상해보고 그 의미를 고찰하고자 한다.

2. "가공적"인 것과 "인정하지 않는" 것
— 〈남자는 싫어〉(안면희, 1967)의 검열과 개작 과정

1965년 6월에 개봉하여 대대적인 히트를 기록했던 서영춘 주연의 영화 〈여자가 더 좋아〉가 예상을 뛰어 넘는 인기를 끌자 곧바로 이에 기댄 영화 〈남자는 싫어〉가 기획되었다. 한국예술영화주식회사에서 서둘러 제작신고서를 수리한 〈남자는 싫어〉는 당시 '뚱순이와 갈비씨'라는 이름으로 무대와 라디오에서 주가를 올리고 있었던 서영춘과 백금녀 콤비를 스크린으로 불러 오는 기획이었다. 특히 이 기획은 이들의 기존 코미디 중 남녀의 역할을 뒤바꿔 웃음을 유발했던 '거꾸로 부부'라는 인기 레퍼토리를 활용하고자 한 것이었다.

박옥상 원작, 박원석 제작, 각색담당자 박옥상, 감독담당자 장일호,

장혁정 등으로 제작진을 꾸린 한국예술영화주식회사의 대표 박원석은 1965년 10월 4일 제작신고서를 제출했다. 제작신고서에 따르면, 제작 착수년월일은 1965년 10월 5일, 완성 년월일은 11월 5일이었다. 이 서류에 적시된 〈남자는 싫어〉의 애초 내용은 다음과 같았다.

모 회사 경리주임인 서영길은 부인 백금순 앞에서는 고양이 앞에 쥐와 같은 공처가이나 직장에서는 제법 용감한 체하는 위인이다. 이러한 서영길은 상관인 김선태 과장의 저지른 과실을 자기가 자진해서 뒤집어쓰고 회사를 물러난다. 이렇게 되자 서영길의 부인 백금순은 무능한 남편으로 하여금 집 안일을 돌보게 하고 자신은 남장을 한 후 모 유령회사 전무로 취직을 하게 된다. 남편의 위치를 잃고 집안에서 일곱이나 되는 딸과 전무라고 거드름을 떠는 아내의 시중을 들어야 하는 영길은 비관 끝에 고층빌딩에서 투신자살을 기도하나 천우신조로 때마침 그 밑으로 도망하던 살인간첩의 머리 위에 떨어져 생명을 건지고 간첩을 잡게 되어 공로표창까지 받게 된다. 그러나 때를 같이 하여 유령회사 전무로 있던 백금순은 사기죄로 경찰에 검거된다. 한편, 부하직원인 서영길의 희생으로 자리를 유지하고 있던 김선태는 양심의 가책을 느끼고 사장에게 모든 사실을 실토하며 서영길을 다시 복직시키려한다. 이렇게 되어 서영길은 경리과장으로 복직되며 그간 남장으로 사회의 시련을 겪고 여자 본연의 자세로 돌아온 아내 백금순을 맞이하여 새 출발을 기약한다는 코매디[8]

---

8 「극영화 제작신고에 대한 시정사항 통보」, 「〈남자는 싫어〉 심의서류」, 1965.11.19.

이와 같은 내용을 담은 〈남자는 싫어〉에 대한 시나리오 검열은 두 번에 걸쳐 이루어졌다. 11월 19일에 만들어진 검열 서류는 다음의 세 가지 시정사항을 지적하며 이 영화를 검열에서 통과시켰다.

> 가. #5의 내용 중 청년이 노인을 구타하는 것은 사회윤리 및 도덕에 어긋날 뿐 아니라 미풍양속을 해칠 우려가 있으니 이를 삭제해주실 것.
>
> 나. #61에서, 전도사를 희롱하는 장면 및 대사를 삭제 또는 개작해주실 것.
>
> 다. 작품내용 중 간첩머리에 떠러진 투신자살 기도자에게 당국에서 표창한다는 것은 표창의 의의를 모독할 뿐 아니라 당국의 위신을 손상시키는 것으로 사료되니 이를 삭제 또는 좀 더 건설적인 방향으로 내용을 개작해주실 것.[9]

그런데 이 정도의 가벼운 시정사항에 그쳤던 검열은 무슨 연유에서인지 폐기되고, 세부적인 내용의 시정이 아니라 전반적인 개작을 요구하는 것을 바꾸어 11월 22일 새롭게 작성되었다. 실제 제작사로 통보되었던 것은 이 두 번째 서류로, "제명 및 소재가 저속할 뿐 아니라 내용 자체가 비건설적이어서 사회윤리 및 공중도덕을 해할 염려가 있다고 인정되니 제명 및 내용을 좀 더 건설적인 방향으로 전면개작해주실 것"으로 그 내용이 바뀌었다. 영화의 몇 부분을 수정하라는 '시정사항'에 대한 통보가 아니라 영화의 제목부터 내용까지 모두 바꾸라는 '전면개작'의 요구였던 것이다. 이는 사실상 제작이 불가능하다는 것을 통보한 셈

---

9 「극영화 제작신고에 대한 시정사항 통보」, 「〈남자는 싫어〉 심의서류」, 1965.11.19.

이었다. 구체적인 사유를 짐작할 수 있는 것은 11월 22일에 기안된 이 문서의 뒤에 붙어 있는, 수기로 작성된 메모를 통해서이다. 공보부 민유동[10]이 작성자로 되어 있는 이 메모는 구체적으로 이 영화의 전면개작 사유를 다음과 같이 적시하고 있다.

> 아무리 코메디영화라 할지라도 여자가 남장하여 전무행위를 한다든가 또는 간첩 머리 떠러저 공로표창을 밧는다든가 하는 것은 그렇게 될 일도 없는 가공적이며 비건설적인 내용이니 이를 전면개작하도록 권장할 것. 제명도 개작.[11]

검열을 담당하고 있었던 공보국장 민유동의 관점에서 여성이 남장을 하고 한 회사의 전무가 된다는 것은 빌딩 옥상에서 투신했는데 마침 지나가던 간첩의 머리 위에 떨어지는 것만큼, "그렇게 될 일도 없는" 허무맹랑한 공상이며 비건설적인 내용이었다. 마침 이 검열이 행해지던 때와 시기를 같이 하여 민유동이 집필한 글에 따르면, 그는 (검열을 포함한) 공보행정이란 "내면적인 국민의식의 조절기능"이며 "다원적인 개인의 사상을 한데로 결정시키고 합의를 구하여 목적지로 인솔하는 것"[12]이라는 견해를 가지고 있었다. 이러한 관점에 따라 민유동은 이 '비건설적

---

10 민유동은 1950년 제1회 고등고시 행정과 중 일반행정으로 뽑힌 뒤 문화공보부에서 공보행정을 담당했다. 이 문서가 작성되던 1965년에는 공보부 공보국장을 역임하고 있었으며 이후 문공부 기획관리실장을 거쳐 1969년 3월부터 7월까지 중앙방송국장을 맡았다. 이후 1969.11~1971.6까지 총무처 차관을 역임한 뒤 1971.6.12.~1973.10.20까지 14대 충남도지사를 지냈다.

11 「극영화 제작신고에 대한 시정사항 통보」, 「〈남자는 싫어〉 심의서류」, 1965.11.22.

12 민유동, 「행정수상 / 일하는 해의 마지막 한 달」, 공보부 편 대한지방행정공제회, 『지방행정』 14권 145호, 대한지방행정협회, 1965, 163~164쪽.

인' 영화에 대한, 사실상의 제작불가를 선언했다. 1966년 제2차 영화법 개정을 통해 검열에 대한 기준이 강화되면서 검열의 강도가 높아졌고, 이 시기부터 코미디영화에 대한 검열 역시 본격적으로 진행되었다고 볼 수 있는데, 1965년에 검열신청서를 제출한 〈남자는 싫어〉에 전면 개작 요구가 내려진 것은 이례적인 결정이었다고도 볼 수 있을 것이다.

〈남자는 싫어〉가 다시 한 번 검열의 무대에 등장한 것은 1967년 8월 19일, 제일영화주식회사의 홍성칠로부터 「영화제작자명의변경신고에 관한 건」이라는 민원이 공보부에 도착하면서였다. 명의변경이 허가된 뒤, 1967년 8월 30일에는 이 영화에 대한 검열신청서가 도착했다. 검열을 받은 영화는 동일한 원작을 바탕으로 하고 있다고 보기 어려울 만큼 거의 새롭게 구성되었다. 주연배우 두 사람(백금녀와 서영춘)을 제외한 모든 인물과 상황 설정이 바뀌어 있었고 감독도 촬영기사 출신의 신인 안면희[13]로 교체되어 있었다. 그런데 이 신청서에서 주목해볼 것은 검열신청서가 동일한 원작자 / 각색자(박옥상)를 제시하고 있다는 것과 이 영화의 제작연도가 1965년으로 명기되어 있다는 점이다. 검열 서류에 등장한 〈남자는 싫어〉의 내용은 다음과 같다.

모 은단 제조회사 사원인 금순은 천성적으로 몸이 뚱뚱한 체질 때문에 시집도 못 가고, 지참금을 가지고 애정행각을 벌이다 돈만 사기 당하고 만다. 이에 금순은 레스링 선수로 활약하여 마침내 그 인기로 결혼까지 하게 된다

---

13 안면희는 1965년 촬영감독으로 데뷔하여 1970년대 초반까지 약 20여 편의 영화를 촬영했다. 연출작으로는 〈남자는 싫어〉 단 한 편을 남겼다. 한국영상자료원 데이터베이스 (www.kmdb.or.kr) 참고.

는 내용의 코메디 조 극영화.[14]

이로 미루어볼 때, 〈남자는 싫어〉는 1965년에 「영화제작신고서」를 제출하여 사전 시나리오 검열을 받은 뒤 검열 결과 통고에 따라 '전면개작'을 진행했던 것으로 보인다. 이 과정에서 실제 제작에 관여했던 것이 한국예술주식회사인지 명의 변경을 신청했던 제일영화주식회사인지 특정하기는 어렵다. 다만 감독으로 명시된 안면희 감독이 1965년에 촬영감독으로 데뷔하여 이 해에만 이봉래 감독의 연출작을 총 7편 촬영했던 점으로 미루어, 1965년에 촬영감독 안면희가 이 영화를 연출했다고 보는 것은 사실상 무리가 있다고 생각된다.[15]

이 같은 우여곡절을 겪은 영화 〈남자는 싫어〉는 드디어 1967년 8월 31일, 검열합격 통보를 받았다. 합격 서류의 최종 결재자는 기획관리실장으로 승진한 민유동으로, 그의 전결로 처리된 이 문서는 가벼운 시정 사항을 지적하는 것으로 마무리되었다. "1. 여자레스링선수시합장면에서 고려은단현수막을 단축할 것, 2. 애리(주인공의 조카) 무용체조 중 하반신이 나오는 부분 단축할 것, 3. 호텔침대에서 남녀포옹하는 장면을 단축할 것, 4. '술 먹는 날은 그게 생각나기 마련인데'라는 대사를 삭제할 것" 등 네 건의 지적이 그것이었다. 백금녀의 코미디를 최대한 활용하되, 이전처럼 남녀 성역할 전도의 장면이 전면에 드러나지 않는 이 시

14 「국산영화 〈남자는 싫어〉 검열합격」, 「〈남자는 싫어〉 심의서류」, 1967.8.28.
15 안면희 촬영감독은 1965년에 이봉래 감독의 영화 〈육체의 문〉으로 데뷔한 이래, 〈하늘을 보고 땅을 보고〉, 〈처가살이〉, 〈마포사는 황부자〉, 〈오마담〉, 〈삼등과장〉, 〈큰사위 작은사위〉 7편을 촬영했다. 1966년에는 〈남성 금지구역〉(김달웅), 〈맨발의 연인〉(김준식), 〈생명을 판 사나이〉(신현호)의 촬영감독으로 이름을 올렸으며, 1967년에는 〈돌지않는 풍차〉(이봉래) 한 편을 촬영했다. 한국영상자료원 한국영화 데이터베이스 (www.kmdb.or.kr) 참고.

나리오에 대해 동일한 검열관은 2년 뒤 상영허가를 내렸던 것이다.

이렇게 상영허가를 받은 〈남자가 싫어〉는 9월 9일 피카디리 극장에서 첫 개봉을 하게 되었는데, 이 영화의 개봉을 이틀 앞두고 대한프로레스링협회에서는 공보부로 상영중지를 건의하는 민원을 보냈다. 이유는 "본 법인체에서는 여자프로레스러를 인정한 바 없으며 프로레스링 본연의 스포스 정신과 그 목적이 판이함"으로 제작사에 일부를 삭제하도록 요청하였으나 무시당하였으므로, 공보부에 영화 상영 중지를 건의한다[16]는 것이었다. 이에 대해 공보부에서는 "상영중지할 이유 없음"을 알리면서, "여자프로레스링 시합에 대하여는 영화 편극상의 문제점을 고려, 제작자 자진 일부 삭제조치하였음을 첨언"[17]하였다. 1967년 당시 한국에는 분명히 여성 프로레슬러가 존재하고 있었음에도, 대한프로레슬링협회와 여성 레슬러들 사이의 알력으로 인해 협회 측에서 그 존재를 부정하는 공문을 보냈던 것이다.

이에 대한 맥락을 조금 더 살펴볼 필요가 있다. 실제 1960년대 후반은 프로레슬링이 전국을 강타하여 레슬링의 인기가 치솟고 있을 때였다. 영화계에도 그 열기가 전달되어 가장 먼저 1965년, 재일한국인이었던 프로레슬링 선수 역도산의 경기실황들을 보여준 다큐멘터리 외화 〈역도산〉이 크게 히트한 뒤, 박희준 감독의 레슬링 영화 4편(〈역도산의 후계자 김일〉(1966), 〈극동의 왕자, 김일〉(1966), 〈허리케인의 대 혈투〉(1967), 〈황금의 이마〉(1967))이 연달아 개봉하여 흥행에서 좋은 성적을 거두었다. 한편, 한국에서 여자 프로레슬링이 언제 시작되었는지 정확한 기록은 찾을 수 없

---

16 사단법인 대한프로레스링협회, 「영화상영중지건의」, 「〈남자는 싫어〉 심의서류」, 1967.9.7.
17 「영화 상영 중지 건의에 대한 회신」, 「〈남자는 싫어〉 심의서류」, 1967.9.15.

지만 1963년에 한일 여자 프로레슬링 경기가 서울 장충체육관에서 진행되었던 것, 그리고 이 시합에서 개런티를 한 푼도 받지 못했을 뿐 아니라 그간 대한레슬링협회에서 부당한 처우를 받아왔던 여자 레슬러들이 이듬해 두 번에 걸쳐 협회를 동반 탈퇴했다는 기사 등은 찾아볼 수 있다.[18] 이로 미루어볼 때, 1960년대 중반에는 이미 10여 명에 가까운, 각 체급별 여성 레슬러들이 존재했음을 알 수 있다. 따라서 1967년에 개봉한 이 영화에서 여자 레슬러가 되겠다고 한 백금녀의 선택은 현실에서도 가능한 '그럴 듯함'을 내포하고 있는 설정이었다고 볼 수 있다.

오히려 이 설정에 대하여 반기를 든 것은 대한레슬링협회였다. 백금녀가 겨우 찾은, 존재의 이유를 증명할 수 있는 방식인 레슬러가 되는 길은, 여자 레슬러들이 떠나버리고 남성들만 남았던 대한레슬링협회에 의해 가상 속의 공간에서도 부정당했다. 현실에서 여자 레슬러들과 불화했던 남성들의 조직 대한레슬링협회는 영화 속 가상의 공간에서도 결코, '여자' 레슬러의 존재를 인정할 수 없었던 것이다. 물론, 그들의 진정서는 받아들여지지 않았으나 여성의 공간과 활약에 대한 남성들의 '반/인정투쟁'은 현실과 가상을 구별하지 않았고 그들을 길들이고자 하는 시도가 계속 되었음을 의미하는 것이라 볼 수 있을 것이다. 이는 존재하되 존재하지 않는(즉, 남성들만의 협회에 의해 존재를 부정당하는), 여성 프로레슬러가 처해 있던 상황을 상징적으로 드러내는 사건이었다. 그런 한편, 이 사건

---

18 「단조로운 경기라고 관중들이 방석던져 / 여자 프로레스링」, 『동아일보』, 1963.2.22, 8면; 「일본여자참피온급 12명 초청 한일친선 여자 푸로레스링」, 『경향신문』, 1963.6.28, 1면; 「한일여자 프로레슬링 일녀들의 테크닉 월등」, 『동아일보』, 1963.6.29, 8면; 「여선수 3명 탈퇴」, 『경향신문』, 1963.7.10, 7면; 「푸로레슬러등 4명 업무방해혐의 입건」, 『동아일보』, 1963.7.16, 8면 등.

은 〈남자는 싫어〉라는 영화의 내, 외적으로 존재를 부정당하는 여성 코미디언에 대한 환유적 메시지로 독해할 수 있는 것이기도 했다.

시나리오 검열과 실사 검열을 통과하여 스크린에 걸리기까지 무려 2년의 시간이 소요된 영화 〈남자는 싫어〉는 애초 〈여자가 더 좋아〉의 인기에 편승하고자 던 기획의도와 무관한 시점에 관객들을 만났다. 그러나 1967년과 그 이후의 영화계에서도 역시 여장남자 코미디가 지속적으로 기획되었고 성 역할 전도 코미디가 유행했다. 1965년과 마찬가지로 1967년에도 '여성'과 '남성'의 성차를 코미디의 소재로 전면에 내세운 젠더 재현의 문제가 여전히 스크린의 뜨거운 감자였던 것이다.

3. 백금녀의 영화화

1) 여성 코미디언의 '신체'를 영화화하기

현재 〈남자는 싫어〉의 필름은 남아 있지 않지만 심의대본과 포스터, 관련 스틸과 신문의 광고 등을 통해 이 영화를 좀 더 분석해보고자 한다.[19] 영상이 남아 있지 않은 상황에서 레코드만담과 동영상, 대본 등으

---

19 연기된 코미디를 텍스트를 통해 상상하는 것은, 구어적이고 비언어적인 특성 및 신체를 활용한 슬랩스틱이 중요한 코미디언코미디에 있어 특히, 매우 제한적인 연구임에 틀림없다. 이러한 방식의 연구가 코미디의 잠재성만을 파악하는 데 그칠 수 있다는 위험 역시 상존한다. 그럼에도 1960년대까지 제작된 코미디영화의 경우 상당수의 필름이 유실

로 남아 있는 백금녀와 서영춘의 코미디는 백금녀의 연기와 코미디 방식에 대한 주요 참조점이 된다.[20] 전술했다시피 백금녀는 1960년대 초반에 이미 두각을 나타내고 있었던 스타 코미디언이자 중견 악극 배우였다. 그의 스타성을 증명할 수 있는 영상으로는 1962년 5월 제작된 문화영화 〈5·16 1주년 기념 산업박람회〉를 들 수 있다. 이 영화는 군사정부의 1주년을 자축하며 기획한 행사 산업박람회의 이모저모를 소개하는 총 9분짜리 영상이다. 이 문화영화에 백금녀가 등장하는데, 내레이터가 행사장 중 하나인 연예관을 소개하면서 "지금 보시는 것은 가장 웃음보따리를 터뜨린 백금녀"라고 소개하며 백금녀의 노래와 춤을 약 1분가량 비춰준다. 그런가 하면, 〈대한뉴스〉(1963.8.25)의 '연예계소식'에서는 서영춘과 백금녀의 권투시합 장면을 약 50초간 보여주기도 했다. 정부 산하 조직인 국립영화제작소에서 제작한 뉴스영화와 문화영화에서 비중 있게 등장할 만큼, 백금녀는 이미 연예계의 스타였던 셈이다.

이 같은 백금녀의 스타성을 십분 활용하고자 했던 〈남자는 싫어〉는

된 것이 현실이므로, 관련 영상과 레코드 음반, 포스터와 스틸 사진 등 실재하는 것들을 통해 현장을 최대한 실제에 가깝게 상상하는 것이 텍스트로 남은 코미디영화를 연구하는 중요한 방법일 것으로 보인다.

20 현재 영상자료원에서 소장하고 있는 백금녀의 음반은 총 세 장이다. 이 세 장은 모두 서영춘과 함께 한 음반으로, 〈갈비씨와 뚱순이의 애정행진곡―서영춘과 백금녀 폭소 가요 코메디〉(제작연도미상), 〈웃음따라 요절복통―서영춘 백금녀 가요코메디 제4집〉(1983), 〈웃음따라 요절복통―서영춘 백금녀 가요코메디 제6집〉(1983) 등이다. 그밖에 youtube.com에서 〈가갈갈 골골 청춘―노래와 코메디 서영춘과 백금녀〉(1966), 〈원자폭소대잔치 제1탄―서영춘 대 백금녀〉(1972), 〈갈비씨와 뚱순이의 맞선소동〉 등 음반의 일부 청취가 가능하다. '살살이 구혼작전'과 '상감마마와 뚱순이'라는 코미디가 수록된 〈원자폭소대잔치 제2탄〉에는 〈남자는 싫어〉의 백금녀 스틸 사진이 후면에 중심 사진으로 실려 있다. 그 외 〈대한뉴스〉 431호(1963.8.25)에서는 백금녀와 서영춘의 권투시합을 소개하며(약 1분), 문화영화 〈5·16 1주년 기념 산업박람회〉(1962.5)에서도 백금녀의 노래 〈복도 많지 뭐유〉(코미디영화 〈복도 많지 뭐유〉(백호빈, 1959)의 주제곡)의 1절 완창을 들을 수 있다. e영상역사관 홈페이지 (ehistory.go.kr) 참고.

기획부터 개작까지, 백금녀를 통한 웃음을 보여주는 것을 목적으로 하는 영화였다. 애초에는 서영춘과 백금녀 콤비의 '거꾸로 부부'를 차용한 형식의 역할전도 부부 코미디를 보여주고자 하였으나 검열에 의해 전면 개작을 하게 되면서 이 영화가 택한 두 번째 길은 백금녀를 내세워 그를 중심으로 한 코미디를 만드는 것이었다. 1960년대 후반 코미디언코미디가 다시 관객들의 사랑을 받기 시작한 시점에서 여성 코미디언 중 최고의 주가를 올리고 있었던 백금녀를 단독 주인공으로 내세운 이 기획은 일견 참신하고 새로운 것이었다.

개작된 〈남자는 싫어〉에서 백금녀가 웃음을 유발하는 방식은 크게 두 가지로 나눌 수 있다. 먼저, 백금녀를 '공격의 대상'으로 삼아 웃음거리로 만드는 방식이다. 즉, 백금녀를 희생양으로 삼아 (남성) 공동체에서 배제하면서 배타적인 웃음을 만드는 경우라 할 수 있다. 두 번째는, 백금녀가 자신의 스타 페르소나와 레퍼토리를 활용하여 적극적인 웃음의 유발자로 존재하는 경우이다. 이미 잘 알려진 자신의 퍼포먼스를 선보이면서 스타 코미디언으로서의 장기를 보여주는 장면들이라 할 수 있는데, 이는 코미디언 코미디의 특징이기도 하다.

먼저, 백금녀를 웃음거리로 삼아 대상화하는 경우를 살펴보자. 〈남자는 싫어〉가 유머의 코드로 삼고 있는 것은 무엇보다도 백금녀(금순)의 '비정상적' 신체이다. 금순의 신체는 영화 속에 등장하는 거의 모든 인물들에 의하여 희화화의 대상이 된다. 조카 애리를 비롯하여 맞선 자리에서 만난 생면부지의 남성, 길을 가다 만난 건달들, 술집에서 마주친 깡패들 등에 의해 금순은 대상화되고 심지어 비인격체로 지칭되기도 한다. 예를 들면 다음과 같은 대사들이다.

(가) 석여사 : 우리끼리니깐 얘기지만 애리 고모만큼 몸 좋은 여자가 대한

　　　　　민국에 또 있겠수? 아 게다가 숫처녀로 말야요…… 우리끼리

　　　　　니 얘기지만 애리 고모가 뭘 먹길래 그렇게 살이 쪄요?

(나) 희자 : 금순언니는 육체적 결함 때문에 결혼지참금을 오십만 원을 가

　　　　지고 있어요.

(다) 서군 : 내참 오늘 아침에 정말로 굉장한 여자 봤당께…… 그런게요.

　　　　여자가 건강해두 언간만해야지. 아이구, 내 아까 본 여자는 참

　　　　말로 인간 산맥이여.

(라) 박씨 : 그런데 말여 몸이 너무 커서 버스값을 더 받지나 않을랑가 모

　　　　르겠어

(마) A : 야 초헤비급인데! / B : 초헤비급이 아니라 거물헤비급이다!

(바) 매끈 : 몸만 좋은 줄 알았더니 술도 잘하시는군. 우리 같이 한잔 할까?

　　　　몇 관이나 되지? 아 참 부러워…….

　　금순 : 이 손 좀 치워주세요!

　　매끈 : 손을 치워라. 원래 돼지란 등을 쓸어주면 좋아하는 것이기

　　　　에…….

(사) 어깨 : 육체 한번 좋다. 여자가 관여할 일 아냐. 썩 꺼지슈…… 그것도

　　　　좋고 육체도 좋다구.

(아) 애리 : 드디어 팔려가는군요 고모. 빠이빠이.

그런데, 이런 공격에 대한 백금녀의 대응은 영화의 후반부에 이를 때
까지 매우 소극적이다. 내러티브 전반에 걸쳐 금순은 대체로 우울하고
자신감을 상실한 여성으로 그려진다. 그래서 금순은 살을 빼기 위해 감

식을 하다가 빈혈로 의무실을 찾은 자신에게 "지나치게 열등의식을 갖지 마시고 건강체를 자부"하라고 충고하는 영수에게 호감을 느끼게 된다. 금순이 느껴왔던 열등감은 다음과 같이 표현되기도 한다.

S.#39 해변가.

금순 : 온 세상 사람들이 저를 보구 뭐라구 해두 제게는 영수씨가 있다는 것을 생각하면 그 사람들의 소리가 하나두 안 들려요. 허지만 예전에는 누가 뭐라구 하면 무척 괴로웠어요.

결국 영수에게 결혼 지참금을 사기 당하고 난 뒤, 레슬링 선수가 될 것을 결심하면서 금순은 동생에게 다음과 같이 선언하는데 여기에서도 금순의 우울감이 표현된다.

S.#85 금순의 방

금순 : 이 이상 더 남들의 조롱도 받기 싫고 집안 식구들의 짐이 되고 싶지 않아. 차라리 차라리 좋은 선수가 돼서 난 떳떳이 살고 싶어. 그렇게 되는 것이 날 이렇게 만들어 주신 신의 뜻을 쫓는 걸 거야.

이처럼 금순은 전혀 유쾌하거나 코믹한 캐릭터가 아니다. 오히려 깊은 슬픔과 괴로움을 가진 외로운 멜로드라마의 주인공에 가깝다. 웃음이 유발되는 것은 금순의 몸을 희화화하고 객체화하는 여타 인물들에 의한 것으로, 이들에 의해 가학적이고 공격적인 웃음이 만들어진다. 그리고 이러한 웃음은 사회적 전형화typification의 하나로, 남성들만의 세계all-male-world에서 여성들을 배제하는 수단으로 사용되어 왔던 것이기도 하다.[21] 따라서 그의 신체가 웃음거리가 되는 동안 백금녀 자신은 코믹 행위의 주체이거나 능동적인 주어가 아니다. 즉, 영화 속에서 백금녀는 유머의 주체로 기능하거나 유머를 적극적으로 주조해내는 것이 아니라 단지 '존재함'으로 인하여, 그 존재가 남성중심적 시선에 의해 '비정상적인 신체'로 규정됨으로 인하여, 웃음을 유발하는 객체로 취급되고 있다는 것이다. 2018년의 시점으로 본다면 매우 불합리하고 반인권적인 유머가 관행처럼 자행되었던 것이 1960년대 후반의 일상성을 반영하는 것임을 일견 인정하고 본다 하더라도, 백금녀를 통해 웃음을 창출하는 이러한 방식은 여타 남성 코미디언 주인공을 활용하는 방식에 비하여 훨씬 더 폭력적인 것만은 사실이라고 할 수 있을 것이다.

의미심장하게도, 현재 남아 있는 서영춘—백금녀 코미디 음반이나 대본에서는 이들의 관계가 사뭇 다르게 그려진다. "괄괄한 성격에 남자 못지않은 패기"[22]를 지닌 여성 코미디언으로 소개되었던 백금녀는 만담이나 쇼 무대에서 남성들에게 매우 당당하게 자신의 주장을 어필하고 사랑을 쟁취하며 농담과 웃음을 주고받는, 적극적인 유머의 주체였다. 예를 들면, 현재 음반으로 남아 있는 〈요절 맞선소동〉[23]에서 두 사람의 대화는 다음과 같이 진행된다.

---

21 Helga Kotthoff(2006), p.12.
22 「코메디안席 (7) 백금녀」, 『동아일보』, 1967.4.22, 6면.
23 레코드 음반 〈갈비씨와 뚱순이의 애정행진곡〉에 수록된 코미디 네 편 중 한 편으로 7분 35초의 코미디와 노래로 엮인 극이다. 인용문은 그 중 일부를 채록한 것이다.

〈그림 12〉 〈갈비씨와 뚱순이의 애정 행진곡—서영춘과 백금녀 폭소 가요 코메듸〉 레코드 음반의 겉표지

백 : 알겠어요. 석 달 열흘 동안 편지로만 서로 왕래하다 실상 오늘 이렇게 실물을 이렇게 대하고보니 댁의 기대에 어그러지셨다 이건데, 그러나 사람이래는 거는 외모만 번들해선 못써. 마음씨가 아름다워야 인간의 가치가 나가는 거야. 여보쇼, 아무리 이쑤시개같이 생긴 남자지만 댁에도 사내는 사내니 답변을 내리시오. 예스냐 노냐.

서 : 에유, 살살 얘기하세요, 살살 얘기해요. 별안간에 얘기하라니깐 난 콩팥이 뒤집히는데요. 뭘 지금 얘기하시는 건지 지금 큰 소리 치시는 바람에 다 잊어 버렸어요. 에구.

백 : 남자답게 예스냐 노냐 답변을 내리시라 이거야. 응? (백금녀 노래) 자, 어떡하실래요? 응? 일로 오라우!

서 : (울며) 아이고. 나는 오늘 여기서 꼭 죽었구나. 이럴 줄 알았으면 아침

에 나올 때 어머니 아버지한테 인사나 하고 나올걸. 앞으로 가까이 가
도 괜찮겠어요?

백 : 아, 좋아요.

서 : 생명에 지장이 없겠에요?

백 : 아, 천만에!

인용문에서 볼 수 있는 바와 같이 백금녀는 백 일 동안 펜팔을 하다가
드디어 실제로 대면한 서영춘이 자신의 외모를 보고 주춤하자, 그를 몰
아붙이면서 결혼 하겠다는 약속을 받아낸다. 서영춘은 맥없는 목소리로
계속 주저주저하면서 말끝을 흐리거나 혹은 울먹이면서 혼잣말하듯 중
얼거린다. 그리고 '에유, 아이고, 에고' 등과 같은 푸념 섞인 감탄사를
주로 쓴다. 이에 반해 백금녀는 풍부한 성량을 자랑하듯이 울림 좋은 목
소리로, 시종 당당하게 서영춘을 훈계하고 단호한 목소리로 결론을 재
촉한다. 그리고 명령어를 즐겨 쓴다. 결국 이 코미디가 관객들에게 웃음
을 주는 것은 통념적으로 받아들여지던 남녀의 역학관계를 역전시켰기
때문이며, 두 사람의 코미디 호흡이 이를 잘 반영할 수 있었기 때문이
다. 이런 관계와 웃음이 담기지 못한 백금녀의 영화화는 계속 시도될 수
없는 것임이 자명했다.

이런 점에서 백금녀의 코미디성이 보다 잘 드러나는 것은 두 번째 범
주에서이다. 즉, 기존의 퍼포먼스와 스타 페르소나를 활용한 코미디를
선보일 때, 백금녀는 능동적 주어로 활약한다. 예를 들면 〈뚱순이의 순
정〉 노래를 부르는 장면, 서영춘의 상상 속에서 기존의 '거꾸로 부부'
상황이 연출되는 장면, 그리고 백금녀가 여자 레슬러로 활약하는 장면

등을 들 수 있다.

첫 번째, 〈뚱순이의 순정〉은 백금녀가 가요 〈굳세어라 금순아〉를 개사한 것으로 마지막에 '뚱뚱보 아가씨의 뜨거운 순정'이라는 가사로 마무리되면서, 백금녀 코미디의 주요 레퍼토리로 활용되던 노래였다. 영화 속에서도 굳이 금순의 노래를 삽입한 것은 성량이 풍부한 가수인 백금녀의 화려한 노래와 코믹한 춤 솜씨를 볼거리로 제시하기 위함이었을 것이다. 앞서 언급했던 문화영화 속에서도 백금녀의 노래와 춤이 소개되는 장면이 있거니와, 〈폭소가요 코메디〉 음반들을 통해서도 백금녀의 뛰어난 가창력을 확인할 수 있다. 이런 점에서 이 장면은 내러티브를 벗어나 백금녀 본인의 압도적인 퍼포먼스를 통해 볼거리를 제공하기 위한 비-내러티브적 장치로 존재한다.

두 번째로, 서영춘의 상상 속에서 두 사람이 가상 부부가 되어 코미디를 하는 장면은 기존 '갈비씨와 뚱순이'의 고정 레퍼토리였음은 전술했던 바이다. 앞서 인용했던 '요절 맞선소동'뿐 아니라 '거꾸로 부부', '구직보고 이상유' 등에서 선보였던 익숙한 커플 코미디 레퍼토리의 변용이라 할 수 있다. 여기서 금순이는 신체적으로(혹은 지적으로) 자신보다 열등한 위치에 있는 서영춘을 나무라거나 핀잔주면서 상황을 주도한다. 이 장면은 지금까지 내러티브적으로 구성되어 왔던 캐릭터와는 전혀 다른, 자기주도적인 발화자로 금순을 위치 짓는다고 할 수 있다. 이는 '비非코미디적 캐릭터'로 그려지고 있었던 내러티브 상의 금순을 '코미디적 캐릭터'로 전환시키는 장면인 셈이다.

마지막으로, 금순이 술집에서 시비 거는 깡패들을 물리치는 장면이나 레슬러로 활약하는 장면은 좀 더 의미심장하게 살펴볼 필요가 있다. 여

〈그림 13〉『대한뉴스』431호(1963.8.25)에 실린 백금녀와 서영춘의 권투 시합 장면으로, 백금녀의 펀치에 맞은 서영춘의 모습이다.

〈그림 14〉 권투 쇼를 마치고 관객들에게 인사하는 백금녀(오른쪽)와 서영춘(왼쪽)

성들이 남성 고유의 영역으로 여겨져 온, 거친 몸싸움이 일어나는 격투기나 레슬링 종목에서 활약하는 것은 강인한 육체의 전시일 뿐 아니라 여성 신체의 드러냄이기도 하다. 백금녀의 경우에는 남성과 동등하게 링에 올라 파트너로 싸우는 존재로서, 오히려 남성 상대보다 체력적으로나

기술적으로 우위에 있는 모습을 보여주는 것을 코미디 레퍼토리로 활용해왔던 터였다. 특히 서영춘과 더불어 링 위에서 권투시합을 하는 것은 앞서 언급했던 〈대한뉴스〉에도 소개된 바 있는 유명 레퍼토리였다. 이 코미디는 격식을 갖춘 권투에서 시작하여 링을 벗어나는 격투기에 가까운 막싸움으로 변질되는 과정과 여성인 백금녀가 남성인 서영춘을 압도하는 장면의 놀라운 기술력 등으로 웃음을 유발했다.[24] 또한 1967년 6월에 개봉했던 여자 레슬링 영화 광고에 "스릴 백%, 폭소 백%, 재미 백%, 흥미진진! 요절복통!"[25] 등의 문구가 동원되었던 것으로 미루어 이 시기에는 여자 레슬링 자체를 '요절복통'할 '폭소'가 동반되는 것으로 인식했다고 볼 수 있을 듯하다. 따라서 깡패들을 제압하는 백금녀의 싸움 장면이 연출하는 코믹함과 여자 레슬러들이 시합을 하는 장면의 이질성과 스펙타클이 이 장면들의 웃음 포인트였을 것으로 보인다.

그런 한편으로, 슬랩스틱 코미디가 자신의 신체를 제어하지 못하고 미끄러지는 신체에 의해 웃음을 유발하는 것[26]이라면, 스포츠 선수로서 경기를 한다는 것은 자신의 신체에 대한 고도의 통제가 동반되어야 하는 것이라 볼 수 있다. 그렇다면 이 장면에서 백금녀는 남성중심적인 시선

---

24 서영춘의 인기가 최고조에 이르렀던 1960년대 후반, 서영춘의 이름을 걸고 시민회관에서 단독 리사이틀을 열었던 시기에 코미디의 맨 마지막 순서로, 백금녀와 함께 하는 '10회전 타이틀매치'가 배정되었던 것 역시 이들의 코믹한 남녀 전도의 권투 시합이 매우 인기 있는 코미디 레퍼토리였음을 알 수 있다.

25 〈영광의 격투〉라는 제목의 이 영화의 정체는 정확히 알 수 없으나 신문광고로 보자면, 왜소증 남성 레슬러들은 서양인으로 보이고, 여성 레슬러들은 동양인으로 보인다. 기획은 김재한, 해설은 이영헌으로 "바야흐로 높아가는 푸로레스링의 붐! 남자선수들을 무색케하는 여자의 묘기! 난쟁이 그 작은 몸에 넘치는 신기!" 등의 광고 문구가 실렸다. 「광고」, 『동아일보』, 1967.6.17, 6면.

26 Alan Dale, *Comedy is a Man in Trouble : Slapstick in American Movies*, Univ.of Minnesota Press, 2000, p.5.

에서 '보여지는 몸'과는 다른 방식으로 자신의 신체를 활용하고, 또 통제하고 있는 셈이다. 즉, 지금까지 금순의 신체가 '비정상적'이므로 배제되어야 하는 것, 그로테스크하고 혐오스러운 '비체abject'로 여겨져 왔다면, 마지막 부분의 레슬링 장면을 통해서 금순의 신체는 '단련된 스포츠'의 신체이면서 동시에 '요절복통할 폭소'를 유발하는 슬랩스틱의 신체로 새롭게 의미화된다. 특히 레슬링 복장을 하고 신체를 당당히 드러내는 장면은 남성들이 부과한 '여성 신체의 아름다움'이라는 기준을 깨뜨리는 것이며, 이는 훨씬 더 풍성하고 더 문제적인 신체의 가능성'들'의 범주를 보여주는 것[27]이라 할 수 있다. 이런 의미에서 백금녀의 '신체'는 배제와 폭력을 통해 규정되는 '대상' 혹은 '비체'의 경계를 넘어, 주체됨을 통해 웃음을 만드는 '여성 코미디'의 신체로 독해될 수 있을 것이다.

2) '섹스 코미디'와 '신체 코미디'

백금녀가 '신체'의 코미디를 통해 웃음을 만들어 냈다면, 도금봉은 섹슈얼한 웃음 코드를 선보였다. 금순의 올케인 도여사로 등장하는 도금봉은 그간 스크린의 안팎에서 쌓아왔던 섹슈얼하고 강한 이미지를 영화 속에서 그대로 차용한다.[28] 남편 허갑 역을 맡은 김희갑 역시 기존 영

---

27   Andrew Stott, *Comedy*, Routledge, 2005, p.104.
28   도금봉은 1960년대 초 〈새댁〉(이봉래, 1962), 〈또순이〉(박상호, 1963) 등으로 당찬 새
      나라의 주부상을 선보였으나 1960년대 중반 이후에는 자신의 성적 욕망을 해소하기 위
      해 남성을 감금하기도 하고(〈산불〉(김수용, 1967)), 원한을 품은 귀신이 되어 피의 복
      수를 이루기도 하는(〈살인마〉(이용민, 1965), 〈목 없는 미녀〉(이용민, 1966)) 욕망의
      화신으로 그려졌다. 도금봉은 코미디영화에도 자주 등장하는 편이었는데, 1960년대 초

화들에서 맡아왔던, 착하고 무능한 공처가 남편으로 등장한다.

〈남자는 싫어〉에서 도금봉은 빠듯한 집안 살림을 꾸리고 시누이의 결혼 문제까지 해결해야하는 억척 주부로 등장한다. 그리고 여기에 도금봉의 기존의 스타 페르소나, 즉 섹슈얼한 이미지를 더하여 코미디의 코드를 추가한다. 일간지에 실린 이 영화의 광고 포스터에는 "바가지도 명랑하게! / 사랑의 씨를 뿌리자!" 라는 노골적인 문구와 함께 "사람녹이는 쎅스공세!"라는 더 노골적인 문구가 적혀있다. 이는 당연히 백금녀가 아니라 도금봉의 코미디를 기대하게 만드는 문구이며, 관객들과 소통할 수 있는 '도금봉'이라는 스타의 코드였다고 할 수 있을 것이다.

S.#50 대포집

맹가 앉아있는데 허갑 들어오며

(…중략…)

맹가 : 비결인즉…… 자네가 술을 먹는 날은 마누라하구 같이 자주구 술을
　　　안먹은 날은 따로 자는거야.

허갑 : 어허.

맹가 : 그럼 마누라가 어떻게 생각하겠나? 어때? 비결이지?

허갑 : 허지만 솔직한 말로 마누란 술만 먹으면 근처에두 못 오게 한단 말

반 〈로맨스 빠빠〉(신상옥, 1960), 〈삼등과장〉(이봉래, 1961) 등에서는 사회생활을 막 시작한 발랄하고 귀여운 딸의 역할을 했다면 1960년대 중반 이후에 등장하는 영화에서는 주로 난봉꾼 김희갑, 허장강의 부인인 '악처' 역을 담당했다. 예컨대 〈남자식모〉의 김희갑-도금봉, 〈남자와 기생〉의 허장강-도금봉. 〈신사는 새 것을 좋아한다〉(박성호, 1963)의 김희갑-도금봉, 〈팔푼이 사위〉의 허장강-도금봉, 〈월부 남비서〉(심우섭, 1969)의 허장강-도금봉, 〈특등비서〉(심우섭, 1969)의 김희갑-도금봉, 〈신세 좀 지자 구요〉(임권택, 1969)의 김희갑-도금봉 부부가 모두 이런 범주에 속했다.

씀이야.

맹가 : 그러니까 술 먹은 날은 싸워서라두 마누랄 사랑해주구 안 먹은 날은

　　　　마누리가 아무리 보채두 참구 핑계를 대란 말이야. 그렇게 되면 자네가

　　　　술을 딱 끊었다구 선언을 해두 "여보! 술 좀 자시우!"할 거란 말씀야.

허갑 : 글쎄 고것두 비결은 비결인 것 같은데…….

맹가 : 암 비결이다 마다. 자 그런 의미에서 이거 한 잔…….

허갑 : 좋네! 오늘밤 당장에 실천에 옮기겠네.

맹가 : 그 대신 오늘 술값은 자네 앞이네.

S.#51 안방

서로 등을 대구 누운 노, 도, 애리

도여사 : 당신 그놈의 술 때문에 언제구 한 번 큰 코 다칠 줄 아세요.

(…중략…)

허갑 : 아차 깜빡 잊을 뻔 했구나!

도여사 : …….

허갑 : 술 먹은 날은 같이 자구 술 안 먹은 날은…… 여보!

도여사 : 아이…….

도여사 : 아이구 이이가 정말 미쳤나? 아이 술냄새, 저리 비켜요.

허갑 : 그 왜이래 술 먹은 날만 같이 자구 안 먹은 날은 어림두 없단 말야

　　　　알아들어.

도여사 : 보기 싫어요 당신 왜 이래 당신.

허갑 : 어 사람 죽여주네.

도여사 : 아이참.

매일 술만 마시고 늦게 들어오는 남편을 아침마다 벌세우고 딸과 남편, 시누이에게 잔소리와 걱정을 늘어놓는 '너무' 말 많고 '너무' 강한 도여사에게 음주를 허락받기 위해 허갑의 친구 맹가가 제시한 비결은 술을 마신 날에만 섹스를 하는 것이었다. 이에 따라 도여사와 허갑의 실랑이가 벌어지는 위의 장면은 이 영화의 "쎅스공세"라고 홍보되었던 또하나의 웃음 포인트였던 것이다.

'숫처녀'임이 강조되면서 성적으로 '순진한' 캐릭터로 그려진 금순과 대조되는 역할로 이 영화에 성적인 뉘앙스를 부여하는 도여사는 코미디영화에서 여성의 신체가 활용되는 또 하나의 유형을 대표하고 있는 셈이라 할 수 있다. 전술한 바와 같이 여타의 영화들에서도 주로 도금봉이 담당했던 '섹스 코미디'의 장면들은 스크린 내외에서 보여준 그의 성적 매력에 기인한 것이었지만, 그럼에도 남성들이 "자 주는" 대상으로서의 수동성을 가진 것이기도 했다. 그리고 주정뱅이이거나 호색한인 남편의 개심과 함께 도금봉 캐릭터의 물질적 / 성적 공격성이 약화되어 '통합의 코미디'라는 결말로 귀결되었다.

한편, 성적으로 순진하고 무능한 '처녀'의 유형은 여타 1960년대 후반 코미디들에서 주로 남정임, 문희, 방성자, 전양자 등 젊고 '아름다운' 육체를 가진 배우들이 맡았다. 그들의 신체 역시 남성들의 시선에 의해 평가되며 욕망의 대상이 된다. 때로 그들은 너무나 순진하여 자신들이 성적 위험에 처해 있다는 사실조차 모르기도 한다(〈꽐푼 며느리〉). 그리고 남성들의 사회적 지위 상승(대체로 취업)과 함께 주어지는 보상으로서 존재한다.(〈남자식모〉, 〈남자와 기생〉, 〈팔푼이 사위〉 등) 즉, 이 시기 코미디 영화 속 여성들의 성은 남성들에 의해 통제되고 규정될 수 있는 대상이었던 것이다.

반면, 〈남자는 싫어〉의 금순은 성적 욕망의 대상이나 남성 주인공의 보상물로 귀착되지 않는다는 점에서 구별된다. 물론, 금순이 역시 매파에 의해 성적 존재임이 암시되고, '숫처녀'라는 단어를 통해 성적으로 순진한 여성임이 드러난다. 또한 음식점이나 술집에서 마주친 깡패들에게 성적인 유혹을 받기도 한다. 그러나 그 순간에 금순은 육체적 강인함을 통해 깡패들을 제압하고 성적인 접근 가능성을 차단한다.

S.#56 금호정 일실

금순의 노래 끝나면 박수치는 일동. 이때 문 열리며 들어오는 청년 일동.

청년 B : 야 좋은 것 많구나들. 야 요것은 복숭아 아냐.

청년 A : 실례합니다 실례합니다……. (대사 입맞춰 삽입할 것)…… 아니 근데 아주머닌지 사모님인지 모르겠는데 어찌 그리 가물었오!…… 아니 느그들 뭣들 하구 있어. 어서 가서 하나씩 골라 집으란 말야…….

청년 B : 요놈의 새끼는 밖에서는 날뛰더니 방에서는 별것 아니구먼. 요번에는 내가 책임 질 것인게 들어오드라구.

금순이 치면 나가 떨어지는 A, B.
청년들에게 음식 세례를 퍼붓는 여공들.

금순 : (다가서며) 자 여러분, 그만들 합시다. 오늘 참 즐거웠어요. 시간도

됐으니 갑시다…… 안됐다 안됐어.

음식 투성이의 청년들 딩군다.

금순이와 직장 동료들의 회식자리에 난입한 "청년"들은 여성들을 '복

숭아'로 지칭하고 '가물었다', '골라 집다'라고 표현하면서 노골적으로

성적인 암시를 한다. 두 명의 남성들을 간단히 제압한 금순과 동료들은

그들을 "안됐다"고 경멸하며 성적인 접근을 봉쇄한다.

S.#106A 숲속

(…중략…)

잡아일으키는 어깨, 나가 떨어지는 서군.

e. 여보슈

금순 : 약한 사람들한테 무슨 짓들이슈?

쓰러져 있는 서군 앞에 다가선 금순.

서군 금순이 다리를 신기한 듯 만지며 훑어 올라가 금순의 얼굴을 보고 놀란다.

어깨 : 육체 한번 좋다. 여자가 관여할 일 아냐. 썩꺼지슈.

금순 : 뭐 육체가 어떻게 됐다구.

어깨 : 그것도 좋고 육체도 좋다구.

금순 : 뭐가 이 새끼.

금순에게 맞은 어깨 달아난다.

한편, 영수의 애인이었던 수미자에게 서군(서영춘)이 사기를 당하고 수미자의 남편인 '어깨'에게 얻어맞는 장면에서 등장한 금순은 서군을 구해준다. "육체 한 번 좋다", "그것도 좋고 육체도 좋다구" 등의 성적인 대사를 건네는 '어깨'에게 금순은 당당히 "육체가 어떻게 됐다구", "뭐가 이 새끼"로 응수한다. 이 장면에서도 역시 금순은 자신을 성적으로 대상화하는 '어깨'에게 맞서 그를 육체적으로 완전히 제압하면서 자신의 우위를 증명한다. 즉, 금순은 성적으로 대상화되는 순간의 성 역학을 자신의 신체적 우월함을 통해 전복시키는 것이다.

이 사건을 계기로 영화의 초반에 맞선을 보고 달아났던 서군은 금순에게 호감을 느끼게 된다. 금순의 강인함에 매료된 서군은 결국 금순의 집 앞을 찾아가 "어젯밤에 레스링 하시는 텔레비전을 보고 저는 그만 이 넓은 넓은 가슴이……"라고 사랑을 고백한다. 물론 여기에도 성적인 뉘앙스가 담겨있기는 하지만, 이는 금순의 강인한 신체에 대한 경외심이 전제된 것이라는 점에서 구별된다고 할 수 있다. 또한 금순이 직업적 성취를 통해 남성을 보상물로 얻게 되는 결말을 보여준다는 점에서 〈남자는 싫어〉는 보편적인 동시대 코미디의 남녀 관계를 패러디하고 있다고 볼 수 있을 것이다.

4. '여성코미디'의 가능성

1975년 심우섭 감독의 〈나의 인생고백 제2탄〉은 〈남자는 싫어〉 이후 여성 코미디언을 주인공으로 삼아 제작된 거의 유일한 코미디였다. 배삼룡과 최용순을 투 톱으로 내세운 이 영화는 35세의 노총각 배삼룡이 최용순과 결혼한 뒤 벌어지는 여러 가지 소동을 그렸다. 이 글은 결론을 대신하여 이 두 영화의 여성 주인공을 잠시 비교해보고자 한다.

순진한 노총각 배삼룡은 최용순을 만나기 전에 이미 그의 부모와 섣부른 약속을 한 터라 어쩔 수 없이 결혼하게 된다. 신혼 첫날밤부터 왕성한 식욕과 성욕을 과다 노출하는 최용순의 캐릭터는 노골적으로 자신의 욕망에 충실한 여성이며, 또한 이를 통해 자신의 코미디를 연출한다. 예컨대, 끝없이 음식을 먹는 장면이나 배삼룡에게 억지로 섹스를 강요하는 장면은 웃음을 유발한다. 최용순이 출산으로 인해 집을 비웠던 사이에 배삼룡은 치정에 얽힌 살인사건의 범인으로 오해를 받게 되는데, 모든 문제가 갑자기 해결되는 순간에 아기를 안고 등장한 최용순은 자신의 과거를 반성하면서 앞으로는 '좋은 아내'가 되겠다는 다짐을 늘어놓는다.

〈나의 인생고백〉에 등장하는 최용순은 자신의 욕망에 충실하지만, 마치 입과 성기만 존재하는 사람처럼 단순화되고 대상화된다. 그것은 무엇보다 이 영화 자체가 남성주인공의 시점으로 그려지기 때문이다. 또한, 신체적 우위를 내세운 최용순의 욕망은 항상 즉각적으로 충족되는 듯 보이지만, 실상 그것은 일방향적이고 일시적인 충족에 불과하다. 배삼룡이 끊임없이 새로운 여성들을 욕망하고 최용순을 벗어나고자 하기 때문이다. 배삼룡이 진심으로 가정으로 돌아가겠다고 마음을 먹게 되는 것과 동시에 최용순은 '좋은 아내'가 되기를 약속한다. 그러나 영화의 마지막 장면은 여전히 그들 사이의 완전한 결합이 이루어지지 않았음을 시사한다. 무거운 짐을 이고 지고 아이까지 업은 배삼룡과 군것질을 하면서 지나가는 최용순의 대조적인 모습이 엔딩씬으로 제시되는 것이다.

〈남자는 싫어〉가 개봉하고 8년이 지난 뒤에 만들어진 〈나의 인생 고백〉은 최용순이라는 인기 TV 코미디언과 당대 최고의 주가를 올리고 있었던 배삼룡을 스크린으로 불러 왔지만, 최용순의 연기력이나 매력을 전혀 끌어내지 못했다. 그런가 하면, 배삼룡은 항상적 우울증을 가진 사람처럼 무기력하고 고독한 캐릭터로 그려졌다. 다소 엉뚱하고 바보스러운 '비실이' 캐릭터를 전혀 반영하지 못했고 그에 따라 이 영화의 매력은 반감될 수밖에 없었다. 그것은 이 두 영화가 만들어진 시대적 배경의 차이일 수도, 제작환경의 차이일 수도 있다. 어쩌면 코미디영화 수요자의 변화 때문일 수도 있을 것이다.

이유가 무엇이든지, 여성 코미디언이 주연으로 등장하는 두 번째이자 마지막인 이 영화는 〈남자는 싫어〉의 한계를 벗어나지도, 그것이 이룬 성취를 닮아가지도 못했다. 오히려 건장한 신체를 가진 여성 코미디언을 활용하는 가장 손쉽고 나태한 방식을 택하여, 스테레오 타입만을 강화시켰을 뿐이다. 한국 영화산업 자체의 위기를 겪게 되는 1970년대를 거치며 코미디영화들은 1960년대 코미디들이 주었던 동일시의 위안이나 전복의 쾌감을 줄 수 없는, 기묘한 웃음의 코드들만 남긴 채 사라져갔다.

이제 다시, 서론의 질문으로 돌아갈 차례이다. 왜 백금녀는 지속적으로 장편 영화의 주인공이 될 수 없었는가? 1960년대 후반 '여성 코미디'의 가능성은 무엇이었는가?

먼저, 백금녀의 영화화가 가진 문제점은 두 가지로 요약될 수 있다. 백금녀를 대상화화고 희화화하는 것만으로 장편영화의 전부를 이끌어 가는 것은 백금녀의 매력과 코미디를 전혀 이해하지 못하는 것이므로, 관객들의 외면을 받았을 것이 틀림없다. 〈나의 인생고백〉의 최용순 캐릭터가 그러했듯이. 그렇다고 백금녀를 지속적으로 우월한 위치로 그렸다면, 남성들이 부과한 여성 신체의 아름다움을 벗어나는 그 신체의 풍부한 '가능성(들)'이 위험한 것으로 여겨졌을 것이다. 가부장제가 규정한 젠더 규준과 역할에 의문을 제기하는 '여성 코미디'로 읽힐 수 있었기 때문이다. 단편적인 무대 코미디나 TV 콩트에서 인기 있었던 이 젠더 문제적 레퍼토리들은, 관객들의 동일시와 감정이입이 반드시 필요한 장편영화의 메인 플롯으로는 더 이상 수용될 수 없었다.

이 영화의 필름이 실재하지 않는 상황에서, 그리고 심의대본 만으로 판단했을 때도, 이 영화가 대단한 성취를 이룬 영화라거나 1960년대 후반 코미디의 수준을 끌어올린 영화였다고 말할 수는 없다. 그럼에도 이 글은 백금녀의 코미디에 여성의 신체를 섹슈얼한 대상으로 한정하고 규율하고자 했던 당대 코미디들과 다른 지점에서 해석될 수 있는 가능성이 존재한다고 주장하고자 한다. 또한, 검열과 개작의 과정을 포함한 이 영화의 내외적 맥락에서, 가부장제 규율 안에서 억압될 수 없고 통제되지 않는 또 다른 여성성으로 백금녀의 형상 역시 중요함을 강조하고자 한다. 무엇보다 백금녀가 보여주는 '신체'의 코미디와 웃음은 한국 코미디영화에 균열을 일으키는 더 많은 '백금녀들'의 영화화가 여전히 필요함을 역설하고 있다.

참고문헌

1. 1차 자료

시나리오(심의대본 포함)
〈오해마세요〉(권영순, 1957)
〈공처가〉(김수용, 1958)
〈사람팔자 알 수 없다〉(김화랑, 1958)
〈한번만 봐 주세요〉(김화랑, 1958)
〈가는 봄 오는 봄〉(권영순, 1959)
〈고바우〉(조정호, 1959)
〈구혼결사대〉(김수용, 1959)
〈백만장자가 되(려)면〉(정일택, 1959)
〈복도 많지 뭐유〉(백호빈, 1959)
〈부전자전〉(강대진, 1959)
〈삼인의 신부〉(김수용, 1959)
〈실례했습니다〉(박성호, 1959)
〈여사장〉(한형모, 1959)
〈인생대학 1년생〉(윤봉춘, 1959)
〈자식복 돈복〉(윤대룡, 1959)
〈청춘배달〉(김수용, 1959)
〈홀쭉이 뚱뚱이 논산 훈련소에 가다〉(김화랑, 1959)
〈후라이보이 박사소동〉(정창화, 1959)
〈흥부와 놀부〉(김화랑, 1959)
〈오형제〉(김화랑, 1960)
〈와룡선생 상경기〉(김용덕, 1962)
〈여자가 더 좋아〉(김기풍, 1965)
〈남자는 싫어〉(안면희, 1967)
〈오대복덕방〉(이형표, 1968)
〈팔푼이 사위〉(심우섭, 1968)

〈남자식모〉(심우섭, 1968)

〈남자미용사〉(심우섭, 1968)

〈남자와 기생〉(심우섭, 1969)

〈내일의 팔도강산〉(강대철, 1971) 등

영상자료

〈시집가는 날〉(이병일, 1957)

〈청춘쌍곡선〉(한형모, 1957)

〈오부자〉(권영순, 1958)

〈여사장〉(한형모, 1959)

〈백만장자가 되(려)면〉(정일택, 1959)

〈홀쭉이 뚱뚱이 논산 훈련소에 가다〉(김화랑, 1959)

〈여자가 더 좋아〉(김기풍, 1965)

〈남자식모〉(심우섭, 1968)

〈남자미용사〉(심우섭, 1968)

〈남자와 기생〉(심우섭, 1969)

〈내 것이 더 좋아〉(이형표, 1969)

〈나의 인생 고백 제2탄〉(심우섭, 1975)

〈5·16 1주년 기념 산업박람회〉(1962.5)

〈대한뉴스〉 431호(1963.8.25)

〈대중연희에서 영화로〉(이순진 글·구성, 민환기·이찬호 연출, 한국영상자료원, 2004.)

검열서류

〈뚱뚱이 홀쭉이 논산훈련소에 가다〉(김화랑, 1959)

〈로맨스 빠빠〉(신상옥, 1960)

〈여자가 더 좋아〉(김기풍, 1965)

〈남자는 싫어〉(안면희, 1967)

〈오대복덕방〉(이형표, 1968)

〈남자식모〉(심우섭, 1968)

〈남자미용사〉(심우섭, 1968)

〈남자와 기생〉(심우섭, 1969)

〈내 것이 더 좋아〉(이형표, 1969)

음반자료
〈갈비씨와 뚱순이의 애정행진곡—서영춘과 백금녀 폭소 가요 코메듸〉(제작연도미상)
〈웃음따라 요절복통—서영춘 백금녀 가요코메디 제4집〉(1983)
〈웃음따라 요절복통—서영춘 백금녀 가요코메디 제6집〉(1983)

신문
『경향신문』『동아일보』『매일신보』『문화일보』『서울신문』『자유신문』『조선일보』
    『중앙일보』『중외일보』『한국일보』
한국영상자료원 편,『신문기사로 본 조선영화1911~1917』, 한국영상자료원, 2008.
한국영상자료원 영화사연구소 편,『신문기사로 본 조선영화 1921~1922』, 한국영상
    자료원, 2010.
한국영상자료원 영화사연구소 편,『신문기사로 본 조선영화 1923』, 한국영상자료원,
    2011.
한국영상자료원 영화사연구소 편,『신문기사로 본 조선영화 1924』, 한국영상자료원,
    2012.
한국영상자료원 편,『신문기사로 본 한국영화 1945~1957』, 한국영상자료원, 2004.
한국영상자료원 편,『신문기사로 본 한국영화 1958~1961』, 한국영상자료원, 2005.
한국영상자료원 기획,『신문기사로 본 한국영화 1962~1964』, 한국영상자료원,
    2006
한국영상자료원 기획,『신문기사로 본 한국영화 1965~1966』, 한국영상자료원,
    2007
한국영상자료원 기획,『신문기사로 본 한국영화 1967』, 한국영상자료원, 2008
한국영상자료원 기획,『신문기사로 본 한국영화 1968』, 한국영상자료원, 2009
한국영상자료원 기획,『신문기사로 본 한국영화 1969』, 한국영상자료원, 2010
LG상남언론재단 편,『해방공간 4대신문』(조선, 동아, 경향, 서울), LG상남언론재단,
    2005.
LG상남언론재단 편,『6·25 전쟁기간 4대신문』(조선, 동아, 경향, 서울), LG상남언론
    재단, 2005.

잡지

『개벽』, 『녹성』, 『문예공론』, 『문예영화』, 『별건곤』, 『비판』, 『삼천리』, 『신민』, 『신영화』, 『신조선』, 『조광』, 『조선영화』, 『영화』, 『영화세계』, 『월간명랑』, 『월간실화』, 『중앙』.

단국대 부설 동양학연구소, 『일상생활과 근대영상매체-영화1』, 민속원, 2007.

단국대 부설 동양학연구소, 『일상생활과 근대음성매체-유성기, 라디오』, 민속원, 2007.

정병호·김보경 편역, 『일본어잡지로 보는 식민지 영화』 3, 도서출판문, 2012.

한국영상자료원 영화사연구소 편, 『일본어잡지로 본 조선영화』 1, 한국영상자료원, 2010.

구술자료

박선영 구술채록, 『2008년 한국영화사 구술채록연구시리즈-구봉서』, 한국영상자료원, 2008ㄱ.

박선영 구술채록, 『2008년 한국영화사 구술채록연구시리즈-정창화』, 한국영상자료원, 2008ㄴ.

손태도 구술채록, 「이은관」, 서대석·손태도·정충권, 『전통 구비문학과 근대 공연예술 III-자료편-면담, 작품, 사진자료』, 서울대 출판부, 2006.

이영미 구술채록, 『한국 근현대예술사 구술채록연구 시리즈-유호』, 한국문화예술위원회, 2006.

이화진 구술채록, 『2007년도 한국 근현대예술사 구술채록연구 시리즈 96 고향미』, 한국문화예술위원회, 2007.

한국영상자료원 편, 『한국영화를 말한다-1950년대 한국영화』, 이채, 2004

김수용 감독 인터뷰. 2009.12.27.

오정심 가수 인터뷰. 2009.10.30.

기타 자료

김종욱, 『실록 한국영화총서』上 / 下, 국학자료원, 2004.

홍영철, 『부산근대영화사-영화상영자료 1915~1944』, 부산대 한국민족문화연구소 편, 산지니, 2009.

『조선연감』

『한국연예대감』, 성영문화사, 1962.

국제영화사, 『영화연예연감』, 국제영화사, 1969.

한국방송70년사 편찬위원회, 『한국방송 70년사』, 한국방송협회·한국방송공사, 1997.

한국영상자료원 편, 『식민지시대의 영화검열』, 한국영상자료원, 2009.
한국영화인협회, 『한국영화기획 70년사』, 만민문화사, 1999.
한국영화진흥공사, 『한국영화자료편람』, 한국영화진흥공사, 1977.

온라인 자료
고려대학교 한국사연구소 한국근현대영상아카이브 http://kfilm.khistory.org
국사편찬위원회 한국사데이터베이스 http://db.history.go.kr
위키피디아 http://en.wikipedia.org
인터넷무비 데이터베이스(IMDb) http://www.imdb.com
퐁키 www.ponki.kr
한국문화예술위원회 예술자료원 디지털아카이브 http://archive.arko.or.kr
한국영상자료원 한국영화데이터베이스(KMDb) www.kmdb.or.kr
한국콘텐츠진흥원 문화콘텐츠닷컷 www.culturecontent.com
e-영상역사관 http://www.ehistory.or.kr

2. 단행본

국내
고설봉, 『증언연극사』, 진양, 1990.
공보부 편 대한지방행정공제회, 『지방행정』 14권 145호, 대한지방행정협회, 1965
구봉서, 『코미디 위의 인생』, 석필, 1997.
권보드래 외, 『아프레 걸 사상계를 읽다-1950년대 문화의 자유와 통제』, 동국대 출판
        부, 2009.
김동호 외, 『한국영화정책사』, 나남, 2005.
김려실, 『투사하는 제국 투영하는 식민지-1901~1945년의 한국영화사를 되짚다』,
        삼인, 2006.
김미현 외, 『한국영화 배급사 연구』, 영화진흥위원회, 2003.
김미현 책임편집, 『한국영화사-開化期에서 開花期까지』, 커뮤니케이션북스, 2006.
김소연 · 백문임 · 안진수 · 이순진 · 이호걸 · 조영정, 『매혹과 혼돈의 시대-50년대
        의 한국영화』, 소도, 2003.
김은신, 『한국최초 100장면』, 가람기획, 1998.

김종원 외, 『한국 영화감독 사전』, 한국영화감독협회 기획, 국학자료원, 2006.

김영희, 『한국사회의 미디어 출현과 수용－1880~1980』, 커뮤니케이션북스, 2009.

김호연, 『한국근대 대중공연예술의 생성과 그 변용양상』, 한국문화사, 2008.

＿＿＿, 『한국근대악극연구』, 민속원, 2009.

김희갑, 『어느 광대의 사랑』, 삼진기획, 1992.

노정팔, 『한국방송과 50년』, 나남, 1995.

반재식, 『재담 천년사』, 백중당, 2000ㄱ.

＿＿＿, 『만담 백년사－신불출에서 장소팔·고춘자까지』, 백중당, 2000ㄴ.

＿＿＿, 『한국웃음사』, 백중당, 2004.

박찬호, 안동림 역, 『한국가요사』 1, 미지북스, 2009.

백현미, 『한국창극사연구』, 태학사, 1997.

사진실, 『한국연극사 연구』, 태학사, 1997.

＿＿＿, 『공연문화의 전통－樂, 戲, 劇』, 태학사, 2002.

서연호, 『한국근대희곡사연구』, 고려대 출판부, 1982.

＿＿＿, 『한국연극사－현대편』, 연극과 인간, 2005.

선성원, 『8군쇼에서 랩까지』, 아름출판사, 1993.

신현준·이용우·최지선, 『한국 팝의 고고학 1960－한국 팝의 탄생과 혁명』, 한길아
　　　트, 2005.

안종화, 『신극사이야기』, 진문사, 1955.

오영숙, 『1950년대, 한국영화와 문화담론』, 소명, 2007.

위경혜, 『호남의 극장문화사』, 다할미디어, 2007.

유민영, 『한국근대연극사』, 단국대 출판부, 1996.

＿＿＿, 『한국 근대극장 변천사』, 태학사, 1998.

윤택림·함한희, 『새로운 역사쓰기를 위한 구술사 연구방법론』, 아르케, 2006.

이두현, 『한국연극사』(개정판), 학연사, 1985.

이영미, 『한국대중가요사』, 민속원, 2006.

이영일, 『한국영화주조사』, 영화진흥공사, 1988.

＿＿＿, 『한국영화전사』(개정증보판), 소도, 2004.

이재명 외편, 『해방전(1940~1945) 창작 시나리오집』, 평민사, 2004.

장유정, 『오빠는 풍각쟁이야』, 황금가지, 2006.

주진숙·장미희·변재란 외, 『여성영화인사전』, 소도, 2001.

최동현·김만수, 『일제강점기 유성기 음반 속의 대중희극』, 태학사, 1997.

최창봉 · 강현두, 『우리 방송 100년』, 현암사, 2001.

황문평, 『한국대중연예사』, 부르칸모로, 1989.

＿＿＿, 『인물로 본 연예사-삶의 발자국』 1, 도서출판 선, 1998.

＿＿＿, 『인물로 본 연예사-삶의 발자국』 2, 도서출판 선, 2000.

국외

Alan S. Dale, *Comedy Is a Man In Trouble : Slapstick in American Movies*, University of Minnesota Press, 2000.

Andrew Horton (ed), *Comedy / Cinema / Theory*, University of California Press, 1991.

Andrew Stott, *Comedy*, Routledge, 2005.

Frank Krutnik (ed), *Hollywood Comedians : The Film Reader*, Routledge, 2003a.

Gerald Mast, *The Comic Mind : Comedy and the Movies*, University Of Chicago Press, 1974.

Henry Jenkins, *What Made Pistachio Nuts? : Early Sound Comedy and the Vaudeville Aesthetic*, Columbia University Press, 1992.

Kristine Brunovska Karnick & Henry Jenkins (ed), *Classical Hollywood Comedy*, Routledge, 1994.

Steve Seidman, *Comedian Comedy : A Tradition In Hollywood Film*, UMI Research Press, 1981.

Wes Gehring, *Personality Comedians as Genre*, Greenwood Press, 1997.

야마모토 키쿠오(山本喜久男), 『日本映畵における外國映畵の影響』, 早稻田大學出版部, 1983.

게리 솔 모슨 · 캐릴 에머슨, 오문석 · 차승기 · 이진형 역, 『바흐친의 산문학』, 책세상, 2006.

데이비드 보드웰 · 크리스틴 톰슨, 주진숙 · 이용관 · 변재란 외역, 『세계영화사』, 시각과언어, 2000.

데이비드 로빈슨, 한기찬 역, 『채플린-거장의 생애와 예술』, 한길아트, 2002.

레이먼드 윌리엄스, 성은애 역, 『기나긴 혁명』, 문학동네, 2007.

배리 랭포드, 방혜진 역, 『영화장르-할리우드와 그 너머』, 한나래, 2010.

벤 싱어, 이위정 역, 『멜로드라마와 모더니티』, 문학동네, 2009.

스티브 닐 · 프랑크 크루트니크, 강현두 역, 『세상의 모든 코미디』, 커뮤니케이션북스, 2002.

쓰가와 이즈미, 김재홍 역, 『JODK, 사라진 호출 부호』, 커뮤니케이션북스, 1999.

아리스토텔레스, 천병희 역, 『시학』, 문예출판사, 2002.

제프리 노웰-스미스 편, 김경식 외역, 『옥스퍼드 세계영화사』, 열린책들, 2005.

지그문트 프로이트, 임인주 역, 『프로이트 전집』 6(농담과 무의식의 관계), 열린책들, 2007(4쇄).

찰리 채플린, 이현 역, 『찰리 채플린, 나의 자서전』, 김영사, 2007.

피터 브룩스, 이승희 · 이혜령 · 최승연 역, 『멜로드라마적 상상력－발자크, 헨리 제임스, 멜로드라마, 그리고 과잉의 양식』, 소명출판, 2013.

3. 논문

국내

강소연, 「1950년대 여성잡지에 표상된 미국문화와 여성담론」, 상허학회, 『1950년대 미디어와 미국표상』, 깊은샘, 2006.

강용훈, 「'통속'개념의 변천 양상에 대한 역사적 고찰」, 『대동문화연구』 85집, 성균관대 대동문화연구원, 2014.

강인철, 「한국전쟁과 사회의식 및 문화의 변화」, 한국정신문화연구원 편, 『한국현대사의 재인식』 7(한국전쟁과 사회구조의 변화), 백산서당, 1999.

고은지, 「20세기 유성기 음반에 나타난 대중가요의 장르 분화 양상과 문화적 의미」, 『한국시가연구』 21호, 한국시가학회, 2006.

공영민, 「아시아영화제를 통해 본 한국영화－1950~60년대 해외진출을 중심으로」, 중앙대 석사논문, 2008.

구인모, 「근대기 유성기음반과 서영영화－영화설명 음반을 중심으로」, 『대중서사연구』 29집, 대중서사학회, 2013.

김균, 「미국의 대외문화정책을 통해 본 미군정 문화정책」, 『한국언론학보』 44권 3호, 한국언론학회, 2000.

김남석, 「〈웰컴 투 동막골〉의 장면 배열 양상 연구」, 『한국문학이론과 비평』 36호, 한국문학이론과비평학회, 2007.

_____, 「극단 예원좌의 '막간' 연구」, 『어문논집』 58권, 민족어문학회, 2008.

김성희, 「여성국극의 장르적 성격과 이미지로서의 역사」, 『한국연극학』 40권, 한국연극학회, 2010.

김소연, 「전후 한국의 영화담론에서 '리얼리즘'의 의미에 관하여」, 김소연 · 백문임 ·

안진수·이순진·이호걸·조영정, 『매혹과 혼돈의 시대-50년대의 한국영화』, 소도, 2003.

김수남, 「심우섭 감독 연구-한국적 멜로드라마와 희극의 경계선」, 『청예논총』 19호, 청주대 예술문화연구소, 2001.

김승구, 「1920년대 영화문화 주체의 문화적 자의식」, 『인문학연구』 34권2호, 충남대 인문과학연구소, 2007.

_____, 「식민지 조선에서의 영화관 체험」, 『정신문화연구』 제31권, 한국학중앙연구원, 2008.

_____, 「식민지 시대 독일영화의 수용 양상 연구-1920년대 영화들을 중심으로」, 『인문논총』 제84집, 서울대 인문학연구원, 2010.

_____, 「해방기 극장의 영화 상영 활동에 대한 고찰」, 『동방학지』 158, 연세대 국학연구원, 2012.

김유미, 「1950년대 여성국극에 나타난 대중 역사극의 변화-〈서동과 공주〉, 〈눈 우에 피는 꽃〉, 〈백호와 여장부〉의 성 역할을 중심으로」, 『어문논집』 57호, 민족어문학회, 2008.

_____, 「김화랑의 여성국극 작품 연구-〈백년초〉를 중심으로」, 『한민족문화연구』 28호, 한민족문화학회, 2009.

김윤아, 「60년대 초의 한국 가족희극영화 연구」, 동국대 석사논문, 1995.

김윤정, 「연극의 영화화에 따른 텍스트의 변용 연구-장진의 〈박수칠 때 떠나라〉를 중심으로」, 『한국언어문화』 38권, 한국언어문화학회, 2009.

김재석, 「1930년대 유성기음반의 촌극연구」, 『한국극예술연구』 2집, 한국극예술학회, 1992.

김준형, 「근대전환기 패설의 존재양상-1910~1920년대 패설집을 중심으로」, 『한국문학논총』 41집, 한국문학회, 2005.

김지영, 「'명랑'의 역사적 의미론」, 『한민족 문화연구』 47집, 한민족문화학회, 2014.

김지혜, 「1950년대 여성국극의 단체활동과 쇠퇴과정에 대한 연구」, 『한국여성학』 27집 2호, 한국여성학회, 2011.

김청강, 「현대 한국의 영화 재건논리와 코미디 영화의 정치적 함의(1945~60)」, 『진단학보』 112집, 진단학회, 2011.

_____, 「악극, 헐리우드를 만나다-1950년대 한국 대중영화의 혼종성에 드러나는 식민성과 탈식민적 근대성의 문제들」, 『대중서사연구』 29호, 대중서사학회, 2013.

_____, 「냉전과 오락영화-1950~60년대 군사주의적 남성성과 반공적 주체 만들

기」, 『한국학연구』 61집, 고려대 한국학연구소, 2017.

김호연, 「한국근대악극연구」, 단국대 박사논문, 2003.

문관규, 「1990년대 한국 코미디연구―희극장면과 아버지 재현을 중심으로」, 동국대 박사논문, 2004.

문선영, 「한국 라디오 드라마의 형성과 장르 특성」, 고려대 박사논문, 2012.

_____, 「1950~60년대 라디오 방송극과 청취자의 위상」, 『한국극예술연구』 35집, 한국극예술학회, 2012.

_____, 「라디오 코미디 방송극의 형성과 변천」, 대중서사장르연구회, 『대중서사장르의 모든 것』 4(코미디), 이론과실천, 2013.

박노홍, 「한국악극사」, 김의경·유인경 편, 『박노홍의 대중연예사』 1, 연극과 인간, 2008.

박미경, 「2000년대 코미디영화에 나타난 대중성과 전복성에 관한 연구―내러티브 전략과 카니발 이론을 중심으로」, 동국대 석사논문, 2010.

박선영, 「〈봄봄〉연구―희극성과 이미지의 작용을 중심으로」, 『영상예술연구』 4호, 영상예술학회, 2004.

_____, 「1950년대 후반 코미디언코미디영화 속 스펙타클의 양상과 의미」, 『영상예술연구』 16호, 영상예술학회, 2010.

박영정, 「만담 장르의 형성과정과 신불출」, 『웃음문화』 4호, 한국웃음문화학회, 2007.

_____, 「신불출―세상을 어루만지는 '말의 예술'」, 『한국현대연극 100년 ―인물연극사』, 연극과 인간, 2009.

박지연, 「영화법 제정에서 제4차 개정기까지의 영화정책(1961~1984)」, 김동호 외, 『한국영화정책사』, 나남, 2005.

_____, 「한국 영화산업의 변화과정에서 영화정책의 역할에 관한 연구―1950년대 중반에서 1960년대 초반의 근대화 과정을 중심으로」, 중앙대 박사논문, 2008.

배선애, 「동원된 미디어, 전시체제기 만담부대와 만담가들」, 『한국극예술연구』 48집, 한국극예술학회, 2015.

배수경, 「한국 영화검열제도의 변천에 관한 연구―정권별 특징과 심의기구의 변화를 중심으로」, 중앙대 석사논문, 2004.

배연형, 「근대 극장 사진자료 연구 (1)―협률사, 원각사, 광무대」, 『한국사상과 문화』 제30집, 한국사상문화학회, 2005.

백미숙, 「라디오의 사회문화사」, 유선영·박용규·이상길 외, 『한국의 미디어 사회문화사』, 한국언론재단, 2007.

백현미, 「1950년대 여성국극의 성정치성」, 『한국극예술연구』 12집, 한국극예술학회, 2000.

_____, 「"국민적 오락"과 "민족적 특수성" — 일제말기 악극의 경우」, 『공연문화연구』 11호, 한국공연문화학회, 2005.

_____, 「1950년대 여성국극의 성정치성 (2)」, 『대중서사연구』 18호, 대중서사학회, 2007.

변재란, 「한국영화사에서 여성 관객의 영화 관람 경험 연구 — 1950년대 중반에서 1960년대 초반을 중심으로」, 중앙대 박사논문, 2000.

사진실, 「조선후기 재담의 공연양상과 희곡적 특성」, 사재동, 『한국서사문학사의 연구』, 중앙문화사, 1995.

_____, 「배우의 전통과 재담의 전승 — 박춘재의 재담을 중심으로」, 『한국음반학』 10호, 한국고음반연구회, 2000.

서곡숙, 「1960년대 후반기 한국 변장코미디영화의 대중성 연구 — 변장모티프를 통한 내러티브 전략을 중심으로」, 동국대 박사논문, 2003.

서대석, 「전통재담과 근대 공연재담의 상관관계」, 서대석 · 손태도 · 정충권, 『전통 구비문학과 근대 공연예술』 I(연구편), 서울대 출판부, 2006.

서재길, 「1930년대 후반 라디오 예술과 전통의 문제」, 『한중인문학연구』 23호, 중한인문과학연구회, 2008.

소래섭, 「1930년대의 웃음과 이상」, 『한국현대문학연구』 15호, 한국현대문학회, 2004.

손태도, 「조선시대 화극의 전통과 그 역사」, 『공연문화연구』 12집, 한국공연문화학회, 2006.

_____, 「서울 지역 재담소리의 전통과 박춘재」, 『웃음문화』 4권, 한국웃음문화학회, 2007.

_____, 「전통 사회 재담소리의 존재와 그 공연 예술사적 의의」, 『판소리연구』 25집, 판소리학회, 2008.

_____, 「조선 후기 서울에서의 광대 문화 변동과 판소리」, 『고전문학연구』 35집, 한국고전문학회, 2009.

_____, 「한국창극사를 통해서 본 해방공간 창극 연구」, 『국문학연구』 31호, 국문학회, 2015.

송소라, 「20세기 창극의 음반, 방송화 양상과 창극사적 의미」, 고려대 박사논문, 2017.

양승국, 「1910년대 신파극과 전통 연희의 관련 양상」, 『한국 신연극 연구』, 연극과 인간, 2001.

오영숙, 「코미디 영화의 세 가지 존재방식─50년대 코미디 영화를 중심으로」, 『영화연구』 26호, 한국영화학회, 2005.

_____, 「1950년대, 한국영화의 장르형식과 문화담론 연구」, 한양대 박사논문, 2005.

_____, 「왜 코미디인가─1950년대 코미디 영화에 대한 소묘」, 대중서사장르연구회, 『대중서사장르의 모든 것』 4(코미디), 이론과실천, 2013.

오은실, 「한국영화에 나타난 희극성 연구─사회상의 반영에 따른 특성을 중심으로」, 동국대 석사논문, 1993.

우수진, 「미디어극장의 시대, 유성기와 라디오」, 『한국학연구』 34집, 인하대 한국학연구소, 2014.

_____, 「유성기 음반극─대중극과 대중서사, 대중문화의 미디어 극장」, 『한국극예술연구』 48집, 한국극예술학회, 2015.

위경혜, 「1950년대 중반~1960년대 지방의 영화 상영과 '극장가기' 경험」, 중앙대 박사논문, 2010.

유선영, 「한국 대중문화의 근대적 구성과정에 대한 연구─조선후기에서 일제 강점기까지를 중심으로」, 고려대 박사논문, 1992.

_____, 「육체의 근대화─할리우드 모더니티의 각인」, 『문화과학』 24호, 문화과학사, 2000.

_____, 「초기 영화관람─시각문화의 기습, 전유 그리고 식민적 근대성의 예후」, 『한국언론학회 학술대회 발표논문집』, 한국언론학회, 2003ㄱ.

_____, 「초기 영화의 문화적 수용과 관객성─근대적 시각문화의 변조와 재배치」, 『언론과 사회』 12권 1호, 사단법인 언론과 사회, 2003ㄴ.

_____, 「황색식민지의 서양영화 관람과 소비실천, 1934~1942─제국에 대한 '문화적 부인'의 실천성과 정상화 과정」, 『언론과 사회』 13권 2호, 사단법인 언론과 사회, 2005.

유인경, 「1950년대 한국연예주식회사의 설립과 활동 연구─자유가극단, 코리아가극단의 악극 공연활동을 중심으로」, 『한국극예술연구』 55집, 한국극예술학회, 2017.

유지나, 「60년대 한국 코미디─핵심 코드와 사회적 의미작용」, 『영화연구』 15호, 한국영화학회, 1999.

윤진화, 「1950년대 후반기, 한국영화산업형성의 생성메커니즘 연구」, 동국대 석사논문, 2002.

이규성, 「한국악극의 수용과정과 공연활동에 관한 연구─1930년대를 중심으로」, 단국대 석사논문, 2005.

이길성, 「1960년대 가족 드라마의 형성과정과 제 양상연구」, 중앙대 박사논문, 2006.

_____, 「해방 직후 뉴스문화영화의 상영 연구」, 『영상예술연구』 27, 영상예술학회, 2015.

이봉범, 「폐쇄된 개방, 허용된 일탈─1950년대 검열과 문화 지형」, 권보드래 외, 『아프레 걸 사상계를 읽다─1950년대 문화의 자유와 통제』, 동국대 출판부, 2009.

이상길, 「유성기의 활용과 사적 영역의 형성」, 단국대 동양학연구소, 『근대한국의 일상생활과 미디어』, 민속원, 2008.

이선미, 「젊은 『여원』, 여성상의 비등점─1950년대 『여원』의 '독신여성' 담론을 중심으로」, 권보드래 외, 『아프레 걸 사상계를 읽다─1950년대 문화의 자유와 통제』, 동국대 출판부, 2009.

이성욱, 「한국전쟁과 대중문화」, 『문화과학』 23호, 문화과학사, 2000.

이수현, 「1950년대 후반 한국 코미디영화문학의 관습체계 연구」, 고려대 석사논문, 2009.

이순진, 「조선 무성영화의 활극성과 공연성에 대한 연구」, 중앙대 박사논문, 2009.

_____, 「1920년대 후반 외화의 수용과 근대세계의 보편성에 대한 감각」, 『월경하는 극장들─동아시아 근대 극장과 예술사의 변동』, 고려대 민족문화연구원 HK한국문화연구단 기획연구팀 2012 심포지엄 발표자료집.

이승희, 「배우 신불출, 웃음의 정치」, 『한국극예술연구』 33집, 한국극예술학회, 2011

이영미, 「식민지 대중문화와 민중─대중가요」, 『역사비평』 22호, 역사비평사, 1993.

_____, 「1950년대 방송극─연속극의 본격적 시작」, 『대중서사연구』 17호, 대중서사학회, 2007.

_____, 「1950년대 대중적 극예술에서의 신파성의 재생산과 해체」, 『한국문학연구』 34집, 동국대 한국문학연구소, 2008.

_____, 「신파성, 반복과 차이─1950년대 악극·영화·방송극」, 권보드래 외, 『아프레 걸 사상계를 읽다─1950년대 문화의 자유와 통제』, 동국대 출판부, 2009.

이우석, 「광복에서 1960년까지의 영화정책(1945~1960년)」, 김동호 외, 『한국영화정책사』, 나남, 2005.

이완범, 「1950년대 후반기의 정치위기와 미국의 대응─1958년의 국가보안법 개정 파동을 중심으로」, 한국정신문화연구원 현대사연구소 편, 『한국현대사의 재인식』 4(1950년대 후반기의 한국사회와 이승만정부의 붕괴), 오름, 1998.

이준희, 「1950년대 한국 대중가요의 두 모습, 지속과 변화」, 『대중서사연구』 17호, 대중서사학회, 2007.

이창덕·황혜진, 「구봉서 웃음의 특성과 그 문화적 의미」, 『웃음문화』 5권, 한국웃음문화학회, 2008.

이호걸, 「식민지 조선의 문화사업, 극장업」, 『근대 미디어로서의 극장과 식민지시대 문화 장의 동학』 I, 성균관대 대동문화연구원 학술발표회, 2009.5.

_____, 「1920~30년대 조선에서의 영화배급」, 『영화연구』 41호, 한국영화학회, 2009.

_____, 「식민지 조선에서의 외국영화-1920년대 경성의 조선인 극장을 중심으로」, 『대동문화연구』 72권, 성균관대 대동문화연구원, 2010.

이화진, 「'노스텔지어'의 흥행사-1950년대 '악극'의 전성과 퇴조에 관하여」, 『대중서사연구』 17호, 대중서사학회, 2007.

_____, 「식민지 조선의 극장과 '소리'의 문화 정치」, 연세대 박사논문, 2011.

_____, 「전쟁과 연예-전시체제기 경성에서 악극과 어트랙션의 유행」, 이상우 외, 『전쟁과 극장-전쟁으로 본 동아시아 근대극장의 문화정치학』, 소명출판, 2015.

이홍우, 「일제강점기 재담집 『엉터리들』에 대한 소고-거짓말의 유형과 인물론을 중심으로」, 『관악어문연구』 31집, 서울대 국어교육과, 2006.

장유정, 「만요를 통해 본 1930년대의 근대문화」, 『웃음문화』 1권, 한국웃음문화학회, 2006.

_____, 「한국 대중가요의 전개 양상 고찰-1940~1960년가지의 작품을 중심으로」, 『한국문학논집』 51집, 한국문학회, 2009.

장하경, 「「멍텅구리」의 이야기 기법」, 『한국학보』 119호, 일지사, 2005.

정명문, 「백조가극단의 가극 연구-〈항구의 일야〉, 〈눈 나리는 밤〉을 중심으로」, 『한국극예술연구』 37집, 한국극예술학회, 2012.

_____, 「흥행과 예술, 악극의 딜레마-해방기 악극단 레퍼토리 변화를 중심으로」, 『국제어문』 66집, 국제어문학회, 2015.

정재왈, 「한국영화 등장 이전의 영화상영에 관한 연구-매일신보의 영화광고를 중심으로」, 고려대 석사논문, 1996.

정종화, 「한국영화 성장기의 토대에 대한 연구-동란기 한국영화 제작을 중심으로」, 중앙대 석사논문, 2002.

_____, 「한국영화사의 탈경계적 고찰-1930년대 경성 영화흥행계 분석을 중심으로」,

『일본어잡지로 본 조선영화』 1, 한국영상자료원, 2010.

조바울라, 「한국 가족 코미디영화의 웃음코드 연구」, 한국외국어대 석사논문, 2010.

조연정, 「1920~30년대 대중들의 영화체험과 문인들의 영화체험」, 『한국현대문학연구』 14집, 한국현대문학회, 2003.

조준형, 「일제강점기 영화정책」, 김동호 외, 『한국영화정책사』, 나남, 2005.

_____, 「박정희 정권 후반기 영화와 섹스 그리고 국가」, 『한국극예술연구』 45집, 2014.

진성희, 「한국여성국극연구 (1948~1960) – 여성국극 번성과 쇠퇴의 원인을 중심으로」, 『드라마 연구』 29호, 한국드라마학회, 2008.

천정환, 「주체로서의 근대적 대중독자의 형성과 전개」, 『독서연구』 13호, 한국독서학회, 2005.

_____, 「식민지 조선인의 웃음 – 『삼천리』 소재 소화와 신불출 만담의 경우」, 『역사와 문화』 18호, 문화사학회, 2009.

최동현 · 김만수, 「1930년대 유성기 음반에 수록된 만담 · 넌센스 · 스케치 연구」, 『한국극예술연구』 7집, 한국극예술학회, 1997.

최미진, 「1950년대 〈유모어 소극장〉 프로그램과 라디오 코미디 드라마의 특성」, 『동남어문논집』 37집, 동남어문학회, 2014.

최승연, 「악극성립에 관한 연구」, 『어문논집』 49호, 민족어문학회, 2004.

최지호, 「미군문화의 상륙과 한국 스탠더드 팝의 형성」, 단국대 석사논문, 2005

최호근, 「역사주의와 신역사주의」, 『한국사학사학보』 8호, 한국사학사학회, 2003.

한도현, 「1950년대 후반 농촌사회와 농촌의 피폐화」, 한국정신문화연구원 현대사연구소 편, 『한국현대사의 재인식』 4(1950년대 후반기의 한국사회와 이승만정부의 붕괴), 오름, 1998.

허은, 「1950년대 '주한 미공보원'(USIS)의 역할과 문화전파 지향」, 『한국사학보』 15호, 한국사학회, 2003.

국외

Donald Crafton, "Pie and Chase : Gag, Spectacle and Narrative in Slapstick Comedy", Kristine Brunovska Karnick & Henry Jenkins (ed), *Classical Hollywood Comedy*, Routledge, 1994.

Frank Krutnik, "A Spanner in the Works? – Genre, Narrative and the Hollywood Comedian", Kristine Brunovska Karnick & Henry Jenkins (ed), *Classical*

Hollywood Comedy, Routledge, 1994a.

_____, "Jerry Lewis : The Deformation of the Comic", *Film Quarterly*, Vol.48, No.1(Autumn, 1994b).

Frank Krutnik (ed), "General Introduction", *Hollywood Comedians — The Film Reader*, Routledge, 2003b.

Henry Jenkins, "The Laughingstock of the City : Performance Anxiety, Dread, Unfaithfully Yours", Kristine Brunovska Karnick & Henry Jenkins (ed), *Classical Hollywood Comedy*, Routledge, 1994.

Henry Jenkins and Kristine Brunovska Karnick, "Introduction : Golden Eras and Blind Spots—Genre, History and Comedy", Kristine Brunovska Karnick & Henry Jenkins (ed), *Classical Hollywood Comedy*, Routledge, 1994.

Inger-Lise Kalviknes Bore, "(Un)funny Women : TV Comedy Audiences and the Gendering of Humour", European Journal of Cultural Studies, no.13(2), Sage Publications, 2010.

Kim Chung-Kang, "South Korean Golden-age Comedy Film : Industry, Genre, and Popular Culture(1953~1970)", Ph.D dissertation, University of Illinois at Urbana-Champaign, 2011.

Kott hoff, Helga, "Gender and Humor : The State of the Art", Journal of Pragmatics 38(1), Elsevier B.V, 2006.

Noel Carroll, "Notes on the Sight Gag", Andrew Horton (ed), *Comedy / Cinema / Theory*, University of California Press, 1991.

Peter Kramer, "Derailing the Honeymoon Express—Comicality and Narrative Closure in Buster Keaton's The Blacksmith", Frank Krutnik (ed), *Hollywood Comedians — The Film Reader*, Routledge, 2003.

Steve Cohan, "Queering the Deal—On the read with Hope and Crosby", Frank Krutnik (ed), *Hollywood Comedians — The Film Reader*, Routledge, 2003.

Stuart Hall, "Notes on Deconstructing 'the popular'", Raphael Samuel (ed), *People's History and Socialist Theory*, Routledge and Kegan Paul, 1981.

스튜어트 홀, 백선기 역, 「문화연구 : 두 가지 패러다임」, 존 스토리 편, 『문화연구란 무엇인가』, 커뮤니케이션북스, 2000.

	날짜	영화제목	원제	제작사	감독	배우	극장
1	1946. 1.25	로이트의 거인정복	Why Worry?(1923)	Hal Roach Studios	Fred C. Newmeyer	Harold Lloyd	우미관
2	1946. 3.3	거리에 왕자	-	United Artists	Charles Chaplin	Charles Chapllin	우미관
3	1946. 3.13	로이드의 구두빵	-	-	-	Harold Lloyd	장안극장
4	1946. 4.8	미소의 인생(미소하는 인생)	Avec le sourire (1936)	LesFilms Marquise	Maurice Tourneur	Maurice Chevalier, Adre Lefaur, Marcel Ballee	국제극장/ 중앙극장
5	1946. 4.16	로이도에 마천루	Feet First(1930)	The Harold Lloyd Corporation	Clyde Bruckman	Harold Lloyd, Barbara Kent	우미관
6	1946. 4.4	챠푸링의 투우사, 엉터리 돌격대	-	-	-	Charles Chaplin	장안극장
7	1946. 4.28	키톤의 폭풍의 항구 외 미국영화3편	-	Warner Bros.	-	Buster Keaton	서울극장
8	1946. 5.1	대희극 거짓말쟁이	-	-	-	제사-레 조레니데, 라아 후랑카	장안극장
9	1946. 7.11	춤추는 호노루루	Honolulu(1939)	MGM	Edward Buzzell	Eleanor Powell, Robert Young	국도극장
10	1946. 7.16	그대와 하로밤을	Secret of the Chateau(1934)	Universal Pictures	Richard Thorpe	Claire Dodd, Alice White	장안극장
11	1946. 8.1	엉터리 상전	What Scoundrels Men Are!(1932)	Societa Italiana Cines	Mario Camerini	Lia Franca, Vittorio De Sica	서울극장
12	1946. 8.2	밀톤의 일확천금	-	이태리 유레카	-	졸쥬 밀튼	서울극장
13	1946. 8.8	태천○색 삐데이	-	Universal Studios	-	몬도 부루, Harold Lloyd	장안극장
14	1946. 9.24	엉터리 돌격대	-	-	-	Tom Welson	명동극장

	날짜	영화제목	원제	제작사	감독	배우	극장
15	1946. 9.24	천국2인도중(道中)	-	RKO	-	Stan Laurell, Oliver Hardy	수도극장
16	1946. 10.4	논돈의 로이드가(런던의 로이드)	-	-	-	Harold Lloyd	수도극장
17	1946. 10.9	코메듸 즐거운 인생	-	모스코 끼 노꼼버나-트	게 베아렉산 도로프	엘 오우쬬-소프, 엘 오로로와	중앙극장
18	1946. 10.18	찰푸린과 개	A Dog's Llife(1918)	First National Pictures	Charles Chaplin	Charles Chaplin	명동극장
19	1946. 10.25	로이도의 난투왕, 멕시코의 쾌남아, 엉터리 수영 등	The Milky Way(1936)	Paramount Pictures	Leo McCarey	Harold Lloyd	명동, 성남
20	1946. 11.1	춤추는 버러지	Once upon a Time(1944)	Columbia Pictures	Alexander Hall	Cary Grant, Janet Blair	국제극장
21	1946. 11.16	우리 집의 낙원	You Can't Take It with You(1938)	Columbia Pictures	Frank Capra	Jean Arthur, James Stewart	수도극장
22	1946. 11.27	몬데질의 백만장자	-	A.C.E	-	휠난델	우미관
23	1946. 11.30	사랑의 상속자	-	A.C.E	-	휠난델	수도극장
24	1946. 12.7	대희활극 라리 권투왕	-	-	-	-	명동극장
25	1946. 12.27	키톤의 행운아	-	MGM	-	Buster Keaton	우미관
26	1946. 12.31	대뉴욕	Little Old New York(1940)	Twentieth Century Fox	Henry King	Alice Faye, Fred MacMurray, Richard Greene	국제극장
27	1947. 3.18	미모의 적	-	UFA	-	마리가랫구	우미관
28	1947. 4.17	연애할 시간 없다	No time for Love (1943)	Paramount Pictures	Mitchell Leisen	Claudette Colbert, Fred MacMurray	장안극장
29	1947. 5.2	키톤의 사선돌파	-	프렌즈 씨네마	-	Buster Keaton	우미관

	날짜	영화제목	원제	제작사	감독	배우	극장
30	1947. 5.12	챠푸링의 명배우/ 로이트의 대탐정	-	-	-	Charles Chaplin, Harold Lloyd	우미관
31	1947. 5.20	로이트의 애기소동	-	-	-	Harold Lloyd	우미관
32	1947. 5.21	로이도의 대탐정	-	-	-	Harold Lloyd	명동극장
33	1947. 5.27	키-톤의 魔都돌진	-	-	-	Buster Keaton	명동극장
34	1947. 6.26	천국에서 온 사나이	Here Comes Mr. Jordan (1941)	Columbia Pictures	Alexander Hall	Robert Montgomery, Claude Rains	수도극장
35	1947. 8.21	엉터리 투우사	The Bullfighters (1945)	Twentieth Century Fox	Malcolm St.Clair	Stan Laurel, Oliver Hardy	국제극장
36	1947. 10.20	파리의 집웅밑	Under the Roofs of Paris(1930)	Films Sonores Tobis	Rene Clair	Albert Prejean, Pola Illery	국제극장
37	1947. 10.22	도깨비 소동	Hold That Ghost (1941)	Universal Studios	Arthur Lubin	Bud Abbott, Lou Costello	국도극장
38	1947. 12.31	오날 저녁을 유쾌히	You Were Never Lovelier (1942)	Columbia Pictures	William A.Seiter	Fred Astaire, Rita Hayworth, Adolphe Menjou	수도극장
40	1948. 3.14	백만인의 음악	Music for Millions (1944)	MGM	Henry Koster	Margaret O'Brien, Jose Iturbi	수도극장
41	1948. 5.5	금발미인(금발미녀)	The Strawberry Blonde (1941)	Warner Bros.	Raoul Walsh	James Cagney, Olivia de Havilland, Rita Hayworth	수도극장
42	1948. 5.22	통신연애	The Shop Around the Corner (1940)	MGM	Ernst Lubitsch	Margaret Sullavan, James Stewart	서울극장
43	1948. 6.9	스윙호텔	Holiday Inn (1942)	Paramount Pictures	Mark Sandrich	Bing Crosby, Fred Astaire	국도극장

	날짜	영화제목	원제	제작사	감독	배우	극장
44	1948. 6.12	단편희활극주간(인 터내슈낼 특작 8편)	-	-	-	-	우미관
45	1948. 7.15	창공에 춤추다	The Sky's the Limit (1943)	RKO	Edward H.Griffith	Fred Astaire, Joan Leslie	국도극장
46	1948. 7.23	보물섬의 소동	Pardon My Sarong (1942)	Universal Pictures	Erle C. Kenton	Bud Abbott, Lou Costello	수도극장
47	1948. 8.10	여의(女醫)의 신혼생활	You Belong to Me(1941)	Columbia Pictures	Wesley Ruggles	Barbara Stanwyck, Henry Fonda	국도극장
48	1948. 9.10	신혼제1장(신혼제1 보, 신혼계보)	Appointment for Love (1941)	Universal Pictures	William A.Seiter	Charles Boyer, Margaret Sullavan	수도극장
49	1948. 9.8	엉터리 무용단	The Dancing Masters(1943)	Twentieth Century Fox	Malcolm St.Clair	Stan Laurel, Oliver Hardy	서울극장
50	1948. 9.29	키톤의 난투왕	-	이태리 네로사	막쿠스 ○색구	Buster Keaton	단성사
51	1948. 10.15	자매와 수병	Two Girls and a Sailor (1944)	MGM	Richard Thorpe	Van Johnson, June Allyson, Gloria DeHaven	서울극장
52	1948. 11.19	럭키 파트너	Lucky Partners (1940)	RKO	Lewis Milestone	Ronald Colman, Ginger Rogers	서울극장
53	1948. 12.31	엉터리 숙수소동	Nothing but Trouble (1944)	MGM	Sam Taylor	Stan Laurel, Oliver Hardy	수도극장
54	1948. 12.31	선풍을 이르키는 여자	What a Woman! (1943)	Columbia Pictures	Irving Cummings	Roalind Russell, Brian Aherne, Willard Parker	서울극장
55	1949. 1.14	헐리우드 위문단	Hollywood Canteen (1944)	Warner Bros.	Delmer Daves	Bette Davis, John Garfield, The Andrews Sisters	서울
56	1949. 1.27	스파이 소동	Rio Rita(1942)	MGM	S.Sylvan Simon	Bud Abbott, Lou Costello	수도극장
57	1949. 1.29	춤추는 결혼식	You Will Never Get Rich (1941)	Columbia Pictures	Sidney Lanfield	Fred Astaire, Rita Hayworth	서울극장

	날짜	영화제목	원제	제작사	감독	배우	극장
58	1949. 2.11	뿌로-드웨이의 청춘	Girl Crazy (1943)	MGM	Norman Taurog, Busby Berkeley	Mickey Rooney, Judy Garland	서울극장
59	1949. 5.13	청춘소동(처녀7인)	-	Cinecitta	눈쓰잉오 마리 솜마니	세루지오 도퓌노, 니논 벳쏘스이	중앙극장
60	1949. 10.9	전희극 종군몽(중국영화)	-	-	한난근	-	수도극장
61	1949. 12.23	환희의 대학생활	The Sainted Sisters (1948)	Paramount Pictures	William D. Russell	Veronica lake, Joan Caulfield	중앙극장
62	1950. 4.4	나의 길을 가련다	Going my way (1944)	Paramount Pictures	Leo McCarey	Bing Crosby, Barry Fitzgerald	서울극장
63	1951. 12.31	노래하는 인생	Pot o' Gold (1941)	Jmaes Roosevelt Productions	George Marshall	James Steawart, Paulette Goddard	동아극장
64	1952. 2.10	5만불 소동	The Noose Hangs High (1948)	Abbott&Costello Productions Inc.	Charles Barton	Bud Abbott, Lou Costello	수도극장
65	1952. 3.27	연애진단서	Let's live a little (1948)	United California Productions Inc.	Richard Wallace	Hedy Lamarr, Robert Cummings	수도극장
66	1952. 5.19	캐그늬의 출세	Battling Hoofer (Something to Sing about (1937))	Zion Meyers Productions	Victor Schetzinger	James Cagney, Evelyn Daw	-
67	1952. 5.24	자매의 노래	Two Sisters from Boston (1946)	MGM	Henry Koster	Kathryn Grayson, June Allyson	동아
68	1952. 9.15	여성 넘버원(일명 여기자)	Woman of the Year (1942)	MGM	George Stevens	Spencer Tracy, Katharine Hepburn	부민관

	날짜	영화제목	원제	제작사	감독	배우	극장
69	1952. 10.3	싱가폴 여행기	Road to Singapore (1940)	Paramount Pictures	Victor Schertzin ger	Bing Crosby, Bob Hope, Dorothy Lamour	부민관
70	1952. 11.7	은화(銀靴)	Happy Go Lovely (1951)	ABPC	Bruce Humberst one	David Niven, Vera Ellen, Cesar Romero	동아
71	1952. 12.6	요절병사와 폭탄처녀	Let′s Face It (1943)	Paramount Pictures	Sidney Lanfield	Bob Hope, Betty Hutton	부민관
72	1953. 4.4	막스의 쌍권총(막스3형제 대비약)	Go West (1940)	MGM	Edward Buzzell	Groucho Marx, Chico Marx, Harpo Marx	부민관, 단성사
73	1953. 11.5	신부와 아버지	Father of the Bride (1950)	MGM	Vincente Minnelli	Spencer Tracy, Joan Bennett	수도극장
74	1953. 12.10	군중	Meet John Doe (1941)	Frank Capra Production	Frank Capra	Gary Cooper, Barbara Stanwyck	서울(수도) 대구(송죽) 부산(동아)
75	1954. 1.7	개그니의 출세	Something to Sing about (1937)	Zion Meyers Productions	Victor Schertzin ger	James Cagney	중앙극장
76	1954. 7.17	밤마다 미녀	Les Belles de Nuit (1952)	Franco London Films, Rizzoli Film	René Clair	Gérard Philipe, Martine Carol, Gina Lollobrigida	국도극장
77	1954. 7.17	윈터-타임	Wintertime (1943)	Twentieth Century Fox	John Brahm	Sonja Henie	중앙극장
78	1954. 8.24	창공에 사랑 싣고	Riding High (1950)	Paramount Pictures	Frank Capra	Bing Crosby, Coleen Gray	국도극장
79	1954. 9.10	세기의 여왕	Bathing Beauty (1944)	MGM	George Sidney	Red Skelton, Esther Williams	수도극장
80	1954. 10.16	파리의 아메리카인	An American in Paris (1951)	MGM	Vincente Minnelli	Gene Kelly, Leslie Caron	시공관
81	1954. 10.21	비는 사랑을 타고	Singin′ In the Rain (1952)	MGM	Stanley Donen, Gene Kelly	Gene Kelly, Donald O′Connor, Debbie Reynolds	수도극장

	날짜	영화제목	원제	제작사	감독	배우	극장
82	1954. 12.30	미녀와 수병	You Know What Sailors Are (1954)	J.Arthur Rank-Film	Ken Annakin	Akim Tamiroff, Donald Sinden, Sarah Lawson	국도극장
83	1955. 2.1	나이아가라	Niagara (1953)	Twentieth Century Fox Film	Henry Hathaway	Marilyn Monroe	수도극장
84	1955. 3.7	신사는 금발을 좋아한다	Gentlemen Prefer Blondes (1953)	Twentieth Century Fox Film	Howard Hawks	Jane Russell, Marilyn Monroe	국도극장
85	1955. 5.1	아니여 총을 잡아라	Annie Get Your Gun (1950)	MGM	George Sidney	Betty Hutton, Howard Keel	단성사
86	1955. 6.7	엉터리 투명인간	Abbott and Costello Meet the Invisible Man (1951)	Universal Pictures	Charles Lamont	Bud Abbott, Lou Costello	국도극장
87	1955. 7.22	엉터리 무용사	The Dancing Masters (1943)	Twentieth Century Fox Film	Malcolm St. Clair	Stan Laurel, Oliver Hardy	중앙극장
88	1955. 9.30	쥬피터의 애인	Jupiter's Darling (1955)	MGM	George Sidney	Esther Williams, Howard Keel	수도극장
89	1955. 9.30	로마의 휴일	Roman Holiday (1953)	Paramount Pictures	William Wyler	Gregory Peck, Audrey Hepburn	국도극장
90	1955. 10.21	7인의 신부	Seven Brides for Seven Brothers (1954)	MGM	Stanley Donen	Jane Powell, Howard Keel	단성사
91	1955. 11.12	토요일은 그대와	Three little words (1950)	MGM	Richard Thorpe	Fred Astaire	수도극장
92	1955. 12.1	카라미티 젠-	Calamity Jane (1953)	Warner Bros.	David Butler	Doris Day, Howard Keel	국도극장
93	1956. 1.26	불란서항로	The French Line (1953)	RKO	Lloyd Bacon	Jane Russell, Gilbert Roland	수도극장
94	1956. 1.29	백만장자	Man with a Million (1954)	Group Film Productions Limited	Ronald Neame	Gregory Peck, Jane Griffiths	국도극장

	날짜	영화제목	원제	제작사	감독	배우	극장
95	1956. 2.11	화이트크리스마스	White Christmas (1954)	Paramount Pictures	Michael Curtiz	Bing Crosby, Danny Kaye, Rosemary Clooney	단성사
96	1956. 3.21	연애전술	The Moon Is Blue (1953)	Otto Preminger Films	Otto Preminger	William Holden, David Niven, Maggie McNamara	국도극장
97	1956. 4.10	몬테칼로	On the Riviera (1951)	Twentieth Century Fox Film	Walter Lang	Danny Kaye, Gene Tierney	국도극장
98	1956. 5.2	사랑의 삼곡선	The Story of Three Loves (1953)	MGM	Vincente Minnelli, Gottfried Reinhardt	Kirk Douglas, James Mason, Pier Angeli, Moira Shearer	단성사
99	1956. 6.24	고도에서 그대와 함께	On an Island with You (1948)	MGM	Richard Thorpe	Esther Williams	국도극장
100	1956. 7.11	후렌치 캉캉	French Cancan (1955)	Franco London Films, Jolly Film	Jean Renoir	Jean Gabin	단성사, 중앙극장
101	1956. 8.18	꿈의 궁정	A Connecticut Yankee in King Arthur's Court (1949)	Paramount Pictures	Tay Garnett	Bing Crosby, Rhonda Fleming	단성사
102	1956. 10.24	미녀와 우유배달	The Kid from Brooklyn (1946)	Samuel Goldwyn Company	Norman Z. McLeod	Danny Kaye, Virginia Mayo, Vera-Ellen	단성사
103	1956. 12.24	쇼처럼 즐거운 인생은 없다	There's No Business Like Show Business (1954)	Twentieth Century Fox Film	Walter Lang	Ethel Merman, Marilyn Monroe	수도극장
104	1956. 12.29	사브리나	Sabrina (1954)	Paramount Pictures	Billy Wilder	Humphrey Bogart, Audrey Hepburn	단성사

	날짜	영화제목	원제	제작사	감독	배우	극장
105	1956. 12.31	춤추는 대뉴욕	On the Town (1949)	MGM	Stanley Donen, Gene Kelly	Gene Kelly, Betty Garrett	동도극장
106	1957. 1.12	7년만의 외출	The Seven Year Itch (1955)	Twentieth Century Fox Film	Billy Wilder	Marilyn Monroe, Tom Ewell	수도극장
107	1957. 5.9	요절 쌍권총의 아들	Son of Paleface (1952)	Paramount Pictures, Hope Enterprises	Frank Tashlin	Bob Hope, Jane Russell, Roy Rogers	중앙극장
108	1957. 5.2	연애시대	Giorni D'amore (Days of Love(1954))	Excelsa Film, Omnium International du Film	Giuseppe De Santis, Leopoldo Savona	Marina Vlady, Marcello Mastroianni	시네마 코리아
109	1957. 8.26	상류사회	High Society (1956)	MGM	Charles Walters	Bing Crosby, Grace Kelly, Frank Sinatra	명보극장
110	1957. 8.10	여성이여 영원히	Forever Female (1954)	Paramount	Irving Rapper	Ginger Rogers, William Holden, Paul Douglas	중앙극장
111	1957. 8.15	행복에의 초대	Paris, Palace Hotel (1956)	Rizzoli Film, Spéva Films	Henri Verneuil	Charles Boyer, Françoise Arnoul	국도극장
112	1957. 9.7	화가와 모델	Artists and Models (1955)	Wallis-Hazen / Paramount Pictures	Frank Tashlin	Dean Martin, Jerry Lewis	중앙극장
113	1957. 9.14	나이트뻐스	You can't Run Away From It (1956)	Columbia Pictures	Dick Powell	June Allyson, Jack Lemmon, Charles Bickford	명보극장
114	1957. 11.6	대니 케이의 스파이 소동	Knock On Wood (1954)	Dena Productions	Melvin Frank, Norman Panama	Danny Kaye, Mai Zetterling	단성사

	날짜	영화제목	원제	제작사	감독	배우	극장
115	1957. 11.27	요절 하바나 소동	Scared Stiff (1953)	Wallis-Hazen / Paramount Pictures	George Marshall	Dean Martin, Jerry Lewis	국도극장
116	1957. 12.21	쌍권총 미인	The Paleface (1948)	Paramount Pictures	Norman Z. McLeod	Bob Hope, Jane Russell	단성사
117	1958. 1.16	춤추는 함대	Hit the Deck (1955)	MGM	Roy Rowland	Jane Powell, Tony Martin, Debbie Reynolds	중앙극장
118	1958. 2.15	파리의 연인	Funny Face (1957)	Paramount Pictures	Stanley Donen	Audrey Hepburn, Fred Astaire	단성사
119	1958. 4.11	미녀 중 미녀	La donna piu bella del mondo (1955)	G.E.S.I. Cinematograf ica, Sédif Productions	Robert Z. Leonard	Gina Lollobrigida, Vittorio Gassman	국제극장
120	1958. 4.26	밴드 웨곤	The Band Wagon (1953)	MGM	Vincente Minnelli	Fred Astaire	단성사
121	1958. 6.21	나의 안해는 한국여성	Ulillang Bituin (1956)	LVN Pictures	Susana C. de Guzman	Mario Montenegro, Charito Solis	중앙극장
122	1958. 6.25	하오의 연정	Love in the Afternoon (1957)	Allied Artists Productions, Billy Wilder Productions	Billy Wilder	Gary Cooper, Audrey Hepburn, Maurice Chevalier	국제극장
123	1958. 8.14	왕자와 무희	The Prince and the Showgirl (1957)	Warner Bros., Marilyn Monroe Productions	Laurence Olivier	Marilyn Monroe, Laurence Olivier	명보극장
124	1958. 8.24	오두막집	The Little Hut (1957)	Herbson S.A., MGM	Mark Robson	Ava Gardner, Stewart Granger	명보극장
125	1958. 9.24	거룩한 말괄량이	Les grandes manoeuvres (1955)	Filmsonor, Rizzoli Film, S.E.C.A	René Clair	Brigitte Bardot	명보극장

	날짜	영화제목	원제	제작사	감독	배우	극장
126	1958.11.13	매혹의 파리	Les Girls (1957)	Sol C. Siegel Productions, MGM	George Cukor	Gene Kelly, Mitzi Gaynor, Kay Kendall	명보극장
127	1958.12.11	그대는 젊어	You're Never too Young (1955)	Paramount Pictures, York Pictures Corporation	Norman Taurog	Dean Martin, Jerry Lewis	단성사
128	1958.12.13	사회부장	Teacher's Pet (1958)	Perlberg-Seaton Productions / Paramount Pictures	George Seaton	Clark Gable, Doris Day	아카데미극장
129	1959.1.21	자유는 애정과 더불어	Silk Stocking (1957)	MGM	Rouben Mamoulian	Fred Astaire, Cyd Charisse	대한극장
130	1959.1.30	신부는 방년 17세	Susan Slept Here (1954)	RKO	Frank Tashlin	Dick Powell, Debbie Reynolds	명보극장
131	1959.5.1	사랑의 굴다리	The Tunnel of Love (1958)	Arwin Productions, Fields Productions / MGM	Gene Kelly	Doris Day, Richard Widmark	대한극장
132	1959.10.3	무분별	Indiscreet (1958)	Warner Bros., Grandon Productions Ltd	Stanley Donen	Cary Grant, Ingrid Bergman	단성사, 중앙
133	1959.9.17	나는 이상해	Merry Andrew (1958)	Sol C. Siegel Productions, MGM	Michael Kidd	Danny Kaye, Pier Angeli	대한극장
134	1959.9.27	터무니없는 질투	An Ambassador's daughter (1956)	Norman Krasna Productions / United Artists	Norman Krasna	Olivia de Havilland, John Forsythe, Adolphe Menjou	을지극장

	날짜	영화제목	원제	제작사	감독	배우	극장
135	1959. 10.17	외인부대 소동	Abbott and Costello In The Foreign Legion (1950)	Universal International Pictures	Charles Lamont	Bud Abbott, Lou Costello	중앙극장
136	1959. 10.22	사랑의 깃발을 올리고	Don't go Near the Water (1957)	Avon Productions / MGM	Charles Walters	Glenn Ford, Gia Scala, Eva Gabor	대한극장
137	1959. 11.27	지지	Gigi (1958)	MGM/ Arthur Freed Production	Vincente Minnelli	Leslie Caron, Maurice Chevalier, Louis Jourdan	대한극장
138	1959. 12.17	그대는 나의 것	Because You're Mine (1952)	MGM	Alexander Hall	Mario Lanza, Doretta Morrow	아카데미
139	1959. 12.23	미스터 로버쯔	Mister Roberts (1955)	Warner Bros.	John Ford, Mervyn LeRoy	Henry Fonda, James Cagney	을지극장
140	1959. 12.31	달빛 아래서	Houseboat (1958)	Paramount Pictures	Melville Shavelson	Cary Grant, Sophia Loren	단성사
141	1960. 1.9	아가씨와 건달들	Guys and Dolls (1955)	Samuel Goldwyn Company	Joseph L.Mankiewicz	Marlon Brando, Jean Simmons, Frank Sinatra	아카데미
142	1960. 1.28	신부는 째스를 좋아한다	Ain't Misbehavin' (1955)	Universal International Pictures	Edward Buzzell	Rory Calhoun, Piper Laurie	시네마 코리아
143	1960. 2.6	축복	Count Your Blessings (1959)	MGM	Jean Negulesco	Deborah Kerr, Rossano Brazzi, Maurice Chevalier	대한극장
144	1960. 2.12	사랑의 매혹	Love Is Better Than Ever (1952)	MGM	Stanley Donen	Elizabeth Taylor, Larry Parks	아카데미
145	1960. 3.1	아가씨! 손길을 부드럽게	Faibles Femmes (1959)	Euro International Film	Michel Boisrond	Alain Belon, Mylene Demongeot, Pascale Petit	중앙극장

	날짜	영화제목	원제	제작사	감독	배우	극장
146	1960. 3.5	사장과 여비서	The Solid Gold Cadillac (1956)	Columbia	Richard Quine	Judy Holiday, John Williams, Paul Douglas	단성사
147	1960. 3.15	휴가전선 이상 있다	The Perfect Furlough (1958)	Universal International Pictures	Blake Edwards	Tony Curtis, Janet Leigh, Keenan Wynn	을지극장
148	1960. 4.14	내 사랑은 끝없이	My Man Godfrey (1957)	Universal International Pictures	Henry Koster	June Allyson, David Niven, Jessie Royce Landis	을지극장
149	1960. 7.7	사랑의 비약	Bell Book and Candle (1958)	Julian Blaustein Productions	Richard Quine	James Stewart, Kim Novak, Jack Lemmon	을지극장
150	1960. 8.13	그것은 킷쓰로 시작했다	It Started with a Kiss (1959)	MGM	George Marshall	Glenn Ford, Debbie Reynolds, Eva Gabor	대한극장
151	1960. 9.3	사랑의 종이 울릴 때	The Five Pennies(1959)	Dena Productions	Melville Shavelson	Danny Kaye, Barbara Bel Geddes, Louis Amstrong	중앙극장
152	1960. 10.29	바베트 전쟁에 가다	Babette Goes to War (1959)	Iena Productions	Christian -Jaque	Brigitte Bardot, Jacques Charrier, Ronald Howard	아카데미
153	1960. 11.19	버스정류장	Bus Stop (1956)	Twentieth Century Fox, Marilyn Monroe Productions	Joshua Logan	Marilyn Monroe, Don Murray, Arthur O'Connell	대한극장
154	1960. 11.24	BB 자유부인	la Parisienne (1957)	Les Films Ariane, Filmsonor, Cinetel	Michel Boisrond	Brigitte Bardot, Charles Boyer, Henri Vidal	중앙극장

1부

| 초출일람 |

- 「한국 코미디영화 형성과정 연구」, 중앙대 박사논문, 2011.

- 「식민시기 "웃음의 감각" 형성과 코미디(성)의 발현−외화 코미디 수용을 중심으로」, 『영상예술연구』 21호, 영상예술학회, 2012.

- 「잡후린과 애활가−조선극장가의 찰리 채플린 수용과 그 의미−1920~30년대 경성 조선인 극장을 중심으로」, 『대중서사연구』 30호, 대중서사학회, 2013.

- 「1950년대 말~1960년대 초 극장의 영화 상영 관행−실연무대와 무대인사를 중심으로」, 『한국극예술연구』 56집, 한국극예술학회, 2017.

- 「1960년대 후반 코미디영화의 '명랑'과 '저속'−서영춘의 코미디의 '불온함'과 검열의 문제」, 『한국극예술연구』 51집, 한국극예술학회, 2016.

- 「1960년대 후반 코미디영화의 여성 재현과 젠더 정치학−〈남자는 싫어〉(안면희, 1967)와 '백금녀의 영화화'를 중심으로」, 『대중서사연구』 44호, 대중서사학회, 2017.

| 찾아보기 |

인명

영화

기타